CUSTOMER VALUE
BASED BRAND
PRINCIPLES

고객가치기반
브랜드 원론

김경민 | 최은정 | 곽준식 | 박정은

Brand Principles

박영사

고객가치기반 브랜드 원론

브랜드는 우리 생활의 일부분이며 일상과도 너무나 밀접하게 연결되어 있다. 우리는 아침에 일어나서 밤에 잠에 들기까지 수많은 제품과 서비스의 브랜드와 함께 지낸다. 기업에서 마케팅 전략을 실행할 때 가장 중심이 되어야 하는 것이 브랜드이다. 그러나, 아직도 많은 기업에서 브랜드는 단순히 타 브랜드와의 구별하기 위한 브랜드명, 마케팅 실행을 위한 시각적 차원 로고 등 초보적인 관점에서 벗어나지 못하고 있다. 소비자, 전략, 브랜드 요소 등을 고려한 체계적인 차별화 전략 없이 임기응변적인 측면으로 브랜드를 만들고 운영하는 것이 현실이다. 업계 최고의 기업도 자사의 브랜드를 체계화된 전략적 방법으로 운영하지 않고 주먹구구식으로 하는 경우가 많다. 이렇다 보니 국내 대기업에서도 많은 브랜드가 탄생하고 얼마 안 되어 사라지고 한다. 계획도 없고 전략도 부재한 상황에서 무분별하게 브랜드를 만들다 보니 브랜드의 수명이 짧아질 수밖에 없었던 것이다.

초연결 디지털시대의 도래로 급변화하는 디지털 환경 아래, 기업의 경영 혁신과 지속가능성은 무엇보다도 중요하게 되었다. 이러한 기업환경에서의 브랜드의 전략적 기능과 역할은 더욱 중요하기 때문이다. 대부분의 기존 브랜드 책들도 미시적이고 단편적인 브랜드 개념이나 전략과 사례들을 소개하는 책이다. 고객가치의 철학과 소비자의 행동 원리를 바탕으로 중요 브랜드 개념과 전략의 이해와 실행의 지침을 제공하는 총체적 차원의 원론책이 부족하다고 판단되어 저자들이 모였다.

저자들은 브랜드와 마케팅 전략을 위한 컨설팅, 연구소 및 기업에서 근무한 이력을 가지고 있는 실무와 이론을 겸비한 교수들이다. 지난 20여 년 동안 브랜드 전략을 중심으로 많은 학술적 연구성과를 갖고 있으며 다양한 기업과 공공기관을 위한 브랜드 관련 교육, 컨설팅, 자문의 많은 경험을 보유하고 있다.

이에 대학교와 현업에서 모두 활용할 수 있는 이론 실무서인 고객가치기반의 원리와 소비자의 구매 행동과 인지과학을 중심으로 한 브랜드원론 책을 소개하고자 한다. 고객가치를 이해, 창조, 전달 그리고 유지라는 고객가치기반 측면의 마케팅 과정으로 전략적 브랜드 관리의 이론과 마케팅을 상세하게 소개하였다.

본서는 총 4개의 Part로 구성되어 있다. PART I은 브랜드, 마케팅 그리고 소비자의 전반적인 관련성과 이해의 부분으로 브랜드 원리에 관한 이해와 기본적인 브랜드 전략을 수립할 수 있도록 하기 위함이다. 브랜드마케팅을 고객가치기반 개발 및 유지 과정에서 먼저 고객가치의 이해를 위해 전반적인 브랜드의 이해와 그 기반이 되는 소비자, 전략을 알아보는 장으로 구성하였다.

PART II에서는 고객가치의 이해를 바탕으로 브랜드의 가치를 창조하고 전달하는 단계를 담았다. PART I의 기본적인 전략에 근거하여 브랜드를 중심으로 고객가치를 창조하고 시장에 그 가치를 전달하고 공유하는 과정에 대해 상세하게 설명하였다. 그리고 브랜드 가치를 소비자에게 전달하고 공유하는 과정에서 창출되는 부가적인 가치에 관해 강조하였다. 또한 최근에 그 가치가 더욱 증대되고 있는 브랜드 커뮤니티에 대한 전략과 디지털 환경하에서의 브랜드 커뮤니티 운영 가이드라인을 제공했다.

PART III는 브랜드의 가치를 유지하고 확장하여 기업의 총체적 관점에서 브랜드 운영 관리를 위한 전략적 차원의 내용이다. 브랜드 확장 전략, 브랜드 자산 전략 및 평가, 브랜드 포트폴리오 전략, 브랜드 계층구조 전략, 브랜드 아키텍처 전략 등 브랜드 경영을 위한 다양한 브랜드 전략들과 사례들을 소개했다.

마지막 PART IV는 고객가치를 보다 확장할 수 있는 브랜드 영역에 대한 부분을 세밀히 소개하고 있다. 유통 부분 및 프랜차이즈 시장에서의 브랜드는 일반 제품시장과는 달리 조직적인 측면, 영업적인 측면 그리고 법적인 측면 등 다양하고 전천후의 시장 특성이 있기에 보다 상세한 접근이 필요하다. 그뿐만 아니라 최근 비영리 기관에서 추구하는 브랜드 전략과 글로벌 부분에 대한 최신 내용도 담았다.

저자들은 각 장의 시작과 중간에 다양한 사례를 제시하였으며 중간중간 흥미롭고 실제적인 예도 제공하였다. 장마다 중점적으로 학습해야 할 학습 목표를 제시하였고 각 장이 끝나는 시점에서는 좀 더 세부적으로 생각하고 토론할 수 있는 주제 및 문제를 구체적으로 제시하였다. 이를 통해 학습자들이 학습한 내용을 기반하여 주요 브랜드 문제에 대해 더 많이 생각해보고 인사이트를 얻을 수 있도록 하였다.

본서가 출간될 때까지 많은 분의 도움이 있었다. 박영사의 안종만·안상준 대표님, 박세기 부장님에게 감사를 드린다. 그리고 시작부터 저자들을 도와 수차례의 수정과 편집에 많은 수고를 한 탁종민 대리님을 비롯한 박영사의 실무진에게도 감사의 말을 전한다. 끝으로 저자들이 항상 연구와 강의에 몰두할 수 있도록 지원과 격려를 아끼지 않은 부모님들과 사랑하는 가족들에게 무한한 감사를 올린다.

2023년 3월
저자 김경민, 최은정, 곽준식, 박정은

목차

PART 01

브랜드와 마케팅의
기본적 이해

Basic understanding of brand and marketing

CHAPTER

1

브랜드와
마케팅전략

LEARNING OBJECTIVES

☐ LO1 브랜드의 개념을 이해할 수 있다.

☐ LO2 브랜드의 주요한 용어들을 판별할 수 있다.

☐ LO3 브랜드의 중요성을 잘 설명할 수 있다.

☐ LO4 기업측면과 소비자측면에서 브랜드가 '얼마
나' 중요한가를 잘 설명할 수 있다.

MZ세대, 럭셔리 브랜드 '마케팅' 전략을 바꿨다, MZ세대의 명품소비
온라인 · 리브랜딩과 맞닿아

럭셔리에 대한 가치관이 달라지면서 마케팅 메시지가 달라질 것으로 전망된다. '온라인은 안한다'는 이미지가 강했던 럭셔리 브랜드들이 코로나19를 기점으로 디지털 트랜스포메이션을 시도하고 있다. 럭셔리 브랜드의 선택에 영향을 주는 요소 중 디지털 트랜스포메이션이 높은 비중을 차지하고 있기 때문이다.

SK그룹 디지털 광고전문기업 인크로스가 발간한 '럭셔리 브랜드의 디지털 마케팅 현황' 보고서는 소비자들이 명품 브랜드의 제품 정보를 탐색할 때 주로 이용하는 채널로 '온라인 쇼핑몰 사이트 · 앱'이 조사됐다고 전했다. 그 다음은 '오프라인 매장', '주변 지인, 친구의 SNS 계정' 순이었다. 연령대가 낮아질수록 SNS나 온라인 동영상 플랫폼에서 구매 영향을 받는 것으로 나타났다.

또 기성세대의 영역이던 럭셔리 시장에 구매력 있는 '영리치'들이 등장한 것도 명품 브랜드들이 디지털 트랜스포메이션을 도입하는 계기가 됐다. 기성세대의 영역이던 명품 소비가 이젠 젊은층의 영역으로 확장됐다. 머스트잇 플랫폼 분석 결과에서 명품 플랫폼 거래액 연령대별 비중에서 20대가 50%로 절반을 차지했다.

온라인 구매시장의 성장과 더불어 럭셔리 브랜드가 젊은 층의 영역으로 확장되면서, 이에 대응하기 위한 럭셔리 브랜드들의 새로운 전략이 절실해졌다. 이에 따라 럭셔리 브랜드들이 세운 전략 3가지는 SNS 공략, 온라인 쇼핑 채널 확보, 젊은 타깃 공략을 위한 리브랜딩과 리포지셔닝이다.

젊은층이 활발히 사용 중인 SNS에서 브랜드 계정을 팔로잉한다고 응답한 비율은 61.1%로 높은 편이다. 대부분의 럭셔리 브랜드들은 인스타그램을 통한 마케팅을 진행 중이다. 인스타그램 내 잠재 소비자들과 소통하며 피드 내 룩북 · 제품 카탈로그 생성, SNS에 게시한 사진 · 동영상 등을 활용해 광고를 집행하고 Shop 탭을 활성화해 랜딩 유입 효과를 기대하고 있다.

브랜드 이미지 각인 및 비대면 시대의 커뮤니케이션 채널로 활용하는 것이다. 크리스찬 디올은 인스타그램을 통해 온택트 패션쇼를 선보이며, 유명인 여부와 관계없이 모든 시청자가 프런트로에 앉아 패션쇼를 감상하는 효과를 냈다. 샤넬 또한 제니, 지드래곤 등 샤넬 앰배서더가 등장하는 인스타그램 스토리를 통해 2021년 S/S 컬렉션을 예고하며 고객들이 기대감을 높였다.

숏폼 플랫폼을 통해 잠재 고객인 10대 고객 모객은 물론, 챌린지 참여를 유도해 고객에게 브랜드 이미지를 각인하는 경우도 늘었다. 루이비통은 틱톡에서 2021 S/S 패션쇼 영상을 생중계하며, 해시태그와 라이브 영상을 업로드했다.

코로나19로 인해 비대면 쇼핑 행태가 늘면서 럭셔리 브랜드들도 온라인 쇼핑 채널을 확보하는 것이 필수가 됐다. 코로나19로 인해 비대면 선물 교환이 활발해지면서 커머스 플랫폼 내 '선물하기' 이용이 활성화됐다. 럭셔리 브랜드 또한 '선물하기'가 활발하며 특히 가죽잡화 분야가 인기다. 에르메스 뷰티는 카카오톡 선물하기에 입점. 온라인 소비자에게도 오프라인 부티크에서 구매하는 것과 동일한 서비스를 제공하기 위해 노력 중이다.

루이비통 또한 네이버 브랜드 스토어에 입점했다. SSG닷컴은 시계·보석 브랜드 피아제의 단독 입점을 추진. 공식 스토어 운영은 물론, 오프라인과 동일한 인그레이빙 서비스를 제공하고 있다.

럭셔리 브랜드는 이외에도 젊은 소비자 타깃을 공략하기 위해 전통적인 이미지를 탈피하면서도 고급스러운 전략을 수행하고 있다. Z세대가 명품 브랜드의 미래 잠재 고객이 되면서 이들을 겨냥해 기존 브랜드 이미지를 쇄신하는 리브랜딩 시도가 이어지고 있다. 구찌는 젊은 층이 선호하는 디즈니와 협업하여 새로운 디자인을 선보였다.

명품 브랜드 리브랜딩과 미래 고객인 Z세대 확보 전략의 일환으로 게임과 메타버스를 활용하는 경우도 늘었다. 루이비통은 라이엇 게임즈의 '리그 오브 레전드'와 파격적 콜라보레이션을 통해 리브랜딩을 꾀했다. 주목할 점은 게임 캐릭터의 의상을 재현하거나 캐릭터를 새긴 캡슐 컬렉션 룩 등 양방향의 콜라보레이션을 진행했단 점이다.

기존 제품의 소비자 접점 채널을 바꿔 리포지셔닝을 시도하는 경우도 늘고 있다. 이의 일환으로 메타버스 플랫폼을 적극 활용 중이다. 구찌는 메타버스 플랫폼 제페토와 협업을 통해 구찌 아이템을 출시했으며, 게임 '테니스 클래시' 내에 구찌 아이템을 출시해 브랜드 각인에 힘썼다. 게임 속 아이템은 실제 구찌 웹사이트에서 구매 가능해 구매 전환으로 연결에도 신경을 쓴 대표적 사례로 꼽힌다.

여기서 더 나아가 루이비통은 창립자 루이비통 탄생 200주년을 맞아 직접 스마트폰 게임 '루이 :

더 게임'을 출시하며 브랜드 이미지 제고에 나섰다. 루이비통은 디지털 네이티브인 젊은층들에게 친숙하게 다가가기 위해 앱도 제작했다. 화보나 광고 사진을 촬영하면 제품을 자동으로 인식해 정보를 알려주는 LV 파인더 기능을 탑재했다.

보고서는 "코로나19 이후 명품 소비 주력군의 변화가 발생하면서 젊은층과의 연결성을 찾기 위한 럭셔리 브랜드의 새로운 사고가 필요할 것이다. 브랜드가 지닌 전통에 대한 현대적 재해석, 친환경 메시지 등의 소재를 디지털 기술과 조화롭게 담아낸 지속가능성 있는 럭셔리 브랜드들이 경쟁 우위를 점하게 될 것으로 보인다"고 밝혔다.

<자료원> 화장품신문, 2022.3.3.

현재를 살아가고 있는 모든 사람들은 우리가 인지하든 그렇지 않든 수많은 브랜드속에 살아가고 있다. 매일 새로 출시되고 사라지는 브랜드는 헤아릴 수 없는 실정이다. 실제로 우리는 기상과 동시에 브랜드를 사용하고 있으며 하루 종일 브랜드를 이용하고 있으며 저녁에 잠자리에 들때도 브랜드를 사용하면서 하루의 일과를 맺는다.

이처럼 브랜드가 넘치는 이유는 기업들이 생존하기 위해 그들의 제품·서비스를 차별화하기 때문이다. 일반적으로 초우량 기업이란 차별화된 이미지를 갖고 강력한 충성도를 갖는 브랜드를 소유한 기업이다.

브랜드는 오랜 기간 다양한 생산자들이 자사의 제품 혹은 서비스를 경쟁사와 구별하기 위해 사용되었지만 이제는 기업에게는 수익을 창출하는 원천이며 소비자들에게는 자신을 표출하는 수단으로 사용되고 있다. 이렇듯 이제는 브랜드가 마케팅의 중심이 되고 있다. 비록 제품은 공장에서 만들어지지만 브랜드는 소비자의 마음에서 완성되는 것이다. 그러므로 브랜드는 기업의 마케팅 전략의 핵심이 된다.

Section 01 브랜드와 브랜드 마케팅 전략

1. 브랜드 개념과 요소

브랜드는 생산자의 제품을 다른 생산자의 제품과 구별하기 위한 수단으로써 수 세기 동안 사용되어 왔었다. 실제로 브랜드라는 단어는 '태우다(to burn)'란 의미의 옛 노르웨이어인 brandr에서 유래되었다고 한다. 유럽에서 브랜드의 초기 의미는 가축 소유주들이 자신의 가축들을 타인소유물의 가축과 식별하기 위해 표시하는 수단으로 사용되었다고 할 수 있다. 이러한 식별 수단으로 16세기 초 영국의 위스키 제조업자들 역시 위스키 나무통에 불로 달군 쇠로 제조업자의 명을 새겨 넣어 출하함으로써 소비자들에게 제조업자가 누구인가를 밝혀 모방제품들로부터 제조업자 자신을 보호하고자 하였다. 이후 식별과 차별 수단으로 현재 계속 사용되고 있다.

과거에는 브랜드의 개념이 단순한 상표로 인식되어졌으나 최근에는 브랜드란 단순한 기업의 제품을 경쟁자와

버거킹(burger king)의 브랜드 요소
버거킹은 지속적으로 브랜드 요소인 로고와 디자인을 변경해오고 있다.

차별화하는 것을 넘어서 특정 가치를 소비자들에게 제공해주는 것을 의미한다. Keller는 "고객이 갖는 정신적 연상의 집합"이라고 브랜드를 정의하고 있으며 Schmit는 "소비자가 마음속으로부터 갖고 있는 타 기업, 제품, 서비스, 비즈니스 모델과 차이나는 독특한 것"이라고 브랜드를 정의하고 있다. 결국 브랜드는 차별적인 이미지를 통해 소비자들에게 고유하고 차별적인 특정 가치를 지속적으로 제공해주는 경영활동이라 할 수 있다.

미국마케팅학회(American Marketing Association; AMA)는 브랜드(brand)란 "판매자의 제품이나 서비스를 식별할 수 있게 하고 이들을 경쟁자의 제품과 서비스로부터 차별화할 의도로 만들어진 이름, 용어, 표시, 상징이나 디자인 또는 이들의 조합"이라고 정의한다. 다시 말해서 브랜드란 자사의 제품이나 서비스를 경쟁자의 제품이나 서비스로부터 식별하고 차별화할 의도로 만들어진 네임, 로고, 캐릭터, 패키지, 혹은 이들의 조합을 말한다.

브랜드 창출의 핵심은 하나의 제품을 특징짓고 그 제품을 다른 제품들과 차별화시키는 네임, 로고, 패키지 디자인 또는 다른 속성들을 선택할 수 있는 것이다. 하나의 브랜드를 특징짓고 차별화시키는 서로 다른 요소들이 브랜드 요소(brand element)이다. 이러한 브랜드 요소에는 브랜드명, 로고와 심벌, 캐릭터, 슬로건과 징글, 패키지, 타이포와 컬러, 등록상표 등이 있다.

2. 브랜드 이점

1) 소비자 측면에서의 브랜드 이점

브랜드가 소비자 측면에서 볼 때, 여러 가지 중요한 역할을 한다. 먼저, 브랜드는 소비자에게 제품이나 서비스의 원천이나 생산자를 식별할 수 있게 해주기 때문에 만일 어떠한 문제가 발생되는 경우에 제조업체나 유통업체에 대해 책임소재를 분명하게 따질 수 있다.

둘째, 소비자가 특정 브랜드에 대한 지식을 갖추게 되면 제품에 대한 특징 파악을 잘 할 수 있기에 제품 탐색비용을 줄일 수 있다. 즉, 소비자가 제품을 구매할 때 일반적으로 내·외적 정보탐색을 하게 되는데 이 경우 기존의 특정 브랜드에 대해 품질이나 제품특징을 잘 알 수 있기 때문에 추가적인 정보탐색에 많은 시간과 노력을 기울일 필요가 없어져 구매 효율성을 증대시킨다.

셋째, 소비자들은 브랜드가 일관성 있는 제품 성능, 적절한 가격, 촉진, 유통 등을 통해 소비자들에게 효용가치를 제공해 줄 것이라는 암묵적인 이해를 바탕으로 브랜드에 대해 신뢰와 충성도를 부여하게 된다. 이리하여 소비자가 구매한 제품에 대해 이점이나 혜택을 실현하게 되고 제품소비를 통해 만족 및 소비행복을 느끼게 되면 해당 브랜드를 지속적으로 재구매할 것이다.

넷째, 브랜드는 기능적인 편익을 제공할 뿐만 아니라 소비자 자신의 이미지(self-image)를 표현하는 상징적인 수단으로 역할을 수행한다. 어떤 브랜드가 특정 유형이나 계층의 사람들이 사용하는 것으로 연상시킴으로써 차별적인 브랜드 가치를 반영시킬 수 있다. 이런 브랜드의 제품을 소비하는 것은 소비자들이 타인에게 혹은 자기 자신들에게 자신이 현재 모습이나 미래에 되고 싶어 하는 모습을 전달하는 수단이다.

다섯째, 브랜드는 제품특성을 소비자들에게 전달하는 중요한 역할을 한다. 일반적으로 제품은 제품과 제품 관련된 속성 혹은 혜택에 따라 탐색제품(search goods), 경험제품(experience goods), 신용제품(credence goods)등의 범주로 분류된다. 탐색제품은 시각적인 탐색에 의해 내구성, 크기, 색상, 스타일, 디자인, 무게, 구성요소 등 제품 속성들이 평가될 수 있다. 경험제품의 속성들은 시각적 탐색만으로 쉽게 평가될 수 없기 때문에 내구성, 서비스 품질, 안전성, 취급 및 사용용이성 등을 판단하기 위해서 실제 제품사용이나 경험이 필요하다. 신용제품은 보험, 의약품, 건강기능식품, 의료기구, 화장품 등과 같이 제품 품질이나 효능자체에 대해 많은 논란이 있거나 제품을 사용해본 경험적 판단이 항상 옳은 것도 아니기 때문에 소비자들이 제품속성들을 파악하기가 애매모호하다. 경험제품이나 신용제품의 경우 제품속성이나 편익들을 평가하고 해석하기가 어렵기 때문에 특히 브랜드가 이러한 제품 품질이나 특성들을 파악하는데 있어 매우 중요한 단서가 되기도 한다.

여섯째, 브랜드는 소비자가 제품을 선택함에 따라 생기는 여러 가지 지각된 위험들을 감소시킨다. 여기서 여러 가지 지각된 위험(perceived risk)들은 기능적 위험, 신체적 위험, 재무적 위험, 사회적 위험, 심리적 위험, 시간적 위험 등을 일컫는다.

지각된 기능적 위험이란 제품 성능이 기대에 미치지 못할 가능성을 의미한다. 지각된 신체적 위험이란 제품이 소비자나 타인들의 신체적 안전이나 건강에 위협을 가할 가능성을 말한다. 지각된 재무적 위험이란 제품이 지불된 가격만큼의 가치가 없을 가능성을 위미하며 지각된 사회적 위험이란 어떤 제품이나 서비스의 특정 브랜드를 구매한 자신에 대해 타인들이 가질 평가에 관해 소비자가 지각하는 위험을 말한다. 지각된 심리적 위험이란 구매된 제품이나 서비스가 자기 이미지와 적합하지 않을 가능성에 대해 느끼는 위협이다. 지각된 시간적 위험이란 잘못된 제품이나 서비스를 선택하여 다른 만족스로운 대안을 찾는데 소요되는 기회비용을 유발할 위험을 말한다. 이와 같이 소비자들은 제품이나 서비스 구매와 관련된 여러 가지 위험을 지각할 수 있는데 이럴 경우 위험에 대처할 수 있는 가장 확실한 방법은 잘 알려진 브랜드 특히 소비자가 자신이 과거에 경험하여 얻게 된 호의적인 브랜드만을 구매하는 것이다.

2) 기업 측면에서의 브랜드 이점

브랜드는 기업에게도 다양한 이점을 제공하는데 이러한 이점을 통해 기업의 가치를 상승시킨다.

먼저 브랜드는 가장 기본적으로 제품들을 취급하고 관리하는 과정을 단순화시키는 식별기능이 있으며 운영적인 측면에서 재고관리와 회계관리를 하는데 도움이 된다.

둘째, 브랜드는 브랜드 소유자에게 제품의 고유한 특성에 대한 법적 권리를 부여하는 지적재산권을 확보할 수 있게 한다. 브랜드 명은 등록상표를 통해 법적으로 보호받을 수 있으며 제조하는 공법과 포장 등은 저작권 및 의장권 등을 통해 법적으로 보호받는다.

셋째, 브랜드는 기업의 지속적인 관리과정을 통해 독특한 연상과 의미를 부여해 브랜드 이미지를 차별화하여 경쟁우위를 획득할 수 있다. 브랜드 차별화를 통해 기업은 자사의 제품이나 서비스에 대한 낮은 가격민감도로 인해 경쟁사보다 높은 가격을 책정할 수 있어 가격경쟁을 피하고 높은 시장점유율과 수익성을 실현할 수 있는 유일한 마케팅 수단이 될 수 있다.

넷째, 브랜드는 제품 품질 수준을 가늠해 볼 수 있는 수단이 되기 때문에 그 제품에 대해 만족한 소비자들은 재구매를 할 수 있다. 이를 통해 기업은 수요를 예측하는데 도움이 되며 다른 경쟁자들이 시장에 진입하는 것을 어렵게 하는 진입장벽 역할을 한다.

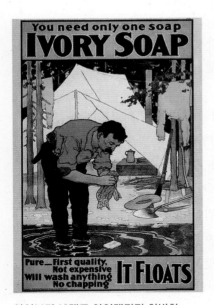

아이보리 브랜드 아이덴티티 차별화
P&G의 아이보리(Ivory)는 1897년 출시이전에는 비누를 덩어리의 형태로 소분하여 판매했다. 이후 처음으로 창업자 중 Haley Procter가 일정한 크기로 잘라 소포장하여 판매하고 그림처럼 물에 뜨는 순수함을 강조하여 차별화 하였다.

3. 브랜드의 형태

브랜드는 형태와 용어가 매우 다양하게 사용되고 있다. 학술적인 접근법에 의한 용어도 있지만 실무에서의 편의상 혹은 관례상 존재하는 다양한 용어가 있다.

1) 브랜드와 관련된 용어

각종 매체에서 브랜드 파워(brand power), 파워 브랜드(power brand) 혹은 히트 브랜드(hit brand)라는 용어를 자주 사용한다. 브랜드 파워란 브랜드 자산에 근거한 시장지배력 등을 의미한다. 이에 비해 파워 브랜드는 시장에 좀 더 강력한 지배력을 장기적으로 보유한 브랜드를 의미하는 반면, 히트브랜드는 단기적으로 시장에 성공한 브랜드를 의미한다. 이러한 측면에서 파워 브랜드는 장기적인 의미이며 히트브랜드는 단기적인 의미이다.

한편 이러한 파워 브랜드는 기본적으로 차별적 이미지를 갖고 경쟁우위를 확보하고 있다. 그러므로 파워 브랜드를 보유한다는 것은 개발시기부터 상당한 마케팅 투자가 필요하며 단기간에 이익을 기대하기가 어렵다. 하지만 파워 브랜드가 되면 브랜드 파워가 자연히 생겨 불황기에도 생존하는 시장지배력을 보유하게 된다. 불경기에는 소비자들이 소비를 극도로 자제하지만 필요할 경우 자신들이 잘 알거나 유명한 브랜드에게만 지갑을 열기 때문이다.

한편 실무에서 브랜드를 부착하지 않은 브랜드를 제네릭 브랜드(generic brand)라고 한다. 이는 브랜드명이 없는 것으로 제품자체의 일반명사를 강조하는 브랜드를 의미한다. 제조업체 브랜드는 제품을 생산하는 제조업자가 부착하는 브랜드로 제조업체 브랜드(national brand)라고 불리운다. 우리가 흔히 볼 수 있는 브랜드이다. 유통업체에서 부착한 브랜드를 유통업체 브랜드(private brand)라고 한다. 대표적으로 이마트의 노브랜드가 있다.

한편 최근에는 브랜드에 관련된 용어가 관리의 개념과 결합하여 매우 다양하게 확장하고 있다. 브랜드 전도(brand evangelism), 브랜드 사랑(brand Love)이 대표적인 개념이다. 사실 이러한 내용은 특이한 것이 아니나 이러한 새로운 용어를 통한 브랜드 관리의 중요성이 더해졌다는 의미인 것이다.

브랜드 전도는 고객이 자사의 제품 품질, 스타일, 고객 서비스 또는 가치에 너무 반해서 기회가 있을 때마다 자사에 대한 좋은 소식을 말 그대로 퍼뜨리는 것을 의미한다. 브랜드 사랑이란 브랜드 충성도가 높은 고객을 채택하여 브랜드의 옹호자나 영향력 있는 사람으로 만드는 마케팅을 의미한다.

일반적으로 기업이 브랜드 전략을 수행할 때 사용하는 형태적 브랜드는 다양한 전략 스펙트럼에 따라 다양하게 불리어진다. 즉, 기업은 자사에게 효과적이며 효율적인 브랜드 전략을 수행하기 위해 제품에 부착되는 브랜드의 범위를 달리하고

이마트의 자체 브랜드(PB: Private Brand)
신세계 emart에서는 세부적이고 차별적인 다양한 PB제품으로 시장을 공략하고 있다.

킴스클럽의 자체 브랜드(PB: Private Brand)
오프 프라이스라는 가성비 위주의 기존 PB상품에서 벗어나 킴스클럽만의 검증된 품질과 차별된 가치를 제공하는 시그니처 상품을 확대해 운영하고 있다.

있는데 이때 다양한 형태적 용어가 사용된다. 제품별로 각기 다른 브랜드를 부착하는 개별 브랜드(individual brand)와 제품마다 공동의 브랜드를 부착하는 공동 브랜드(family brand)가 있으며 또한 하나의 제품에 두 개 이상의 브랜드명을 결합해서 사용하는 결합 브랜드(co-brand)가 있다.

개별 브랜드는 기업에서 생산되는 제품별로 각각 다른 브랜드를 부착하는 전략으로써 브랜드별로 차별적인 개성을 확립하기 쉬워 브랜드 이미지 구축에 유리하다. 그리고 개별 브랜드를 지원하는 마케팅 활동이 특정제품에 맞추어 준비되어 있기 때문에 표적시장의 고객욕구를 효과적으로 충족시킬 수 있다는 장점이 있다. 그러므로 개별 브랜드 전략은 제품 디자인, 마케팅 커뮤니케이션 프로그램, 가격, 유통전략 뿐만 아니라 브랜드 네임 로고 및 다른 브랜드 구성요소들 전부가 특정 표적시장에 초점을 맞추어 계획될 수 있다. 또한 개별 브랜드의 특정 제품이나 기존 제품에 대한 평판이나 실패로 인해서 어려운 난관에 부딪혔을 경우에 다른 브랜드와 기업자체에 대해 연계되어 발생할 수 있는 위험을 최소화 할 수 있다. 그러나 개별 브랜드 만으로는 브랜드 자산을 별도로 구축하기에는 개발 및 유지비용이 많이 소요되기 때문에 규모의 경제와 시너지 효과를 기대하기가 매우 어렵다. 그러므로 개별 브랜드는 제품별로 소비자의 욕구, 유통경로, 판매방법이 이질적일 때 사용하는 것이 바람직하다.

이러한 개별 브랜드 전략과 밀접하게 관련이 있는 전략으로는 다브랜드 전략(multibrand strategy)이 있다. 이는 동일한 품목내에 두 개 이상의 브랜드를 개발하는 마케팅 전략으로 각 품목마다 다른 이름의 브랜드를 출시함으로써 소매점에서의 진열대 면적을 많이 확보하려는 방법이다. 그러나 개별 브랜드 전략이나 다브랜드 전략들은 다른 공동 브랜드 전략이나 결합 브랜드 전략보다는 광고나 유통에 소요되는 마케팅비용이 많이 드는 단점이 있다.

공동 브랜드(family brand)는 각각의 개별제품에 동일한 브랜드를 적용하는 것으로 기업의 기존 브랜드가 인지도가 높고 이미지가 좋게 형성되어 있을 경우에 활용하는 브랜드 전략이다. 공동 브랜드는 제품들간에 공통된 연상으로 시너지효과를 창출할 수 있으며 기존의 브랜드가 쌓아놓은 명성이나 호의적인 이미지 때문에 신제품 도입시에 소비자들에게 수용을 촉진시키는 효과를 기대할 수 있다. 뿐만 아니라 마케팅 커뮤니케이션 수단들을 통해 제품을 알리거나 유통망 구축과 관련된 마케팅 비용을 절감할 수 있다는 장점이 있다.

그러나 공동브랜드를 부착한 제품들 중에서 특정 제품이 실패를 하거나 부정적인 문제가 발생되었을 경우에는 다른 제품들에게도 부정적 이미지가 전이되어 확산될 가능성이 클 수 있다는 단점이 있다.

또한 최근에 급변하는 대·내외적인 환경변화와 소비자들의 니즈가 다양하게 변화되는 상황에서 기업이 효과적으로 대응하기 위해 다양한 신제품개발과 더불어 기존 제품의 수명주기는 점점 짧아지고 있기 때문에 상대적으로 개별 브랜드 전략보다는 공동 브랜드 전략을 선호하는 현상이 잦아지고 있다. 특히 신제품을 끊임없이 개발해야 하는 식품, 가전 및 제약업에는 이러한 전략이 더 효과적일 수도 있다. 그러므로 공동 브랜드 전략은 품질, 기술 그리고 위생 등의 면에서 문제가 생길 위험이 작을수록 적당하고 이러한 위험이 클수록 개별 브랜드 전략을 수행하는 것이 바람직하다.

공동 브랜드에는 기업명을 사용하는 경우와 제품계열별로 별도의 공동 브랜드 명을 부착하는 방법이 있다. 먼저 기업명을 그대로 이용하는 경우는 오뚜기(케첩, 마요네즈, 카레) 등과 같이 기업명을 제품에 먼저 사용하는 방법을 말한다. 제품계열별로 별도의 공동 브랜드네임을 이용하는 경우는 하나 혹은 소수의 제품계열에 동일한 브랜드를 적용하는 것을 말한다. 예컨대, LG전자는 인테리어 가전 브랜드인 'LG 오브제컬렉션'(냉장고, 스타일러, 에어컨, 광파레인지 등)을 사용한다. 대상의 경우 요리에서의 기초재료의 경우 청정원이라는 브랜드를 사용한다. CJ의 경우 장류 전문 브랜드인 해찬들 등을 예로 들 수 있다. 이 방법은 기업과 관련된 연상이 직접적으로 나타나지 않으며 대체로 동일 제품 계열별로 제품들 사이에 연상작용이 발생하게 된다.

이런 공동 브랜드 전략과 밀접하게 관련이 있는 전략으로 브랜드 확장 전략(brand extension strategy)이 있다. 이 전략은 기업이 인지도와 신뢰도가 높은 기존의 브랜드명을 사용하여 신제품을 출시하는 것이다. 이때 기존의 제품에 적용된 상태를 모브랜드(parent brand)라고 하며 모브랜드가 확장 브랜드를 통해 다수의 제품과 연관되어 있을 경우 패밀리 브랜드(family brand)라고 불린다.

브랜드 확장전략은 신제품의 수용을 촉진시킬 수 있을 뿐만 아니라 소비자에게 브랜드의 의미를 명확하게 전달 할 수 있어 긍정적인 피드백을 제공할 수 있는 장점이 있다. 그러나 확장라인이 너무 많으면 소비자들에게 혼란스럽게 할 수 있으며 소매점의 진열공간의 한계로 저항에 직면할 수 있다. 뿐만 아니라 기존 브랜드의 시장을 잠식할 수 있으며 실패할 경우에 모 브랜드의 이미지를 손상시킬 수 있는 단점이 있다.

공동 브랜드(co-brand)란 두 개 이상의 브랜드 명을 하나의 공동제품으로 결합하거나 혹은 어떤 특정한 형태로 공동으로 사용하는 경우이다. 이 방법은 두 기업이 전략적 제휴(strategic alliance)으로 브랜드 간의 결합을 통해 브랜드 파워를 발휘하는 방법이다. 예컨대, 신한 비자 카드는 신한

대상의 패밀리 브랜드
대상(주)는 장류를 중심으로 한 요리기초 재료 브랜드로 청정원이라는 패밀리 브랜드 전략을 사용하고 있다.

카드와 비자 카드가 전략적 제휴로 사용하는 브랜드다. 이러한 결합 브랜드는 신규사업 진출 시 많이 활용되는데 단독으로 진출하기 어려운 범주에 진출할 때 상대적으로 강력한 전략적 우위를 활용하는 경우이다. 뿐만 아니라 자사의 기업 브랜드명이나 개별 브랜드명과 공동 브랜드명간의 결합을 통해 차별화를 하기 위해 사용된다. 카카오 페이, LG 그램 등의 예가 있다.

한편 결합 브랜드의 형태이기도 한 성분 브랜드(ingredient brand)는 다른 브랜드 제품의 부품이나 구성요소를 표기함으로써 브랜드 가치를 높이는 방법이다. 산업재의 대표인 반도체를 생산하는 인텔사의 경우 intel-inside, 의류 산업에서 고어텍스(Gore-tex)등이 대표적인 예이다. 이러한 전략은 호스트 브랜드뿐 아니라 자신의 브랜드 자산을 강화시키기도 한다.

4. 브랜드 관리의 중요성

오늘날 기업경영에 있어서 브랜드 관리는 매우 중요하다. 왜냐하면 소비자의 기호변화, 강력한 경쟁브랜드의 진입, 정부규제의 변화, 기업자에의 경영활동과 전략적 변화 등 환경변화에 따라 효과적인 브랜드 관리가 지속적으로 요구되기 때문이다.

이러한 브랜드 관리에 있어 특히 브랜드 자산은 기업의 생존에 매우 필요한 요소이다. 브랜드 자산의 의미는 쉽게 설명하면 다음과 같다. 만일 애플, 삼성, 샤넬, 나이키 등이 다른 자산은 모두 유지하고 있는 상태에서 브랜드 명을 더 이상 사용하지 않는다면 엄청난 손실이 발생할 것이다. 브랜드 명을 상실하게 된다면 이를 만회하기 위해 기업은 엄청난 마케팅 노력이 투입이 되어야 할 것이다.

이러한 측면에서 글로벌 기업들은 일찍이 브랜드 자산 중요성을 알고 관리해 왔으며 브랜드의 아이덴티티가 희석되어갈 때 브랜드 자산관리의 관점에서 재활성화나 리뉴얼을 적극적으로 시행하는 등 전체적인 브랜드마케팅 관리를 하고 있다.

1) 브랜드 자산을 통한 브랜드 관리

브랜드 자산이란 브랜드의 명칭과 상징과 관련하여 축적된 자산의 총액에서 부채를 감한 것으로 높은 브랜드 자산을 갖는다는 것은 그 브랜드를 갖지 않은 것에 비해 가치가 증가된 것을 의미한다. 브랜드 자산은 고객의 관점과 기업의 관점에서 나누어 설명할 수 있는데 고객의 관점으로 정의할 경우 브랜드 자산은 소비자의 브랜드 충성도에 의해 창출되며 이는 높은 브랜드 인지도와 강력하고 호의적인 브랜드 연상(혹은 이미지)으로 만들어 진다. 이에 비해 기업의 관점에서는 관리되어야 하는 것으로 IR과 M&A에 보다 용이할 수 있도록 관리하는 것을 포함하기도 한다. 즉, 기업이 특정 브랜드를 소유함으로써 기업의 가치도 높아지기 때문에 기업은 브랜드를 자산으로 관리하는 것이다. 특히 인터브랜드(interbrand)사는 매년 브랜드 자산의 형태를 금액을 위주로 환산해서 발표한다.

그림 1-1 interbrand사의 2022년 브랜드 순위

01 Apple +18% 482,215 $m	02 Microsoft +32% 278,288 $m	03 Amazon +10% 274,819 $m	04 Google +28% 251,751 $m	05 Samsung +17% 87,689 $m
06 Toyota +10% 59,757 $m	07 Coca-Cola 0% 57,535 $m	08 Mercedes-Benz +10% 56,103 $m	09 Disney +14% 50,325 $m	10 Nike +18% 50,289 $m
11 McDonald's +6% 48,647 $m	12 Tesla +32% 48,002 $m	13 BMW +11% 46,331 $m	14 Louis Vuitton +21% 44,508 $m	15 Cisco +14% 41,298 $m
16 Instagram +14% 36,516 $m	17 Facebook -5% 34,538 $m	18 IBM +3% 34,242 $m	19 Intel -8% 32,916 $m	20 SAP +5% 31,497 $m
21 Adobe +23% 30,660 $m	22 Chanel +32% 29,259 $m	23 Hermès +27% 27,398 $m	24 J.P. Morgan +14% 24,335 $m	25 YouTube +16% 24,268 $m

위의 〈그림 1-1〉에서 보는 바와 같이 시장에서 기업이 경쟁우위를 확보하는데 있어 브랜드 자산이 매우 중요한 것을 알 수 있다. 이와 같이 브랜드 자산 구축의 노력이 기업에 있어서 매우 중요함에도 불구하고 부정적인 영향들이 다음과 같이 나타난다.

첫째, 장기지향적인 것보다는 단기적인 매출성과에 집착한다는 것이다. 브랜드 자산의 구축을 통한 시장지배력보다는 단기적이고 근시안적인 매출위주의 판매촉진이 잦아들고 있다는 것이다.

둘째, 시장이 매우 세분화됨에 따라 다양한 매채의 등장으로 인해 일관성 있는 마케팅 커뮤니케이션 활동을 하기가 어렵다는 점이다. 예전에는 단순한 ATL(Above the line)이라고 할 수

있는 4대매체(TV, Radio, 잡지, 신문)위주로 마케팅 커뮤니케이션을 하였지만 최근 IT(Information Technology)의 발전으로 인해 BTL(Below the Line)이라 할 수 있는 인터넷 등 수많은 새로운 매체와 방법이 온라인 오프라인을 통해 나오기 때문에 이들을 효과적으로 통제하고 일관성있는 브랜드 이미지를 형성하기가 어렵기 때문이다.

셋째, 위와 같은 마케팅 커뮤니케이션의 문제로 인해 기업의 조직내에서도 서로 다른 부서나 조직구성원에 의해 다른 목적으로 수행되는 일이 많기 때문에 갈등과 조정이 어려움을 겪고 이러한 문제는 무분별하고 원칙없는 브랜드 도입을 초래하게 한다. 한편 반대도 증가하는데 이미 구축된 브랜드를 관련성이 별로 없는 신제품들에게 무조건 활용하려는 추세도 증가하고 있다. 결국 이는 브랜드 전략의 원칙과 브랜드의 아이덴티티의 일관성 상실하여 브랜드 자산의 감소로 귀결된다.

마지막으로, 단기적인 경영성과위주의 압력의 증가이다. 브랜드 자산을 높이는 브랜드 마케팅 활동의 장기적 성과 등을 계량적으로 제시하기가 매우 어렵기 때문에 단기적인 매출과 연계한 경영성과에 집착하며 아울러 단기자금 확보를 위해 주력 브랜드에 대한 투자를 줄이거나 소홀히 하게 된다.

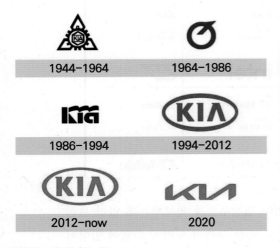

기아의 브랜드 리뉴얼
기아는 오래된 이미지의 브랜드를 새롭게 제작하였다. 리뉴얼 한 새로운 로고는 리듬, 균형, 상승의 의미를 갖고 있다. 사명도 기아자동차(Kia Motors)에서 기아(KIA)로 사명을 바꾸었다. 자동차 비즈니스를 뛰어넘는 모빌리티 비즈니스로 도약하기 위한 브랜드 리뉴얼이다. 슬로건 Movement that inspires(영감을 주는 움직임)으로 전면적으로 리뉴얼 하였다.

2) 브랜드 리뉴얼 및 재활성화를 통한 브랜드 관리

브랜드 자산은 시간이 흐름에 따라 변화하며 관리를 잘하지 않으면 쇠퇴하게 되는데 이러한 쇠퇴 브랜드를 다시 관리하는 방안이 브랜드 리뉴얼 및 재활성화 전략이다.

이렇게 쇠퇴하는 이유로는 소비자들의 니즈변화, 경쟁전략의 변화, 정부규제의 변화, 사회의 변화 등 미시 및 거시적 환경요인에 의해서도 발생하며 이외에 기업자체도 브랜드 관리에 크고 작은 수정을 필요로 하는 다양한 경영활동과 전략적 변화 때문에 나타나기도 한다.

그러므로 효과적으로 브랜드를 관리하기 위해서는 이러한 다양한 영향요인들 하에서 고객가치기반의 브랜드 자산을 더욱 강화시키거나 적어도 유지하기 위한 적극적인 브랜드 전략이 필요하다. 일반적으로 효과적인 브랜드 관리는 장기적인 시각을 갖고 있어야 한다. 기업이 마케팅 활동으로 수행하는 일은 소비자들의 해당 브랜드에 대한 지식구조를 변화시켜 브랜드 자산의 구성요소인 인지도나 이미지에 영향을 미칠 수 있다.

이렇게 현재 마케팅 활동에 의해서 형성되는 소비자들의 브랜드 지식구조의 변화는 해당 기업의 미래 마케팅 활동 성과에 간접적으로 영향을 미치게 된다. 그러므로 고객가치기반의 브랜드 자산 관리라는 관점에서 보면 브랜드 마케팅 의사결정을 할 때 중요한 것은 그 결과로 나타날 수 있는 인지도나 이미지의 변화가 향후 어떤식으로 미래의 마케팅 성과에 긍정적으로나 부정적으로 영향을 끼칠것인가를 고려해야 한다. 예컨대, 가격할인이나 기타 빈번한 판매 촉진 활동은 저가격 혹은 할인이라는 연상을 소비자에게 형성될 수 있고 이는 충성도와 기업의 장기적 수익은 물론이거니와 브랜드의 생존에도 영향을 미칠 수 있다.

그러므로 브랜드 마케팅 담당자들은 브랜드 의미를 더욱 강화시키고 브랜드 자산의 원천을 지속적으로 관리하여야 할 것이다. 이를 위해서는 구축된 브랜드 자산의 강화와 새로운 브랜드 자산 원천의 창출 그리고 브랜드 자산의 재활성화 등이 필요하다. 즉, 기존 브랜드 자산을 강화하기 위해 고려해야 하는 요인들은 무엇인가 또한 브랜드 재활성화를 위한 방안은 어떤 것이 있는가를 살펴야 할 것이다.

5. 인지적 측면에서의 브랜드 의사결정

소비자의 구매의사결정과정에서도 브랜드는 매우 중요한 역할을 수행한다. 일상에서 사람들은 구매의사결정과정을 통해 제품이나 서비스를 구매한다. 또한 제품이나 서비스의 구매후 행동은 향후에 다시 그 제품을 선택하거나 판단하는데 이러한 과정에 있어서 핵심적인 역할을 하는 것은 브랜드이다. 우리가 제품이나 서비스를 생각할 때 일반적으로 브랜드 위주로 정보를 저장하기 때문이다.

소비자들은 제품을 선택할 때 대안의 수가 너무 많기 때문에 이러한 대안의 수를 줄이는 과정을 거치는데 일반적으로 전체 집합에서 상기집합(evoked set)으로 이후 구매고려집합(consideration set)으로 점차 대안의 수를 줄이게 된다. 이후 구매고려집합안에 남게 되는 브랜드를 비교하는 과정을 통해 선택을 하게 된다. 이러한 집합안에는 대체로 브랜드 인지도가 높은 브랜드가 존재할 가능성이 그렇지 않을 때 보다는 높다. 일반적으로 브랜드 인지도(brand awareness)란 소비자가 제품구매에 있어 특정브랜드를 알고 있는 정도이다. 이에는 브랜드 최초상기도(brand top of Mind: TOM), 브랜드 회상(recall), 브랜드 재인(recognition)이 있다.

브랜드 최초상기도란 특정 제품군을 떠올릴 때 가장먼저 떠오르는 브랜드를 말한다. 예컨대, 곽티슈를 구매한다고 할 때 크리넥스라는 브랜드를 제일 먼저 떠올리게 될 때 크리넥스를 최초상기도의 브랜드라고 한다. 브랜드 회상이란 어떠한 단서 등을 주지 않고 소비자가 스스로의 기억에서 인출해내는 브랜드를 브랜드 회상이라고 한다. 소비자가 커피샵 브랜드를 떠올릴 때 스타벅스, 이디야, 메가커피를 떠올렸다면 이러한 브랜드를 브랜드 회상이라고 한다. 한편 브랜드 재인은 소비자가 구매나 특정 시점에 있어 단서 등을 주었을 때 브랜드를 기억해 내는 것을 브랜드 재인이라고 한다.

이러한 브랜드 최초상기도, 브랜드 회상, 브랜드 재인은 순서대로 강력한 기억구조를 갖고 있다. 그런데 소비자에게 최초상기도나 꼭 브랜드 회상이 강력한 브랜드 파워를 갖거나 구매되는 것은 아니다. 실제로 소비자들의 브랜드에 대한 의사결정을 보면 브랜드를 미리 결정해서 행동(구매)을 하는지 아니면 행동(구매)시점에서 지각하는 브랜드를 비교결정해서 행동을 하는지에 따라 기업의 브랜드 전략은 달라져야 할 것이다.

한편 소비자의 구매고려집합에 어떤 브랜드들로 구성되어 있는지 그리고 구매고려상표군 내에 어떤 특성의 브랜드가 새로이 추가되는지 등 소비자의 의사결정을 둘러싼 상황맥락이 대안에 대한 선호와 선택에 영향을 미치게 된다. 즉, 소비자가 브랜드와 관련된 구매의사결정에 있어서는 많은 상황맥락적인 요소가 소비자의 판단과 선택에 많은 영향을 미친다. 상황맥락효과는 선호전이에 의한 맥락효과로 유인효과(attraction effect), 대체효과(substitution effect), 타협효과(compromise effect) 등이 있으며 소비자들의 선호체계의 다중성에 근거한 맥락효과로 상충대조효과(trade-off contrast effect)가 있다.

유인효과란 기존제품(브랜드)보다 열등하거나 우수한 신규제품(브랜드)을 자사의 제품라인에 추가시킴으로써 기존 제품이 실제보다 더 매력적이거나 덜 매력적으로 지각되도록 하는 효과이다. 대체효과란 구매고려집합내의 한 대안이 제품의 품질을 개선하거나 새로운 제품의 속성을 추가함으로써 소비자의 선호체계가 개선된 제품쪽으로 선호가 증가하는 경향을 나타내는 효과이다. 타협효과란 두 가지 선택대안이 존재하는 상황에서 세번째 대안이 추가될 때 중간 수준의 대안에 대한 선택확률이 증가하는 효과를 말한다.

상충대조효과란 선호전이현상이라기 보다는 고려상표군 자체가 새롭게 형성되는 과정에서 소비자들이 복수의 선호체계를 학습하여 가는 효과를 의미한다. 즉, 상충관계에 있는 둘이상의 속성에 대한 선호체계를 구매상황에 따라 다르게 형성해 브랜드 대안들을 비교한다는 것이다.

이러한 선호전이와 다중선호체계를 설명하는 이론적 근거는 Kahneman and Tversky(1979)가 주장한 프로스펙트 이론(Prospect Theory)이다. 이 이론은 소비자가 어떤 대안을 평가할 때 자신의 비교준거점을 중심으로 대안의 이익과 손실을 평가하는데 손실의 경우 이득에 비해 상대적으로 더 크게 지각한다는 이론이다.

결국 소비자의 인지적인 측면에 의해 브랜드의 선택이 달라지며 이로 인해 기업의 브랜드 마케팅 전략은 이에 근거해 수립해야 한다.

6. 감성적 측면에서의 브랜드 의사결정

감성적인 도구로서 브랜드 의사결정을 활용하는 대표적인 예가 브랜드 경험과 이러한 것을 이용한 체험마케팅이다. 물론 이러한 브랜드 경험과 체험마케팅이 완전히 감성적인 측면으로만은 아니지만 많은 부분 감성적 측면에서 소비자들이 브랜드에 대한 의사결정을 할 수 있게끔 해준다.

감성적 측면에서의 브랜드 의사결정은 최근 소비자가 자사의 브랜드를 경험하게 하여 이후 경험에 의한 구축된 브랜드 파워를 자산으로 삼아 시장 지배력을 강화하려는 기업의 전략으로 널리 사용되는 경향이 있다.

1) 브랜드 경험

일반적으로 브랜드 경험은 제품을 중심으로 하는 사용자 경험과 쇼핑, 서비스, 소비경험을 뜻하는 고객경험 모두를 포함하는 총체적인 개념이다. 일반적으로 브랜드 경험은 소비자의 인지도를 높이고 더 나아가 충성고객을 만든다. 즉 브랜드 경험의 목표는 특정 브랜드에 대한 소비자의 긍정적인 감정과 느낌을 만들어내는 것이다.

결국 브랜드 경험은 고객이 브랜드에 갖는 모든 감각, 감정, 인지, 행동의 지속적인 반응이며, 고객이 디자인을 비롯해 커뮤니케이션, 서비스, 환경 등 브랜드와 상호작용하며 얻는 총체적 반응을 의미한다. 따라서 브랜드가 고객 경험을 디자인할 때 총체적인 전략방향을 설정하고 공간을 통해 소비자에게 긍정적인 경험을 제공함으로써 관계설정과 비즈니스 전략을 더욱 구체화할 수 있다.

대표적인 브랜드 경험으로 애플이 있다. 애플은 '고객경험'이라는 키워드에 아무도 주목하지 않았을 때부터 제품, 공간, 서비스 등을 통해 소비자와 밀접한 관계를 이어갔다. 이후 최근에는 많은 기업들이 고객경험 위주의 브랜드 마케팅 전략을 많이 활용하기 시작하였으며 국내에도 신제품 출시 때만 아니라 이후에도 끊임없이 온오프라인을 통합하여 고객경험을 관리하는 경향이 짙어지고 있다.

애플의 체험공간
애플은 자사의 제품을 단순판매하는 것이 아니라 매장에서 판매만 하는 것 뿐 아니라 소비자가 애플의 제품을 손끝으로 직접 느끼고 즐겁고 환상적인 애플세계에 빠지는 경험을 제공한다. 이러한 체험장소를 제공하는 점포들이 지속적으로 증가하는 이유도 체험마케팅의 중요성 때문이다.

가전업계, 주방에서 오락실까지⋯이색 '체험'으로 MZ저격

국내 가전업계가 체험을 넘어 일상의 생활스타일까지 제시하는 이색 체험장을 통한 마케팅을 확대하고 있어 눈길을 끈다.

8일 업계에 따르면, 삼성전자와 LG전자는 자사의 신제품과 주력 상품을 직접 경험해 볼 수 있도록 체험 공간을 잇따라 개장하고 있다.

삼성전자는 다양한 공간에 자사 사물인터넷(IoT) 플랫폼 스마트싱스 체험장을 마련하고 멀티 디바이스의 연결을 통한 생활의 편리한 변화를 경험하게 하고 있다.

삼성전자에 따르면 스마트싱스 특화 체험존을 서울, 광주, 대구, 대전, 부산, 인천 등 전국 15개 디지털프라자와 백화점 매장에 마련했다. 이외에도 80개 매장에 모바일, TV, 가전 제품을 연계 진열한 통합 연출존을 구성했다.

스마트싱스 체험존은 홈 엔터테인먼트, 홈 스튜디오, 홈 피트니스, 홈 쿠킹, 게임룸, 반려동물 돌봄 등 6개의 주제별 공간에서 멀티 디바이스 연결을 통한 편리한 생활상을 제안한다.

예컨대, 홈 엔터테인먼트를 위한 파티룸에서 미리 설정해둔 '스마트싱스 파티모드'를 실행하면, 전동 커튼이 닫히고 포터블 스크린 '더 프리스타일'이 네온사인을 벽에 투사하고 사운드바에서 음악이 흘러나오며 파티 분위기를 연출할 수 있다.

또 홈 스튜디오로 꾸며진 스터디룸에서 '스마트싱스 방송모드'를 실행하면, 공기청정기와 에어컨이 무풍 모드로 전환되고 스마트 전등이 켜진 상태에서 태블릿을 스케치북으로, 스마트폰을 팔레트로 각각 사용하면서 그림 그리는 모습을 스마트 모니터를 통해 생중계할 수 있다.

삼성전자 매장 방문객을 위한 체험존도 운영한다. 대학생 유동인구가 많은 서울 강남본점, 홍대본점 등에선 게임룸과 스터디룸 체험존을, 신혼부부가 많은 수원 광교 갤러리아점에선 까사미아와의 협업을 통해 거실, 주방, 드레스룸 등 공간별 스마트싱스 사용성을 보여주며 가전과 가구를 함께 판매하기도 한다. 최근에는 프롭테크 기업 트러스테이와 협업으로 서울 성수동에 '스마트싱스 X heyy,(헤이) 성수'를 개장했다.

이곳에서는 스마트싱스를 통해 MZ 소비자들의 취향에 맞춘 공유 주거 기반 라이프스타일을 제안한다. 방문객들은 거실·주방·세탁 공간에서 자신의 라이프스타일에 맞춰 최신 '갤럭시'기기부터 '비스포크' 가전, 프리미엄 프로젝터 '더 프리미어' 등 다양한 제품과 스마트 조명·블라인드 등 외부 기기를 연동해 공유 주거에 최적화된 스마트싱스를 즐길 수 있다.

이현정 삼성전자 한국총괄 상무는 "공유 주거라는 콘셉트로 새롭게 마련된 스마트싱스 체험 공간에서 더 많은 고객들이 한층 진화한 스마트 주거 트렌드를 경험해 보길 바란다"고 말했다.

LG전자는 올레드 TV 특화 체험 공간인 금성오락실이 꾸준한 인기몰이를 하면서 MZ세대를 위한 차별화된 마케팅 공간으로 활용하고 있다. 뉴트로 감성의 금성오락실은 지난해 서울 성수동에 처음 개장 후, 부산 광안리를 거쳐 서울 강남역 인근에 최근 개장하면서 시즌3을 맞았다.

오는 27일까지 운영되는 금성오락실은 올레드 TV로 추억의 게임을 즐기는 최고의(First), 차별화된(Unique), 세상에 없던(New) F·U·N(펀, 즐거운) 경험을 제공할 것이라고 회사는 밝혔다. 김선형 LG전자 한국HE마케팅담당 상무는 "오직 LG 올레드 TV만이 가능한 혁신 폼팩터와 압도적 화질을 앞세워 새로운 경험과 즐거움을 찾는 MZ세대 고객들에게 혁신 경험을 지속 제공할 것"이라고 강조했다.

〈자료원〉 브릿지경제, 2022.11.8

2) 체험마케팅

브랜드 경험을 체계적으로 실현하는 마케팅 중 하나가 Schmitt가 강조한 체험마케팅이다. 고객들은 경쟁자들보다 더 나은 기능적 특징과 편익의 제공 그리고 긍정적인 브랜드 이미지를 당연히 여기며 브랜드로부터 그 이상의 무언가를 기대한다. 즉, 소비자는 감각에 맞고 라이프스타일에 적용되며 유대감을 가질 수 있는 브랜드를 원한다. 이에 적절하고 바람직한 고객체험을 가져다주는 능력이 최근 브랜드마케팅에 핵심적인 전략이 되어 있으며 이를 체험마케팅이라고 하며 이에는 브랜드 자산구축이 중심에 포진되어 있다. 체험(경험/experiential)마케팅은 목표시장의 고객에게 총체적인 소비의 경험을 제공하려는 기업의 통합적인 마케팅행동을 의미한다. 체험마케팅을 추구하는 기업들은 소비자가 구매후에 지각하게되는 체험들이 고객 만족과 충성도에 연결된다고 한다. 이러한 것 때문에 마케터들은 제품과 서비스를 잘 결합시켜 브랜드 경험(brand experience)을 소비자에게 제공하려고 한다.

체험마케팅은 고객의 브랜드에 대한 총체적인 경험인 감각, 감성, 인지, 관계, 행동의 5가지 유형이 결합되어 창출된다. 이 5가지 유형의 체험마케팅은 커뮤니케이션 수단, 시각과 언어적 아이덴티티의 요소, 제품외형, 공동 브랜딩, 공간환경, IT매체환경, 인적요소 등 체험제공 수단을 적절하게 혼합하여 운용될 수 있다.

한편 Pine and Gilmore는 고객참여와 몰입이라는 두가지 요인에 따라 체험을 엔터테인먼트적, 미적, 교육적, 현실적 체험의 4가지 유형으로 제시하였다.

이러한 소비자의 경험 및 체험은 국내에서도 브랜드 마케팅의 주요한 포인트로 활용되고 있다. 최근 삼성전자, LG전자는 플래그십스토어 뿐 아니라 모바일 앱 등의 메타버스 환경과 결합하여 그들의 고유한 브랜드 아이덴티티를 체험할 수 있도록 하고 있다. 특히 삼성의 경우 본사가 있는 기흥에 삼성의 모든 것을 체험할 수 있는 혁신적이고 메머드한 공간을 기획하여 운영할 예정이라고 한다.

(1) 체험마케팅

① 감각

미국의 Abecrombie의 매장
고객들에게 감각마케팅을 통해 총체적인 브랜드의 아이덴티티를 제공하여 고객이 체험할 수 있도록 매장 제공하여 고유의 브랜드 자산을 구축하였다.

체험마케팅 중 감각을 이용한 마케팅 즉 감각마케팅(sense marketing)은 사람의 오감 즉, 시각, 청각, 촉각, 미각, 후각을 자극하여 고객에게 감각적 체험을 창출하여 브랜드 자산을 구축하고 강화하려는 것이다. 감각 마케팅은 고객을 유인하고 제품에 부가가치를 제공하고 자사브랜드를 차별화시키는데 기여한다. 기업이나 브랜드에 대한 인상은 브랜드 스타일에 의해서 영향을 받는데 브랜드 스타일은 브랜드 제품의 고유한 특질을 표현하는 방식을 의미한다.

미국의 아베크롬비의 경우 매장을 클럽의 느낌이 나도록 조명과 음악에 차별을 두고 판매사원의 차별화, 그리고 향기까지 자사의 브랜드 아이덴티티를 전체적으로 체험할 수 있게 매장을 운용하고 있다.

이러한 브랜드스타일은 시각적요소(색상, 모양, 서체 등) 청각적 요소(음의 고저, 박자 등), 촉각적요소(재료나 재질) 등의 감각적 요소의 결합에 의해 충출된다. 브랜드스타일은 복잡성(최소주의 vs 장식주의), 표현방식(사실주의 vs 추상주의), 움직임(동적 vs 정적), 강렬함(시끄러움/강함 vs 조용함/약함) 등의 몇가지 차원을 중심으로 분류된다. 에비앙 생수의 경우에 페트병 자체에도 섬세하게 알프스의 산맥을 표현하고 있다. 뿐만 아니라 핑크색을 사용하는 이유 역시 에비앙 생수가 그냥 물이 아니라 사람의 몸을 깨끗하게 하고 아픈 곳을 치유하는 약이라는 인식을 주기 위한 색상으로 활용했기 때문에 가능했던 것이다. 실제로 에비앙 생수는 해발 4,800m의 알프스 산맥에서 3만 년이라는 긴 시간 동안 내렸던 눈과 비가 원료인데, 알프스 빙하의 퇴적층을 1년에 100m~300m 정도의 속도로 천천히 통과하면서 생기는 미네랄을 담고 있다.

알프스 산맥을 시각화한 에비앙 패키지
에비앙 생수는 알프스 산맥의 수질이라는 점을 부각하기 위해 패트병에도 산맥을 각인시켜서 제작했다. 이러한 점을 통해 브랜드 프리미엄을 강조하고 있다.

② 감정

체험마케팅 중 감정에 의한 마케팅 즉, 감정마케팅(Feel markeitng)이란 기업이 고객들에게 브랜드에 대해 어떤 특별한 느낌(감정)을 유발시켜 브랜드 자산을 구축하려는 마케팅 실행방법이다. 감정마케팅을 성공적으로 수행하기 위해서는 기업은 소비과정에서 소비자가 경험하게 되는 감정의 유형을 이해해야하며 어떤 마케팅자극들이 어떤 유형의 감정을 야기시키는가에 대한 이해가 필요하다.

브랜드 제품에 대한 감정은 소비과정에서 주로 발생한다. 따라서 소비상황에서 다른 사람들과의 대면접촉과 상호작용은 강한 감정을 유발하는 중요한 원천이 된다.

국내의 경우 오로라민C가 박카스와 비타500이 양분하고 있는 피로회복제 드링크 시장을 허물게 되었다.

감정마케팅은 직접적인 대면접촉을 통해 감정이나 느낌을 강화시킬 기회가 많은 복잡하고 고관여도이나 서비스의 브랜드 자산강화에 매우 적합하다. 특히 영업사원을 통한 마케팅활동이 주가될 때 매우 유효하다.

한편 기업과 고객간의 직접적 접촉이 상대적으로 적은 저관여제품에 대한 감성마케팅 접근은 감성전이광고 (transformational advertising)을 통할 수 있다. 정서유발광고는 광고 속에서 광고모델이 특정의 브랜드제품을 사용하면

오로나민C의 정서유발광고
오로나민C는 광고에서 정서유발광고(transformational advertising)를 통해 감정마케팅을 실현했다. 흥겨운 광고음악을 통해 활기차고 신나는 감정을 야기시켜 피로회복이라는 브랜드의 아이덴티티를 강화시키는 마케팅 노력을 하였다.

서 갖게 되는 어떤 감정을 보여줌으로써 그 광고를 본 소비자가 간접적으로 체험한 정서를 광고된 브랜드로 전이시키는 목적의 광고유형이다. 오로나민C의 광고는 즐거운 감정을 브랜드와 결부시킴으로써 자사의 브랜드 아이덴티티를 강화시키고 있다.

③ 인지

체험마케팅 중 인지를 이용한 마케팅 즉, 인지마케팅(Think marketing)은 고객들에게 사고를 창조적이며 정교하게 하도록 유도하며 문제해결적 체험을 제공하는 마케팅 노력을 의미한다. 성공적인 인지 마케팅을 수행하기 위해서는 기업은 놀라움, 흥미 혹은 호기심을 유발하는 체험수단을 제공하고 이를 활용해야 한다. 이는 고객들에게 기업과 브랜드에 대한 긍정적인 인식을 갖게 한다. 인지마케팅은 매우 다양한 제품과 서비스에 적합하며 주로 신기술을 적용한 제품에 보편적으로 사용되고 있다. 스마트폰의 신제품이 출시될 때 각 기업들이 제품 체험관을 운영하는 것이 그 예 중 하나이다.

④ 행동

체험 마케팅 중 소비자의 행동에 영향을 주는 마케팅 즉, 행동마케팅(Act marketing)은 고객의 육체적인 체험과 라이프스타일, 상호작용에 영향을 끼치는 체험을 제공하는 마케팅 노력을 의미한다. 이 행동마케팅의 특징은 고객의 육체적 체험을 강화하고, 이렇게 할 수 있는 다양한 방법, 다양한 라이프스타일과 상호작용들을 제시함으로써 고객의 브랜드에 대한 체험을 풍요롭게 한다. 행동마케팅은 크게 세 가지로 분류되는데 첫째, 실질적으로 육체와 관련되는 행동 마케팅인데 육체와 감각과 자극되는 느낌들을 극대화하여 이를 마케팅 노력에 활용한다.

둘째, 라이프스타일과 관련된 것인데 대표적인 예로 나이키의 'Just Do It.' 캠페인이 있다. 단순히 운동화나 스포츠 용품을 판매하는 광고가 아니라 실제로 도전을 자극하며 나이키가 함께한다는 의미를 표출한다.

셋째, 타인과의 상호작용과 관련되는 행동마케팅이 있다. 행동마케팅 전문가들은 한 개인의 믿음과 신념을 바꾸려고 노력할 뿐만 아니라, 모든 상호관계에 있는 사람들의 관점을 함께 바꿈으로써 그 효과를 더욱 강력하게 한다.

할리데이비슨 소유자 그룹
미국 오토바이 브랜드인 Harley-Davidson은 고객과의 관계를 강화시키고자 소유자 커뮤니티(HOG; Harley-Davidson Owners Group)를 통해 빈번한 교류가 이루어져 강력한 관계를 유지한다.

⑤ 관계

체험마케팅 중 고객과 자사의 관계를 이용한 마케팅 즉, 관계마케팅(Relate marketing)은 고객들의 자기향상욕구(이상적인 자아)감각, 감성, 인지, 행동 등 다른 4가지 차원들을 모두 포함하고 있다. 그러나 관계는 개인적이고 사적인 차원을 넘어 '개인적 체험'을 증가시키고 개인으로 하여금 이상적인 자아나 타인, 문화 등과 연결시켜줌으로써 고객의 '자기향상' 욕구를 자극한다. 또한 사람들을 더 넓은 사회적 시스템과 관련시켜서 강력한 브랜드 관계와 브랜드 공동체를 형성한다. 관계마케팅의 기본적인 목표는 고객들과의 관계를 구축하고 유지하는 것으로서 이러한 관계가 점차 지속되면 고객들은 자연스럽게 기업 및 브랜드에 대한 애착을 보이게 되며, 이들은 구전과 같은 행동을 통해 잠재적으로 관계를 맺을 가능성이 있는 새로운 고객들을 유인할 수 있도록 도와준다. 대표적으로 할리 데이비슨 오토바이는 미국인들의 자유로움을 아이덴티티로 소통을 강조하는 커뮤니티를 운영하여 이를 통해 브랜드 자산을 강화하고 있다.

BRAND HIGHLIGHT

"구찌 버거 먹고 스니커즈 산다"...명품은 왜 레스토랑을 여나

명품 럭셔리 브랜드 구찌가 이태원에 '구찌 오스테리아' 식당을 열고 미슐랭 3스타 쉐프가 만든 요리를 판다. 버거 하나에 2만7000원, 코스메뉴는 12~17만원 수준인 이 레스토랑의 예약은 오픈 하자마자 4분 만에 마감됐다고 한다.

루이비통이 지난 5월에 한 달여 간 운영한 팝업 레스토랑은 정식 오픈을 하기도 전에 사전 예약 시스템으로 모든 시간이 매진 된 것은 뉴스도 아니다. BTS멤버인 제이홉이 방문하는 등 최고의 럭셔리 브랜드가 내놓은 음식은 어떨까 궁금해하는 이들로 핫 플레이스가 됐다. 9월에도 청담동에 두 번째 팝업 레스토랑을 오픈하자마자, 30만원 가격대에도 불구하고 예약권에 웃돈까지 붙었다.

스위스 명품 시계 브라이틀링도 올 초 일찌감치 브랜드샵을 오픈하면서 카페와 레스토랑을 오픈했다. 명품 시계의 브랜드 경험을 식음의 라이프 스타일로 표현해 명품 마니아들로부터 조용한 반향을 얻고 있다.

한국이 낳은 아이웨어 명품 브랜드 '젠틀몬스터'도 일찌감치 심상치 않은 행보를 해 왔다. 압구정동의 새로운 플래그십 샵인 하우스 도산에 '누데이크'라는 디저트 카페를 열었는데 전국각지의 디저트 매니아 와인스타그래머들의 성지가 되었다.

왜 이런 명품 브랜드는 자신의 업의 본질과 상관이 없어 보이는 분야에 집착하는 것일까.

코로나19 팬데믹으로 만들어진 디지털 공간의 활성화는 2030세대는 물론이고 6070세대의 노년세대까지도 온라인 속에서 브랜드를 경험하고 구매하게 만들었다. 엄청난 패러다임의 변화 속에 브랜드는 다양한 방법으로 브랜드 경험을 만들기 위해 투자를 하기 시작했다. 판매를 위한 기능적 공간으로서 오프라인의 역할은 상당 부분 온라인이 대체 하지만 브랜드 경험을 위한 공간으로서 온라인의 역할에는 한계가 있다는 것을 우선 경험한 것이다. 팬데믹 기간이 브랜드에게는 패러다임 변화를 실감하는 시간이기도 했지만 온라인 속에서 제품과 서비스 경험의 차별화는 분명 한계가 있다는 것을 느낀 시간이기도 했기 때문이다.

브랜드들이 식음분야에서 유독 브랜드 경험을 확장하려는 경향이 나타나는 데는 이유가 있다. 패션 명품 브랜드를 구매하기 하기 위해 매장을 들러 브랜드를 경험하는 것 보다 훨씬 저렴한 비용으로 브랜드를 경험할 수 있는 기회를 제공할 수 있기 때문이다. 수 천만원의 비용을 들이지 않아도 고객은 한시적이긴 하지만 브랜드 경험을 오감으로 즐길 수 있다.

한마디로 브랜드 경험의 진입 장벽을 낮출 수 있다. 새로운 명품의 소비주체로 떠오르고 있는 MZ세대들에게 브랜드 경험을 제공하고 이들을 본품의 고객으로 유입시키기 가장 좋은 카테고리인 셈이다.

남성 그루밍 브랜드 올드 스파이스의 체험 마케팅은 브랜드샵 대신 바버샵을 오픈하는 것으로 실행됐다. 오하이오주립대 근처 쇼핑거리에 있는 올드 스파이스 바버샵은 남성들을 위한 서비스를 제공함과 동시에 그들만의 감성으로 공간을 연출했다. 그런가 하면 이 공간을 올드스파이스는 남성 미용에 대한 콘텐츠 아이디어를 연구하고 SNS를 위한 다양한 콘텐츠 스튜디오로 활용한다. 오프라인 공간은 고객의 브랜드 체험의 공간이자 온라인 콘텐츠의 제작 공간이 된 셈이다.

침대 브랜드 시몬스가 침대와는 전혀 상관이 없을 것 같은 팝업 스토어를 운영하는 것은 어떻게 설명해야 할까. 2018년부터 문을 연 경기도 이천의 시몬스 테라스는 침대회사가 만든 공간이라고 상상하기 어려울 정도의 복합 문화 공간이다. 연간 20만명 이상이 찾는 명소인 이곳에서는 지역 농가들과 연계한 시몬스 파머스 마켓을 열고, 지역 농산물을 판매한다. 얼핏 침대와는 상관이 없을 것 같은 다양한 라이프 스타일을 보여주는 기기묘묘한 소품들을 판매하기도 한다. 서울의 성수동과 부산 전포동에서는 지역의 역사와 문화를 반영한 시몬스 하드웨어 숍을 여는 가하면, 서울 청담동에는 유럽 등지에서 주로 볼 수 있는 육가공 식품 판매점인 샤퀴테리 숍(Charcuterie Shop)을 콘셉트로 그로서리 스토어를 만들었다. 침대가 없는 이 모든 공간에는 삼겹살같이 생긴 수세미를 파는 가하면, 쌀과 메모지, 농구공 등 독특한 물건을 판다.

심지어 맛있는 버거를 팔기도 한다. MZ세대가 5000원짜리 굿즈를 사며 재미를 느끼고, 맛있는 버거를 먹으며 시몬스에 대한 호감을 느끼며 인스타그램을 통해 공유와 확산을 만들어 내는 브랜드를 경험하는 공간이다. 자신들의 업의 본질과는 얼핏 관련이 없어 보이지만 브랜드가 가진 문화를 보여주고 이를 통해 고객들에게 브랜드 체험을 하게 하며 브랜드의 팬덤을 만드는 공간인 것이다.

마케팅 이론의 차원에서 이런 현상을 설명하는 것이 체험 마케팅이다. 미국 콜롬비아 대학의 번 슈미트(Bernd Schmitt) 교수에 의해 제안된 체험 마케팅에 따르면 전통적 마케팅의 편의와 기능 위주의 제품 마케팅의 틀을 벗어나 소비자의 전체적 체험을 자극하고 이를 감각적, 감성적으로 자극하는 마케팅 전략이다.

특정한 상품이 줄 수 있는 특징이나 이익이 아닌, 그것이 소비되는 과정 중의 체험 혹은, 브랜드가 가진 자기다움의 경험을 전달해 소비자의 마음속에 상품 또는 브랜드를 포지셔닝 시키는 작업을 말한다. 다시 말해 브랜드는 소비자에게 제품의 편익 이외에 오감을 통해 자극과 즐거움을 주고 교육과 도전의 기회를 제공함으로써 소비자의 삶의 일부가 되며 그렇게 형성된 브랜드와의 유대감은 구매 결정에 결정적 영향을 미친다는 것이다.

소비는 더는 단순한 구매행위가 아니다. 소비 프로세스는 자신의 개성을 인식하는 과정이자 자아실현과 심리적 만족감을 얻는 과정이다. 그렇기에 우리는 어떤 브랜드를 소비하는가를 통해 그 사람의 성향을 유추하고 판단한다. 이러한 양상은 명품의 경우처럼 라이프 스타일 브랜드에 의해 더욱 강하게 일어난다.

브랜드 팬덤은 이제 제품을 이용하는 순간뿐 아니라 먹고 마시고, 숨 쉬는 모든 일상 속에서 만들어지는 유대감 속에서 자라난다. 그리하여 구찌 가옥에서 햄버거를 먹으며 구찌 스니커즈를 꿈꾸고, 비건 정신이 담긴 꽃 비빔밥을 먹으며 루이비통 백을 추앙한다. 그리고 시몬스 그로서리 스토어에서 '이상하게 만족스러운 영상(Oddly Satisfying Video)'을 보며 흔들리지 않는 편안한 침대 위의 잠자리를 꿈꾼다.

〈자료원〉 이코노미스트, 2022.10.8.

(2) Pine and Gilmore의 체험

Pine and Gilmore는 체험을 소비자들의 참여정도를 수동적이냐 능동적이냐의 관점과 체험이 몰입형인가 아니면 동화형인가에 따라 4가지 유형의 체험이 있다고 주장하였다.

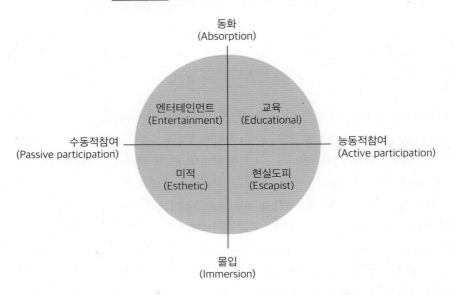

그림 1-2   Pine and Gilmore의 체험 4영역

동화
(Absorption)

엔터테인먼트
(Entertainment)

교육
(Educational)

수동적참여 ——————————————————— 능동적참여
(Passive participation)   (Active participation)

미적
(Esthetic)

현실도피
(Escapist)

몰입
(Immersion)

〈자료원〉 Pine II,B. Joseph and James H. Gilmore(1998), "Welcome to the Experience Economy," Harvard Business Review, 76(4), 97-105.

엔터테인먼트 체험이란 가장 일반적으로 발견되는 친숙한 경험으로 일반적으로 영화를 보거나 음악을 듣는 것처럼 인간이 느끼는 감각을 통해 수동적으로 참여하고 동화되는 경험이다. 교육 체험은 소비자들에게 적극적 참여를 통해 제품이나 서비스를 제공하고 지식이나 능력을 향상시켜주는 경험이다. 미적체험은 소비자들이 사건이나 환경에 완전하게 몰입되지만 적극적으로 참여하는 것이 아니라 그 속에만 존재하는 체험이다.

현실도피 체험은 소비자들이 완전하게 몰입된 상태에서 적극적으로 참여하는 것으로 시간을 투자할 만한 가치가 있는 장소와 활동을 찾는 것이다.

Pine and Gilmore는 체험에 대해서도 무료로는 얻을 수 없고 소비자가 진정한 비용을 지불해야 진정한 의미의 경험을 얻을 수 있다고 강조하고 있다. 이러한 측면에서 국내외 기업이 무료로 이용하는 체험관이나 플래그십 스토어로는 진정한 체험을 얻는데 한계가 있다고 하였다.

고객가치기반 마케팅과 브랜드마케팅

1. 고객가치기반 마케팅

고객가치기반 마케팅이란 고객가치에 초점을 맞추어서 투입과 산출을 고려하고 정립해 나가는 것이 고객가치기반 마케팅이다. 이러한 고객가치기반 마케팅을 실행하는 프로세스로는 가치확인(value identification), 가치창출(value creation), 가치 전달(value delivery), 가치유지(value capture)에 이르는 4단계의 과정이다.

먼저 고객가치 확인단계는 고객이 중요하게 생각하는 가치가 무엇인가를 이해하고 파악하여 이와 같은 가치를 창출하여 전달하기 위한 준비단계라 할 수 있다. 이 단계는 현재 국내 기업들의 가장 취약한 부분이라고 할 수 있다. 대부분의 기업들이 신제품의 개발과 관리에는 초점을 맞추고는 있으나 고객이 어떠한 핵심 가치를 가지고 있는지는 간과한다. 즉, 기업들도 고객이 중요하다는 사실은 인지하고 있으나 정작 제품과 서비스를 기획 할 때에는 기업이 가지고 있는 핵심역량을 토대로 신제품을 개발하기 때문에 고객들이 진정 원하는 가치를 충족시켜줄 제품을 생산하지 못하는 것이다.

이와 같이 고객보다는 제품과 영업을 중점으로 마케팅활동이 이루어지는 것이 우리나라 기업들의 현실이기 때문에 우리는 고객가치를 이해하고 파악하는 것이 우선적으로 필요하다. 이를 위해서 이 단계에서 주요한 마케팅 활동으로 크게 두 가지, 마켓 센싱(market sensing)과 마케팅 리서치(marketing research)를 제시할 수 있다. 마켓 센싱은 시장 내 잠재되어 있는 수많은 정보와 현상들을 인지하고 어떤 변화와 가치들이 있는지 확인하는 활동을 의미하며, 마케팅리서치는 탐색된 가치를 테스트하여 다음 단계인 가치창출 단계로 넘겨주는 전단계 역할을 하는 활동이다. 이 두 가지 활동의 기본적인 방법과 분석도구는 동일하다. 이 단계를 통해 우리는 잠재되어 있는 고객의 욕구를 경쟁사보다 빨리 인지함으로써 사업의 기회를 포착할 수 있다.

고객가치 창출(value creation)단계는 고객가치 확인(value identification)단계에서 도출한 고객가치를 제품 또는 서비스로 구체화시켜 고객의 욕구를 경쟁사의 그것과는 차별화된 방식으로 충족시키고자 하는 단계이다. 이 단계에서는 지금의 활동들이 어떤 가치를 창출하고 있는지, 또한 그 가치를 더 높일 수 있는 방법에는 무엇이 있는지에 초점을 맞추어야 한다. 이를 위해서는 기업의 가치사슬과 관련된 모든 부서가 전사적으로 기업의 현재 마케팅 활동을 평가하고, 피드백하고, 발전시켜나가는 혁신을 이루어야 한다. 가치를 창출함에 있어서 가치를 전달할 대상인 목표고객을 세분화하지 못한다면 마케팅을 논할 가치가 없는 일이 될 것이다. 또한 고객가치를 반영할 신제품을 개발하지 못한다면 그 기업은 미래가 없는 기업이 될 것이다.

따라서 이 단계에는 시장세분화와 신제품개발이 핵심적인 역할을 담당한다. 우선 세분 시장을 확인하고 이들 중에서 하나 혹은 그 이상을 표적 시장으로 선정한 후, 각 세분 시장에 맞는 제품을 구체화하여 차별화를 시켜야 한다. 특히 최근 들어 기술력, 시장 경쟁, 그리고 고객 욕구가 빠르게 변화함에 따라 기업은 신제품과 서비스를 지속적으로 개발하고 관리해야 한다. 성공적인 신제품을 개발하기 위해 기업은 우선적으로 3C(시장, 고객, 그리고 경쟁자)를 잘 이해하고 체계적인 신제품 개발과정을 통하여 가치를 전달할 수 있는 제품을 만들어야 한다.

고객가치 전달(value delivery)단계에서는 기업이 고객가치를 반영한 제품 또는 서비스를 전달하는 과정에서 부가적인 가치를 더하는 단계이다. 만약 기업이 창출한 가치를 고객에게 전달하지 못한다면 그 기업의 수익률은 매우 낮을 것이다. 앞서 말한 가치 창출 단계는 고객의 욕구를 구체화하는 과정이라면, 가치전달은 가치 창출 단계를 통해 만들어진 구체적인 상품을 어떻게 전달해야 가치가 극대화 될 것인지에 대해 고민하는 과정이다. 따라서 부가가치를 창출하기 위한 마케팅믹스 설계가 이 단계의 핵심이 된다. 사실상 기업의 가치 창출 단계는 전체 가치단계의 30%을 차지하는 반면, 가치전달은 나머지 70%를 차지한다. 많은 기업들이 혁신적인 제품을 개발하고도 성공하지 못하는 이유가 바로 이 사실을 간과하고 있음에 있다. 효과적인 가치 전달은, 원하는 시간에 원하는 장소에서 고객이 원하는 제품을 제공해주는 것을 말한다. 즉, 고객 가치 창출 단계에서 만들어진 제품에 나머지 3P(가격, 유통, 홍보) 전략을 효과적으로 실행함으로써 고객이 원하는 가치에 다른 부가적인 가치를 더하여 고객가치를 극대화 시키는 단계이다.

고객가치 유지(value capture)단계에서는 고객만족과 투자수익율(Return On Investment)등과 같은 지표를 이용하여 마케팅 성과를 평가 및 확인하는 단계이다. 기업은 차별화된 가치를 창조 및 전달하며 지속적인 관계를 형성함으로써 고객충성도를 새롭게 창출 및 장기간 유지해야 한다. 높은 고객충성도는 해당기업 제품에 대한 고객의 반복구매가 이루어지도록 하여 기업의 재무적인 성과를 창출하기 때문이다. 이를 위해 우선적으로 기업은 고객의 높은 만족도가 고객의 높은 충성도로 전환된다는 것을 인식해야 한다. 새로운 고객을 유치하는 비용은 기존 고객을 유지하는 비용의 다섯 배 정도이기 때문이다. 이를 통해서도 최근 이슈인 고객관계관리(CRM)가 무엇보다 중요하다는 것을 알 수 있다.

지금까지 고객가치기반 마케팅 프로세스에 대하여 설명하였다. 이와 같이 고객가치기반마케팅은 전 과정이 4단계 순으로 일방적 방향이 아닌 순환고리로 연결되어야만 고객에게 진정한 고객가치를 제공할 수 있고 이를 통해 신규고객을 유인하고 기존 고객을 만족 및 유지할 수 있다.

산출단계(output)는 고객가치기반 마케팅 프로세스를 통해 창출된 또 다른 새로운 고객가치

(new customer value)이다. 이 단계에서는 기존의 고객가치와 새로운 고객가치를 지속적이고 장기적인 가치가 될 수 있도록 하는 단계이다. Steve Jobs가 "많은 경우, 사람들은 원하는 것을 보여주기 전까지는 무엇을 원하는지 잘 모른다"라고 말했듯이, 고객들은 기업이 제품 또는 서비스를 통해 그들의 욕구를 구체화 시켜주기 전까지 자신들의 욕구를 알지 못하는 경우가 많다. 예컨대, 아이폰(iPhone)의 경우 우리는 아이폰 13에서 무엇이 불편한지는 알 수 있다. 하지만 애플사가 아이폰14를 보여주기 전까지는 이 핸드폰이 어떤 새로운 기술을 가지고 있는지에 대해서는 알 수가 없다. 고객들은 종종 기존의 제품에 대해 불편함을 느끼게 되는데, 이러한 고객들의 욕구를 반영하기 위해서 기업들은 기존의 문제점들을 파악하고 이를 보완하여 새로운 제품, 즉 새로운 가치를 창출하려고 노력해야 할 것이다. 더불어 기업은 고객의 필요(needs)를 확장시켜 욕구화(wants)화 시킬 수 있어야 한다. 때문에 기업들은 기존의 고객가치를 발전시키고 새로운 고객가치를 창출하도록 노력해야 한다.

이러한 고객가치 기반 마케팅을 실현하기 위해 모든 프로세스의 중심이 브랜드를 중심으로 수행하는 것이다. 이를 고객가치기반 브랜드 마케팅이라고 한다. 구체적으로 고객가치 기반 브랜드마케팅에서는 기업이 마케팅을 실행함에 있어 브랜드 자산을 구축하고 실행하고 관리하는 마케팅활동을 의미하며 구체적으로 브랜드 개성, 브랜드 아이덴티티, 브랜드 포트폴리오 등 다양한 마케팅 전략을 통해 브랜드와 소비자간의 관계를 강화하여 브랜드 자산 극대화하려는 마케팅 활동을 의미한다.

2. 브랜드마케팅

브랜드마케팅은 기업의 브랜드 자산을 강화 및 유지하기 위한 마케팅 활동의 총괄적인 개념이다. 기업은 차별적인 브랜드 아이덴티티 수립 및 확립, 그리고 이를 통한 브랜드 자산관리, 그리고 기존 브랜드의 적용규칙에 의한 전략적 방향 설정의 아키텍처, 브랜드 관계 등을 수행하는 것이 핵심이다. 그러므로 브랜드마케팅 전략에서는 소비자의 관계를 더욱 세밀히 분석하기 위해 행동과학과 인지과학을 바탕으로 한 정교한 마케팅 전략이 요구된다 할 수 있다. 브랜드마케팅의 주요한 개념을 간단히 살펴보자.

1) 브랜드 아이덴티티

일반적으로 아이덴티티(identity)는 우리 말로 정체성, ~다움으로 번역이 가능하다. 브랜드 측면에서 브랜드 아이덴티티란 간단히 정리하면 기업이 그들의 브랜드에 대해 소비자에게 주고 싶은 이미지이다. 실무에서는 간혹 브랜드 이미지와 혼용하며 사용하고 있다. 일반적으로 브랜드이미지는 소비자가 지각하는 브랜드의 연상이다. 그러므로 브랜드 아이덴티티와 브랜드 이미지가 일치할 때도 있지만 많은 경우 브랜드 아이덴티티와 브랜드 이미지는 일치되지 않는다. 설사 일치된다고 하더라도 관리를 하지 않으면 브랜드 아이덴티티와 브랜드 이미지는 멀어지게 된다.

강력한 브랜드를 보유하기 위해서는 반드시 풍부하고 명확한 브랜드 아이덴티티(brand identity)를 갖고 있어야 한다. 이렇게 하기 위해서는 기업에서는 브랜드가 유지하고자 하는 일련의 연상이 미지들을 갖고 있어야 한다. 브랜드 이미지(브랜드의 현재 연상이미지)와는 달리, 브랜드 아이덴티티는 브랜드가 갖는 지향점이라고 할 수 있다. 즉, 브랜드 아이덴티티란 브랜드가 표현하고자 희망하는 목표이미지를 의미한다.

Aaker가 제시한 브랜드 아이덴티티 기획모델에 의하면 브랜드 아이덴티티 구축과정을 이해하고, 개발하고, 활용하는 하나의 방법을 얻을 수 있을 것이다. 브랜드 아이덴티티 외에도 기획과정에는 전략적 브랜드분석과 브랜드 아이덴티티 실행시스템이 포함되어 있다. 브랜드 아이덴티티는 다음의 브랜드 개성으로도 강화될 수 있다.

2) 브랜드 개성

브랜드 개성(brand personality)이란 브랜드가 갖고 있는 인간적인 특징을 의미한다. 이러한 브랜드 개성을 이용하여 기업들은 차별화전략을 사용한다. 즉, 기업은 브랜드 개성의 개발 및 강화전략을 통해 타사와의 차별화를 실시하는 유용성을 갖는다. 일각에서는 브랜드 개성은 브랜드 이미지와 같이 생각을 하게 되나 엄밀하게 이야기하면 브랜드 이미지(brand image)는 브랜드 개성을 포함하는 더욱 큰 개념으로 이해해야 할 것이다. 일반적으로 브랜드 이미지는 브랜드 개성이외에도 브랜드와 결합된 제품속성, 편익, 사용용도, 결합된 감정 등을 포괄하는 것이다. 이러한 측면에서 브랜드 이미지를 강화하는 전략으로 브랜드 개성을 활용하는 것은 기업이 브랜드 차별화를 위해 유용한 도구가 되기도 한다. 특히 경쟁이 매우 치열한 시장이거나 특별한 차별화를 하기 어려운 시장이나 제품은 매우 유용하게 그들을 차별화 시킬 수 있을 것이다.

브랜드 개성에 대한 접근이나 연구는 두가지 방법이 있다. 첫번째로는 소비자의 개성 혹은 자아개념과 브랜드 개성간의 일치성에 관한 것이 있고 다른 부분은 브랜드 자체를 의인화 하여 브랜드가 지닌 인간적 특성을 규명하거나 소비자-브랜드 관계의 유형이나 특징을 조사하는 것이다.

구체적으로 살펴보면 소비자의 자아개념과 브랜드 개성간의 관계를 밝히는 연구들은 소비자 자아와 브랜드 개성간의 일치성이 높을수록 소비자는 그 브랜드의 선호도가 높아진다라고 한다. 구체적으로 보면 소비자들의 실제이거나 이상적 자아와 브랜드 개성의 일치성이 높을수록 소비자들은 그 브랜드를 더욱 긍정적으로 평가하게되고 소유하고 싶은 욕구를 가지게 된다. 예컨대, 한 소비자가 자신은 풍부한 예술성과 예민한 감수성을 갖는 사람이라고 생각을 한다면 이러한 소비자는 독특하거나 수려한 디자인을 가진 패키지의 제품을 선호할 것이다.

그림 1-3 브랜드 개성의 5개 차원 구조

진실함 (Sincerity)	흥미로움 (Excitement)	유능함 (Competence)	세련됨 (Sophistication)	견고함 (Ruggedness)
· 사실 그대로 (Down-to-earth)	· 대담한 (Daring)	· 믿을만한 (Reliable)	· 고상한 (Upper-class)	· 외향적인 (Outdoorsy)
· 가족 지향적 (Family oriented)	· 최신 유행의 (Trendy)	· 열심히 일하는 (Hard-working)	· 화려한 (Glamorous)	· 남성적인 (Masculine)
· 편협한 (Small-town)	· 흥미진진한 (Exciting)	· 안전한 (Secure)	· (잘생긴) Good-looking	· 서부적인 (Western)
· 정직한 (Honest)	· 열정적인 (Spirited)	· 똑똑한 (Intelligent)	· 매력적인 (Charming)	· 거친 (Tough)
· 진심 어린 (Sincere)	· 멋진 (Cool)	· 기술적인 (Technical)	· 여성스러운 (Feminine)	· 튼튼한 (Rugged)
· 사실적인 (Real)	· 젊은 (Young)	· 공공의 (Corporate)	· 부드러운 (Smooth)	
· 깨끗한 (Wholesome)	· 창의적인 (Imagination)	· 성공적인 (Successful)		
· 독창적인 (Original)	· 독특한 (Unique)	· 선두 (Leader)		
· 생기 있는 (Cheerful)	· 최첨단의 (Up-to-date)	· 자신만만한 Confident		
· 감상적인 (Sentimental)	· 독립적인 (Independent)			
· 친근한 (Friendly())	· 현대적인 (Contemporary)			

브랜드 의인화는 브랜드가 갖는 인간적인 특징을 규명하는 방안으로 진행되고 있다. 브랜드 개성 특성에 관한 연구는 브랜드가 인구통계학적(demographic descriptors)인 특성을 갖고 있다는 것부터 시작되었다. 예컨대, 성별, 나이, 소득계층 등의 묘사이다.

또한 특성(trait) 중심의 인간 개성에 관한 심리학분야의 연구를 근거로 브랜드 개성의 차원을 규명하는 연구가 수행되었다. Jannifer Aaker는 사람들의 개성이론중 하나인 특성이론(trait theory)를 바탕으로 브랜드 개성의 측정도구를 제시하였다. 이후 개성특성변수로 평가한 결과 브랜드 개성이 진실함(sincerity), 흥미로움(exitement), 유능함(competence), 세련됨(sopistcation), 견고함(ruggedness)의 다섯가지 차원으로 구분될 수 있음을 밝혀내고 브랜드 측정항목(Brand Personality Scale)으로 15개의 하위요인의 42개의 특성항목을 제시하였다.

3) 브랜드 자산

브랜드 자산은 일반적으로 다양하게 사용되고 있다. 자산이나 자본(equity or asset), 브랜드 파워(brand power) 그리고 평가(evaluation) 등으로 다양하게 활용된다. 그러나 일반적으로 브랜드 자산(brand equity)은 그 브랜드가 가지고 있는 총체적인 가치이다. David A. Aaker에 의해 최초로 제시된 브랜드 자산은 구성요소로써 브랜드 인지도, 브랜드 이미지, 브랜드 충성도, 지각된 제품의 품질 그리고 독점적 기타자산으로 이루어졌다. 또한 브랜드 자산의 기본적 개념으로는 브랜드 네임이나 심벌과 연계되어 기업과 그 기업의 고객을 위한 제품이나 서비스에 부가된 자산과 부채의 집합이라고 정의를 하였다.

Aaker의 브랜드 자산 모형을 살펴보면 브랜드 자산이 커질수록 시장점유율과 이익을 올릴 수 있고 잠재적 경쟁자들에게 진입장벽으로 작용하며 라이센스 등을 통해서 추가적으로 수익도 올릴 수 있다고 하였다. 뿐만 아니라 성공적인 브랜드의 확장을 통해서 신제품의 성공가능성을 높여주거나 출시비용을 낮출 수 있다고 하였다.

한편 Farquhar는 브랜드 가치를 활용하는 목적과 관점에 따라 브랜드 자산(brand equity)이 달라진다고 하면서 브랜드의 자산의 개념을 제품에 브랜드를 부여함으로써 기업과 소비자들이 얻게 되는 부가가치라고 하였다. 한편 Kapferer는 브랜드 자산이라는 용어를 재무적 관점과 마케팅 관점의 결합으로 보았다.

Keller는 고객중심적인 브랜드 자산 모형(Customer Based Brand Equity: CBBE)를 제시하였다. 초기에는 브랜드 지식(brand knowledge)이란 개념으로 그는 브랜드 자산을 설명하면서 브랜드 자산의 구성요소로 브랜드 인지도와 브랜드이미지를 제시하였다. 이후 조금 더 정교한 모형인 고객기반 브랜드 자산모형을 제시한 것이다. 이 이론에 의하면 브랜드 현저성을 바탕으로 브랜드 성과와 브랜드 심상이 구축되고 이러한 것이 소비자의 판단영역인 브랜드 판단과 브랜드 느낌으로 반응을 유발한 뒤 브랜드 공명을 통해 브랜드 관계를 형성하게 되고 이러한 것이 바로 고객기반 브랜드 자산이라고 하였다.

1,000만원짜리 명품 백에서 '브랜드 값'은 얼마일까, M&A 때도 활용되는 브랜드 가치 평가가격 · 품질보다 감성 · 디자인 가치가 클수록 '브랜드 역할력' 커져

'과연 이 상품에서 생산 비용을 비롯한 원가는 얼마일까. 그리고 이 브랜드이기 때문에 붙는 프리미엄은 얼마일까.' 누구나 물건을 살 때 한 번쯤 품어볼 만한 의문이다. 이 의문은 사실 '브랜드 역할력(role of brand)'과 관련된 이야기다.

브랜드 역할력은 브랜드 가치의 구성 요소 중 하나다. 브랜드 역할력을 포함한 브랜드 가치는 눈에 보이지 않는 무형 자산에 속하기 때문에 그것을 측정하기는 쉽지 않다. 하지만 브랜드 가치를 측정하기 위한 시도들이 다양하게 있어 왔고 글로벌 브랜드 컨설팅 기업인 인터브랜드는 브랜드 가치 평가의 체계적 방법론을 적용해 오고 있다.

럭셔리 브랜드, 브랜드 역할력 70% 달해

인터브랜드가 매년 발표하는 베스트 글로벌 브랜드(Best Global Brands)에 따르면 전 세계 브랜드 가치 톱100 브랜드 중 럭셔리 브랜드들의 평균 브랜드 역할력은 70%에 육박한다. 브랜드 역할력은 상품을 구매할 때 브랜드의 영향을 받는 정도를 말한다.

구체적으로는 시장 내 다른 대안들 중 특정 상품과 서비스를 선택하도록 소비자를 이끄는 브랜드의 기여도를 의미한다. 명품 가방을 산다고 가정할 때 브랜드의 무형 가치가 의사 결정에 미치는 영향력이 70%라는 의미다.

브랜드 역할력은 업종에 따라 매우 다른 양상을 보인다. 주유소 브랜드의 브랜드 역할력은 약 20%로 럭셔리 브랜드와 확연히 대조된다. 사람들이 주유소를 선택하는 기준은 주로 가격이다. 주유소 브랜드보다 가격이라는 기능적 요소에 의해 의사 결정이 내려진다.

이것은 에너지 업종의 브랜드 역할력이 낮다는 뜻이다. 금융업도 마찬가지다. 소비자가 은행을 선택할 때도 은행의 브랜드보다 이자율의 상대적 비교 결과가 더 중요하다.

소비자의 판단이 기능적 요소보다 감성적 요소들에 의해 좌우될수록 브랜드에 대한 소비자들의 의존도는 높아진다. '가격', '품질'과 같은 기능적 요소보다 '브랜드 감성', '디자인'과 같은 감성적 요소가 더욱 중요한 카테고리일수록 브랜드 역할력이 커진다.

나아가 기능적 요소가 상향 평준화되어 가는 지금 시대는 감성적인 이끌림에 따라 브랜드를 선택하는 경향성이 더욱 강해진다. 마치 브랜드 역할력이 높은 브랜드는 고객의 눈에 콘택트렌즈 대신 '하트 렌즈(heart lens)'를 장착하도록 한 것과 같다.

우리가 사랑에 빠지면 흔히 '눈에서 하트가 나온다'라고 표현하는데 브랜드 역할력이 높은 브랜드일수록 소비자는 그 브랜드를 열렬히 지지하고 좋아하게 된다. 이 때문에 소비자는 같은 품질 수준을 지닌 브랜드 중에서도 감성적으로 이끌리는 브랜드를 결국 선택한다.

브랜드 강도 · 무형 자산 창출 이익도 핵심 평가 요소

면밀한 브랜드 가치 평가를 위해 브랜드 역할력 이외에 고려하는 사항들이 있다. '브랜드 강도(brand strength)'와 '무형 자산 창출 이익'이다. 브랜드 강도는 경쟁 브랜드 대비 시장에서의 상대적인 파워를 의미한다. 브랜드 강도가 높을수록 경쟁사의 움직임, 경영 환경의 변화 혹은 소비자 행동 변화에 안정적으로 대처할 확률이 높다. 브랜드 강도가 강력한 브랜드는 미래에 지속적인 수요를 창출할 수 있는 더 큰 가능성을 가진다.

브랜드 강도를 확인할 수 있는 브랜드 강도 지표는 3개의 요소로 구성된다. '리더십(leadership)', '인게이지먼트(engagement)', '관련성(relevance)'이 그것이다. 그중 리더십은 내부적 요소이고 인게이지먼트와 렐러번스는 외부적 요소다.

내부적 요소는 해당 브랜드가 얼마나 내부 구성원 사이에서 강력하게 자리 잡고 있는지를 평가하는 요소다. 반면 외부적 요소는 해당 브랜드가 고객과 접점을 만들어 내고 지속적으로 관계를 맺는 것과 관련되어 있다. 구체적으로 보면 브랜드 강도의 내부적 요소인 리더십의 카테고리는 △브랜드의 미래 지향점이 명확하게 설정돼 있는가(direction) △브랜드 지향점에 나아가기 위한 일관된 시스템과 마인드셋이 구축돼 있는가(alignment) △고객의 니즈를 풍부히 이해하고 적극적으로 돕고자 하는가(empathy) △기민하게 조직과 서비스를 개선시키는가(agility) 등 4가지 세부 지표를 가진다.

외부적 요소인 인게이지먼트 카테고리는 △고유의 브랜드 자산을 보유하고 있는가(distinctiveness) △모든 접점에서 일관된 경험을 제공하는가(coherence) △고객의 적극적인 참여를 만들어 내는가(participation)의 3가지 세부 지표를 가진다.

마지막으로 렐러번스의 세부 지표는 △고객이 브랜드를 얼마나 인지하는가(presence) △고객에게 진실된 신뢰를 제공하는가(trust) △고객이 얼마나 감정적 · 자기표현적 · 사회적으로 긍정적인 느낌을 브랜드에 투영하는가(affinity)와 같이 고객 인식의 경험을 시간순으로 나타낸다.

아마존, 홀푸드 인수가의 70%를 무형 자산으로 산정

무형 자산 창출 이익은 뭘까. 인터브랜드는 무형 자산 창출 이익을 산출하기 위해 브랜드가 창출한 세후 영업이익 중 무형 이익만을 추출한다. 영업이익에서 재고 자산, 매출 채권과 같은 유형 자산을 제외하는 산정 방식이다. 무형 이익을 구하는 과정은 유형 이익에 기반한다. 결국 비즈니스의 유형적 성장과 브랜드라는 무형 가치의 성장은 연관성을 갖기 때문이다.

아마존은 홀푸드를 137억 달러(약 15조 5,600억 원)에 인수했는데 그중 약 70%에 가까운 금액은 '영업권'으로 지불된 것이었다. 영업권은 무형 자산에 해당한다. 매장을 포함한 실제 자산을 구매하는데 30%의 금액이 사용됐고 나머지 70%는 미래의 무형적 성장 가능성을 구매하는 데 사용됐다는 것을 의미한다. 한국에서도 무형 자산에 대한 관심이 높아지고 있다. 기업 인수 · 합병(M&A) 진행 시 브랜드 컨설팅 회사를 통해 피인수 브랜드의 가치 평가를 진행하며 인수 대상자에 대해 면밀히 검토하는 것이 그 예다. 기업의 M&A와 같은 특별한 상황이 아니더라도 브랜드 가치 평가는 성장 의지를 지닌 모든 브랜드에게 필요하다. 브랜드 가치 평가를 통해 결국 브랜드가 어느 지점에서 강점을 강화하고 약점을 보완할 것인지 파악할 수 있기 때문이다.

특히 브랜드 강도에 대해 경쟁사 대비 점수 진단 및 향후 핵심성과지표(KPI) 목표를 설정하는 것이 중요하다. 브랜드 강도 향상은 결국 브랜드 역할력, 브랜드 재무적 성과를 연쇄적으로 상승시키는 요인으로 작용한다. 예컨대, '디스팅티브니스(distinctiveness)'라는 브랜드 강도 항목이 경쟁사 대비 낮게 평가됐다면 브랜드 차별성에 위협 요인이 존재하는 것이며 소비자 니즈 기반의 브랜드 속성 보완이라는 전략적 개선점을 도출할 수 있다. 이런 보완이 이뤄진다면 브랜드 역할력의 증대, 나아가 유형적 자산의 성장까지 기대할 수 있다.

세계적 기업의 최고경영자(CEO)들이 매년 브랜드 가치를 KPI로 트래킹하고 전략적으로 관리하는 것은 이러한 이유에 기인한다. 브랜드 가치 평가의 진정한 의미는 결과가 아닌 과정에 있다.

〈자료원〉 매거진한경, 2022.8.23.

4) 브랜드 아키텍처 전략

브랜드를 따로 떨어져 있는 하나의 섬과 같은 개념으로 판단을 해버리면 브랜드 전략이란 삼성, LG, 3M, IBM과 같은 강력한 브랜드를 구축하는 일과 관련되어있다고 잘못 판단해버린다. 명확하고 통찰력이 있는 아이덴티티와 효과적이고 강력한 브랜드를 구축하는 일은 매우 중요한 일이다. 사실 기업들은 단하나의 브랜드를 소유하고 있는 경우는 극히 드물다. 즉 사실상 다수의 브랜드를 갖고 있다. 이때 브랜드들이 하나의 팀이 되어 함께 활동하며 서로 이득이 되고 서로의 진로를 방해되지 않도록 기업은 그들이 소유한 브랜드를 관리해야 한다. 브랜드가 섬이나 따로 건설된 건물처럼 생각한다면 혼란과 비효율이 발생하게 된다. 그러므로 기업들은 그들의 브랜드를 개별브랜드의 목표와 전체 브랜드의 목표를 잘 설계해야 하는데 이를 일반적으로 브랜드 아키텍처 전략(brand architecture)이라고 한다. 〈그림 1-4〉는 브랜드 아키텍처 전략 중 브랜드 하이어라키(위계)를 CJ제일제당의 예로 표현한 것이다.

Aaker와 Joachimsthaler는 브랜드 포트폴리오 전략, 시장에서의 브랜드 역할, 내부에서의 브랜드 역할, 적용범위에 대한 규칙 그리고 시각적 전략으로 이루어진 브랜드 아키텍처 전략을 제시하였다.

여기에서 포트폴리오 전략(brand portfolio)이란 브랜드의 추가나 브랜드의 퇴출에 대한 전반적인 전략이다. 시장에서의 브랜드 역할이란 브랜드가 보증브랜드, 편익브랜드, 공동 브랜드등의 역할이 어떠한 역할을 하는가에 대한 것이다. 내부의 브랜드 역할이란 기업의 성장에 있어 전략적브랜드(strategic brand)인가, 린치핀브랜드(linchpin brand)인가 실버불렛브랜드(silver bullet)인가 캐쉬카우(cash caw) 브랜드인가를 전략적으로 판단하는 작업이다. 구체적으로는 전략적브랜드란 미래에 상당한 정도의 판매량 혹은 시장점유율 그리고 이윤을 가져다 줄수 있는 브랜드를 의미한다. 린치핀브랜드란 해당 기업의 주요 비즈니스 영역이나 미래와 비전을 담보하는 브랜드를 말한다. 실버불렛브랜드란 다른 브랜드의 이미지에 긍정적인 영향을 주는 브랜드나 하위브랜드를 말한다. 전략적브랜드와 린치핀브랜드, 실버불렛브랜드는 기업에서 많은 투자가 필요하지만 캐시카우브랜드는 일반적으로 강력한 시장점유율과 고객을 확보하고 있기 때문에 추가적인 투자가 거의 필요하지 않는다.

한편 적용규칙은 주로 브랜드의 적용범위에 대한 규칙에 관한 것이다. 예컨대 어느 정도로 그들의 범위를 수평적으로 시장과 제품에 적용하여 확장할 것이냐 그리고 저가나 고가의 수직적으로는 어디까지 적용해야 하는가에 관한 규칙이다. 시각적 전략은 로고와 색상, 레이아웃, 글자체, 포장과 관련된 것을 의미한다.

그림 1-4 CJ제일제당의 브랜드 아키텍처전략 중 하이어라키

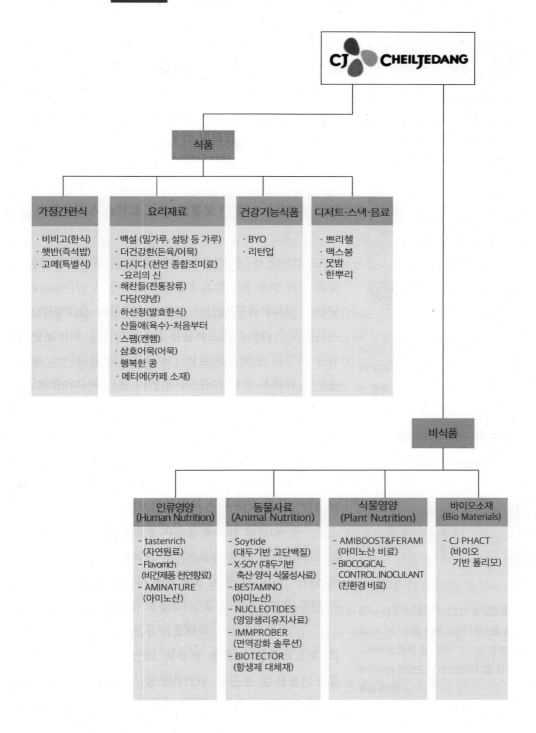

CJ CHEILJEDANG

식품

가정간편식
· 비비고(한식)
· 햇반(즉석밥)
· 고메(특별식)

요리재료
· 백설 (밀가루, 설탕 등 가루)
· 더건강한(돈육/어묵)
· 다시다 (천연 종합조미료)
 -요리의 신
· 해찬들(전통장류)
· 다담(양념)
· 하선정(발효한식)
· 산들애(육수)-처음부터
· 스팸(캔햄)
· 삼호어묵(어묵)
· 행복한 콩
· 메티에(카페 소재)

건강기능식품
· BYO
· 리턴업

디저트·스낵·음료
· 쁘리첼
· 맥스봉
· 못밤
· 한뿌리

비식품

인류영양
(Human Nutrition)
- tastenrich
 (자연원료)
- Flavorrich
 (비건제품 천연향료)
- AMINATURE
 (아미노산)

동물사료
(Animal Nutrition)
- Soytide
 (대두기반 고단백질)
- X·SOY (대두기반
 축산·양식 식물성사료)
- BESTAMINO
 (아미노산)
- NUCLEOTIDES
 (영양생리유지사료)
- IMMPROBER
 (면역강화 솔루션)
- BIOTECTOR
 (항생제 대체재)

식물영양
(Plant Nutrition)
- AMIBOOST&FERAMI
 (아미노산 비료)
- BIOCOGICAL
 CONTROL INOCULANT
 (친환경 비료)

바이오소재
(Bio Materials)
- CJ PHACT
 (바이오
 기반 폴리모)

5) 브랜드 관계 마케팅

우리의 일상에 있어 사람들은 제각기 다른 방법으로 상호간의 관계를 맺는다. 이와 같이 소비자들은 구매하는 브랜드와 관계를 맺는다. 즉, 소비자와 브랜드는 생활속에서 상호간에 개인적인 관계를 갖게 된다. 이러한 이유는 앞에서 말한바와 같이 브랜드는 이미 사람의 성격 즉 개성(personality)을 부여 받기 때문이다. 이에 따라 소비자와 브랜드의 관계에 대한 연구들은 이들 관계가 단편적인 소유주와 소유물의 관점이 아니라 사람대 사람 혹은 파트너 관계로 개념화 하여 브랜드 전략에 활용하게 된다. 소비자-브랜드관계(consumer-brand relationship)에 관한 연구의 시초는 Blackstone이 제시하였다. Blackstone에 따르면 브랜드 이미지나 브랜드 개성은 단지 소비자가 브랜드에 대해 갖게되는 연상을 의미하므로 이것으로 소비자-브랜드의 특성을 설명하기에는 부족하다고 하였다. 이에 소비자-브랜드 관계에서 두 사람간의 관계처럼 상호간에 관계를 보고 소비자-브랜드 관계를 소비자의 브랜드에 대한 태도(attitude toward brand)와 브랜드의 소비자에 대한 태도(attitude toword consumer)간의 상호작용성으로 소비자-브랜드 관계성을 정의하였다.

우리가 일반적으로 사람과 사람간에 다양한 상호작용을 하여 사람간의 관계를 형성시키고 유지시키는 것처럼 소비자들 역시 브랜드에 대해서 인격을 부여하여 마치 사람간의 관계처럼 브랜드와의 관계를 형성한다는 것이다. 즉, 소비자가 특정브랜드를 좋아하게 되면 그 브랜드도 자신을 좋아할 것으로 기대할 수 있다. 그런데 만약 그 브랜드가 기대만큼이나 성과(성능이나 서비스)를 충분히 제공받지 못할 경우에는 소비자는 그 브랜드에 대해 실망하고 분노감을 갖는 것이 사람대 사람의 관계처럼 느낄 수 있다는 것이다.

Frurnier(1998)는 이러한 개념을 좀 더 발전시켰는데 사람들이 일상속에서 제각기 다른방법으로 서로 관계가 갖는 것처럼 소비자들은 자신이 구매하는 제품 브랜드와 생활속에서 개인적인 관계를 맺는다고 하였다.

그녀는 연구에서 전통적인 가치관을 갖고 있는 50대의 여성, 포스트모더니즘의 가치관을 갖고 있는 20대 초반의 여성, 그리고 이들간의 과도기적인 30대 여성을 대상으로 장기간 심층인터뷰를 하여 소비자와 브랜드 관계를 살펴보았다. 그 결과 〈표 1-1〉과 같이 소비자-브랜드 관계유형을 주장하였다. 이러한 관계를 살펴보면 소비자-브랜드 관계를 소비자와 브랜드가 동등한 당사자로서 서로에게 파트너로서 공헌하며 상호작용하여 정서적 유대감을 갖는다고 하였다.

소비자와 브랜드간의 관계 확립이 강력한 유대감을 만드는데 중요한 역할을 한다고 하였다. 즉, 소비자는 브랜드를 단순한 만족에 의해서 구매하는 것이 아니라 브랜드에 인격을 부여하여 마치 인간과의 관계처럼 기쁨, 슬픔, 사랑 그리고 미움의 감정을 경험한다고 하였다.

표 1-1　소비자-브랜드 관계유형

관계 유형	정의	사례
중매결혼관계 (Arranged Marriages)	감정상의 끈끈함은 적지만 장기의 배타적 몰입	특정 브랜드 비누 판매업자의 강력한 권유로 그 브랜드 비누를 쓴다.
부담 없는 친구관계 (Casual Friends/Buddies)	친밀감과 상호작용이 낮은 관계로 상호이익이나 보답의 기대수준 낮음	매번 아이스크림을 다양하게 구매한다.
편의에 의한 결혼관계 (Marriages of Convenience)	신중한 선택이 아닌 환경적 영향에 의한 장기적 몰입	특정한 모임에서 마시게 된 맥주의 팬이 된다.
몰입된 파트너관계 (Committed Partnerships)	장기적/자발적 관계로 높은 애정/친밀감/신뢰감	특정한 브랜드를 매우 몰입하여 그브랜드의 옹호자가 된다.
최고의 친구관계 (Best Friendships)	친밀함과 상호이익을 공유하는 자발적 관계로 일반적으로 파트너의 이미지와 개인적 관심사 일치	러닝슈즈의 대명사로 리복이라고 믿는 러닝을 좋아하는 친구는 늘 그 브랜드를 사용하며 자신의 브랜드라 여김
상황에 따른 친구관계 (Compartmentalized Friendships)	매우 특정하게 상황에 달려 있는 우정으로 친밀함은 낮지만, 상호의존성과 사회정서적 보상은 큼	상황과 활동에 따라 상이한 브랜드 사용 팀 스포츠시 아디다스를 개인운동시 나이키를 사용
친족관계 (Kinships)	자기주장이 아닌 가족구성원으로부터의 선호를 비자발적으로 반영	엄마때부터 사용해오던 마미고무장갑을 계속 사용해야 할 것 같다.
대응관계 (Rebounds/avoidance-driven Relationship)	파트너 자체에 이끌려서라기 보다는 이전에 다른 파트너부터 회피하기 위해 형성된 관계	전 남편이 좋아하는 특정라면은 보기 싫어 다른 브랜드로 전환한다.
어릴적 친구관계 (childhood Friendships)	빈번한 관계는 아니지만 편안하고 안심하는 마음을 얻을 수 있는 관계	어렸을적에 즐겨먹었던 과자브랜드를 먹는다.
구혼기간관계 (Courtships)	몰입할 파트너를 결정하기 전의 임시관계	두 샴푸 중에서 어떤 것을 쓸지 한번 사용해본다.
의존관계 (Dependencies)	파트너가 대체 불가능하다는 생각으로 강박적, 감정적으로 강하게 이끌리며 파트너가 부재하면 매우 곤란해짐	자기의 머릿결의 비결이라고 하는 샴푸를 구매못할 때 어쩔 줄 몰라한다.
일회성관계 (Flings)	단기적으로 높은 감정적 보상을 원하지만 몰입과 상호이익 요구는 회피	특정 샴푸를 시용해본다.
비밀관계 (Secret Affair)	만약 타인이 알게되면 위험하다고 고려되는 매우 감정적이며 사적인 관계	당도 높은 케이크를 냉장고 구석에 숨겨서 밤늦게 몰래 먹는다.
노예관계 (Enslavement)	파트너 마음대로 지배되는 비자발적인 관계로 부정적인 감정이지만 상황 때문에 지속됨	특정 케이블TV업자에게 만족하지는 않지만 다른 대안이 없다.

〈자료원〉 Fournier, Susan(1997), "Consumers and Their Brands: Developing Relationship Theory in Consumer Research," *Journal of Consumer Research*, 24(4), 362.

브랜드 전략의 확장

1. 브랜드 윤리와 브랜드 위반

1) 브랜드 윤리

좋은 브랜드 제품을 만드는 것은 효과적인 브랜드 전략으로만은 충분하지 않다. 올바른 윤리를 갖고 지키려는 태도를 가지고 있을 때 가능하다. 브랜드 윤리(brand ethics)가 필요한 이유는 브랜드가 개별기업은 물론이거니와 해당기업의 평판을 높이기도 하지만 반면, 비윤리적 행동은 브랜드가 공들여 쌓은 무형의 자산에 심각한 손상을 입히는 것은 물론 완전히 파괴해버릴 수도 있기 때문이다. 기업들의 브랜드 비윤리적 사건은 다양하게 발행한다.

대표적인 사례 중 하나가 1970년대에 있었던 네슬레의 분유 스캔들이다. 당시 네슬레는 유아용 조제분유 부문의 강자였다. 그런데, 선진국에서 분유의 판매량이 감소하자 네슬레는 분유의 판매증대를 위해 간호사들을 내세워 개발도상국의 가난한 어머니들에게 유아용 조제분유를 무상으로 제공했다. 이후 세계보건기구(WHO)는 개발도상국에서 네슬레의 분유를 먹은 어린이들의 사망률이 모유를 수유받은 어린이들의 사망률보다 5배에서 10배 높다는 것을 발견하였다.

이러한 이유는 네슬레의 무상공급이 오히려 어린이들의 사망률을 증가시키는 아이러니한 일을 만든 결과가 되었기 때문이다. 네슬레는 수유기의 엄마들에게 무료 샘플을 지급하여 장기간 아기에게 모유 대신 분유를 먹이도록 유도했다. 그런데 모유가 부족한 어머니들은 나중에는 전적으로 분유에만 의지할 수밖에 없었다. 하지만 개발도상국의 아기 어머니들의 대다수는 분유 값을 지속적으로 감당하기가 힘들기 때문에 분유를 묽게 타서 아기들에게 먹이거나 적정용량보다 적게 먹이게 되었고, 이렇게 되자 오히려 개도국의 어린이들은 영양 결핍이 나타나게 되는 현상을 야기하게 되었다. 더구나 가루로된 분유를 타 먹이려면 깨끗한 물이 필요한데, 네슬러의 판촉 대상 지역은 대부분 위생적 식수 공급이 여의치 않은 곳이라는 점을 간과했고, 이에 대한 교육도 미비했다. 결국 오염된 물에 탄 분유를 먹은 아기들이 무수히 병들어가거나 죽어갔다.

2) 브랜드 위반

기업이 그 사회에 있어 규범을 위반 했을 때를 일반적으로 브랜드 위반(brand transgression)이라고 한다. 구체적으로 보면 기업의 브랜드 위반은 소비자-브랜드 관계 관련 규범의 위반으로 정의되며 관계 성과 및 평가를 안내하는 암시적 또는 명시적 규칙의 위반을 말한다. 이러한 브랜드 위반은 소비자의 기대에 브랜드가 부정적인 내용이나 사건 등이 나타나면 발생한다.

시장에서는 이러한 브랜드 위반은 다양하게 나타난다. 토요타(Toyota Motor Corp.)는 차량의 잘못된 가속 및 제동으로 인한 치명적인 사고가 증가한 후 부정적인 평판이 높아진 경우가 이러한 위반의 좋은 예이다. 개인 브랜드로는 타이거우즈(Tiger Woods)는 부적절한 관계가 알려진 후 나이키(Nike), 뷰익(Buick) 및 게토레이(Gatorade)를 포함한 여러 브랜드에 나쁜 이미지를 주게 되었다.

2. 비영리조직 브랜드

많은 비영리조직들이 브랜드마케팅을 적용함에 있어서 아직은 좁은 시각으로 브랜드를 접근하고 있지만, 최근 브랜드를 좁은 의미의 모금을 위한 도구로써만 바라보는 것이 아니라, 브랜드를 외부적으로는 더 폭넓고 장기적으로 사회적 목적을 달성하는 경영관리방법으로, 내부적으로는 정체성, 단합, 능력을 강화하는 경영전략으로 점점 인식이 변화하고 있다.

비영리 단체가 브랜딩이 필요한 이유는 기본적으로 다양한 의견을 전달하기 위해 브랜드를 활용하는 것이 비영리 단체 활동가(기부자), 조직의 내부인, 이해 관계자를 모으고 유지하는 데 도움이 되기 때문이다. 예컨대, 비영리 단체 활동가(기부자)가 어떤 비영리 단체에서 활동할 것인지(기부할 것인지) 선택을 고민할 때 의사결정을 할 수 있도록 도움을 준다. 뿐만 아니라 비영리 단체에서 근무하는 직원 혹은 지원자, 함께 프로젝트를 진행할 단체를 물색 중인 이해 관계자가 특정 비영리 단체를 선택하게 되는 명성과 이미지를 통해 만족감이나 동질성을 얻을 수 있기 때문이다.

그러므로 비영리 조직에서 브랜드마케팅은 활동가에서 내부구성원, 이해 관계자에 이르기까지 다양한 사람들에게 영향을 미칠 수 있다. 예컨대, 브랜드가 마음에 들지 않거나 부적절하다고 느낀다면 해당 브랜드에서 일하고 싶지 않을 것이고 브랜드가 영감을 주는 다양한 기회를 제공한다고 느낀다면 그 브랜드를 위해 일하고 함께 활동하기를 원하게 될 것이다.

1) 비영리조직의 브랜드마케팅의 회의론과 긍정론

비영리조직에서 브랜드 적용은 회의론과 긍정론이 존재한다. 우선 회의론부터 살펴보자.

첫째, 많은 비영리조직과 그들의 리더들은 브랜딩을 재정 확보라는 상업적 목적과 연관시키고 있다. 이들은 브랜드를 기업들이 상품에 더 높은 가격을 책정하기 위한 도구로 이해하기 때문에 브랜드의 향상은 비영리 활동의 질을 떨어트릴 것이라고 생각을 한다. 또한 그들의 활동 자체보다 이윤 추구가 그들의 목적이 되면서 조직 이름만 너무 남발되는 것이 아닐까 하고 우려한다. 뿐만 아니라 일부 비영리 브랜딩을 연구하는 연구자들 역시 비영리부문의 지나친 상업화와 상업적 환경을 위한 프로그램에 경고를 보내기도 하였다.

둘째, 브랜드마케팅이 때때로 참여적인 의사소통을 피하고 상하명령 방식으로 오해를 하는 것이다. 브랜드이미지를 새롭게 하는 것은 보통 많은 구성원들이 참여하는 것보다 소수의 사람들이 참여하기 때문에, 새로운 브랜드는 위로부터 독단적으로 강요된 것처럼 지각될 수 있다는 것이다. 이러한 점은 특히 조직의 새로운 리더가 단체의 일하는 방식을 바꾸기 위해 아주 적극적인 노력을 취하는 방법으로 리브랜딩을 추진하려고 할 때 특히 더 그렇다.

셋째, 브랜드마케팅에 대한 집중이 조직의 필요보다 리더십의 허영에 근거하는 경우가 있다. 예컨대 비영리조직의 브랜드가, 명성 그 자체만을 의미하거나 미션을 달성하기 위한 마케팅보다는 리더 개인의 브랜드 달성으로 끝나는 경우가 있기 때문이다.

넷째, 연대 활동을 많이 하는 조직들은 하나의 강력한 브랜드가 약한 브랜드들을 가리고 참여하는 다른 조직이나 파트너들 사이에 힘의 불균형을 야기한다는 점을 회의론으로 꼽는다.

결국 비영리조직에 있어 브랜드마케팅이 회의감을 불러일으키는 네 가지 요인들은 비영리부문의 그들의 조직의 자긍심과 상당히 맞닿아 있다. 그러므로 비영리조직에 있어서 브랜드의 회의감을 줄이기 위해서는 결국 조직 미션에 대한 자긍심, 참여적 의사결정에 대한 자긍심, 조직 문화를 정의하는 가치에 대한 자긍심, 파트너십에 대한 자긍심과 연결되어 있다는 점을 명심하고 이들과의 관계를 고려하여 총체적으로 브랜드마케팅을 해야 할 것이다.

한편 비영리조직에서 브랜드 회의론자들이 조직에 대한 자긍심을 보여주었다면, 비영리조직에서 브랜드마케팅 지지자들은 조직 내부에서 브랜드가 단합과 역량을 강화하는 방식 즉 긍정적인 측면을 살펴보자.

첫째, 조직의 미션, 가치, 아이덴티티와 이미지의 조화는 명확한 브랜드 포지셔닝과 다양한 구성원들의 결속을 얻을 수 있다. 이러한 공공부문의 브랜드는 그 기관의 내부인과 자원봉사자들이 브랜드 아이덴티티를 공유하고 인지할 때 조직의 단합을 높이고 그들의 업무에 집중할 수 있게 하여 공유된 가치를 강화시킨다. 뿐만 아니라 이렇게 형성된 조화는 수혜자와 참여자 그리고 나아가서 기부하는 사람들에게도 거대한 신뢰를 형성하게 한다.

둘째 브랜드마케팅으로 인한 강한 결속력과 높은 신뢰는 조직의 역량과 사회적 영향력을 갖는다. 결속력이 높은 조직은 조직의 자원을 더 효과적으로 집중해서 사용할 수 있게 하며, 외부의 높은 신뢰는 능력 향상, 재정 확대, 대중의 지지를 얻게 만든다.

결국 이러한 조직 및 단체 역량의 증가는 이들의 사회적 영향력을 높이게 된다. 이러한 사회적 영향력은 다시 파트너, 정책 입안자, 단체들 사이에 신뢰를 높임으로써 그들의 미션을 성취하게 된다.

2) 비영리조직의 브랜드마케팅 모형

Laidler-Kylander and Stenzel은 비영리조직에 사용되어야 할 브랜드 원칙들로 브랜드 완결성(brand integrity), 브랜드 민주성(brand democracy), 브랜드 윤리(brand ethics), 그리고 브랜드 화합(brand affinity)의 IDEA모형을 제시하였다.

브랜드 완결성(brand integrity)이란 조직의 내부적 아이덴티티가 외부적 이미지와 잘 연결되어있고, 이러한 아이덴티티와 이미지가 조직의 미션과 연결되어 있는 것이다. 내부적으로 높은 구조적 완결성을 가진 브랜드는 조직, 구성원, 기부자, 자원봉사자들의 아이덴티티와 자신이 왜 이 일을 하는지 그리고 왜 중요한지에 대한 공통된 의견을 조직의 미션과 잘 연결시킨다. 외부적으로 구조적 완결성이 높은 브랜드는 대중적 이미지 속에서 조직의 미션을 실현시키며 미션을 실현시키는 모든 단계에서 잘 확립된 이미지를 효과적으로 활용한다.

브랜드 민주성(brand democracy)은 조직이 조직의 핵심 아이덴티티에 대해 소통함에 있어서 구성원들, 내부조직인, 참여자, 자원봉사자들과의 신뢰를 형성하는 것이다. 브랜드 민주성은 브랜드가 보여지고 묘사되는 방식을 강하게 통제할 필요성을 줄여준다. 즉 브랜드 감시를 하지 않아도 브랜드의 아이덴티티를 통해 신뢰를 자연스럽게 형성되는 것을 말한다. 특히 SNS로 인해 아이덴티티를 강제적으로 통제하기는 매우 힘들게 되었다.

브랜드 윤리(brand ethics)란 브랜드와 브랜드의 사용 방식이 조직의 핵심 가치를 반영하여 윤리적으로 적용이 되는가의 문제이다. 브랜드 완결성이 브랜드를 미션과 연결시키는 것처럼, 브랜드 윤리는 조직의 내부 아이덴티티와 외부적 브랜드 이미지를 조직의 가치와 문화에 연결시키는 것이다. 만약 과도하거나 지나친 동정 등의 프레임을 사용하여 기부자들이나 자원봉사자들에게 강요하거나 동기를 유발하게 한다면 이것은 브랜드 윤리 상실로 직결될 수도 있다. 그러므로 긍정적이거나 희망적인 프레임의 사용하는 것이 바람직하다.

브랜드 화합(brand affinity)은 구성원들 및 기타 브랜드 관계에 있어 개인적인 이해를 넘어 집단의 이해를 촉진시키는 좋은 구성원이 되는 것을 의미한다. 강한 브랜드 화합을 가진 조직은 협력자들(정부 혹은 자원봉사들)을 이끌고 함께 마케팅을 한다.

캐릭터를 이용한 세계자연기금
세계자연기금은 팬더를 통해 야생동물 및 자연보존의 목표를 커뮤니케이션하고 있다.

FD1 국내 장수브랜드를 찾아보고 그들의 브랜드 스토리를 정리해보자.

FD2 브랜드와 상표의 차이를 설명하고 기업에서의 브랜드 관리 영역에 대해 논의해보자

FD3 자신이 브랜드라고 생각하고 파워브랜드가 되기 위한 성공적인 브랜드 전략을 수립해 보자.

FD4 브랜드의 비윤리적 사례와 브랜드 위반의 사례를 살펴보고 이후 해당 브랜드가 어떻게 되었는가를 정리해 보자.

2

소비자행동기반 브랜드 전략 원리

LEARNING OBJECTIVES

- [ ] **LO1**   소비자 정보처리과정을 이해할 수 있다.

- [ ] **LO2**   고려상표군의 의미를 브랜드 전략에 적용할 수 있다.

- [ ] **LO3**   휴리스틱을 활용한 전략을 브랜드 전략에 적용할 수 있다.

- [ ] **LO4**   프로스펙트 이론을 활용한 전략을 설명할 수 있다.

- [ ] **LO5**   선호역전현상을 활용한 전략을 설명할 수 있다.

매일유업 '어메이징 오트' 편견을 깨고 新시장을 개척할 수 있었던 비결은?

"오트(귀리)가 친환경적이고 몸에 좋다는 것을 다들 알고 있다. 하지만 귀리우유라는 것은 한국에서 새로운 시장이 만들어지기엔 너무 생소하지 않나."

이 같은 귀리우유 시장에 대한 식품업계의 편견을 깨뜨린 제품이 있다. 바로 매일유업의 '어메이징 오트'다. 어메이징 오트는 지난해 9월 출시 후 매 분기 평균 약 50% 성장세를 보이고 있다. 출시 후 두 달도 채 지나지 않은 시점에 이미 어메이징 오트 판매 수량은 100만 개를 돌파했다. 지금도 1분에 약 52개의 어메이징 오트가 판매되고 있다.

귀리우유는 한국인에게 흔한 유당불내증으로 우유를 잘 소화하지 못하거나 비건(채식주의) 식단을 추구하는 소비자, 건강을 찾는 중장년층에게까지 기존 우유의 대체유로 빠르게 자리잡고 있다.

상황 1 두유의 친숙함 VS 오트의 생소함
도전 1 타깃 세분화해 공략 후 확장

식물성 음료 중 국내 소비자들에게 가장 친숙한 것은 두유다. 친숙함은 새로움과는 배치되는 개념이다. 장수 제품이 새로운 것을 추구하는 젊은 층의 취향을 만족시키기가 쉽지 않다는 얘기다. 비건 시장이 커지고 있지만 '트렌디한 제품'을 원하는 MZ세대에게 두유만으론 대체유 시장에서 승부를 보기 힘들다는 게 매일유업의 판단이었다.

매일유업은 '트렌디한 식물성 음료'를 개발하기 위한 프로젝트를 장기간 진행해왔다. 2014년 김선희 사장이 취임한 이후 이 같은 노력은 본격화됐다. 2015년 미국 블루다이아몬드사와 협업을 통해 국내에 아몬드브리즈를 들여왔다. 아몬드우유라는 음료의 맛을 놓고 매일유업 내부에서도 의견이 갈릴 정도로 초창기엔 모험에 가까운 시도였다.

하지만 이미 해외에선 아몬드우유는 자리 잡고 있었다. 국내에서도 매일유업이 출시한 아몬드브리즈에 대해 건강을 생각하는 소비자들로부터 반응이 나오기 시작했다. 2016년엔 과감히 설탕을 뺐다. 철저히 건강음료로 자리잡겠다는 의도였다.

아몬드브리즈를 통해 대체유의 시장성을 본 매일유업은 새로운 대체유 작물을 찾아 나섰다. 바로 그 원료로 오트가 낙점된 것. 오트는 장점이 뚜렷하다. 영양이다. 오트는 현미의 다섯 배에 이르는 식이섬유를 함유하고 있어 '곡물의 왕'으로 불린다.

그중에서도 특히 혈중 콜레스테롤과 혈당 수치 개선에 도움을 준다고 알려진 수용성 식이섬유 베타글루칸이 풍부하다. 미국 식품의약국(FDA)은 오트의 베타글루칸을 하루 3g 이상 섭취하면 심혈관계 질환과 혈중 콜레스테롤 개선에 도움을 줄 수 있다는 내용을 밝히기도 했다. 한국에서는 지난 2010년 식품의약품안전처가 '콜레스테롤 개선과 식후 혈당 상승을 억제하는 데 도움을 줄 수 있다'는 점을 들어 귀리식이섬유를 고시형 건강기능식품 원료로 인증했다.

그럼에도 오트는 음료로 만들기에 소비자에게 생소하다는 한계를 갖고 있었다. 어메이징 오트 출시 전에도 몇 종류의 오트 음료가 국내에 출시된 상태였지만 대부분 중소 유통사에서 해외에 출시되어 있는 제품을 그대로 수입하는 형태였다. 가격대가 비싸고 국내 소비자의 인지가 낮았다.

매일유업은 이 한계를 극복하기 위해 액상 또는 파우더 형태로 가공된 오트를 수입하는 대신, 자체 공정을 개발했다. 오트를 원물 상태로 수입해 국내에서 가공함으로써 원가를 낮추고 가격 경쟁력을 확보했다. 고객에게 보다 신선하고 경쟁력 있는 제품을 제공할 수 있다는 강점도 있다. 환경에 대한 메시지를 진정성 있게 전달하기 위해 단가가 비싸지만, 종이 빨대를 도입했다.

출시 초기에는 규모가 작은 세분시장을 정확히 '타게팅'하는 전략을 택했다. 매일유업이 판매하는 대부분 제품이 저관여 소비재로 주로 '매스 마케팅'을 시도했으나 어메이징 오트는 타깃 노선을 차별화했다. 비건, 건강, 친환경이라는 가치를 부여해 젊은 여성층을 우선 공략한 것.

SNS를 통해 젊은 여성층의 미디어 사용 패턴과 소비패턴을 분석했고, 대형마트를 비롯한 오프라인 채널에서 주로 판매되던 여타 제품과 달리 주요 판매 채널을 이커머스 채널로 설정했다. 목표는 어메이징 오트를 단순한 식품이 아닌, 가치관과 취향을 드러낼 수 있는 패션성 아이템으로 만드는 것이었다.

트렌디한 카페 문화에 익숙한 젊은 여성들에게 귀리우유가 커피와 잘 어울린다는 메시지를 전달했다. 커피와 가장 잘 어울리는 레시피를 새롭게 개발해 신제품 '어메이징 오트 바리스타'를 출시했다. 현재 1,759개의 카페 매장에서 어메이징 오트 바리스타를 사용하고 있다.

젊은 여성에게 인지도를 확보한 후에는 확장 전략으로 전환하고 있다. 오트에 다량 함유되어 있는 수용성 식이섬유 '베타글루칸'으로 건강을 생각하는 4050세대로 마케팅 대상을 확대하고 있다.

상황 2 오트가 '친환경 곡물'?
도전 2 멸균팩 재활용 '친환경 마케팅'

오트는 우유와 비교해 탄소배출량이 약 72% 적다는 연구결과가 있다. 땅 사용량은 91%, 물 사용량은 92% 적다. 하지만 오트가 친환경 곡물이라는 이미지를 연상하는 소비자가 여전히 많지 않은 것이 매일유업의 고민이었다.

매일유업은 지난 7~8월 '지구를 살리는 놀라운 나' 캠페인을 벌였다. 어메이징 오트와 친환경 인식을 연결짓기 위한 작업이다. 생활 속 지구를 위한 노력을 필수 해시태그(#어메이징 오트, #지구를 살리는 놀라운 나, #친환경)와 함께 개인 SNS에 게시하면 선물을 주는 식이다.

멸균팩 재활용에 대한 인식을 높이는 것도 친환경 마케팅의 핵심 중 하나다. 매일유업은 어메이징 오트를 음용 후 세척, 건조한 멸균팩 20개를 모아 발송한 고객 모두에게 선물을 주는 행사를 했다. 두 달 동안 이 캠페인에 참여한 인원은 3만 명에 달했다. 해시태그는 총 1만5,291개가 생성됐다. 회수된 멸균팩은 3.2톤. 이 멸균팩들은 분리, 세척 과정을 거친 뒤 2,810만장의 페이퍼 타올로 재탄생했다.

매일유업은 "이 캠페인을 통해 멸균팩 재활용에 대한 소비자 인식을 전환·제고할 수 있었고, 어메이징 오트를 마시는 것만으로도 환경을 살리는 노력에 동참하는 것이라는 메시지를 효과적으로 전달했다"고 자평했다.

어메이징 오트 카페에서는 오트 라떼, 케이크, 크럼블, 쿠키 등 어메이징 오트를 활용한 다양한 메뉴를 만나볼 수 있다.

상황 3 아직 오트 경험 못한 소비자
도전 3 오트 직접 체험 '팝업스토어'

어메이징 오트가 출시된 후 1년 가량이 흐른 만큼 이젠 오트를 경험하지 못한 소비자를 찾아 나서는 마케팅을 펼치기 시작했다. 이를 위해 매일유업은 지난 8일부터 한 달간 성수동에 팝업스토어 '어메이징 오트 카페'를 개장했다.

어메이징 오트 카페에서는 오트를 활용한 다양한 음료와 디저트 메뉴를 선보인다. 매일유업은 건강을 위해 맛을 포기하지 않도록 전문 셰프와 함께 오트를 가장 맛있게 즐길 수 있는 시그니처 레시피를 개발했다. 어메이징 오트 카페의 모든 메뉴는 동물성 재료를 사용하지 않은 비건 메뉴로 만들었다.

어메이징 오트만의 특징인 핀란드산 귀리를 부각시키기 위해 핀란드의 오트밭을 그대로 느낄 수 있는 인테리어와 대형 포토존을 마련했다. 핀란드는 여름철 백야로 일조량이 풍부하고 물과 공기가 깨끗해 고품질 오트가 생산된다.

'지구를 살리는 놀라운 나' 캠페인을 통해 재활용한 페이퍼타월도 카페에서 판매해 마케팅 연계 효과를 노리고 있다. 카페 내 가구는 버려지는 우트 팔레트를 활용해 만들었다. 판매하는 모든 굿즈는 '플라스틱제로' 제품이다. 매일 비건 베이킹 클래스를 진행하는 것도 오트를 직접 체험하게 하기 위한 프로그램이다.

■ 마케터를 위한 포인트

매일유업은 어메이징 오트란 제품이 바로 '실험'이라고 말한다. 식물성 음료 시장이 향후 성장동력이 될 수 있을지 여부를 가늠하기 위한 실험이라는 것이다. 두유와 아몬드 브리즈, 어메이징 오트 등 3개의 식물성 음료 라인업을 통해 다양한 고객을 확보함으로써 초기 시장 장악에 유리한 고지를 선점했다는 의미도 있다.

매일유업 관계자는 "식물성 음료 시장이 빠르게 성장 중이기는 하지만, 오트라는 생소한 원료로 만든 음료가 얼마나 성공적으로 자리잡을지는 미지수였다"면서 "하나의 세분시장에서 확고히 자리매김한 뒤 그 성공 경험을 바탕으로 타깃을 확장했다는 점은 특히 기존 시장에 새로운 제품을 출시해 안착시켜야 하는 마케터가 눈여겨봐야 하는 지점"이라고 분석했다.

〈자료원〉 한국경제, 2022.10.14.

이 장에서는 소비자가 외부로부터 오는 자극을 처리하는 과정을 소비자 정보처리 이론을 중심으로 노출, 주의, 이해, 태도, 구매행동 단계별로 영향을 미치는 요인을 살펴본다. 또한 실제상태와 바람직한 상태와의 차이를 극복하기 위한 방법으로 구매의사결정을 할 때 고려상표군이 어떤 역할을 하는지 브랜드 인지도 측면에서의 이해가 필요하다.

행동결정이론을 활용한 전략에서는 인간의 행동특성을 휴리스틱, 프로스펙트 이론, 선호역전현상, 게임이론 등 다양한 이론이 있다. 이를 핵심이론을 활용한 브랜드 전략을 이해하는 것은 매우 필요하다. 특히 인지적 구두쇠로서의 인간, 손실에 민감한 인간이 상황에 따라 어떻게 판단하는지를 이해하게 된다면 이를 활용한 브랜드 전략을 수립할 수 있을 것이다.

Section 01 소비자 정보처리 과정과 의사결정

소비자 정보처리과정(Consumer Information Processing: CIP)은 "소비자가 제품, 점포, 광고와 같은 외부의 자극물 정보에 노출되고 주의를 기울이고 이해하는 과정"을 말한다. 이런 정보처리 결과로 나타나는 자극물(제품, 점포, 광고)에 대한 지식이나 속성 관련 신념과 평가는 의사결정에 바로 영향을 미치기도 하고 혹은 기억에 저장되어 차후 관련 의사결정에 영향을 미치기도 한다. 소비자 정보처리과정을 요약하면 다음 〈그림 2-1〉과 같다.

그림 2-1 소비자 정보처리과정

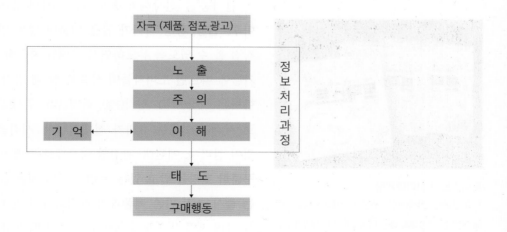

1. 노출(Exposure)

노출은 소비자가 외부 마케팅 자극에 신체적으로 접근하여 감감기관이 활성화되는 상태를 말한다. 여기서 감각기관이라 함은 시각(visual), 청각(auditory), 후각(olfactory), 촉각(tactile), 미각(gustatory)과 같은 다섯 가지 감각을 말하는데 심리학에서는 이런 감각기관을 감각등록기(sensory register)라 부른다. 외부로부터 오는 모든 정보는 일단 감각등록기에 저장되는데, 이를 기억(memory)이라고 하지 않고 등록기(register)라고 하는 것은 저장되는 시간이 매우 짧기 때문에 저장이라는 의미보다는 잠시 보관하며 정보를 거르는 장치로서의 역할을 하기 때문이다.

일반적으로 노출은 크게 우연적 노출과 의도적 노출로 나누어진다. 우연적 노출은 소비자가 의도하지 않은 상태에서 정보에 노출되는 것을 말하고, 의도적 노출은 소비자가 자신의 문제를 해결하기 위해 의도적으로 마케팅 정보에 노출시키는 목적지향적 노출이다. 노출에 있어 중요한 특징 중 하나는 소비자가 자신이 필요하고 관심 있는 정보에만 자신을 노출시키고 자신이 원하지 않는 정보에 대해서는 의도적으로 회피한다는 것이다. 예컨대, TV를 시청하는 도중에 광고가 나오면 리모콘을 이용하여 다른 채널로 돌리는 재핑(zapping)이나 비디오를 보다가 흥미없는 부분을 빠른 속도로 지나가게 하는 지핑(zipping) 등이 소비자가 선택적 노출을 위해 활용하는 대표적인 방법이라 할 수 있다. 감감등록기에 속한 감각기관에 대해 하나씩 알아보면 다음과 같다.

먼저, 시각(visual)이다. 시각은 인간의 오감 중에서 가장 발달한 감각기관이기 때문에 소비자 의사결정에 매우 중요한 역할을 한다. 소비자는 제품의 색깔, 크기, 모양 등을 시각을 통해 인식하는데, 주로 시각매체(TV광고, 인쇄광고, 인터넷광고 등)를 통해 정보가 습득된다. 시각을 활용한 마케팅을 제품 차별화에 중요한 역할을 한다. 예컨대, 설중매는 병 안에 매실을 넣어 '보는 즐거움'을 선사하며 출시 3년 이내에 2,000만병을 판매한 이후, 인삼, 홍삼 나아가 금을 제품에 넣는 방식으로 소비자가 직접 볼 수 있도록 유도하면서 구매를 자극하였다. 마케팅 전문가들에 따르면 소비자들이 상품을 살 때 감각기관이 미치는 영향력은 시각(87%), 청각(7%), 촉각(3%), 후각(2%), 미각(1%) 순으로 시각이 미치는 효과가 절대적이다. 시각을 자극할 수 있는 것이 컬러다. 예컨대, 관절염 치료제로 발매 이후 소비자들에게 꾸준한 호평을 받고 있는 '트라스트'의 예를 살펴보자. 트라스트는 출시 초기 기존 제품과의 차별화 요소인 패취(Patch)의 장점을 알려 제품 인지도를 높이고 싶었지만, 목표 소비자의 연령대가 높아 어려운 개념을 효과적으로 전달하기 어려운 상황이었

트라스트의 컬러마케팅
트라스트는 노란색이라는 색상으로 시각 차별화를 통해 "붙이는 관절패치"라는 이미지를 소비자에게 성공적으로 인식시켰다.

다. 이 어려움을 극복하기 위한 방법으로 등장한 것이 바로 '노란 약 캠페인'으로 불리는 컬러 마케팅이었다. 즉 트라스트에 사용되는 노란색 피록시캄은 소염진통약물에 비해 더 진하고 강한 약효를 지니고 있기 때문에 노란색이라는 색상을 가지게 되어 경쟁사와의 차별화가 가능했던 것이다. 노란색이라는 컬러를 이용한 이 단순한 방법은 제품을 구매하기 위해 약국을 찾은 소비자 중 50% 이상이 트라스트라는 브랜드명 대신 '노란 약 주세요'라고 주문을 했을 정도로 매우 효과적이었다.

다음은 청각(autitory)이다. 사람의 귀를 통해 들려오는 소리는 주로 전파매체(TV광고, 라디오 광고, 인터넷 동영상 광고 등)를 통해 습득된다. 마케팅에서 대표적인 청각정보로는 CM송(commercial Song)이나 징글(jingle)이 있다. 유명한 CM송들은 수십 년이 지나서도 가사만 보고 쉽게 흥얼거리며 따라 부를 수 있을 정도로 소비자들의 뇌리에 깊이 기억돼 있다. 때로는 시각적인 정보보다 더 큰 가치를 만들어내기도 한다. 예컨대, 2006년 롯데칠성의 "미녀는 석류를 좋아해"는 '미녀는 석류를 좋아해~'를 반복적으로 CM송을 노출시켜 남녀노소 누구나 따라 부를 정도로 소비자의 마음을 사로잡아 출시 한 달여 만에 100억 원을 돌파하여 음료 신제품 가운데 매출 최단 기록을 세우기도 하였다. 한편 징글(jingle)은 브랜드나 회사명, 혹은 카피의 일부를 듣기 좋게 배열한 청각적 광고기법을 말하는 것으로 특정 소리만으로 무의식을 자극해 해당 브랜드와 상품을 떠올리게 할 수 있기 때문에 브랜드를 알리는 데 매우 중요한 역할을 한다. 대표적인 예로는 인텔의 "띤 띤 띤 띠 ~"로 끝나는 디지털음, SK텔레콤의 "띵띵 띠링 띵~" 등이 있다.

세 번째는 후각(olfactory)이 있다. 예민한 후각을 가지고 있는 사람은 냄새만으로도 상대가 어떤 브랜드의 향수를 사용했는지 알 수 있다. 후각은 다른 지각작용보다 빠르게 반응하기에 일상생활에 중요한 역할을 한다. 예컨대, 위스키 '킹덤'은 쉐리와인을 담았던 '쉐리오크통'을 사용해 위스키를 숙성시켜 와인의 향이 위스키에 은은하게 스며들어 달콤한 과일 향이 나게 했다. 또한 뉴 SM5는 국내 최초로 퍼퓸 디퓨저를 이용해 차 내부에 향기를 은은하게 퍼지게 해 쾌적한 운전 환경을 제공하는 웰빙 옵션 사양을 제공해 장착율이 70%에 달할 만큼 인기를 끌고 있다. 그리고 롯데백화점은 백화점의 MVG(Most Valuable Guest) 고객을 대상으로 3D 기술을 적용한 입체 화보 형태의 DM을 제작해 발송했는데, DM의 화장품 안내 페이지에는 향수를 직접 분사해 코로 냄새를 맡을 수 있는 후각적 즐거움까지 더해 고객들의 만족도를 높였다.

다음으로 촉각(tactile)이 있다. 촉각은 신체접촉을 통해 느끼

'미니밀(Mini meal)'의 출근시간 마케팅

풀무원 미니밀은 가볍고 편리하게 아침 식사를 즐길 수 있는 제품 컨셉트에 맞춰 출근시간 주요 지역 지하철역에서 시식행사를 진행해 소비자들이 근사한 아침을 대접받는다는 기분을 주었다.

는 감각으로 개인적인 경험과 밀접한 관련이 있다. 예컨대, 미샤는 테스터(Tester) 제품을 비치해 소비자가 직접 제품의 질을 느낄 수 있도록 배려함으로써 제품구매에 대한 거부감을 줄이고 친숙함을 느끼게 해주며 큰 반향을 불러일으켰다. 또한 일본 오사카에 위치한 에피스화성이라는 중소업체는 국경을 뛰어넘는 공통언어가 촉감이라는 확신 하에 부드러운 촉감의 인테리어용 쿠션제품인 "MOGU"를 개발해 발매 2년 만에 700만개를 판매하는 성과를 얻었다. 최근 촉감은 디지털 제품에 감성을 입히는 디지로그(디지털 + 아나로그) 트렌드에 중요한 역할을 하는데, 손으로 쥐었을 때 편안함을 제공하는 '그립감'이나 손끝에 느껴지는 '터치감'이 바로 그 예라 할 수 있다.

마지막으로 미각(gustatory)도 제품평가에 중요한 역할을 한다. 미각을 활용한 대표적인 마케팅이 시음·시식마케팅이다. 예컨대, 풀무원은 식사대용 브랜드 '미니밀(Mini meal)'을 홍보하기 위해 가볍고 편리하게 아침 식사를 즐길 수 있는 제품 컨셉에 맞춰 출근시간 삼성역 등 서울 시내 주요 지역 지하철역에서 '미니밀 모닝서비스' 이벤트를 실시하였고, 삼성전자는 명품 LCD TV '보르도' 출시를 기념해 와인바에서 미각 마케팅 행사를 실시하기도 하였다.

2. 주의(Attention)

주의는 외부 정보에 정보처리능력을 집중시키는 것을 말하는 것으로 크게 개인적 요인과 자극적 요인에 의해 영향을 받는다.

1) 개인적 영향 요인

주의에 영향을 미치는 개인적 영향 요인으로는 크게 관여도, 욕구 및 동기, 기존의 신념과 태도, 적응 및 감정적 상태가 있다. 먼저, 관여도, 욕구 및 동기가 주의에 영향을 미친다. 소비자가 자신과 관련성이 높은 정보에는 더 많은 주의를 기울이고, 그렇지 않은 정보에는 주의를 기울이지 않는 것을 지각적 경계(perceptual vigilance)라 하는데, 소비자는 노출 정보가 자신의 욕구나 동기와 관련성이 높을 때, 즉 관여도가 높을 때 더 많은 주의를 기울인다. 따라서 자사 제품에 대한 소비자의 자아 관련성을 높이기 위해서는 (1) 목표 소비자와 유사한 광고모델을 사용한다. 예컨대, '일반인 모델'을 등장시켜 자사 제품 사용 경험을 이야기하도록 함으로써 제품에 대한 신뢰도를 높이는 구전(증언)형 광고가 한 예라 할 수 있다. (2) 브랜드의 특징을 광고에서

잡코리아는 이직준비중
'이직을 리스펙트'라는 주제로 이직이 보편화된 시대상을 담아 이직을 금기시하던 직장상사·동료들도 사실 잡코리아를 통해 이직을 준비하고 있다는 반전드라마 형식의 유머광고로 직장인들의 호응을 얻고 있다.

드라마화하여 제시한다. 예컨대, "코리아는 지금 잡코리아 중"이라는 주제의 잡코리아 광고처럼 드라마형 CF가 그 예라 할 수 있다. (3) 공포심 유발광고를 통해 사용자와 비사용자의 차이를 극명하게 대조시켜 보여주는 방법 등이 있다. 음주운전예방캠페인과 금연캠페인은 제품 사용으로 인해 나타나는 부정적인 결과를, 가그린과 같은 구강 청결제는 제품을 사용하지 않아서 나타나는 부정적인 결과를 보여주는 것이 그 한 예라 할 수 있다.

둘째, 기존의 신념과 태도가 주의에 영향을 미친다. 일반적으로 사람들은 자신의 신념과 태도와 일치하지 않는 정보에 노출되면 주의를 기울이지 않거나, 그 정보를 왜곡시켜 자신의 기존 신념과 태도를 보호하려는 지각적 방어(perceptual defense)와 같은 심리적 경향이 있다. 지각적 방어는 소비자나 특정 상표에 대해 강한 신념과 태도를 가지고 있거나, 정보에 의해 야기되는 불안감이나 걱정이 크거나, 구매 후 부조화가 클수록 강하게 나타난다.

셋째, 적응(adaptation)도 주의에 영향을 미친다. 즉 소비자들은 마케팅 자극에 반복적으로 또는 연속적으로 노출되면 그 자극에 대해 주의를 기울이지 않게 된다. 예컨대, 재미있는 소재를 사용하여 시청자들에게 박진감, 활력, 즐거움, 쾌감, 기쁨 등의 감정을 일으키는 유머광고는 광고에 대한 주목률과 광고자체에 대한 기억가능성을 높이고, 광고에 대한 반박주장 줄이며, 제품에 대한 평가에도 긍정적 영향을 미친다는 장점이 있다. 그러나 주의라는 측면에서 보면 소비자의 관심을 유머러스한 표현에만 집중시켜 광고되는 제품이나 핵심속성에 대한 정보처리를 방해할 수도 있고, 소비자가 유머광고에 반복 노출될수록 적응 하기 때문에 효과가 감소될 가능성이 있다는 단점도 있다.

2) 자극적 요인

주의에 영향을 미치는 자극적 요인으로는 색다름, 크기, 색상과 위치 등이 있다. 먼저 색다름(novelty)는 소비자의 지식이나 신념과 배치되는 독특한 자극을 말하는 것으로 베네통 광고(예, AIDS환자의 임종직전 모습, 신부와 수녀가 키스하는 모습)가 대표적이라 할 수 있다.

두 번째는 크기도 주의에 영향을 미친다. 크기가 클수록 소비자들부터 보다 많은 주의를 받을 수 있는데 보통 주의는 광고 크기의 제곱근에 비례하여 증대된다고 한다. 즉 광고의 크기가 4배로 증가하면 주의의 정도도 2배 증가한다. 신문 양면에 모두 광고를 하는 스프레드 광고도 크기를 활

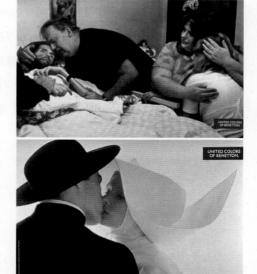

금기를 깨는 표현으로 주목받은 베네통
에이즈로 죽어가고 있는 사람을 실제 광고에 등장시킨 광고 (上), 신부와 수녀가 키스하는 모습을 담은 광고 (下)를 큰 논쟁을 불러일으켰다.

용하여 주의를 집중시키는 한 방법이라 할 수 있다.

셋째, 색상과 위치도 주의에 영향을 미친다. 예컨대, 흑백 화면에 강조하고 싶은 부분에만 컬러로 처리하는 방법이나 컬러광고가 대부분인 요즘 흑백광고를 게재하는 것이 오히려 주의를 끌 수 있다. 위치의 경우 잡지는 맨 뒷면 혹은 앞쪽의 10% 이내에 실린 광고가 효과적이고, 신문의 경우에는 광고와 관련된 기사가 그 페이지에 함께 있는 경우에 주의를 끌게 된다. 온라인에서 검색 사이트에서 검색어를 입력하면 검색 결과가 나오는 화면에 관련업체의 광고가 노출되도록 하는 키워드 광고가 좋은 예라 할 수 있다.

3. 이해(Comprehension)

이해는 유입된 정보의 내용을 조직화하고 그 정보의 의미를 해석하는 것으로 크게 지각적 조직화(perceptual organization)와 지각적 해석(perceptual interpretation) 두 단계로 나뉜다. 먼저, 지각적 조직화는 소비자가 정보처리 대상의 여러 요소들을 통합하는 것으로 게슈탈트(Gestalt) 심리학에 이론적 근거를 두고 있다. 즉 사람들은 부분적인 자극물을 별개의 것이 아닌 전체적 형상으로 지각하는 경향이 있는데 이는 오케스트라가 연주하는 음악을 개별 악기가 아닌 전체 음악(하모니)로 감상하려는 것과 같다. 지각적 통합의 원칙에는 크게 단순화, 완결(closure), 집단화(근접성, 유사성, 연속성), 형상(자극에서 보다 두드러지게 지각되는 요소)과 배경(자극에서 상대적으로 덜 두드러지게 지각되는 부분)이 있다. 켈로그에서 출시한 스페셜 K 제품도 완결성의 원리에 의해 사람들은 K를 보고 켈로그(Kellogg)를 떠올리게 된다.

그리고 지각적 해석의 두 가지 원리는 지각적 범주화(categorization)와 지각적 추론(interence)이 있다. 먼저 지각적 범주화는 외부 자극을 소비자의 기억 속에 있는 기존 스키마(Schema: 어떤 대상에 대한 지식 단위들 간의 네트워크)와 관련시켜 이해하는 것을 말한다. 예컨대, 렉서스, 벤츠, BMW, 캐딜락, 좋은 승차감, 고가격, 우수한 성능이라는 것을 외제 승용차라고 하는 스키마로 묶어 범주화할 수 있다. 그리고 지각적 추론은 어떤 대상을 평가할 때 주어진 정보를 활용하여 평가하지 않고 다른 단서로부터 추리하여 평가하는 것을 말한다. 예컨대, 싼 게 비지떡, 비싼 만큼 제 값을 한다는 말은 가격이 높을수록 품질이 좋다는 "가격-품질 연상(price-quality association)"을 활용한 추론이라 할 수 있다.

이해에 영향을 미치는 요인으로는 동기, 지식, 기대와 같

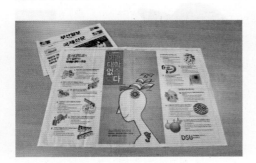

크기로 주목율을 높인 동서대학교 광고
일간지 양면에 미래형 대학으로 가기 위한 변화의 메시지를 배치시킨 양면 스프레드 광고를 선보이며 크기를 통해 주목율을 높였다.

은 개인적 요인 그리고 감각적 요소, 언어적 표현, 맥락(context)과 같은 자극적 요인이 있다.

1) 개인적 요인

소비자의 동기는 이해에 영향을 미칠 수 있는데 정보처리 동기가 높을수록 그 제품을 깊게 생각하여 정보를 처리할 수 있다. 그리고 노출된 정보에 대한 지식이 많을수록 그 정보를 정확히 이해할 수 있고, 광고모델과 같은 광고의 배경적 요소보다는 메시지 주장에 좀 더 집중할 가능성이 높다. 마지막으로 소비자의 기대도 이해에 영향을 미칠 수 있는데 예컨대, 제품을 구입하기 전 나름대로 준거가격(소비자가 제품에 대해 마음속으로 기대하는 기준 가격)을 생각하게 되는데 이 때 실제 가격이 준거가격보다 높은 경우에는 가격이 비싸다고 이해를 하고, 준거가격보다 낮은 경우에는 가격이 싸다고 이해하는 것도 이 때문이다.

2) 자극적 요인

감각적 요소도 이해에 영향을 미친다. 예컨대, 커피 패키지의 색을 연한 갈색으로 하느냐 진한 갈색으로 하느냐에 따라 커피맛의 강도가 달라질 수 있는데, 제시된 그림을 보면 카페라떼의 경우도 제품의 특성(모카 콘 초코, 마일드, 카푸치노)에 따라 색을 달리 표현한 것을 볼 수 있다.

둘째, 언어적 표현도 이해에 영향을 미친다. 우리가 일상생활에서 흔히 사용되는 용어는 보다 쉽게 이해될 수 있다. 커뮤니케이션에서 언어적 표현은 광고카피로 많이 표현되는데 이 때 중요하게 고려되어야 하는 것이 바로 목표 소비자가 얼마나 쉽게 이해할 수 있느냐하는 것이다. 예컨대, 딤채의 슬로건이라고 할 수 있는 "발효과학"이라는 말이 2003년 광고카피에서 사라지고 "여자마음-딤채"로 사용된 일이 있는데 그 이유가 바로 목표소비자인 주부들에게 "발효과학"이라는 말이 어렵고 난해해 이해하기 어렵게 받아들여졌기 때문이었다. 물론"여자마음"이라는 표현은 딤채가 가지고 있는 차별적 우위성을 표현하는데 한

완결성의 원리를 이용한 Special K
켈로그는 간단하게 다이어트를 할 수 있는 시리얼을 개발해 Speical K라는 브랜드를 선보여 "특별한 켈로그"라는 느낌을 떠올리도록 패키지하였다.

제품의 특성을 색으로 표현한 카페라떼 패키지
매일유업은 모카 콘 초코, 마일드 카페라떼, 시나몬 카푸치노 제품의 특성에 맞춰 색을 달리 표현한 카페라떼 패키지를 출시하였다.

계가 있어 얼마 지나지 않아 다시 "발표과학-딥채"로 돌아오긴 했다.

셋째, 맥락(context)도 이해에 영향을 미친다. 예컨대, 쇼, 오락, 연예프로그램과 같이 기쁨을 유발하는 TV프로그램을 시청한 직후에 본 제품광고가 슬픔을 유발하는 TV프로그램을 시청한 직후 본 제품광고보다 긍정적 감정을 더 많이 유발시키는 것이나, 매장 인테리어만으로도 그 매장에서 판매되는 제품이 고가인지 아닌지 판단할 수 있는 것도 모두 상황이 이해에 미치는 예라 할 수 있다.

4. 기억

기억에 관한 이론 중 일반적으로 인정받고 있는 이론이 바로 다중기억구조모델이다. 다중기억구조모델은 기억의 구조를 앞서 노출에서 이야기하였던 감각등록기, 단기 기억, 장기 기업으로 구분되어 각 기억구조의 기능에 있어 본질적 차이가 있다는 점을 강조하고 있다. 먼저 감각등록기(sensory register)는 인간이 오감을 통해 입력된 외부 정보를 처음 보관하는 곳으로 다음 단계인 단기기억으로 전달하는 역할을 하는데 단기기억으로 전달되지 못한 정보는 사라진다. 단기기억(short-term memory)은 감각등록기에서 처리된 정보와 장기기억으로부터 인출된 정보를 바탕으로 해석하는 과정을 수행한 후 장기기억으로 전달하는 역할을 한다. 마지막으로 장기기억(long-term memeory)은 정보를 저장한 후 단기기억의 정보처리에 관련된 정보를 인출해 주거나, 단기기억에서 처리된 정보를 영구적으로 저장하기도 한다. 노출에서 다룬 감각등록기를 제외하고 단기기억, 장기기억, 그리고 망각을 위주로 설명하고자 한다.

1) 단기 기억

단기기억 또는 운용기억(working memory)은 감각기억으로부터 이전된 정보가 처리되는 동안 그 정보가 일시적으로 저장되는 곳을 말한다. 단기기억의 특징은 정보처리 용량이 한정되어 있다는 것이다. 의미 있는 정보의 가장 작은 단위를 청크(chunk)라고 하는데 일반적으로 단기기억이 저장할 수 있는 용량은 5-9개의 청크라고 한다. 그래서 이를 흔히 '신비의 숫자 7±2'라고 부른다. '신비의 숫자 7±2' 또한 마케팅에서 중요하다. 사람이 일정 기간 기억할 수 있는 정보의 양은 극히 제한되어 있어 특히 단기기억에서 한 번에 처리할 수 있는 용량의 숫자는 적게는 5개에서 많게는 9개다. 가장 이상적인 용량은 7개지만 이보다 2개 적은 5개부터, 2개 많은 9개까지가 적당한 용량이기 때문에 '7±2'를 '신비의 숫자'(magic number)로 부르곤 한다. 주민등록번호 뒷자리가 7개의 숫자로 구성된 것이나 '00700'의 5자리 국제전화 번호, 기업의 대표전화 '1588-0000'도 같은 맥락이라고 할 수 있다.

그렇다면 새로운 정보가 단기기억에 들어와 단기기억 내 저장할 수 있는 정보의 양을 초과하게 되면 기존 정보는 어떻게 될까? 단기기억 내 저장용량을 초과하게 되면 기존 정보는 새로운 정보에 의해 단기기억 밖으로 밀려나게 되어 망각된다. 이처럼 사람들의 단기기억용량이 제한되어있기 때문에 소비자에게 너무 많은 정보를 주게 되면 정보과부하(information overload)가 발생되어 소비자의 선택에 혼란을 가져오게 되어 오히려 제품선택을 방해하는 역기능을 초래하게 된다. 그러므로 기업은 정해진 시간에 최대한 많은 광고메시지를 전달하려는 전략보다는 핵심적이고 중요한 정보만 전달하는 전략을 사용하는 것이 효과적이라고 할 수 있다.

단기기억에서 중요한 것은 어떻게 하면 단기기억 내에 있는 정보를 장기기억으로 이전시키는가의 문제다. 단기기억 내에 있는 정보를 장기기억으로 이전시키는 대표적인 방법이 바로 리허설(rehearsal)이다. 리허설은 소비자가 처리한 정보가 장기기억 속에 부호화될 수 있도록 마음속으로 그 정보를 반복하는 것 또는 정보를 마음속으로 반복하여 암송하는 과정을 말한다. 리허설이 충분하면 단기 기억에서 장기기억으로 이전된 기억은 영구히 저장되지만 그렇지 않은 정보들은 기억시스템에서 사라지게 된다. 예컨대, 누군가가 나에게 전화번호를 불러줄 때 메모할 수 있는 여건이 안 되는 경우 대부분의 사람들은 상대방이 번호를 불러줄 때 자신도 함께 그 번호를 되뇌곤 한다. 여기서 되뇌는 과정이 바로 리허설이다. 그렇게 열심히 전화번호를 혼잣말로 중얼거리며 리허설을 하고 있을 때 누군가가 말을 걸거나 놀라게 하면 번호를 까먹은 경험이 누구나 있을 것이다. 이것은 바로 단기기억에서 충분한 리허설이 되지 않았기 때문에 나타나는 결과라 할 수 있다.

단기기억에서 저장능력을 높이기 위한 또 하나의 방법으로 끊어 읽기가 있다. 예컨대, 6541487924라는 숫자는 기억하기가 힘들지만 이를 654-148-7924로 끊어 읽으면 훨씬 기억하기가 용이하다. 또 다른 예로 SKLGIBMNIKE라는 철자는 외우는데 매우 어렵다. 이것을 SKL-GIBM-NIKE로 끊어읽으면 좀 더 용이하기는 하지만 여전히 어렵다. 만약 이것을 SK-LG-IBM-NIKE로 끊어 읽으면 아무 대부분의 사람들은 쉽게 외울 수 있을 것이다. 왜냐하면 SKL-GIBM-NIKE로 끊어읽을 때 NIKE를 제외한 다른 묶음은 아무 의미가 없지만 SK-LG-IBM-NIKE는 모두 의미있는 가장 작은 단위인 청크(chunk)로 묶여있기 때문이다.

숫자반복을 통해 회상율을 높인 광고
코리아드라이브(1577-1577 대리운전)는 일반적으로 기업 대표 전화번호가 8자리인 점을 역이용해 앞뒤가 똑같은 전화번호라는 광고를 통해 8자리가 아닌 앞의 4자리만 외울 수 있도록 해 성공하였다.

2) 장기기억

장기기억(또는 영구기억)이란 무제한적이고 영구적인 기억으로 시각, 청각 등 다양한 코드형태로 기억된다. 영구기억에는 크게 어의기억(semantic memory), 사건기억(episodic memory), 과정기억(procedural memory) 세 가지가 있다.

먼저 어의기억은 사실, 사물 및 그들의 속성 그리고 세상의 또 다른 일들에 대한 개인의 일반적이고 추상적인 지식체계를 말한다. 어의기억은 각 사물에 대한 정보가 있는 그대로 저장되는 대신 개별 정보의 의미를 포함한 형태로 저장된다. 어의기억은 특정제품이나 서비스에 대하여 소비자가 가지고 있는 경험과 정보의 양을 의미하는 소비자지식(consumer knowledge)과 밀접한 관련이 있다. 이러한 소비자 지식의 네트워크를 스키마라고 하는 데 스키마는 마디(node)와 연결고리(link)로 구성되며, 마디 안에 저장되어 있는 내용을 개념이라고 하는데 이 개념은 외부 또는 내부 자극에 의해 활성화된다. 이 때 하나의 의미적 지식이 활성화되면 그와 연결된 다른 지식들도 연속적으로 활성화되는데 이를 "활성화의 확산(spreading activation)"이라고 한다.

둘째, 사건기억은 일상생활에 있어 어느 특정 사건에 대한 기억을 말한다. 보통 사건기억은 특정 사건에 대한 기억("나는 LG전자에 입사하였다"), 시간적으로 배열된 사건("대학을 졸업한 후 나는 LG전자에 입사하였다"), 자서전적 회고("처음 LG전자에 입사했을 동기는 총 15명이었다") 등이 모두 사건기억에 해당된다.

셋째, 과정기억 또는 기능기억(skill memory)로 어떤 일을 어떻게 하는가의 방법에 대한 기억을 말한다. 예컨대, 자전거 타는 방법, 수영하는 방법, 놀이공원 이용방법 등이 있다. 지금은 보편화된 방법 중 하나가 "셀프서비스"이다. 그러나 처음 셀프서비스가 실시되었을 때 기존에 하던 방식 그대로 종업원을 불러 물을 갖다달라고 요구했을 때 종업원이 물은 셀프라고 하면 내 돈 내고 내가 직접 물을 가져와야 하느냐며 화를 내는 손님도 있었는데 이것은 셀프서비스에 대한 과정지식이 없었기 때문이라 할 수 있다. 사람들의 여러 가지 행동은 이 세 가지 기억을 모두 요구한다. 예컨대, 스마트폰을 사러간다고 한자. 스마트폰이 무엇이며 어떤 브랜드가 있는지 아는 것은 어의기억에 속한다. 그런데 지난 번 스마트폰을 구경하러 갔을 때 A라는 매장에서 구입은 안 하고 구경만 한다고 불친절했던 것을 기억해 내는 것은 사건기억이다. 그리고 일단 매장에 가서 가격을 최대로 깎기 위해서는 어떻게 행동하고 말해야 하는지를 기억해내는 것은 과정기억이다.

캐릭터와 CM송을 통해 회상율을 높인 뽀삐
뽀삐 화장지는 캐릭터 뽀삐를 활용해 "우리집 강아지 뽀삐~'라는 CM송을 히트시켜 화장실용 화장지 브랜드 시장점유율 1위를 차지할 수 있었다.

장기기억에서 중요한 것은 바로 정보를 저장하기 용이하게 만드는 법(기억증대 전략)과 저장된 정보를 원하는 시점에 인출하는 법(인출 용이성 전략)이다.

기억증대를 위한 전략으로는 첫째, 의미있는 그림과 광고메시지를 함께 제시하는 것이 있다. 심상(이미지)을 쉽게 떠올릴 수 있는 단어들로 광고메시지를 작성하거나 시각적 연상력이 낮은 광고메시지에 대해서는 사진을 활용하는 방법이 있다. 둘째, 반복광고를 실시하는 것이다. 적정수준의 반복광고는 지루함보다는 긍정적 습관화의 영향력이 더 커서 소비자의 광고에 대한 호감이 증가된다. 다만 지나친 반복 광고로 인한 광고효과의 감퇴(advertising wearout) 현상이 발생할 가능성이 있으므로 광고 효과의 감퇴현상을 방지하기 위해서는 변형된 광고물들을 제시할 필요가 있다. 변형의 유형에는 광고의 주변단서(예, 모델)는 그대로 유지하면서 광고메세지의 주장을 변화시키는 실질적 변형과 광고메세지는 그대로 유지한 채 광고실행적 요소만을 변화시키는 표면적 변형이 있다. 셋째, 광고가 제시되는 순서를 고려한다. 즉 초기효과(primacy effect)와 최근효과(recency effect)를 고려하여 핵심적인 광고메시지를 광고의 초반부나 후반부에 제시하는 방법이 있다. 넷째, 기억증대기법을 활용하는 방법이 있다. 기억증대기법이란 무의미한 단어의 리듬을 이용하여 기억증대를 돕는 광고기법으로 예를 들면 '바로 코밑에 있잖아요-바로코민', '팍팍 캐내십시오- 케토톱' 등이 있다.

인출을 용이하게 하는 전략으로는 첫째, 인출단서(retrieval cue)를 제공하는 방법이 있다. 예컨대, 뽀삐 화장지의 강아지 캐릭터, 카카오톡의 춘식이 캐릭터는 캐릭터만 봐도 브랜드명을 쉽게 기억하게 만드는 인출단서의 역할을 한다. 둘째, 광고에서 음악을 사용하는 방법이 있다. 왜냐하면 소비자들은 광고메시지를 노래로 전달하는 경우 읽어 주었을 때에 비해 더 많은 메시지를 기억하기 때문이다. 예컨대, '멋진 남자, 멋진 여자, 오~ 트라이'의 경우가 음악을 활용해 브랜드명을 기억나게 하는 방법이다. 셋째, 경쟁광고의 간섭효과를 줄일 수 있는 광고를 개발하는 방법이 있다. 예컨대, 독특한 광고, 재미있는 광고를 하게 되면 광고 자체가 강하게 인식되어 다른 광고가 떠오르는 것을 막아주는 효과가 있다.

3) 정보의 망각

심리학자 Ebbinhaus의 연구결과 망각은 정보를 본 후 처음 1시간 안에 가장 급격한 기억의 감소가 나타나지만 일정한 시간이 흐른 후에는 망각률이 점차 감소하면서 9시간이 지나면 전체 60% 이상이 기억나지 않는다고 한다. 망각의 원인에 대해서는 두 가지 상충되는 이론이 있는데 쇠퇴이론과 방해이론이 있다. 먼저 쇠퇴이론(decay theory)는 행동주의적 관점에서 망각현상을 설명한 것으로 영구기억속에 있는 정보를 이용하지 않게 되면 그 정보가 기억으로부터 점진적으로 사라져버린다는 것이다. 그러나 방해이론(interference theory)는 영구기억 내의 정보를 잊어버리는 이유는 다른 정보에 의한 부정적인 영향 때문에 즉 방해받기 때문이라는 것이다. 방해이론에 따르면 새로이 저장된 정보로 인해 기존에 저장되어 있는 정보가 인출되는 것이 방해받을 뿐 기억에서 사라져버린다는 의미의 망각은 없게 된다. 두 개의 상충되는 이론 중 어느 것이 옳은지에 대한 많은 실험이 있었는데 대체로 망각은 쇠퇴가 아닌 방해로 인해 더 많은 영향을 받는 것으로 나타났다.

Section 02 고려 브랜드 집합

실제상태(actual state)와 바람직한 상태(desired state)간의 차이(gap)가 발생하면 소비자는 문제를 인식하게 되고 그 차이를 해소시켜줄 수단을 찾기 위해 내적탐색과 외적탐색을 한다. 이렇게 내적, 외적 탐색을 통해 얻어진 정보를 바탕으로 몇 개의 후보를 선정한다. 여기서 소비자가 구매의사결정을 내릴 때 고려하게 되는 브랜드 대안들의 집합을 고려집합(consideration set)이라고 한다.

소비자는 구매의사결정을 내리는 과정에서 몇 개의 브랜드들을 대안으로 고려할까? 대부분의 제품군 안에는 수십 개의 서로 다른 브랜드들이 경쟁하고 있기는 하지만 소비자들은 이들 가운데 소수의 브랜드들만을 고려대상으로 삼는다. 일반적으로 고려 브랜드집합의 크기는 1개 (가령, 특정 브랜드에 대해 높은 충성도를 보이는 소비자는 1개의 브랜드만을 고려대상으로 삼을 것이다)에서부터 대략 9개 사이의 값을 갖는다. 소비자가 9개 이상의 브랜드대안을 고려하는 경우는 드문데, 그 이유는 주어진 시간에 많은 제품정보를 처리할 수 있는 능력에 한계가 있기 때문이다. Hauser and Wernerfelt(1990)는 각 제품군에 있어서 고려집합에 속하는 브랜드들의 평균 숫자를 밝혀냈는데, 그 결과는 다음과 같다. 고려집합에 속하는 브랜드들의 평균적인 숫자는 제품군에 관계없이 일반적으로 약 3~4개 정도이다. 즉, 특정제품군내에서 아무리 많은 브랜드들이 경쟁을 한다고 해도 소비자들의 고려집합에 속하는 브랜드는 많아야 3~4개 정도라는 것인데, 경기불황속에서 시장 과점현상이 심화되면 업종별로 상위 3개 브랜드만이 살아남는다는 '빅3의 법칙(Rule of Three)'을 기억하면 좋을 것이다.

따라서 고려집합에 들어가기 위한 브랜드들간의 경쟁은 선택단계에서 이루어지는 경쟁에 못지않게 치열하다. 이와 같이 소비자들은 비교적 소수의 브랜드들만을 선택 대안으로 고려하기 때문에, 마케터는 소비자가 경쟁사의 상표보다 자사 브랜드를 우선적으로 고려하도록 하기 위해 창의적인 마케팅노력을 해야 한다.

소비자들이 우리 회사의 브랜드를 고려대상으로 삼도록 하기 위한 방법의 하나는 주의와 기억의 원칙에 근거하여 우리 브랜드를 우선적으로 주목하도록 만들어야 한다. 대체로 소비자들은 현저하고(salient), 생생하며(vivid), 개인적으로 관련성이 있는(relevant) 정보에 우선적으로 주의를 기울인다. 기억의 원칙도 어떤 브랜드를 우선적으로 고려할지 영향을 미친다. 소비자들은 최근에 노출되었거나(recency effect), 그리고 여러 상황에서(extensively) 자주 언급된 제품 정보를 더 잘 기억하는 경향이 있다. 따라서 기업은 주의의 원칙과 기억의 원칙을 잘 활용하여 고려집합속에 자사브랜드를 포함시킬 가능성을 높여야 한다. 인지도와 태도 중에서 중요한 것은 높은 인지도. 그 이유는 브랜드에 대한 인지도가 별로 없는 상황에서는 소비자들이 그 브랜드를 구매 고려대상으로 삼을 가능성이 낮기 때문이다. 따라서 기업은 높은 브랜드 인지도를 바탕으로 호의적이고(favorable), 강력하고(strong), 독특한(unique) 브랜드 이미지를 만들어내기 위한 통합적인 마케팅 커뮤니케이션을 실시해야 한다. 브랜드 인지도는 크게 브랜드 회상(brand recall)과 브랜드 재인(brand recognition)으로 나뉘는데, 이를 좀 더 세부적으로 나누면 최초상기도(TOM:Top of Mind), 비보조 상기(unaided Recall), 보조 상기(aided recall)로 살펴볼 수 있다.

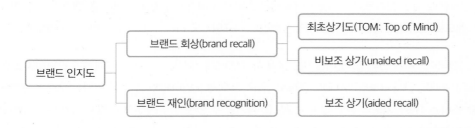

그림 2-2 브랜드 인지도

먼저, 브랜드 회상은 소비자가 브랜드에 대한 단서가 없어도 특정 브랜드들을 기억해낼 수 있는 능력을 말한다. 소비자들이 브랜드 회상을 통해 떠올린 많은 브랜드들을 비보조 상기 브랜드(unaided recall)라고 하고, 비보조 상기 브랜드 중에서도 소비자가 가장 먼저 떠올린 브랜드를 최초 상기 브랜드(T.O.M brand)라고 한다. 브랜드 재인은 소비자에게 브랜드와 관련된 특정한 단서(힌트)가 제시된 상황에서 때 소비자가 특정 브랜드를 알아보는 능력을 말한다. 이처럼 브랜드 재인을 통해 확인된 브랜드를 보조 상기 브랜드(aided recall brand)라고 한다. 이 중에서 최초 상기 브랜드는 소비자들이 가장 먼저 떠올리는 브랜드이기 때문에 제품 카테고리(탄산음료, 전자제품, 노트북 등)를 대표하는 선도 브랜드가 그 위치를 차지하게 된다. 달리 말하면 선도 브랜드는 회상 용이성이 가장 높은 브랜드라 할 수 있다. 코카콜라, 펩시콜라, 아이폰, 캘럭시는 거의 99%의 브랜드회상(비보조 상기)과 브랜드 재인을 나타낸다. 그럼에도 불구하고 이 브랜드들이 광고를 하는 이유는 최초상기도 때문이다. 비보조 상기와 브랜드 재인과 달리 최초

상기도는 "상대적 마인드 점유율"을 의미하는 것이라 커뮤니케이션 활동을 하지 않으면 경쟁 브랜드보다 회상 용이성 측면에서 약해지기 때문이다. 이처럼 충분한 브랜드 인지도를 구축한 브랜드라 하더라도 구매의사결정이 이루어지는 시점에 어떤 브랜드들이(그리고 얼마나 많은 수의 상표들이) 더 빨리 기억으로부터 인출되느냐에 따라 고려상표군에 포함될 수도 있고 배제될 수도 있다. 따라서 고려집합의 구성이 상황에 따라 달라지는 점을 활용해 고려집합의 크기를 축소시키는 마케팅프로그램을 개발하여 자사브랜드가 선택될 확률을 더욱 높이는 방법을 사용할 수도 있다(Alba and Chattopadhyay, 1986).

BRAND HIGHLIGHT

리더가 되려면 최초상기도를 관리하라

화장품 정보 앱을 사용하는 응답자를 대상으로 '화장품 정보 앱'하면 가장 먼저 떠오르는 브랜드를 물었을 때(TOM: Top Of Mind) '화해'라고 답한 응답자는 전체의 86.8%를 차지했다. 또한, 화해를 알고 있다고 응답한 사용자는 95.6%에 달해 화해가 업계 인지도에서 압도적인 1위임을 입증했다. 브랜드 최초 상기율(TOM: Top Of Mind)은 소비자가 여러가지 경쟁 브랜드 중 맨 처음 떠올리는 브랜드로 시장 점유율을 추정할 수 있는 브랜드 지표이기도 하다. 〈자료원〉 UPI뉴스, 2019.9.3.

한국리서치가 전국 20대 이상 일반 소비자 1000명을 대상으로 한 조사결과에 따르면 바디프랜드의 브랜드 인지도(보조인지도)도 89%로 1위로 집계됐다. 안마의자 중 가장 먼저 떠오르는 브랜드를 뜻하는 최초상기도와 정보 없이 브랜드를 상기할 수 있는 비보조 인지도 역시 각각 52%, 74%로 타 브랜드를 압도했다. '선호하는 브랜드'도 전체의 76%가 바디프랜드를 꼽았고, 나머지 브랜드는 10% 미만이었다. 〈자료원〉 일요신문, 2020.4.24.

G밸리 뉴스가 브랜드빅데이터연구소(BBDR)에 의뢰해 안마의자 브랜드 선호도를 분석했다. 조사 대상은 소비자가 '안마의자'에 대해 최초 상기하는 브랜드(T.O.M)를 기준으로 언급량이 가장 많은 상위 15개 브랜드를 선정했다. 이후 2021년 7월부터 2022년 2월까지 뉴스 · 카페 · 블로그 · 커뮤니티 · SNS · 쇼핑몰 등 271개 채널 138,961건의 데이터를 대상으로 사용자들의 관심도 및 정량적 · 정성적 특성 등의 수치를 산출해 그 통계 지수를 토대로 예상 가치인 B-BPI(Brand-Bigdata Power Index)를 산정했다. B-BPI 조사 결과 바디프랜드, 코지마, 휴테크, 세라젬, SK매직, 쿠쿠, 제스파, 브람스, 누하스, 웰모아, 힐링미, 비욘드릴렉스, 슈퍼체어, 케어렉스, 장수헬스케어 순으로 나타났다. 〈자료원〉 G밸리뉴스, 2022.4.29.

이처럼 최초상기도는 브랜드 경쟁력을 좌우하는 중요한 지표이기 때문에 브랜드 관리자는 이를 효과적으로 관리하기 위한 커뮤니케이션 전략을 수립해야 한다.

행동결정이론을 활용한 전략

행동결정이론(Behavioral Decision Theory : BDT)은 소비자가 어떻게 의사결정을 하고 왜 그런 결정을 하는지를 연구하는 분야로 이성보다는 감성에 영향을 받는 인간의 행동특성을 바탕으로 휴리스틱(heuristic), 프로스펙트 이론(prospect theory), 선호역전현상(preference reversal), 게임이론(game theory) 등 다양한 이론을 제시하고 있는데 본 장에서는 핵심 이론을 활용한 브랜드 전략에 대해 알아보고자 한다.

1. 이용가능성 휴리스틱(availability heuristic)를 활용한 전략

사람들이 어떤 사건의 빈도나 발생 확률을 판단할 때 실제의 발생빈도보다는 그 사건과 관련된 구체적인 예(example)나 연상(association)이 기억으로부터 얼마나 쉽게 떠오르느냐를 중심으로 판단하는 것을 '이용가능성 휴리스틱'이라고 한다. 이용가능성 휴리스틱은 '회상용이성(ease of recall)'과 기억 속에 있는 내용을 얼마나 쉽게 떠올리느냐와 같은 '인출용이성(retrieability)'과 관련이 깊은데, 이를 이해하기 위해서는 지식이 사람들의 기억 속에 어떻게 구조화되어 있는지 알아야 한다. 사람들의 지식 구조를 설명하는 대표적인 이론으로는 '연상 네트워크 모형(Associative Network Model)'이 있다. 이 이론에 따르면 사람들은 다양한 지식을 거미줄처럼 연결해 네트워크의 형태로 저장해두고 있는데 이런 지식의 네트워크를 '스키마(schema)'라 한다. 스키마는 관련 지식이나 정보를 의미하는 노드(node)와 이를 연결하는 링크(link)로 구성되어 있다. 그래서 외부 자극을 받으면 연결 강도가 강한 지식(정보)부터 활성화가 이루어지고 링크를 통해 다른 지식(정보)들로 급속히 확산되는 '활성화의 확산 원리(spreading activation principle)'을 따른다. '활성화의 확산 원리'는 우유 한 방울을 물에 떨어뜨리면 우유가 물에 급속히 퍼져나가는 것과 같은 원리로 이해하면 된다.

그림 2-3 맥도날드의 연상 네트워크

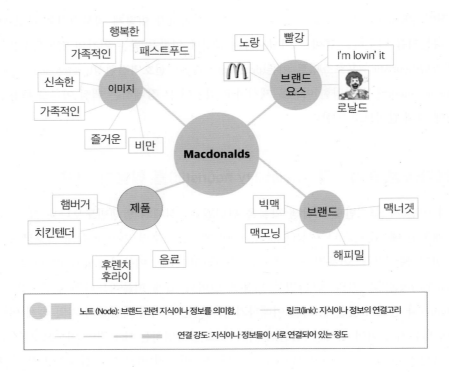

행복한
가족적인
패스트푸드
신속한
이미지
가족적인
즐거운
비만

노랑
빨강
I'm lovin' it
브랜드
요소
로날드

Macdonalds

햄버거
치킨텐더
제품
후렌치
후라이
음료

빅맥
맥모닝
브랜드
맥너겟
해피밀

노트 (Node): 브랜드 관련 지식이나 정보를 의미함,   링크(link): 지식이나 정보의 연결고리

연결 강도: 지식이나 정보들이 서로 연결되어 있는 정도

〈자료원〉 곽준식(2011), "다다익선? 10개의 장점보다 1개의 강렬함을," Donga Business Review, no.86, 59

안전유리의 안전성을 도발성으로 보여준 3M
3M은 사람들이 많이 다니는 버스 정류장에 투명한 유리병 안에 돈다발을 넣고 가져갈 수 있으면 꺼내가라는 메시지를 전해 안전한 유리라는 점을 직접적으로 보여주었다.

예컨대, 소비자가 '맥도날드'라는 브랜드를 들으면 사람들은 브랜드 요소(슬로건, 로날드, 로고 등), 제품(햄버거, 음료 등), 브랜드(맥모닝, 빅맥 등), 이미지(가족적인, 즐거운 등) 등이 꼬리에 꼬리를 물고 떠오르게 된다. 이 때 연결강도가 강한 것이 먼저 떠오르게 되는데 이것은 회상(인출)용이성과 관련이 깊다. 이용가능성 휴리스틱을 활용한 브랜드 전략은 다음과 같다.

1) 생동감이나 이미지화 용이성을 통한 회상용이성 증대 전략

보통 사람들은 좀 더 생생하거나(vivid) 최근에 본 내용에 대해 더 쉽게 회상한다. 사람들이 흡연보다 자동차

사고로 사망하는 사람이 더 많다고 느끼는 것도 흡연보다는 자동차사고로 인한 사망소식을 언론매체를 통해 더 생생하고 쉽게 접하기 때문이다. 그러므로 생동감 있게 표현할수록 사람들은 관련 정보를 더 회상하게 되면서 의사결정에 바로 적용하게 된다. 예컨대, 3M은 자사의 안전유리 광고를 위해 버스 승강장 쉘터 바람막이 창을 안전유리로 막고 그 공간 사이에 실제 돈과 가짜 돈을 섞은 돈다발을 넣었다. 그리고는 가져갈 수 있으면 꺼내 가라는 광고 카피로 안전유리 제품의 특징을 강조하였다.

이 광고전략은 버스를 기다리는 대중들의 시선을 단숨에 사로잡으며 브랜드 인지도를 높였는데 아마 이 광고를 접한 사람 중 안전유리를 설치하려고 하는 사람이 있다면 아마 "3M"이 가장 빨리 떠오를 것이다.

한편 SK케미컬의 트라스트 패치는 1996년 출시 3개월 만에 판매량 100만 개를 돌파하면서 발매 첫해 100억 원 매출이라는 대기록을 달성했다. 트라스트의 성공 전략은 여러 가지 관절염 가운데서도 '무릎'에 집중했다는 점과 '무릎관절염 치료 패치' 개념을 보다 쉽게 소비자들에게 전달하기 위해 국내 제약사 최초의 컬러마케팅으로 평가받는 '노란 약 캠페인'을 전개해 '노란약=트라스트 패치'를 만든 것이 주요 성공 전략이었다. 실제 한 소비자조사기관이 2011년 서울 거주 40~60대 남녀 표본 300명을 대상으로 관절염 치료제 브랜드 및 광고효과 조사에서 트라스트 최초인지도는 50%를 넘은 것으로 나타났다.

장기캠페인을 통해 사랑받는 장수브랜드
장수브랜드는 '우리강산 푸르게 푸르게', '고향의 맛', '정 타임', '엡솔루트 + 테마', '유브 갓 밀크(You've got Milk)'와 같은 단일 메시지를 지속적이며 반복적으로 전하며 고객들의 기억속에 굳건히 자리잡고 있다.

2) 강력한 하나의 메시지 전략

이용가능성 관련 연구를 보면 우리가 잘 알고 있다고 생각하는 대상(예, BMW)의 경우 10개의 장점을 떠올리도록 하는 것보다 1개의 장점을 떠올리도록 하는 것이 평가 대상에 긍정적인 영향을 미친다고 한다. 왜냐하면 1개보다는 10개를 떠올리는 것이 어렵기 때문에 장점이 잘 생각이 안 나면 사람들은 생각보다 장점이 많지 않다고 생각하기 때문이다. 그러므로 기업은 여러 개의 장점을 전달하려고 하기보다는 하나의 강력한 메시지를 전달하는 것이 좋다. 오리온 초코파이하면 '정(情)', 다시다하면 '고향의 맛', 볼보하면

"안전(Safety)", 코카콜라하면 "즐거움(Fun)"이 자연스럽게 떠오르는 것은 오랜 시간동안 하나의 핵심메시지를 반복적으로 커뮤니케이션했기 때문이다. 보통 특정한 광고목적을 달성하기 위해 일정기간에 계획적, 조직적, 계속적으로 전개하는 광고활동을 광고 캠페인(advertising campaign)이라 하는데 강력한 하나의 핵심메시지를 소비자의 기억 속에 확실하게 집어넣으려면 장기캠페인이 필요하다. 1984년부터 시작된 유한양행의 "우리강산 푸르게 푸르게" 캠페인, 1987년부터 시작된 다시다의 "고향의 맛" 캠페인, 1989년부터 시작된 오리온 초코파이의 "情" 캠페인, 1981년부터 시작된 앱솔루트 보드카의 "Absolut + Theme(테마)" 캠페인, 1993년부터 시작된 캘리포니아 유가공협회의 "got milk?" 캠페인 등이 유명한 국내외 장기 광고 캠페인 사례라 할 수 있다.

IT시장을 장악한 플랫폼
시장을 장악하고 있는 강력한 브랜드는 플랫폼을 통해 고객 편의성을 높여 시장을 장악하고 있다.

'Simple is Best'를 구현한 현대라이프
현대라이프 제로는 보험은 복잡하다는 고정관념을 없애기 위해 인상제로, 특약제로, 보험료 차이 제로라는 단순한 메시지를 통해 소비자를 설득하였다.

3) 플랫폼을 통한 접근가능성 향상 전략

플랫폼이란 말은 다양한 목적을 가진 참여자들이 모여 자신의 목적을 이루어 갈 수 있는 열린 공간이나 여러 참여자가 공통된 사양이나 규칙에 따라 경제적 가치를 창출하는 토대를 의미한다. 플랫폼 참여자가 늘어나면 플랫폼 참여 기업들의 사업기회가 증가하고 소비자들도 다른 곳에 가지 않고 특정 플랫폼을 방문하면 된다. 마이크로소프트가 지난 30년간 시장을 장악할 수 있었던 것도 바로 윈도우, 인터넷 익스플로러라는 플랫폼을 장악했기 때문이었다. 그러나 2012년 익스플로러(32.85%)의 시장점유율이 크롬(33.59%)에 역전당하고 모바일 운영체제에서는 이미 애플의 iOS와 구글의 안드로이드에 밀리면서 지금은 고전을 면치 못하고 있다. 한편 국민 어플로 불리는 카카오톡은 가입 회원수가 6천 400만명이고 하루 전송 메시지가 42억 건에 이르다보니 이후 출시한 카카오스토리가 출시 후 10개월만에 10억 건에 이를 수 있었던 것도, 애니팡이 출시 74일 만에 다운로드 2,000만 건을 기록할 수 있었던 것도 카카오톡이라는 플랫폼을 바탕으로 접근가능성을 높였기 때문이다.

4) 지식의 저주를 피하고 단순성 강조

지식의 저주(curse of knowledge)라는 것이 있다. 이는 사람들이 다른 사람의 지식을 평가할 때 자신을 기준으로 하기 때문에 상대방도 자신만큼 지식이 있다고 착각하게 되는 것을 말한다. 보통 신제품 개발자나 전문가들은 자신도 모르게 일반인들도 자신만큼 첨단기능을 사용할 수 있을 거라 생각하고 제품을 만들다보니 고장신고 중 실제 제품 고장보다는 사용방법을 몰라서 나타나는 경우가 많다고 한다. 한편 많은 소비자들이 이용하고 있지만 참 어려운 것이 보험이다. 소비자들이 관련 지식이 없기도 하지만 실제로 보험상품은 생각보다 어렵고 복잡하다. 이에 현대라이프 ZERO는 기존 보험 상품의 관행과 보험은 어렵고 복잡하다는 부정적인 고정관념에 대해 문제를 제기하면서 "보험을 해체했다", "원점에서 시작한다"는 아젠다 설정으로 과감하고 혁신적인 상품에 대한 니즈를 자극해 성공을 거뒀다. 일단 고객이 쉽게 보험설계 및 가입할 수 있는 웹사이트를 만든 후 보험료는 만기 시까지 인상이 없도록 단순화하였고(인상 Zero), 불필요한 특약 없이 10년과 20년 두 가지 보장기간에 대해 저렴한 보험료로 가입할 수 있도록 핵심 보장에만 집중하였으며(특약 Zero), 어떤 경로로 가입해도 보험료 차이가 없도록 하였다(보험료 차이 Zero). 이런 단순화, 표준화 전략으로 판매 보름만에 계약 4천 건을 돌파하여 목표를 조기 달성할 수 있었다.

2. 대표성 휴리스틱(representativeness heuristic)을 활용한 전략

대표성 휴리스틱(represenativeness heuristic)은 어떤 사건이 전체를 대표한다고 판단될 경우 이를 통해 빈도와 확률을 판단하는 것으로 고정관념과 관련이 깊고, "하나를 보면 열을 안다"는 말과 일맥상통한다. 어떤 집단에 속한 하나의 특성을 그 집단 전체를 대표한다고 간주해서 확률을 예측하거나 대상을 판단하다보니 판단 오류나 편향(bias)을 유발하기 쉽다. 예컨대, 한 연구자가 창업을 앞두고 있는 사람들이 성공과 실패 어떤 쪽에 대한 고려를 많이 하는지 살펴봤더니 확률상 실패확률이 더 높음에도 불구하고 성공을 상상하는데 지나치게 시간을 많이 활용하는 오류를 범하는 것으로 나타났는데 이 또한 대표성 휴리스틱 사용으로 인한 기저율(base rate) 무시로 인해 나타난 결과라 할 수 있다.

1) 전형성 확보

일반적으로 전형성(typicality)이란 같은 부류에 있는 것 가운데 가장 일반적이고 본질적인 특성으로 어떤 대상이 특정 범주를 대표하는 정도나 특정 범주의 핵심적인 속성을 보유하고 있는 정도를 의미한다. 따라서 전형성이 높은 브랜드는 특정 제품 범주를 대표하는 브랜드로 최초상기도가 높고 이는 시장 점유율과도 매우 밀접한 관련을 갖게 된다. 예컨대, '김치냉장고=딤채', '드럼세탁기=트롬', '라면=신라면', '피로회복제=박카스', '정수기=코웨이'가 자연스럽게 떠오를텐데 이 브랜드 모두 시장 내 No.1 브랜드다. 나아가 전형성이 높은 브랜드 중에는

"일반명사화 된 브랜드"가 있는데 스카치테이프(테이프), 제록스(복사기), 구글(검색), 바셀린(상처 치료제), 스판덱스(소재), 소니워크맨(소형카세트), 박카스(피로회복제), 대일밴드(1회용 반창고)등이 있다. 그래서 검색한다는 말대신에 구글링한다는 말을 쓸 수 있는 것이다.

2) 전문성 활용

쇼핑은 하고 싶고 전문적 지식이 부족하거나 시간적·경제적 여유가 없는 경우 사람들은 자신을 위해 누군가가 대신 쇼핑을 해주길 원한다. 이런 소비자들을 위해 태어난 서비스가 바로 '구독 커머스(subscription commerce)'다. '구독 커머스'는 매달 일정 금액을 내면 소모성 생필품을 시중보다 싼 가격에 정기적으로 배달해 주는 서비스를 의미한다. 서브스크립션 커머스는 우유배달이나 신문배달과 같이 매월 일정 금액을 주고 제품을 받는 구독서비스의 업그레이드된 형태로 2010년 하버드 MBA 출신들이 만든 '버치 박스(Birch Box)'가 세계 최초인 것으로 알려져 있다.

전문가 추천 서브스크립션 커머스
구독서비스(서브스크립션 커머스)는 분야별 전문가들이 소비자의 특성을 고려한 맞춤형 상품을 제공하면서 구독경제를 이끌고 있다.

정기 구독료를 지불하고 제품을 주기적으로 배송 받는다는 점에서는 기존 구독서비스와 차이가 없지만 배달되는 제품의 유형이 다양하고 전문가의 조언과 개인별 맞춤화가 가미된 서비스라는 점에서 차이가 있다. 미국에서는 화장품, 구두를 시작으로 액세서리, 의류, 면도기, 식재료, 커피, 장난감 등 다양한 카테고리에서 서브스크립션 커머스 업체가 생겨났고, 국내에서는 화장품을 시작으로 활성화되고 있는 추세다. 서브스크립션 서비스로는 남성용 향수와 에센스, 면도용품 등을 박스에 담아 저렴한 가격에 제공하는 '남성용 뷰티 박스 서비스', 임신 10개월 동안 임산부와 태아에게 필요한 용품과 정보를 매달 선물 박스로 제공하는 '임산부 전용 서비스', 그리고 유아 교육 관련 전문가가 선별한 연령대별 맞춤책과 장난감을 제공해주는 '아이 전용 서비스' 등 점점 다양해지고 있다.

3) 온라인 구전 유도

디젤(Disel) 청바지의 공유서비스
입어보고 SNS를 통해 친구들과 공유할 수 있도록 차별화하는 디젤

원래 확률이론에서는 표본의 크기가 클수록 모집단의 특성을 더 잘 나타낸다는 '대수의 법칙(law of large numbers)'이 있다. 그러나 사람들이 대표적인 속성을 중심으로 판단을 하게 되면 사람들이 표본의 크기가 작더라도 모집단의 특성을 대표할 수 있다고 여기는 '소수의 법칙(law of small numbers)'

을 따르는 오류를 범하게 된다. 한 조사결과에 따르면 미국 소비자들 중 81%가 제품 구매 전 온라인에서 추가적인 정보 검색을 하며, 55%가 사용자 후기를 사용하고 있고, 조사대상자 중 90%가 Facebook 친구들의 추천을 신뢰하는 것으로 나타났다. 이런 소비자들의 행동은 소수의 법칙에 따라 판단을 할 확률이 매우 높다는 점을 보여주고 있다.

예컨대, 이탈리아 패션 브랜드 디젤(DIESEL)은 스페인 마드리드와 바르셀로나 매장에서 '디젤캠' 서비스를 시작했다. 매장에 온 고객이 새로 살 옷을 입고 디젤캠으로 사진을 찍은 후 페이스북에 올릴 수 있도록 함으로써 친구들과 의견을 공유할 수 있도록 한 것이다. 하루 평균 50여장의 사진이 찍히고, 관련 포스팅만 15,000여 개에 달하는 등 소비자들로부터 좋은 반응을 이끌어냈다. 최근에는 연구하고 탐색하는 전문가적 소비자를 의미하는 리서슈머가 등장해 준(準)전문가적 지식으로 자신이 소비하는 제품 특성과 시장현황, 장·단점 등 해당제품이나 서비스를 살펴본 후 다른 소비자에게 연구결과를 제공하기도 한다. 온라인/모바일 쇼핑몰에서도 평점이나 다른 이의 사용 후기, 주위 사람들의 추천을 참고해서 구매를 하는 경우가 많은데 리서슈머의 영향력이 그만큼 커졌다. 실제로 온라인 신발 전문브랜드 "자포스(Zappos)"의 경우 이 쇼핑몰에서 제품을 구매하는 첫 구매 고객의 43%는 주변 사람들의 추천을 통해 방문했고, 한 번 구매한 고객이 다시 방문해 제품을 구매하는 재구매고객의 비율이 75%에 달하면서 지난 10년간 1,300% 성장하였다.

4) 리더의 대표성 이용

수많은 후발주자들이 리더를 이기기 위해 사용하는 커뮤니케이션 전략이 바로 비교광고이다. 보통의 경우 리더는 후발주자의 비교광고에 별다른 반응을 보이지 않는다. 왜냐하면 리더가 대응하는 순간 후발주자는 리더와 동급이 되기 때문이다. 그래서 1위의 위치를 이용해 자연스럽게 자신을 2위로 포지셔닝시킨 아비스(AVIS)의 "We are No. 2. So we try harder(우리는 2등입니다. 그래서 더 열심히 하겠습니다)." 캠페인이 의미가 있는 것이다. 그런데 2012년 뜻하지 않게 리더가 한 명의 후발주자와 전면전을 벌이는 일이 발생했다. 바로 애플과 삼성의 특허전쟁이었다. 혁신의 리더이며 IT산업의 절대강자로 군림하고 있던 애플이 2011년 4월15일 미국에서 삼성전자를 대상으로 디자인 특허 및 사용자 인터페이스(UI) 관련 소프트웨어 특허 침해 소송을 제기했던 것이다. 이에 삼성전자는 같은 날 한국에서 애플을 상대로 맞소송을 제기하고 나섰다. 이렇게 시작한 두 회사 사이의 특허 소송 전쟁은 독일 네덜란드 영국 프랑스 이탈리아 호주 등 9개국 30여 건으로 확대됐다. 지역만 확대된 게 아니다. 신제품이 나올 때마다 소송 대상 제품은 늘어났고, 소송 대상 특허기술도 다양화됐다. 그야말로 전면전이었다. 그런데 이 사건은 스마트폰 시장의 흐름을 삼성과 애플로 집중시켰고 두 회사는 이 시장의 이익의

90% 가량을 과점하게 되었다. 나아가 삼성의 브랜드 인지도는 올라갔고 급기야 애플과 경쟁할 수 있는 상대로 포지셔닝되어 이제 삼성은 시장주도권을 놓고 애플과 경쟁하는 안드로이드 진영의 대표 브랜드로 자리매김하게 되었다.

3. 기준점 휴리스틱(anchoring heuristic)을 활용한 전략

사람들은 불확실한 사건에 대해 예측이나 판단을 할 때, 미리 제시된 기준점(anchor)에 영향을 받아 1차적으로 예측을 하거나 판단을 한다. 이후 이러한 예측이나 판단이 잘못되었다는 것을 깨닫고 조정(adjustment)을 하지만 그런 조정 과정이 불완전하여 오류나 편향이 나타나는데 이를 "닻내림(anchoring)과 조정(adjustment)"이라 한다. '손오공이 뛰어봐야 부처님 손바닥 안'이라는 말처럼 사람들은 외부에서 주어지는 기준점에 영향을 받은 상태에서 의사결정을 하게 되는데 설령 그 기준점이 주사위를 던져서 나온 숫자나 원형숫자판을 돌려 나온 숫자처럼 판단하는 대상과 전혀 관련이 없는 경우일지라도 영향을 받을 정도로 강력하다. 이는 사람들이 관련성의 여부와 관계없이 일단 외부로부터 기준점이 제시되면 이를 하나의 가설로 받아들이고, 이후 확증편향(Confirmation Bias)이나 가설-일치 검증 규칙(Hypothesis-consistent)에 따라 가설을 지지하는 증거들을 찾으려고 하기 때문이다.

예컨대, 가격을 협상하는 경우 희망판매가격을 높게 제시할수록 최종 판매가가 높아지는 것이나 가격을 표시하는 경우 판매가격만 표시하는 것보다는 정찰가격(정가)과 판매가격을 함께 제시하는 것이 더 효과적인 것이 모두 바로 기준점 휴리스틱 때문이다.

1) 새로운 기준점 제시

이름보다 제품으로 승부한 몽쉘
몽쉘은 오리온 초코파이 '정(情)'이라는 강력한 브랜드를 넘어서기 위해 이름보다 속을 보고 고르라는 새로운 기준을 제시하고 있다.

시장 내 경쟁은 끊임없이 누가 기준(표준)을 선점하느냐의 싸움이다. 이 싸움에서 이기는 기업이 시장의 주도권을 갖게 된다. LG전자가 스마트 TV 시장에서 1위를 달성하기 위해 제시한 첫 번째 기준은 바로 "3D"였다. 그래서 2012년 LG전자는 신제품 가운데 80%가량을 3D TV로 출시하였다. 두 번째 기준은 바로 "매직 리모컨"이었다. 즉 컴퓨터 마우스처럼 자유롭게 움직일 수 있는 매직리모컨을 통해 스마트 TV 활용도를 높이기 위해 도입하였는데 2013년형 매직리모컨은 자연어 인식 기능을 추가 지원해 일상적인 대화형 언어를 인식해 명령을 수행하도록 하였다. 세 번째 기준이 '올레드'였다. LG전자는 올레드 TV의 압도적 화질과 디자인을 앞세워 프리미엄 시장지배력을 공고히 하고 있으며 2021년까지 전 세계 9년 연속 1위를 달성하였으며 2022년부터는 게이밍, 콘텐츠 제작 등 프리미엄 수요가 높은 모니터로 '올레드'의 영역을 확장하고 있다.

한편 롯데제과의 몽쉘은 1990년대 초 기존 초코파이 보다 한 단계 업그레이드 시켜 선보인 제품으로, 초코파이의 머쉬멜로우 대신 크림을 넣어 부드러운 촉감을 느낄 수 있게 개발했다. 몽쉘은 출시 후 월 평균 15억원 정도의 매출을 올렸다. 지난 2009년에는 400억원, 2010년엔 25% 신장한 500억원의 매출을 기록했다.

최근 몽쉘은 "속을 보고 고르면 몽쉘"이라는 광고를 집행하였는데 이는 초코파이계의 절대 강자 "오리온"을 염두에 두고 오리온이라는 겉으로 드러나는 브랜드보다는 머쉬멜로우가 아닌 크림을 넣은 속을 보라는 메시지로 새로운 선택의 기준을 제시하고 있다.

2) 인지부조화 해소

일반적으로 소비자가 구매 전의 기대와 구매 후의 실제 평가가 서로 일치하지 않을 때 발생하는 것이 인지 부조화(cognitive dissonance)이다. 기대에 비해 성과가 낮은 경우에는 불만족을 느끼게 되는데, 사람들은 이런 인지부조화로 인해 불편함을 느끼게 되고 이를 해결하려고 노력하기 때문에 인지부조화를 줄여주는 메시지에 좀 더 관심을 갖게 된다. 닥터 유는 '과자는 살만찌고 건강에 좋지 않다'는 생각 때문에 먹으면서 죄책감을 느끼는 소비자에게 닥터 유는 먹는 즐거움에서 죄책감을 덜어주고, 그 자리에 영양밸런스를 채우는 건강에 좋은 과자라는 점을 내세워 소비자가 느끼는 인지부조화를 줄여주고자 하였다. 닥터유는 2008년 출시 1년 만에 프리미엄 제과시장이란 새로운 카테고리를 만들며 400억의 매출을 기록하는 등 대표적인 힐링푸드로 자리잡고 있다. 심지어 2022년 3분기 누적 기준 닥터유 국내 매출은 621억 원으로 출시 14년 만에 국내서 초코파이 매출(620억 원)을 앞지르기도 하였다.

맛과 건강을 모두 잡은 닥터유
닥터유는 건강하게 먹는 즐거움을 통해 소비자의 죄책감은 덜어주고 영양밸런스를 채우는 건강에 좋은 과자라는 이미지를 얻었다.

4. 감정 휴리스틱(affective heuristic)을 활용한 전략

확률판단을 포함한 여러 형태의 판단이나 의사결정을 할 때 이성이 아닌 사람의 감성이 휴리스틱으로 작용하여 선택에 영향을 미치는 것'을 '감정 휴리스틱'이라고 하는데, "같은 값이면 다홍치마"라는 말과 잘 어울린다. 예컨대, 검은 공을 뽑으면 선물을 준다고 했을 때 10개 중 검은 공이 1개 있는 항아리(10%)가 아닌 100개 중 검은 공이 8개 들어있는 항아리(8%)에서 공을 뽑겠다는 사람이 많은 것이나, 가격이 똑같아도 고급커피와 일반커피로 나누어 표시된 커피 자동판매기에서 고급커피를 선택하는 것 모두가 감정 휴리스틱에 의한 영향이라 할 수 있다.

1) 통제에 대한 환상 자극

사람들은 자신이 통제할 수 없는 상황에 대해 통제할 수 있다고 과대평가하는 '통제에 대한 환상(Illusion of control)'을 갖고 있다. 그러므로 이런 사람들의 감정을 자극하면 쉽게 설득할 수 있게 된다. 대표적인 예가 "마법천자문"이다. 마법천자문은 어린이에게 익숙한 '손오공'캐릭터를 이용해 자연스럽게 한자를 익히도록 기획한 도서로 2003년 11월 출간된 이후 밀리언셀러를 기록하는 등 학습과 놀이를 결합한 한자 학습서로 큰 인기를 누려오고 있다. 출간 초기 부진한 판매를 초등학교 앞에서 샘플북과 한자카드를 무료로 배포하는 등의 공격적인 마케팅으로 극복하였고, 이후 '불어라 바람 풍(風)', '뜰 부(浮)'와 같이 초등학생들 사이에서 한자로 외치는 마법 주문, 카드놀이, 카드 수집 등으로 크게 인기를 끌며 2003년 첫 출간 후 2014년까지 출간 10년만에 책 2,000만부와 관련 캐릭터사업을 포함해 약 1,000억 원의 매출을 기록했다.

이후 방송용 애니메이션뿐 아니라 온라인 게임, 뮤지컬, 캐릭터사업 프로젝트로까지 확장되었다. 일례로 2009년 출시한 '마법천자문' 콘솔 게임은 14만 카피가 팔려 국내 제작 콘솔 게임 중 최대 판매량을 기록하기도 하였다. 마법천자문의 성공 요인으로는 기존에 한자를 암기해야 한다는 고정관념에서 탈피하여 서유기 이야기 구조 속에 어린이들이 좋아할 마법과 놀이 요소를 가미하여 마법을 통해 세상을 통제할 수 있다는 환상을 심어주면서 자연스럽게 학습을 유도했다는 점이다.

통제의 환상을 활용한 마법천자문
마법천자문은 어린이들에게 천자문을 통해 세상을 지배할 수 있다는 통제의 환상을 심어줌
으로써 학습과 재미라는 두 마리 토끼를 잡으며 어린이와 학부모 모두에게 사랑받았다.

2) 친숙함 강조

사람들에게는 집과 같이 자신에게 친숙하고 편안한 회사에 투자하는 "집 편향(home bias)"이 있다. 그래서 자신이 좋아하고 친숙한 기업에 투자하는 경우에는 위험은 낮고 수익은 높을 거라 판단(low risk-high return)하지만, 반대로 자신이 별로 좋아하지 않고 친숙하지 않은 기업에 대해 투자하는 경우에는 위험은 높고 수익은 낮다(high risk-low return)고 잘못 판단하는 경우가 생긴다. 시장의 불확실성이 높아지다보니 칠성사이다(1950년), 오란씨(1971년), 에이스 크래커(1974년), 빙그레 바나나맛 우유(1974년), 페리오치약(1981년), 농심 너구리(1982년), 포카리스웨트(1987년)와 같은 장수브랜드의 매출이 증가하는 것이나 이경규(꼬꼬면), 정형돈(도니도니돈까스) 등 유명인이 상품기획단계부터 직접 참여하는 셀럽브랜드(celeb brand)가 인기를 끌고 있는 것도 일종의 집 편향 때문이라 할 수 있다.

더욱이 최근에는 사라졌던 브랜드들이 다시 살아나고 있는데 톰보이, 에스콰이어의 중저가 브랜드 '미스미스터(1998년 철수)', 금강제화의 '비제바노(1999년 철수)'가 이미 새롭게 런칭을 시작했고, 팬택 또한 1998년부터 15년 이상 사용했다 사용을 중지했던 스카이(SKY)브랜드를 2013년 6인치급 풀HD 스마트폰 '베가 넘버6'를 공개하면서 '베가, 당신을 빛나게 하다(VEGA, the brightest star in the SKY)'란 문구를 통해 공식 부활시켰다. 소주의 원조 진로도 2019년 4월에 1970년대 디자인을 되살린 뉴트로 컨셉트로 원조 '진로'를 현대적 감각으로 재해석한 '진로 이즈 백'을 출시하였다. 업계 최초로 두꺼비를 활용한 캐릭터 마케팅을 도입해 출시 초반부터 이슈몰이에 성공하면서 출시 7개월만에 1억병 판매를 돌파했고 2022년 4월 출시 2년만에 누적판매 6억 5,000만병을 돌파한 것도 신세대에 친숙한 캐릭터를 적극적으로 활용하였기 때문이다.

레트로 트렌드로 돌아온 진로
진로는 업계 최초로 두꺼비를 캐릭터로 만들어 돌아온 소주의 원조라는 메시지를 알리는 레트로 마케팅을 성공적으로 진행하였다.

3) 감정의 꼬리표 활용

'감정의 꼬리표'(affective tag)는 'New, Natural, Premium, Gold'와 같이 소비자의 심리적인 만족을 높여 원래 내재된 가치보다 그 제품/서비스의 가치를 더 높게 평가하도록 만드는 수식어를 말한다. 최근 '웰빙'과 '국산' 열풍으로 원재료의 신선도와 품질이 중요해지자 식재료의

감정의 꼬리표를 활용한 브랜드
'무지방', '100%', '국산'이라는 감정의 꼬리표를 활용해 소비자들에게 좀 더 건강하고 고품질의 제품이라는 점을 강조하는 식품브랜드가 많아지고 있다.

원산지를 확인하는 주부들이 많아지면서 100% 국산재료, 맛, 가격의 삼박자를 갖춘 브랜드들이 큰 인기를 모았다. 국산 햅쌀만 사용하면서도 가격은 1200원 정도로 조정하여 경쟁력을 높인 '우리쌀 생막걸리(농협)', 100% 국산 돼지고기와 토종 의성마늘이라는 국산재료를 핵심메시지로 한 '의성마늘햄(롯데햄)', 100% 국산 고구마전분을 사용한 '100% 국산 햇당면(CJ 백설)', 모든 재료를 100% 국산으로 만들어 웰빙 장류로서의 입지를 굳힌 '순창 고추로 만든 우리 쌀 고추장(대상 청정원)', 100% 국내 자연산 생칡을 착즙하여 칡 고유의 맛과 향을 살린 '비락 칡즙(비락)', 100% 국산콩으로 만든 '슬라이스 차례 두부(풀무원)', 국내 최초로 아기 두유에 100% 국산콩을 사용하여 국내 유아용 두유 시장을 확장하는 역할을 한 '앱솔루트 첫 두유 국산콩(매일유업)', 100% 국산 소금인 '햇살이 만든 신안바다 천일염(신송식품)', '목장의 신선함이 살아있는 지방0%(무지방) 우유(서울우유)' 등이 바로 '국산', '무지방(지방 0%)', '100%'라는 감정의 꼬리표를 활용한 브랜드라 할 수 있다.

한편 '핀스킨 마케팅'은 핀셋으로 집듯 상품 특성에 적합한 목표 고객에게 집중하는 핀셋 마케팅과 소비자를 직접 찾아가 공감대로 높이는 스킨십 마케팅이다. 예컨대, 한 건설업체에서는 내방객들이 자신의 거주지역에 스티커를 붙이면 각 동의 명의로 복지재단에 쌀을 기부하는 사랑의 쌀 기부행사를 했다. '기부'라는 감정이 꼬리표를 붙인 사랑의 쌀 기부행사에는 2만 3000명이 방문해 같은 기간 다른 분양단지의 방문객 1만 명을 훨씬 넘는 집객효과를 발휘하였다.

5. 프로스펙트 이론(Prospect Theory)을 활용한 전략

2002년 Daniel Kaneman 교수가 노벨경제학상을 수상하게 했던 대표적인 이론이 바로 프로스펙트 이론이다. 프로스펙트 이론은 기존 경제학에서 제시하는 효용함수와는 다른 새로운 형태의 가치함수(value function)를 제안하고 있는데 그 특징은 다음과 같다.

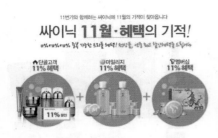

이익은 나눠 혜택이 많도록 인식시킨 싸이닉
싸이닉은 혜택을 하나로 통합해 보여주지 않고 단골 혜택, 마일리지, 멤버십 혜택으로 나누어 제시함으로써 좀 더 많은 혜택을 받는 것으로 인식하도록 유도하고 있다.

먼저, 준거 의존성(reference dependency)인데, 사람들은 절대적인 변화보다는 상대적인 변화에 민감하기 때문에 어느 것을 준거점(reference point 기준점)으로 삼느냐에 따라 대상에 대한 평가가 달라지는 것을 말한다. 예를 들어 연봉이 3,800만 원인 사람과 3,000만 원인 사람 중에 누가 더 행복할 것 같은지 물으면 당연히 연봉이 3,800만 원인 사람이 더 행복하다고 말할 것이다. 그렇지만 전년 연봉이 각각 4,000만 원과 2,800만 원이었다는 전제가 붙는다면 연봉 3,800만 원보다 연봉 3,000만 원인 사람이 더 행복하다고 말할 것이다. 이런 상반된 결과가 나타나는 것은 바로 준거점 때문이다.

둘째는 민감도 체감성(diminishing sensitivity)인데 한계효용체감의 법칙처럼 가치함수의 기울기가 점점 완만해지는 것으로 이익이나 손실의 액수가 커짐에 따라 변화에 따른 민감도가 감소하는 것을 말한다. 즉 제품 가격이 30,000원에서 33,000원으로 인상된 경우와 300,000원에서 303,000원으로 인상된 경우 3,000원이 인상된 것은 같지만 전자가 후자보다 더 많이 올랐다고 느끼는 것도 바로 민감도 체감성 때문이다.

마지막으로 손실회피성(loss aversion)은 사람들이 손실(고통)을 줄이려고 하는 성향을 말하는데, 이는 사람들이 같은 크기의 이익과 손실이라 해도 이익에서 얻는 기쁨보다 손실에서 느끼는 고통을 더 크게 느끼기 때문이다.

위에서 이야기한 준거의존성, 민감도 체감성, 손실 회피성과 같은 인간의 심리를 모형화한 것이 바로 프로스펙트 이론(prospect theory)이다. 프로스펙트 이론에서 말하는 가치함수는 〈그림 2-4〉에 나타난 것처럼 이익영역에서는 감소함수(concave), 손실영역에서는 증가함수(convex)의 S자 모형을 갖고 있으며 손실영역에서의 함수 기울기가 이익영역에서의 함수 기울기보다 더 가파르다는 특징을 갖고 있다.

그림 2-4 프로스펙트 이론(prospect theory)에서 가정하는 가치함수

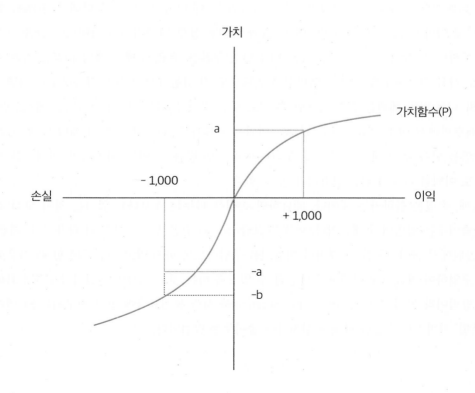

이로 인해 동일한 금액의 이익(+1,000)과 손실(-1,000)이 있는 경우, 사람들은 1,000원의 이익에서 얻는 심리적 만족(그림의 a)보다 1,000원의 손실에서 느끼는 심리적 불만족(그림의 -b, 여기서 |a|<|-b|)가 더 크기 때문에 손실을 회피하려 한다. 일반적으로 사람들이 손실에서 경험하는 불만족은 이익에서 느끼는 만족보다 2배 이상 크다고 한다.

카네만 교수는 프로스펙트 이론을 통해 인간은 기준점에 영향을 많이 받는다는 '준거의존성', 추가되는 효용에 대한 민감도(한계효용)가 체감한다는 '민감도 체감성' 그리고 같은 크기의 이익과 손실이라 해도 이익에서 얻는 기쁨보다 손실에서 느끼는 고통을 더 크게 느끼기 때문에 사람들은 손실(고통)을 줄이려고 하는 '손실회피성(loss aversion)'을 이야기하였는데 이를 활용한 전략은 다음과 같다.

1) 손실에 민감한 인간(쾌락적 편집 가설로 관리)

앞서 사람들은 손실(고통)을 줄이려고 하는 '손실회피(loss aversion)' 성향이 있다고 이야기했는데 불황기에는 이 성향이 더 커진다. 그러므로 소비자의 만족을 극대화하고 불만을 최소화하기 위해 '쾌락주의 편집 가설(hedonic editing hypothesis)'을 활용할 필요가 있다.

쾌락주의 편집가설에서 이야기하는 첫 번째 원칙은 이익은 나누라는 것이다. 왜냐하면 이익은 나누어야 만족도를 더 높일 수 있기 때문이다. 예컨대, 제품을 10% 할인해준다고 이야기하는 것(통합된 이익)보다는 계절할인 3%, 판촉할인 5%에 단골 할인 2%를 더해 총 10%를 할인해준다고 이야기하는 것(분리된 이익)이 더 효과적이다. 실제 11번가에서 싸이닉을 단골 고객으로 등록하면 전 상품을 구매할 수 있는 11% 할인 쿠폰을 주고, 구매 금액의 11%를 기존 마일리지로 사용 가능하도록 한 후 T멤버십 포인트로도 전 상품 11%할인이 가능하도록 하면서 3가지의 11% 할인 혜택을 중복 사용할 수 있도록 한 것이나 CJ푸드빌이 차이니즈 레스토랑 차이나팩토리에서 매주 수요일에 CJ원카드 회원은 제휴카드 30여 종의 할인 혜택 외에 10% 추가 할인을 받을 수 있게 함으로써 최대 40%까지 할인 받을 수 있는 '차팩데이' 이벤트를 진행한 것도 이익을 나누기 위한 전략이라 할 수 있다.

둘째, 손실은 합하라는 것이다. 왜냐하면 손실은 나누는 것보다는 합하는 것이 고객의 고통을 줄여주는 방법이기 때문이다. 이것은 요금 청구와 같은 부분에서 많이 활용된다. 예컨대, 놀이공원에서 놀이기구를 탈 때마다 이용권을 구입하도록 하지 않고 처음 입장할 때 자유이용권을 구입하여 마음껏 놀이기구를 이용할 수 있도록 하는 것도 고객의 손실지각을 최소화하기 위한 방법이라 할 수 있다. 그리고 앱(Application)을 사면 통신요금에 합산 청구되는 SK텔레콤의 '폰빌' 서비스도 손실을 합해 손실지각을 줄여주는 방법이다.

2) 보유효과 활용

보유효과(endowment effect)는 사람들이 어떤 대상(사물)을 소유하거나 소유할 수 있다고 생각하는 순간 그 대상(사물)에 대한 애착이 생기게 되는 현상을 말한다. 일단 보유효과가 발생하면 사람들은 손실에 대해 큰 상실감을 느끼게 되는데 이를 적절히 활용한 것이 바로 체험단과 환불보장제도다. 체험단 활동은 소비자들이 직접 참여하여 제품을 보고, 만지고, 느끼고, 사용해보도록 유도하는 기업의 적극적인 마케팅 활동으로 소비자로 하여금 제품을 직접 경험하게 함으로써 긍정적인 구전을 유도하고 나아가 제품 구매가능성을 높이는 효과도 있다. 왜냐하면 체험하는 동안 나타난 보유효과로 인하여 사람들은 제품을 반환하거나 사용을 중지하는 것에 상실감을 느끼게 되는데, 이때 체험 제품을 할인해주면 사람들이 구매할 확률이 증가되기 때문이다.

과거 웅진 비데와 정수기가 2주간 무료 체험 렌털 서비스를 실시하여 구매에 따른 심리적 저항감을 무료 체험이라는 방식으로 무마시켜 좋은 성과를 거둔 적이 있다. 휴롬도 원액기시장을 창조하며 2010년 600억 원이었던 연 매출을 1년 새 1,500억 원으로 늘릴 수 있었던 것도 35만 원이 넘는 고가의 제품을 무료로 써보게 하고 마음에 들지 않으면 반품할 수 있도록 한 체험마케팅 때문이다. 한편 환불보장제도는 제품을 구매한 고객에게 일정기간 동안의 시험기간을 제공하고 그 기간 동안 그 제품을 사용하게 한 후 제품이 마음에 들지 않으면 제품을 반환하고 환불을 해주는 제도인데, 언제든 환불이 가능하다는 생각 때문에 소비자는 큰 부담 없이 제품을 구입하게 된다. 일단 제품을 사용하다보면 그 제품을 자산의 일부로 느끼게 되면서 구입한 제품을 반환하는 것에 대해 큰 상실감을 느끼게 된다. 그래서 아주 큰 문제가 있지 않는 이상 환불하지 않을 가능성이 높다.

최근 부동산 침체로 입주시점에 위약금 없이 고객이 계약해지를 원할 경우 계약금 100%를 돌려주는 '계약금 환불보장제'를 시행하는 것이나 종합인터넷 쇼핑몰이 운영하는 중고차서비스에서 구매 후 마음에 들지 않으면 100% 환불보장제도를 실시하는 것도 이런 심리를 활용한 전략이라 할 수 있다. 한편 신차를 판매할 때는 기본 모델에 옵션을 추가해 판매하는 방법(옵션추가방법)과 풀 옵션에서 필요 없는 옵션을 제거하도록 하는 방법(옵션제거방법)이 있는데 최종 구매가격은 옵션제거방법을 사용할 때 더 높은데 이 또한 보유효과로 인해 장착되어 있던 옵션을 제거하면서 느끼는 상실감이 크기 때문이다.

체험마케팅으로 승부하는 휴롬

휴롬은 시연에 특화한 제품인 만큼 중국 오프라인 시장에서 더 많은 소비자와 만나기 위해 중국에 가전체험점(슈퍼체험점)에 입점해 제품을 직접 체험해 구매하도록 유도하고 있다.

3) 심리적 회계

사람들의 마음속에 있는 가계부나 회계장부를 '심리적 장부(Mental Accounting)'라고 한다. 그래서 사람들은 제품을 구매하면 제품별로 회계장부를 만들고 난 후 제품 구매를 위해 지불한 비용(Cost)과 제품을 소비하면서 느끼는 혜택(Benefit)을 비교하게 된다. 이런 심리적 회계장부는 제품값을 지불하는 시점에서 개설되고(open), 제품 소비가 완료되는 시점에 마감되는데(close), 심리적 회계장부의 가장 큰 특징은 사람들이 적자(red)로 마감하지 않으려 한다는 것이다. 우리가 흔히 '아직 본전도 못 뽑았다'고 이야기하는 것이 바로 심리적 회계장부를 적자로 마감하지 않으려는 마음을 표현한 말이다. IT제품과 같이 신제품 출시 주기가 짧은 경우에는 기존 제품보다 업그레이드 된 신제품이 출시되면 사람들은 신제품을 구매하고 싶어 한다.

그런데 기존에 쓰던 제품이 고장이라도 나면 그 핑계대고 신제품을 사겠지만, 기존 제품이 고장 나지 않은 상태 즉 잔존가치가 남은 상태에서 신제품을 구매하면 심리적 장부를 적자로 마감해야하기 때문에 심리적 부담감을 느끼게 된다. 이 때 잔존가치에 대해 일정부분 보상을 해주는 보상판매(trade-in)는 신규구매에 대한 심리적 불편함을 완화시켜 줄뿐만 아니라 나아가 교체에 대한 명분을 제공해주기 때문에 효과적이라 할 수 있다.

나아가 최근에는 경제적 이익과 공익을 접목시킨 "착한 보상판매"가 주목을 받고 있다. 예컨대, 소니는 보상판매를 통해 모아진 구형 카메라를 공익단체에 기증해 소외계층을 위한 기금마련에 활용했고, 슈즈 쇼핑센터 ABC마트는 헌 신발을 가져오면 새 신발을 20%까지 할인된 가격에 구입할 수 있도록 하면서 이 때 수거된 헌 신발 수량만큼 새 신발을 해외 빈곤 아동에게 전달하는 행사를 국제구호개발 NGO인 굿네이버스와 함께 전국 매장에서 동시에 진행하기도 하였다. 이와 같이 기업들이 실시하는 착한 보상판매는 신제품 판매 증가와 사회적 공헌에 따른 기업 이미지 상승이라는 두 마리 토끼를 잡는데 효과적인 방법이라 할 수 있다.

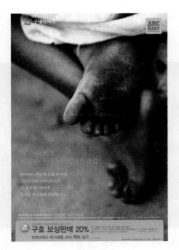

ABC마트의 착한보상판매
ABC마트는 헌 신발을 가져오면 새 신발을 할인해주고 수거된 헌 신발을 해외 빈곤아동에게 전달하는 착한 보상판매를 진행해 큰 호응을 얻었다.

4) 현상유지효과

사람들은 의사결정을 할 때 새로운 시도를 하기보다는 현재 혹은 이전의 결정을 유지하려는 성향이 강하게 나타나는데 이처럼 현재 상태에서 변화하는 것을 피하려는 사람의 성향을 '현상 유지 효과(status quo effect)'라 한다. 사람들의 '현상유지효과'를 활용한 전략이 '디폴트 옵션(default option)' 전략이다. 예컨대,

유럽 국가의 대부분은 운전면허를 신청할 때 장기기증의사를 묻는다. 그래서 장기기증의사 비율은 국가에 따라 차이가 나는데 이 차이는 국가별 시민성숙도가 아니라 운전면허신청서 가입시 기본선택이 무엇으로 되어있느냐에 의해 결정된다. 즉 기본 선택이 "장기기증의사가 있다"인 국가는 기증의사가 높고, 장기기증의사가 있을 경우만 표시하게 한 국가의 기증의사는 낮게 나타났다. 이런 디폴트옵션 전략은 금융 분야에 많이 활용될 수 있다. 예컨대, 개인형 퇴직연금제도의 경우 과거에는 퇴직 일시금이 디폴트 옵션이었고 퇴직 계좌는 선택 사항이었지만 지금은 일단 지정된 퇴직 계좌로 퇴직금이 입금되고 원하는 사람만 이 계좌를 해지한 다음 일시금으로 수령할 수 있게 만들었다.

이렇게 제도를 바꾼 이유는 퇴직금이 본연의 기능인 노후 생활 자금으로 활용되도록 만들려고 했기 때문이다. 그리고 연금펀드 선택시 사람들이 처음에 선택한 상품을 잘 바꾸지 않고 주식과 채권의 비중조절을 하지 않는 점을 고려해 사전에 나이에 따라 비중이 자동조절되는 라이프사이클 연금 펀드를 도입한 것이나 저축과 투자를 자동이체 시키는 것도 일종의 디폴트옵션 전략이라 할 수 있는데, 자동이체를 한 사람이 그렇지 않은 사람보다 저축을 더 많이 한다는 점을 고려하면 자동이체를 신청해놓는 것도 좋은 전략이라 할 수 있다.

5) 매몰비용효과

합리적 의사결정은 과거의 투자가 아닌 현재 이후에 발생하게 되는 비용(incremental cost)과 이익(incremental benefit)을 비교하여 의사결정을 하는 것을 말한다. 그러나 많은 사람들은 미래가 아닌 과거를 기준으로 의사결정을 하곤 한다. 이처럼 사람들이 일단 시간, 돈, 또는 노력을 투자한 후 과거 의사결정을 계속 유지하려는 성향을 '매몰비용 효과(sunk cost effect)'라고 한다. 여기서 매몰비용이라는 것은 경제 주체가 의사결정을 한 후 발생한 비용(돈, 시간, 노력) 중 회수할 수 없는 비용(irreversible cost)을 말한다.

매몰비용효과는 '콩코드 오류'라고도 한다. 1969년 영국과 프랑스는 파리와 뉴욕 간 비행시간을 기존 7시간에서 3시간대로 단축시킬 수 있는 최초의 초음속(마하 2.2) 여객기 '콩코드' 개발에 착수했다. 개발 당시부터 콩코드는 엄청난 투자비용과 낮은 수익성으로 개발을 중단하라는 요구가 많았지만, 기존에 투자한 돈을 헛되게 할 수 없다며 연구개발을 계속 진행시켜 1976년 꿈에도 그리던 상업비행을 성공적으로 마칠 수 있

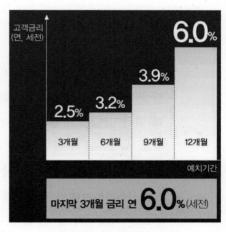

매몰비용효과를 활용한 시티은행상품
시티은행은 3개월마다 단계적으로 이자가 오르는 복리 스텝업 예금을 출시해 예금자의 매몰비용을 자극해 고객이탈(중도해지)를 줄이기 위해 노력하였다.

었다. 그러나 온 세상의 이목을 받으며 화려하게 출발한 사업은 항공업계의 불황, 기체결함, 만성적자에 허덕이며 2003년 초라하게 막을 내렸는데 이 또한 기존에 투자한 돈(매몰비용)을 기준으로 의사결정을 했기 때문에 나타난 결과다.

실제 매몰비용효과는 너무나 많은 상황에서 나타나는 현상이기 때문에 이를 적절히 활용하면 고객관리에 도움을 받을 수도 있다. 보통 기존고객을 유지하는 것이 신규고객을 만드는 것보다 더 쉽고, 새로운 고객을 유치하는 비용은 기존고객을 유지하는 비용의 5배에 이르며, 고객 이탈률(customer defection)이 5% 감소하면 순이익은 25~85% 증가한다고 한다. 결국 기존고객을 유지하는 것이 관건인 셈인데 이를 위해 기업이 사용할 수 있는 방법은 크게 세 가지가 있다.

첫째, 고객들과 거래하면서 제공한 마일지나 포인트는 거래를 중지하면 사용할 수 없는 일종의 매몰비용 성격의 자산이기 때문에 이 점을 효과적으로 상기시켜준다면 적은 비용으로도 고객을 관리할 수 있게 된다. 둘째, 포인트 제공시 적립률을 일정하게 제공하기 보다는 거래기간에 따라 적립률을 달리하면 중도해지를 막을 수 있다. 실제 시티은행의 '복리 스텝업 예금'은 3개월마다 단계적으로 오르는 이자를 원금과 합해 복리 혜택을 받을 수 있도록 만든 금융상품인데, 연 2.5→3.2→3.9→6.0%(세전)으로 이자가 급격히 상승하도록 만들어 좋은 성과를 냈다. 셋째, 관련 제품을 함께 판매하는 교차판매(cross-selling)을 통해서도 고객의 이탈을 줄일 수 있다. 아이폰만 갖고 있는 고객보다는 아이폰, 아이패드, 맥북을 함께 갖고 있는 고객이 이탈하기가 더 어렵고 관련 액세사리를 많이 구입한 고객일수록 쉽게 떠나지 못하는 것도 매몰비용 때문이라 할 수 있다.

6) 프레이밍효과

우리말에 '아'다르고 '어'다르다는 말이 있다. 똑같은 말이라도 말하는 방법에 따라 상대방을 기쁘게 할 수도 있고, 화나게 할 수도 있다는 말이다. 이처럼 질문이나 문제의 제시방법에 따라 사람들의 판단이나 선택이 달라지는 현상을 '구성효과, 틀 효과, 또는 프레이밍효과(framing effect)'라 한다. 일단 틀(frame)이 만들어지면 사람들의 사고나 행동은 그 틀 안에서 움직이게 되고 틀을 깨지 못하는 한 그 틀에서 벗어나는 것은 불가능해진다. 브랜드 포지셔닝도 표적시장 내 고객의 마음속에 유리하고 독특하고 강력한 브랜드 이미지를 구축하기 위한 틀을 만드는 작업이라 할 수 있다.

브랜드 포지셔닝 방법에는 크게 차별적 포지셔닝 전략(differentiated positioning strategy)과 서브타이핑 포지셔닝 전략(subtyped positioning strategy)이 있다. 차별적 포지셔닝은 신규 브랜드가 기존 제품과 다른 독특한 특성을 가지고 있는 경우 기존 제품 범주 내 다른 브랜드들과 차별화된 제품으로 포지셔닝 하는 것으로 시장 리더가 많이 활용하는 방법이다. 반면 서브타이핑 포지셔닝 전략은 신규 브랜드가 기존 제품과 매우 다른(extremely different) 특성을 갖고 있는 경우 신규 브랜드를 기존 제품 범주와 구별되는 하위(니치) 시장으로 포지셔닝 하는 것으로 후발주자가 흔히 사용하는 방법이다. 서브타이핑 포지셔닝은 자신만이 영역을 만들거나 선도브랜드를 재포지셔닝시키는 방법으로 많이 활용된다. 먼저 자신만의 시장을 개척한 서브타이핑 포지셔닝의 예로는 하얀 국물 라면 시장을 개척한 "꼬꼬면"이나 원액기 시장을 개척한 "휴롬", 본격적으로 태블릿 PC 시장을 만든 "아이패드", 인스턴트 원두커피의 '카누', 소셜네트워크게임의 대명사 '애니팡' 등이 있다. 그리고 경쟁상대를 재포지셔닝시킨 서브타이핑 포지셔닝의 예로는 자신을 순한 두통약이라고 포지셔닝하며 기존 리더인 아스피린을 독한 두통약으로 만든 타이레놀이나, 자신을 천연 조미료로 포지셔닝하며 선도브랜드였던 미원을 인공조미료로 만든 다시다가 있다.

한편 하루 1000원이면 아프리카 난민 가족의 생계를 책임질 수 있다고 말하는 것을 "일 단위 가격 분리 프레이밍 또는 PAD (Pennies-A-Day)" 전략이라 하고, 한 달에 3만 원이면 아프리카 난민 가족의 생계를 책임질 수 있다고 말하는 것을 '월 단위 통합 제시' 전략이라고 한다. 사람들은 외부 가격정보를 보는 순간 그 가격과 비교할만한 대상을 떠올리고 그 금액이 상대적으로 크지 않다고 느끼면 메시지에 대해 긍정적으로 반응(동화효과)하지만, 금액이 상대적으로 크다고 느끼면 메시지에 대해 부정적으로 반응(대조효과)하게 되기 때문에 일반적으로 '월 단위 통합 제시'보다 '일 단위 분리 제시'의 경우 사람들이 부담감을 더 적게 느낀다. 이런 이유로 "하루 1400원을 아끼면. 하루 300원 이면……."과 같은 일(월) 단위로 분리 제시함으로써 소비자들이 부담 없이 구매할 수 있도록 설득하는 것도 좋은 전략이라 할 수 있다.

PAD 활용 광고
많은 기업들이 한달이나 제굼구매가격을 제시하기 보다 하루 단위로 쪼개 가격을 제시하는 PAD 전략을 사용하며 소비자의 구매부담을 줄여주는 방법을 활용하고 있다.

6. 선호역전(Preference Reversal)을 활용한 전략

일반적으로 사람들은 일관성을 중요시한다. 그러나 개인의 선호는 상황에 따라 달라지게 되는 경우가 많은데 이를 선호역전현상이라고 부른다. 이처럼 맥락(상황)에 따라 개인의 선호가 달라지는 선호역전 현상을 활용한 전략은 다음과 같다.

1) 유인효과

일반적으로 사람들은 새로운 제품이 출시되면 기존 제품이 가지고 있던 시장점유율은 감소하게 되고(정규성의 원리), 시장점유율의 감소폭은 신제품과 유사한 제품일수록 더 크다(유사성 효과)고 말한다. 그런데 미끼대안(decoy) 또는 유인대안이 등장하게 되면 오히려 새로 진입한 대안과 유사한 기존대안의 선택 확률이 증가하는 현상이 발생하게 되는데 이를 유인효과(attraction effect)라 한다. 여기서 미끼 대안의 특징으로는 기존 대안 중 한 대안에는 절대적으로 열등하지만 다른 대안에는 절대적으로 열등하지 않은 신규대안을 의미한다. 예컨대, 실험 참가자들에게 Cross 펜과 6달러의 현금 가운데 하나를 선택하도록 하였다. 그 결과 참가자들 가운데 36%만이 Cross 펜을 선택하였다. 또 다른 참가자집단에 대해서는 Cross펜, Cross 펜보다 덜 매력적인 펜, 그리고 6달러의 현금 가운데 하나를 선택하도록 하자 46%가 Cross펜을 선택하였다. 이처럼 Cross펜의 선택비율이 증가한 것은 덜 매력적인 펜으로 인해 Cross펜이 상대적으로 더 매력적으로 보였기 때문이다.

이처럼 유인효과는 새로운 대안의 등장으로 인해 기존 대안에 대한 선호도가 변한다는 측면에서 선호역전의 중요한 이론이라 할 수 있다. 유인효과가 기업에 주는 교훈은 경쟁을 즐기라는 것이다. 특히 새로운 제품 영역을 만들었을 경우에는 오히려 경쟁자의 진입을 유도해야 한다. 왜냐하면 경쟁은 시장 규모를 빠르게 확장시키며 조기에 새로운 시장을 만들기 때문이다. 국내 롱텀에볼루션(LTE) 스마트폰이 본격 판매 4개월 만에 가입자 200만 명 시대를 열고, 2012년 말에는 1500만 명(보급률 29%) 돌파, 2013년 상반기에는 2100만 명(보급률 42%)을 넘어선 것이 좋은 예라 할 수 있다. 또한 경쟁은 나의 장점을 극명하게 보여줄 수 있는 기회를 제공하는데 절대평가보다 상대평가는 상대적으로 쉽기 때문이다. 즉 '대조 효과(contrast effect)'에 의해 혼자만 있을 때는 보이지 않던 장점이 경쟁자가 등장하면서 비로소 극명하게 나타난다. 가을대추(건강음료), 비락식혜(전통음료), 비타500(비타민음료)의 경우에는 짧은 시간 안에 많은 모방제품들이 시장에 진입하면서 시장의 크기는 커지고 상대적으로 더 돋보이게 됨으로써 경쟁이 주는 이점을 톡톡히 누린 사례라 할 수 있다.

그림 2-5 유인효과 그래프

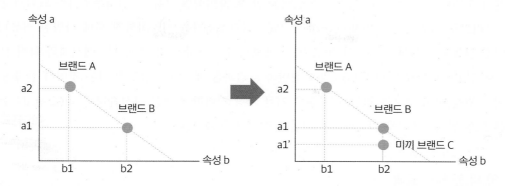

브랜드 A는 속성 a에서 상대적으로 우위에 있고,
브랜드 B는 속성 b에서 상대적으로 우위에 있어
선택하기 어려운 상황(두 속성에 대한 중요도가 동일)

브랜드 A보다는 속성 b에서 여전히 우세하지만,
브랜드 B에 비해서는 절대적으로 열등한 미끼
브랜드 C가 등장하면서 브랜드 B에 대한 선택
확률이 높아짐

2) 차이식별오류 – 인지부조화 최소화

사람들이 제품과 서비스를 구매할 때 그 제품이 자신에게 얼마나 큰 만족을 줄 것인지를 예측하는 것을 예측효용(predicted utility)이라 하고, 제품이나 서비스를 구매한 후 제품을 사용하면서 자신이 선택한 제품의 효용을 판단하는 것을 경험효용(experience utility)이라고 한다. 여기서 말하는 효용이란 객관적인 것이 아니라 개인이 주관적으로 느끼는 효용을 말한다. 선택 후 사람들이 불만족을 느끼는 것은 바로 구매 전 예측효용과 구매 후 경험효용 간의 차이가 발생하기 때문이다. 이를 예측오류(misprediction), 선택오류(mischoice), 또는 '차이식별 오류(distinction bias)'라고 한다. 예컨대, 직업을 선택할 때 사람들은 연봉의 차이(6000만 원 vs. 7000만 원)에서 오는 만족의 차이와 일의 성격(흥미로운 vs. 지루한)에서 오는 만족의 차이를 비교한 후 만족이 큰 대안을 선택하도록 하였다. 이 때 질적 속성(일의 성격)은 평가하기가 어려운 반면 양적 속성(연봉)은 평가하기가 용이하기 때문에 연봉 차이에 따른 효용을 과대예측하게 되어 연봉이 많은 직업 A를 선택하게 된다. 그러나 선택 후 상황에서는 평가가 어려웠던 질적 속성(일의 성격)이 더 큰 영향

The-K 손해보험 인지부조화 감소 전략
The-K 손해보험은 보험료 인하와 고객의 보상만족도 결과를 보여주면서 가입하길 참 잘했다는 메시지를 바탕으로 고객의 인지소화를 줄이기 위한 광고를 만들었다.

을 미치기 때문에 만족도는 직업 B에서 더 높게 나타나게 되면서 '차이식별 오류(고객 불만)'가 발생하게 된다. 이런 이유로 사람들은 선택을 한 후 차이식별 오류 즉 인지부조화를 느끼게 된다. 그러므로 기업들은 소비자가 느낄 수 있는 인지부조화를 최소화하기 위해 다양한 커뮤니케이션 활동을 수행하여야 한다. The-K 손해보험이 가입하길 참 잘했다는 메시지와 함께 19만 5970원의 보험료 인하와 96%의 보상만족도 결과를 제시하는 광고를 하는 것이나 한 할인점이 쇼핑을 하고 나오는 길목에 '당신은 지금 가장 저렴한 쇼핑을 하셨습니다!'라고 광고하는 것은 모두 인지부조화를 최소화하기 위한 전략이라 할 수 있다.

3) 피크-앤드 효과

사람들이 과거 경험에 대해 평가를 할 때 개별적인 경험이나 지속시간을 종합하여 평가하기보다는 감정이 가장 고조되었을 때(peak)와 가장 최근의 경험(End)을 중심으로 평가하는 것을 '피크-앤드 효과(peak-end effect)'라 한다. 예컨대, 일정시간 동안 소음을 들려주는 실험을 하면서 한 집단에게는 마지막에 원래 소음보다 강도가 낮은 소음을 추가하여 들려주었다. 실험이 끝난 후 소음을 듣는 것이 얼마나 괴로웠는지 물어봤다. 흥미롭게도 실제 소음 청취시간이 더 길어졌지만 마지막에 강도가 낮은 소음을 추가한 집단이 그렇지 않은 집단보다 소음에 대해 덜 부정적으로 평가해 기간보다는 마지막이 중요하다는 점을 보여주었다. 놀이공원, 패밀리레스토랑, 극장, 은행, 병원 등 고객들이 서비스를 이용하기 위해 줄을 서서 기다려야 하는 장소에서는 피크-앤드 효과를 활용한 체계적인 '대기시간관리'를 할 수 있다. 제품 간 차이가 크지 않은 경우라면 대기시간관리는 기업의 새로운 경쟁우위가 될 수도 있다. 보통 서비스의 경우 고객이 화를 내지 않고 기다릴 수 있는 시간이 15분 정도라고 하는데 이 시간이 지나면 사람들은 서비스에 불만을 느끼게 된다.

이런 면에서 놀이공원은 고객들이 지루하게 기다리지 않도록 나름대로의 전략을 가지고 있다. 첫째, 이용자들이 놀이기구를 타기까지 필요한 대기시간을 표시해준다. 이를 통해 고객은 자신이 얼마나 기다려야 하는지 알 수 있다. 나아가 다른 놀이 시설을 이용하기 위해 얼마나 기다려야 하는지도 알 수 있기 때문에 이용자들이 스스로 판단해 이용할 놀이기구를 선택할 수 있게 만든다. 둘째, 대기선은 지루함을 느끼는 직선보다는 곡선(S자, 미로형, 파티션 활용)이 되도록 만들어 대기라인을 최대한 짧게 보이도록 한다. 셋째, 대기하는 동안 다른 놀이시설을 볼 수 있도록 만들어 고객들이 다음에 어떤 놀이 시설을 이용할 것인지 스스로 계획할 수 있도록 유도한다. 최근 IBK기업은행과 KT는 금융과 통신을 결합한 스마트브랜치를 개점하면서 매장 내 숍인숍(Shop-in-Shop) 형태로 입점해 고객이 같은 대기공간을 이용하면서 은행과 통신 관련 업무를 원스톱으로 처리할 수 있게 하였다. 특히 지능형 순번기는 혼잡한 날 긴 대기시간을 효율적으로 이용할 수 있도록 번호표를 뽑을 때 핸드폰 번호를 입력하면 대기정보를 문자 메시지로 제공해주는데 이런 서비스는 고객이 느끼는 대기시간의 지루함을 줄여주는데 효과적인 방법이라 할 수 있다.

4) 최종제안게임

최종제안게임의 규칙은 다음과 같다. 제안자(allocator)는 돈을 어떻게 배분할지를 이야기하고, 수락자는 그 제안을 받아들일 것인지 아니면 거절할 것인지를 결정하면 된다. 다만, 제안을 받아들이면 제안한 금액만큼 서로 나눠가질 수 있지만, 제안을 거절하면 제안자나 수락자 모두 한 푼도 가질 수 없다. 기회는 한 번뿐이고 한 번 제안한 이후에는 협상은 할 수 없다. 최종제안게임은 기회는 한 번뿐이며, 서로 흥정할 수도 없고, 거래가 성립하지 않으면 아무도 보상받을 수 없기 때문에 '최후통첩 게임(Ultimatum Game)'이라도 부른다. 이 경우 경제적 인간이라면 상대방이 1원을 제안해도 한 푼도 못 받는 것보다 나으니까 당연히 받아들여야 한다. 그러나 평균 20% 이하의 불공정 제안을 할 경우 수락자는 거절(금액 포기)하는 것으로 나타났다.

이런 결과가 나타난 핵심적인 이유는 바로 '공정성' 때문인데 공정하지 않으면 내 몫을 포기해서라도 바로잡으려는 사람들의 심리가 작용한 것이라 할 수 있다. 기업은 소비자와의 관계에서 공정성을 확보하는 것이 매우 중요한데 공정성 측면에서 볼 때 서울우유의 제조일자 표기는 소비자에게 제조일로부터 며칠이 지났는지 쉽고 정확하게 알려줌으로써 고객의 신뢰를 확보하는 좋은 방법이라 할 수 있다. 또한 현대자동차가 금융위기로 불황을 맞은 미국 시장에서 소비자가 자동차 구입 1년 이내에 실업, 육체적인 장애, 사고사, 개인파산 등 어려움에 처했을 때 자동차를 되사주는 '실직자 보장 프로그램'(assurance program)이라는 파격적 마케팅을 실시한 것도 공정성 측면에서 좋은 전략이라 할 수 있다. 이 프로그램은 불황을 맞아 자동차 구입을 주저하는 소비자들에게 호평을 받으며 미국 시장에서 현대차의 약진을 이끌어 내는 주요 원인 중 하나가 되었고, 27%나 위축된 신차 시장에서 1% 판매를 늘리는 효과를 나았다.

서울우유의 제조일자 마케팅
서울우유는 고객들에게 부정적인 인식을 줄 수 있다는 내부 우려에도 불구하고 업계 최초로 제조일자를 표시함으로써 고객의 신뢰를 강화하였다.

FURTHER DISCUSSIONS

○ **FD1** 소비자 정보처리 단계별로 인상적인 커뮤니케이션을 수행한 브랜드 사례를 찾아 그 이유를 설명해보자.

○ **FD2** 최초상기도가 왜 중요하며 어떤 제품군에서 더 큰 효과를 내는지 이야기해보자.

○ **FD3** 휴리스틱을 적절하게 활용한 브랜드 사례를 찾아서 그 성과에 대해 의논해보자.

○ **FD4** 공정성에 대한 사람들의 인식이 다른데 이를 효과적으로 활용한 브랜드를 찾아보자.

CHAPTER

3

브랜드 경험을 통한 브랜드 전략 원리

LEARNING OBJECTIVES

- [ ] LO1 브랜드 경험이 소비자의 구매에 미치는 영향을 이해할 수 있다.

- [ ] LO2 브랜드 경험의 중요성에 대해서 설명할 수 있다.

- [ ] LO3 경험을 활용한 브랜드 전략원리에 대해 적용할 수 있다.

- [ ] LO4 기타 브랜드 감성적 요소들(행복, 사랑 등)에 대해서 구조화 시킬 수 있다.

LG전자, '올레드'로 CES 수놓는다…"F·U·N 경험 극대화" [CES 2023]

LG전자가 세계 최대 전자·정보기술(IT) 전시회 'CES 2023'에서 올레드 TV 등 최첨단 가전 제품과 서비스를 선보인다. 혁신적인 가전 플랫폼을 통해 고객들에게 초연결 생활을 선사하는 이른바 'F·U·N(퍼스트·유니크·뉴) 경험'을 실현하겠다고 밝혔다.

3일(현지 시간) LG전자는 오는 5일부터 8일까지 미국 라스베이거스에서 개최되는 CES 2023에서 2044㎡ 규모 전시관을 연다고 밝혔다. 회사는 '고객의 삶을 행복하게 만든다'는 의미의 '라이프스 굿(Life's Good)'을 주제로 이 공간을 꾸몄다.

LG전자는 주력인 올레드 제품으로 전시관 입구를 만들었다. 올레드 플렉서블 사이니지 260장을 이어 붙인 초대형 조형물 '올레드 지평선'이 관람객을 맞이한다. 다양한 곡률의 오픈 프레임 디자인, 선명한 색감 등을 구현하는 올레드 화면에 사하라 사막, 안텔로프 캐년 등 대자연의 모습을 실감나게 담았다. 이번 구조물은 LG전자의 과거와 앞으로 펼칠 미래가 맞닿아 새로운 지평이 열릴 것이라는 의미를 담았다. LG전자는 2013년 세계 최초로 LG 올레드 TV를 선보인 후 10년 간 이 분야에서 혁신을 지속했다.

이번 전시회에서 LG전자는 3개의 생활가전 전시 공간을 보여준다. 신혼부부, 대가족, 1인 가구 등 가구 구성에 어울리는 맞춤형 제품과 서비스를 공개한다. 전시관 내부에서는 스마트홈 플랫폼 'LG 씽큐' 앱에서 냉장고 문의 색상을 변경할 수 있는 무드업 제품 등 업(UP) 가전을 선보인다. 업 가전은 구매 후에도 새로운 기능을 고객이 스스로 업그레이드할 수 있는 제품이다. '영원함'을 추구하는 미니멀 디자인 가전 콘셉트도 처음으로 소개한다. 무채색 계열에 장식 요소를 최소한으로 줄여 디자인을 단순화했다.

7년 만에 선보이는 초프리미엄 가전 LG 시그니처 2세대 제품에도 관심이 집중된다. 관람객들은 혁신 기술·디자인·사용성 등을 겸비한 냉장고, 세탁기, 건조기, 후드 겸용 전자레인지, 오븐 등을 체험할 수 있다. CES 2023에서 첫 공개하는 듀얼 인스타뷰 냉장고는 문을 열지 않고도 내부를 들여다볼 수 있는 인스타뷰가 양쪽 도어에 모두 적용됐다. 프리미엄 신발관리 기기 'LG 스타일러 슈케이스·슈케어'와 NFT(대체불가토큰) 기술로 만든 디지털 가상신발 '몬스터 슈즈'로 꾸민 몬슈클(몬스터슈클럽) 공간도 별도 마련했다.

LG전자는 '개인의 취향과 생활 패턴에 맞춘 스크린 경험'을 즐길 수 있는 공간을 선보인다. 관람객이 97형 올레드 TV와 프리미엄 사운드바가 설치된 공간에서 독자 플랫폼 '웹OS'가 제공하는 콘텐츠를 즐길 때, 부스 내 바닥과 3면 벽 공간을 가득 채운 영상이 사람들의 움직임에 맞춰 변하면서 몰입감을 더한다.

프리미엄 가구 브랜드 '모오이'와 협력해 만든 전시관도 공개한다. 이곳에서는 올레드 오브제컬렉션 2종, CES 2023 최고 혁신상을 받은 투명 올레드 스크린 등을 전시한다. 또 LG전자는 올레드 TV로 즐기는 이색 체험공간 '금성오락실' 콘셉트의 게이밍 체험을 위한 전용 공간도 운영한다.

LG전자는 이번 전시회에서 사내외에서 발굴한 실험적인 아이디어 기반의 제품, 서비스, 마케팅 활동을 아우르는 프로젝트 'LG 랩스'의 결과물을 선보인다. LG 랩스존에서는 △세계 최고 수준 LG 모터 제어기술로 덤벨 없이도 좁은 공간에서 근육 운동을 하는 '호버짐' △실내에서 실제 자전거를 타는 듯한 느낌을 주는 '익사이클' △뇌파를 측정해 최적의 수면 케어 솔루션을 제공하는 '브리즈' △전동 자전거, 전동 킥보드 등 방치된 개인이동수단을 무선 급속충전기에 거치하면 리워드를 지급하는 서비스 플랫폼 '플러스팟' 등을 공개한다.

전시관 내 별도로 마련한 ESG존에서는 △지구를 위한 △사람을 위한 △우리의 약속 등 3가지 테마로 ESG 경영 성과와 중장기 전략과 계획을 소개한다.

LG전자는 ESG존에서 '라이프스굿 어워드' 본선에 진출한 4개팀도 알린다. 라이프스굿 어워드는 더 나은 삶과 더 나은 지구의 미래를 위한 혁신적인 활동을 장려하는 대회로 LG전자의 미래 비전을 널리 확산하기 위해 개최했다.

또한 LG전자는 CES 2023의 전시관 기획단계부터 접근성, 친환경 등 ESG 요소를 반영했다. 전시관 내 각 전시 공간의 안내판에 시각장애인을 위해 점자 표기를 적용하고 휠체어 이용 관람객을 고려해 안내판 높이를 낮췄다. 청각장애인을 위한 수어 도슨트 서비스와 함께 디지털휴먼 수어 서비스를 제공하는 LG 클로이 가이드봇도 운영한다. ESG존은 친환경 소재로 조성했다.

LG전자 글로벌마케팅센터장 이정석 전무는 "세계 관람객들이 혁신기술을 앞세운 맞춤형 고객 경험과 LG전자의 스마트 솔루션을 체험하게 될 것"이라고 말했다.

〈자료원〉 서울경제, 2023.1.4.

오늘날 경험은 소비자들에게 자사 브랜드에 대한 긍정적인 반응을 축적시킴으로서 높은 충성도를 확보하기 위한 브랜드 전략으로 대두되고 있다. 빠르게 변화하는 미디어 환경에서 소비자에게 어떻게 새롭게 다가갈 것인지, 브랜드 경험을 통해 소비자에게 어떤 즐거움을 주고 브랜드와 소비자간 관계를 어떻게 형성해야 할지는 중요한 문제이기 때문이다. 최근에는 사용자 경험(UX), 고객 경험(CX), 브랜드 경험(BX) 등 다양한 용어를 제시하며 경험을 계획하려는 연구가 활발히 진행되고 있다.

브랜드 연구에 있어서 전통적 관점은 제품의 구체적인 속성이 소비자의 실용적 동기의 충족 여부에 미치는 영향에 따른 소비자의 이성, 인지, 정보처리 등 기능적인 혜택을 강조했기 때문이다. 점차 소비자 행동을 통한 경험적 측면이 중요하게 부각되면서 브랜드와 관계를 형성하고자 하는 소비자들의 욕구는 감각과 감성의 소구를 통한 경험으로 그 관심이 옮겨가기 시작했다. 본 장에서는 이러한 배경으로 브랜드 경험에 대한 개념적 설명과 이를 기업의 브랜딩 활동에 전략적으로 활용할 수 있도록 브랜드 경험의 명확한 개념적 정의와 차원을 제시하는데 목적이 있다.

Section 01 브랜드 경험

제품과 서비스의 기능적이고 이성적인 측면을 호소하는 매스마케팅의 시대와는 달리 최근에는 브랜드의 감성적이고 경험적인 요소를 마케팅에 활용하는 사례가 점차 늘어나고 있다. 즉 브랜드 경험이 마케팅의 중요 요소로서 차별화된 전략의 일환으로서 관심이 커지고 있다. 브랜드 경험은 고객과의 지속적인 관계를 유지하게 하고 다른 기업과의 차별화를 제공하는 데 있어 중요한 쟁점이 되었는데, 브랜드 관리에서 브랜드 경험이 중요한 화두로 떠오른 이유는, 브랜드 경험이 긍정적인 소비자 만족과 브랜드 충성도에도 영향을 미치기 때문이다. 특히 브랜드 경험은 브랜드와 관련된 판단에 있어 확실한 근거로 인식되고 있다. 아울러 브랜드 경험은 구매시점과 관련된 직접적 경험뿐만 아니라 구매 시점과 관련 없는 간접적 경험까지도 포함하는 개념이기 때문에 지속적인 브랜드의 경험은 소비자가 친숙성을 끌어낼 수 있으며 이는 곧 특정 브랜드에 대한 신뢰도, 브랜드 태도 및 브랜드 충성도를 증가시키는 결과를 이끌어 낼 수 있다.

1. 브랜드 경험의 정의

경험이란, 우리가 흔히 알고 있는 일반적인 경험을 일컫는 말로써, 브랜드 경험, 제품 경험, 서비스 경험 등 다양한 경험을 포함하는데, 마케팅 관점에서 경험은 소비 경험, 제품 경험, 미적 경험, 서비스 경험, 쇼핑 경험, 소비자 경험 등이 포함된다. 또한, 경험은 주관적이고(subjective) 내적인(internal) 것으로, 이러한 경험은 브랜드가 소비자와 만나는 모든 접점에서 최적의 경험을 제공하기 위해 중요한 주제로 다루어진다.

소비자가 인지하게 되는 경험은 제품 경험, 쇼핑과 서비스 경험, 소비 경험과 비교하여 브랜드 경험의 개념을 의미한다. 제품 경험은 소비자가 제품을 탐색하고 평가해 보면서 발생하는 경험이며, 쇼핑과 서비스 경험은 매장의 물리적인 환경이나 판매원의 영향을 받는 경험이다. 소비 경험은 제품을 사용하거나 소비하면서 나타나는 경험이다.

이와 비교하여 브랜드 경험은 브랜드와 관련된 자극에 의해서 더 영향을 받는 데 이것은 네임, 로고, 사인(Signage), 패키지 등과 같이 브랜드 아이덴티티의 요소와도 밀접한 관련이 있으며, 브랜드 경험은 이러한 브랜드와 관련된 자극과 소비자의 주관적이고 내재적인 반응이 결합되면서 일어나는 것으로 보았다. 즉, 소비자 반응과 브랜드 디자인이나 정체성과 같은 브랜드와 연관된 자극에 의해 상기 되는 행동적 반응이라고 개념화할 수 있다.

브랜드 경험은 소비자의 인지적, 정서적 반응이라는 점에서 브랜드 태도, 브랜드 애착과 일부 공통점이 있으나 개념적으로 차이가 난다. 즉 브랜드 태도는 브랜드에 대한 소비자의 전반적인 신념이며, 브랜드 애착은 애정, 열정, 관련성 등에 의해 브랜드를 연결하는 강력한 감정적 연결 고리이지만 브랜드 경험은 브랜드에 대한 소비자의 반응이며, 이러한 반응이 선행된 이후에 해당 브랜드에 대한 신념이 형성되거나 더 깊은 정서적 반응을 나타낸다.

또한, 경험은 단순히 기억 속에 남는 것뿐만 아니라 오랜 시간에 걸쳐 서비스 제공자와 이용객들이 지속적인 관계를 갖게 함으로써 얻어지는 결과물이다. 브랜드는 일상적인 기능적 가치를 넘어 탁월하고 즐거운 감성적 가치를 창조하여 고객으로부터 인정을 받을 수 있어야 하며 이를 나타내는 개념이 브랜드 경험이다.

기업은 소비 경험을 더욱 즐겁게 만들 수 있는 방법을 생각해야 한다. 소비자가 소비 행동을 통해 느끼는 내재적인 가치는 재화와 용역의 구매함으로서 생기는 이익보다 소비하는 행동을통해 발생하는 흥미로움과 감성적인 체험을 통해 지각될 수 있다. 브랜드 경험을 브랜드와 상호작용하며 형성되는 소비자의 주관적인 반응이자 브랜드의 자극에 의해 발생하는 행동적 반응을 의미한다. 그리고 브랜드 경험은 재화 또는 서비스를 직접 구매하고 사용하는 직접적인 경험을 통해서 발생하기도 하지만 브랜드가 전달하는 마케팅 자극에 접해지는 것과 같은 간접적인 경험에 의해서 발생하기도 한다.

요약하자면 브랜드 경험이란 특정 브랜드와 소비자가 직, 간접적으로 상호작용이 있을 때 주관적 혹은 내재적으로 일어나는 소비자 반응을 의미한다. 브랜드 경험은 브랜드 디자인과 아이덴티티, 커뮤니케이션, 환경 등의 브랜드와 관련한 자극에 대한 주관적이며 내적인 소비자의반응이다. 최근 많은 기업은 마케팅의 효율성을 더하기 위해서 브랜드 경험과 관련된 다양한 마케팅 활동을 진행하고 있다. 기업은 소비자들에게 자사의 브랜드에 대한 긍정적인 체험을 경험하도록 하여 충성도를 높이기 위한 마케팅 활동을 펼치는데, 이는 온라인과 오프라인을 가리지 않은 채 다양한 분야의 산업영역으로 확대되고 있다.

2. 브랜드 경험의 유형

그림 3-1 경험의 5가지 유형

브랜드의 경험에 대해 학자들마다 다양한 유형을 제시하고 있는데 본 장에서는 가장 많이 언급되는 연구는 Schmitt(1999)의 연구이다. 그는 브랜드 경험을 감각적 경험, 감성적 경험, 인지적 경험, 행동적 경험, 관계적 경험 등의 다섯 가지 측면으로 나누어 정리하였다. 우선 감각적 경험은 브랜드로부터 촉발된 시각, 청각, 후각, 미각, 촉각과 같은 감각기관을 통한 반응에 대한 경험이라고 할 수 있으며 감성적 경험은 브랜드로부터 소비자들이 느끼는 감성적인 반응에 대한 경험이다. 인지적 경험은 유연하고 연상적 추론을 유도하는 확산적 사고와 분석적 추론을 유도하는 수렴적 사고로 구성되어 있고, 행동적 경험은 소비자들이 브랜드를 통해서 경

험하게 되는 행동적이고 육체적인 반응을 의미한다. 마지막으로 관계적 경험은 소비자들이 브랜드를 통해 경험하게 되는 관계적인 반응을 의미한다. 이러한 브랜드 경험의 유형 혹은 하위 요소에 대해 맥락적인 이해를 위해서는 소비자의 인식 작용 안에서 특히 브랜드 이미지의 생성에 대해 주목해야 한다.

브랜드 경험은 다양한 경험 요소와 새로운 브랜딩 환경에 의해서 총체적 경험으로 확장 될 수 있을 것이다. 또한, 소비자와의 상호작용을 통한 전략적 경험의 활용은 소비자-브랜드 관계를 구축과 공동의 가치를 창출할 수 있는 도구가 될 것이다. 브랜드가 차별화를 목적으로 하는 아이덴티티의 역할에서 브랜드 경험으로의 개념적 확장에 주목하고 브랜드 경험의 각각의 차원을 전략적으로 활용할 수 있어야 한다.

Section 02 경험과 소비자 행동

브랜드 경험은 기업 또는 브랜드가 제시한 브랜드에 관한 자극물에 대하여 소비자들이 상호작용하며, 주관적이고 내적인 반응이 나타났을 때 발생하며, 브랜드 태도나 애착과 같이 평가의 과정을 거쳐 결과가 나타나는 것이 아니라 브랜드 경험이 선행된 이후에 브랜드 태도나 애착과 같은 결과가 나타날 수 있다. 감각적 체험이 높은 휴대폰 브랜드와 달리 커피전문점 브랜드의 경우 소비자의 라이프 스타일과 자아 만족을 내재하고 있는 브랜드의 행동적 체험이 높게 나타난다. 브랜드 경험은 소비자의 브랜드 애착과 브랜드 만족에 대한 직접적인 관련이 있다. 더 나아가 브랜드 경험이 브랜드 만족을 통해 브랜드 애호도에 영향을 미치기도 한다. 이처럼 브랜드 경험은 소비자의 구매행동의 결과 변수인 브랜드 애착과 브랜드충성도에 직접적인 영향을 미친다.

삼성 · LG, 올해 CES 초점은 초연결 · 고객경험

삼성전자와 LG전자가 이번 CES2023에서 가장 힘을 준 부분은 초연결과 고객경험 극대화다. 코로나19 이후 열리는 최대 규모의 전시회인 만큼 고객경험 요소들을 최대한 살려 단순히 신제품 · 신기술을 공개한 과거 CES 전시와 차별화를 뒀다.

삼성전자는 전시관 입구에서부터 '맞춤형 경험으로 여는 초연결 시대'를 강조했다. 이번 참가업체 중 가장 넓은 3368㎡(약 1019평) 규모로 전시관을 꾸린 삼성전자는 입구에 가로 약 8.6m, 세로 약 4.3m의 대형 LED 스크린 등 총 5개의 스크린을 설치해 초연결 경험을 고객이 직접 느낄 수 있도록 구성했다. 지속가능, 스마트싱스, 파트너십을 키워드로 기기간의 연결을 넘어 사람과 사람, 사람과 환경과의 연결을 체험할 수 있게 하겠다는 전략이다.

LG전자 역시 이번 CES2023에서 혁신적인 제품 · 서비스를 통해 초연결 라이프스타일과 다변화된 취향까지 고려한 'F · U · N(최고의 · 차별화된 · 세상에 없던)고객경험'을 선보인다. '고객의 삶을 행복하게 만든다'는 의미인 브랜드 슬로건 'Life's Good'을 주제로 2044㎡규모 전시관을 운영한다. 지난해 열린 CES2022에서는 실물 대신 가상으로 제품을 전시한 부스를 꾸렸지만 올해는 제품 전시와 함께 고객이 직접 체험하고 경험해볼 수 있는 공간을 마련했다.

〈자료원〉 아시아경제, 2023.1.4.

1. 경험과 브랜드 이미지

Keller는 브랜드 이미지는 소비자의 기억 안에서 브랜드에 대한 연상을 통해 이루어지는 내재한 인식으로 소비자가 특정 브랜드에 대해 인식하고 있는 전반적인 인상이라고 정의하고 있다. 바람직한 브랜드 이미지는 소비자가 마음속에 호의적이고 강력하면서 독특한 연상을 하고 있을 때 형성된다. 브랜드 이미지는 고객이 제품이나 서비스를 사용하였던 과거 경험과 이미지, 신뢰 등 해당 브랜드에 대한 다양한 정보에서 만들어진 전반적인 인식으로 나타나는 것이기 때문에 소비자가 특정 브랜드를 긍정적인 이미지로 생각하고 브랜드 이미지가 구축되어 있을 때 만족을 느끼고 재구매로 이어질 수 있으므로 매우 중요하다고 할 수 있으며 고객들이 이러한 특정 브랜드에 대해 가지는 인상이나 감정을 의미한다고 할 수 있다. 그러나 브랜드 이미지에 대한 정의는 연구하는 학자마다 조금씩 상이할 뿐만 아니라 아직 명확한 개념이나 기준이 정립되어 있지 않다.

브랜드 이미지는 기능적이고 상징적인 브랜드의 신념으로 형성될 수 있는데 이는 상징적이고 사회적이며 심리적인 이미지 등과 같이 다양한 구성으로 형성될 수 있다. 또한, 특정 브랜드에 대해 소비자가 가지는 확신이나 심리적 감정 체계로써 직접 또는 간접적으로 얻은 다양한 정보로부터 영향을 받을 수 있는 관념들의 집합이다. 제품의 물리적 품질 차이가 거의 나타나지 않음에도 불구하고 특정 제품에 대하여 소비자는 뚜렷한 브랜드 선호도를 보이는 것은 브랜드가 기능적인 가치와 비기능적인 가치를 동시에 가지고 있기 때문이다. 마케팅의 아버지인 코틀러교수는 브랜드 이미지를 소비자가 브랜드에 대해 가지는 주관적 의미라고 정의하였다.

한편 Keller (1998)의 연구를 살펴보면 브랜드 이미지는 소비자가 특정 브랜드에 대해 인식하고 있는 전반적인 인상이며 호의적이고, 독특하며 강도가 강력해야 한다고 주장한다. 즉 소비자들이 특정한 브랜드를 떠올릴 때, 호의적이어야 하는 것도 중요하고, 이러한 연상들은 다른 경쟁자들이 가지고 있지 않는 독특한 그 무엇인가가 있어야 하며, 구매를 결정하는데 있어 이것들이 강력하게 연결되어 있어야 한다는 것을 의미하며 이러한 요소들이 강력한 브랜드 이미지를 만든다고 주장하고 있다. 결국은 브랜드 이미지는 추후 소비자의 구매의사결정에 영향을 미치는 결정적 역할을 하는 변수이고 이를 형성하는 것은 소비자의 과거 경험이라는 것이다.

2. 경험과 브랜드 태도

태도에 대한 개념은 학자들에 따라 매우 다르게 정의되고 있으나 사회과학자들과 소비자 행동 연구자들은 보편적으로 다음과 같은 정의를 수용하고 있다. 사회과학자들은 한 개인이 어떤 대상에 대해 갖는 긍정적 혹은 부정적 감정의 양이라고 하였고, 소비자행동 연구자들은 특정 대상에 대하여 호의적 또는 비호적으로 일관성 있게 반응하려는 후천적으로 얻어진 선 편향으로 정의하고 있다.

무지의 브랜드 경험
더 넓게 더 단단하게 브랜드 경험을 설계하다! 오픈 무지는 무지가 진출한 27개국 중 단 5개국에서만 진행하는 문화체험 프로그램으로 브랜드 경험을 강화시키는데 큰 역할을 하고 있다.

브랜드 태도는 브랜드가 있는 상품에 대한 개인의 내부적인 평가라고 정의되며, 한 브랜드에 대한 소비자의 전반적인 평가라고도 정의된다. 단일 차원 측면에서의 브랜드 태도는 특정 브랜드에 대해 개인이 느끼거나 지니게 되는 호의적, 비호의적 태도 또는 긍정적, 부정적인 감정으로 특정 브랜드를 싫어하거나 좋아하는 정도를 의미한다. 브랜드 태도를 형성하게 된다는 것은 특정 브랜드에 대한 신념을 가지는 것으로 만족도와 재방문, 긍정적인 구전의도에 영향을 준다.

또한, 소비자의 제품이나 서비스에 대한 경험하는 체험 중 인지가 소비자의 감정적 반응에 영향을 주어 다양한 태도를 형성한다.

이처럼 소비자 행동 연구의 가장 기본적인 태도에도 소비자의 과거 경험은 중요한 영향을 미치는 요소이고 최근 소비자 경험에 관한 관심이 높아져 가는 이유이다.

3. 경험과 고객 만족

고객 만족은 마케팅의 핵심적인 목표이며 많은 연구자에 의해서 고객 만족과 관련된 연구가 활발하게 진행이 되고 있다. 고객 만족에 관한 정의 중 가장 일반적인 것은 기대와 성과의 비교를 통해 지각되는 기쁨 또는 실망의 감정이다. 즉, 고객 만족은 고객이 서비스를 얻는 과정이나 거래 과정에 체험을 평가하는 것으로 고객이 기대하고 있는 기대치와 지각하고 있는 결과를 비교하여 기대한 수준에 미치지 못하면 고객은 불만족을 느끼게 되고, 기대한 수준에 일치할수록 고객은 만족을 느끼게 된다. 고객 만족은 고객의 소비 경험이 최소한의 기대보다 좋다는 평가로 정의되고 있다. 이에 따라 서비스를 받기 전 고객이 기대하고 있는 정도와 서비스를 받은 후 고객이 느끼는 이용 경험에 대한 인지평가라고 할 수 있다.

많은 기업이 고객을 만족시키기 위해 노력하는 이유는 만족을 느낀 고객들이 기업의 수익에 큰 영향을 미치기 때문이다. 만족을 느낀 고객은 그 브랜드에 대한 충성도가 높아질 뿐만 아니라 해당 기업 및 브랜드에 대해 호의적인 감정을 가지게 되고, 기업에서 제공하는 제품과 서비스에 대한 호의적인 감정와 충성도도 함께 증가하게 된다.

경험과 고객만족 사례
샤넬을 활용한 명품 브랜드를 통한 경험 디자인과 고객만족 강화 전략의 사례이다.

소비 행복, 사랑 그리고 브랜드

BRAND HIGHLIGHT

LG전자, 모두를 위한 '고객 행복' 강조

LG전자가 미국 라스베이거스에서 열리는 세계 최대 가전·IT 전시회 'CES 2023'에서 초연결 라이프스타일과 다변화된 취향을 고려한 '펀(F·U·N) 고객경험'을 선보인다. '펀(F·U·N)'은 '최고'(First), '차별화'(Unique), '세상에 없던'(New)이라는 의미다.

LG전자는 올해 CES 2023에서 '고객 삶을 행복하게 만든다'는 의미인 브랜드 슬로건 '라이프즈 굿'(Life's Good)을 주제로 2044㎡ 규모의 전시관을 운영한다고 4일 밝혔다. 이 전시관 입구에는 올레드 플렉서블 사이니지 260장을 이어 붙인 초대형 조형물 '올레드 지평선(OLED Horizon)'이 관람객들을 맞는다. 올레드 지평선은 올레드만이 가능한 기술이 집약된 혁신적인 구조물로, 2013년 세계 최초 LG 올레드 TV를 선보인 이래 10년간 선보였던 초격차 행보와 앞으로 펼쳐질 LG 올레드 미래가 새 지평을 연다는 의미다.

전시관 내부에는 스마트홈 플랫폼 'LG 씽큐(LG ThinQ)' 앱에서 도어 색상을 변경할 수 있는 무드업 냉장고를 포함해 새로운 기능을 지속적으로 업그레이드할 수 있는 '업(UP)가전'을 내놓는다. 특히 7년 만에 선보이는 초(超)프리미엄 가전 'LG 시그니처' 2세대, 올레드 TV로 즐기는 webOS만의 차별화된 콘텐츠, TV부터 모니터까지 LG 올레드만의 게이밍 경험, 새로운 고객경험에 도전하는 'LG Labs' 프로젝트, '모두의 더 나은 삶' 위한 ESG 비전 등도 순차적으로 소개한다.

〈자료원〉 뉴시스, 2023.1.4.

소비 행복은 소비를 통해 느끼는 행복으로서 소비자 행복이라고도 하며, 행복은 학자들에 따라 다음과 같이 세 가지로 정의되고 있다. 첫째, 행복을 즐거움과 기쁨 등의 긍정적인 감정 상태로 정의한다. 둘째, 긍정적인 감정뿐만 아니라 현재의 삶을 이상적인 삶과 비교하여 만족스럽다고 평가하는 인지적 평가를 통합한 주관적 안녕감(subjective well-being)으로 정의한다. 셋째, 긍정적 감정과 인지적 평가에 추가하여 부정적 감정의 부족이라는 세 가지 요인으로 구성된 주관적 안녕감으로 정의한다.

1. 브랜드 경험과 소비 행복

최근 들어, 사회적으로 행복에 관한 관심이 높아지고 있다. 이에 많은 기업이 고객 행복을 슬로건으로 내세우고 있으며, 학계에서도 소비와 행복과의 관계에 대한 연구주제들이 주목받고 있다. 행복이라는 단어는 일상적으로 많이 사용되고 있지만, 사용하는 사람이나 처해있는 상황에 따라 다른 의미로 받아들여진다. 사회과학 분야에서 가장 많이 사용되는 행복의 개념은 주관적 안녕감(subjective wellbeing)이다. 이 용어는 삶의 모든 요소에 대한 평가를 포함하고 있으며, 사람들의 주관적인 판단에 근거하는 개념이다. 주관적 안녕감 개념이 소개된 이후 여러 학문 분야에서 행복에 관한 연구가 활발히 진행되고 있다. 최근 마케팅 학계에서도 과연 소비 활동 혹은 경험이 소비자들의 행복에 이바지하는가에 관심이 높아지고 있다. 이러한 관심에도 불구하고, 아직까지 마케팅 학계에서 행복이라는 개념에 대한 정립이 명확하지 않으며, 연구자마다 행복의 정의나 측정에 있어서 다소 차이를 나타내고 있다.

행복의 개념을 소비에 적용한 '소비자 행복' 및 '소비 행복'에 관한 정의를 살펴보면 다음과 같다. 소비자 행복이라는 용어를 처음으로 사용한 Desmeules는 소비자 행복을 '삶의 전반적인 행복 중에서도 소비 영역에서 나타나는 행복'이라 정의하여, 일반적인 행복의 하위 개념으로 접근하였다. 연구자마다 사용하는 용어나 의미에 있어서 다소 차이를 나타내고 있지만, 일반적으로 마케팅 및 소비자 연구에서는 소비자 행복과 소비 행복의 용어를 특별한 의미 차이 없이 사용하고 있다.

소비자는 구매를 통해 새로움으로 인한 즐거움, 새로운 기쁨과 감각적이고 미학적이며 재미있는 경험을 찾으려고 한다. 현대 사회에서 소비는 단순히 필요한 재화를 소모하는 것 이상의 의미를 갖고 있으며, 필요(need)를 넘어선 욕구(want)와 욕망(desire)을 소비의 원동력으로 보고 있다. 또한, 소비자가 지닌 욕구와 욕망은 자연적으로 발생하는 것도 있지만 타인 지향적인 특성도 있다. 타인의 평가는 한 개인의 정서적 사건의 평가에 중요한 요소로 작용한다. 사람들은 다른 사람에게 인정받고자 하는 승인 욕망이 있기 때문이다. 승인 욕망은 자신의 능력이나 외모, 인격, 가치 등을 타인으로부터 인정받거나 존중받기를 원하는 욕망을 의미한다. 소비도 예외는 아니다. 나의 소비는 타인의 관심과 평가의 대상이 될 수 있다. 만약, 나의 소비에 대해 타인으로부터 긍정적인 평가 또는 부정적인 평가를 받는다면 느끼는 행복감이 달라질 것이다. 가령, 구매

사회계층 소비행복
주관적 사회계층 인식과 소비행복을 조사한 결과, 자신의 사회계층이 높다고 생각하는 사람일수록 소유소비보다 여행 등 경험소비에서 더 큰 행복을 느꼈다. 〈자료원〉 중앙일보, 2018.10.31.

한 가방에 대해 '어머, 너무 괜찮다. 가방 예쁘다'라는 긍정적인 평가를 받는다면, 가방 소비로 인한 행복감은 커질 것이다. 반면, '솔직히 그 가방 좀 별로야'라는 평가를 받는다면, 소비를 통해 느꼈던 행복감은 반감될 수 있다. 이처럼 소비 경험이나 소비 활동 역시 개인의 정서적 사건에 해당하므로 타인의 평가가 중요하게 작용한다.

2. 브랜드 경험과 브랜드 사랑

BRAND HIGHLIGHT

'무신사 스탠다드 · 숏박스' 등 20대가 가장 사랑하는 브랜드로 꼽혀

대학내일20대연구소는 현재 마케팅 흐름을 반영해 지난 19일 20대가 사랑하는 브랜드를 정리한 보고서를 공개했다. SPA 의류 분야의 톱 브랜드는 무신사 스탠다드(32.3점)로 나타났다. 2위인 스파오(31.8점)와 0.5점 차이로 각축전을 벌였다. 뒤이어 자라, 유니클로, 탑텐 순으로 높은 점수를 형성했다. 2021년 6월 홍대에 오프라인 매장을 오픈한 '무신사 스탠다드' 플래그십 스토어는 1년 만에 100만 방문자를 동원할 정도로 흥행을 거두었고, 올해 7월 강남 2호점을 오픈하며 오프라인 확장세를 이어갔다. 일본 불매, 재고 증가 등으로 매출 부진을 기록하던 SPA브랜드 사이에서 온오프라인을 적절히 연계해 제품을 직접 경험할 수 있도록 다채로운 서비스를 제공했던 것이 차별점으로 두드러졌다. 무신사 스탠다드는 슬랙스 랩 등 팝업 스토어 기획하거나 O2O 서비스를 개발하는 등 고객과의 접점을 점점 늘리는 모습으로 20대 소비자의 마음을 사로잡는 중이다.

이 보고서는 20대 소비자들이 주로 소비하는 제품 · 서비스를 분야별로 구분하고 브랜드 인지도 · 충성도 · 이미지 차원으로 구성된 브랜드파워 지수(20's-BPI)를 비교하는 방식으로 수행됐다. 2022년 7월 8일부터 10일까지 조사 분야와 주요 브랜드를 확인하기 위한 예비 조사를 시행했고, 본 조사는 전국 만 19세 이상 29세 이하의 남녀 중 성별-연령-지역별 인구비례 할당표본추출에 따른 표본 1,000명을 대상으로 구조화된 설문지를 이용한 온라인 패널 조사를 통해 2022년 7월 22일부터 7월 29일까지 8일간 조사한 결과를 담고 있다.

〈자료원〉 데일리팝, 2022.10.25.

최근 브랜드 연구에서 소비자-브랜드 관계 요소를 밝히거나 브랜드에 대한 감정적 관계 요인이 브랜드 자산 평가에 포함되어야 한다는 논의가 활발해지는 추세이다. 전통적으로 브랜드 관련 연구들은 소비자의 반복구매, 구매비율 등 행동적 변수를 중심으로 브랜드에 대한 충성도와 애호도를 판단하는 문제점을 가지고 있다. 그러나 최근 들어 브랜드와 소비자 관계는 행동 요인 뿐 아니라 감성적, 이성적 요인을 모두 포함하는 것이라는 의견이 제시되면서 브랜드에 대한 소비자의 감성적 관계 강도의 중요성이 대두되고 있다.

이러한 추세는 브랜드는 생명체로서 소비자와 교감하는 관계 대상이라는 것을 전제로 한다. 제품을 구매하고 사용하는 행위는 곧 브랜드를 구매하고 브랜드와의 경험을 소비하는 것이라고 해석할 수 있다. 브랜드는 기업과 소비자 간의 관계를 형성, 유지시킬 뿐 아니라 관계의 특성을 결정하는 매개체의 역할을 한다. 소비자-브랜드 관계는 소비자가 일방적으로 브랜드를 선택하는 일방향적 관계가 아니라 서로 관심을 얻고 선택받기를 원하는 쌍방향적이며 상호의존적인 관계라 할 수 있다.

브랜드를 탄생시키고 개성을 담아 소비시장에 출시하는 기업과 마케터의 입장에서 브랜드 전략은 소비자와의 관계를 주체적으로 이끌어가기 위한 행동 전략이다. 기업은 소비자와 의미있는 관계, 독특한 관계, 장기적이거나 강력한 관계를 구축하기 위해 브랜드 네임은 물론 디자인, 가격, 판촉 등 다양한 전략을 채택하고 있다. 소비자-브랜드 관계는 쌍방향적 관계이자 사회적 관계이므로 소비자의 판단과 행동에 의존하기 보다는 양측이 동시적인 주체가 되어 상호작용하는 것으로 보아야 한다. 즉 소비자-브랜드 관계의 강도와 지속성, 특성은 브랜드의 개성, 전략적 행동과 이에 대해 소비자가 반응하는 과정이 반복적으로 이루어지면서 결정되는 것이다. 한편 의인화된 브랜드와 소비자 간의 최상의 관계는 사람과 사람의 관계와 마찬가지인 '사랑'의 관계라 할 수 있다. 특히 최근 기업들은 소비자에게 사랑을 표현하거나 사랑을 구하는 내용의 광고 메시지를 적극적으로 채택하는 등 구애 마케팅을 활발히 전개하고 있다. 브랜드에 대한 소비자의 느낌과 생각, 행동이 경영 성과와 직결될 뿐 아니라 기업 이미지, 명성을 좌우하게 됨으로써 브랜드 관리의 목표가 소비자의 신뢰, 존경을 넘어 사랑을 주고받는 관계로 변화하고 있는 것이다. 이는 경제-사회적 위기 상황에서도 브랜드를 사랑하는 고객들은 순간적으로 등을 돌리기보다 상황을 이해하고 용서하기 위해 노력할 뿐 아니라 위기의 극복은 관계의 전환점으로 작용하여 고객의 브랜드에 대한 애정 강도가 더욱 상승할 수도 있기 때문이다.

쌍방향적 관계 속에서 브랜드를 사회적 파트너로 인식한다면, 소비자와 브랜드 관계의 긍정적인 형태는 브랜드에 대한 소비자의 애착 보다는 서로의 경험을 바탕으로 한 사랑의 감정을 기반으로 한다고 생각할 수 있다. 여기서 사랑은 반드시 남녀간의 관계가 아닌, 우정, 가족

코로나 시대의 사랑받는 브랜드, "애플,아마존, 구글 그리고 줌" 〈자료원〉 플랫터, 2021.1.11.

간의 사랑 등을 포괄하는 인간 간의 다양한 형태의 관계를 의미한다. 브랜드는 단순히 수동적인 호, 불호의 대상이 아닌, 사랑, 미움, 동경 등의 감정이 전제된 생명체로 소비자와 다양한 형태의 관계를 형성한다. 브랜드 사랑은 소비자가 브랜드에 대해 느낄 수 있는 보다 보편적인 관계이며 최상의 감정이다. 브랜드에 대한 사랑은 일시적 호감이나 반복 구매 등 행동에 초점을 맞춘 충성도를 초월한 감정이다. 따라서 브랜드 관리의 궁극적인 목표는 소비자의 사랑을 받는 것이라고 할 수 있다.

3. 소비자-브랜드 관계

인간사회 속에서 사람들이 서로 다양한 형태의 사랑을 경험하는 것과 마찬가지로 소비자는 제품, 브랜드 등 소비대상에 대해 최상의 감정 상태라고 할 수 있는 사랑의 감정을 느낄 수 있다. 오늘날 기업이 궁극적으로 소비자로부터 얻고자 하는 것도 단순거래를 통한 수익이 아니라 오랜 기간 감성적 관계를 유지하면서 서로 이해하고 용서하는 사랑의 관계이다. 소비자의 사랑을 받는 브랜드만이 옹호와 헌신이 보장되는 최상의 관계를 형성할 수 있는 것이다.

소비자와 브랜드의 관계는 사람 간의 그것과 같이 쌍방향적이고 이성과 감성이 복합된 것으로, 일방적이고 의존적 성향이 강한 애착의 관점을 포괄할 수 있는 보다 광범위한 시각으로 보아야 한다.

소비자-브랜드 사랑의 정서적 요인인 친밀감은 소비자가 브랜드에 대해 느끼는 친숙하고 따뜻한 느낌, 즉 둘 사이의 심리적 거리를 의미한다. 친근감은 소비자가 소비대상에 대해 가깝게 느끼는 친숙하고 편안한, 따뜻한 감정으로 인간관계로 보면 오래된 친구와 같다. 소비자는 브랜드에 대해 열정을 느끼기도 한다. 소비자의 열정은 특정 브랜드나 제품에 몰입하고 심취하는 경향, 동경 또는 강한 소유욕 등으로 나타난다. 고급 자동차나 의류에 대한 동경, 새로운 레스토랑에 가보고 싶은 욕구 등이 긍정적인 방향으로 형성된 열정이라면 심한 고통을 경험한 후 치과에 가는 것에 대해 느끼는 공포 등은 부정적인 열정이라고 할 수 있다. 마지막으로 소비자의 브랜드에 대한 신뢰는 브랜드의 품질, 주관적/객관적 경험 등을 바탕으로 형성된 이성적 요인이다. 신뢰 관계는 브랜드에 대한 반복 구매 등의 소비행동으로 나타날 수 있다. 신뢰는 관계에 대한 소비자의 필요성과 만족이 전제 되어야 하는데, 브랜드 품질에 대한 만족을 바탕으

삼성전자의 마케팅 행사
소비자와 브랜드를 이어주는 관계를 강조한 삼성전자의 마케팅 행사.

로 형성되며 타 브랜드에 비해 자신이 선택한 브랜드가 우월하다는 판단에 따라 증대된다. 즉 이는 제품이나 브랜드에 대한 일반적인 신뢰가 아니라 소비자가 스스로의 판단에 대해 만족함으로써 형성되는 브랜드 선택행위에 대한 신뢰로 확장된다고 할 수 있다.

소비자-브랜드 관계는 소비자들이 브랜드를 구매하고 사용하는 과정을 통해 형성되는 것으로서 제품 소비, 그 이상의 의미를 가지고 있다. 기업은 이러한 관계를 통해 소비자의 만족을 증가시키고, 이렇게 만족한 소비자들은 브랜드와의 장기적인 관계를 형성한다. 이를 통하여 기업은 새로운 고객확보나 초기 관계 수립에 드는 비용을 절감하는 효과를 얻는다. 소비자-브랜드의 관계는 궁극적으로 개별 소비자들의 잠재적 가치를 실현시킴으로써 기업의 수익성 향상에 기여하게 된다. 소비자-브랜드 관계란 브랜드와 소비자가 상호 의존하는 관계 파트너로서의 브랜드에 대한 인식과 함께 심리적-사회적-문화적 맥락 모두에서 브랜드가 의미를 가진다는 다차원 및 동적관점에서의 소비자와 브랜드와의 관계를 의미한다. 다시 말해, 브랜드를 구매의 대상, 소유의 대상이 아니라 소비자와 브랜드를 파트너 관계로 개념화하고 있다.

4. 브랜드 사랑에 관한 마케팅적 시사점

브랜드 사랑은 이성적이고 논리적인 평판인 신뢰나 존경을 넘어선 소비자-브랜드의 감성적 관계이며 소비자가 브랜드에 대해서 느낄수 있는 최상의 감성이다. 따라서 브랜드 관리의 궁극적인 목표는 소비자의 사랑을 받는 것이라고 할 수 있다. 이처럼 브랜드 사랑은 이제까지 브랜드에 대한 소비자의 정서적 태도를 설명해온 브랜드 선호도, 신뢰도, 충성도, 만족도 등과는 다른 그 무엇이다. 기존의 개념들은 브랜드에 대한 소비자의 정서적 태도를 측정하고 진단하기 위한 도구이자 개념이라면, 브랜드 사랑은 소비자-브랜드 감성적 관계에 있어서 진단뿐만 아니라 치료의 방법이라 할 수 있다. 브랜드 사랑은 브랜드 선호도, 신뢰도, 충성도, 만족도 등의 정서적 태도를 증진시킬 수 있는 커뮤니케이션 도구로서의 활용가치가 높다. 브랜드 사랑은 브랜드 간 경쟁이 치열해지고 소비자들의 선택의 폭이 점점 커짐에 따라 소비자와의 강력하고 독점적인 관계를 추구하고자 하는 환경에서 새롭게 제기되는 개념이다. 제품에서 상표로 그리고 브랜드로 변화해왔으며, 단계가 발전함에 따라 이제는 러브마크가 되기 위한 변화와 노력이 필요하다고 한다. 브랜드 모두 러브마크일 경우 일반 브랜드보다 구매 의도가 더 높다. 러브마크의 지위는 브랜드 사랑과 존경을 통해 잠재적 구매 의도의 증가로 연결되고 있다. 소비자와 브랜드의 관계에 있어서 감성적 유대감은 중요한 토대를 이루고 있으며, 특히 감성적 관계 가운데 브랜드 사랑은 치열한 경쟁 상황에서 단순한 브랜드에 대한 호감을 넘어선 소비자와의 강력하고 독점적인 관계 구축의 목표이자 도구라고 할 수 있다.

FURTHER DISCUSSIONS

💬 **FD1** 브랜드 경험의 실제 마케팅 활용방안에 대해 논의해 보자.

💬 **FD2** 브랜드의 이성적 부분과 감성적 부분을 주제로 토론 해 보자.

💬 **FD3** 브랜드와 소비자간의 관계에 대해 이상적인 부분에 대해서 논의해보자.

💬 **FD4** 브랜드 사랑 및 소비 행복 등의 감성적인 부분에 관한 실제 사례를 생각해보자.

CHAPTER

4

브랜드마케팅 전략 수립

LEARNING OBJECTIVES

☐ **LO1** 시장감지와 시장조사에 대한 방법론에 대해 설명할 수 있다.

☐ **LO2** 고객분석, 경쟁자 분석 및 자사 분석의 중요성을 이해하고 잘 설명할 수 있다.

☐ **LO3** 시장세분화, 표적시장 선정, 포지셔닝의 개념을 이해하고 적용할 수 있다.

☐ **LO4** 차별화에 대해 설명하고 실제 예를 설명할 수 있다.

☐ **LO5** 시장세분화, 표적시장선정, 포지셔닝을 특정한 제품에 적용하여 구조화할 수 있다.

"MZ 겨냥"…에이스침대, 브랜드마케팅 강화

에이스침대(003800)가 MZ를 겨냥한 마케팅에 박차를 가한다. 라이프스타일 브랜드 '클럽 에이스'를 통해 일상에서 '에이스침대' 가치와 철학을 느낄 수 있도록 하겠다는 전략이다.

업계에 따르면 에이스침대는 올해 '클럽 에이스'를 통해 다양한 신제품을 선보일 예정이다. 클럽 에이스는 지난해 11월 에이스침대가 이마트24와 협업을 통해 출범한 서브 브랜드다. 클럽 에이스는 지난해 11~12월 동안 콜라보 커피, 샌드위치, 샐러드를 비롯 디저트까지 제품 7종과 한정판 굿즈 2종을 순차 공개했다. 각 사의 메시지를 담아 제품을 공동 기획하고 이마트24가 제조와 유통을 주도했다.

에이스침대는 ▲에이스침대 하이브리드 Z스프링과 닮은 파스타 면을 사용한 '푸실리 샐러드 파스타' ▲잼에 빵시트를 겹겹이 쌓아 매트리스를 연상시키는 '햄치즈연유 샌드위치' ▲진정효과로 숙면을 돕는 '캐모마일 초콜릿' 등을 통해 에이스침대의 기능적, 정서적 가치를 표현했다.

클럽 에이스에는 소비자 생활에 밀접하게 다가가겠다는 에이스 침대의 마케팅 전략이 반영됐다.

이마트24와의 지속적인 협업을 통해 추후 식품 외에도 다양한 제품을 출시할 예정이다. 에이스침대 관계자는 "소비자 접근성을 고려해 편의점인 이마트24와 협업했다"며 "제품 출시 이후 시장 반응 역시 긍정적"이라고 전했다.

이런 마케팅 전략은 경쟁업체인 시몬스 행보에 영향을 받았을 것이라는 해석이다. 시몬스는 2018년 경기도 이천에 복합문화공간 '시몬스 테라스'를 조성하고 2020년에는 성수동에 팝업스토어 '하드웨어 스토어'를, 지난해 2월에는 청담에 '시몬스 그로서리 스토어'를 여는 등 MZ를 대상으로 지난 몇 년간 대대적인 체험 마케팅을 펼쳤다.

에이스침대 관계자는 "클럽 에이스를 통해 MZ를 적극적으로 공략할 계획이다"며 "지금까지 가구에 한정해 소통했던 방식을 넘어 앞으로는 소비자가 일상 속에서 다양하게 에이스 침대를 경험할 수 있도록 할 것"이라고 전했다.

〈자료원〉 이코노믹리뷰, 2023.1.4.

본 장에서는 브랜드마케팅 전략의 기본이 데이터 기반의 의사결정을 위한 시장 감지와 시장 조사의 내용에 대해서 알아보고자 한다. 전통적인 방법도 여전히 많이 사용되고 있지만 빅데이터와 인공지능을 활용한 새로운 기법들이 많이 등장하고 있고 데이터는 더욱 중요해지고 있다.

또한 브랜드마케팅 전략의 핵심인 선택과 집중의 표본이 될 수 있는 STP전략에 대해서도 알아보고자 한다. 어떤 기준으로 시장을 세분화하고 어떻게 목표시장을 선정하는지에 대해 알아보고 포지셔닝은 어떤 방식으로 수행해야 하는지에 대해 알아보도록 하겠다.

브랜드마케팅 전략의 기초개념

갈수록 시장에서는 경쟁이 더욱 치열해지고 있고 기업이 보유한 고객의 범위 역시 점점 확대되어 이제는 산업 간의 경계도 점점 무너지고 있다. 즉, 제조기업이 같은 산업군 내에서만 경쟁하는 것이 아니라 타 산업의 제조기업과도 경쟁이 치열해지고 있고, 이들 간의 고객 쟁탈이라는 현상이 발생하고 있다. 코카콜라는 음료 회사일까? 답은 "그렇다"와 "그렇지 않다"의 두 가지 모두이다. 전통적인 산업의 정의 안에서 코카콜라는 음료 제조회사로서 타 음료 제조회사와 경쟁을 한다. 하지만 이를 고객 가치의 관점에서 보면 고객은 콜라를 마시면서 얻는 갈증 해소도 있지만 상쾌한 기분 혹은 기분전환과 같은 다른 유희적인 관점에서도 콜라 음료를 찾고 있다. 이런 관점에서 보면 코카콜라는 즐거움(fun)을 추구하는 엔터테인먼트(entertainment) 기업이다. 실제 코카콜라의 광고를 보고 있으면 이러한 생각이 더욱 확고하게 든다. 이 회사는 정말 광고 메시지를 통해 갈증 해소보다는 "즐겨라"라는 메시지를 더욱 강조하고 있다. 코카콜라는 할리우드의 영화사들과 경쟁하고 있다. 한편으로 영화를 보는 즐거움을 더욱 극대화하는 관점에서 고객들에게 팝콘과 함께 콜라 음료를 제공한다. 이런 관점에서 보면 경쟁사인 영화사와 협력 하여 고객의 가치를 극대화 하고 있는 것이다.

일반적으로 사람들은 일반적으로 최고의 제품을 구매하는 것도 아니고 최저가격의 제품을 구매하는 것도 아니다. 소비자들은 자신에게 가장 큰 가치를 가져다 줄 것이라고 여겨지는 제품을 구매하는 것이다. 이러한 가치를 경제학에서는 효용이라고도 하는데 소비자들에게 더 높은 가치를 제공하는 제품이 결국 시장에서 성공하게 된다. 소비자가 쉽게 인지하는 가치는 일반적으로 단일의 가치가 아니라 여러 가지의 편익의 묶음으로 제시된다. 어떤 소비자가 스마트폰을 구매하면서 얻을 수 있는 것을 보면 기본 성능 외에도 세련된 디자인, 좋은 카메라, 배터리의 성능 등 여러 가지이다. 브랜드마케팅에서는 이러한 구매하면서 얻게 되는 것을 편익(benefit)이라고 한다.

일반적으로 어떠한 제품이든지 소비자에게 제공되는 편익은 한 개가 아니라 여러 개다. 그러므로 스마트 폰을 구매할 때 이러한 편익 중 어떠한 것이 중요함에 따라 그가 구매하거나 사용하는 브랜드는 달라질 것이다. 이러한 편익은 절대적인 것이 아니라 상황에 따라 바뀔 수 있다. 객관적이기도 하지만 주관적이기도 하다. 앞서 설명한 스마트폰의 경우 화면 크기는 객관적으로 비교할 수 있지만 세련된 디자인의 정도는 객관화하기 어려움이 있다. 그러므로 이러한 가치의 개념에서 시사하는 바는 단지 더 좋은 제품을 만드는 것으로는 충분하지 않으며 소비자가 우리의 제품이 더 좋은 제품이라는 것을 믿게 만드는 것이 중요하다.

그리고 가치는 금전적인 부분만 의미하는 것이 아니라 비금전적인 부분도 포함한다. 즉 제품을 구매하기 위해 지불하는 금액도 있지만 구매하기 위한 시간, 노력 그리고 유지보수 비용도 경우에 따라 매우 중요하기도 하다. 그러므로 고객에게 경쟁기업에 비해 더 많은 편익을 제공하여 가치를 상승하거나 만일 동일한 가치가 형성되어 있다면 지불비용을 줄이는 전략을 사용해야 할 것이다.

브랜드마케팅 전략은 고객이 가진 가치와 기업의 가치가 매칭되는 시장을 찾아 선택하고 이에 따라 차별화 전략을 세워, 고객의 가치를 극대화시킬 수 있는 새로운 가치를 창출하는 것이다. 이 과정에서 타 산업의 기업과 경쟁을 하기도 하고 때로는 그 가치를 충족시키기 위한 자원이나 역량이 없는 경우에는 심지어 경쟁사와도 협력한다. 애플의 경우에도 아이폰을 만들기 위해 삼성전자나 엘지전자와 같은 경쟁사의 부품을 가져다 사용한다. 이는 기업 관점에서 제품을 만드는 것이 아니라 고객의 가치를 완성하기 위해서는 경쟁사의 자원과 역량도 가져다 사용해야 한다는 고객의 관점을 적극 반영하는 것이다.

여기서 고객 가치의 극대화는 고객의 문제를 해결하고 재무적 위험을 감수하고 얻는 효용이 가장 큰 경우를 말한다. 고객의 효용을 크게 만들면서 기업의 이익도 상승시키고, 이것이 지속적인 기업의 핵심역량으로 사용될 수 있는 것이 바로 고객가치이다. 기업은 시장 내 모든 고객을 대상으로 설득하고 만족시킬 수는 없다. 적어도 모든 고객에게 동일한 방식으로는 설득할 수 없다는 사실을 알고 있다. 따라서 기업이 들어가야 할 시장을 정하고 그 내부에 있는 고객, 경쟁사에 대해 분석해야 한다. 브랜드마케팅 전략에서 가장 첫 번째 단계는 시장세분화를 하는 것이다. 다양한 고객의 니즈에 따라 크고 이질적인 시장을 작은 세분시장으로 나눈다. 이를 참고로 우리 기업의 자원과 목표에 따라 기업 가치에 맞는 표적시장을 정하는 단계를 거친다. 회사가 선택한 시장 내에서 경쟁자와 비교하여 자사를 상대적으로 분명하고 바람직하게 고객에게 인식 시키는 것으로 마무리를 한다. 이 세 과정은 단순히 한 방향으로 진행되는 것이 아니라 각 과정의 진행 중에 다시 앞선 과정으로 돌아가 재구성, 재선택될 수도 있음을 잊지 말아야 한다.

기존에 존재하는 기존 제품으로는 충족시켜주지 못하는 고객의 가치를 찾아내고 이를 기업이 가진 역량과 자원으로 새롭게 가치를 창조하는 과정이 기업의 브랜드마케팅 전략과정이다. 스타벅스는 샌프란시스코의 작은 커피전문점이었다. 하지만 지금은 세계적인 커피전문점 기업으로 성장하였고, 이들의 성장 배경에는 바로 기존의 커피전문점에서 고객들이

코카콜라의 브랜드마케팅 전략
코카콜라는 기업 및 브랜드 이미지 강화를 위한 마케팅 전략으로 핵심 메시지를 강조하는 시도를 하고 있다.

만족하지 못하였던 가치를 찾아서 스타벅스의 자원과 마케팅 역량으로 새로운 가치를 재창출함으로써 세계적인 기업으로 성장할 수 있었던 것이다. 고객들은 스타벅스 매장에 들어서면서 새로운 커피 주문과 커피 제조 과정을 경험하고 공유하는 문화를 만들어 냈고, 스타벅스는 이러한 문화를 확산시키고 이를 바탕으로 커피문화와 독특한 공간이라는 경쟁우위를 창출함으로써 성공할 수 있었던 것이다. 이러한 새로운 가치창조를 위한 과정에는 STP전략과 신제품 개발전략이 중요한 과정이다. 즉, 시장에서 새로운 고객가치를 찾아서 기업이 가진 핵심역량과 가장 적합한 시장을 선택하는 과정이 STP 중 시장세분화와 목표시장 선정 단계이고, 그 가치를 구체화하고 차별적인 이미지를 만드는 과정이 포지셔닝과 신제품 개발과정인 것이다. 포지셔닝은 기업이 가진 모든 마케팅 자원을 이용하여 고객의 마음속에 이미지를 형성시키는 것이고, 신제품 개발은 고객의 욕구를 구체화해 새로운 형상으로 제품을 개발하여 보여주는 과정이다.

스타벅스는 특히 여성소비자의 커피 시장에 주목하였고, 여성의 감성과 이들의 대화 문화를 중시하고 이를 적극적으로 만들어주는 데 성공한 것이다. 이는 세분시장 중 여성이라는 특정 세분시장에 집중하였고, 이 목표시장에 기업의 자원을 집중하여 기업과 고객의 가치를 융합하여 새로운 커피문화라는 이미지를 고객의 마음에 심어주는 것에 성공한 것이다.

Section 02 시장감지와 시장조사

브랜드마케팅 전략을 수립하고 실행하는 데 필요한 것이 시장감지와 시장조사를 통한 시장에 관한 선제적인 연구가 필요하다. 이러한 사전 연구를 통해 고객, 경쟁사 및 자사에 대한 철저한 분석이 제대로 된 브랜드마케팅 전략을 수립할 수 있게 만든다. 시장감지는 탐색적인 부분으로 어떠한 문제와 요구가 존재하는지를 알아보는 것이다. 시장감지를 통해 발굴된 이슈를 보다 체계적인 방식으로 검증하는 과정이 시장조사이다.

1. 시장감지(Market Sensing)

시장감지는 전반적으로 시장 및 환경에 대한 이해를 통해 경영전략의 틀을 마련하고 구체적인 실행전략 대안을 만들기 위해 선제적으로 필요한 과정이다. 마케터는 가장 중요한 고객을 비롯한 회사 외부의 파트너들과의 관계를 발전시키는 데 능숙할 필요가 있다. 이를 효율적으로 수행하기 위해 마케터는 주요 환경적 요인을 이해해야 한다. 회사의 마케팅 환경은 표적고객과의 성공적인 관계를 구축하고 유지하는 데 영향을 미치는 마케팅 외부의 참여자와 요인으로 구성된다. 성공적인 회사는 지속적으로 성장하고 변화하는 환경을 추적하고 이에 적응하려는 노력의 중요성을 잘 이해하고 있다.

BRAND HIGHLIGHT

신학철 LG화학 부회장, '고객의 해' 선포…5대 핵심과제 제시

신학철 LG화학 부회장이 2023년 계묘년(癸卯年) 신년사를 통해 올해를 '고객의 해'로 선포하고 고객에 집중할 것이라며 이같이 밝혔다.

2일 신 부회장은 전 구성원에게 보낸 신년사를 통해 "위기 극복을 위해 고객에 보다 집중하고, 또 다시 고객에게서 답을 찾을 것"이라며 "고객 경험 혁신과 감동을 통해 위기를 극복하고 목표를 달성하자"고 강조했다.

이를 위해 신 부회장은 ▲경영환경 불확실성 대비 ▲Next 성장동력 육성 ▲지속가능성 중심 전환 ▲고객가치 혁신 ▲글로벌 기업으로의 도약 등 핵심 5대 과제를 제시했다.

우선 경영환경의 불확실성에 대비해 '프로젝트 A+'를 앞세워 사업 계획을 반드시 달성하자고 강조했다. 프로젝트 A란 LG화학의 비상경영체제로 ▲미래 투자 지속 ▲직접 통제 가능한 것에 대한 관리 강화 ▲현금 흐름 개선 등이 핵심 내용이다. 올해는 프로젝트 A+로 한층 고도화했다.

신 부회장은 "지금까지의 추진 동력을 바탕으로 우리가 모두 프로젝트 A+의 주도자가 되자"며 "불확실성에 대비한 투자 비상 계획에 따라 위기를 사업 경쟁력으로 전환하자"고 당부했다. 지속가능성, 전지재료, 신약 등 신성장동력 육성도 강조했다.

신 부회장은 "올해는 본격적으로 재활용 원료의 안정적인 확보, 고객과 시장 발굴, 양산 역량 확보, 미래 기술 확보 등 경쟁력 강화에 집중, 사업성과 창출에 속도를 내자"고 강조했다.

전지재료 사업에 대해서는 "배터리 업체뿐 아니라 완성차 업체 등으로 고객 풀을 확대하고 고객의 니즈를 직접 듣고 대응하며 진정한 협력 관계를 구축해 나가야 한다"며 "재활용 메탈을 포함한 다양한 메탈 경쟁력 확보 방안을 마련하는 데 고민하고 집중해 주길 바란다"고 밝혔다.

신 부회장은 이어 "지속가능성 중심 전환은 위기 대응을 넘어 사업 기회 측면에서 필수"라며 연 내 구축될 LCA(환경 전과정 평가)를 지속 확대하고 이를 기반으로 고객, 사회와 소통해 우리의 탄소 경쟁력을 사업 경쟁력으로 연계해 나가고 고객 경쟁력까지 동반 확보하자고 언급했다.

마지막으로 신 부회장은 진정한 글로벌 기업으로 도약하기 위해 "올해는 프로세스, 시스템, 일하는 방식 전반에 걸쳐 핵심 역량의 질적 확보에 집중하자"며 "특히 4대 권역 BSC(비즈니스서비스센터) 현지 인력을 중심으로 마켓 센싱, 열린 혁신 등의 글로벌 역량 강화에 더욱 박차를 가해 진정한 글로벌 기업에 걸맞은 수준으로 역량을 강화하자"고 강조했다.

〈자료원〉 뉴스웍스, 2023.1.2.

환경은 지속해서 빠르게 변화하고 있고, 소비자와 마케터는 미래를 예측하기가 점점 더 어려워지고 있다. 회사의 다른 분야보다도 마케터는 추세분석, 기회 포착의 전문가가 되어야 한다. 우선 마케팅 환경에 관한 정보를 수집하기 위한 마케팅조사와 분석을 실행하고 결과 해석을 통한 마케팅 인텔리전스(Intelligence)에 정통해야 한다. 그리고 고객과 경쟁자를 파악하기 위해 많은 시간을 들여야 환경을 주의 깊게 연구함으로써 타 기업보다 새로운 시장기회를 더 잘 확보할 수 있어야 한다.

학계에서의 시장감지의 정의는 George Day에 의해 처음 주장되었고 고객과의 관계유지 방법, 경쟁자의 능력과 의도, 경로 구성원의 역할변화, 시장의 새로운 경향, 사업기회나 위협요인 등을 신속하고 정확하게 감지하는 것을 말한다. 실무적인 의미로 시장 감지는 외부 시장(거시환경, 시장, 자사, 소비자, 경쟁사)의 다양한 변화를 신속하게 감지해서 가치를 발견하는 능력으로 적용된다.

1) 시장감지 프로세스

그림 4-1 시장감지 프로세스

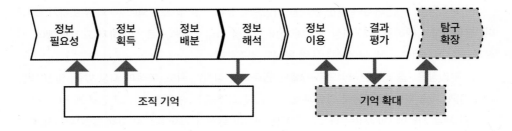

시장감지는 외부 환경에 대한 인지 및 이해를 위한 것으로 조직 또는 기관들이 시장에 대해 배우기 위해 사용하는 정보 처리 활동의 일반적 순서를 따른다. 이는 전 고객을 대상으로 정보를 수집, 상호적인 정보 배분, 정보 해석의 과정을 통하여 달성될 수 있다. 시장감지 프로세스를 통하여 고객과의 관계를 창출 및 유지시켜 줄 수 있는 고객연결고리 능력이다.

마케팅 과정에서의 시장감지
현장에서의 시장감지를 시스템화하여 모든 마케팅 과정에 도입을 시도해야 한다.

〈그림 4-1〉과 같이 시장감지 프로세스는 다음 단계에 따라 진행된다.

(1) 1단계: 경영 성과 하락과 같이 우리 기업에 닥친 문제를 해결하기 위해서 또는 기업의 미래 의사결정을 하기 위해 필요한 정보를 정의한다.

(2) 2단계(2차 자료 수집): 시장의 니즈와 반응에 대해, 시장이 어떻게 세분화되는지에 대해, 누구와의 관계가 어떻게 유지되는지에 대해, 경쟁자의 전략에 대해, 채널파트너의 역할에 대해 정보를 수집한다.

(3) 3단계: 조직시스템(인트라넷, 리포팅 시스템, 하드카피)을 통해 2차 자료를 배분한다.

(4) 4단계: 매니저의 정신적 모델(The mental models of managers)은 정보 필터링을 위한 규칙을 결정하고, 정보해석을 통해 예상된 결과에 대한 정보에 어떠한 행동을 취할 것인지를 결정한다.

(5) 5단계: 정보를 이용하는 단계로 시장감지를 통한 정보를 토대로 전략을 수립 및 실행한다.

(6) 6단계: 전 단계의 정보를 토대로 의사결정에 대한 결과를 평가한다.

(7) 7단계: 조직 기억은 모든 과정에서 문제의 답을 필요로 할 때 종합적 통찰력을 제공하는 저장소로 제공되며 적합한 질문을 창출하는 주요 요인으로 사용된다.

2) 시장감지 능력

기업의 경쟁적 우위를 위해서는 해당기업의 핵심역량(core competency)과 더불어 프로세스 관리상의 우선순위, 지식의 통합, 배움의 확산을 통틀어 일컫는 차별적 역량(distinctive capability)이 필요하다. 시장감지 능력 또한 이 차별적 능력에 속한다고 볼 수 있다. 차별적 역량은 기업 내 여러 부문에 걸쳐 있는 능력을 고객의 니즈에 부합시키기 위해 하나의 과정으로 집결시킨 것이다. 시장지향성(market orientation) 연구에 의하면 차별적 역량은 고객과 경쟁자에 대한 우월한 정보를 창출, 보급, 이용하는 조직의 능력으로 묘사된다. 차별적 역량은 개발되기 어려우나 일단 시장에서 성공적으로 발휘되면 타 기업에 의해 쉽게 모방할 수 있어서 이를 구축하고 유지하는 것은 기업의 지속적인 과제일 것이다. 기업은 시장환경 변화에 차별적 역량을 얼마나 효과적으로 빠르게 접목하느냐에 따라 시장에서의 기업의 입지가 달라진다. 기업은 시장감지 역량을 통해 어떤 자원적 재능을 가졌는지 확인하고 환경변화에 대한 적응력을 높이는 방법으로 활용할 수 있다.

델파이 기법
최근 미래예측 및 수요 예측 관련하여 전문가를 활용한 델파이 기법이 많이 사용되고 있다.

시장감지 역량을 향상하는 방법은 다음과 같다.

(1) 도식화(mapping)와 벤치마킹(benchmarking) 방법론들을 통하여 기업의 현황과 현재 능력을 진단한다.

(2) 고객가치 창출을 위한 전략과 함께 미래의 수요를 정확하게 예측한다.

(3) 세부과정 또는 역할에 따른 조직을 하위부서부터 상위부서까지 재디자인한다.

(4) 상급 매니저로부터 Top-down 방식으로 지속적인 고객중심화를 명확하게 보여준다.

(5) 정보기술을 효율적으로 활용한다.

(6) 타깃에 대한 과정을 관리한다.

3) 시장감지 방법론

(1) 최고경영층의 직관적 평가

최고경영층(executive/management)의 직관적 평가는 기업 내의 주요 경영자들의 의견을 종합하여 판매량과 같은 미래를 예측하는 방법이다. 구체적으로, 여러 명의 경영자들에게 기업의 과거판매자료 및 시장에 대한 배경정보를 제공하고, 이를 토대로 기업은 판매규모 혹은 추세를 예측하게 된다. 이때, 시장상황에 대한 각 경영자의 확신에 비례하는 가중치를 부여하는 경우도 있다.

경영자들이 시장과 산업에 대한 광범위한 지식과 경험을 가지고 있고 시장상황에 대한 통찰력이 있다면 시장의 큰 흐름이 잘 반영된 예측치를 도출할 수 있게 된다. 특히, 과거의 자료가 존재하지 않는 혁신제품의 수요예측에 경영자들의 지혜가 효과적으로 활용될 수 있다. 그러나 이 방법의 단점으로는 구체적인 근거가 부족한 개인 의견이 과다하게 반영될 수 있으며, 특정인(예컨대, 최고경영자)의 영향력이 작용할 수 있다. 그리고 경영자의 시간을 너무 많이 빼앗는다는 점 등을 들 수 있다.

(2) 델파이 혹은 전문가 평가 기법

최근 기업들은 새로운 기술이나 혁신적인 제품에 대한 장기적인 예측을 하기 위해 델파이(delphi method) 기법을 많이 도입하고 있다. 이 방법은 특정 기술이나 제품에 대한 전문가들의 의견을 종합하고 조정하여 하나의 예측치로 도달해가는 방법이다. 구체적으로, 여러 명의 전문가들로 된 패널을 구성한 후 각 전문가에게 예측을 의뢰한다. 진행자는 예측치를 수집하여 평균과 예측치의 분포를 계산하여 전문가들에게 제공하고 이를 고려하여 다시 예측을 해주도록 의뢰한다. 이 과정은 참가자 전원의 예측치가 일치할 때까지 반복된다. 합의를 도출해내는 과정은 한 장소에 모여서 혹은 서면으로 진행될 수 있다.

델파이 기법은 전문적 지식을 반영하면서 구성원간의 역학관계에 의한 왜곡을 최소화할 수 있는 효과적인 예측방법이기는 하지만 시간과 비용이 과다하게 소요될 수 있다는 단점을 가지고 있다.

(3) 판매예측 추적 및 고객접점 활용

많은 경우 기업의 영업사원들은 고객, 경쟁자, 유통업자 등과 가장 가깝게 일을 하는 사람들이기 때문에 시장에 대한 상세하고 시의 적절한 정보를 가장 많이 보유하고 있다. 예컨대, 자사제품에 대한 고객들의 반응, 그들의 구매계획, 유통의 지원상황 등을 상세하게 판단할 수 있으며 이를 바탕으로 비교적 정확한 예측을 제공할 수 있다. 또한, 각 영업사원이 담당하고 있는 제품이나 지역에 따라 세부 제품별 혹은 지역별 예측치를 도출하는 것도 용이하다. 본인들의 예측을 바탕으로 산출된 판매할당량에 대해서는 수용가능성이 높고 할당량을 달성하기 위해 노력할 유인책이 많아진다는 점 등이 이 방법의 장점으로 들 수 있다.

그러나 이 방법은 몇 가지 중요한 문제점을 가지고 있다. 우선 영업사원들은 상당히 주관적 시각을 가지고 있는 경우가 많다. 최근의 실적에 따라 시장에 대한 시각이 과다하게 비관적이거나 낙관적일 수 있다. 더구나 본인의 예측이 판매할당량에 영향을 미칠 것이라는 점을 감안하여 부정확한 예측치를 제공할 수도 있다. 또한, 그들은 대체적으로 시장의 거시적 요소들에 대한 폭넓은 시야를 가지고 있지 못한 경우가 많기 때문에 시장의 구조적 변화를 예측에 반영하지 못할 수 있다. 이러한 점을 감안할 때 한두 명의 영업사원에게 예측을 의뢰하는 것보다는 여러 명으로부터 예측을 받아 이를 종합함으로써 영업사원 개개인의 편향(bias)을 상쇄시키는 것이 바람직하다. 예컨대, 어떤 영업사원은 고객정보에 편중하여 예측하고 또 다른 영업사원은 경쟁 상황에 편중하여 예측하였다면 이들 둘의 예측치를 종합함으로써 고객과 경쟁 상황 모두가 반영된 예측치를 도출할 수 있는 것이다.

(4) 인터뷰

인터뷰에는 개인 인터뷰와 집단 인터뷰의 두 형태가 있다. 개인 인터뷰는 집, 직장, 길, 쇼핑몰 같은 곳에서 사람과 만나 이야기를 나누는 것이다. 이 면접은 매우 유연하게 전개될 수 있다. 훈련된 면접자는 인터뷰의 지침을 제공하고, 어려운 질문을 설명하고, 특정 상황이 제공하는 이슈를 탐색할 수 있다. 그들은 응답자에게 실제 제품, 광고, 패키지를 보여주고, 행동과 반응을 관찰할 수 있다. 그러나 개인 인터뷰는 전화 인터뷰보다 3~4배 높은 비용이 든다.

집단 인터뷰는 훈련된 사회자가 6~10명의 사람을 초청하여 제품, 서비스, 또는 기관에 관한 이야기를 나누는 것이다. 참가자는 대개 참석 대가로 사례비를 받는다. 사회자는 자유롭고 편안한 토론이 이루어지도록 조장하는데, 집단 구성원의 상호작용이 실제 감정과 생각을 이끌어낼 것이라는 기대 때문이다.

(5) IT를 활용한 자료 수집

커뮤니케이션과 정보기술의 발전은 이를 이용한 새로운 형식의 접촉방식을 만들어 내고 있다. 마케팅 조사의 최신 기술은 인터넷이다. 마케팅 조사자는 인터넷 설문조사, 온라인 패널, 온라인 실험, 온라인 표적집단 면접 등과 같은 온라인 시장조사를 통하여 1차 자료를 수집하고 있다. 실제로 기업에서 온라인 조사는 이제 가장 많이 사용되는 자료 수집 방법이 되었다.

온라인 조사는 여러 가지 형태가 있다. 회사는 웹 사이트에 설문지를 올려놓고 이에 응답할 경우 응답자에게 인센티브를 제공한다. 또는 이메일, 웹 링크나 웹 팝업을 이용하여 사람들이 질문에 응답하고 상응한 보상을 받도록 할 수 있다. 최근에는 이보다 더욱 간편한 앱을 이용하기도 하고 네이버나 구글 등의 포털 기업들도 이를 후원하고 있다.

기업의 마케터는 채팅룸을 후원하면서 때때로 질문을 올리거나 토론이나 집단면접을 진행하기도 한다. 또한, 사용자가 웹 사이트를 방문하고 다른 사이트로 이동하는 클릭의 흐름을 추적함으로써 온라인 소비자의 행동을 파악할 수 있다. 회사는 여러 웹 사이트에서 서로 다른 가격을 실험하거나, 다른 광고 헤드라인을 올려놓거나, 다른 제품 기능을 제공하거나, 같은 제안을 다른 시기에 올려놓음으로써, 이들의 효과를 비교할 수 있다. 또한 신제품 개념을 검증하기 위해 실험용 기구를 웹 사이트에 설치할 수도 있다. 온라인 리서치는 전통적인 설문조사나 집단면접에 비해 여러 가지 이점이 있다. 가장 확실한 장점은 빠른 속도로 결과를 얻는 것과 저렴한 비용이다.

(6) 관찰조사

관찰조사(observational research)는 적절한 사람, 행동 상황을 관찰함으로써 자료를 수집하는 것이다. 예컨대, 은행은 지점 주변 교통량, 주거 여건, 경쟁지점의 위치를 확인함으로써 새로운 지점의 개설 가능한 위치를 평가할 수 있다. 조사자는 고객과의 인터뷰 등과 같은 대화로는 얻을 수 없는 직관적인 자료를 얻기 위해 소비자 행동을 관찰하기도 한다. 예컨대, 세계적인 장난감 회사인 레고는 백화점이나 쇼핑몰에 재고 체험관을 두고 아이

온라인 조사기법
최근 온라인 서베이 등을 활용한 온라이 조사기법
이 활성화되고 있다.

들이 어떻게 조립을 하는가를 관찰하여 신제품을 개발하기도 하고, 많은 유통점들이 점포내에 소비자들의 이동을 관찰하여 가장 적합한 소비자의 동선을 디자인하는 등의 관찰기법을 사용하고 있다.

관찰조사는 사람들이 제공하지 않으려고 하는 또는 제공할 수 없는 정보를 확보할 수 있게 알려준다. 때때로 관찰은 필요한 정보를 얻을 수 있는 유일한 방법이기도 하다. 반면 감정, 태도, 동기 또는 사적 행동같이 관찰될 수 없는 것도 있다. 장기적인 또는 아주 드문 행동도 관찰하기 어렵다. 이 한계점 때문에 조사자는 종종 다른 자료 수집 방법과 함께 관찰조사를 사용하기도 한다.

(7) 빅데이터를 활용한 시장감지

빅데이터의 활용은 점점 더 쉽고 다양하게 변화하고 있다. 빅데이터를 이해하기 위해서는 한 가지는 꼭 이해해야 한다. 데이터는 소중하지만 모든 데이터가 다 중요한 것은 아니다. 또 덜 중요한 모든 데이터까지 다 처리하려면 비용이 엄청나다. 그래서 기업들은 중요한 데이터만 분석하는 데 집중했었다. 그런데 덜 중요한 데이터도 버릴 수 없는 시대가 다가오기 시작했다. 비용은 낮추고 효율은 높이는 데이터 처리 방법이 필요해진 것이다. 굳이 데이터라 하지 않고 빅데이터라고 하는 까닭의 핵심이 그것이다. 이른바 하둡(Hadoop)은 그 대표적인 해결책이다. 간단하게 정리한다면, 고가의 컴퓨팅 장비 대신 저렴한 컴퓨터를 묶어 대용량 데이터를 처리하는 방법이라 할 수 있다.

사전적인 의미에서 정의하는 빅데이터의 특징은 4V로 설명할 수 있다. 이 중 빅데이터의 기본 특징은 3V로 설명할 수 있다. 3V는 데이터의 크기(Volume), 데이터의 속도(Velocity), 데이터의 다양성(variety)을 나타내며 이러한 세 가지 요소의 측면에서 빅데이터는 기존의 일반적인 데이터와 구분할 수 있다. 데이터 크기(Volume)는 단순 저장되는 물리적 데이터양을 나타내며 빅데이터의 가장 기본적인 특징인 많은 양의 데이터를 의미한다. 데이터 속도(Velocity)는 데이터의 고도화된 실시간 처리를 뜻한다. 이는 데이터가 생성되고, 저장되며, 시각화되는 과정이 얼마나 빠르게 이뤄져야 하는지에 대한 중요성을 나타낸다. 다양성(Variety)은 다양한 형태의 데이터를 포함하는 것을 뜻한다. 정형 데이터뿐만 아니라 사진, 오디오, 비디오, 소셜 미디어 데이터, 로그 파일 등과 같은 비정형 데이터도 포함된다. 빅데이터 시대에는 방대한 데이터의 양을 분석하여 일정한 패턴을 추출할 수 있다. 그러나 과연 데이터 일정 패턴을 설명할 수 있을 만큼 신뢰성이 있

빅데이터의 활용
최근 금융권에서도 빅데이터를 활용한 조사 및 분석이 활발하게 진행되고 있다.

느냐는 문제가 생긴다. 데이터가 많아질수록 엉터리 데이터도 커질 가능성이 높아지기 때문이다. 따라서 빅데이터를 분석하는 데 있어 기업이나 기관에 수집한 데이터가 정확한 것인지, 분석할 만한 가치가 있는지 등을 살펴야 하는 필요성이 생겼고 이러한 측면에서 빅데이터의 새로운 속성인 정확성(Veracity)이 제시되고 있다. 빅데이터 분석법 중 일반적인 방법은 트위터, 구글 페이스북 등의 온라인상에서 사람들이 주고받는 문자로 된 자료를 기계적으로 수집하여 시각화(visualization)하여 요약하고 해석하는 것이다.

다양한 빅데이터 분석방법을 통해 사람들이 온라인상에서 특정 제품에 대해 어떤 단어를 많이 사용하고 있는가를 밝혀내고, 또한 유사한 단어들의 군집을 통해 제품의 속성을 구성하는 데 많은 도움이 된다. 전통적인 실험과 서베이 조사 방법과는 달리 보다 많은 샘플을 구성하여 보다 일반화된 결과를 얻어낼 수 있다는 장점도 있다. 금융서비스에서도 빅데이터의 활용은 매우 유용하다. 은행 역시 소비자 경험을 개선하고 업무 효율을 높이기 위해 데이터를 적극적으로 활용하는 등, 데이터 중심의 디지털 트랜스포메이션을 시도하고 있다. 예컨대, 소비자의 입출금 내역이나 카드 사용 내역 같은 소비 패턴을 분석해, 맞춤형 금융서비스를 제공할 수 있고, 소비자의 신용 등급을 정확하게 평가해 알맞은 대출 상품을 추천할 수도 있다. 또한, 금융권에 빅데이터를 활용하는 대표적 사례는 맞춤형 마케팅을 위한 고객분석 용도이다. 비교적 여러 사례를 통해 알려져 있는 분야이다.

이외에도 최근에는 트렌드 예측, 기업 리스크 및 운영 관리 등의 분야에서도 데이터를 활용을 시도하고 있다. 국내 스마트폰 사용자는 하루 평균 약 3천개의 로그(log)를 남기는 것으로 추정된다. 로그는 사용자의 이용 흔적 정도로 이해하면 된다. 사용자는 스마트폰을 이용해 무엇인가를 하게 되는데, 그 흔적이 로그로 남는 것이다. 이 수치는 정확한 것은 아니다. 다만 우리나라 한 이동통신사업자의 빅데이터 DB에는 현재 하루 약 1천억건, 분기에 약 10조건 가량의 로그가 생성되고 있다. 이를 한 사용자 당 로그로 환산하면 하루 3천건 가량이 되는 것이다. 로그는 그 자체로 큰 가치를 갖지는 않는다. 모든 스마트폰 사용자가 하루에 3천개 가량의 로그를 생성하면서도 그것에 큰 의미를 두지 않는 까닭이 거기에 있다. 하지만 그것이 축적되고 분석되면 사정은 달라진다. 무엇보다 트렌드가 생기고 전망이 가능해진다. 새로운 비즈니스 토대가 마련되는 것이다.

이처럼 마케팅에서 빅데이터는 고객의 특징 혹은 욕구를 찾기 위해 활용된다. 고객의 금융거래, 카드 소비, 통신 사용 등의 데이터를 분석해 고객의 특징을 찾고, 이를 맞춤형 마케팅의 근거로 활용한다. 따라서 이러한 빅데이터 분석은 시장 감지의 또 다른 중요한 방법으로 대두되고 있다.

2. 시장 조사(Market Research)

1) 시장조사의 정의 및 목적

시장조사는 시장감지에서 발견한 가치를 기업관점에서 기업의 목적 및 마케팅 자원과의 적합성을 검증하기 위한 목적으로 자료를 체계적으로 획득, 분석, 해석하는 객관적이고 공식적인 과정이다. 일반적으로 시장조사는 고객의 새로운 니즈 또는 고객의 새로운 행동패턴을 발견하기 위해 탐색조사를 실시하는데, 시장조사를 통해 발견한 가치는 가치창출(Value Creation)에서 중요한 제품개발 및 마케팅 활동 등을 통해 구체화된다. 또한, 시장조사는 성과 하락 등 기업에 닥친 문제 또는 이슈를 해결하기 위한 단기적 전략의 기초자료로 활용될 뿐 아니라 기업의 장기적 전략수립 및 의사결정을 위해서도 활용된다.

대부분의 큰 기업들은 회사 내부에 마케팅 조사 부서를 가지고 있다. P&G(Procter Gamble)의 거대한 시장조사부문은 Consumer & Market Knowledge(CMK)라고 불린다. CMK 전문가들은 브랜드 추적조사(Tracking)와 같은 전통적인 조사들과 경험적 소비자 접촉(experiential consumer contacts)과 지식 종합 사건들(knowledge synthesis events) 등과 같은 최신 조사 방법들을 잘 활용한다. 그 이후 P&G의 제품 포트 폴리오를 완성할 기업의 매입과 같은 장기 계획을 세우거나 어떤 제품군을 출시할지 등과 같은 전략적 선택을 하는 데 활용하기 위하여 이런 모든 원천과 시장 감지력을 통합한다.

시장조사를 통해 기업은 이익이 되는 고객과 이익이 되지 않는 고객으로 나눌 수 있다. 여기서 이익이 되는 고객이란 기업의 제품 또는 서비스 구매에 비교적 많은 돈을 투자하고 반복적으로 구매하는 고객을 뜻하는 반면, 이익이 되지 않는 고객이란 제품 또는 서비스 구매에 비교적 적은 돈을 투자하고 반복구매를 하지 않는 고객을 뜻한다. 이러한 고객 구분을 통해 고객에게 적합한 마케팅 판촉 등의 활동을 기획하고 실행할 수 있다.

시장조사는 기업에서 다음과 같은 다양한 분야에서 활용될 수 있다.
(1) **시장자료를 수집할 때**: 시장의 트렌드 및 거시환경 분석
(2) **소비자 조사를 실시할 때**: 소비자의 문제 파악 및 수요예측
(3) **고객 니즈를 발견하고자 할 때**: 소비자의 잠재 니즈 파악
(4) **우리 제품을 시장에서 테스팅할 때**: 신제품의 시장 시험
(5) **고객의 반응을 평가할 때**: 신제품에 대한 소비자의 태도 및 구매 행동 조사
(6) **잠재적 제품 판매량을 평가할 때**: 시장의 수요 및 판매 예측

글로벌 기업 P&G의 시장 진입
글로벌 기업인 P&G는 항상 글로벌 시장 진입을 위해 시장조사를 활발하게 진행하고 있다.

2) 시장조사의 원칙

(1) 리서치의 적시성과 타당성

시장조사는 오늘날의 중대한 사회 문제와 관련된 조사를 적시에 착수해야 한다. 미국의 대표적인 자동차 기업인 포드(Ford)와 지엠(GM)은 시기 적절하고 현 시대의 중대한 트렌드를 반영한 시장조사를 통해 성공적인 새로운 자동차 시장(예: SUV시장)을 개척했다. 그리고 2004년 이시장의 후발주자들인 볼보(Volvo), 포르쉐(Porsche), 그

리고 폭스바겐(Volkswagen) 또한 막대한 투자를 거쳐 새로운 시장인 SUV시장에 진입하였다. 하지만 이후 2007년 미국발 경제위기상황에서 소비자들은 급상승한 연료비로 인해 SUV에 대한 인식과 구매의도가 떨어졌고, SUV 시장보다는 소형차 시장이 큰 폭으로 증가하였다. 이처럼 소비자 수요 조사의 결과들이 시장의 반응결과와 일치해서 나타나지는 않는다. 소비자는 때로는 자기가 좋아하는 것을 이야기 하고 정말 원하는 것은 감출 때도 있다.

(2) 리서치의 명확한 목적

조사 목적을 주의 깊고 분명하게 규정해야 한다. 시장조사를 통해 어떤 문제를 해결할 것인가에 대한 목적이 명확해야 그 목적을 달성하기 위해 조사가 실행되고 타당한 해결책을 제시할 수 있을 것이다. 마이크로 소프트는 당사의 Microsoft e-Home 컨셉의 고객 수용도를 시장조사를 통해 증명하고자 하였다. Microsoft e-Home 실행은 당시 연관된 인터넷 기반 기술들이 사용할 수 없었기 때문에 연기되었다. 이는 제품을 고안하기 전에 리서치의 목적을 명확하지 않았기 때문에 발생한 문제이다.

(3) 이미 만들어진 결정을 지지하는 설문 조사는 하면 안 된다.

Sony Mini-disc Players는 일본에서 성공한 제품이었다. 소니(Sony)는 미국에서의 성공을 낙관적으로 바라보며 시장조사를 했고 조사결과는 이미 정해진 미국 진출을 지지하게 되었다. 그러나 미국에서는 이미 애플의 아이팟과 같은 경쟁력 있는 기술이 존재했기 때문에 소니는 처참히 실패하였다. 이는 시장조사가 시장의 상황을 반영하고 소비자의 인식을 조사하는 것이 아니라 자사의 마케팅 활동을 지지하기 위한 수단으로 실행되었기 때문에 적절한 대응을 할 수가 없었다.

3) 시장조사의 프로세스

시장조사는 시장감지에서 발견한 가치를 검증하기 위한 과정이다. 기업이 검증하고자 하는 문제를 정의하고, 이에 대한 조사를 설계 및 실행하여 수집된 자료를 바탕으로 분석 및 해석을 해서 마케팅 의사결정에 도움을 주기 위한 과정이다.

그림 4-2 시장조사 프로세스

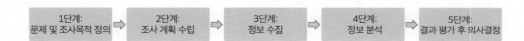

(1) 1단계: 문제 및 조사 목적을 정의한다.

마케팅 관리자들은 연구 문제를 너무 넓지 않게 혹은 좁지 않게 신중하게 정의해야만 한다. 마케터와 조사자는 문제를 정의하고 조사목적을 공유하기 위해 상호 긴밀하게 협조해야 한다. 관리자는 의사결정을 위해 필요한 정보가 무엇인지 가장 잘 알고 있고, 조사자는 마케팅 조사와 정보를 수집하는 방법을 가장 잘 알고 있다. 문제와 조사 목적을 정의하는 것은 조사과정에서 가장 어려운 단계이다. 관리자는 구체적인 원인이 무엇인지는 모를지라도 무엇이 잘못되었는지는 알 수 있다.

관리자는 조사 문제를 주의 깊게 정의 내린 다음, 조사 목적을 수립해야 한다. 마케팅 조사 프로젝트는 그 목적에 따라 세 가지 유형으로 구분된다. 탐색적 조사(exploratory research)의 목적은 문제를 정의하고 가설을 세우는 데 도움이 되는 기초자료를 수집하는 것이다. 탐색적 조사는 고객의 소리를 듣기 위함이기 때문에 일반적으로 심층 면접, 포커스 그룹과 같은 정성적인 방법으로 이루어진다. 기술적 조사(descriptive research)의 목적은 제품의 시장 가능성, 제품을 구매하는 소비자의 인구통계적 특성과 태도 같은 사실을 기술하는 것이다.

기술적 조사는 보통 육하원칙(누가/언제/어디에서/무엇을/어떻게/왜) 조사라고 불리며 이는 정략적인 방법으로 이루어진다. 일반적으로 마케터는 시장과 관련 있는 변수들을 확립하기 위해 탐색적 조사를 행한 후 그 가치를 알아내는 기술적 조사를 한다. 인과관계적 조사(causal research)의 목적은 인과관계에 관한 가설을 검증하는 것이다. 인과관계적 조사는 하나의 변수와 다른 변수와의 관계를 검증하는 조사로서, 서베이(survey)나 실험과 같은 정량적 방법이 주로 사용된다.

(2) 2단계: 조사 계획을 수립한다.

두 번째 단계는 효과적으로 필요한 정보를 수집할 수 있는 조사를 설계하는 것이다. 이를 위해서는 데이터 원천, 조사 접근 방법, 조사 도구, 표본 계획, 접촉 방법 등을 결정해야 한다. 조사 문제와 조사 목표를 정의한 후, 조사자는 필요한 정보를 정확하게 결정하고, 이를 효율적으로 수집하기 위한 계획을 개발하여 관리자에게 제시해야 한다. 조사 계획은 기존자료의 정보 원천을 요약하고, 새로운 정보를 수집하기 위해 사용될 조사방식, 응답자 접촉방법, 표본계획, 자료수집 도구 등을 기술한다.

시장조사는 크게 정성적 조사와 정량적 조사로 나뉜다. 정성적 조사는 가설 설정 과정으로서 상황 분석의 탐색 단계로 활용된다. 고객, 채널, 그리고 경쟁사에 대해서 이해하고 그에 대한 가설을 세우기 위해 사람들과 상호 질의응답을 한다. 대표적인 정성적 조사로는 포커스그룹 인터뷰(FGI: Focus Group Interview)가 있다. FGI는 중재자 한 명이 6~10명의 고객들을 대상으로 신제품에 대한 그들의 의견을 묻는 형식으로 이루어진다.

정량적 조사는 가설 검증 과정으로서 상황 분석의 확인 단계로 활용된다. 이 조사의 목적은 고객 또는 파트너들이 어떻게 행동하는가에 대한 세부적인 가설들을 검증하는 것이기 때문에 정성적 조사보다 체계적인 질문들로 조사가 이루어진다. 대표적인 정량적조사로는 비슷한 상황에서 조작변수의 효과를 검증하는 실험이 있다.

① 자료출처

조사자는 1차 자료(Primary Source), 2차 자료(Secondary Source) 혹은 두 가지 종류의 자료를 모두 수집할 수 있다. 1차 자료는 마케터가 직접 조사를 통해 새롭게 수집한 자료를 의미한다. 2차 자료는 다른 사람이나 기관에서 과거에 수집한 이미 존재하는 자료를 의미한다. 조사자들은 보통 비용이 더 많이 소요되는 1차 자료를 수집하지 않고도 부분적으로 혹은 전체적으로 문제를 해결할 수 있는지 확인하기 위해 2차 자료를 조사함으로써 연구를 시작한다. 2차 자료는 조사를 위한 시작점으로 비용이 적게 들고 즉시 이용할 수 있는 장점이 있다.

그러나 필요한 자료가 존재하지 않거나 오래 되었거나 부정확, 불완전하며 신뢰할 수 없는 경우가 있기 때문에 2차 자료가 가장 좋은 정보가 아니라는 것을 명심해야 한다. 일반적으로 탐색적 조사는 1차 자료(depth interview, focus group 등)와 2차 자료(통계자료, 여론조사 자료 등) 모두를 활용한다. 기술적 조사는 주로 2차 자료에 의존하나, 관찰과 설문조사를 통해 1차 자료 또한 활용한다.

② 조사 도구

마케팅 조사자들은 원시 자료를 수집하는 데 있어 주요한 세 가지 조사 도구(설문지, 정성적 측정치 그리고 기계적 장치) 중 하나를 선택할 수 있다. 설문지는 응답자에게 제공되는 질문들의 집합으로 이루어진다. 큰 규모로 시행하기 전에 주의 깊게 설문지를 개발하고 테스트하며 오류를 제거할 필요가 있다. 설문지는 객관식과 주관식 질문을 포함한다. 객관식(closed-end) 질문들은 모든 가능한 답을 구체화하여 해석하거나 표로 만들기가 쉽다. 주관식(opne-end) 질문은 응답자가 그들 자신의 표현으로 응답할 수 있다. 특히 주관심은 사람들이 어떻게 생각하고 있는가에 대한 통찰력을 얻기 위해 사용되는 탐험적 조사(exploratory research)에 유용하다.

일부 마케터는 고객의 행동이 설문 조사 응답과는 일치하지 않기 때문에 고객의 의견을 측정하기 위해 질적인 방법을 선호한다. 질적 조사방법은 일정 범위 내의 가능한 답변들을 허용하는 상대적으로 구조화되지 않은 조사 접근법이며, 소비자 인식을 확인하는 창조적인 방법이다. 예를 들며, 제품디자인 회사인 IDEO는 고객 경험을 이해하기 위해 많은 테크닉을 사용한다. 하나는 제품을 사용하거나 쇼핑하는 사람들을 관찰하는 쉐도우잉(shadowing)이다. 다른 하나는 한 공간, 즉 병원대기실 같은 곳에서 2~3일 동안 사람들의 사진 찍는 행위 매핑(behavior mapping)이다. 세 번째 테크닉은 소비자들에게 제품에 연관된 활동과 느낌에 대해 시각 일기를 쓰도록 요청하는 카메라 저널이다.

기계적 장치는 마케팅 조사에 간헐적으로 사용되고 있다. 검류계(Galvanometer)는 특정 광고 혹은 그림에 노출됨으로써 발생하는 흥미나 감정을 측정한다. 눈 카메라는 응답자들의 눈이 어디로 먼저 가는지, 주어진 품목에 얼마나 오래 머무르는지 등을 보기 위해서 응답자 눈의 운동을 연구한다.

③ 표본 계획

조사 접근 방법과 수단을 결정한 후에 마케팅 조사는 표본 계획을 다음 세 가지 결정에 기초하여 설계한다.

㉠ 표본 단위: 조사 대상이 누구인가?

조사자는 표본을 추출할 목표 모집단을 정의해야만 한다. 표본 단위가 결정되면 목표 모집단에 있는 모든 사람이 표본에 포함될 기회가 같도록 하기 위해 표본 프레임이 개발되어야만 한다.

㉡ 표본 규모: 얼마나 많은 사람이 조사대상이 될 것인가?

큰 표본 규모는 작은 표본 규모보다 더 신뢰성 있는 결과를 제공한다. 그러마 모집단의 1%보다 작은 표본도 확실한 표본 추출 절차를 통하면 신뢰성을 확보할 수 있다.

㉢ 표본 추출 절차: 응답자를 어떻게 선정해야 할 것인가?

대표성 있는 표본을 얻기 위해 모집단에 대해 확률 표본 추출을 사용해야 한다. 확률 표본 추출에서는 표본 오차에 대한 신뢰도 한계를 계산할 수 있다. 확률 표본 추출에 수반되는 비용 혹은 시간이 너무 높을 때 마케팅 조사자는 비 확률 표본을 사용한다.

④ 접촉 방법

일단 표본 계획이 결정되면 마케팅 조사자는 어떻게 접촉할 것인가를 결정해야만 한다. 여기에는 메일 인터뷰, 전화 인터뷰, 대인 인터뷰 혹은 온라인 인터뷰가 있다.

(3) 3단계: 정보를 수집한다

마케팅 조사의 자료 수집 단계는 일반적으로 가장 비용이 많이 들면서 오차를 발생시키기 쉬운 부분이다. 2차 자료의 경우 관련 홈페이지나 공개된 자료 등을 활용할 수 있다. 예컨대, 주가 변동에 대한 자료는 증권거래소나 관련 연구기관 혹은 증권사의 홈페이지 등에서 자료를 수집할 수 있다. 인구통계학적인 자료나 기업의 산업구조적인 자료는 통계청 홈페이지에서 쉽게 구할 수 있다. 그렇지 않은 전문적인 2차 자료는 조사회사 등의 전문기관으로부터 구매를 할 수도 있다. 하지만 1차 자료의 경우 수집기간과 비용을 고려하여 체계적으로 자료를 수집하여야 하고, 이때 신뢰성과 타당성의 문제를 잘 고려해야 한다.

특히 1차 자료 수집의 대표적인 조사방법인 설문조사의 경우 다음 네 가지 중요한 문제가 발생한다. 첫째, 외부 응답자의 경우에는 문제 또는 변화가 발생시 다시 접촉하거나 대체하여야만 한다. 설문시점에서 문제가 변화하였거나 질문의 형태가 바뀐 경우 다시 그 표본을 찾아서 응답을 다시 받아야 한다. 최근 온라인 조사가 많이 실시되고 있는데 이런 경우 응답자를 다시 찾는 것이 매우 어려울 수도 있다. 둘째, 협력하지 않으려는 응답자들도 있다. 자료를 수집하기 위해서는 일정 수의 응답자를 확보하여야 한다. 표본 크기에 대해서는 많은 논란이 있지만 최소한 정규분포나 일정한 분산을 가지는 표본 수를 확보하여야 한다. 하지만 많은 경우 응답자들이 설문에 응하지 않으려고 하기 때문에 시간과 비용이 많이 소모된다. 따라서 많은 기업들이 응답율을 높이기 위한 방법을 찾고자 노력하고 있다. 셋째, 어떤 사람들은 여전히 편향되거나 정직하지 못한 응답을 한다. 특히 이러한 응답을 사회적으로 바람직한 대답을 하려고 하는 경향이라고 한다. 예컨대 흡연 음주 등과 같은 건강에 좋지 않은 행동에 대한 질문을 하면 흡연과 음주를 많이 하면서도 많이 하지 않는다는 식의 바람직한 응답을 하려고 하거나 숨기는 경향이 있다. 이는 질문을 어떻게 하느냐와 질문 순서 등에 따라서 신뢰성과 타당성에 영향을 미치는 부분이다. 마지막으로 일부 피조사자들은 편향되거나 부정직할 것이다. 정확한 응답자들을 확보하는 것이 매우 중요하다.

(4) 4단계: 정보를 분석한다

마케팅 조사과정에서 다음 단계는 수집된 데이터로부터 결과를 도출하는 것이다. 조사자는 먼저 데이터를 표로 만들고 빈도분포를 파악하고 주요 변수의 평균과 분포를 계산한다. 다음으로 조사자는 또한 인과관계 분석과 같은 추가적인 결과를 분석하기 위해 다양한 통계적 방법과 모델을 적용해야 한다.

어떤 통계적 방법을 시장조사 분석에 사용할 것인가는 대단히 중요한 문제이다. 그러나 항상 좋은 결과를 가져다 주는 방법은 없다. 다양한 분석기법들은 모두가 나름대로의 특징적인 면을 지니고 있기 때문에 특정 분석기법이 특정 기업에게 언제나 유용한 것은 아니다. 기업이 특정 분석기법을 적용하고자 할 때에는 여러 요소들이 고려되어야 하며, 특히 시장환경요소와 제품수명주기단계는 상당히 중대한 영향을 미친다. 또한 분석에 할애 할 수 있는 시간이 얼마나 되는가 등도 함께 고려되어야 할 사항이다. 결국 분석기법의 선택은 현재 기업이나 제품이 처해 있는 상황에 맞게 이루어져야 한다. 따라서 마케팅 관리자는 분석기법의 선택 및 적용에 있어서 각 분석기법들의 장·단점과 사용상 적절한 제품수명주기단계, 예측에 요구되는 시간 및 주요 환경의 변화요인 등을 신중히 검토하여야 한다.

① 시나리오 분석기: 복잡하고 급속한 환경의 변화속에서 개별적으로 발생하는 사건을 예측한다는 것은 개별사건과 관련을 맺고 있는 여러 사건들이 상호작용을 한다는 점에서 볼 때 단순한 문제는 아니다. 이러한 복합적인 관계를 다루는 방법 중의 하나는 미래의 환경과 소비자의 변화가 어떠한 양상을 보이면서 변화하고, 그에 따른 결과가 어떻게 나타날 것인지에 대한 전체적인 시나리오로 개발하는 것이다. 이 시나리오 기법을 활용하여 미국의 석유 기업 로열 더치 셸(Royal Dutch Shell)은 초우량기업으로 도약할 수 있었다. 석유 수급에 문제가 없을 것으로 예상했던 1970년대, 셸은 유일하게 석유 위기에 대응하는 미래 시나리오를 세워 대비하였다. 실제 석유파동이 현실로 일어나자 시나리오대로 석유를 충분히 비축하고, 시장을 적절히 활용한 덕분에 중위그룹에 머물던 셸사가 업계 2위까지 올라가는 데 시나리오 플래닝이 결정적인 역할을 했다. 미래에 대한 시나리오는 단지 하나의 변수에 의해서만 구분되는 것보다는 다른 변수들이 추가됨으로써, 시나리오의 내용이 보다 구체화되고 각 시나리오간의 차이가 명확해질 수 있다. 시나리오를 형성하기 위한 또 다른 방법은 미래의 환경 및 소비자의 변화와 관련한 몇 가지 변수들을 인식하고, 이들 변수들을 이용하여 발생 가능한 여러 시나리오 가운데 분석을 위한 3~4개의 시나리오를 선택하여 제시하는 방법이다. 최종적인 시나리오는 긍정적인 것과 부정적인 시나리오로 나누어질 수 있다.

② 인과관계모형: 가장 과학적인 방법으로 인과관계모형 방법은 수집된 자료를 분석하여 원인 요인과 그 요인의 변화에 따른 결과간의 관계를 찾아 그 결과를 설명하고 예측하는 것이다. 경영층의 의사결정 과정에서 고려해야 할 범위를 확장해 더 많은 요소를 포괄하고, 복잡한 인과관계를 분석해 주요 변수 사이의 관계를 확인한다. 이를 통해 경영층은 보다 합리적이고 과학적인 해결법을 찾아갈 수 있다. 따라서 이 모형에 대한 기업의 성과 및 소비자의 구매관련 행동 예측은 다른 기법에 비해 보다 과학적이며 설명력이 우수하고 주로 정기적인 예측에 이

용된다. 대표적인 인과관계 모형으로는 회귀분석 방법이 주로 사용된다. 이 모형을 이용하여 독립변수 요인 전체가 기업 성과에 미치는 영향에 대한 예측은 물론 개별적인 요인들이 기업에 미치는 영향에 대해서도 평가할 수 있다. 이 분석은 둘 또는 그 이상의 변수들 사이의 관계, 특히 변수 사이의 인과관계를 분석하는 통계의 매우 기본적이면서 우수한 방법이다. 회귀분석은 특정 변수값의 변화와 다른 변수값의 변화가 가지는 수학적 선형의 함수식을 파악함으로써 상호관계를 추론하게 되는데 추정된 함수식을 회귀식이라고 한다. 이러한 회귀식을 통하여 독립변수의 변화가 종속변수의 변화와 어떤 인과의 관련성이 있는지 관련이 있다면 어느 변수의 변화가 원인이 되고 어느 변수의 변화가 결과적인 현상인지 등에 관한 사항을 분석할 수 있다.

③ 시계열 자료의 분석: 시계열 데이터는 '일정 시간 간격으로 배치된 숫자 데이터들의 나열'이라고 말할 수 있다. 오래전부터 시계열 데이터는 우리 주변에 존재해 왔었고, 어딘가에 저장되고 처리돼 왔음에도 불구하고 크게 주목받지는 못했다. 기상정보와 주식정보는 대표적인 시계열 데이터이다. 이를 저장하고 분석함으로써 다양한 형태의 미래를 예측하거나 알지 못했던 과거의 사건을 이해하는 데 큰 도움이 된다.

2010년 전후로 빅데이터라는 용어가 세상에 알려지고, 빅데이터를 위한 다양한 형태의 솔루션들이 시장에 출시되면서 시계열 데이터 처리에 대한 관심이 급격하게 증가하기 시작했다. 이렇게 습득해야 할 정보가 시계열 데이터의 형태를 띠고 있으며, 조작해야 할 대상물의 개수가 늘어나면 늘어날수록 처리해야 할 시계열 데이터의 수가 기하급수적으로 증가하고 있다.

시계열 분석은 과거의 추세가 미래에도 그대로 연장될 수 있다는 기본가정하에 성립되기 때문에 이를 이용한 분석은 먼저 과거의 자료가 분석에 사용이 가능하도록 그 추세가 명확하고 또한 안정적인 관계를 이루고 있어야 활용할 수 있다. 따라서 과거자료에서 보편적인 시장의 상황을 반영할 수 없는 자료는 사용하지 않거나 조정을 하여 사용하여야 한다. 계절에 따른 시장상황의 변화, 일정한 주기를 지니는 주기적 변화는 따로 분리되어 분석되어야 한다. 한편 과거의 추세가 미래에도 계속될 것이라는 가정 때문에 시계열 분석은 장기예측보다는 상대적으로 단기적인 예측에 유용하다. 이것은 시간의 흐름에 따라 변수가 변화할 수밖에 없다는 변수의 역동성 때문에 과거의 자료를 이용하는 데는 한계가 있음을 나타내는 것이다. 시계열 자료를 이용하여 기업의 성과를 예측하는 기법으로는 이동평균법, 지수평활법 및 박스-젠킨스 모형 등이 있다.

시계열 데이터베이스의 기술적인 특징은 시장의 요구 사항을 만족시키기 위해 특별히 고안된 기능들의 집합이다. 그리고 지향하는 시장에 따라 특화된 기능을 제공한다. 그러나 가장 기본이 되는 것은 시계열 데이터를 어떻게 얼마나 빨리 처리하느냐에 대한 것이다. 따라서 최근에는 기하급수적으로 늘어나는 시계열 데이터를 분석하기 위해 AI를 활용한 딥러닝(Deep Learning)분석 등을 비롯한 다양한 분석기법들이 개발되고 있다.

(5) 5단계: 결과를 평가한 후 의사결정

이 단계에서 조사자는 경영자가 직면하고 있는 핵심 브랜드마케팅 의사결정에 관련되어 주요 결과를 제시한다. 조사를 위탁한 경영자는 조사결과로 나온 주요 결과를 바탕으로 조사목적에서 규정한 문제를 평가하고 의사결정을 내려야 한다. 결정을 내리는 것은 경영자이지만 조사는 그 문제에 대한 통찰을 제공해 주는 것이다.

여러 조사 및 분석기법들은 각기 장·단점을 지니고 있어서 특정 방법이 언제나 다른 방법들에 비해 높은 정확성을 가지고 있는 것은 아니다. 어느 방법을 사용하더라도 자사 제품이나 기업 성과에 대한 예측이 정확하기를 바라는 것은 모든 기업에 있어서 마찬가지일 것이다. 대체적으로 좋은 예측은 다음과 같은 사항이 필요하다. 첫째, 시장, 제품, 기업조직 등과 같은 예측과 관련된 모든 요소들을 전부 고려하고, 또한 이들 요소로 구성된 시스템에 대한 이해가 충분히 반영된 상태에서 행해져야 한다. 둘째, 결과로 나타날 수 있는 가능한 모든 형태의 결과의 정확도나 범위에 관한 추정이 포함되어 있어야 한다. 셋째, 시장조사를 하는 담당자가 시장조사 결과가 행해지는 절차나 사용한 분석기법의 특성 및 과정 등을 잘 이해하고 있어야 한다. 따라서 이상과 같은 점들을 통해서 볼 때 시장조사는 단지 수학적-통계적 자료들을 기술적으로 활용하여 미래를 투시해 보는 것 이상을 의미하는 관리적 과정임을 알 수 있다. 그러므로 이러한 노력이 함께 이루어질 때 시장조사의 정확성을 보다 높일 수 있고 좋은 결과를 얻을 수 있다. 이를 바탕으로 기업은 합리적인 의사결정을 할 수 있는 것이다.

3. 시장조사 방법론

시장조사는 마케팅 정보가 수집되고 분석되는 과정이다. 여기서 마케팅 정보의 대상은 고객은 물론 경쟁사, 채널, 그리고 마케팅 파트너들을 일컫는다. 브랜드 담당자는 마케팅 인텔리전스, 내부 조사 마케팅, 외부 시장조사를 통해서 필요한 정보를 확보할 수 있다

1) 마케팅 인텔리전스

시장조사는 체계적으로 조사를 한다는 행위에 강한 의미가 부여되는 반면, 마케팅 인텔리전스(MI; Marketing Intelligence)는 소비자들의 의견, 즉 데이터를 분석하여 통찰력을 이끌어내

어 기업에게 유용한 정보를 도출한다는 의미가 강하다. 마케팅 인텔리전스는 경쟁사와 시장의 전개 상황에 관한 공개적으로 수집할 수 있는 정보를 체계적으로 분석하는 것이다. 마케팅 인텔리전스의 목적은 전략적 의사결정을 개선하고, 경쟁사 활동을 추적하고, 기회와 위협에 조기 경보를 제공하는 것이다.

많은 회사가 경쟁사 정보를 찾아다니기 때문에, 경쟁적인 인텔리전스에 관한 자료 수집은 엄청나게 증가해왔다. 이와 관련된 기술은 종업원에게 관련된 자료를 수집하게 하는 것, 경쟁사 제품을 벤치마킹하는 것에서 인터넷을 탐색하는 것, 산업 트레이드 쇼에 참가하는 것, 경쟁사의 휴지통을 검색하는 것에 이르기까지 다양하다.

많은 인텔리전스는 회사 내부 사람(이사진, 엔지니어와 과학자, 구매 에이전트, 판매사원 등)에게서 수집될 수 있다. 회사는 공급업자, 재판매업자, 조사 고객에게 중요한 인텔리전스 정보를 수집할 수도 있으며 경쟁사를 관찰하거나 이에 관한 공개적인 정보를 수집함으로써 좋은 자료를 확보할 수 있다. 경쟁사 제품을 구매하거나 분석할 수 있고, 그들의 판매를 추적하고, 새로운 특허를 점검하며, 다양한 형태의 증거를 분석할 수 있다. 예컨대, 한 회사는 경쟁사의 주차장을 정기적으로 점검한다. 차량이 꽉 찬 주차장은 일이 많음과 사업의 번창을 의미하고, 주차창이 많이 비워져 있거나 반쯤 채워져 있다면 어려운 시기임을 의미한다.

회사는 때때로 연간 보고서, 사업 간행물, 트레이드 쇼 전시품, 보도자료, 광고, 웹페이지를 통하여 인텔리전스 정보를 공개한다. 인터넷은 경쟁사가 제공하는 방대한 새로운 정보원천임이 검증되고 있다. 인터넷 검색엔진을 통하여 마케터는 구체적인 경쟁사 이름, 이벤트, 추세를 탐색할 수 있고, 경쟁사가 어떤 성과를 내고 있는지 확인할 수 있다. 더 나아가 회사는 웹 사이트에 방대한 양의 정보를 올려놓고 고객, 동업자, 공급업자, 투자자, 프랜차이즈 계약자를 유인하기 위한 세부 자료를 제공한다. 웹 사이트는 경쟁사의 전략, 시장, 신제품, 시설, 기타 사건의 유용한 정보를 제공한다.

인텔리전스 게임은 두 가지로 진행된다. 경쟁사가 필살의 각오로 임하는 마케팅 인텔리전스 노력에 대항하여 기업 대부분은 자신의 정보를 보호하기 위한 작업을 하고 있다. 예컨대, 유니레버는 광범위한 경쟁적 인텔리전스 훈련을 시키고 있다. 종업원은 인텔리전스 정보를 어떻게 수집할 것인가 뿐만 아니라 어떻게 경쟁사에게서 자사의 정보를 보호할 것인지 배우고 있다. 유니레버는 내부 보안을 무작위로 확인하기도 한다. 내부 마케팅 회의에서 회의참가자 집단에 잠입하기 위해 일부러 사람을 고용해서 테스트하기도 했다. 목적은 그가 회의에 참가하는 동안 얼마나 오랜 시간 그가 회의에서 발각되지 않고 머무르는지 확인하는 것이었다. 결과는 오랜 시간 회의에 참여할 수 있었던 것으로 나와 직원들을 놀라게 하였다.

마케팅 인텔리전스 이용의 증가는 여러 가지 윤리적인 문제를 일으킨다. 앞서 언급한 기술이 합법적이기는 하지만, 일부는 교활하고 경쟁적이기도 하고, 일부는 윤리적으로 문제가 있을 수 있다. 분명히 회사는 공개적으로 수집 가능한 정보를 활용해야 하지만 자료를 훔치는 것은 중단해야만 한다. 기업은 합법적으로 확보 가능한 인텔리전스 정보원천이 있기 때문에, 좋은 인텔리전스를 확보하기 위해 법이나 행동강령을 위반할 필요가 없는 것이다.

2) 내부 시장조사

브랜드 관리자들은 주문, 판매, 가격, 비용, 재고 수준, 외상매출금, 미지급금 등에 관한 내부기록 데이터에 의존한다. 이러한 정보를 분석함으로써 중요한 기회와 문제를 탐지할 수 있다.

오늘날 많은 기업들이 고객 DB, 제품 DB, 판매원 DB 등의 데이터베이스의 정보를 조직화한다. 그리고 나서 다른 데이터베이스의 자료와 결합한다. 예를 들면 고객 데이터베이스는 모든 고객의 이름, 주소, 과거의 거래, 심지어 인구통계학적 정보는 물론 활동과 관심 그리고 의견에 관한 심리학적인 정보까지 포함한다. 기업은 이러한 데이터들을 모아서 의사결정자들이 마케팅 프로그램을 보다 잘 계획하고 표적화하고, 추적하기 쉽도록 한다. 이외에도 분석가는 통계학적 방법으로 데이터를 채굴하여 고객을 세분화하고 최근의 고객 트렌드를 파악하며 다른 유용한 정보를 얻을 수 있도록 새로운 통찰력을 제공한다.

3) 외부시장조사

내부 시장조사가 결과로서 나타난 데이터를 공급하는 반면, 외부 시장조사는 일어날 수 있는 데이터를 공급한다. 외부 시장조사는 마케팅 환경변수들에 대한 일상의 정보를 얻기 위해 경영자에 의해 사용되는 절차와 원천(sources)의 집합이다. 마케팅 관리자는 책과 신문, 그리고 출판물을 읽고 고객, 공급자, 유통업자와 이야기하며, 인터넷 소스를 체크하고 다른 기업 경영자들과 회의를 함으로써 마케팅 정보를 수집한다. 기업은 외부 시장조사의 품질을 개선하기 위해 다음과 같은 여섯 단계를 거친다.

표 4-1 **외부 시장조사의 품질을 개선하기 위한 여섯 단계**

활동	예
다른 수단으로는 놓칠 수도 있는 새로운 변수들을 탐지하고 보고함으로써 판매원을 교육하고 동기를 부여 한다.	영업사원이 고객이 회사제품을 어떻게 혁신적으로 사용하는지를 관찰하도록 한다. 이는 신제품 아이디어를 창출
회사는 중요한 정보를 얻기 위해 유통업자, 소매상, 다른 중간거래상을 동기 부여	프로세스를 개선하고 직원을 재교육할 수 있도록 해결할 수 있는 서비스 문제점을 규명하도록 암행 고객(mystery shoppers)을 사용

윤리적 혹은 합법적인 방법으로 자료를 수집하기 위해서 내부적으로 네트워크화	경쟁자가 무엇을 하고 있는지에 대한 신규 정보를 보고하는 직원에게 포상
고객 자문 패널을 조직	제품에 대한 피드백을 제공하기 위해서 가장 대표격인, 뛰어난 혹은 예민한 고객을 초대
정부 자료 자원을 이용	인구통계학적 그룹, 인구 변동, 지역적 이동 그리고 변화하는 가족 구조에 대하여 연구 하기 위해서 U.S 센서를 체크
자료를 직접 모으기보다는 더 낮은 비용으로 외부 공급자로부터 정보를 구입	Information Resources Inc. 로부터의 슈퍼마켓 스캐너자료를 획득한다. Nielsen으로부터 TV 시청자들에 대한 자료를 획득한다. MRCA Information Services로부터 소비자 패널 자료를 획득
온라인 고객 피드백 시스템으로부터 자료를 수집	경쟁자 상품의 장점과 단점을 비교하기 위해서 Epinions.com 같은 웹사이트에서 소비자 순위를 체크

이것으로 마케팅 관리자들은 최신 시장 동향과 접할 수 있고, 마케팅 의사결정과 프로그램들의 효과를 평가할 수 있다. 일반적으로 기업들은 매출액의 1~2% 가량의 시장조사 예산을 세 범주의 외부 조사회사에 지출한다.

(1) 대규모 기업

조사회사인 닐슨은 신디케이트 서비스 조사 회사(Syndicated-service research firms)로 고객정보와 거래정보를 모아서 요금을 받고 판매한다. 즉, 이러한 고객 마케팅 조사 회사는 특정 산업이나 고객 집단을 대상으로 연구를 계획하고 수행하며 그 결과물을 산출하여 미디어를 통해 보고한다. 닐슨은 유통산업에 특화된 기획 조사를 하고 이러한 유통 조사결과를 많은 기업들에게 판매한다. 이렇게 특화된 마케팅 조사 회사(Specialty-line Marketing Research firms)는 현장인터뷰와 같은 특화된 서비스를 제공한다. 최근 한국의 한 온라인 조사기업은 소비자의 구매 행태를 특정 소비자를 중심으로 조사하여 조사결과를 언론을 통해 발표하고 기업의 마케팅 부서에 유료로 제공하고 있다.

(2) 소규모 기업

중소기업과 같은 소규모 회사는 마케팅 조사회사의 서비스를 이용하거나 비용을 감당할 수 없으므로 창조적인 방법으로 자체적으로 조사를 할 수도 있다. 소규모 기업들은 시장조사 프로젝트를 설계하고 실행하기 위해 학교의 교수나 학생들을 참여시키거나 인터넷을 사용하며 경쟁사 홈페이지에서 정보를 수집하기도 한다. 이처럼 시장조사는 기업의 규모와 활용 가능한 예산 등을 고려하여 기업과 조사의 목적에 맞게 실행하여야 한다.

4. 시장조사를 통한 브랜드마케팅 전략계획과 의사결정

1) 시장조사의 역할

시장조사는 우리 조직의 목적과 자원할당에 대한 계획, 브랜드마케팅 전략 수립 및 실행과 통제 등 전략적인 마케팅 계획에 기초자료를 제공한다. 예컨대, 신제품 출시할 때 우리는 효과적인 마케팅 전략에 대해 많은 고민을 하게 되는데, 시장조사를 통해서 '이 제품의 예상수요량은 얼마인가?', '마케팅 전략에 얼마만큼의 예산을 할당해야 하는가?'에 대한 의사결정 활동에 기초자료를 제공한다.

시장조사는 마케팅 믹스(제품, 가격, 프로모션, 채널)전략에 영향을 미친다. 예컨대, '어떤 가격 정책 및 광고전략이 효과적인가?'과 같은 질의응답과 시장조사를 통하여 마케팅 믹스전략에 대한 의사결정에 중요한 역할을 한다. 시장조사로부터 검증된 가치는 마케팅 믹스전략을 통해 구체화되기 때문에 고객 또는 시장으로부터 시작한 시장조사는 결국 다시 순환적 고리로써 고객 및 사회에 영향을 미치게 된다.

2) 마케팅 의사결정에 대한 일반적인 이슈들

마케팅부서는 시장주소를 통해서 아래와 같은 이슈들에 대한 답을 찾아서 기업의 마케팅 의사결정에 반영하고자 한다.

(1) 거시환경 트렌드

먼저, 인구통계와 사회문화와 같은 거시환경에 대한 트렌드 분석이 이뤄져야 한다. 이는 주로 시장 감지 또는 전문가 인터뷰를 통해 이루어지며, 사업 기회를 포착하는 데 근본이 된다.

(2) 고객만족과 애호도

고객에 대한 시장조사를 위해서 소비자들의 인구통계, 라이프 스타일, 우리 기업 또는 제품 (서비스)에 대한 태도 및 행동를 조사해야 한다. 더불어 고객과 장기간의 관계형성을 위해서 무엇보다 고객생애가치(Customer Lifetime Value), 고객정보시스템, 데이터베이스 마케팅, 그리고 관계마케팅에 대해 주의를 기울임으로써 고객만족과 고객애호도를 향상시켜야 한다. 이러한 고객에 대한 시장조사는 고객 선호도 분석, 고객가치 산출, 그리고 고객의 구매과정 트래킹을 가능케 해주며 목표고객 선정을 위한 의사결정에 도움을 준다.

(3) 제품 유형과 컨셉

제품에 대한 조사는 신제품 소개, 제품 포지셔닝, 패키징, 그리고 브랜드 전략에 대한 의사결정을 목적으로 이루어진다. 이 조사는 일반적으로 어떤 제품 또는 서비스가 갖고 있는 속성 하나하나에 고객이 부여하는 가치(효용)를 추정함으로써, 그 고객이 어떤 제품을 선택할지를 예측하는 기법인 컨조인트 분석으로 이루어진다.

(4) 가격 레벨

가격에 대한 조사는 소비자가 지불의사가 있는 가격이 얼마 정도인지, 어떤 고객세분화 그룹이 더 많은 가격을 지불할 것인지, 그리고 가격 민감도 테스트를 통하여 경쟁사 가격 변화에 기업은 어떠한 반응을 보여야 하는지에 대한 조사를 함으로써 가격 레벨에 대한 의사결정을 하는 데 도움이 된다.

(5) 유통 유형과 범위

유통에 대한 시장조사는 고객들이 어떤 유형의 아울렛에서 기업의 제품을 구매할 것인지에 대한 유통 선호도와 유통 경로, 우리의 점포를 어디에 얼마나 많이 설립해야 하는가에 대한 유통범위, 그리고 기업의 유통 파트너들이 마케팅 4P믹스의 어떤 요소에 반응하는가에 대한 조사이다.

(6) 프로모션 방법과 결과

프로모션에 대한 시장조사는 현재 기업의 광고가 얼마나 인지도 있는가에 대한 광고 인지도 측정, 한 달에 몇번 광고를 해야 효과적인가에 대한 광고 빈도수, 어떤 미디어 매체가 효과적인가에 대한 미디어 노출 및 선호도 조사, 어떤 광고전략, 쿠폰전략, 디스플레이 전략이 효과적인가에 대한 판촉 구성전략에 관한 의사결정, 기업은 입소문 효과를 창출하는 고객에 대해 얼마나 아는가?, 비용 대비 효과 측정에 대한 조사이다.

(7) 영업 효율성

영업에 관한 시장조사는 기업 영업사원들에 의한 매출은 어느 정도인지, 고객들이 기업 영업사원들에 대해 어떻게 생각하는지, 어떤 특성이 기업 영업사원들의 성공과 연결되는지, 영업 내부 조사와 소비자 조사를 통한 결과가 일치하는지, 그리고 영업사원 선발 및 인센티브 제공을 통한 영업조직 관리에 대한 조사이다.

3C 분석(3C Analysis)

3C 분석은 사업 시작 전 시장에 대한 사전 분석으로써 고객(Customer), 경쟁자(Competitor), 그리고 자사(Company)에 대한 분석으로 구성된다. 고객분석은 고객을 이해하고 가치를 제안하는 것을 말한다. 자사 분석은 자사의 강점과 약점을 분석하고 자사의 경쟁우위 창출 가능성을 식별하는 것이다. 경쟁사 분석이란 경쟁사의 생산능력, 경쟁사의 시설투자 규모의 진척 정도, 경쟁사의 주요고객 및 판매전략 등에 대해서 분석하는 것이다. 시장을 세분화한 다음 기업은 세분된 시장 내에서 브랜드마케팅 전략을 펼칠 시장, 즉 표적 시장을 선정한다. 3C 분석을 통하여 사업의 범위와 내용을 정의한 후에야 세부적으로 다음 단계인 STP 전략을 실행할 수 있다.

1. 고객(Customer) 분석

고객은 자신의 물리적 문제 혹은 심리적 문제를 해결하고, 이에 따른 욕구를 충족시키기 위하여 제품을 구매한다. 고객들의 소득이 증가하여 의식주에 대한 기본적인 욕구충족이 가능해지면 고객은 자아실현 욕구를 해결하기 위해 구매 행동을 개성화하고 자신의 가치를 나타내주는 제품을 구매하는 성향을 보인다. 따라서 기업이 경쟁우위를 확보하기 위해서는 다양하고 개성적인 고객들의 욕구를 파악하여 이에 맞는 제품을 만들어 내는 것이 중요하다.

시장 형성의 초기에는 주로 경영자의 주관적인 판단이나 경험과 같은 비체계적인 방법으로 고객의 욕구를 파악하여 필요한 의사결정을 하였으나, 시장환경이 점점 복잡해지고 변화의 속도가 빨라짐에 따라 마케팅 관리자와 고객의 거리가 점점 멀어지면서 관리자의 주관적인 판단만으로는 고객의 욕구를 정확하게 파악하거나, 자사의 마케팅 활동에 대한 고객들의 반응을 파악하기 어려워졌다. 따라서 고객에 대한 체계적이고 정확한 분석을 통해 고객을 정확히 파악하지 못하면, 시장세분화, 표적 시장의 선정 등과 같은 브랜드마케팅 활동을 효과적으로 전개할 수 없다. 따라서 브랜드 관리자는 급변하는 시장환경 속에서 다양한 고객 욕구를 만족시킬 수 있는 브랜드마케팅 전략을 수립하기 위해 고객의 행동을 체계적으로 이해하고 있어야 한다. 브랜드 관리자는 고객이 시장에서 제시되는 마케팅 믹스에 대하여 어떻게 반응을 보이는가와 고객이 어떠한 과정을

소비자 행동분석 전문업체 민텔(Mintel)
민텔(Mintel)이 앞으로 5년 이상 글로벌 소비자 시장에 영향을 미칠 '2023년 5가지 트렌드'를 발표했다. 5가지 트렌드는 ▲스스로의 심리학 ▲피플 파워 ▲과도한 피로감 ▲세계적인 로컬리즘 ▲의도적인 소비이다.

거쳐서 제품을 구매하는가에 관한 부분으로 구분하여 고객 행동을 파악해야 한다.

이처럼 시장에서 얻어지는 고객에 관련된 정보와 이에 영향을 미치는 요인들을 파악함으로써 마케팅 관리자는 고객을 몇 개의 세분된 시장으로 분류하고, 이 중에서 표적시장을 선정하여 효율적인 브랜드마케팅 전략을 수립하고 마케팅믹스를 수행할 수 있다. 이를 통해 효과적인 고객가치를 제안하고 기업의 지속적인 성과를 달성할 수가 있다. 소비자 행동을 이해하기 위해 기본적으로 이해가 필요한 두 가지 이론이 있다. 소비자 구매 의사결정 과정과 소비자 정보처리 과정 이론이다.

BRAND HIGHLIGHT

조원태 한진그룹 회장, "고객 요구 파악, 항공 정상화 대비 수요 선점 나서야"

조원태 한진그룹 회장이 임직원에게 2023년을 코로나 위기를 극복하고 항공산업 정상화에 따른 수요 선점에 나서야 한다고 주문했다. 기업 경쟁력을 갖추는 동시에 아시아나항공 인수라는 과제를 성공적으로 마무리하기 위해 힘을 모아 줄 것도 당부했다.

2일 대한항공에 따르면 조 회장은 이날 오전 신년사를 통해 "한산했던 공항이 여행 수요가 늘며 다시 북적이는 모습, 드문드문 자리를 비웠던 우리 동료들이 다시 제 자리를 채우는 반가움, 그 속에서 우리는 희망을 발견할 수 있었다"며 "고객에게 안전한 항공사라는 신뢰를 얻기 위해서는 오랜 시간이 필요하지만, 신뢰가 무너지는 건 한 순간이며 회복하기도 정말 어렵다"며 말했다.

조 회장은 2023년 원가부담, 불안정한 글로벌 네트워크, 포스트 코로나 시대의 항공여행 방식 변화 등 어려운 문제들이 산적해 있다고 내다봤다. 다만 그는 "반세기 이상 차곡차곡 축적되어 온 경험은 우리만의 훌륭한 데이터베이스로, 많은 정보들 속에서 필요한 정보를 선별하고 체계화해야 한다"며 "데이터를 활용해 많은 변수들 속에서 효과적인 대응 방법을 찾을 수 있을 것"이라고 언급하며 난제들을 극복할 수 있는 해결책도 제시했다.

조 회장은 해외 여행 리오프닝과 동시에 벌어질 치열한 시장경쟁에 대비해 수요 선점을 위한 면밀한 검토도 주문했다. 고객의 니즈(Needs) 분석을 통해 원하는 목적지, 항공여행 재개 시점, 선호하는 서비스 등을 미리 파악하고, 언제 어떤 노선에 공급을 늘릴지, 어떠한 서비스를 개발해 적용할지를 결정해야 한다는 것이다. 조 회장은 "조금이라도 뒤처진다면 시장은 회복되는데 우리의 실적과 수익성은 오히려 저조해지는 이른바 '수요 회복의 역설'에 직면할 수 있다"고 전했다.

조 회장은 대한항공의 이름이 갖는 위상에 걸맞는 ESG 가치 실현도 강조했다. 조 회장은 "ESG 경영은 이제 선택이 아닌 함께 살아나가는 미래를 위한 필수"라며 "대한항공은 최근 연료 효율이 높은 신형 비행기 도입, 기내 용품 재활용, 지배구조 개선을 위한 ESG 위원회 운영 등 ESG 경영 관련 많은 성과를 거두었지만 여기에 안주하지 않고 사회적 가치를 실현할 다양한 방법들을 모색해 나갈 것"이라고 말했다.

특히 올해는 아시아나항공 인수라는 큰 과제를 완수하는 해가 될 것이라며, 모든 임직원들이 흔들림없이 소임을 다해줄 것을 당부했다. 특히 조 회장은 "아시아나항공의 상황이 어렵다고 해서 이를 외면한다면 대한민국 항공업계 전체가 위축되고 우리의 활동 입지 또한 타격을 받는다"며 "대한민국 경제가 인체라면 항공업은 온 몸에 산소를 실어 보내는 동맥 역할을 하는 기간산업"이라고 대한항공 일원으로서의 자부심과 역할을 강조했다.

〈자료원〉 스포츠조선, 2023.1.2.

2. 경쟁(Competitor) 분석

BRAND HIGHLIGHT

위성 만든 소니, 바다 온실 짓는 지멘스… 영역 파괴 경쟁

세계 최대 정보기술(IT) · 가전 전시회 'CES 2023' 개막일인 5일(현지 시간) 미국 라스베이거스 컨벤션센터(LVCC) 중앙 전시장. 관람객 수백 명은 전시장 입구에 모여 오전 10시 개막을 기다리며 새해맞이 행사처럼 단체로 카운트다운을 외쳤다.

마침내 전시장이 개방되자 관람객들은 입구로 빨려 들어가듯 이동했다. 일부는 환호성을 지르며 기쁨을 표현하기도 했다. CES에 전시관을 낸 한국 업체 관계자는 "팬데믹의 영향으로 축소 개최했던 지난해 행사 때와는 완전히 다른 분위기"라고 말했다.

CES 전시장 현장에선 글로벌 경기 침체의 분위기를 감지하기 어려웠다. CES를 주최하는 미국소비자기술협회(CTA)는 올해 관람객이 10만여 명으로 지난해(4만5000여 명)보다 2배 이상으로 늘어날 것으로 전망했다. 또 전 세계 3200여 개 기업 및 기관이 CES에 참여했다. 신종 코로나바이러스 감염증(코로나19)이 확산된 2020년 이후 최대 규모다.

개막 첫날부터 글로벌 유력 기업 전시관 앞에는 점심시간에도 줄을 서서 입장을 기다려야 할 만큼 대규모 관람객이 모였다. 시간을 아껴 전시장을 둘러보려는 관람객들은 로비나 전시장 바닥에 앉아 간단히 끼니를 해결한 뒤 이동하기도 했다.

3년 만에 정상적으로 열린 CES에 참여한 글로벌 기업들은 기존 주력 사업의 경계를 넘어선 기술과 서비스를 선보였다. 과거엔 기술 혁신의 주도권을 몇몇 혁신 기업이 가져가는 '혁신 전쟁'의 양상이었다면, 이젠 모든 기업이 혁신 기술을 확보한 가운데 새로운 사업 영역에 들어가는 '영역 전쟁' 국면이 펼쳐지고 있다.

〈자료원〉 동아일보, 2023.1.7.

브랜드마케팅은 고객의 가치를 이해하여 기회를 발견하고 경쟁자보다 더 차별화된 서비스를 제공하여 고객에게 만족을 주는 것이다. 고객이 가치 부여에 대한 체계를 이해, 기회를 발견하고 상품에 반영할 수 있어야 한다.

1) 경쟁자 분석 틀

경쟁자의 목표, 전략 및 역량, 성과 분석을 통하여 경쟁자의 강점 및 약점을 파악하고, 이를 자사 전략 개발의 기본자료로 활용한다. 경쟁자가 보유하고 있는 우월한 지식은 경쟁우위의 원천이다. 경쟁우위의 원천은 기업이 선택한 시장에서 우월한 고객가치를 제공하는 것이다.

2) 경쟁자 분석 목적

기업은 경쟁자 분석을 통해 경쟁자의 전략 및 역량, 강점 및 약점, 성과와 자사의 전략적 위치를 이해할 수 있다. 기업은 경쟁사의 현재 전략과 강점 및 약점을 이해하게 되면 향후 준비해야 할 기회/위협을 알 수 있다. 이를 통해 기업은 시장상황의 변화 또는 자사의 전략 변화에 대한 경쟁자의 반응을 예측하게 된다. 분석 자료는 경쟁자의 강점 및 약점에 대응하는 자사 전략 개발의 기본자료로 활용되기 때문에 경쟁사의 전략 대응 패턴을 알게되면 기업의 전략 대안의 결정이 쉬워진다.

3) 경쟁자 선정하기

시장을 어떻게 정의하느냐에 따라 경쟁이 달라진다. 경쟁의 범위를 잘못 너무 좁게 규정하는 경우 기업은 거시적인 경쟁 위협을 간과할 수 있고(marketing myopia), 경쟁에 대한 불확실한 정의로 인해 마케팅 전략의 불확실성을 가져올 수도 있다.

(1) 제품형태에 의한 경쟁

동일한 제품형태로 인해 발생하는 경쟁으로 가장 좁게 보는 관점의 경쟁이다. 이 경쟁을 흔히 브랜드에 의한 경쟁(brand competition)이라고 하며 동일한 세분시장 내에서 현재의 주요 경쟁자가 누구인가를 파악하는 것이다. 예를들어 펩시콜라가 자신의 경쟁사를 또 다른 콜라를 생산하는 코카콜라로만 한정 짓는 경우 이를 제품형태에 의한 경쟁이라 한다.

 VS

코카콜라와 펩시의 경쟁
코카콜라와 펩시의 경쟁은 제품형태의 경쟁의 대표 사례에 해당한다.

(2) 제품범주에 의한 경쟁

유사한 속성을 보유한 제품을 경쟁자로 파악 파악하는 방법이다. 브랜드 관리자들은 이 수준의 경쟁을 가장 일반적인 경쟁 집합이라고 생각한다. 예컨대, 콜라, 사이다, 환타, 게토레이, 포카리스웨트 등이 청량음료시장에서 경쟁을 하고 있는 것을 제품범주에서의 경쟁이라고 한다. 이 관점은 제품형태에 의한 경쟁보다는 포괄적이지만, 시장을 정의하는 데는 여전히 단기적인 관점이다.

(3) 본원적 효익에 의한 경쟁

고객의 동일한 욕구를 충족시키는 제품 모두를 경쟁 관계에 있다고 보는 관점이다. 이것을 본원적 효익에 의한 경쟁이라고 하며, 고객의 동일한 욕구를 충족시키는 제품 모두를 경쟁 관계에 있다고 보는 관점이다. 예컨대, 갈증해소라는 고객들의 욕구에 초점을 맞춘다면 청량음료의 경쟁자는 주스, 생수, 맥주 등이 될 수 있다. 또한 패스트푸드 점포들은 간편한 식사라는 측면에서 편의점의 삼각김밥 및 샌드위치와 경쟁관계에 있다고 볼 수 있다. 이러한 고객의 본원적 효익에 기초한 경쟁 관계의 파악은 장기적 관점에서 기업이 위협에 대처하고 기회를 발굴하는데 핵심적인 근거 자료가 될 수 있다.

기업이 제품형태나 제품범주에 의한 경쟁에만 초점을 맞출 경우 마케팅 근시(Marketing Myopia)에 빠질 가능성이 크다. 예컨대, 철도산업의 경우 철도청이 새마을호의 경쟁자를 KTX로만 본다면 좁은 시야로 경쟁을 파악한 것이라 할 수 있다. 철도산업은 철도산업만의 경쟁이 아니라 교통수단이라는 본원적 효익을 만족시켜 주는 대중교통을 비롯하여 자동차, 비행기 및 트럭등이 모두 경쟁자가 될 수 있다. 즉, 브랜드 관리자는 동일한 제품형태와 제품범주내의 경쟁자뿐만 아니라 동일한 효익을 제공할 수 있는 모든 제품에 대해 관심을 기울여야 한다.

(4) 예산에 따른 경쟁

가장 포괄적이고 넓은 의미의 경쟁 상황으로 고객이 어떤 제품에 예산을 사용할 것인가에 관한 경쟁을 말한다. 즉, 고객의 한정된 예산을 확보하기 위해 경쟁하는 모든 제품이 경쟁관계에 있다고 파악하는 것이다. 예컨대, 한 고객이 현재 사용 가능한 예산이 5만원이 있다고 가정하자. 고객은 이 돈을 영화관람, 저녁식사 또는 의류 쇼핑 등의 다양한 제품과 서비스를 위해 사용할 수 있다. 따라서 고객이 보유하고 있는 예산이라는 관점에서 본다면 위에 제시된 모든 소비의 예들은 경쟁 관계에 있다고 파악할 수 있다. 이 관점의 경쟁은 개념을 파악하기에 유용하기는 하지만 너무 많은 수의 경쟁 관계가 존재하기 때문에 브랜드마케팅 전략에 응용하기는 어렵다. 그러나 예산에 따른 경쟁은 거시환경분석에서 어느 정도 파악할 수 있으며 성공적인 예산 경쟁의 확인은 기업의 장기적인 방향 설정에 도움이 된다.

2. 자사(Company) 분석

올바른 브랜드마케팅 전략을 수립하기 위해 또 필요한 것은 가치제안(value proposition)을 기반으로 자사의 역량과 전략을 잘 고려하는 것이다. 자사의 강점과 약점을 분석하여 자사의 경쟁우위 창출 가능성을 식별하는 것이 자사 분석이다.

1) 강약점에 대한 원인분석을 철저히 함
2) 다각적인 측면에서 마케팅리더(market leader) 혹은 후발 추격 주자와의 비교를 함
3) 분석의 방법에는 시계열 분석, 비교 분석, 기능별 상대적 분석 등을 사용할 수 있음
4) 매트리스(matrix) 분석은 자사와 경쟁사 분석에 공히 유용한 툴(tool)이다.

(1) 자사분석의 틀

브랜드 담당자의 목표는 탁월한 고객가치를 창출, 전달, 의사소통 함으로써 목표시장을 찾아내고, 집중 및 유지하며 키워나가는 것이다. 성공적인 브랜드마케팅 전략을 설계하기 위해서 마케터는 세 가지 핵심질문을 답할 수 있어야 한다. 어떤 고객을 대상으로 할 것인가(가치고객)와 선정된 고객에게 무엇을 제안할 것인가(가치제안)와 어떻게 전달할 것인가(가치 네트워크)가 그 질문이다.

기업은 핵심역량(core competence), 핵심제품(core product) 사업단위(business unit)로 이루어지는 계층(tree) 구조로 파악할 수 있다. 핵심역량이란 기업경쟁의 주역인 제품의 배후에 존재하는 중추적 능력이다. 구체적으로 경쟁사에 비해 압도적으로 우월한 기업의 독자적 능력의 집합이 핵심역량이다. 여기서 기업은 큰 나무에 비유될 수 있다. 줄기와 큰 가지는 핵심이 되는 제품이고, 작은 가지는 산업 단위, 잎^꽃^열매는 최종제품(end products)이다. 성장이나 생명 유지에 필요한 양분을 공급하고 안정을 가져다 주는 뿌리 부분이 핵심역량이라 할 수 있다.

그리고 이러한 핵심역량은 타사가 모방^복제^대체하기 힘든 그 기업 특유의 자원이나 능력을 의미한다. 기업의 경쟁우위 변화는 핵심역량의 상실과 확립으로 설명된다. 경쟁의 기본이 되는 것은 나무의 과실에 해당하는 최종제품(end product)과 능력(competence)이며, 기업이 얼마나 확실한 능력이라는 뿌리를 가지고 있는가로 경쟁우위가 결정되는 것이다. 이상적인 기업은 경쟁자가 상대할 수 없는 기능을 가진 제품을 만들어 낼 수 있는 조직이거나, 나아가 고

객이 필요로 하면서도 상상하지 못했던 제품을 만들어내는 기업이다. 이러한 기업을 가능하게 하는 것이 바로 핵심역량이다.

핵심역량의 예로서는 삼성전자의 반도체기술, 소니의 소형화기술, 3M의 접착테입기술, 혼다(Honda)의 자동차엔진과 전동차 기술, 캐논(Canon)의 정밀 기계와 광학 및 극소전자(microelectronics) 등의 기술이 있다. 이러한 역량은 여러 사업의 밑바탕이 되며 보다 많은 것을 창조할 잠재력을 가지고 있다.

(2) 핵심역량의 관리

기업은 핵심역량을 제대로 발견하고, 지속성을 고려하여 개발해 나가야 한다. 이는 성공적인 제품과 시장의 개발로 구현되어야 하고, 선택과 집중의 노력으로 키워나가야 한다. 기업은 다양한 방식으로 핵심역량에 투자하는데, 핵심역량과 관련된 주요 작업의 외부조달은 이를 약화시킬 위험이 있기 때문에 내부에서 하고, 최고수준을 달성하려 노력한다.

핵심역량이 기업의 지속적 경쟁우위를 창출하는 데 있어 중요한 것은 개발에 실패했을 때 단순히 하나의 제품시장에서 제외되는 것이 아니라 그것이 적용되는 여러 제품영역으로의 진출을 불가능하게 만들기 때문이다. 기업이 갖고 있는 능력들이 핵심역량이 되기 위해선 다음과 같은 조건을 갖추어야 한다. 첫째, 기업이 갖고 있는 능력이 고객에게 중요한 혜택을 줄 수 있어야 한다. 예컨대, 혼다 자동차의 핵심역량은 우수한 엔진기술인데, 이는 탁월한 연료효율, 낮은 소음과 진동 등의 중요한 소비혜택을 충족시키는 데 기여한다. 둘째, 특정의 능력은 다른 회사들이 갖고 있지 않은 차별적인 것이어야 한다. 셋째, 하나의 능력이 여러 제품들에 적용될 수 있어야 한다. 웅진은 출판, 화장품, 코웨이 정수기 등의 여러 사업영역으로 다각화를 시도하여 성공을 거두었는데 이는 방문판매에서의 노하우가 핵심역량으로 작용했기 때문이다.

핵심 제품(Core product)은 핵심 역량을 바탕으로 만들어진 신제품이다. 이것은 기업에게 수익을 가져다 주는 결정체로서 시장에서 경쟁우위를 차지하게 만든다.

(3) SWOT분석

자사분석을 하는 도구로서 SWOT 분석이 일반적으로 사용된다. SWOT 분석은 강점(Strengths), 약점(Weaknesses), 기회(Opportunities) 및 위협(Threats)의 매트릭스 분석을 통해 바람직한 전략을 수립하는 과정이다. 기업의 강점과 약점이 기업내부의 환경요소라면 기회와 위협은 외부 환경요소라고 할 수 있다. 빠르게 변화하고 있는 시장경향과 발전과정을 파악하고 시장 내 경쟁우위를 획득하기 위해 브랜드관리자들은 외부 요인인 기회와 위협을 더욱 세심히 살펴보아야 한다. 기회와 위협, 조직의 강-약점을 평가하는 방법에는 여러 가지가 있지만 일반적으로 브랜드관리자의 주관적 판단에 크게 의존한다. 따라서 전략수립과 관련 있는 집단이나 관리자들도 평가작업에 참여하여야 주관적 판단에 따른 오류를 감소시킬 수 있다. 이는 주요 환경요인에 대해 공통된 인식을 보유하는 것이 전략도출 및 실행에 중요하기 때문이다.

자사분석의 핵심내용은 자사의 내부 강-약점에 대한 규명 및 평가, 자사가 직면한 외부시장기회와 전략적 기회에 대한 평가, 자사의 경쟁적 위치의 강·약점 분석, 자사의 핵심역량 구축을 위한 경영우위 및 경영자원의 분석을 포함한다. 이러한 내용들은 어떠한 사업전략이 자사의 전반적인 상황에 적합한가를 판단하는 데 핵심적 역할을 하게 된다. 기업은 특정 시장에서 경쟁기업보다 비교우위를 갖고 있을 때가 시장 자체의 매력도가 높은 시장에서 경쟁자보다 비교우위가 낮은 경우보다 이익을 남길 가능성이 크다. 기업은 경쟁에서 살아남기 위해서 차별화되고 지속 가능한 경쟁우위를 창출할 수 있는 전략을 만들어야 하며, 이러한 전략은 자사분석을 통해 구체화된다. 자사를 분석하는 방법에는 성과분석, 원가분석, 강^약점 분석, 기업 내부 능력 분석 및 과거-현재 전략 분석이 있다. 또한, 기업의 SWOT 분석을 통해 일정 시점에서 기업활동에 영향을 미치는 주요 환경요인을 기회와 위협으로 분류하고 이들을 전략적 관점에서 자사의 강-약점과 결합함으로써 효과적인 브랜드마케팅 전략을 수립할 수 있다.

Section 04 STP

시장은 급속한 환경변화에 따라 제품 및 서비스의 수명주기가 점점 짧아지고 있으며 이는 기업의 새로운 기회이자 위협요인으로 작용하고 있다. 더욱 거세진 경쟁 속에서 큰 비용을 들여 개발한 신제품 혹은 서비스가 시장에서 성공할 확률은 감소하고 있으며 성공을 하였다 하더라도, 이내 다른 경쟁제품 때문에 성공적인 출시전략을 그대로 시장점유율로 전환 시키는 것이 더욱 어려워졌다. 이런 까닭에 기업의 브랜드마케팅 전략 기본단계로서 시장을 분석하고 탐색하는 STP 전략이 더욱 중요해졌다.

시장진입 전략이 수립된 후에는 구체적인 마케팅 믹스 전략을 활용하게 된다. 기업이 표적시장에서 마케팅 목표를 달성하는 데 사용할 수 있는 마케팅 도구의 집합으로 제품, 가격, 유통, 촉진으로 구성된다. 효과적인 마케팅 믹스 통합을 위해서는 마케팅 믹스 사이에 일관성, 통합성, 시너지효과를 고려해야 하고, 개별 마케팅 믹스 전략은 하나의 통합된 마케팅 믹스 조합으로 나타내어진다. 마케팅 믹스 요소들은 시장상황, 제품특성, 기업의 특성에 따라 중요하고 효율적인 믹스 조합이 달라진다. 마케팅 믹스에서 경쟁력 우위의 원천은 높은 품질의 경우에는 제품경쟁력이, 대등 품질에서는 유통과 촉진경쟁력이, 낮은 품질의 경우에는 가격경쟁력이 수반 되어야 한다.

BRAND HIGHLIGHT

치열한 건기식 시장 생존 방법, '타게팅'으로 제품 성공률 높인다

건강기능식품 시장이 매년 성장세를 거듭하면서 식품업계를 넘어 전 산업군의 주목을 받고 있다. 생활용품 브랜드는 실제로 사업 진출을 공식화했고, 다른 사업군도 시장 진출 카드를 만지작 거리는 상황이다. 건기식이 고부가가치 사업 중 하나기 때문이다. 이에 식품업계는 구체적으로 타게팅 전략을 취하면서 제품 성공률을 높인다는 전략이다.

◇시장 커질수록 '타게팅' 중요성 커진다

24일 업계에 따르면 대상웰라이프(구 대상라이프사이언스)는 최근 한국당뇨협회와 업무협약(MOU)를 체결했다. 회사는 이번 협약을 통해 당뇨병 예방 및 관리 등 정보 전달과 전문 식품과 영양 간식 등을 선보인다는 계획이다. 협약은 법적 효력이 없으나, 기업의 행보를 가늠할 수 있는 수단 중 하나다. 대개 협약에 따라 공동으로 연구 개발(R&D)을 진행, 상품 출시까지 가는 경우가 많기 때문이다.

현재 대상웰라이프는 환자식 브랜드 '뉴케어', 단백질 전문 브랜드 '마이밀' 등을 갖추고 있다. 뉴케어의 경우 일반적인 식사가 어렵거나 영양 보충이 필요한 사람들을 위한 제품이다. 질병이나 수술 등으로 인해 음식을 씹거나 삼키는 것이 힘든 이들을 공략한다는 점에서 목표 층이 명확하다. 대상웰라이프의 매출은 뉴케어 성공해 힘입어 2020년 1273억원에서 2021년 2009억원으로 57.8% 뛰었다.

일동후디스는 한국임상영양학회와 특수의료용도식품 개발 강화 협약을 체결. 환자식에 뛰어든다. 하이뮨으로 단백질 시장을 개척하면서 쌓은 건강 관련 노하우를 발휘할 수 있다고 본 것이다.

2002년 건기식 시장에 진출한 CJ제일제당은 일찍이 브랜드를 타깃에 따라 세분화했다. △다이어트(팻다운) △눈건강(아이시안) △피부보습(이너비) △남성 시니어건강(전립소) 등이다. 이중 팻다운의 경우 '운동 전 팻다운'이라는 슬로건으로, 지난 9월 누적 매출 2300억원을 기록했다.

◇ **전 산업군 집중하는 '먹거리' 시장…건기식도?**

식품의약품안전처에 따르면 지난해 국내 건기식 시장규모는 전년도에 비해 21.1% 증가한 5조 583억원으로 집계된다. 이는 5년 전(2017년) 2조7041억원에 비해 2배 가까이 늘어난 수치다. 이 시장은 △2018년 3조689억원 △3조7257억원 △4조1753억원으로 꾸준히 성장해왔다.

건기식 시장이 성장세를 거듭할수록 경쟁은 치열해지고 있다. 제약이나 식품업계 일부 기업만 건기식을 내놨던 과거와는 상황이 다르다. 여기에는 코로나19 확산 이후 소비자들의 건강에 대한 관심이 높아진 영향이 크다는 분석이다. 실제로 최근 식품기업 대다수는 건기식 상품을 앞다퉈 선보였다.

나아가 다른 산업군에서도 이 시장을 주목하고 있다. 미국 아마존에서 유기농 생리대 판매 실적 1위로 꼽히는 라엘은 17일 '라엘 밸런스(Rael Balance)'를 론칭, 여성용 건기식을 출시한다고 밝혔다. 최근에는 건설, 엔터테인 업계도 식품 시장에 진출했다. 외식산업이 외부 영향을 많이 받는다는 점에 비춰볼 때 이들의 건기식 시장 진출 가능성도 점쳐지는 상황이다. 식음료 노하우를 활용할 수 있기 때문이다.

건기식은 고부가가치 사업 중 하나로 꼽힌다. 지난해 국내 기업들은 2조7120억원을 투입해 건기식 13만6915톤(t)을 생산한 것으로 나타났다. 2020년에는 2조2642억원을 투입, 7만6696톤을 생산했다. 생산비가 19% 늘어나는 동안 생산량은 78% 증가했다. 아울러 지난해 국내 기업들은 생산액 2조7170억원을 투입해, 4조321억원의 매출을 올린 것으로 나타났다.

〈자료원〉 아시아투데이, 2022.10.25.

고객 가치 창출 과정에서 STP는 기업에게 새롭고 독특한 기회를 제공해주고, 목표로 고객과 가치를 함께 만들어가고 공감하는 과정에서 매우 중요한 브랜드마케팅 활동이다. STP야말로 진정한 브랜드마케팅의 시작이고 브랜드마케팅 과정의 핵심이라고 할 수 있다. STP에서 결정한 목표 세분시장과 이미지는 STP 이후의 브랜드마케팅 과정과 활동에서 기본적인 지침이 되어야 하고 브랜드마케팅의 목표에 영향을 주며 성과달성과정에서도 매우 큰 역할을 담당한다. 즉, STP에서 결정한 세분시장의 고객 가치는 신제품 개발과 신제품의 출시에 관련된 모든 브랜드마케팅 활동의 목적이 되는 것이다.

라면 시장에서 항상 후발 주자였던 팔도는 라면 시장 전체에서 고객의 가치를 파악하던 중 빨강 국물의 라면에 대해 지루해 하는 고객 가치를 발견한다. 그러던 중 한 연예 프로그램을 통해 이경규의 꼬꼬면을 발견하고 이를 기반으로 라면 시장에서의 틈새인 하얀 국물 시장을 개척한다. 모든 마케팅 자원을 집중하여 하얀 국물이라는 개념을 고객의 마음속에 심어주는 것에 성공하였다. 마침 삼양라면의 나가사끼 짬뽕이라는 제품이 출시되고 이 두 하얀 국물은 라면시장의 트랜드로 자리를 잡는 데 성공한다. 하지만 그 이후 하얀 국물이라는 시장을 벗어나 지속적인 가치를 이루는 것에 실패하여 주춤하고 있는 상황이다.

이 사례에서 보듯이 팔도는 고객시장을 제품 특성과 고객 욕구에 초점을 맞추어서 하얀 국물시장에 선택과 집중을 하여 성공하였지만, 후속으로 지속적인 시장 유지에 실패하여 다시 라면 시장에서의 점유율이 내려가고 있다. 이에서 보듯이 STP는 일시적인 것이 아니고, 계속해서 시장에서의 고객 가치를 감지하고 확인하여 지속적인 변화를 추구해야 하는 데 한시적인 것으로 끝나버려 지속적인 시장가치 창출에 실패한 것이다.

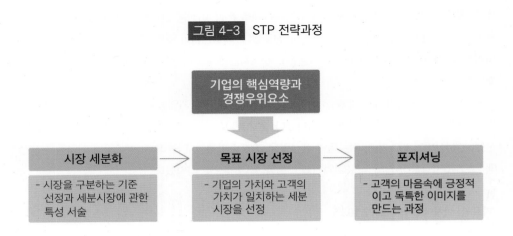

그림 4-3 STP 전략과정

1. STP의 필요성

기업이 왜 STP를 브랜드마케팅 전략의 꽃이라 하고 이를 해야 하는 가장 큰 이유는 공급자 중심으로 소비자가 수용하던 단순화된 수요 패턴이 점점 다양화되고 세분되었기 때문이다. 공급자 위주의 시장에서는 고객은 단지 구매자로서 기업이 만드는 제품에 모든 수요 패턴이 정형화되어 있었다. 기업, 즉 공급자는 수요를 단순화시키고 대량 생산체제를 갖추어서 비용을 낮추고 대량 판매를 통해서 이익을 만들어 갔다. 하지만 경쟁이 점점 더 치열해지고 경쟁사들은 타기업보다 독특한 차별적인 다양한 제품을 만들어가기 시작하였고, 고객들 또한 이들에 자극을 받아 다양한 수요를 표출하고 다양한 제품에 대한 요구가 늘어나기 시작한 것이다.

이처럼 다양한 시장에서의 수요를 기업은 왜 다 충족시켜주지 못하는 것일까? 그것은 기업의 자원과 능력이 제한적이기 때문이다. 코카콜라가 꿈꾸는 수요 현상 중 하나는 15억의 모든 중국인이 하루에 1병씩 콜라를 마시는 것이다. 이것이 가능할까? 하루에 15억병의 콜라를 어떻게 만들 수 있을까? 설사 그렇게 된다고 하더라도 코카콜라의 자원과 능력이 뒷받침 해주지 못할 것이다. 그렇다면 제한적인 자원과 능력을 보유한 기업은 이 자원을 효율적으로 사용하고 효과적으로 경쟁을 하여 가진 자원과 시장 범위 안에서 경쟁사보다 더 잘 혹은 차별적으로 경쟁을 해야 시장에서 생존하고 성장할 수 있는 것이다.

2. STP의 과정

STP 과정은 〈그림 4-4〉와 같은 과정으로 구성된다. 우선 첫 번째는 세분화를 통해 시장을 몇 개의 세분시장으로 구분(Segmentation)하는 과정이다. 이 과정을 거친 뒤 각 세분시장의 매력도 즉, 고객 가치의 중요성과 시장성 평가하고 이를 자사가 가진 기업 가치와 일치되는 시장을 찾아내는 과정이 목표시장선택(Targeting) 과정이다. 다음으로 세부적인 브랜드마케팅 활동을 통해 고객의 마음속에 이미지를 만들어서 인지(Positioning)시키는 과정이다. 마지막 과정은 이러한 STP 과정을 처음부터 끝까지 평가하여 목표 고객의 마음속에 이미지가 잘 형성되어서 기업의 마케팅 성과가 잘 나타나는지를 평가하여 이를 유지 및 재 구성화하는 과정이다. 이러한 과정이 반복적으로 정기적으로 수행되어서 변화하는 시장의 요구에 맞추어 나가는 과정으로 시스템화 되어야 할 것이다.

그림 4-4 STP 과정

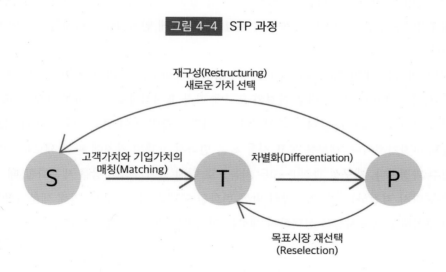

이 STP 과정을 다음과 같이 세가지 가치 구현에 관한 의사결정 과정으로 구분할 수 있다.
첫 번째 의사결정은 고객가치의 일치화(matching)이다. 일치화 과정(S→T)은 고객의 다양한

니즈와 자사의 자원, 능력 및 장기적 목표를 매칭시켜 기업이 고객 가치에 가까이 다가갈 수 있고, 기업 이윤을 최대화할 수 있는 가치를 전달할 시장 선택하는 것이다. 이 과정에서 중요한 것은 목표로 하는 시장 이외의 세분시장을 포기하는 것이다. 즉 선택도 중요하지만 포기는 더욱 중요하다. 목표시장 이외의 시장을 주변 시장이라 할 수 있다. 핵심 시장에 초점을 맞추고 주변 시장을 포기하면 역설적으로 주변 시장의 고객들을 끌어당길 수 있다. 하지만 핵심 시장을 선택하고도 주변 시장을 포기 하지 않고 이들에게도 자원을 배분하면 목표 시장도 와해되고 주변 시장의 고객도 끌어들일 수가 없다. 따라서 선택과 집중은 다른 말로 타 시장을 포기하는 과정이다.

두 번째 의사결정은 선택한 목표시장에서 차별적 이미지를 만드는 것(differentiation)이다. 이를 차별화 과정이라 한다. 차별화 과정(T→P)에서는 선택한 각 시장의 니즈에 따라 차별화 전략을 세우는 것이다. 즉 경쟁 기업과 비교하여 목표 고객의 자사에 관한 인식에 다르게 위치하고자 하는 것이다. 이 의사결정에서 중요한 것은 기업의 고유성(singularity)과 독창성(uniqueness)을 만들어내는 것이다. 고객의 마음속에 자사 제품 이미지를 어떻게 차별적으로 만들어서 인식시키고 기억하게 만드는가가 중요한 임무이다. 최근 기업들의 제품과 마케팅 활동을 보면 너무나도 유사하다. 유사한 것으로 고객의 마음을 혼란시킨다. 즉, 기업의 고유성도 없고, 차별적인 요소가 매우 약하기 때문에 고객들의 애호도(loyalty)도 약화되고 재구매율이 낮아지는 것이다. 차별화 전략은 단기적인 마케팅 활동으로는 달성할 수 없다. 장기적인 계획 하에 체계적이고 집중된 마케팅을 통해서 분명하고 다르게 인식되는 이미지를 만들어 내야 하는 것이다.

마지막 과정은 재선택(reselection)과 재구성(restructuring)에 관한 것이다. 재선택과정은 (P→T)은 시장의 변화나 외부, 내부 환경의 요구에 따라 표적시장을 변경하여 새로운 표적 시장에 다시 포지셔닝(positioning) 하는 과정이다. 즉 시장은 끊임 없이 변화한다. 우리가 목표로 하는 시장도 마찬가지이다. 새로운 목표 시장 혹은 변화된 고객의 가치에 관한 새로운 선택은 기업의 필수 과정이다. 재구성 과정(P→S)은 처음으로 다시 돌아가서 시장을 세분화할 때 그 정도와 기준을 다시 결정하는 것이다. 앞서 말한 변화된 고객의 가치기준에 의해 세분시장을 완전히 다시 구성하고 목표시장을 선택하여 새로운 이미지를 만들어 내는 것이다.

3. 시장세분화(Segmentation)

시장세분화는 현 구매과정, 구매자 행동, 구매자의 미 충족 욕구 등과 관련돼야 한다. 구매자의 욕구파악이 부족하다면 구매 전환이 어려울 수 있다. 즉 구매자의 미충족 욕구가 분명하게 표현되어 전체 시장 내에서 반영되어야만 새로운 세분화 도구가 될 수 있는 것이다. 선택은 두 가지이다. 구매자의 구매방식에 대한 지식에 의존하거나, 새로운 시장을 타깃으로 삼기 위해서 존재하지 않는 구매 행동에 근간을 두고 미충족 욕구에 대한 자료를 획득하는 것이다. 미충족 욕구 파악은 어려울 수 있으나, 개인용 휴대폰을 통한 모바일 뱅킹 서비스의 사례처럼 성공할 경우 시장의 지배력을 높일 수 있는 성공적인 기회가 될 것이다.

블록체인 기반의 메타버스 게임은 디자인의 중심에서 몰입형 기반의 가상현실 플랫폼으로 디지털 자산의 생태계의 핵심이다. 샌드박스는 가상의 토지를 사고팔고 거래할 수 있는 블록체인 기반의 게임이자 메타버스로서의 독특한 서비스는 미 충족 욕구에 대응한 세분시장에 진입한 서비스라 할 수 있다. 이는 전체 시장의 요구라기보다는 독특한 경쟁 지위를 제공하는 기업의 서비스라고 할 수 있다. 서비스 제공물이나 일부 시장의 요구에 독특한 면이 있는지 살펴보는 것도 중요한 일이다.

1) 시장세분화의 정의

시장세분화를 하기 위해서 브랜드 담당자가 해야 할 질문은 다음과 같다. 첫째는 시장을 구분할 필요가 있는가? 이고 두 번째는 시장 내 고객들이 얼마나 이질적인가?이다. 여기에 '아니오' 라는 대답이 나오면 시장을 세분화할 필요가 없고, STP의 의미도 없어진다. 하지만 대부분의 시장을 보면 많은 시장에서 이 두 질문에 '그렇다' 라는 대답을 할 것이다.

시장세분화는 전체 시장 내에 존재하는 잠재적인 구매자들을 (1) 공통된 혹은 유사한 니즈를 가진 그리고 (2) 기업의 마케팅 활동(marketing action)에 유사하게 반응하는 몇 개의 세분시장으로 구분하는 것을 의미한다. 즉, 시장 세분화는 비슷한 성향을 가진 잠재고객들을 다른 성향을 가진 사람들과 분리하여 하나의 집단으로 묶는 과정이다. 시장세분화의 결과 세분시장 간의 차이점이 극명하게 드러나야 하고 세분시장 내에서는 동질성이 극대화되어야 한다. 시장세분화가 필요한 이유는 기업의 자원이 유한하기 때문이다. 시장을 세분화시켜서 브랜드마케팅을 진행하여 최소의 마케팅 비용으로 최대의 효과를 달성하는 것이 목적이다. 시장세분화를 통해서 마케팅 비용을 줄일 뿐만 아니라 타사에 비해서 경쟁우위를 확보할 수 있고 차별화를 통해 가격 경쟁을 완화시킬 수도 있다. 또한, 시장을 세분화하는 과정에서 브랜드마케팅의 기회를 새롭게 발견할 수도 있다. 주의해야 할 점은 잘못된 시장세분화나 단순히 임의적 기준에 의해 시장을 나누는 것은 기업의 자원과 노력을 헛되이 소진시키고 심한 경우 우량기업을 회생불능의 상태로 만들 수도 있다는 것이다.

2) 세분시장의 조건

시장세분화를 하기에 앞서서 우리가 확인해보아야 하는 조건은 네 가지가 있다. 첫 번째 측정가능성(measurability)은 마케팅을 담당하는 관리자가 각 세분시장에 있는 고객들의 규모와 구매력을 측정할 수 있는지 확인하라는 의미이다. 만약 장식용 책을 구매하는 사람들의 경우에는 이러한 시장을 측정하기는 매우 어려울 것이다. 두 번째 규모(substantiality)는 세분시장의 수요가 기업이 소요하는 비용 이상의 이익을 제공해줄 수 있는지에 대한 문제이다. 허리둘레 40mm 이상의 사람들을 위한 옷가게를 개설하는 것은 이익을 제공하기가 매우 힘들 것이다. 세 번째 접근가능성(accessibility)은 마케팅 노력을 통해 세분시장에 접근할 수 있는 적절한 수단의 존재 유무에 대한 확인이 필요하다는 의미다. 고객들이 어떠한 매체를 주로 활용하는지 혹은 지역별로 어디에 거주하는지 등의 정보가 없거나 세분시장이 너무 작은 경우에는 온라인 커뮤니티를 찾아보는 등 시장에 접근 가능해야 할 것이다. 네 번째는 차별적 반응(differentiability)이다. 각각의 세분시장은 마케팅 믹스에 대해서 서로 다른 반응을 보여줘야 한다는 것이다. 같은 반응을 보이는 경우에는 시장을 세분화하는 의미가 없어지기 때문이다. 즉, 세분시장 내에는 동일한(homogeneous) 유사성을 갖고 있어야 하는 반면, 세분시장간에는 상이한(heterogeneous) 유사성을 갖고 있어야 한다.

시장을 세분화할 때는 위의 네 가치처럼 세분시장이 정량적인 조건을 만족시키는지 확인할 필요가 있다. 우리 기업의 그 시장을 공략했을 때 재무적인 요건에 부합하는지 검토해야 한다.

그림 4-5 세분시장의 요건

측정가능성 (measurability)	마케팅관리자가 각 세분시장의 규모와 구매력의 측정이 가능해야 한다.
규모 (substantiality)	세분시장은 소요된 비용회수와 이익을 제공해 줄 수 있을 정도의 규모를 가져야 한다.
접근가능성 (accessibility)	마케팅노력을 통해 세분시장에 접근할 수 있는 적절한 수단이 존재해야 한다.
차별적 반응 (differentiability)	각각의 세분시장은 마케팅믹스에 대하여 서로 다른 반응을 나타내야 한다.

3) 시장세분화 절차에 대한 이해

시장세분화는 앞서 언급하였듯이 큰 시장 내에서 유사한 요구를 가진 고객들을 묶어서 상호 이질적인 세분 시장으로 구분하는 과정이다. 이 시장세분화의 절차 중 가장 먼저 해야 하고 가장 중요한 일은 시장을 세분화하는 기준 변수의 선정이다. 소비자 니즈의 유사성(similarity)을 중심으로 시장을 세분화할 수 있는데 어떠한 세분 시장 기준 변수를 사용하는가에 따라 시장을 다양하게 세분화할 수 있다. 가장 효율적인 시장세분화는 2~3개의 기준 변수를 활용하여 시장을 구분하는 것이다. 기준 변수를 선정하고 나서 기준 변수를 사용하여 전체 시장을 나누게 되는 과정이 세분화 시행과정이다. 세분화 시행은 여러 가지 기준 변수를 사용하여 여러 번의 시행 착오 과정을 겪어야 한다. 각 변수별로 시장을 세분화 한뒤 위에서 언급한 시장세분화의 네 가지(측정가능성, 규모, 접근가능성, 차별적 반응) 조건을 이용하여 각 세분시장을 평가한 뒤 최적의 세분시장요건을 충족시키는 결과를 가지고 시행 세분화를 결정한다. 마지막 과정은 세분화 시행을 통해 구분된 세분시장들을 마케터가 마케팅 활동을 가능하게끔 세분시장의 특성에 따라 세분시장의 프로파일을 작성하고 세분시장의 명칭을 만드는 작업이다.

이때 프로파일은 비교적 세부적으로 작성하여 마케터가 쉽게 세분시장의 특성을 파악할 수 있어야 하고, 세분 시장의 명칭은 각 세분시장의 특성을 대표하는 명칭을 작명해야 한다.

그림 4-6 시장세분화 과정

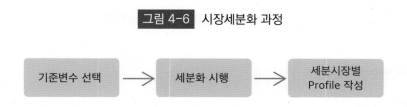

4) 시장 세분화 기준 변수에 대한 이해

시장을 나눌 때 기준이 될 수 있는 변수는 고정적인 것이 아니라 기업의 상황과 필요에 따라 다양하게 적용될 수 있다. 하지만 B2C와 B2B시장 모두에서 통용될 수 있는 세분 시장 기준 변수는 크게 기본 변수(bases)와 서술 변수(descriptors)로 구분된다. 세분시장의 이질성과 마케팅에 대한 차별적 반응을 고려해 볼 때 이 기본 변수로는 먼 고객의 욕구(needs)와 요구(wants) 변수가 반드시 포함되어야 한다. 또 다른 기본 변수로는 시장의 수요(demands)와 고객이 추구하고자 하는 효용(benefits) 변수가 포함되어야 한다.

표 4-2　세분 시장 기준 변수

정의	예
욕구 (Needs) 소비와 구매를 촉진시키는 기본적인 동기와 이유. 고객이 되고자 하는 상태 (Desired) 와 현재 (Perceived Current)상태의 차이. 요구에는 사회적, 물리적, 안전추구적, 자아실현에 관한 욕구 등이 포함된다.	갈증
요구 (Wants) 고객이 욕구를 충족시키기 위해 표현하는 구체적인 형태 (Specific Form). 이러한 욕구는 문화, 경험, 상황 그리고 기업의 마케팅 활동에 영향을 받는다.	물, 사이다, 콜라, 샴페인
효용 (Benefits) 구매와 소비를 유발한 제품을 소비하고 난 뒤 의 결과물. 효용은 제품과 제품 속성을 사용한 뒤에 느끼는 산출물이다.	– 갈증해소 – 편안함 – 맛
시장 수요 (Demands) 구매자의 구매 능력과 연계된 기본적인 욕구. 즉, 제품을 살 수 있는 시간과 돈을 포함하는 고객의 자원을 바탕으로 하는 구매에 대한 요구를 나타냄.	비싼 샴페인과 고급 음료를 구매할 돈이 있고 갈증이 나는 고객

　　세분시장을 구분하는 것도 중요하지만 앞서 말한 세분시장을 묘사하고 서술하는 것도 매우 중요한 일이다. 이러한 세분시장의 서술과 관련된 변수들이 세분시장 서술 변수이다. 이 세분시장 서술 변수로는 지리적 변수, 인구통계학적인 변수 등과 같은 고객특성변수, 그리고 고객의 구매행동 특성을 나타내는 고객 애호도, 고객 수익성 등의 변수들이 있다.

(1) 지리적 변수

　　지리적 변수(geographic variable)는 나라, 지역, 도시 등의 서로 다른 지리적 단위를 의미한다. 기업은 하나 또는 여러 개의 지리적 구역에서 사업을 할 것인지, 또는 모든 지역에서 사업을 할 것인지에 대한 의사결정을 해야 한다. 또한, 지리적 특성을 고려해서 고객들의 니즈와 욕구가 달라진다는 것을 염두에 두어야 할 것이다. 우리나라의 경우 굳이 구분하자면, 도시와 농촌 지역 또는 서울의 강남, 강북, 신도시, 호남과 영남, 내륙과 해안지방 등에 따라서 문화의 차이와 이에 따른 고객 행동 및 특성에 차이가 있음을 인지하여야 한다.

(2) 인구통계학적 변수

　　인구통계학적 변수(demographic variable)는 연령, 성별, 가족크기, 가족생애주기, 소득, 직업, 교육수준, 종교, 인종, 세대, 국적 등과 같은 변수들이다. 가장 보편적이면서 가장 구분하기 쉬운 세분화 변수들이다. 인구통계적 변수의 장점은 동일한 변수를 이용하여 각 세분시장의 특성을 묘사할 수 있기 때문에 세분시장의 규명과 이들에 대한 묘사가 동시에 이루어진다는 것이다. 따라서 제반 마케팅전략 수립에 매우 유용하게 활용될 수 있다.

(3) 구매관련 고객특성 변수

구매관련 고객특성 변수(customer characteristic variables)는 구매자의 사회계층, 개성 그리고 제품에 대한 태도 및 소비 패턴 등과 관련된 특징을 근거로 하는 변수들이다. 같은 인구통계적 집단에 속하는 사람이라고 해도 생활 양식이 다르고 다른 생활 양식에 따라 구매 행동 또한 달라질 수밖에 없다. 따라서 구매관련 고객 특성 변수는 시간과 환경의 변화에 의해 이루어지므로, 기업의 입장에서는 재빨리 감지를 해야 성공할 수 있다. 즉, 주, 월, 분기, 년 등의 시간 단위로 고객의 구매 특성을 분석하고, 시장을 세분화 해보는 전략이 필요한 것이다. 구매 관련 특성 변수로는 라이프 스타일, 제품사용, 고객 애호도, 고객 수익성과 관련된 평생가치 등의 변수가 있다.

요약하면 일반적으로 이러한 시장세분화를 할 하나의 변수만 세분화하는 경우는 없다. 그러므로 기본변수와 서술변수를 중심으로 시장을 정밀하게 세분해야 하며 서술변수역시 1차적으로 고객행동변수를 이용해 시장을 세분화하고 이후 각 세분시장에 대해서 고객특성변수들을 이용하여 세분시장 각각의 전반적인 특성을 파악해야 할 것이다.

한편 시장세분화가 바람직 하지 않은 경우도 있다. 에컨대 혁신적인 신제품일 경우는 시장의 규모가 적을 뿐만 아니라 고객의 욕구가 충분히 형성되기 이전이기 때문에 적절치 않기도 한다. 또한 지나친 시장세분화는 기업의 수익성이 악화되기도 하지만 전체 매출은 높아지더라도 비용 역시 상승하므로 수익성이 반드시 개선된다고 보기는 어렵다. 경우에 따라 후발기업들은 세분화된 시장을 통합하여 여러 세분시장에 동시에 소구하는 제품을 출시하기도 하는데 이러한 것을 역세분화(counter-segmentation)라고 한다.

5) 세분시장의 확인

(1) 불연속적 변수를 활용한 세분시장

소주의 경우, "한 주에 몇 병을 마십니까?" 라는 질문은 연속적인 데이터나 한 병 이상 한 병 이하로 나눌 경우는 불연속적 변수가 된다. 이러한 경우와 높은 애호도와 낮은 애호도라는 변수를 활용하여 시장세분화를 할 수 있다. 만일 소주 음용량과 애호도 사이에 관계가 있다면 세분화가 가능하다. 관계가 없다면 세분시장으로 나눌 수 없다. 이러한 방법은 카이스퀘어(x^2)방법을 통해 살펴보고 유의성이 있다면 교차테이블분석을 통하여 시장을 세분화해야 할 것이다.

(2) 연속적 변수를 활용한 세분시장

위의 소주의 경우에 연속적인 데이터와 함께 숙취 정도, 지각된 부드러움 정도 등의 연속적 데이터를 사용할 경우에는 컴퓨터를 이용하여 소비자들간의 거리를 계산하여 가까이 위치한 소비자들을 하나의 집단으로 묶어 나가는 군집분석이라는 방법을 통하여 시장 세분화를 할 수 있다.

4. 목표시장선정(Targeting)

세분시장의 규모와 성장률, 경쟁우위, 자사와의 적합성을 고려하는 목표시장 선택은 세 가지 전략 추진이 가능하다. 즉, 단일 세분시장을 선택하는 집중화 전략, 복수 세분시장을 선택해 각 세분시장 별로 마케팅 전략을 수행하는 차별화 전략, 세분 시장별 차이를 무시하고 전체 시장을 하나로 보는 비차별화 전략이다. 목표시장의 규모를 측정하는 것은 세분시장 내의 매출 규모와 동일한 세분시장 내에서 서비스를 제공하고 있는 경쟁자들과 비교하였을 때의 경쟁적 지위, 세분시장에 도달하는데 드는 비용, 그리고 세분시장의 요구와 마케터의 목표의 일치 정도에 바탕을 둔다. 이러한 의사결정 요인은 목표시장으로 선택 하는데 중요한 역할을 한다.

1) 목표시장에 대한 이해

목표시장은 세분시장 중에서 자사의 경쟁우위요소와 기업환경을 고려했을 때 자사에 가장 유리한 시장기회를 제공할 수 있는 특화된 시장을 말한다. 목표시장이 결정되면 기업은 해당 시장에 가장 적합한 마케팅믹스를 개발하여 실행한다. 즉, 기업이 가진 모든 브랜드마케팅 자원을 목표 시장에 집중시키고 목표시장 내 고객을 만족시키기 위해 최선을 다해야 한다. 목표시장의 결정을 위해 브랜드관리자들은 주로 시장세분화 매트릭스를 이용한다. 기본변수와 서술변수로 구성된 시장세분화 매트릭스를 통해 브랜드관리자들은 시장을 잠재적 목표시장과 비 잠재목표시장으로 쉽게 구분할 수 있다. 여러 격자 중에서 비잠재고객을 제거한 다음 가장 좋은 시장기회를 잠재고객 격자를 찾는 과정으로 이루어진다. 즉 목표시장선정은 앞서도 언급하였듯이 자사에 가장 적합한 시장을 선택하고 나머지 시장을 포기하는 과정이다. 즉 선택과 집중의 과정이 목표시장 선정의 핵심이라고 할 수 있다.

고객은 독특한 니즈와 요구를 가지고 있다. 각 구매자를 서로 다른 목표시장으로 볼 수 있으나 결국에는 너무 많은 수의 작은 규모의 고객 집단에 직면하게 된다. 이렇게 되면 그 집단을 통해 이익을 창출하기가 쉽지 않다. 그래서 기업은 더 큰 규모의 세분시장을 탐색하도록 해야 한다. 따라서 기업은 기업 내-외부의 여러 요소를 총체적으로 고려하여 목표시장 선정에 매우 신중히 처리해야 한다.

2) 목표시장에서의 전략적 선택

기업은 세분시장들에 대한 평가가 수행된 후 어떤 시장을 공략을 하는가와 몇 개의 세분시장을 공략할 것인가의 문제를 해결해야 한다. 이러한 문제의 해답으로서는 Poter는 본원적 전략의 형태로 기업이 선택할 수 있는 무차별마케팅, 차별적 마케팅 그리고 집중 마케팅의 세 가지가 전략을 제시하였다.

(1) 비차별 마케팅

비용우위 비차별 마케팅(undifferentiated marketing) 혹은 대량 마케팅(mass marketing) 전략을 사용함으로써 기업은 세분시장의 차이를 무시하고 하나의 제공물로 전체시장을 겨냥할 수 있다. 대량 마케팅 전략은 고객욕구의 차이보다는 공통부분에 초점을 맞춘다. 이때 기업은 대다수 소비자에게 소구할 수 있는 제품과 브랜드마케팅 프로그램을 시행한다. 비차별 전략이 일견 성공하기도 하지만 대부분의 마케팅 관리자들은 비차별 전략이 효과적인 경우는 매우 제한적이라고 생각할 수 있다. 즉, 모든 소비자를 만족시킬 수 있는 하나의 제품이나 브랜드의 개발에 따르는 어려움이 문제가 되는 것이다. 비차별적 마케팅 전략을 구사하는 기업들은 일반적으로 시장에서 가장 큰 세분시장을 공략한다. 그러나 여러 기업이 같은 시장에서 같은 전략을 구사한다면 격심한 경쟁이 일어나게 되며 그 결과 큰 세분시장은 심한 경쟁의 양상을 나타내기 때문에 오히려 수익을 창출하기가 더 어려울 수도 있다. 이러한 문제에 대한 인식은 기업들로부터 더 작은 세분시장에 대해 관심을 끌게 한다.

(2) 차별적 마케팅

차별적 마케팅(differentiated marketing) 혹은 세분화 마케팅(segmented marketing)전략을 사용하는 기업은 여러 세분시장을 공략하기로 결정하고, 각 세그먼트별로 서로 다른 제공물을 설계한다. 농심의 경우 라면만 하더라도 신라면, 신라면 골드, 짜왕, 짜파게티, 사리곰탕, 둥지냉면, 해피라면, 무파마 등등 많은 제품을 생산하고 있다.

이렇게 함으로써 기업들은 제공하는 제품과 여타 마케팅 믹스의 다양성을 통해서 각 세분시장 내에서 높은 판매량과 강력한 포지션을 차지할 수 있다. 또한 기업들이 각 세분시장에서 강력하게 위치를 차지하는 것은 소비자들에게 기업의 전반적인 인식을 제고시킬 수 있으며 기업들이 소비자들의 욕구에 매우 부합된 제품과 서비스를 제공하기 때문에 높은 재구매 효과 역시 기대할 수 있다.

현재 많은 기업이 차별적 마케팅 전략을 시행하고 있다. 이러한 이유는 차별적 마케팅은 일반적으로 비차별화 마케팅보다 높은 매출과 이익을 가져다 주기 때문이다. 그러나 차별화 마케팅은 각각의 세분시장에 적합한 차별적 마케팅을 구사하기 위해서는 마케팅조사와 기술개발이 요구되기 때문에 일반적으로 비용의 증가가 요구된다. 각 세분시장별로 적합한 브랜드마케팅 계획을 수립하기 위해서는 각 세분시장별로 조사, 예측, 차별적 광고를 포함한 판매촉진 계획 그리고 유통 등이 이루어지기 때문에 당연히 고비용이 발생한다. 그러므로 기업은 차별적 브랜드마케팅 전략을 구사하기 위해서는 비용을 고려하여 예상수익 등을 같이 평가해야 할 것이다.

(3) 집중 마케팅

집중 마케팅(concentrated marketing)은 기업의 자원이 제한되어 있을 경우 주로 사용되는 방법으로 큰 시장에서의 작은 시장점유율을 선택하기보다는 하나 혹은 소수의 적은 시장에서 높은 시장점유율을 노리는 전략이다.

집중 마케팅 전략을 사용하면 기업은 자사가 공략하고 있는 소비자들을 매우 잘 알기 때문에 그 시장에서 강력한 위치를 얻을 수 있다. 그런데 이러한 집중 마케팅을 사용하는 경우 기업은 높은 위험이 도사리고 있다. 일반적으로 기업이 집중마케팅전략을 구사하는 기업들은 매우 작은 규모의 시장을 공략하기 때문에 그 시장에 속한 소비자들의 구매행동이 변화하게 되면 더 이상 그 시장은 시장성을 갖지 못하게 된다. 또한, 경우에 따라 보다 강력한 경쟁자가 동일한 시장에 진입할 수 있다. 이러한 이유로 다수의 기업은 하나의 시장을 선택하여 집중 마케팅전략을 구사하기보다는 복수의 세분시장에 접근하는 것을 보다 선호하게 된다.

3) 목표시장의 선정 절차

서로 다른 세분시장을 평가한 후, 기업은 어떤, 그리고 얼마나 많은 세분시장을 공략해야 할지 결정해야 한다. 목표시장은 기업이 만족시키고자 하는 공통된 욕구와 특징을 공유하는 고객 집합으로 구성된다. 따라서 브랜드 담당자는 목표시장을 선택하면서 많은 요인을 고려할 필요가 있다. 어떤 시장이 가장 좋은가는 회사의 자원에 달려 있다. 그리고 가장 좋은 전략은 제품의 가변성에 달려있다. 또 다른 요인은 시장의 가변성이다. 마지막으로 경쟁사의 전략도 중요하다. 이처럼 목표시장 선정은 우선 시장변수, 경쟁변수, 그리고 자사와의 적합성을 고려하여 평가를 하여야 하고 목표시장 선정 후에는 어떻게 목표시장에 도달 할 것인가에 관한 전략을 선정하여야 한다.

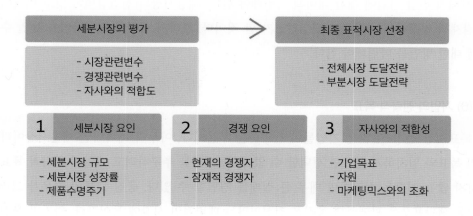

그림 4-7 표적시장 선정과정

세분시장의 평가	최종 표적시장 선정
- 시장관련변수 - 경쟁관련변수 - 자사와의 적합도	- 전체시장 도달전략 - 부분시장 도달전략

1 세분시장 요인	2 경쟁 요인	3 자사와의 적합성
- 세분시장 규모 - 세분시장 성장률 - 제품수명주기	- 현재의 경쟁자 - 잠재적 경쟁자	- 기업목표 - 자원 - 마케팅믹스와의 조화

(1) 세분시장 규모

시장의 상대적/절대적 크기를 말한다. 즉 얼마나 많은 고객이 세분시장 내에 존재하는가에 관한 것이다. 따라서 기업의 규모를 고려하여 적합하다고 판단되는 시장에 진출해야 한다.

(2) 세분시장 성장률

세분시장의 성장률과 미래의 잠재력에 관한 평가를 하는 것이다. 또한 미래의 경쟁상황 가능성을 동시에 고려하여 자사의 능력에 적합한 시장성장률을 가진 세분시장을 선정해야 한다.

(3) 제품수명주기

제품수명주기 분석을 통한 시장규모 및 경쟁강도를 파악한다. 일반적으로 수명주기는 성장기와 성숙기에 경쟁이 매우 치열하며 도입기와 쇠퇴기가 되면 경쟁이 약화된다. 또한 고객의 욕구도 도입기와 쇠퇴기에는 기본적인 제품에 대한 욕구가 있고, 성장기와 성숙기에는 고객의 매우 다양한 욕구가 시장 내에 존재한다.

(4) 현재의 경쟁자

현재의 경쟁강도 및 자사의 경쟁우위를 파악한다. 세분시장 내의 경쟁강도가 클수록 이 세분시장에 참여하고 있는 기업들은 경쟁에서 이기기 위해 보다 많은 마케팅비용을 지불해야 하고, 가격 경쟁이 벌어질 경우 손실을 감수할 수 있어야 한다.

(5) 잠재적 경쟁자

잠재적 진입 기업에 대한 대비책 마련해야 한다. 해당시장의 진입장벽이 낮고 이익이 클수록 잠재적 경쟁자는 시장으로 진입하고자 할 것이다. 따라서 어떻게 진입장벽을 높일 수 있는 지에 대한 방안을 마련해야 한다.

(6) 기업의 전략적 목표

목표시장 선정 시 많은 기업들이 간과하는 부분이다. 아무리 매력적인 세분시장이라도 기업의 목표와 일치하지 않으면 선택할 수 없다. 즉 이익을 추구하려고 기업의 전략적 목표와 부합하지 않는 시장을 선정하면 매우 큰 실패를 경험할 수 있다. 웅진 그룹의 경우가 그러하다. 가정용 생활용품을 판매하던 웅진은 건설이라는 매력적인 시장에 들어간다. 하지만 웅진의 전략적 목표와 건설 시장은 맞지 않았다. 결국 웅진은 구조조정을 신청하게 되었다.

(7) 기업의 자원

목표시장 선정 시 기업이 고려하지 않는 또 다른 중요한 요소이다. 기업은 자사의 자원상황을 정확하게 파악하고 이를 효율적으로 사용할 수 있는 시장에 진입하여야 한다. 능력과 자원을 보유하고 있더라도 경쟁사에 비해 경쟁적 우위를 확보하고 있어야 효과적인 세분시장 공략을 할 수 있다.

(8) 마케팅믹스

기업이 보유하고 있는 기존 제품의 마케팅믹스와 시너지 효과 및 부작용 파악해야 한다. 특정 세분시장이 매력적이라 하더라도 기업이 목표로 하고 있는 다른 세분시장의 수익을 감소시킨다면 목표세분시장으로서의 가치가 없을 것이다.

4) 목표시장 도달 전략

목표시장 도달 전략은 앞서 언급한 기업의 자원과 능력 그리고 마케팅 자원 등을 고려하여 결정하여야 한다. 기본적인 목표시장 도달 전략은 다음 네 가지 전략으로 구분할 수 있다.

(1) 선택적 전문화(selected specialization): 기업이 하나 혹은 소수의 세분시장만 선택적으로 도달하는 전략으로 자원이 많지 않은 중소규모의 기업이 취할 수 있는 전략이다.

(2) 세분시장 전문화(segment specialization): 기업은 우선 적으로 하나의 큰 세분시장을 선

정하고 세분시장 내의 다양한 욕구를 충족시키기 위해 여러 가지 제품과 마케팅 프로그램으로 하나의 특화된 시장만을 공략하는 전략이다. 의류 시장 내에서 여성복 시장이나, 어린이 시장만을 특화하여 진입하는 의류 전문 기업들이 좋은 예이다.

(3) 제품 전문화(product specialization): 하나의 제품에 초점을 맞추고 이 제품으로 여러 세분시장을 공략하는 전략이다. 식품 기업들이 하나의 건강 식품으로 모든 연령대의 고객에게 도달하려는 것과 같은 전략이다.

(4) 전체시장 도달(full market coverage): 한 기업이 모든 시장에 진입하는 전략으로 기업은 모든 세분시장이 원하는 다양한 제품들을 개발할 수 있는 자원과 능력을 보유해야 한다. 주로 대기업들이 취하는 전략으로 삼성전자는 모든 세대가 사용할 수 있는 휴대폰을 개발하고 판매하고 있다.

시장은 고객으로 구성되고 고객은 여러 가지 가치 측면에서 다른 욕구를 가지고 있다. 시장세분화를 통하여 기업은 전체 시장을 적정한 규모를 가진 여러 세분시장으로 나눔으로써, 각 세분시장의 독특한 욕구에 맞는 제품과 서비스로 더 효율적이고 효과적으로 세분시장에 도달할 수 있다. 시장세분화는 시장을 서로 다른 제품과 마케팅 믹스를 요구하는 독특한 욕구, 특징과 행동을 갖는 더 작은 고객 집단으로 나누고 이 세분시장에 효과적으로 공략하기 위한 전략을 수립하고 실행하는 것이다.

5. 포지셔닝(Positioning)

마지막으로 포지셔닝 전략을 수립하는 경우, 문제로 지적되는 것이 바로 제품이 갖는 여러 특징으로 실체적인 단서들을 명시적으로 제시하는 명시적 포지셔닝이 요구된다. 예컨대, 은행이나 호텔의 서비스 조직은 그들의 서비스 콘셉트를 아무리 명쾌하게 잡았더라도 여러 과정에서 많은 어려움을 겪게 된다. 실체적인 상징을 부여해 자신들의 포지션을 고객들에게 확신시켜 주는 것이 중요하다. 또한, 기업의 포지셔닝 전략은 기업이 속한 외부환경의 변화에 민감해야 한다. 기업이 직면하는 외부환경은 거시적인 환경으로 정치·경제·사회·문화적 측면들을 포괄할 뿐 아니라 기술의 변화도 포함하고 있다. 기업이 특정 세분시장 선택하여 진입하기로 결정하고나면 기업은 자사의 제품을 소비자에게 어떠한 위치로 자리시킬 것인가의 문제를 해결해야 한다. 이러한 측면이 고객에게 가치와 만족을 제공하는 것이고 그렇게 함으로써 수익을 실현할 수 있다.

포지셔닝이란 목표시장 고객의 마음속에 경쟁기업들과 효과적으로 경쟁하고, 차별적인

"위치"를 차지하도록 기업과 제품의 이미지를 만드는 활동이다. 즉 포지셔닝은 고객의 마음속에 존재하는 제품 시장에서 자사의 독특하고, 가치 있고, 방어할 수 있는 위치(이미지)를 만들어 내기 위해 자사가 가진 전 마케팅 믹스 자원(제품, 가격, 판목, 유통)을 실행하는 작업이라고 할 수 있다. 고객의 마음 속에 이미지를 만드는 활동은 매우 어렵고 정교한 작업이다. 한번 만들어진 이미지는 바꾸기가 매우 어렵기 때문에 매우 신중한 작업이어야 한다. 좋은 포지셔닝은 제품과 브랜드의 본질을 고객에게 잘 전달하여야 하고, 고객이 추구하는 가치를 정확하게 파악하여 이와 부합하는 명확한 이미지를 만들어 주는 것이다. 또한 포지셔닝은 이후에 진행되는 모든 마케팅 활동의 가이드 라인을 제시하여 효과적으로 마케팅 믹스를 활용할 수 있도록 한다.

1) 포지셔닝 전략의 수립과정

기업이 표적소비자들에게 적절한 포지셔닝을 적용하기 위해서는 자료의 확보, 경쟁제품 및 자사의 위치 확인 그리고, 이상적 포지션의 결정 이후 적절하게 전달하는 과정을 거쳐야 할 것이다. 마케팅 조사를 통해 경쟁제품 및 자사제품 위치를 확인하게 된다. 이러한 경쟁 제품 및 자사제품 위치를 확인하는 과정에서는 경쟁사 대비 경쟁적 강점을 파악하게 되는 데 이때 일반적으로 차별화를 파악하게 된다. 차별화에는 제품차별화(product differentiation), 서비스차별화(services differentiatin), 인적차별화(personnel differentiation), 이미지 차별화(image differentiation) 등이 있다. 제품차별화는 소비자에게 제공하는 제품의 성능, 디자인 등과 같이 제품의 물리적 특성으로 차별화할 수 있다. 예컨대 갤럭시 폴드는 접었다 펼쳤다 하는 기능을 통해 다른 스마트과 차별화를 하고 있다. 서비스 차별화는 제품의 물리적 이외의 것인데 이러한 서비스를 통해서도 차별화 할 수 있다. 예컨대 마켓 컬리는 새벽배송으로 차별화로 경쟁적 우위를 누리고 있다.

그림 4-8 포지셔닝 전략수립 절차와 실행과정

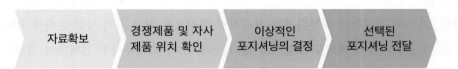

인적 차별화에서 기업은 경쟁사보다 직원의 선발, 훈련 그리고 보상등에 있어서 많은 노력을 기울여 강한 경쟁력우위를 누리기 위해 많은 노력을 한다. 예컨대 하나투어는 자체 평가 지표인 HCEI(Hanatour Customer Experience Index)의 결과로 하나투어를 통해 중국으로 떠난 고

객들 중 불만을 나타낸 고객들이 '가이드'에 대한 불만 비중이 가장 높은 것으로 드러났다.

인적 차별화에 대한 필요성을 인식하고 중국지역본부는 지속적으로 진행하고 있는 가이드 교육 외에 동기부여가 될 수 있는 '스타가이드' 제도를 마련해 고객만족도를 위해 인적 차별화를 시행하고 있다. 마지막으로 이미지 차별화의 예로 Air France는 기내의 안전방송(safety video) 제작에도 예술적인 감각을 적용하여 세련된 이미지로 경쟁사에 대해 차별화 전략을 실시하고 있다

2) 이상적 포지션의 결정을 위한 포지셔닝맵의 작성과 전략적 활용

포지셔닝 맵(Positioning Map)은 포지셔닝 전략을 수립하기 위해서 매우 유용하게 활용할 수 있는 도구이다. 포지셔닝 맵은 포지션 구축의 기반이 될 경쟁우위를 제공하는 차별적 고객가치의 조합을 제공해 준다. 우선적으로 포지셔닝 맵은 고객 가치에 대한 자료를 확보하고, 자사와 경쟁제품의 시장 위치를 정확히 파악하여야 하며, 이를 위해 정확한 기준이 무엇인지를 결정하여야 하고, 마지막으로 이상적인 자사 제품의 위치를 결정하는 단계로 진행된다. 전반적인 포지셔닝 전략을 선정하는 단계에 따라서 기업은 선정된 포지셔닝을 고객에게 효과적으로 의사소통하고 실제로 이를 전달해야 한다.

〈그림 4-8〉은 90년대 미국 여성복 시장의 포지셔닝맵의 예이다. 고객의 마음속에 자리잡은 여성복 시장을 복고풍과 현대적 이미지 축과 가격대비 가치를 기준으로 고객이 인지하고 있는 마음속의 지도를 형상화한 것이다. 이러한 포지셔닝을 하기 위해서 고객이 인지하고 있는 기준들에 대한 평가를 하고 이를 척도화 하여 인지적 거리를 계산하여 각 브랜드별 위치를 표시하는 것이다. 가격대비 가치가 높고, 현대적 이미지를 가진 노드스트롬의 입장에서 가장 직접적인 경쟁자는 리미티드(Limited)와 메이시스(Macys) 이다. 고객의 이상점이 조금 더 우측의 상향이라고 한다면 노드스트롬은 자사의 마케팅 믹스를 활용하여 보다 현대적인 이미지를 강조해야 할 것이다. 또한 경쟁자 분석시에도 삭스(Saks)나 블루밍데일(Bloomingdale's)이 아니라 리미티드와 메이시의 브랜드마케팅 전략과 활동에 주시해야 할 것이다. 이처럼 포지셔닝 맵은 현재 고객이 인지하고 있는 시장에서의 자사의 위치를 확인하고 경쟁자가 누구인지를 명확하게 알 수 있다. 포지셔닝은 목표시장에 있는 고객의 마음속에 경쟁제품과 비교하여 상대적으로 분명하고, 독특하며, 바람직한 위치를 차지하는 이미지를 계획하는 것이다. 기업 고유의 이미지를 통해서 기업의 자원과 마케팅 믹스를 활용하는 목표시장도달 전략을 통해 브랜드마케팅을 하게 된다. 즉 포지셔닝을 통해 기업은 목표시장 고객이 원하는 제품을 만들고 그들이 기꺼이 지불할 수 있는 가격을 제시하고, 목표시장 고객이 쉽게 접근할 수 있는 유통망을 계획하고, 목표고객들과 효과적으로 소통할 수 있는 판촉프로그램을 구성하여야 한다.

그림 4-9　90년대 미국 여성복시장의 포지셔닝 맵

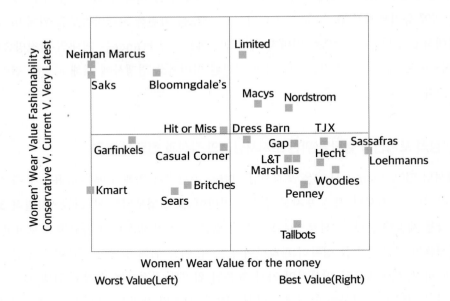

3) 포지셔닝의 유형의 선택

포지셔닝의 유형은 어떤 기준을 사용하여 고객의 마음속에 이미지를 만들어 내는가에 관한 것이다. 많이 사용되는 포지셔닝의 기준으로는 속성/효익, 사용상황, 제품사용자, 경쟁, 제품군 임시범주 등의 다양한 방법이 있다. 이러한 기준으로 고객의 마음속에 존재하는 제품에 대한 인지상태를 구분하고, 자사의 제품 위치를 확인하여 가장 이상적인 자사의 위치를 정하는 것이 포지셔닝이다.

(1) 속성/효익에 의한 포지셔닝

제품에는 저마다 속성과 고객이 추구하는 효용이 있다. 승용차의 경우는 튼튼하거나 소음이 적은 것이 제품의 특징이 된다. 독일의 유명 브랜드인 볼보 자동차는 안정성이라는 특징을 강조하여 포지셔닝한 대표적인 사례이다. 자동차 산업 외에도 우리에게 친숙한 에너자이저는 오래가는 건전지라는 속성, 상쾌환은 배부르지 않고 특유의 냄새 없는 간편한 숙취제의 효익, 자일리톨은 충치예방이 좋다는 것으로 소비자들에게 그들의 위치를 어필하고 있다.

(2) 사용상황에 의한 포지셔닝

어떤 상황이나 어떤 용도로 사용하는가에 따라 포지셔닝 전략을 수립하는 것도 가능하다. 단순히 목이 마를 때 마시는 것이 아니라 '운동 후엔' 게토레이라는 것을 고객들에게 인지시킨다. 음주 전과 후에 회식 자리에서 상사 몰래 먹기 편한 숙취해소제로 성공한 상쾌한이 좋은 예이다. 앞서 예를 들었던 자동차 시장에서 SUV도 도로가 험하거나 겨울철 도로사정이 좋지 못한 곳에서도 안전하게 운행할 수 있다는 것을 강조하고 있다. 소비자는 동일한 상황에 놓였을 때 그 상황에 포지셔닝된 제품을 선택할 가능성이 높아진다.

(3) 제품 사용자에 의한 포지셔닝

제품 사용자에 따른 포지셔닝을 통해서 좀 더 효과적이고 효율적으로 마케팅할 수 있다. 제품 말보로(Marlboro)의 경우에 카우보이를 통해 강한 남성의 이미지를 만들어 제품 구매를 증대시켰다. 또한, 버지니아 슬림(Virginia slims)이라는 제품은 작고 화장품과 같은 여성스러운 이미지를 만들어 제품 구매로 연결하고자 했고 뿐만 아니라 이러한 포지셔닝에 놓인 소비자들이 제품을 선택하게 될 가능성이 커진다. 제품사용자에 의한 포지셔닝은 특정한 제품의 사용자들이 가지는 가치관, 라이프스타일 등을 고려하여 그들에게 가장 어필할 수 있는 제품속성이나 광고메시지 등을 통해 이루어진다. 제품사용자에 의한 포지셔닝은 실제 사용자가 아닌 이상적인 고객 유형을 새로 만들어 고객들이 그 제품을 사용함으로써, 그러한 고객 유형에 속한다고 느끼게 하는 방법이 사용되기도 한다.

(4) 경쟁에 의한 포지셔닝

경쟁에 의한 포지셔닝 방법은 고객의 지각 속에 자리 잡고 있는 경쟁제품과 명시적 혹은 묵시적으로 비교함으로써 자사 제품의 혜택을 강조하려는 방법이다. 즉, 이 방법은 경쟁브랜드로부터 고객을 끌어오기 위해 경쟁브랜드를 준거점(reference point)으로 사용하는 것이다. 이 방법은 비교광고(comparative advertising)가 허용되는 외국에서 자주 사용되는 방법이며 국내에서도 최근에 조금씩 보이기 시작하는 광고기법이다.

동종 업계의 1위 기업을 인정하고 이를 목표로 최선을 다하고 노력한다는 이미지를 통해서 고객들이 제품을 선택할 수 있게 유도하였다. 렌터카 서비스 업체인 AVIS는 1위 기업과 포지셔닝을 하여 자사의 서비스가 1위 기업과 다름없다는 것을 포지셔닝하였다. 과거 우리나라에서도 데이콤이라는 통신 기업은 자사가 있으므로 한국통신이 1위를 할 수 있다는 식의 이인자로서의 경쟁적 지위를 활용한 포지셔닝 전략을 실행하였다.

(5) 제품군에 의한 포지셔닝

고객들이 특정 제품군에 대해서 좋게 평가하고 있는 경우에 자사의 제품을 그 제품군과 동일한 것으로 포지셔닝하고, 반대로 고객들이 특정 제품군에 대해서 나쁜 평가를 할 경우에는 자사의 제품을 그 제품군과 다른 것으로 포지셔닝하는 방법이다. 7up은 동일한 제품군에 의한 포지셔닝을 통해서 콜라가 아닌 non cola라는 형태의 제품군으로 소비자들에게 제품을 인식시키는 효과를 높이고자 했다.

(6) 임시범주에 의한 포지셔닝

평소에 고양이와 앨범은 전혀 유사한 관계가 아니다. 그러나 집에 불이 났을 때 가지고 나가야 할 것들이라고 할 경우에는, 혼자 사는 집에 항상 날 반기는 고양이와 과거의 소중한 추억이 담긴 앨범은 불이 날 때 급히 가져나가야 할 것이라는 공통점으로 유사하게 분류된다. 브랜드마케팅의 상황에서 어떤 소비자가 혼수용 가전제품들을 장만한다고 가정해 보자. 아마 그 소비자는 TV에어컨 냉장고 등을 머리에 떠올리게 될 것이고 서로 다른 제품 카테고리에 속한 제품들이 같은 예산을 놓고 경쟁하는 관계가 될 것이다. 평소에는 TV는 TV끼리 냉장고는 냉장고끼리 경쟁하는 것이 특정한 상황에서는 유사하게 지각된다. 이렇게 특정한 목적에 유도된 범주(goal-derived category)를 임시 범주(ad hoc category)라고 하며 이는 브랜드 담당자가 브랜드를 포지셔닝을 할 때 매우 중요하다(Ratneshwar, Pechmann and Shocker, 1996) 이러한 임시범주를 이용한 포지셔닝을 할 때에는 그 임시범주가 소비자들에게 자연스럽게 받아 들일 수 있는 있는 범주인가, 어떤 브랜드가 임시범주의 전형으로 받아들여질 수 있는가 그리고 이러한 임시범주를 이용해서 포지셔닝을 할 경우 충분히 소비자들의 수요를 갖고 있는 범주인가 등의 기준을 고려해야 한다. 이러한 임시범주의를 활용한 포지셔닝은 전문가들은 제품 범주가 잘 형성되어 있는 반면 초심자들은 그렇지 않은 경우가 많으므로 초심가들에게 임시범주를 활용한 포지셔닝은 매우 유용할 수 있다.

4) 포지셔닝의 전달

차별점과 포지셔닝의 유형이 결정되면 기업은 표적 소비자들에게 전달과정을 거쳐야 한다. 이때 모든 기업의 마케팅 믹스 노력은 포지셔닝 전략을 뒷받침 해야하며 실질적인 노력이 수반된다. 예컨대, 기업이 자사의 브랜드를 좋은 제품과 서비스로 포지셔닝을 시도한다면 기업은 자사의 제품과 서비스의 개선이 이루어져서 좋은 제품과 서비스로 제작되어야 하며 가격, 판매촉진 그리고 유통의 모든 마케팅 믹스를 이러한 관점에서 기획 및 관리되어야 한다.

또한, 적절한 포니셔닝이 이루어지고 난 후 기업은 이를 지속적으로 유지할 수 있도록 주기적인 감독과 관리가 필요할 것이며 경쟁사의 변화과정 그리고 소비자 니즈의 변화과정 또한 지속적으로 추적하여 계속해서 포지셔닝의 유효성을 점검해야 할 것이다.

즉, 자사 브랜드의 포지셔닝을 수립 및 실행 후 브랜드관리자는 자사제품이 목표한 위치에 포지셔닝이 되었는지를 확인하여야 한다. 고객의 욕구충족과 경쟁사와의 경쟁을 포함한 여러 가지 환경은 시간의 흐름에 따라 지속적으로 변화되므로, 브랜드관리자는 계속적인 조사를 통하여 자사의 브랜드가 적절하게 포지셔닝되고 있는지를 확인하여야 한다. 또한 초기에는 적절한 포지셔닝이었다고 하더라도 환경변화 때문에 자사 브랜드의 포지셔닝이 고객의 욕구충족과 경쟁사의 브랜드에 비해 적절하지 않은 포지션으로 변화될 수도 있다. 이와 같은 현상이 발생하게 되면 브랜드관리자는 포지셔닝의 절차를 반복 시행하여 자사 브랜드의 목표 포지션을 다시 설정하고, 적절한 포지션으로 이동시키는 재포지셔닝(repositioning)을 해야 한다. 효과적인 포지셔닝의 확인과 재포지셔닝을 위해서 브랜드관리자는 정기적으로 포지셔닝맵을 작성하여 자사 브랜드와 경쟁 브랜드들의 변화추이를 분석하는 동태적인 포지셔닝 분석(dynamic positioning analysis)을 해야 한다.

FURTHER DISCUSSIONS

💬 **FD1** 시장감지와 시장조사의 차이점에 대해서 토론해보고 각각의 실제 사례에 대해서도 이야기해보자.

💬 **FD2** 최근 급변하고 있는 정보기술로 인해 빅데이터의 활용이 매우 활발히 진행되고 있다. 이러한 빅데이터를 고객분석과 경쟁자 분석에 어떻게 적용시킬 수 있는지 논의해보자.

💬 **FD3** STP가 꼭 필요한 것인가? 필요하지 않은 시장은 어떠한 시장이 있으며 그 이유는 무엇인가에 대해서 토론해보자.

💬 **FD4** 시장세분화의 기준 변수를 사용하여 실제 제품 시장을 세분화해보고 시사점에 대해서 논의해보자.

💬 **FD5** 목표시장 평가시 어떤 기준을 사용할 것인가를 실제 사례를 들어 설명해보자.

💬 **FD6** 포니셔닝은 여러 환경적인 상황과 전략적 필요에 의해 가변적이게 된다. 어떤 때 이러한 포지셔닝 전략을 변경해야 할 것인가를 생각해보자.

PART 02

브랜드 개발
및 커뮤니케이션 전략

Brand development and communication strategy

5

브랜드
요소와 개발

LEARNING OBJECTIVES

☐ **LO1** 브랜드 아이덴티티의 개념을 이해하고 브랜드 아이덴티티 개발과 구축 그리고 이들의 관리의 중요성에 대해 설명할 수 있다.

☐ **LO2** 브랜드 구성 요소를 설명하고 브랜드 구성요소들의 개발절차를 말할 수 있다.

☐ **LO3** 브랜드 개성을 이해하고 현재 시장에 있는 브랜드에 적용을 할 수 있다.

☐ **LO4** 브랜드의 법적절차에 대해 구조화하여 이해할 수 있다.

맞춤형 커머스 브랜드 '띵'으로 MZ세대의 취향저격!

WHAT A WONDERFUL THING!   롯데카드

'띵'은 요즘 MZ세대가 자주 쓰는 말이다. 띵작(명작. 뛰어난 작품을 의미), 띵템(훌륭한 상품을 의미) 등 MZ세대는 특별하고 좋은 상품이나 작품 등을 만났을 때 '엄청나다'란 말 대신 '띵'이라고 말한다.

롯데카드가 디지로카 앱에서 새롭게 선보이는 '띵'은 이런 MZ세대의 취향을 저격하는 커머스 브랜드다. MZ세대가 말하는 띵의 의미와 물건·상품을 의미하는 영어단어인 'thing(띵)'을 조합해 브랜드 이름을 지었다.

가볍고 톡톡 튀는 이름처럼, 지금까지 단순했던 상품 구매 과정을 새롭고 즐거운 여정으로 바꾸겠다는 것이 띵의 브랜드 미션이다. 띵의 서비스들은 소비자 한 사람 한 사람의 취향과 생각에 초점을 맞춘 상품 추천으로 고객의 취향에 더욱 깊게 관여한다. 카드 결제 데이터 분석으로 고객에게 최적화된 콘텐트를 추천하는 콘텐트 큐레이션 서비스가 띵의 대표 서비스다.

콘텐트도 특별하다. 술술 읽히는 감성적인 스토리와 함께 감각적인 상품들을 제안한다. 롯데카드

가 직접 발굴한 크리에이터의 이야기와 상품도 소개해 가치소비를 지향하는 MZ세대를 겨냥했다. 여기에 롯데카드만이 가능한 혜택과 할인을 담은 재미있는 이벤트로 즐거움까지 준다.

이를 잘 보여주는 서비스가 지난 6월 디지로카 앱에 오픈한 '띵'탭이다. '당신을 위한 취향저격 콘텐츠'라는 콘셉트로, 띵의 다양한 브랜드 콘텐트를 맞춤형으로 추천해준다. 띵탭에서는 ^띵샵 ^소개띵 ^띵크어스 ^결제금액 반띵 등 다양한 띵의 브랜드 콘텐트를 만나볼 수 있다.

우선, '띵샵'과 '소개띵'은 재미있는 스토리와 디지로카 앱에서만 만날 수 있는 혜택 가득한 쇼핑 콘텐트다. '띵샵'은 '여름 다이어트 아이템', '밀키트로 완성하는 우리 집 레스토랑' 등 최신 트렌드를 주제로 롯데카드의 회원 전용 쇼핑몰 띵샵의 인기 상품을 모아 할인된 가격으로 소개한다.

롯데카드 띵 의 브랜드 서비스와 콘텐츠

서비스 / 콘텐츠명	설명
띵Shop	놀라운 혜택과 재미가 있는 띵 브랜드 쇼핑몰
소개띵	최신 트렌드의 아이템과 브랜드를 소개하는 아티클 콘텐츠
반띵	지난 달 카드이용대금 50%를 돌려받는 캐시백 이벤트
띵크어스	Think US & EARTH! 가치소비를 제안하는 ESG 캠페인

〈자료원〉 이코노믹리뷰, 2023.1.4.

'소개띵'은 시즌과 트렌드를 반영해 요즘 가장 인기 있는 상품부터 잘 몰랐던 브랜드의 숨은 이야기, 제품을 더 기분 좋게 쓸 수 있는 팁까지 소개하는 쇼핑 콘텐트 매거진이다.

이와 함께 '띵크어스'는 롯데카드가 발굴한 숨은 크리에이터의 상품들을 소개하는 콘텐트다. 띵크어스(THINK US &EARTH)는 롯데카드의 ESG(환경·사회·지배구조) 캠페인의 이름이기도 하다. 롯데카드는 이 캠페인을 통해 지역 경제와 문화 발전을 위해 활동하는 '로컬 크리에이터'와 '히든 크리에이터'를 발굴·지원하고 있다.

띵크어스 콘텐트에서는 제주 '파란공장', 경북 김천 '투마루', 경기 포천 '호우디자인' 등 독창적이고 참신한 아이디어와 상품으로 침체한 지역 경제를 살리는 로컬 크리에이터의 이야기를 소개하며, 이들이 판매 중인 상품을 구입할 수 있는 링크도 제공한다.

대중적으로 알려지지 않았지만 우수한 작품과 콘텐트를 만들고 있는 '히든 크리에이터'의 이야기와 작품도 만나볼 수 있다. 첫 번째 히든 크리에이터인 아르브뤼코리아 소속 금채민 작가의 작품 '홍학(2021)'은 현재 디지로카 앱 시작 화면의 대표 이미지로도 사용하고 있다.

이와 함께 '결제금액 반띵'은 매월 1~7일 실시간 추첨을 통해 카드 이용대금의 절반을 최대 100만 원까지 캐시백 해주는 이벤트다. 디지로카 앱에서는 이처럼 띵 브랜드만의 색다르고 풍성한 혜택의 이벤트도 만나볼 수 있다. 앞으로도 롯데카드는 띵탭·띵샵 등 띵 브랜드 서비스를 통해 더 정교한 콘텐트 큐레이션을 제공하고, 더 많은 상품을 저렴하게 살 수 있는 이벤트를 다양하게 진행할 계획이다.

롯데카드 관계자는 "고객에 대한 정교한 분석과 감각적인 아이템 추천으로 고객의 취향을 더욱 깊이 있게 만들어가는 것이 롯데카드가 띵 브랜드를 통해 이루려는 미션"이라며 "'엄청난' '놀라운'이란 띵의 뜻처럼, 놀랍고 파격적인 혜택과 콘텐트가 가득한 세상에 없던 새로운 커머스 서비스를 선보일 것"이라고 밝혔다.

한편 돋보기를 모티프로 한 띵의 브랜드 아이덴티티 디자인(Brand Identity Design)에도 고객의 취향에 집중하고 아이템을 찾겠다는 브랜드 미션을 반영했다. 강렬하고 톡톡 튀는 컬러는 MZ세대를 위한 브랜드임을 말하고, 획마다 중심선을 더한 디자인이 특징이다. 디지로카 브랜드 아이덴티티 디자인과도 연결돼 고객 맞춤의 섬세한 큐레이션 서비스를 제공한다는 의미를 담았다.

〈자료원〉 중앙일보, 2022.8.21.

강력한 브랜드를 만드는 첫 번째 단계는 브랜드에게 명확한 아이덴티티를 부여하는 것이다. 명확한 아이덴티티를 수립하기 위해서는 체계적인 아이덴티티 전략을 설계하고 이를 실행할 수 있는 시스템이 잘 구축되어야 할 것이다. 브랜드 아이덴티티의 모델, 브랜드 아이덴티티를 실행하는 주요 구성요소들 그리고 실행에 관련된 내용을 살펴보기로 하자.

Section 01 브랜드 아이덴티티

일반적으로 아이덴티티(identity)는 우리 말로 정체성, ~다움으로 번역이 가능하다. 브랜드측면에서 브랜드 아이덴티티란 간단히 정리하면 기업이 그들의 브랜드에 대해 소비자에게 주고 싶은 이미지이다. 실무에서는 간혹 브랜드 이미지와 혼용하여 사용하는 경향이 있다. 일반적으로 브랜드 이미지는 소비자가 지각하는 브랜드의 연상이다. 그러므로 브랜드 아이덴티티와 브랜드 이미지가 일치할 때도 있지만 많은 경우 브랜드 아이덴티티와 브랜드 이미지는 일치되지 않는다. 설사 일치된다 해도 관리를 하지 않으면 브랜드 아이덴티티와 브랜드 이미지는 멀어지게 된다.

브랜드 아이덴티티는 주로 디자인 영역에서 주로 활발히 일어났다. 그러나 이러한 브랜드 아이덴티티는 디자인의 관점 즉, 일종의 표식의 개념이 강하였다. 그러나 이러한 것을 체계적으로 관리하는 경영과 마케팅에서는 브랜드 아이덴티티를 더욱 정교하며 행동적으로 실행하고 전략적으로 접근을 하게 되었다.

강력한 브랜드를 보유하기 위해서는 반드시 풍부하고 명확한 브랜드 아이덴티티(brand identity)를 갖고 있어야 한다. 이렇게 하기 위해서는 기업에서는 브랜드가 유지하고자 하는 일련의

언더우드 매운맛 양념햄
1870년대 초에 선보인 언더우드 매운맛 양념햄의 패키지와 로고는 오랜세월에 걸쳐 많은 변화를 겪었지만 오리지널 디자인 로고를 유지하며 아이덴티티를 유지하고 있다.

연상이 미지들을 갖고 있어야 한다. 브랜드 이미지(브랜드의 현재 연상이미지)와는 달리, 브랜드 아이덴티티는 브랜드가 갖는 지향점이라고 할 수 있다. 즉, 브랜드 아이덴티티란 브랜드가 표현하고자 희망하는 목표이미지를 의미한다.

기업에서는 브랜드와 관련된 부서는 브랜드 아이덴티티를 분명하게 실현할 수 있어야 하는 동시에 끊임없이 관리해야 한다. 브랜드 아이덴티티 관리가 부족할 경우, 브랜드는 잠재력을 발휘 하지 못한 채 시장에서 사라지기도 한다. 너무나 많은 브랜드들이 지향점을 상실한 채 표류하고 있으며 특별히 상징하는 이미지조차 없어 시장에서 경쟁력을 상

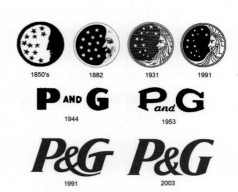

선도적으로 로고를 도입한 P&G
초기에 사용한 별모양의 패턴은 항구 노동자들이 질좋은 제품이라는 의미이며 그들이 처음 만든 양초에 표시해 놓고 밝힌다는 것에서 시작되었다.

실하고 있다. 이러한 브랜드들은 언제나 가격할인을 외치고, 세일을 하고, 의미없는 판촉에만 신경쓰고, 현상에 급급하게 유통채널을 확장시킨다. 통일성이 결여됐을 때 보여지는 대표적인 증상들이다.

아이덴티티의 변화

아이덴티티는 영역을 확실하게 표현하고 싶어하는 기본적인 욕구에서 비롯되었다고 할 수 있다. 고대인들은 동굴벽에 낙서를 남겨 타인들에게 내가 여기 있다고 알리기도 하였다. 영리를 추구하는 조직 등이 나타나기 이전이였기 때문에 당연히 개인이나 부족을 상징하는 표식이었을 것이다. 시간이 지나감에 따라 마크(mark)가 가족을 비롯한 사람들의 무리나 지역, 가축을 나타내는 성격이 강하게 나타났다. 기원전 3100년경에 이집트인들이 처음으로 상형문자를 도입했는데 이는 그림문자를 매개로 상징을 정보로 주고 받은 것이다. 예컨대, 소를 가지고 있는 사람은 소의 모양을 그려 소유 혹은 자신의 정체성을 나타냈다. 이렇게 자기의 직업을 표시하는 트레이드 마크 덕분에 다른 사람들은 무슨 일을 하는지 어떻게 찾을 수 있는지 알 수 있었을 것이다. 서양문명에 있어 그림문자들은 나중에 문자로 바뀌게 되었다. 기원전 800년 쯤에는 고대 그리스인들이 페니키아 문자를 채택하게 되었다. 반면 동양문명에 있어서는 그림문자를 지속적으로 사용하기도 하였다.

고대 상업의 중심지였던 메소포타미아에서 자신의 일에 자부심을 갖는 상인들은 상품에 고유의 마크를 붙이기 시작하였다. 도공은 점토로 빚은 그릇에 벽돌공은 벽돌에 자기를 나타내는 표식을 남겼다. 그러나 이런 행위는 매우 지엽적으로 이루어 졌다. 그 당시에는 대규모 교역이 이루어지지 않았기 때문에 그 근방에만 유통되는 것이 거의 전부였다. 여기의 행동은 마케팅이라 하기는 무리가 있다. 즉 소비자를 설득하기 위한 노력이라기 보다는 단순한 표식이기 때문이다.

중세로 들어서는 왕과 봉건영주들이 자기의 신념과 영지를 위해 휘장과 깃발의 상징을 가지고 영토를 넓히거나 지켜왔다. 여기서 발전한 것이 전령관 문장(heraldry)이다. 이 표시 수단에는 엄격히 지켜야 될 지침이 구체적으로 동반되었다. 누가 왕족이고 누구를 왕으로 대접해야 하는지, 적은 어떻게 대해야 하는지 어디로 진격해야 하는지의 세부적인 지침이 자세히 있었다.

이러한 문장이 효용을 잃어버린 것은 중세의 포인 컬버린(Culverin)이 나오면서였다. 포 한방을 사용하면 영주의 상징이 새겨진 방패가 부서지는 상황이 도래하자 전쟁과 그에 관련된 여러 표시수단이 하루아침에 해로운 형태로 탈바꿈하게 되었다. 그 후에도 상류층 사람들은 여전히 건물이나 선박, 보석 생활용품 등에 가문의 문장을 붙여 사용했지만 이전의 전령관 문장이 의미하는 가치는 퇴색되었다.

16세기를 지나면서 순수 혈통이 아닌 사람들이 상류 계층에 대거 유입되었다. 소위 신흥 부유층들이 문장이나 깃발에 명망과 권위의 의미가 포함되어 있음을 깨닫기 시작했고 나폴레옹이나 마리 앙트와네트와 같은 사람들은 자기 이름의 이니셜을 모노그램으로 만들어 옷, 침구, 가구 그릇 할 것없이 사방에 새겨넣었다. 문맹자가 널려 있는 사회이기 때문에 글을 읽지못하는 사람들은 이해하지도 못하고 있다손 치더라도 모노그램이 있는 자체도 엄청나게 출세한 사람이라는 뜻이었다.

상업적 아이덴티티가 구체적으로 형태를 갖추기 시작한 것은 사람들이 식품, 의류, 양초 등 생활필수품을 더 이상 자급자족하지 않게 되면서 부터이다. 19세기에 들어서야 다양한 품목을 전문적으로 생산하는 기업이 등장하면서 차별화의 필요성을 인정하기 시작하였다.

〈자료원〉 Bill Gardner(2013), Logo Creed: The Mystery, Magic, and Method Behind Designing Great Logos

Section 02 브랜드 아이덴티티 시스템 개발 및 구축 그리고 관리모델

브랜드 아이덴티티는 기업이 이를 하나의 철학으로 관리를 하고 실행하는 디자인 그리고 커뮤니케이션으로 통합해서 하나의 시스템화시켜 관리 및 실행을 하는 것이다. 즉 브랜드 아이덴티티는 기업이 창조· 유지하고자 하는 브랜드 연상이미지들의 묶음이다. 기업 브랜드 아이덴티티를 설명, 구축 관리에 적용되는 모델에 대해 살펴보자.

1. Kapferer의 프리즘 모델

Jean-Noël Kapferer는 제품이 흔하지 않았던 때에는 제품의 독특한 판매제안(Unique Selling Point: USP)가 마케팅의 주요한 컨셉이었지만 경쟁이 매우 격렬한 현대에서는 브랜드의 고유함과 가치의 단면들을 나타내는 브랜드 아이덴티티와 특정 시기에 특정 시장에서 선호도를 창출하는 주요한 차이점인 브랜드 포지셔닝의 2가지 필수적 브랜드 관리도구가 필요하다고 하였다.

이중에 브랜드 아이덴티티는 제품을 구분해 줄 뿐 만 아니라 제품을 일관성 있게 해준다. Kapferer에 의하면 브랜드는 상품이 아니라 제품의 본질(essence)이며, 의미(meaning)이며 지향점(direction)이며 브랜드는 제품의 아이덴티티를 정의한다고 하였다. 또한 강력한 브랜드가 되기 위해서는 브랜드는 자신의 아이덴티티에 충실해야 한다고 하였다. 브랜드 에센스란 브랜드가 무엇을 상징하는지를 짧게 압축해 놓은 개념이다.

브랜드 아이덴티티가 중요한 이유는 강력한 브랜드가 되기 위해서는 브랜드는 내구성(durability)가 있어야 하며, 일관성 있는(coherence) 신호를 고객들에게 보내야 하며 현실적(realism)이어야 하기 때문에 브랜드 아이덴티티는 브랜드 이미지를 유지하는 방법으로 중요하다고 하였다.

Kapferer는 〈그림 5-1〉처럼 브랜드 아이덴티티를 6개의 단면을 지닌 육각형 프리즘으로 표현하고 있다. 브랜드는 커뮤니케이션을 하는 경우에만 존재할 수 있기 때문에 브랜드 자체의 커뮤니케이션이 매우 중요하다고 하였다. 브랜드자체가 커뮤니케이션을 할 수 있는 능력이 있다고 하였다. 즉. 수신자와 발신자사이에 브랜드를 중심으로 연결하는 역할을 한다는 것이다. 브랜드의 내면과 외면은 브랜드의 내재화된 의미와 외형적으로 표현되는 측면으로 나누어 볼 수 있다.

또한 브랜드 아이덴티티는 몇가지의 구성요소를 지녀야 한다고 한다. 물리적 특징, 개성, 문화, 관계, 반사, 자아이미지이다.

첫째, 브랜드는 물리적 특징(physique)이 있어야 한다. 소비자가 브랜드명을 듣자마자 즉시 마음에 와닿는 두드러지게 나타나는 특징들의 결합체로써 브랜드의 중추적 가치를 의미하며 유형적 부가가치를 의미한다. 브랜드 개발의 첫 단계는 브랜드의 실체적(물리적) 특징을 정의하는 것이다. 예컨대 코크(Coke) 캔에 코카콜라 병의 사진을 넣는 것은 브랜드의 실체적 특징이 얼마나 중요한가를 말해주는 사례이다.

둘째, 브랜드는 개성(personality)이 있어야 한다. 기업이 소비자들에게 브랜드 커뮤니케이션을 진행하게 되면 차차 브랜드의 독특한 성격이 형성되게 된다. 마치 사람마다 개성이 있듯이 브랜드도 제품이나 서비스를 설명해주는 개성이 형성되도록 하여야 한다.

셋째, 브랜드는 추구하는 고유한 문화가 있어야 한다. 강력한 브랜드는 각각의 브랜드 문화를 창출하기 위해 많은 노력한다. 스타벅스, 샤넬, 아이폰 등의 강력한 브랜드들은 각기 고유한 브랜드 문화를 만들기 위하여 광고, 판촉, 패키지 디자인 등 외부와의 커뮤니케이션을 활발히 하여 문화화 한다. 이러한 고유 브랜드 문화는 타 브랜드와의 차별화에 있어 결정적인 요소가 된다. 동종업계에 있는 브랜드 간에 차별점이 존재하는 이유를 브랜드 문화의 차이에서 찾아볼 수 있는데 Adidas와 Nike의 경우는 모두 스포츠용품기업인데 이들이 팀경기의 문화와 개인경기문화 등등의 나름대로의 문화를 갖고 차별화한다.

넷째, 브랜드는 관계(relationship)의 기능을 갖고 있어야 한다. 브랜드는 제품이나 서비스와 사람 간에 관계를 맺어주는 중요한 역할을 한다. 예컨대, Nike는 그리스 신화에 등장하는 승리의 여신이라는 의미로써 스포츠에 있어 승리와 인간과의 관계를 연결시키고 있는 등 브랜드는 소비자와 관계를 맺어야 한다.

다섯째, 브랜드는 반사(reflection)의 기능을 갖고 있다. 고객의 이미지와 연관된 것으로 예컨대 의류 브랜드에 대한 견해를 물어보면 대부분의 응답자는 그 의류에 가장 적합한 사용자 유형(예: 패셔니스트, 실속파 등)에 대해 생각하게 된다. 그런데 종종 이러한 사용자 이미지와 목표 고객과는 혼동되기도 하지만 목표고객은 브랜드의 잠재적 구매자나 사용자를 의미하는 반면 사용자 이미지는 반드시 타겟을 의미하는 것이 아니라 브랜드가 대중에게 제공하는 이미지를 의미한다.

여섯째, 브랜드는 소비자의 자아 이미지(self-image)를 갖고 있다. 반사(reflection)가 목표 고객의 외향적 거울이라면 자아 이미지(self-image)는 목표 고객의 내향적 거울이다. 예컨대, 할리데이비슨 고객은 제품을 구매함으로써 자신이 할리데이비슨의 브랜드의 일원이라는 자아 이미지를 갖게 된다.

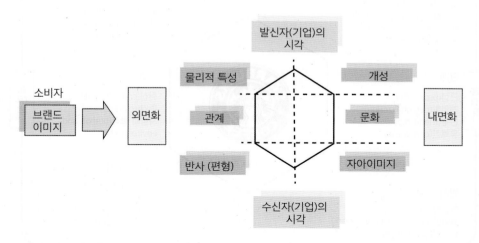

그림 5-1 Kapferer의 브랜드 프리즘 모형

〈자료원〉 Kapferer(1992), Strategic brand management: New approaches to creating and evaluating brand equity, New York: The Free Press.

위의 〈그림 5-1〉의 브랜드 아이덴티티 프리즘에서는 이러한 6가지 구성요인의 역할을 나타내고 있다. 그런데, 물리적 특성과 개성은 브랜드를 의인화시켜 소비자들에게 커뮤니케이션하는 송신자(sender) 그리고 사용자 이미지와 자아 이미지는 반대로 그러한 송신자의 브랜드 커뮤니케이션 전략을 통해 이미지를 형성하는 수신자(recipient)와 관계된 요인이다. 즉, 기업(송신자)은 브랜드가 강조하고자 하는 바람직한 물리적 특성과 개성을 규정한 후 이러한 요인들이 소비자(송신자)들에게는 사용자 및 자아 이미지를 형성시키는지 고려해야 한다는 것이다. 이 과정을 통해 기업(송신자)은 그들이 의도한대로 소비자(수신자)와의 동일성을 얻을 수 있다.

반면 관계와 문화는 송신자와 수신자를 연결시키는 역할을 하는 요인들이다. 왼쪽에 위치한 물리적 특성, 관계, 사용자 이미지는 브랜드가 외부적으로 표현되어 사회적으로 가시화되는 요인들인 반면 오른쪽에 위치한 개성, 문화, 자아 이미지는 브랜드 자체내에서 통합되는 요인들이다. 즉, 내면화 요인들인 개성, 문화, 자아 이미지는 브랜드 자체가 소비자들에게 상징하거나 표현하고자 하는 것이지만 외면화 요인인 물리적 특성, 관계, 사용자 이미지는 브랜드를 실제적으로 사용하는 소비자들의 특성을 구체화한 개념들이다.

이러한 모형을 실제로 스타벅스에 적용하면 다음 〈그림 5-2〉처럼 나타낼 수 있다.

그림 5-2 스타벅스 브랜드 아이덴티티를 프리즘에 적용한 예

브랜드 아이덴티티 프리즘

2. David Aaker의 브랜드 아이덴티티모델

Aaker는 브랜드 아이덴티티 모델을 제시하여 브랜드 아이덴티티의 관리적 관계를 제시하였다. 그의 모델에 의하면 전략적 브랜드 분석부분을 통해, 브랜드 아이덴티티 구축과정을 이해하고, 개발하고, 활용하는 원칙과 방향성에 관한 시스템 전략을 수립하고 이후 브랜드 아이덴티티 실행시스템으로 진행되는 과정을 제시하였다.

그림 5-3 Aaker의 브랜드 아이덴티티모델

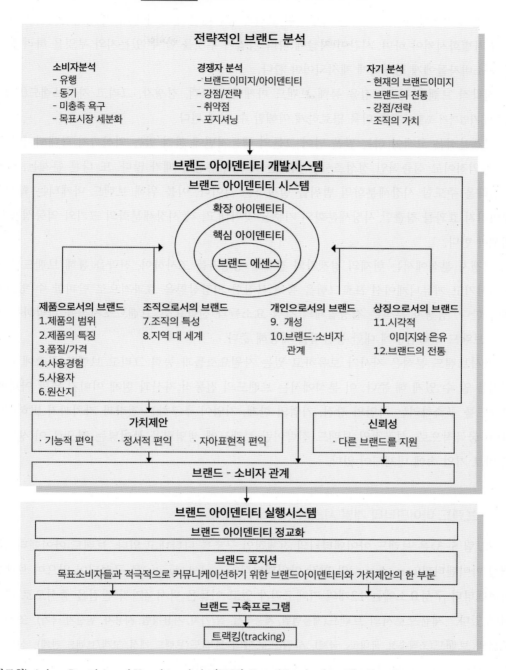

전략적인 브랜드 분석

소비자분석
- 유행
- 동기
- 미충족 욕구
- 목표시장 세분화

경쟁자 분석
- 브랜드이미지/아이덴티티
- 강점/전략
- 취약점
- 포지셔닝

자기 분석
- 현재의 브랜드이미지
- 브랜드의 전통
- 강점/전략
- 조직의 가치

브랜드 아이덴티티 개발시스템

브랜드 아이덴티티 시스템

확장 아이덴티티
핵심 아이덴티티
브랜드 에센스

제품으로서의 브랜드
1. 제품의 범위
2. 제품의 특징
3. 품질/가격
4. 사용경험
5. 사용자
6. 원산지

조직으로서의 브랜드
7. 조직의 특성
8. 지역 대 세계

개인으로서의 브랜드
9. 개성
10. 브랜드·소비자 관계

상징으로서의 브랜드
11. 시각적 이미지와 은유
12. 브랜드의 전통

가치제안
· 기능적 편익   · 정서적 편익   · 자아표현적 편익

신뢰성
· 다른 브랜드를 지원

브랜드 - 소비자 관계

브랜드 아이덴티티 실행시스템

브랜드 아이덴티티 정교화

브랜드 포지션
목표소비자들과 적극적으로 커뮤니케이션하기 위한 브랜드아이덴티티와 가치제안의 한 부분

브랜드 구축프로그램

트랙킹(tracking)

〈자료원〉 Aaker, David A and Hoachimsthaler(2000), Brand Leadership, The Free Press

1) 전략적 브랜드분석

브랜드 아이덴티티가 효과를 거두려면 고객과 공감대를 형성해야 하고, 경쟁업체의 브랜드들과 차별화시켜야 하며, 시간이 지남에 따라 기업이 무엇을 할 수 있는지와 무엇을 하려 하는지를 소비자들에게 명쾌하게 제시되어야 한다.

전략적 브랜드 분석과정을 통해 브랜드 마케터는 고객, 경쟁자, 그리고 자사브랜드(브랜드 배후의 기업까지 포함하여)를 더욱 명료하게 이해할 수 있게 된다.

고객분석은 고객이 하는 말을 넘어 그들의 행동저변에 깔려 있는 의식까지 확대되어야 한다. 창의적이고 심층적인 정성조사는 이러한 목적에 유용할 때가 많다. 또 다른 문제는, 마케팅전략을 주도할 시장세분화의 범위를 설정하는 것이다. 이를 위해 브랜드 마케터는 확실한 레버리지 효과를 창출할 시장세분화의 기준을 찾아내고, 각 시장세분화의 크기와 역동성을 이해해야 한다.

경쟁자 분석에서는 현재의 경쟁자와 잠재적 경쟁자를 조사하여, 전략을 통해 브랜드를 차별화시키고 커뮤니케이션 프로그램을 통해 복잡한 시장상황을 효과적으로 탈피할 수 있도록 해야 한다. 경쟁자 분석은 경쟁업체의 강점 요소들과 전략요소, 브랜드포지션을 파악하는 것으로 브랜드 구축임무에 대한 통찰력을 제공해 준다.

자사브랜드 분석은 자사가 보유하고 있는 자원요소들과 능력 그리고 브랜드 구축에 대한 의지를 알 수 있게 해 준다. 이 분석에서는 브랜드의 전통적 자산과 현재 이미지 뿐만 아니라, 브랜드를 구축하려는 기업의 강점, 기업의 한계, 기업이 추구하는 전략과 가치까지 밝혀내야 한다. 궁극적으로, 성공적인 브랜드 전략이란 브랜드에 생명력을 불어넣는 것으로 이 생명력은 바로 기업 속에 내재되어 있다.

2) 브랜드 아이덴티티 개발 시스템

〈그림 5-3〉은 브랜드 아이덴티티의 전체적인 구조를 나타내고 있다. 브랜드 아이덴티티는 핵심 아이덴티티(core identity)와 확장 아이덴티티(extended identity)로 구성되어 있으며 브랜드 아이덴티티 구성요소에는 12개의 카테고리가 있고 이들은 다시 4가지 관점을 중심으로 구성되어 있다. 제품으로서의 브랜드(제품범위, 제품속성, 질/가치, 사용경험, 사용자, 원산지 국가), 조직으로서의 브랜드(조직속성, 국내 vs. 국제), 사람으로서의 브랜드(브랜드 개성, 고객/브랜드 관계), 심벌로서의 브랜드(시각적 이미지 그리기/은유 그리고 브랜드전통) 등이다.

(1) 제품으로서의 브랜드

제품범주의 전형성과 제품속성의 특색 그리고 품질(가성비등)과 가치 사용상황, 사용자 그리고 원산지로서의 브랜드 연상을 의미한다.

제품범주의 전형성(prototypicality)이 대표적인 연상인데 가령 청바지하면 리바이스가 제일 먼저 연상이 되는 브랜드가 바로 전형성이 있다고 한다. 특정 제품 범주에서 전형성이 있는 이유가 몇 가지 있다. 먼저 우선 해당제품이 비교적 시장에 선발 진입하였을 경우이다. 도입기 시장에서 제품에 대한 정보가 아직 소비자들에게 명확히 전달되지 않아 선호도가 덜 형성되어 있어 자사의 강점이 그대로 그 시장의 전형성으로 발현되는 경우이다. 두번째로 경쟁사에 비해 시장점유율이 높거나 큰 매출일 경우에 소비자들은 그 브랜드가 해당 제품범주의 대표적인 브랜드라고 여기게 된다. 세 번째로 제품의 속성평가에 있어서 좋은 평가를 소비자에게 받고 있는 경우이다. 네 번째는 시장에서 오래 사랑을 받고 있는 장수브랜드이다.

(2) 조직으로서의 브랜드

조직의 특성(예컨대 혁신적, 소비자와 관련성, 신뢰감)지역과 범세계적 이미지를 말한다. 삼성은 '신뢰', 유한양행은 '사회적 책임', LG는 '인화' 등의 조직과 관련된 연상을 가지고 있으며, SK는 최근 '행복'이라는 기업연상을 강화하려고 하고 있다.

(3) 사람으로서의 브랜드

브랜드가 사람으로서의 브랜드 개성과 소비자-브랜드 관계를 한다.

브랜드 개성은 브랜드 아이덴티티 강화를 위한 브랜드 개성 개발 및 관리전략부분에 상세히 설명되어 있다. 한편 소비자-브랜드 관계는 의미하고 1장의 브랜드 관계마케팅에 기술되어 있다.

(4) 심벌로서의 브랜드

브랜드 디자인과 역사유산(heritage)을 의미한다.

1세대 '각 그랜저' 소환… 연속적 브랜드 경험 · 스토리텔링 입힌다
전동화 미래로 가는 현대차… 왜 '헤리티지' 계승하나

'헤리티지'(heritage). 우리말로 흔히 '유산'으로 번역되는 이 영어 단어는 최근 불경기 속에서도 돌풍을 일으키고 있는 현대자동차 '디 올 뉴 그랜저'를 설명할 때 자주 등장한다. 우리 기억 속 '각 그랜저'로 남은 1세대 그랜저의 헤리티지를 십분 계승했다는 게 현대차의 설명. 하지만 둥그렇고 미래적인 디 올 뉴 그랜저의 모습에서 중후한 각 그랜저의 유산은 도저히 보이지 않는다. 어디에 숨었을까. 그리고 전동화를 통해 미래 모빌리티 회사로 거듭난다는 현대차는 왜 지금 굳이 과거를 돌아보는 걸까.

그랜저는 36년간 총 7세대를 거쳤다. 1986년 'L카 프로젝트'라는 이름으로 일본 미쓰비시와 공동으로 개발한 것이 우리가 아는 1세대 각 그랜저의 시작이다. 현대차에 따르면 9만 2571대나 팔리며 당시 국내 대형 승용차 시장의 수요를 모조리 빨아들였다고 한다. 그러다 1992년 2세대 '뉴 그랜저'가 나오며 한층 부드러워진 곡선미를 강조하기 시작했다. 이후 3세대 '그랜저XG'(1998), 4세대 '그랜저TG'(2005), 5세대 '그랜저HG'(2011), 6세대 '그랜저IG'(2016)로 이어진다.

현대차는 보도자료에서 역대 그랜저의 유산을 "존중한다"는 표현을 썼다. 포인트는 크게 네 가지다. 우선 '엠블럼'이다. 현대차의 영문 앞 글자인 'H'를 타원형 모양으로 디자인한 엠블럼을 처음 사용한 모델이 2세대 그랜저다. 디 올 뉴 그랜저는 이를 계승하고 있지만, 약간의 차이가 있다. 2세대에서는 엠블럼이 차량 전면 보닛 위에 은색으로 장식돼 고급스러움을 더했지만 이번에는 알루미늄 소재로 두께는 얇게, 면적은 넓게 다시 디자인해서 부착했다. 조금 더 미래적인 인상을 준다.

둘째, 셋째 요소는 차량 측면부에 있다. 바로 '오페라 글라스'다. 뒷좌석과 트렁크 사이의 공간을 'C필러'라고 표현하는데, 여기에 달아 놓은 창문이 바로 오페라 글라스다. 이는 1세대 그랜저의 상징으로 차량 전반의 강인한 이미지와 어우러지는 느낌을 준다. 차량 문을 열기 전에는 알 수 없는 요소로 '프레임리스 도어'도 있다. 이는 3세대 그랜저를 계승한 것인데, 창문의 위쪽을 잡아 주는 틀이 따로 없는 디자인을 채택했다. 차량의 옆쪽 인상을 깔끔하고 단정하게 정리해 준다.

마지막 요소는 디 올 뉴 그랜저 운전석에 탑승하면 단번에 알 수 있다. 운전자의 시선을 잡아끄는 커다란 '원 스포크 스티어링 휠(운전대)'이다. 실제로 현대차 디자이너들이 1세대 그랜저의 헤리티지를 어떻게 계승할지 고민하면서 가장 신경 쓴 부분으로 전해진다. 운전대는 손으로 잡는 부분인 '림'과 중심축을 뜻하는 '스티어링 허브' 그리고 이를 연결하는 '스포크'로 구성돼 있다. 차량의 목적에 따라 림의 형태, 스포크의 개수는 천차만별이다. 자동차가 발전하면서 스포크는 단순히 연결하는 기능을 넘어 차량 내 다양한 기능을 조작할 수 있는 버튼들이 탑재되기 시작했다.

디 올 뉴 그랜저의 스티어링 휠은 마치 외적으로는 1세대 그랜저에 적용됐던 것처럼 하나의 스포크가 있는 형태로 보인다. 하지만 단순히 베낀 것이 아니라 현대적으로 재해석해 운전자를 위한 편의 사항도 놓치지 않았다는 게 현대차의 설명이다. 현대차 관계자는 "단순히 형태를 오마주한 것을 넘어 휠 주변 좌측엔 스마트 크루즈 컨트롤, 차간 거리 설정, 차로 유지 보조 등의 기능과 우측에는 음성 인식, 전화 통화 등 다양한 인포테인먼트 기능을 쉽게 제어할 수 있도록 설계했다"고 전했다.

현대차의 '뿌리 찾기'는 비단 이번 그랜저에만 국한되는 이야기가 아니다. 앞서 지난 7월에는 수소하이브리드차량 'N 비전 74'를 선보였는데, 이는 1974년 제작됐었다가 지금은 사진만 덩그러니 남은 '포니 쿠페'에서 직접적인 영감을 받아 만들어진 차이기도 하다. 현대차의 첫 번째 전용 플랫폼(E-GMP)이 장착된 전기차 '아이오닉5' 역시 현대차가 한국 자동차 사상 처음으로 양산에 성공했던 '포니'의 디자인 요소를 계승한 차이기도 하다. 현대차는 아예 유산을 철저하게 남기기 위해 포니를 디자인했던 이탈리아의 전설적인 디자이너 조르제토 주지아로에게 포니 쿠페의 복원을 맡기기도 했다.

이는 단순히 '레트로'(복고풍) 디자인이 유행하기 때문만은 아니다. 그보다 더 근본적인 차원으로, 과거와 현재 그리고 미래까지 이어지는 연속적인 브랜드 경험과 스토리를 치밀하게 구축하기 위한 디자인 전략이다. 현대디자인센터장을 맡은 이상엽 부사장은 최근 주지아로와 만난 '디자인 토크쇼'에서 '앞으로도 과거의 헤리티지를 계승한 디자인의 신차를 내놓을 것이냐'는 질문에 이렇게 답했다.

"다양한 말이 체스판에서 활약하는 게 우리의 기본적인 디자인 전략이다. 헤리티지야말로 체스에서 가장 중요한 '킹'이라 할 수 있다. 물론 유산을 계승하는 디자인은 매우 어렵다. 공학적 한계를 극복해야 하기 때문이다. 하지만 신형 그랜저에서도 그러했듯 앞으로도 우리는 여러 한계를 극복하고 과거를 계승하는 디자인을 계속 선보이겠다고 약속한다."

〈자료원〉 서울신문, 2022.12.26.

각각의 카테고리는 몇몇 브랜드들과 관련되기도 하지만, 〈그림 5-1〉처럼 12개의 카테고리 전체에서 연상이미지를 보유한 브랜드는 사실상 존재하지 않는다. 이처럼 많은 구성단위들은 다루기가 힘들기 때문에 우선 핵심 아이덴티티(브랜드 아이덴티티에서 가장 중요한 요소)를 규명할 수 있도록 집중하고 필요한 요소들을 구성하는 방법이 효과적이다. 한편 이 연상이미지들은 기업이 고객에게 제시한 약속을 포함하고 있다. 브랜드 아이덴티티가 모든 브랜드 구축 노력을 주도하기 때문에 그 내용이 깊고 풍부해야 한다. 브랜드 아이덴티티는 광고의 마지막 부문에 나오는 태그라인이나, 포지셔닝 서술어구 같은 개념이 아니다.

브랜드 에센스란 브랜드의 핵심을 파악하게해주는 단일한 개념으로, 브랜드 에센스의 설정이 핵심 아이덴티티를 보다 더 명확하게 정의해 주기도 한다. 어떤 경우에는 브랜드 에센스의 개발이 효과적이지 못하거나 쓸모없는 경우도 있지만, 때에 따라서는 브랜드 아이덴티티를 구성하는 강력한 수단이 될 수도 있다. 좋은 브랜드 에센스 서술어구는 단순히 핵심 아이덴티티의 문구들을 묶어서 문장 하나로 만들어 놓은 개념이 아니다. 모든 핵심 아이덴티티 요소들에 연결된 바퀴의 중심축이라고도 할 수 있다. 브랜드 에센스는 몇 가지 특성들을 갖추고 있어야 한다. 소비자들이 공감해야 하며, 가치제안을 주도해야 한다. 소유 가능해야 하고 시간이 지나도 지속적으로 경쟁자와의 차별성을 제공해 주어야 한다. 또한 조직 구성원들과 파트너들을 격려하고 활기를 불어넣을 수 있을 만큼 강력해야 한다.

브랜드 아이덴티티 시스템에는 가치제안점들이 포함되어져 있고, 이것은 브랜드 아이덴티티에 의해 만들어진다. 기능적 편익과 함께 가치제안에는 정서적 편익과 자기표현적 편익이 포함되어 있다.

기능적 편익은 주로 자사브랜드가 제품소비과정에서 소비자가 당면하는 기능적 문제를 해결을 잘해준다는데 주안점이 있다. 예컨대, 비자카드의 경우 신뢰의 브랜드 이미지를 소비자에게 구축하기 위해 세계 최대결제시스템과 세계 최다 가맹점을 보유하고 있어 불편하지 않다는 기능적인 편익을 전달하고자 VISA, 'It's Everywhere you want to be'라는 슬로건을 사용하였다. 대한항공의 경우 'Excellence in Flight. Korean Air'이라는 슬로건을 사용하여 항공에 관련한 격조 높은 품질과 최상의 서비스를 제공한다는 편익을 전달하고 있다.

Excellence in Flight
KOREAN AIR 〈SKYTEAM〉

대한항공의 기능적 편익
세계 항공업계를 선도하는 글로벌 항공사와 전세계의 어떤 항공사보다도 더 안전하고 격조높은 서비스를 제공한다는 편익을 슬로건을 통해 전달하고 있다.

정서적 편익은 어떤 브랜드의 구매자나 사용자가, 구매 과정이나 사용 경험중에 뭔가를 느끼도록 만드는 능력과 관련된 것이다. 가장 강력한 아이덴티티는 때로 정서적 편익을 내포하는데, 예컨대, 고객들이 볼보(Volvo)에서 안전함을 느끼는 것이나, 압구정 갤러리아 백화점에서 쇼핑할 때 중요한 인물이 된 것 같은 기분이 드는 것이나, 홀마크(Hallmark) 카드를 전달받아서 읽을 때 따뜻함을 느끼는 것이나, 리바이스 청바지(Levis)를 입을 때 강한 사나이 같은 기분을 느끼는 것이 정서적 편익이다. 정서적 편익은 그 브랜드를 갖고 사용한다는 측면에 풍요로움과 깊이를 더해준다. 어릴때 소비자들이 부엌에서 엄마를 돕던 행복한 시절을 떠올리게 하는 브랜드는 색다른 사용경험 즉, 느낌이 있는 사용경험을 통해서 더 강력한 브랜드가 될 것이다.

자기표현적 편익은 어떤 사람이 특정한 자기 이미지를 표현할 수 있는 전달수단을 브랜드가 제공해줄 때 생겨난다. 우리 모두는 물론 여러 개의 역할을 맡고 있다 한 사람이 동시에 아빠, 엄마, 남편, 아내, 엄마, 작가, 축구 선수, 아미, 여행자가 될 수 있다. 각각의 역할은 자기와 연결된 자아개념이 있을 것이고, 특정사람은 개념을 표현하고 싶어할 수도 있다. 브랜드를 구매하고 사용하는 것은 이런 자기표현 욕구를 충족시킬 하나의 방법이 된다. 어떤 사람은 쌍용자동차의 렉스톤을 소유함으로써 모험을 즐기는 도전적인 자아를, ZARA에서 나온 옷을 구매함으로써 세련된 자아를, 폴로사의 Ralph Lauren을 입음으로써 고급스러운 자아를, 에쿠스를 몰면서 높은 지위에 있는 성공적인 자아를, 하나로 마트에서 쇼핑을 함으로써 검소하고 허세부리지 않는 자아를, 마이크로 소프트의 엑셀을 사용함으로써 능력있는 자아를, 아침에 아이들에게 쿠쿠밥솥을 통해 갓 지은 밥을 준비해주면서 건강에 신경을 쓰는 자아를 표현할 수도 있다.

마지막으로, 브랜드 아이덴티티 시스템은 관계형성을 포함한다. 브랜드의 목표에서 빠뜨리면 안 될 것이 바로 고객과의 관계 구축인데, 이것은 때로 일반적이고 개인적인 관계와 유사하다. 따라서 브랜드는 친구, 지도자, 조언자, 실현자, 어머니, 쾌활한 동료, 또는 아들 등이 될 수 있다.

3) 브랜드 아이덴티티 실행시스템

강력한 브랜드 아이덴티티는 브랜드 구축프로그램을 개발하고 평가함으로써 실현되고 유지된다. 〈그림 5-3〉에 제시된 것처럼 브랜드 아이덴티티 적용과정에는 4가지 구성요소가 있다. 즉, 브랜드 아이덴티티 정교화, 브랜드포지션, 브랜드 구축프로그램, 그리고 주기적인 평가시스템이다.

브랜드 아이덴티티 정교화란 브랜드 아이덴티티를 풍부하게 하고, 짜임새 있게 하며, 명확하게 하는 일련의 방법이라고 할 수 있다. 이러한 정교화 과정이 없으면 브랜드 아이덴티티의 요소들(예컨대, 리더십, 호의, 신뢰, 관계형성 등)이 너무나 모호해져, 어떤 아이덴티티 요소의 적용이 브랜드를 지원하고 어떤 요소가 그렇지 않은가를 결정하는 데 도움을 줄 수 없게 된다.

명확하고 정교화된 아이덴티티가 갖춰지면, 브랜드 아이덴티티 적용임무는 브랜드 포지션의 문제로 이동한다. 브랜드포지션은 브랜드 아이덴티티의 일부이자, 목표소비자에게 적극적으로 전달되어야 하는 가치제안이다. 따라서, 경쟁자보다 우위점을 보여주어야 하는 브랜드 포지션은 현재의 커뮤니케이션 목표들을 가리킨다.

브랜드 아이덴티티의 어떤 요소들은 브랜드 포지션에 포함되지 않는 경우가 있는데, 이는 그 요소들이 중요한 것은 분명하지만 브랜드를 차별화시킬 수 없기 때문이다. 또는 브랜드가 약속을 이행할 준비가 되어있지 않거나, 소비자들이 브랜드가 전달하려는 메시지를 받아들일 준비가 되어 있지 않은 상황일 수도 있다. 따라서 브랜드 아이덴티티에서 지향하는 요소들이 현실적으로 전달될수록 브랜드포지션을 더 야심적으로 적용할 수 있게 된다.

브랜드 포지션과 브랜드 아이덴티티가 제 위치를 찾으면, 브랜드 구축프로그램을 개발할 수 있다. 브랜드는 아주 다양한 미디어를 통해 구축될 수 있는데, 여기에는 판촉, 선전, 포장, 직접마케팅, 직영점포, 웹, 후원 등이 모두 포함되는 개념이다. 브랜드 커뮤니케이션은 브랜드와 목표대상들 간에 전달되어지는 모든 형태의 접촉수단을 포괄하며 제품디자인, 신제품, 유통전략까지 포함된다.

BRAND HIGHLIGHT

현대차증권, BI 정립...신규 브랜드 슬로건 '내일의 차이' 공표

현대차증권은 출범 이후 최초로 기업 BI(브랜드 아이덴티티)를 정립해 신규 브랜드 슬로건 '내일의 차이'를 공표했다고 16일 밝혔다.

새 슬로건에는 '시간은 누구에게나 동등하게 주어지지만, 현대차증권은 고객의 자산과 시간을 관리해 더 풍요롭고 가치 있는 시간을 선사한다'는 의미가 담겼다고 사측은 설명했다.

또한 가치 있는 삶이라는 브랜드 본질 하에 ▲ Credibility(신뢰 · 믿고 맡길 수 있는 금융 서비스) ▲ Innovation(혁신 · 가장 진보적인 금융 플랫폼 ▲ Expertise(전문지식 · 넓은 시각을 지닌 금융 솔루션) ▲ Possibility(가능성 · 다음 세대를 위한 금융의 미래) 등 핵심 가치 4개를 제시했다.

현대차증권은 이날부터 새로운 기업 홍보(PR) 광고 영상도 순차적으로 공개한다.

이번에 발표하는 광고 영상은 총 3개로, 캠핑과 펜트하우스, 풀빌라 등 각 공간에서 풍요롭고 여유 있는 시간을 보내는 모습을 통해 고객들의 내일을 보다 가치 있게 만든다는 브랜드 철학을 그렸다.

최병철 현대차증권 사장은 "이번 BI 정립과 광고를 통해 현대차증권이 추구하는 가치를 임직원과 공유하고 고객과 더 효과적으로 소통할 수 있는 계기를 마련했다"며 "차별화된 브랜드 가치를 바탕으로 고객에게 더욱 가치 있는 시간을 선사할 수 있도록 노력하겠다"고 말했다.

〈자료원〉 현대차증권 홈페이지, 2022.11.16.

Section 03 브랜드 아이덴티티 실현을 위한 브랜드구성요소

브랜드 아이덴티티 시스템에는 기본적으로 브랜드 요소(brand element)가 있으며 이러한 브랜드 요소는 브랜드 아이덴티티의 전략 및 포지셔닝을 충분히 수행할 수 있어야 하다. 뿐만 아니라 브랜드 아이덴티티는 다양한 개념적 요인 예컨대, 리더십, 호의, 신뢰, 관계형성 등이 있다. 간단히 브랜드구성 요소에 대해서만 구체적으로 살펴보자.

1. 브랜드 구성의 주요 요소

1) 브랜드명

브랜드명(brand name)은 브랜드를 구성하는 가장 본질적인 요소이며 판매자의 제품이나 서비스를 식별하기 위해 사용되는 문자, 단어, 숫자 등 소리 내어 발음을 할 수 있는 것을 말한다. 예컨대, Coca-Cola, NIKE, KFC, 요기요, 제네시스, 갤럭시, 삼성전자 등이다.

2) 로고와 심벌

로고(logo)는 그리스어로 언어와 논리라는 의미를 갖는 logos에서 유래되었다. 시각적으로 만들어진 이름으로 브랜드명을 다른 사람들이 쉽게 오랫동안 기억할 수 있도록 구성한 독특한 형태라고 할 수 있다. 브랜드 로고에 대한 반응은 감정 반응의 정도, 연계성 등으로 소비자들에게 전이될 수 있다. 이러한 로고는 이전에 그 해당 브랜드를 보거나 사용하지 않았음에도 불구하고 친숙성을 느낄 수 있기 때문에 매우 중요하다. Handerson and Cote(1998)는 로고를 제작함에 있어 기업은 13개의 지향점을 고려해서 제작해야 한다고 주장하고 있다.

표 5-1 로고의 측정 항목

항목명	측정 내용
활동성(Active)	움직임이나 흐르는 듯한 인상
균형성(Balance)	구성 요소들 사이에서 중심점의 존재 여부
응집성(Cohesive)	디자인의 구성 요소들이 일체된 듯한 정도
복잡성(Complex)	구성 요소들의 배열에서 나타나는 불규칙성
입체성(Depth)	지각적 혹은 삼차원 디자인의 정도
영속성(Durable)	오랜 시간 동안 사용될 수 있는 정도
유기성(Organic)	불규칙한 곡선과 같은 자연스러운 모습
평행성(Parellel)	다수의 선이나 구성 요소들이 서로 인접한 정도
비율성(Proportion)	수평적 차원과 수직적 차원의 관계
반복성(Repetition)	디자인의 구성요소가 반복되는 정도
대표성(Representative)	추상성과 반대되는 구체성, 즉 현실적 묘사의 정도
원형성(Round)	곡선과 순환되는 원형으로 구성된 정도
대칭성(Symmetric)	축의 한쪽 요소들과 다른 쪽 요소들 간의 일치성

〈자료원〉 Henderson, W. Pamela and Joseph A. Cote(1998), "Guidelines for Selecting or Modifying Logos," *Jounal of Marketing*, 62. 14-30.

나이키는 1962년 Philip Knight와 오리건대학교 육상코치였던 Bill Bowerman에 의하여 설립되었다. 오리건대학교와 스탠퍼드 경영대학원을 졸업한 나이트는 가진 것이 아무것도 없어 트럭에 러닝슈즈를 싣고 운동경기장을 찾아가 판매활동을 시작하였다. 상품 이름은 블루 리본 스포츠(Blue Ribbon Sports: BRS)라 하였다. 얼마 후 신발을 직접 생산하기

1964   1971   1978   1985   1995

나이키로고 변천사

시작하면서 회사를 차리고 회사 이름을 나이키로 하였다. 첫해의 매상고는 8,000달러였으며 신발로 벌어들인 이윤은 250달러에 불과하였다.

그는 대학 시절의 코치였던 Bowerman에게 도움을 청하였고, Bowerman은 아내가 사용하는 와플 굽는 틀을 바라보다가 틀 속에 약간의 고무를 집어넣고 고무 와플을 만들었다. 그런 다음 그것을 잘라 신발의 밑창에 아교로 접착시켰다. 그리고 자신이 코치하는 팀의 선수들에게 그 신발을 나누어 주고는 그것을 신고 뛰어 보라고 하였다. 선수들의 반응은 좋았다. 수축이 잘될 뿐 아니라 탄력도 훌륭하였던 것이다. 이 신발로 나이키는 커다란 성공을 거두었고 1970년대의 가장 혁신적인 신발 제조업체로 명성을 높였다.

1971년 Caroline Davidson이 나이키의 트레이트 마크인 로고 Swoosh(스와쉬)를 디자인하였다. 나이키의 스와쉬는 그리스신화에 나오는 승리의 여신 니케의 날개를 상징한다.

3) 캐릭터

캐릭터(character)는 브랜드에 개성을 부여하여 친근감을 높일 수 있어서 소비자들에게 브랜드 호감도와 신뢰도를 심어주는 유형의 특정 브랜드의 심벌을 의미한다. 브랜드캐릭터는 다양한 대(對) 소비자 커뮤니케이션을 통해 고객들에게 선보이며 광고와 포장디자인 등에 중심적인 역할을 하게 된다. 이러한 브랜드 캐릭터는 다양한 이미지로 표현되기 때문에 소비자들에 충분히 시선을 끌며 브랜드의 핵심적인 편익을 효과적으로 커뮤니케이션하는 도구이다.

캐릭터를 이용한 브랜드마케팅에는 주의해야 할 몇가지가 있다.

첫째 브랜드 캐릭터가 돌출되어서 강조되어서는 안된다. 브랜드 캐릭터는 소비자들에게 자사의 브랜드를 시선을 집중시키고 호의도를 증대 시키는 경향을 가지나 다른 브랜드 요소들 예컨대, 브랜드명이나 심지어 브랜드의 주요한 편익을 상대적으로 기

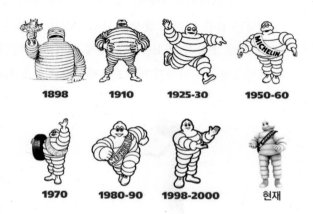

1898　1910　1925-30　1950-60

1970　1980-90　1998-2000　현재

미쉐린의 비벤덤(bibendum)
미쉐린의 비벤덤은 창업자인 미슐랭 형제가 만국 박람회에서 자신들의 제품을 전시하던 중 타이어를 쌓은 모습이 마치 사람같은 형상을 하면 좋겠다란 아이디어로 탄생되었고 이후 캐릭터가 시대에 따라 조금씩 변화하게 되었다.

RYAN　APEACH　TUBE　CON&MUZI　FRODO　NEO　JAY-G

카카오의 다양한 캐릭터
카카오는 캐릭터를 이용하여 각종 사업에 다양하게 활용하고 있다. 뿐만 아니라 이들을 이용하여 다른 브랜드와 함께 공동브랜드 전략을 사용하기도 한다.

억못하거나 방해하는 요소가 될 수도 있다.

둘째, 브랜드 캐릭터는 지속적으로 사회 트렌드의 변화에 맞추어 리뉴얼 해야 한다. 즉 사회상을 반영하여 목표시장에 맞는 이미지를 지속적으로 수정해야 할 것이다. 물론 전면적인 수정보다는 조금씩 수정하는 전략이 바람직하다. 미쉐린의 비벤덤이 좋은 예이다.

셋째, 브랜드 캐릭터를 브랜드 아이덴티티와 결합하여 브랜드의 자산을 강조해야할 도구로 활용되어야지 단순한 귀여움이나 아름다움 등을 강조해서는 도움이 되지 않는다.

4) 타이포그래피와 컬러

활판으로 하는 인쇄술, 편집 디자인 등에서 활자의 서체나 글자 배치 따위를 구성하고 표현하는 일을 타이포그래피(typography)라고 한다. 그러나 인쇄가 발달하여 표현의 제약이 없어진 지금은 넓은 의미로 글자를 다루는 모든 방법, 더 확장된 범위로 인포그래픽처럼 시각 언어에서 모든 조형적 요소를 조화롭게 배치하는 행위를 의미한다. 기업에서는 자사의 기업명이나 브랜드명을 다양하게 타이포그래피로 표현을 하며 각자의 규칙성을 갖고 사용을 한다.

게코(Gecko)
미국의 보험회사 가이코(GEICO; Government Employees Insurance Company)의 캐릭터로 도마뱀 게코를 활용하여 커뮤니케이션을 한다.

 청정원 고딕체
청정원 고딕체는 헤드라인에 적용하여
주목성을 높이기에 적합한 전용 서체입니다.

 청정원 고딕R
오늘을 더 맛있게
청정원

 청정원 고딕B
오늘을 더 맛있게
청정원

청정원
청정원의 경우 지정전용서체만을 사용하여 브랜드 커뮤니케이션을 한다.

■	Process Color	■	Pantone Color	■	RGB Color
---	C100 M80 Y0 K0	---	Pantone 280C	---	R20 / G40 / B180
	모든 인쇄매체 및 제작물		모든 인쇄매체 및 제작물		영상, Website 등, 화면용

삼성 SDI
삼성 SDI: 삼성SDI의 경우는 자사의 전용색상에 대한 규정을 마련하여 사용한다.

5) 슬로건과 징글

슬로건(slogan)이란 브랜드에 관해 설득력이 있을 뿐 아니라 브랜드의 아이덴티티를 전달해 주는 짧은 문구이다. 슬로건은 브랜드의 아이덴티티를 소비자들에게 기억을 용이하게 해주거나 브랜드가 주는 아이덴티티를 좀 더 명확하게 포지셔닝을 시켜주는 도구로 활용이 된다. 슬로건은 때때로 광고 카피와 결합하여 사용되기도 한다.

정리하면 슬로건은 광고와 다른 커뮤니케이션도구와 결합하여 적절히 사용하게 될 때는 강력한 효과를 낼 수 있다.

징글(jingle)은 브랜드에 관해서 사용되는 음악적 메시지, 즉 리듬감을 가진 전문 작곡가에 의해 작곡되는것이며 일반적으로 광고용으로 많이 활용된다. 음악적 요소이므로 청각의존하여 브랜드의 기억을 용이하게 하는 도구이다. 그러므로 징글은 간접적이고 매우 추상적인 방식으로 음악으로 브랜드의 편익을 소비자에게 전달한다. 새우깡의 손이가요 손이가, 인텔의 Intel inside의 차임벨소리가 대표적이고 고전적인 사례이다.

6) 패키지

패키지(package)는 제품의 용기 또는 포장지를 디자인하고 생산하는 활동이다. 협의적으로는 포장이라고 번역이 되기도 한다. 협의적인 패키지의 기능은 제품을 보호해주며 손쉽게 배송할 수 있도록 해주며 보관의 의미를 갖는다. 광의적인 패키지의 기능은 단순한 제품을 구별 짓는 것 이상으로 브랜드 아이덴티티를 표시하며 기타 각종 마케팅정보를 소비자들에게 전달해주는 커뮤니케이션의 도구이기도 하다.

소비자의 입장에서 패키지는 이를 통해 타사의 제품과 구별지을 수 있으며 서술되어 있는 브랜드의 정보를 취득할 수 있고 더불어 제품을 안전하게 배송 및 보관을 할 수 있게 해주는 역할을 한다. 기업의 입장에서 패키지는 브랜드의 기타 다른 요인들과 결합하여 고정되고 가시적인 형상으로 효과인 실체물로서 고객들에게 제공한다.

이러한 패키지는 그 자체로만으로도 경제적 가치로 거래가 되기도 한다. 실제로 최근에는 이러한 명품 구입시에 무료로 주는 쇼핑백자체도 온라온 중고 거래에서는 비싸게 거래가 되고 있다. 특히 쇼핑백은 일상생활에서 무료로 거부감 없는 커뮤니케이션의 매체로 인식되고 있으며 많은 기업에서 그들의 브랜드 디자인에서도 적용규칙을 엄격히 제정하여 관리되고 있다.

프링글스(pringles)
프링글스의 원통형 디자인은 감자칩 스낵 패키지 디자인으로 브랜드 차별화 요소 중 하나로 시행하였다.

7) 트레이드 마크

TM(Trade Mark) 표시는 일반적으로 미등록 상표에 사용하는데 기호의 사용에 아무 제약없으며 법적 구속력 또한 없다. 이 기호는 등록 상표를 의미하는 것이 아니며 어느 누구라도 자기의 브랜드에 "TM"을 자유롭게 이용할 수 있다. 그러나 일반

illy coffee
일리(illy)커피는 실버색과 더불어 패키지의 디자인 일관성을 추구하며 캔형태의 원통형패키지를 중심으로 원두, 분쇄커피 그리고 캡슐을 담아서 소비자에게 판매를 한다.

적으로 이것을 표시할 때는 브랜드를 출원(신청)하였지만 아직 등록되기 이전의 상태에 자신의 고유의 브랜드라는 것을 알리기 위해 사용되기도 한다.

반면, ®은 "Registered"의 약자로서 특허청에 등록된 브랜드(registered trademark)로서 법적으로 보호되는 상표라는 것을 의미한다. 등록된 브랜드에 대해 반드시 ®을 표시하지 않아도 되나 만일 등록되지 않은 브랜드에 표시하면 이는 "거짓 표시의 금지" 규정(상표법 제224조)에 해당하여 3년이하의 징역 또는 3천만원 이하의 벌금에 처해질 수 있다(상표법 제233조: 거짓 표시의 죄).

BRAND HIGHLIGHT

60년 이상 사랑받은 '판피린'··· 올 겨울에도 감기 걱정은 끝

국내 제약산업은 100년이 넘는 역사를 갖고 있다. 긴 세월만큼 무수히 많은 약들이 출시되고 사라졌다. 이런 가운데 60년 이상 우리 곁을 지켜온 의약품이 있어 눈길을 끈다. 바로 대한민국 감기약 '판피린'이다.

제약업계에 따르면 동아제약 감기약 판피린은 지난해 발매 60주년을 맞았다. 국내 감기약은 200개가 넘어 의약품 카테고리 중 가장 치열한 경쟁이 펼쳐지는 것으로 알려져 있다. 감기약 홍수 속에서 판피린은 어떻게 60년간 대중 곁을 지킬 수 있었을까.

동아제약 관계자는 "판피린만의 브랜드 자산과 그 안에 담겨 있는 정서적 가치가 있었기 때문"이라며 "캐치프레이즈인 '감기 조심하세요'는 케어(Care, 걱정, 진심) 정서를 담고 있으며, 케어의 정서를 판피린 캐릭터가 친밀하게 전달한다"고 말했다.

판피린은 시대적 요청으로 탄생했다. 판피린이 세상에 나왔던 1960년대에는 항생제와 감기약이 필요했다. 한국전쟁의 상흔이 가시지 않은 상황으로 생활환경이 좋지 않아 감기에 걸리는 사람이 많았기 때문이다.

판피린의 처음 모습은 알약이었다. 동아제약은 1956년 판피린 정제로 품목허가를 받고 1961년 첫 생산·판매를 시작했다. 이후 1977년부터 현재와 같은 크기의 병에 담긴 액상 형태가 됐다.

올해는 15년 만에 패키지 디자인을 전면 변경했다. 패키지 리뉴얼은 60년이 넘는 시간 동안 국민 건강을 책임져온 판피린 브랜드 강화의 일환으로 진행됐다.

판피린의 캐릭터인 두건을 두른 소녀 이미지는 현대적인 스타일로 변경하고 브랜드의 대표 컬러 빨강, 파랑, 골드 3색 컬러에 각각 보호·생명력, 치유·신뢰, No.1 브랜드라는 의미를 부여했다. 또 대표 자음인 'ㅍ'을 형상화한 디자인을 삽입해 브랜드 이미지를 더욱 강화하고자 했다.판피린은 유통 과정에서의 운송 부담을 줄이기 위해 아웃박스 포장단위도 변경했다. 기존의 30병×9케이스에서 30병×6케이스로 변경해 박스 무게를 6.5kg가량 감소시켰다.

동아제약 관계자는 "새로운 패키지에 담긴 브랜드 가치가 소비자들에게 잘 전달될 수 있기를 바라며, 앞으로도 오래도록 대한민국 대표 감기약으로 사랑받을 수 있도록 노력하겠다"고 말했다.

한편, 판피린은 약국과 편의점 판매용이 상이하고 제형도 다르다. 액상제품인 '판피린 큐'의 경우 약국에서 구매 가능하며, 정제 제품인 '판피린 티'는 편의점에서 공급하고 있다. 판피린 티는 2012년 7월 안전상비의약품으로 확정돼 2012년 11월 판매가 개시됐다. 성분의 함량은 아세트아미노펜 300mg으로 동일하나 클로르페니라민말레산염 등 일부 성분과 첨가제에 차이가 있다.

〈자료원〉 동아일보. 2022.11.25.

2. 브랜드 아이덴티티 강화를 위한 브랜드 개성 개발 및 관리전략

브랜드 개성(brand personality)이란 브랜드가 갖고 있는 인간적인 특징을 의미한다. 이러한 브랜드 개성을 이용하여 기업들은 차별화전략을 사용한다. 즉, 기업은 브랜드 개성의 개발 및 강화전략을 통해 타사와의 차별화를 실시하는 유용성을 갖는다. 일각에서는 브랜드 개성은 브랜드 이미지와 같이 생각을 하게 되나 엄밀하게 이야기 하면 브랜드 이미지(brand image)는 브랜드 개성을 포함하는 더욱 큰 개념으로 이해해야 할 것이다. 일반적으로 브랜드 이미지는 브랜드 개성이외에도 브랜드와 결합된 제품속성, 편익, 사용용도, 결합된 감정 등을 포괄하는 것이다. 이러한 측면에서 브랜드 이미지를 강화하는 전략으로 브랜드 개성을 활용하는 것은 기업이 브랜드 차별화를 위해 유용한 도구가 되기도 한다. 특히 경쟁이 매우 치열한 시장이거나 특별한 차별화를 하기 어려운 시장이나 제품은 매우 유용하게 그들을 차별화 시킬 수 있을 것이다.

브랜드 개성에 대한 접근이나 연구는 두가지 방법이 있다. 첫번째로는 소비자의 개성 혹은 자아개념과 브랜드 개성간의 일치성에 관한 것이고 다른 부분은 브랜드 자체를 의인화 하여 브랜드가 갖는 인간적 특성을 규명하거나 소비자-브랜드 관계의 유형이나 특징을 조사하는 것이다.

소비자의 자아개념과 브랜드 개성간의 관계를 밝히는 연구들은 소비자 자아와 브랜드 개성간의 일치성이 높을수록 소비자는 그 브랜드의 선호도가 높아진다. 구체적으로 보면 소비자들의 실제이거나 이상적 자아와 브랜드 개성의 일치성이 높을수록 소비자들은 그 브랜드를 더욱 긍정적으로 평가하게 되고 소유하고 싶은 욕구를 가지게 된다. 예컨대, 한 소비자가 자신은 풍부한 예술적과 예민한 감수성을 갖는 사람이라고 생각을 한다면 이러한 소비자는 독특하거나 수려한 디자인을 가진 패키지의 제품을 선호할 것이다.

브랜드 의인화는 브랜드가 갖는 인간적인 특징을 규명하는 방안으로 진행되고 있다. 브랜드 개성 특성에 관한 연구는 브랜드가 인구통계학적(demographic descriptors)인 특성을 갖고 있다는 것부터 시작되었다. 예컨대, 젠더, 나이, 소득계층 등의 묘사 등이다.

또한 특성(trait) 중심의 인간개성에 관한 심리학분야의 연구를 근거로 브랜드 개성의 차원을 규명하는 연구가 수행되었다. Jannifer Aaker는 사람들의 개성이론 중 하나인 특성이론(trait theory)를 바탕으로 브랜드 개성의 측정도구를 제시하였다. 이후 개성특성변수로 평가한 결과 브랜드 개성이 진실함(sincerity), 흥미로움(excitement), 유능함(competence), 세련됨(sopistcation), 견고함(ruggedness)의 다섯가지 차원으로 구분될 수 있음을 밝혀내었다. 이 브랜드 측정항목(Brand Personality Scale)에는 15개의 하위요인 42개의 특성항목을 Jannifer Aaker는 제시하였다.

그림 5-4 브랜드 개성의 5개 차원과 예

진실함 (Sincerity)	흥미로움 (Excitement)	유능함 (Competence)	세련됨 (Sophistication)	견고함 (Ruggedness)
· 사실 그대로 (Down-to-earth) · 가족 지향적 (Family oriented) · 편협한 (Small-town) · 정직한 (Honest) · 진심 어린 (Sincere) · 사실적인 (Real) · 깨끗한 (Wholesome) · 독창적인 (Original) · 생기 있는 (Cheerful) · 감상적인 (Sentimental) · 친근한 (Friendly())	· 대담한 (Daring) · 최신 유행의 (Trendy) · 흥미진진한 (Exciting) · 열정적인 (Spirited) · 멋진 (Cool) · 젊은 (Young) · 창의적인 (Imagination) · 독특한 (Unique) · 최첨단의 (Up-to-date) · 독립적인 (Independent) · 현대적인 (Contemporary)	· 믿을만한 (Reliable) · 열심히 일하는 (Hard-working) · 안전한 (Secure) · 똑똑한 (Intelligent) · 기술적인 (Technical) · 공공의 (Corporate) · 성공적인 (Successful) · 선두 (Leader) · 자신만만한 Confident	· 고상한 (Upper-class) · 화려한 (Glamorous) · (잘생긴) Good-looking · 매력적인 (Charming) · 여성스러운 (Feminine) · 부드러운 (Smooth)	· 외향적인 (Outdoorsy) · 남성적인 (Masculine) · 서부적인 (Western) · 거친 (Tough) · 튼튼한 (Rugged)
Disney	Tesla	Volvo	Tiffany & Co	Harley-Davidson
Hallmark	Red Bull	Google	Rolex	Timberland
Amazon	Coca Cola	Intel	Gucci	Jeep
Cadbury	Nike	Microsoft	Apple	Marlboro

1) 진실함(sincerity)

진실함이라는 브랜드 개성을 갖고 있는 브랜드의 예로는 캐드배리, 디즈니, 홀마크, 아마존을 들 수 있다. 캐드배리 초콜릿은 영양많고 맛좋은 초콜렛을 공급하겠다는 의지로 지속적으로 브랜드 커뮤니케이션 하고 있다.

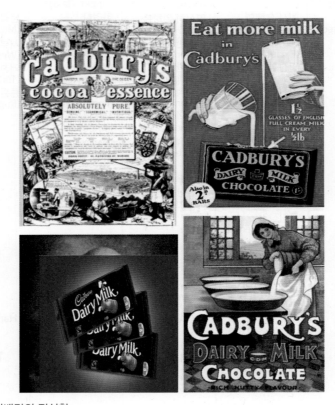

캐더배리의 진실함
캐더배리는 창업자 '존 캐드버리'는 사회적인 양심을 지키려고 했던 점에서도 높이 평가되고
있다. 신실한 퀘이커 교도였던 그는 노동자들이 진을 마시는 대신 '영양이 풍부하고 건강에
좋은' 초콜릿을 마시면 좋겠다는 좋은 취지를 가진 사람이기도 했다.

2) 흥미로움(excitement)

흥미로움이라는 브랜드 개성을 갖고 있는 예로는 테슬라, 레드불, 코카콜라 등이 있다. 테슬라의 경우에는 자사의 전기자동차의 선도적인 이미지로 흥미를 유발할 수 있도록 디자인과 사용자 경험을 소비자들에게 제공하고 있다.

테슬라의 흥미로움
테슬라는 전기자동만의 특성을 확실한 사용자경험으로 승화시켜 흥미로운 사용자 경험을 선사
하고 갖고 싶은 브랜드가 되도록 하고 있다.

3) 유능함(competence)

유능함이라는 브랜드 개성을 갖는 예로는 볼보, 구글, 인텔, 마이크로소프트가 대표적이다. 특히 온라인 검색에서는 구글이 최강의 위치를 점하고 있고 각종 플랫폼을 제공하여 유능함을 과시하고 있다.

구글의 유능함
구글은 구글링이란 신규어가 생길 정도로 검색 등의 IT유능함의 개성을 갖고 있다.

4) 세련됨(sopistcation)

세련됨의 브랜드 개성의 예로는 샤넬, 티파니, 롤렉스, 루찌, 애플이 대표적이다. 예컨대, 명품 중의 명품이라는 샤넬의 경우 성공하고 멋진 세련됨을 강조하여 누구나 선망의 브랜드이다.

샤넬(Chanel)의 세련됨

샤넬은 프랑스의 패션 브랜드로, 창업자 가브리엘 샤넬의 이름에서 유래되었다. 자신의 위치를
인정받고자 하는 고소득층 고객들을 대상으로 능력자들의 욕망을 만족시켜 주는 브랜드 개성
을 갖고 있다. 샤넬은 이런 고객들이 제품 구매 시 자부심이 생길 만한 가격을 책정했고, 누구나
볼 수 있는 TV나 신문과 같은 대중 매체에는 샤넬의 제품 광고를 싣지는 않는다.

5) 견고함(ruggedness)

견고함의 브랜드 개성은 할리데이비슨, 팀블랜드, 지프, 말보로가 대표적인 예이다. 다소
성능이 강하거나, 거칠거나, 남성적인 브랜드 이미지를 갖기도 한다.

지프(jeep)의 견고함

지프는 군용으로 시작되었으며 4륜 구동브랜드의 전형성을 갖고 있으며 오프로드에도 강력하
다는 이미지를 갖고 있어 견고함의 브랜드 개성을 갖고 있다.

Section 04 브랜드 아이덴티티 실현을 위한 주요 브랜드 구성요소 개발

1. 브랜드 네이밍 개발

그림 5-5 브렌드 네이밍 개발 절차

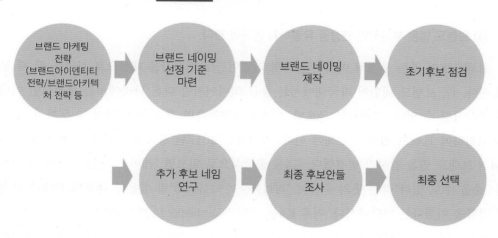

네이밍 절차는 상위의 브랜드 전략에 의거하여 선정기준마련 → 제작 → 초기후보 점검 → 추가후보네임 연구 → 최종후보안들 조사 → 최종선택의 순으로 진행된다.

1) 선정기준마련

첫 번째는 브랜드 네이밍 선정에 이용될 기준을 마련하는 것이다. 일반적으로 브랜드 네이밍의 선정기준은 다음과 같다.

(1) 브랜드명은 제품과 잘 어울려야 한다.

브랜드네임은 시각적 및 언어적(verbally)으로 잘 어울리고 매력적이어야 한다. 예컨대, 청정원이라는 브랜드명은 생산되는 제품이 청정한 원료를 사용해하는 자연친화적인 제품이라는 사실을 암시하며 경쟁업체들에 비해 쉽게 이해할 수 있어 차별화가 쉽다는 이점이 있다.

(2) 브랜드명은 제품의 기능이나 편익을 잘 전달할 수 있어야 한다.

애경2080치약의 경우는 20개의 치아를 80세까지 건강하게 지켜준다는 뜻으로 제작되었다.

(3) 브랜드 명은 기억하기 쉽고 발음하기 쉬어야 한다.

일반적으로 관심을 끌만한 특이한 네이밍이거나 시각적 이미지는 연상하는 단어(애플, 폴로), 감정을 유발하거나(샤넬 넘버5), 짧고 단순한 단어(coke)로 이루어져야 한다.

(4) 브랜드 명은 부정적인 연상을 유발하지 않아야 한다.

브랜드명이 주는 부정적 이미지는 특히 기업이 글로벌시장을 대상으로 사업을 할 때 문제가 된다. 즉, 브랜드 네임이 자국내에서는 좋은 의미이지만 다른 나라에서는 부정적인 이미지를 연상시킬 수 있다. 그러므로 글로벌 기업을 지향한다면 각 나라의 언어 및 문화적 요소 등을 고려하여 브랜드 명을 선정해야 한다. 기아차는 2017년 중국에서 판매 중이던 중형 세단 K4의 브랜드 명을 갑자기 변경했다. K4를 중국식으로 읽으면 "케이쓰"라는 발음이 되는데 이는 "죽을 수도 있다"라는 뜻의 중국어 "可以死(커이쓰; keysis)"의 발음과 유사해 판매에 부정적인 영향을 미쳤다는 판단에서다. 이후 K4는 카이션(kaishen)으로 변경되었다.

인도 자동차 업체인 타타자동차는 예측 불가능했던 장애물을 만나 브랜드명을 바꿔야만 했다. 타타는 2016년 '지카(Zica)'라는 신차를 발표했다. Zippy(날렵한)과 Car(차)를 조합해 만든 적절한 브랜드 명이었으나 신차를 출시직후, 중남미에서 신생아 소두증을 유발한다는 '지카(Zika)' 바이러스가 창궐하면서 전세계적으로 유행하기 시작했다. 타타모터스는 이미 지카라는 이름으로 브랜드 커뮤니케이션을 해왔다. 그런데 이러한 바이러스 때문에 부정적 연상이 생길 수 있다는 심각성을 느껴 결국 지카라는 브랜드명을 포기하고 신차 이름을 티아고(Tiago)로 변경할 수 밖에 없었다.

CJ제일제당
과거 제일제당의 영문 표기는 Cheil Sugar & Corporation이었다. 이 기업명에서 sugar는 제당업계를 표현한 것이지만, 사탕수수농장의 노예, 사양 산업, 공해산업, 당뇨병' 등의 부정적 연상이 되었으며 제일의 영문 발음은 Jaii로 발음이 되는데 이는 감옥, 죄수 등을 연상하게 하는 등 좋은 이미지를 가지지 못하였다. 그리하여 CJ Cheiljedang으로 기업명을 변경하였다.

(5) 법적으로 등록받을 수 있어야 한다.

아무리 차별화되고 제품과의 연상작용이 잘되는 브랜드명이라도 법적으로 보호받지 못하는 명이라면 그 브랜드 네임에 대한 가치는 반감된다. 상표등록에 의해 제공되는 모든 이점은 브랜드 네임을 법적으로 안전하게 해주고 경쟁사의 모방을 막는데 큰 역할을 한다. 자사 브랜드 명에 대해 법적 등록을 받지 않아 많은 경쟁사들이 똑같거나 유사한 명을 사용한다면 자사의 신용에 부정적인 영향을 미칠 수 있으며 자사 브랜드 이미지에도 악영향을 미칠 수 있다. 그러므로 반드시 법적 등록이 가능한 네임이어야 한다. 즉, 브랜드 명이 중요한 이유 중의 하나가 법적 등록을 통한 배타적인 사용권 즉, 지적재산권 역할을 한다는 것이다.

예상되는 브랜드명은 동일검색 및 유사검색을 해야 하며 최근에는 도메인 검색까지 일반적으로 한다.

2) 브랜드 네이밍 제작

두 번째 단계는 실제로 브랜드 네이밍 대안들을 고안해 내는 것이다. 브랜드 대안들을 제작해 내는 방법들 중 가장 흔히 사용되는 것이 브레인스토밍(brain storming)기법이다. 이는 많은 사람들로부터 가능한 많은 브랜드명을 고안해 낼 수 있다. 브레인스토밍에 참여하는 사람들은 하나의 키워드와 관련하여 연상되는 단어들을 돌아가면서 자유롭게 아이디어를 낸다. 상호간에 있어서 타인이 제시한 의견이나 제안을 평가하면 안 된다.

또 다른 방법 중에 하나는 기업들이 소비자들에게 제품을 보여주고 적절한 브랜드명을 만들어 보도록 요구하거나 단어연상을 하도록 하는 방법이다. 단어연상방법은 소비자들에게 이미 확보된 브랜드 명 대안이나 이러한 관련된 단어를 제시하고 그 단어를 보거나 들었을 때 가장 먼저 떠오르는 단어를 적도록 하는 기법이다.

3) 후보점검 및 내부적 후보안들 조사

세 번째 단계에서 마케터는 기업 혹은 제품 이미지와 맞지 않는 브랜드 명 대안들을 제거하고 제품에서 기대되는 이미지와 부합될 수 있는 대안들만을 선별한다.

4) 소비자 의견조사

네 번째 단계는 소비자의 의견조사이다. 이 단계에서는 표적시장의 소비자들을 대상으로 다음의 여러 소비자의 의견, 이해도, 지각, 선호도 등을 조사하게 된다.

(1) 단어연상

단어 연상은 브랜드 네이밍의 여러안중에서 바람직하지 않은 연상을 불러일으키는 것이 어떠한 것이 있는지를 체크해야 한다.

(2) 기억력 측정

일정수의 브랜드 네이밍의 대안을 제시하고 일정한 시간이 경과한 후 그들이 기억하고 있는 브랜드 네이밍을 적어내도록 한다.

(3) 브랜드 속성 평가

각 브랜드 네이밍 대안이 중요한 속성평가에 미치는 영향을 알아본다.

(4) 브랜드 네이밍 선호도

각 브랜드 네이밍 대안에 대한 선호도를 조사한다.

5) 등록여부 조사 및 선택

4번째 단계인 소비자 선호도 조사를 통과하였다면 법적 등록 가능성에 대해 조사하게 된다. 법적으로 중요한 이유는 자사가 독점적으로 사용할 수 있어야 하기 때문이다.

이후 브랜드 마케터는 브랜드 네임에서 얻고자하는 여러 목표들을 고려하여 가장 적합한 브랜드명을 사용하게 된다.

2. 브랜드 네이밍 개발기법

브랜드 네이밍을 개발하기 위해서는 네임의 스펙트럼과 언어적 특색, 발상기법 그리고 제작기법 등을 전체적으로 고려해야 한다.

1) 브랜드 네임 스펙트럼

연상적 브랜드 네임(associative brand names)은 암시적 브랜드 네이밍인데 브랜드 네이밍이 제공하는 적절한 가치의 연상을 소비자에게 전달해 줄 수 있도록 한다. 네이밍 스펙트럼은 네이밍 전략에 중요한 부분이다. 네이밍은 브랜드의 다른 요소와는 상이하게 언어로 제작되어지므로 네임 스펙트럼에 따른 분류를 통해 알아볼 수 있는데 많은 장점이 있다. 우선 소비자의 반응을 알아보는데 도움이 된다. 소비자의 부정적 연상 등을 체크하거나 브랜드 포지셔닝이 적합한지 등을 사전에 미리 예측할 수 있도록 해준다. 둘째, 상표로써의 법률적으로 배타적 사용권을 갖기 위한 등록가능여부를 알아보고자 할 때 도움을 준다. 마지막으로 관리적으로 기업의 마케팅 전략 수립시 제품의 적합성이나 특성 등에 파악하고 관리하는데 도움이 된다. 브랜드 스펙트럼에 대해서는 아직 일치되거나 통합된 견해는 없지만 일반적으로 Interbrand라는 회사의 브랜드 네임스펙트럼을 많이 활용하는데 설명어(descriptive name), 연상어(associative name), 독립어(freestanding name)로 구분된다.

(1) 설명어

서술적 브랜드 네임(descriptive brand names)으로 제품이나 서비스의 편익·속성을 설명해주는 네임을 의미한다. 이 어군은 소비자들로 하여금 제품이나 서비스가 무엇인가를 명확하게 해주기 때문에 커뮤니케이션이 용이해져서 비용이 적게 드는 장점을 갖고 있다. 이에 비해 이 설명어군어로 브랜드 네이밍을 했을 경우 신기술을 적용하기에는 어렵거나 부적절하며 차별성이 상대적으로 부족하여 소비자들에 이목을 끌지 못할 뿐 아니라 법적 등록가능성을 통한 배타적 사용권도 부족하게 된다. 예컨대, 통돌이 냉장고, 에어워시 세탁기, 양파링 등이 이에 해당된다.

(2) 연상어

연상적 브랜드 네임(associative brand names)은 암시적 브랜드 네이밍인데 브랜드 네이밍이 제공하는 적절한 가치의 연상을 소비자에게 전달해 줄 수 있도록 한다. 예컨대 NIKE라는 브랜드는 승리의 여신 니케라는 의미에서 스포츠와의 연상을 불러 일으키는 네임이다. 이는 제품이나 서비스가 제공되는 것과 관련된 어미를 잘 전달하고 차별성으로 인해 소비자들에게 기억이 잘 되기 때문에 법적등록의 측면에서 설명어군보다 용이하다는 장점을 갖는다. 반면 한가지 언어나 문화권에서 파생된 네임은 타언어나 권역밖의 문화에서는 완전히 상이한 연상작용을 갖을 수 있으므로 네임에 대한 부정연상체크는 반드시 수행되어야 하며 단어자체에서 제품이나 서비스의 의미가 명확하지 않기 때문에 마케팅 커뮤니케이션 비용이 많이 든다.

(3) 독립어

독립어(freestanding brand names)는 네임의 의미가 제품이나 서비스와는 전혀 관련없이 커뮤니케이션

미국 그레이하운드사
미국의 그레이하운드사는 장거리 여객버스회사이다. 수송서비스가 빠르다는 것을 강조하기 위해 그레이하운드가 갖는 빠른이미지를 반영하였다.

활동을 통해 의미를 부여해 준다. 이를 이용하면 상표의 등록(법률적)이 비교적 용이하며 많은 브랜드 중에서 차별화하기가 쉽고 국제적 브랜드로서도 사용이 가능하다. 그러나 이러한 독립어를 이용한 네이밍은 커뮤니케이션 비용이 많이 들 뿐만 아니라 시간도 매우 많이 요구되는 네이밍이다. XEROX복사기 등이 여기에 해당되는 예이다.

한편 미국 상표법에서는 상표체계를 보통명사(generic)의 브랜드, 서술적(descriptive) 브랜드, 암시적(suggestive) 임의적(arbitrary), 조어적(coined)으로 5가지 유형으로 밝히고 있다.

보통명사 네임은 텔레비전, 야구처럼 제품이나 서비스 자체를 가리키는 일반적인 명칭이며 이는 상표법상으로 보호를 받지 못한다.

서술적 네임은 단순히 제품의 성격이나 색깔, 냄새, 효능, 원료 등으로 소비자에게 대한 정보 등을 전달하는 이름이나 최고, 프리미엄 등 제품이나 서비스를 설명하는 것에 지나지 않기 때문에 다른 경쟁자들이 쉽게 도용이나 사용할 수 있다. 즉, 어느 특정인이나 조직이 독점적으로 소유할 수 있고 아울러 제품의 출처를 가리키는 기능이 한계가 있기 때문에 상표등록이 용이하지 않다. 프리미엄아웃렛 등이 이러한 예이다.

암시적인 네임은 제품·서비스의 느낌, 바람직한 아이디어 창출을 위해 명백한 방식에서 평범한 단어를 사용한다. 그러나, 단어 자체의 의미대로 제품이나 서비스의 어떤 면을 직접 기술하지는 않는다. 즉, 제품·서비스의 특성이나 성격을 암시하기는 하지만 일반 소비자가 네임과 특정 제품을 연결시킨다는 점에서 보통명칭과는 상이하고 제품의 특성 등을 직접 기술하지 않는 다는 점에서는 서술적 브랜드 명과는 다르다. 예컨대 미국의 고속버스 회사인 Greyhound는 운송회사의 바람직한 속성을 갖고 있다. 그러나 운송회사의 그대로를 기술한 것은 아니고 자체적으로 보유한 독특함으로 인해 상표로서 등록받을 수 있다.

임의적인 네임은 일반적인 단어를 사용하는데 그 단어들은 통상적인 의미가 제품·서비스에 나타내고자 하는 것과는 아무런 관련이 없는 경우이다. 그렇기 때문에 네임으로서 상표보호가 매우 용이하다. 애플 아웃렛이 그 예이다.

마지막으로 조어적 네임은 아무런 의미가 없이 특정제품을 가리키기 위해 새로 만들어진 네임이며 이는 다른 네임보다는 상표로 등록받기가 매우 쉽다.

2) 네이밍 언어적 특색

한글의 경우 양성모음과 음성모음에 따라 소비자들의 느낌은 상이하다.

(1) 한글 모음

모음종류	유형	이미지	예
양성모음	ㅏ, ㅑ, ㅗ, ㅛ	밝음, 작음, 경쾌함	방긋
음성모음	ㅓ, ㅕ, ㅜ, ㅠ	어두움, 큼, 무거움	벙긋

(2) 한글자음

소리형태	내용	유형	이미지	예
예사소리	구강 내부의 기압 및 발음 기관의 긴장도가 낮아 약하게 파열되는 자음	ㄱ, ㄷ, ㅂ, ㅅ, ㅈ	부드러움, 세련됨	보디가드
거센소리	숨이 거세게 나오는 자음	ㅊ, ㅋ, ㅍ, ㅌ	강력함	케토톱,
된소리	후두(喉頭) 근육을 긴장하면서 기식이 거의 없이 내는 자음	ㄲ, ㄸ, ㅃ, ㅆ, ㅉ	강력함	씨스팡

(3) 영어권 언어의 특색

사용빈도가 높은 철자 SCPAT, S는 8단어 중 하나꼴로 사용되고 있으며 사용빈도가 상대적으로 낮은 철자는 XZYQK 등이다. 그러나 최근 중국의 영향으로 그 사용빈도가 늘고 있다. (XIAOMI) 그러나 Z의 경우 3,000개의 단어중 하나꼴로 사용되고 있는 실정이다. 영어에서 철자 X는 최근에는 젊음을 표현할 수도 있다. 예컨대 ESPN의 X게임, 닛산의 Xterra SUV 등 X는 극한(extreme), 아슬아슬함(on-the-age), 젊음(youth) 등을 나타낸다.

(4) 시대별 언어의 특색

시대별로 유행하는 브랜드가 있는 법이다. 1970년에는 텍스(tex)라는 단어가 매우 유행하였다. 예컨대, 골덴텍스, 피죤텍스라는 단어를 매우 많이 활용하였다. 80년에 와서는 테크와 그린, 90년대에서는 컴, 넷, 2000년이 들어와서는 피아(pia)등을 많이 사용하는 등 시대에 따라 유행하는 단어도 있다. 그러므로 장기적인 입장에서는 유행어를 중심으로 브랜드 명을 제작하는 것은 추천하지 않는다.

된소리 브랜드의 예
짜짜로니

(5) 문자와 숫자의 결합

브랜드 명은 WD-40, Formula 409, Saks Fifth Avenue등과 같이 알파벳과 아라비아 숫자의 결합하기도 한다. 경우에 따라 철자숫자결합 브랜드 네임은 S10, iphone 10, BMW3, 5, 7 등 제품라인의 생성 및 관계를 지정하기 위해 사용되기도 한다.

3) 브랜드 네임 발상기법

브랜드 네임을 만드는 방법은 매우 다양하다. 아래의 〈표 5-2〉는 다양한 발상방법, 내용 그리고 예를 제시하고 있다.

표 5-2   네이밍 발상기법

방법	내용	예
글자(알파벳)추가	단어에 알파벳 추가	Lemona(Lemon + a)
단어결합	단어의 변형없이 결합하여 하나의 네임 제작	아침햇살, 홈플러스
단어단축	단어의 앞 혹은 뒤의 철자를 생략	Fanta(Fantasy)
단어변형	단어의 철자 변형	compaq(compact)
단어합성축약	두 단어의 축약에 의해 합성되어 하나로 제작	Fedex(Federal Express)
동음반복	같은 소리의 글자를 반복해서 사용	봉봉주스
문장완성	문장을 하나의 단어로 축약	누네띠네
시간/지리	시간을 나타내거나 개념 이용/지리적인 장소 이용	파리 바게뜨, 지리산수
신화	신화속의 인물 등을 사용	Nike(승리의 여신), 박카스(술)
어구완성	키워드를 어구로 표현	깨끗한 나라
역설	연상이미지를 역으로 이용하여 강렬한 인상을 줌	Poison(향수/불어)
외국어	외국어 활용	EQUUS(라틴어; 개선장군)
유머	유머스러운 표현으로 제작	오빠닭(오븐에 빠진 닭)
의성의태	음감이용/행동이용	Yahoo, 부셔부셔
의인화	사람처럼 만드는 기법	미스트 피자
이니셜	영어 알페벳이 긴 경우 영문이니셜만 사용	IBM, HP, SK
인명(사람이름)	유명인이나 창업자의 이름을 이용하는 네임으로 소비자들에게 신뢰도나 친근감 부여	민병철어학원, 트럼프 월드, 힐튼 호텔, 디즈니랜드
임의적단어활용	제품과 연관성 없이 사용	Apple 컴퓨터
자연어	사전에 있는 모든 언어 그대로 변형없이 사용	맛있는 왕족발, 노랑통닭
제품관련	제품의 속성 혹은 형태와 관련	새우깡/비틀(딱정벌레)
조어	의미없이 임의로 새로운 단어 제작	Zantac위장약
철자대칭	단어의 앞뒤 철자를 동일하게 사용	NEXEN, XEROX
형태소 결합	형태의 단어 결합	Everland(Ever~)

3. 브랜드 디자인 개발

디자인은 인간의 생활과 밀접한 관련이 있고 생활문화 전반에 걸쳐 디자인이 접목된 결과를 찾는 것은 어렵지 않다. 특히 기업의 제품·서비스뿐 아니라 다양한 활동에서도 디자인은 기본이 되는 것 중에 하나이다. 일반적으로 디자인의 영역은 무궁무진하다. 시각디자인, 제품디자인 등등 매우 많은 영역이 포함되어있는데 본 서에서는 신제품 영역에서 많이 활용되면서 브랜드 마케터들이 알아야 할 개념을 중심으로 설명하고자 한다.

1) 디자인과 색채

일반적으로 색을 이용하는 것은 이전부터 있었다. 유럽의 경우, 적의 공격으로부터 자신의 부족을 지키기 위한 보호색의 기능을 했던 때부터 중세시대 왕족들이 자신들과 하층민 간의 계급적 구분을 위해 의도적으로 사용하였다. 최근에는 이러한 색깔이 지친 몸과 마음을 달래주는 컬러 테라피부터 기업의 브랜드 아이덴티티를 표현하여 브랜드를 차별화하는 하나의 요소로 각광을 받고 있다. 다채로운 색은 소비자가 자사의 브랜드를 친숙하게 느끼고 좋아하게 만드는 아주 훌륭한 수단이 되기도 한다.

특히 디자인 중 색채는 인간의 정신과 마음에 영향을 미쳐 무한한 감정과 미적체험을 축적하게 하고 심리적 생리적으로 영향력을 발휘한다. 신제품 개발에 있어 색채디자인이 중요한 이유는 색의 효과를 적절하게 사용함으로써 사물의 분류를 가능하게 하고 그 차이를 명확하게 한다. 색채디자인의 역할은 제품의 개성과 이미지를 표현한다. 색의 차이에 따라 사용자의 감성적 요구가 반영되어 구매량에 직접적인 영향을 미치기도 한다. 디자인의 부가가치를 높이고 경쟁력을 향상시킨다. 기존 제품의 형태나 소재를 변경시키지 않고 비용을 최소화하여 신제품 개발의 효과를 야기하기도 하는 등 전략적으로 활용할 수 있다. 이러한 색채를 이용하면 제품에 질서를 부여하고 통합하기 용이하다.

한편 유행하는 색의 결정은 1963년에 설립되어 프랑스 파리에 있는 국제유행색위원회(international Commission for Fashion & Textile Colours; Intercolor)에서 국제적으로 유행색을 정기적으로 예측하여 발표하고 있다. 각국 전문위원에 의한 합의체로 결정되어 2년후의 색채경향을 분석하여 봄/여름, 가을/겨울로 구분하여 예측한다.

스팸

스팸은 파란색과 노란색을 주요한 브랜드 및 패키지 색상으로 사용하여 강력한 브랜드의 상징을 사용한다.

색채 계획 프로세스는 문제의 조사 및 분석에서 시작하여 해결방법을 찾고 이후 실행을 하는 순으로 이루어 진다.

(1) 색채문제의 조사 및 분석을 통한 기획 단계

색채 정보 조사 분석에는 마케팅 조사에서 시행하였던 다양한 자료를 활용할 수 있으나 기본적으로 여기서는 색채에 관한 더 많은 정보가 필요하다. 여기에는 시장정보, 소비자정보, 유행정보, 경쟁자의 컬러포지셔닝 분석이 필요하다.

(2) 디자인 단계

해결방법 작성은 위의 색채 문제의 조사 및 분석에 따라 제품의 컨셉을 고려하여 색채의 컨셉 및 색채계획서를 작성한다. 이어서 이미지 맵에 의거해서 색채중 주조색, 보조색, 강조색을 결정한다. 아울러 배색 디자인을 하며 제품별 색채적용을 하는 단계이다.

(3) 실행 단계

이 단계에서는 디자인이 결정된 것을 실제로 적용하는 단계이다. 소재결정을 하고 시제품을 작성하고 본격적으로 적용하는 단계이다.

티파니 블루
19세기 빅토리아 시대에서는 터쿼이즈(터키석)의 인기가 높아 연한 파란색의 인기도 높았고 이 시대의 신부들은 결혼을 기념하여 파란 물새알 컬러로 된 장식이나 브로치를 하객에게 선물하는 풍습이 있었다. 티파니는 이 색을 카탈로그 '블루북'의 커버 색으로 사용하였다. 이후 티파니(Tiffany)는 자사의 블루 컬러를 브랜드의 자산으로 확보하기 위해 '티파니 블루'라는 이름을 '컬러 상표'로 등록하였다. '색' 자체를 식별력 있는 '상표'로 만들기 위해 팬톤과 협업해 팬톤 넘버 1837(티파니 창립 연도)이라는 티파니만의 컬러를 확보하였다. 이후. 티파니사만이 이용할 수 있는 독점적인 '티파니블루' 컬러. 제품을 포장하는 수준을 넘어 컬러를 자산화에 성공하였다.

2) 이미지 스케일

이미지 스케일(image scale)이란 특정한 색을 보고 많은 사람들이 보편적으로 느끼는 감정을 일정한 기준으로 만든 공간좌표 안에 위치시키는 것을 말한다. 이것은 색채에서 느끼는 심리를 바탕으로 감성을 구분하는 기준을 만든 것으로 디자인 전반에 걸쳐 이미지와 의미를 부여할 수 있는 시스템이다. 자세히 살펴보면 상반된 의미의 형용사 의미를 척도로 나누어 강도에 따라 분석하고 개념의 의미를 분석함으로써 이미지의 질적 내용을 수치화하여 정량적으로 표현한 것이다. 이것을 이용하여 마케팅에 활용하면 소비자에게 더욱 바람직한 반응을 얻을 수 있을 것이다.

(1) 이미지 스케일의 형식

색의 온도감을 가로축, 색의 경연감을 세로축으로 해서 대척적인 개념들의 위치 즉, 좌표에 따라 어떠한 색깔이 적절한가를 나타낸 표이다. 마케터들은 아래의 개념적인 축을 이용하여 자사의 제품(혹은 브랜드 이미지)에 적절한 색을 활용할 수 있을 것이다.

그림 5-6 이미지 스케일 좌표

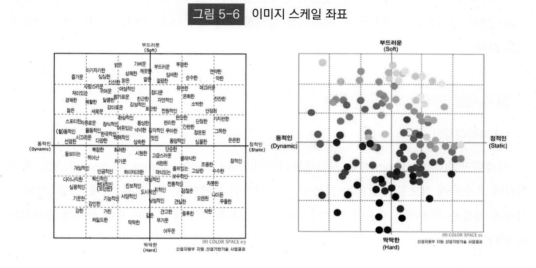

(2) 주요색깔의 통상적 의미와 브랜드 적용예

일반적으로 1위 브랜드는 빨간색과 파란색 중에 하나를 사용하고 2위는 1위가 사용하지 않는 색을 주로 사용하는 경향이 있다. 그러므로 빨간색과 파란색은 시장에서 매우 강력한 의미를 갖는다.

먼저 빨간색을 주로 사용하는 기업은 맥도날드, 버진, 유투브, 코카콜라, LG, 네플릭스, 티웨이항공 등에서 사용한다. 빨간색은 따뜻함 강렬함, 유혹, 식욕, 단맛, 매운맛, 열정 등을 상징하는 레드 컬러는 사람들의 이목을 집중시키는 포인트로 많이 사용된다. 또한 맛을 연상시키는 식욕과 관련된 컬러이므로 패스트푸드점이나 매운 음식을 비즈니스 하는 식품쪽의 컬러로 많이 사용된다. 소비자의 시선을 사로잡기에 가장 좋은 컬러이지만 그만큼 부정적인 이미지도 있기 때문에 잘 사용해야 되는 주의가 필요한 컬러이다.

파란색은 신뢰를 상징하는 컬러이다. 삼성, 페이스북, 신한은행, 에어부산 등에서 활용되는 색이다. 특히 공공기관, 금융기관에서 주로 사용한다. 그만큼 색에 대한 대중의 호감도도 높고 로고에서 가장 많이 찾을 수 있는 흔한 색상이기도 하다. 그러나 파란색의 채도, 명도에 따라서 자칫 우울한 느낌이나 차가운 느낌을 줄 수도 있기 때문에 주의해야 한다.

녹색은 자연과 환경을 연상시키는 컬러이다. 이니스프리, 스타벅스, 네이버, 라코스테, 하이네켄에서 사용되는 색이다. 녹색은 자연과 환경을 연상시키는 컬러이기 때문에 우리 눈에 가장 자연스럽게 조화될 수 있는 색상이다. 일반적으로 유기농 식품, 자연, 환경에 관련된 브랜드들이 많이 사용한다.

블랙(샤넬, 우버, 아디다스)은 가장 심플하면서도 깔끔한, 그리고 가장 강력한 색상이다. 고급스러우면서 무게감있는 색상이다. 세련됨을 상징하는 동시에 어둠, 쓴 맛을 나타내는 색상이기도 하다.

3) 디자인 영역

(1) 시각디자인

시각디자인(visual design)이란 시각전달디자인(visual Communication design)이라고도 하며 시각에 호소하여 정보를 전달하는 기능을 가진 디자인 분야이다. 즉, 색채, 형태, 그림, 기호 등 시각적 심볼을 사용하여 제품이나 서비스에 관한 정보를 전달하고 소비자의 선택에 관여하도록 한다.

① BI/CI디자인

CI(corporate identity design)이란 기업의 이미지를 일관성있게 통합하는 디자인으로 CIP(corperate identity program)이라고도 한다. 시각적인 통일성과 정체성을 체계적으로 만드는 작업으로서 기업이 추구하는 경영이념과 목적을 포함한 가치를 구성원들과 함께 공유하고 외부에 알리는 경영활동이다. 대표적으로 기업로고나 상징마크를 통해 나타내며 서류봉투, 편지지, 포장지, 명함, 유니폼 등등 다양한 분야에 적용되어 사용되고 있다.

이러한 BI 디자인에는 다양한 용어가 있다. 심볼마크는 나이키의 스와시 마크 등을 나타내며 로고타입은 NIKE의 글자 자체를 말한다. 워드마크는 구글, 줌, 파이브 가이즈처럼 글자체 약간의 디자인을 가미한 것을 말하며 콤비네이션 마크는 심볼과 워드마크의 조합이라 할 수 있다. 한편 엠블렘은 상징, 표상, 문장이며 엠블램과 심볼은 교환 가능하나 엠블램은 도안과 같은 시각적[구체적]인 것에 심볼은 추상적인 것에 사용되 것이 일반적이다. 구체적으로 보면 다음과 같다.

㉠ 워드마크(word mark): 단어로 이루어진 브랜드 마크이다. 회사의 이름이나 이니셜, 머리글자등을 활용하여 만든다. 가독성을 유지하면서도 차별적인 개성과 상징적인 면을 갖고 있는 것은 좋은 워드마크가 될 수 있다.

워드마크의 예
구글, 삼성, 인텔, 줌, 우버, 파이브 가이즈는 워드마크형태로 기업브랜드를 사용하기도 한다.

㉡ 구체형 심벌마크
구체적 상징물을 활용하여 브랜드 마크를 디자인 하는 방법이다. 브랜드가 지향하는 의미를 쉽고 친숙하게 전달할 수 있다.

구체형 심벌마크의 예
라코스테의 악어, 세계자연보호기금 WWF의 팬더같이 브랜드가 지향하는 의미를 직관적으로 전달한다.

㉢ 레터폼마크
브랜드네임을 구성하는 단어 중 특별한 개성을 부여할 수 있는 한개의 철자를 모티브로 활용해 디자인하는 경우이다. 언어를 좀 더 상징적으로 완성된 시각형태로 형태를 인지하며 읽혀지는 동시성을 충족시켜주는 방식이다. 웨스팅하우스나 모토롤라의 M이니셜마크는 단순하며 강력한 형태로 쉽게 인지해주게 된다.

레터폼마크의 westinghouse
미국의 대표적인 복합기업으로 과거 엄청난 명성과 영광을 누렸다. 미국의 중추적인 방위산업체로서 입지를 다졌고 가전제품도 생산했었으나 현재는 원자력 전문 기업이다.

㉣ 추상형 심볼마크

추상형 심볼마크는 의도적으로 의미를 알 수 없게 해 독특한 감성을 전해주지만 소통이 어려울 수 있는 단점도 있다. 대기업들이 일반적으로 사용하며 대체적으로 첨단기술이나 서비스 중심기업들이 지속적으로 광고를 통해 알리고, 독보적인 인지도가 요구될 때 사용된다.

추상형 심볼마크를 활용한 할리데이비슨
할리데이비슨은 추상형 심볼마크를 활용하여 그들의 독특한 감성을 공유한다.

㉤ 엠블램

기업 혹은 단체의 이름과 특정 모양을 결합시켜 만드는 방법으로 이들은 분리되지 않고 하나의 브랜드 마크를 구성한다.

탐스슈즈(TOMS Shoes)의 엠블램
탐스슈즈는 글자(회사명)와 모형을 결합시켜 사용하고 있다.

ⓗ 다이내믹 마크

다양하게 그들의 브랜드 로고를 변형하는 형식이다.

2022년 카타르 월드컵 기념 마크

코로나 바이러스 백신 및 마스크 관련 마크

구글의 다이내믹 마크
구글은 두들(doodle)사이트에 가면 기념일 등에 따라 마크를 다르게 하여 창의성있는 기업
임을 보여주고 있다.

　　일반적으로 브랜드 네임이 결정되면 네임을 기초로 디자인이 개발된다. 디자인 개발시에는 기존의 브랜드 체계라 할 수 있는 기업브랜드(CI) 규정, 기업의 브랜드 전략 및 개발 브랜드 컨셉을 고려하여 디자인 컨셉을 설정하게 된다. 물론 네이밍과의 적합성 또한 중요한 부분이다. 이러한 디자인 컨셉 설정에서는 기능, 이미지 그리고 개발방법에 대해서도 주요한 고려 요소가 된다. 이후 본격적인 디자인 개발이 이루어지게 된다. 디자인은 기본시스템이 개발된 후 확정이 되면 응용시스템으로 브랜드를 적용하는 방법에 대한 항목이 개발되고 이후 디자인 규정이 완성된다.

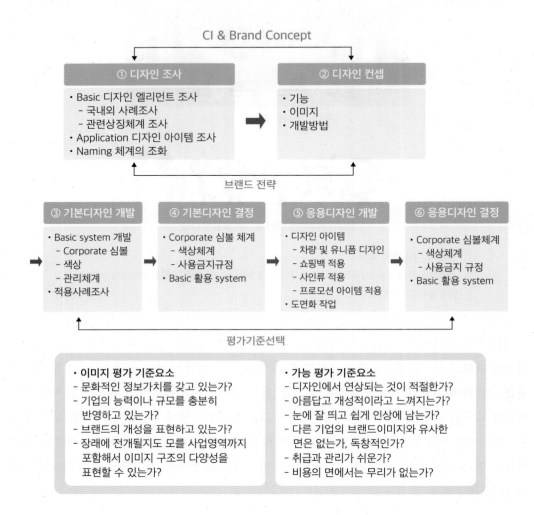

그림 5-7 디자인 개발 프로세스

디자인 조사 → 디자인 컨셉 → 기본디자인 개발 → 기본디자인 결정 → 응용디자인 개발 → 응용디자인 결정

CI & Brand Concept

① 디자인 조사
- Basic 디자인 엘리먼트 조사
  - 국내외 사례조사
  - 관련상징체계 조사
- Application 디자인 아이템 조사
- Naming 체계의 조화

② 디자인 컨셉
- 기능
- 이미지
- 개발방법

브랜드 전략

③ 기본디자인 개발
- Basic system 개발
  - Corporate 심볼
  - 색상
  - 관리체계
- 적용사례조사

④ 기본디자인 결정
- Corporate 심볼 체계
  - 색상체계
  - 사용금지규정
- Basic 활용 system

⑤ 응용디자인 개발
- 디자인 아이템
  - 차량 및 유니폼 디자인
  - 쇼핑백 적용
  - 사인류 적용
  - 프로모션 아이템 적용
- 도면화 작업

⑥ 응용디자인 결정
- Corporate 심볼체계
  - 색상체계
  - 사용금지 규정
- Basic 활용 system

평가기준선택

• 이미지 평가 기준요소
- 문화적인 정보가치를 갖고 있는가?
- 기업의 능력이나 규모를 충분히 반영하고 있는가?
- 브랜드의 개성을 표현하고 있는가?
- 장래에 전개될지도 모를 사업영역까지 포함해서 이미지 구조의 다양성을 표현할 수 있는가?

• 가능 평가 기준요소
- 디자인에서 연상되는 것이 적절한가?
- 아름답고 개성적이라고 느껴지는가?
- 눈에 잘 띄고 쉽게 인상에 남는가?
- 다른 기업의 브랜드이미지와 유사한 면은 없는가, 독창적인가?
- 취급과 관리가 쉬운가?
- 비용의 면에서는 무리가 없는가?

② 패키징 디자인

패키징(packaging)은 제품에 대한 용기와 그래픽 디자인의 개발을 포함한다. 패키지는 제품의 중요한 일부가 될 수도 있고 제품을 더 다양하고 더 안전하고 사용하기에 쉽게 만든다. 브랜드명처럼 패키지는 소비자의 제품에 대한 태도 및 구매의사결정에 영향을 준다. 패캐지 특성은 구매시점이나 사용하는 동안 제품에 대한 이미지를 소비자들게 형성을 시킨다.

패키지의 고유한 기능은 제품을 안전하게 보관·운반하고 파손을 막으며 제품의 정보를 제공하는 것이지만 소비자의 인식이 점차 높아지면서 제품의 홍보와 판매촉진을 위한 미적기능이 더욱 확대되고 있다. 최근에는 이러한 패키지가 소비자의 지각된 가치를 높여줄 뿐 아니라 구매를 자극하기 때문에 포장은 매우 중요하다. 특히 패키지에는 제품의 정보 역시 들어 가 있기 때문에 제품개발에 있어서 반드시 체크해야 할 부분 중의 하나 이다.

패키지디자인의 기능을 자세히 살펴보면 우선 상품의 보호와 보존기능기능이다. 외부 충격에 의한 파손방지, 오염으로부터의 보호, 제품의 변질 방지 등 품질을 일정하게 유지하기 위해 보호하고 보존한다. 예컨대 우유 혹은 오렌지 주스와 같은 유동체는 내용물을 보관하고 보호하는 패키지가 반드시 필요하다. 두 번째 기능은 편리성이다. 제품을 운반 혹은 보관이 용이하도록 포장은 간단하고 적절한 구조를 갖추어야 한다. 예컨대, 참치캔의 경우에 여러 크기의 형태로 나누어 판매되는 것을 알 수 있다. 세 번째 기능은 정보제공성이다 이는 제품의 성격과 사용법을 소비자에게 전달하는 커뮤니케이션의 역할도 포장지가 한다. 예컨대 식품품의 포장지에는 영양정보와 조리법에 대하여 소비자들에게 전달을 한다. 네 번째의 기능은 차별성의 기능이다. 차별화를 통해 브랜드의 아이덴티티를 각인시키는 역할을 살 수 있는데 빙그레 바나나맛 우유는 항아리 모양으로 패키지가 디자인되어 차별화에 성공하였다.

(2) 제품디자인

제품디자인이란 제품의 조형적인 미를 디자인하는 것으로 생활의 여러가지 욕구를 충족시키기 위한 인공물을 만들어 인간의 삶을 쾌적하게 만들어 내는 활동이다.

제품디자인의 구성요소는 크게 인간적인 측면, 기술적인 측면 그리고 비용적인 측면으로 나눌 수 있다.

인간적인 측면은 사용하는 사람의 심리적, 생물학적 측면을 고려하며 인체공학적인 측면과 함께 심리적 만족을 충족시키는 측면을 고려해야 한다. 기술적인 측면은 제품의 구조, 형태, 재료, 색채 등의 기술적인 측면과 제품의 사용, 유지, 운반, 보관과 관련

빙그레 바나나맛 우유
바나나맛 우유는 처음출시될 무렵인 1970년대의 산업화시대에 농촌을 떠나 대도시로 온 고달픈 도시 생활업자들이 고향을 떠올릴 수 있도록 넉넉한 항아리 모양으로 디자인되었다.

된 기능적인 측면을 고려해야 한다. 비용적인 측면은 판매촉진, 수익등을 고려한 측면이다.

제품 디자인 프로세스는 일반적으로 기획 → 디자인 → 생산 단계를 거친다.

① 기획단계

제품기획, 시장조사 소비자 조사를 하는 단계로 이를 통해 컨셉트를 수립하게 된다. 이러한 기획단계는 마케팅전략하에서 실행되는 것이 바람직하다.

② 디자인단계

디자인 단계에서 첫 번째 전개 단계는 아이디어 스케치이다. 이후에 완성된 예상도를 제작해보는 랜더링(rendering), 실제와 동일한 외형의 모형을 만드는 목업(mock-up)단계, 모델링을 위한 디테일한 설계도를 만드는 설계도 작성단계를 거친다.

③ 생산단계

생산단계에서는 소재를 결정하고 3차원의 실물크기모형의 모델링을 하고 평가를 한 후 본격적인 생산을 시작 준비하는 단계이다.

4. 지적재산권과 브랜드

1) 지식재산권 개요

재산(property)은 인간의 사회·경제적 욕구를 채워주는 유무형의 수단이다. 특히 재산권(property right)은 경제적인 가치가 있는 권리인데 재산적으로 가치를 갖는 대상을 사용, 수익 그리고 처분을 할 수 있는 권리를 의미한다. 재산은 형태에 따라서 토지, 건물, 보석 혹은 금전 등의 유채자산과 인간의 지적활동의 결과로 산출되어지는 정신적인 산출물로 재산적 가치를 갖는 발명, 저작, 특허등의 무형재산으로 나눌 수 있는데 이때 무형자산을 다른 용어로 지식재산(intellectual property)라고도 한다.

지식재산 기본법 제3조 제1호에 의하면, 지식재산이란 인간의 창조적 활동 또는 경험 등에 의하여 창출되거나 발견된 지식·정보·기술·사상이나 감정의 표현, 영업이나 물건의 표시, 생물의 품종이나 유전자언, 그밖에 무형적인 것으로서 재산적 가치가 실현될 수 있는 것을 말한다.

산업재산권(industrial property)은 물질문화의 발전에 기여하는 권리이고 저작권(copyright)

은 정신문화의 발전에 기여하는 권리이다. 발명은 특허법, 고안은 실용신안법, 물품의 디자인은 디자인보호법, 상표나 서비스는 상표법, 그리고 저작물은 저작권법에 의하여 권리를 부여하고 보호받고 있다.

지식재산권은 산업재산권(물질문화), 재산권(정신문화) 그리고 신지식재산권(지식정책)이 있다.

2) 필요성

지식재산권이 필요한 이유는 먼저 시장에서의 독점적인 지위를 확보하기 위함이다. 이러한 독점적인 지위는 소비자들에게 신뢰를 갖게 해주면서 기술판매를 통해 수익 창출, 그리고 시장에서 기술적 표준적인 위치를 갖게 되어 강력한 시장지배를 할 수 있기 때문이다. 뿐만 아니라 타인과의 분쟁을 사전에 예방하고 타인이 자신의 권리를 무단으로 사용할 경우 적극적으로 대응할 수 있는 등 법적 보호를 받기 때문이다. 특허의 경우는 막대한 기술개발 투자비를 회수할 수 있는 수단이며 이를 바탕으로 한 추가 응용기술을 개발할 경우에도 비용에 대한 부담 없이 지속적인 개발을 할 수 있다.

3) 지식재산권의 종류

지식재산권은 권리자가 타인의 실시를 배제할 수 있는 배타적 독점권으로 특허권, 실용신안권, 디자인권, 상표권과 저작권 등이 있다.

(1) 특허권

특허는 자연법칙을 이용한 기술적 아이디어의 창작으로써 고도한 것이어야 한다. 이전까지 없었던 물건 혹은 방법을 최초로 발명하였을 경우 그 발명자에게 주어지는 권리이다. 특허를 받을 수 있는 발명은 독창적 사상이고 자연법칙을 이용한 것으로 기술적 효과를 낼 수 있고 산업상 이용할 수 있는 것이어야 한다. 특허권의 권리 존속기간은 출원일로부터 20년 이며 취득하기 위한 요건은 자연법칙을 이용한 발명의 성립성(subject matter), 독창적인 신규성, 기존 발명보다 난이도가 더해진 진보성(inventive step), 산업상 이용가능성(industrial applicable)이 있어야 한다.

(2) 실용신안권(utility model right)

실용신안법에 의하여 실용신안을 등록한 자가 독점적·배타적 지배권을 갖는 것이다. 실용신안은 자연 법칙을 이용한 기술적 사사의 창작물 중에서 산업상 이용할 수 있는 물품의 형상, 구조 또는 조합에 관한 고안이다. 일정한 형체가 없는 의약, 화학물질, 유리, 합금, 시멘트 등의 조성물은 등록될 수 없다. 특허출원을 하였으나 진보성과 고도성이 부족할때는 실용신안으로 변경해서 출원 한다면 등록될 가능성이 높기도 한다. 실용신안은 이미 발명된 것을 보다 편리하고 유용하게 쓸 수 있도록 계량한 것이며 권리존속 기간도 설정등록일 후 출원일로부터 10년이다.

(3) 디자인권

디자인권(design right)은 디자인을 등록한 자가 그 등록 디자인에 대하여 향유하는 독점적·배타적 권리를 말한다. 디자인은 물품(물품의 부분 및 글자체 포함)의 형상, 모양 그리고 색채와 이들을 결합한 것을 말하며 시각을 통하여 미감을 일으키는 것을 의미한다.

디자인권의 성립요건은 물품성, 형태성, 시각성, 심미성이 갖추어졌는가를 심사하게 된다. 물품성이란 독립성이 있는 구체적인 물품으로써 통상의 상태에서 독립된 거래의 대상이고 이것이 부품인 경우에는 호환성이 있어야 한다. 형태성이라 형상, 모양, 색채 그리고 이것이 결합된 것을 의미하는 것이다. 시각성이란 육안으로 식별할 수 있는 것을 의미하고 심미성이랑 미감을 일으키도록 미적 처리가 되어 있는 것을 의미한다.

KIPRIS(Korea Intellectual Property Rights Information Service)
특허청이 보유한 국내외 지식재산권 관련 모든 정보를 DB로 구축하여 이용자가 인터넷을 통해 상표등록 및 등록가능성, 등록 현황 등을 알 수 있다. KIPRIS는 한국특허정보원이 운영하는 대국민 특허정보검색서비스이다. PC 및 모바일 접속이 가능하다.

(4) 상표권

① 개념

상표(trade mark)는 다른 사람의 상품 또는 영업과 구별하기 위하여 사용하는 문자, 도형, 기호, 입체적 형상, 색체, 홀로그램, 동작, 소리, 냄새 등의 시각적으로 사용할 수 있는 권리를 말한다. 상표권(trade mark right)은 등록상표를 지정상품에 독점적으로 사용할 수 있는 권리이다. 상표기능은 식별기능, 출처표시기능, 품질보증기능, 광고기능, 재산적 기능 등이 있으며 독점사용기간은 10년이고 갱신이 가능하다.

② 상표 검사 심사 및 등록

상표검색은 상표의 유효성 판단 중 선출원으로 저촉되는 상표가 있는지의 여부를 찾는 과정을 말한다. 저촉이라함은 상표가 동일 혹은 유사하고 제품 또한 동일 유사한 경우를 말한다. 상표법에 보면 비교적 등록의 요건과 등록을 받을 수 없는 상표에 대해 나와 있다. *

브랜드 네임안들에 대해 상표 검색을 하기 위해서는 우선 상표의 등록요건에 대해 검토하여야 한다. 일반적으로 상표 검색은 상표 검색 DB를 이용하여 실행한다. 키프리스 웹사이트 (www.kipris.or.kr)를 이용하면 무료 검색을 실행할 수 있다.

상품분류 등을 통해 먼저 상품류를 결정해야 한다. 상품류는 SSIC코드를 통해 찾거나 정의된 유사 상표의 범위에 따라 검색할 상품류를 정해야 하며 한국분류와 국제분류 모드를 찾아야 한다. 특허청의 유사상표 심사기준을 활용하면 된다.

다음 프로세스로 등록하고자 하는 제품이 속하는 류에 대해서 동일 상표가 출원 혹은 등록되어 있는지를 찾아야 한다. 만약, 동일 상표가 이미 출원되어 있는 경우 나중에 출원한 상표는 등록을 받을 수 없다. 그러나 출원된 상표라 할지라도 거절되거나 포기한 경우에는 등록을 받을 수 있다. 또한 등록이 되었다 손치더라도 존속기간의 만료된 후에 갱신등록출원이 없는 경우는 등록을 받을 수 있다. 동일 상표 검색에는 검색식을 이용하여 보다 자세히 검색을 한다. 예컨대 MASIN이라는 상표가 있는 알아보려고 한다면 ?MASIN?을 활용하면 된다 추가적으로 경우에 따라 ?ASIN?, ?SIN? 등으로도 검색을 하여야 한다. 또한 상표는 문자, 도형, 복합, 소리, 홀로그램 등 다양한 유형의 상표를 만들 수 있다.

상표를 등록하기 위해서는 상표출원서를 작성하여 특허청에 제출하여야 한다. 이후 특허청에서는 이를 접수하여 심사에 착수한다. 심사절차는 약 10개월에서 1년 정도 소요되며 이미 유사한 상표가 있거나 지정상품 불명확 등의 이유로 거절이유 통지서가 발생되는 경우는 통보시기가 다소 지연되기도 한다. 다음 〈그림 5-8〉은 상표출원후의 절차이다

---

* 상표의 등록 및 불가에 대해서는 상표법을 통해 자세히 알 수 있다. 구체적으로 상표법 "제2장 상표등록 요건 및 상표등록 출원"에 보면 "제33조(상표등록의 요건)," "제34조(상표등록을 받을 수 없는 상표)"에 구체적으로 규정화 되어 있다.

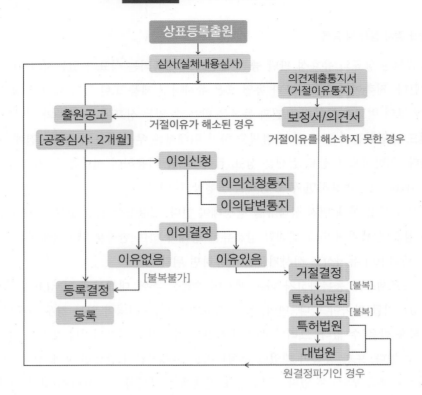

그림 5-8 상표등록출원후 절차

상표등록출원

심사(실체내용심사)

의견제출통지서
(거절이유통지)

출원공고 ← 거절이유가 해소된 경우 ── 보정서/의견서

[공중심사: 2개월]
거절이유를 해소하지 못한 경우

이의신청

이의신청통지
이의답변통지

이의결정

이유없음   이유있음

등록결정   [불복불가]   거절결정   [불복]

등록   특허심판원   [불복]

특허법원

대법원

원결정파기인 경우

FURTHER DISCUSSIONS

💬 **FD1** 국내에서 최근 각광받고 있는 브랜드를 선택하여 브랜드 아이덴티티를 작성해보자.

💬 **FD2** 국내외 장수 브랜드는 그들이 가지고 있는 유산을 어떻게 활용하고 있는가를 살펴보자.

💬 **FD3** 본 서에 소개된 브랜드 개성이외에 국내에서만 통하는 브랜드 개성은 어떤 것이 있는가 토의해보자.

💬 **FD4** 글로벌지역에 브랜드를 사용하기 위해서는 국내와 어떤 차이가 있는가를 조사해보자.

6

브랜드 커뮤니케이션 환경과 모델

LEARNING OBJECTIVES

☐ LO1   새로운 미디어 환경에 대해 설명할 수 있다.

☐ LO2   데이터를 활용한 마케팅 전략을 수립할 수 있다.

☐ LO3   MPR을 효과적으로 활용하는 방법에 대해 이해할 수 있다.

☐ LO4   브랜드 통합 커뮤니케이션 프로그램을 개발할 수 있다.

유진투자증권이 MZ세대를 끌어안은 방법은?

전국 주요 대형마트와 편의점에서 '따상주'라는 수제맥주가 새롭게 등장했다. 유진투자증권이 올 초 수제맥주 전문기업 플래티넘 크래프트와 협업해 증권업계 처음으로 내놓은 맥주 상품이다.

유진투자증권 관계자는 "MZ세대에게 유진투자증권이라는 브랜드를 알리는 게 핵심 과제"라며 "고민 끝에 2030에게 친숙한 수제맥주로 콜라보 아이템을 택했다"고 말했다.

MZ세대의 눈길을 끌기 위해 맥주 이름과 디자인에도 주식 투자 관련 요소를 반영한 게 특징이다. 브랜드명은 상장 첫날 시초가가 공모가의 2배로 형성된 뒤 가격제한폭까지 상승하는 것을 일컫는 '따상'으로 이름을 정했다. 주가 상승을 기원하는 빨간색도 배경 디자인에 적용했다.

유진투자증권 콜라보 수제맥주 '따상주'

홍보 방식도 독특하다. 따상주 홍보 뮤직비디오 '한주해'를 제작한 게 대표적이다. 성공적인 투자를 기원하는 고객들의 마음을 대변하는 내용으로 트로트 히트곡 '한잔해'를 '한주해'로 개사했다. 방송인

권혁수가 주인공을 맡아 '따상'을 원하는 주주들의 심정을 유쾌하게 풀어냈다. 해당 뮤직비디오는 이 달까지 누적 조회수 약 285만회를 기록하는 등 젊은 투자자들 사이에서 큰 관심을 받았다.

유진투자증권의 적극적인 MZ세대 공략은 실적 개선으로 이어지고 있다. 유진투자증권은 올 상반기 기준 처음으로 자기자본 1조원을 넘기면서 중형 증권사 대열에 본격 합류했다. 동학운동을 타고 신규 고객을 대거 유치하는 등 리테일(WM) 분야의 빠른 성장이 '자기자본 1조원' 시대를 열었다는 평가다.

유진투자증권 관계자는 "MZ세대를 겨냥한 다양한 콜라보 마케팅 전략을 꾸준하게 구사하고 있다"며 "동학개미 시대의 주축이 됐던 젊은 투자자들을 붙잡으려는 시도를 확대할 것"이라고 말했다.

상황 1 고질적인 약점 '리테일'
도전 1 웹툰 콜라보

　　그간 유진투자증권의 고질적인 약점은 '리테일' 부문이었다. 기업금융(IB) 부문을 중심으로 양호한 시장 지위를 확보했지만 투자중개·자산관리 등 리테일 부문은 상대적으로 경쟁력이 떨어진다는 평가가 주를 이뤘다.

　　업계의 부정적인 시각을 뒤집기 위해 유진투자증권은 2020년 5월 각자 대표체제로 전환하는 등 대대적인 체질 개선에 나섰다. 의사결정 시간을 단축시켜 리테일 시장 공략에 속도를 내겠다는 취지다.

　　공략 대상도 새롭게 설정했다. 그간 주식 투자에 소극적이었던 MZ세대를 공략하는 게 핵심 과제로 떠올랐다. 기존 대형 증권사들과의 경쟁에서 살아남으려면 2030 젊은 고객층을 잡아야 한다는 판단에서다.

　　MZ세대 공략을 위해선 기존의 증권사 홍보 공식을 넘은 새로운 접근 방식이 필요했다. 유진투자증권이 택한 플랫폼은 '웹툰'이었다. 지난해 5월 증권사 최초로 네이버에 브랜드 웹툰인 '신입일기'를 연재하기 시작했다. '대학일기', '독립일기' 등으로 유명한 '자까' 작가에게 집필을 맡겼다.

　　증권사에 갓 입사한 신입사원을 주인공으로 설정했다. 노골적인 광고 문구를 넣는 대신 유진투자증권의 CI와 MTS인 '스마트챔피언' 등이 웹툰 곳곳에 활용됐다. 사내 문화와 근무 환경을 MZ세대의 시각에서 자유롭게 풀어낸 게 호평을 받았다.

　　MZ세대를 겨냥한 독특한 웹툰 마케팅에 독자들의 반응은 뜨거웠다. 8부작으로 구성된 신입일기는 누적 조회수가 880만회를 넘어섰다. 신입사원의 일상을 솔직하게 표현한 모습에 독자들의 많은 공감도 얻어냈다. "회사원 분들 힘내세요" "브랜드 웹툰이 일반 웹툰보다 더 재미있네요" "실제로 증권회사를 다녀본 것 같아요" 등 독자들의 다양한 반응이 잇따랐다.

상황 2 일회성 콜라보 우려
도전 2 게임 등으로 확대

　　유진투자증권의 콜라보 마케팅은 웹툰·수제 맥주에 이어 게임 분야까지 번졌다. 지난달 메타버스 플랫폼 '제조도'의 운영사인 획기획과 함께 출시한 '주식차트 파도타기' 게임이 대표적이다. 게임을 통해 주식을 경험할 수 있도록 구성해 주린이(주식+어린이)들에게 투자에 대한 심리적 거부감을 줄이고 친숙함을 극대화한 게 특징이다.

　　이 게임은 메타버스 캐릭터를 조작해 주식차트 형태의 파도를 타며 아이템을 획득하는 방식으로 진행된다. 주요 해외종목(애플, 알파벳, 테슬라, 나이키, 코카콜라, 스타벅스)의 5년간 실제 주식차트를 반영해 현실감을 높였다. 주식 투자 문화를 반영한 다양한 아이템도 마련했다. 게임에서 획득한 코인을 통해 '여의도 증권맨', '동학농민수트' 같은 캐릭터를 구매할 수 있다.

　　유진투자증권의 콜라보 마케팅은 협력 분야를 더 넓힐 방침이다. 유진투자증권 관계자는 "26년 만에 한국에서 열리는 남자프로테니스(ATP) 투어 타이틀 스폰서를 맡은 것도 MZ세대에서 불고 있는 테니스 열풍을 반영했다"며 "앞으로도 형식과 소재에 제약을 두지 않고 다양한 프로젝트를 추진할 계획"이라고 말했다.

상황 3 실제 주식 투자로 유인
도전 3 간편투자앱 출시

유진투자증권의 MZ세대 공략 전략은 브랜드 홍보를 위한 콜라보 마케팅에서 그치지 않았다. MZ세대를 실제 주식 투자로 유인하기 위해 간편투자 플랫폼 '유투'를 지난 2월 선보인 것이다. 중형 증권사 중 간편투자 앱을 출시한 건 유진투자증권이 처음이다.

'유투'의 특징은 간편함이다. 기존 MTS, HTS 사용에 어려움을 느끼는 주식투자 초보자도 쉽게 사용할 수 있도록 유도했다. 앱 명칭에도 '당신도 쉽게 할 수 있는 투자'라는 의미가 담겨있다.

핵심 기능은 '유투 검색'이다. 키워드만 입력하면 국내외를 가리지 않고 연관 종목, 섹터, 뉴스, 트렌드 등 관련 정보가 한번에 제공된다. 20만 건에 이르는 선별된 DB를 바탕으로 누구나 쉽고 빠르게, 원하는 정보를 얻을 수 있는 기능을 구현해 냈다. 이외에도 타임라인, 포스팅 등 SNS에 친숙한 MZ세대를 위한 맞춤형 기능을 구현해 기존에 출시된 간편투자앱과 차별성을 뒀다.

다양한 자동 주문 기능도 탑재했다. 매수·매도 주문을 한 번에 설정할 수 있는 '바이&셀, 셀&바이' 기능과 매월 설정한 금액만큼 자동으로 투자하고 주가가 내려가면 추가 매수할 수 있는 '스마트 적립' 기능도 담았다. SNS 기능을 활용한 타임라인을 통해 투자 관련 포스팅, 투자 친구 추가 등의 메뉴도 제공한다.

유진투자증권 관계자는 "새로운 모바일트레이딩시스템(MTS)을 도입하는 등 MZ세대의 투자심리를 붙잡는 데 최선을 다할 것"이라고 말했다.

〈자료원〉 한국경제신문, 2022.9.29.

오프라인, 온라인, 모바일, 메타버스 등 새로운 용어의 등장은 그만큼 커뮤니케이션 채널이 다양해지고 있음을 의미한다. 채널이 다양해질수록 한정된 예산을 가지고 있는 기업은 좀 더 정확한 타겟(목표고객)을 대상으로 한 마케팅 활동을 계획하고 집행해야한다. 이를 가능하게 해주는 것이 바로 고객 데이터다. 특히 온라인에서의 고객의 행동은 실시간으로 추적이 가능하기 때문에 개인의 취향에 맞는 서비스를 제공할 수 있는 가능성을 높여주고 있다. 본장에서는 새로운 미디어 환경의 변화를 실시간 방송의 확산, 콘텐츠 생태계의 진화, 1인 미디어의 관점에서 ATL와 BTL 매체의 영향력이 어떻게 변화되고 있는지 나아가 어떻게 매체를 활용해야 하는지에 대한 전략적 관점을 제시하였다. 나아가 브랜드 통합 커뮤니케이션 프로그램 개발을 위한 고객 중심의 브랜드 전략, 브랜드 컨셉 선정 및 기능적, 경험적, 상징적 브랜드 컨셉에 따라 동태적으로 어떻게 관리를 할 것인지에 대한 전략도 함께 제시하였다. 나아가 삼양라면 사례를 통해 통합적 마케팅 커뮤니케이션 방법의 구체적인 방법을 제시하고 있다.

Section 01 새로운 미디어 환경

미디어 환경이 급격하게 변하고 있다. 전통 미디어인 TV의 하락세는 급격히 이루어지면서 이제 TV방송 시청율이 5%를 넘기기 힘든 상황이 되었다. 심지어 MBC 일요일 예능 '끼리끼리'는 1%의 시청률을 기록하다 0.8%라는 충격적인 성적표를 받기도 하였고, KBS 수목드라마 '어서와'는 0% 시청률을 기록하였다. 반면 한 케이블 TV의 예능프로그램 '미스터 트롯'은 최고 시청률 35%, '사랑의 콜센터'는 20% 라는 경이적인 시청률을 기록하였고, 드라마 '부부의 세계'는 18%를 돌파하였다. 과거에는 케이블 TV의 경우 시청율 1%만 넘기면 대박이라는 이야기가 있었지만 이제는 옛 이야기가 되어버렸다. 더욱이 넷플릭스와 같은 OTT서비스가 코로나 유행과 함께 급격하게 성장하며 TV의 주도권은 사라진지 오래다. 실제 미국 TV 시청률 조사업체 닐슨에 따르면 2022년 7월 스트리밍 플랫폼의 시청 시간은 전체의 34.8%를 차지, 처음으로 케이블 TV(34.4%)를 앞지르기도 하였다.

이처럼 전신·전화·무선 등 통신수단이 처음으로 등장했던 미디어 태동기(~1945년)를 시작으로 사회·문화적 가치를 중시했던 공공서비

미디어 패러다임의 시기적 구분 (자료: 한국방송통신전파진흥원)	
미디어태동기(~1945년)	전신·전화·무선 등 통신 수단이 첫 등장
공공 서비스 중심기(1945~1990년대)	미디어 시장에서 사회·문화적 가치 중시
융합 이행기(1990년대~2010년대)	방송·통신·생활 서비스까지 미디어 분야에 수렴, 광범위한 융합 진행
디지털 대전환기(2020년대~)	코로나19로 인한 비대면 활동, 디지털 대전환 가속화 콘텐츠 소비 스트리밍 중심, 미디어와 생활 서비스의 융합

이미지: getbyimagebank 그래픽: 이천경 leejean@asiae.co.kr   아시아경제 ⓒ

미디어 패러다임
현재 미디어는 미디어태동기, 공공서비스 중심기, 융합이행기를 넘어 디지털 대전환기를 맞이하면서 전통 미디어의 위기를 맞고 있다.

스 중심기(1945~1990년대)를 거쳐 방송·통신·생활·서비스까지 미디어가 통합되는 융합이행기(1990년대~2010년대)를 지나면서 2020년에는 코로나 펜데믹을 통한 비대면활동의 증가, 스트리밍 중심의 콘텐츠 소비, 미디어와 생활서비스가 융합하는 디지털 대전환기를 맞이하게 되었다.

실제 넷플릭스는 2020년 1억 9,520만명의 글로벌 스트리밍 고객을 확보하였고 이런 영향력은 국내의 '킹덤', '오징어게임'을 전 세계적인 히트 상품으로 만들어주었다. 또한 틱톡이나 유튜브의 숏폼 콘텐츠가 인기를 끌면서 긴 콘텐츠에 제공하는 공중파에 지루함을 느낀 시청자들의 이탈이 가속화되고 있다. 그러다보니 50분 가량의 드라마를 10분 내외의 영상으로 편집해 서비스하는 일이 발생하고 있다. 나아가 VR(가상현실), AR(증강현실), XR(혼합현실)을 활용한 메타버스 시대가 되면서 미디어 환경은 더욱 더 고도화되고 있다.

1. 실시간 방송의 확산

스마트폰의 보급으로 이제는 온라인 시장이 활성화되며 광고비 비중이 전통적인 TV에서 디지털 매체로 이동하고 있다. 제일기획이 발간한 광고연감을 보면 매체별 광고비 비중에서 방송 광고비는 2012년 38.4%에서 2019년 26.4%로 감소한 반면, 디지털 광고비는 2012년 23.1%에서 2019년 44.9%로 급격히 증가하였다. 특히 지상파 TV의 점유율은 20.6%(2012)에서 8.3%(2019)로 거의 60% 가량 감소한 반면, 모바일 광고비 비중은 22.2%(2012)에서 29.2%(2019)로 증가하였다.

그림 6-1 매체별 광고비 비중 추이

(단위: %)

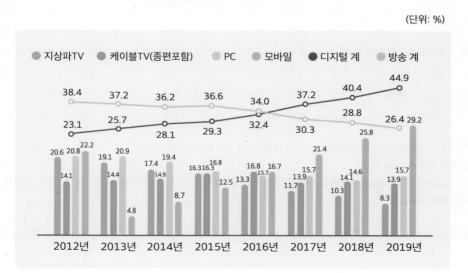

자료: 제일기획, 「연도별 광고연감」

〈자료원〉 이선희(2021), "디지털환경변화에 따른 국내 방송.미디어 기업전략과 시사점," 정보통신정책연구원, p.5 재인용

지상파와 방송채널사용사업자(PP: Program Provider)의 방송매출 항목별 비중 추이를 보더라도 지상파 TV의 광고매출비중은 55.1%(2012)에서 28.1%(2020)로 급격히 감소하고 있는 반면, 프로그램 판매의 경우 13.6%(2012)에서 21.9%(2020)로 증가하였다. CJ E&M과 같은 일반 PP의 경우에는 협찬이 8.5%(2012)에서 13.7%(2020)로 증가하였고, 방송프로그램 판매도 3.6%(2012)에서 7.6%(2020)로 증가하였다. 이처럼 TV에서 온라인으로 콘텐츠 시청 매체가 이동하면서 지상파 방송사는 광고중심의 사업구조를 탈피하여 콘텐츠 제공 및 판매, OTT(Over-the-top)사업을 수익원을 다각화하고 하면서 국내에는 2010년(CJ 헬로의 티빙 Tving), 2012년(지상파 3사 연합법인 콘텐츠연합플랫폼의 푹 Pooq), 2016년(넷플릭스 Netflix), 2019년(웨이브 Wavve, 시즌 Seezn) 등 다양한 OTT서비스가 출시되었다.

표 6-1　지상파.PP의 방송매출 항목별 비중 추이

(단위: %)

구분	매출항목	2012	2013	2014	2015	2016	2017	2018	2019	2020
지상파	텔레비전수신료[1]			15.6	15.7	16.3	18.0	17.9	19.6	19.6
	재송신[1]	16.9	21.0	3.9	3.7	5.7	6.9	8.4	10.3	11.2
	방송프로그램제공			0.3	0.3	0.3	0.3	0.3	0.3	0.3
	광고	55.1	51.6	47.4	46.6	40.6	38.3	34.3	31.3	28.1
	협찬	9.3	7.4	9.1	10.0	10.5	11.0	9.7	10.7	10.8
	프로그램판매	13.6	15.1	16.8	16.7	19.7	17.5	21.5	20.2	21.9
	기타방송사업	5.1	5.0	7.0	7.1	7.0	8.0	8.0	7.7	8.1
일반PP	방송프로그램제공	24.3	26.7	27.2	25.9	25.4	25.1	23.9	24.6	26.2
	광고	53.6	51.2	46.6	45.8	45.7	47.4	48.5	47.1	44.7
	협찬	8.5	8.2	11.3	12.2	13.6	12.3	11.2	12.2	13.7
	방송프로그램판매	3.6	4.4	4.7	6.5	7.1	6.7	7.7	8.0	7.6
	행사	0.5	1.1	1.4	1.6	1.8	2.2	2.5	2.9	1.3
	방송시설임대	0.5	0.4	0.3	0.001	0.3	0.2	0.2	0.2	0.3
	기타방송사업	9.0	8.1	8.5	7.7	7.1	6.2	5.9	4.9	6.3

주1: 2012~13년 텔레비전수신료, 재송신, 방송프로그램제공은 분리하여 공표하지 않음
주2: 홈쇼핑과 데이터 PP는 제외
자료: 과학기술정보통신부·방송통신위원회, 연도별 「방송산업 실태조사 보고서」, '20년 수치는 방송통신위원회 「2020년 방송사업자 재산상황 공표(2021.6)」

〈자료원〉 이선희(2021), "디지털환경변화에 따른 국내 방송.미디어 기업전략과 시사점," 정보통신정책연구원, p.6 재인용

2. 콘텐츠 생태계의 강화

90년대 이후 유료방송이 보편화되면서 지상파 방송사는 방송채널사용사업을 겸업하거나 자회사를 설립하며 PP채널을 운영하였다.

지상파-PP겸업사	SBS, CBS, 카톨릭평화방송, TBS, 국제방송교류재단, EBS 등
지상파계열 PP법인	KBS(KBSN), MBC(MBC플러스, MBC넷), SBS(SBS미디어넷, SBS플러스, SBS바이아컴)

〈자료원〉 이선희(2021), "디지털환경변화에 따른 국내 방송.미디어 기업전략과 시사점," 정보통신정책연구원, p.7 재정리

방송·영상 콘텐츠가 다양한 채널을 통해 유통되면서 방송사업자들은 수직통합을 통해 제작-플랫폼-유통을 담당하는 방향으로 사업영역을 확장해나갔다. 특히 글로벌 OTT사업자인 넷플릭스는 엄청난 자금력을 동원해 2016년 150억에 불과했던 국내 콘텐츠 투자액을 2021년 5,540억원까지 급격히 확대해 넷플릭스 오리지널 콘텐츠를 제작한 결과 킹덤, 오징어게임과 같은 글로벌 히트작품을 만들었고 이는 자연스럽게 K-콘텐츠의 위상을 높이는 계기가 되었다.

코로나 팬데믹 이후 OTT시장이 급성장하면서 2021년 기준 넷플릭스(약. 1000만명), 웨이브(395만명), 티빙(265만명), 유플러스 모바일 TV(213만명), 시즌(168만명), 왓챠(139만명) 등 OTT가입자가 급격히 증가하였다. 특히 전 세계 190여 개국에서 2억 2,100만 이상의 유료 구독 가구 수를 보유한 넷플릭스의 미디어 파워는 국내에도 이어져 스트리밍 수익이 2019년 1,756억원에서 2020년 3,988억원을 크게 성장하기도 하였다.

넷플릭스의 도전과 과제는?

넷플릭스는 "2021년은 국내 창작 생태계와 함께 '한국이 만들고, 전 세계가 함께 보는' 콘텐츠 시대의 막을 함께 올린 뜻깊은 시간이었다"고 평가하며 앞으로도 "독창적인 소재와 시청자의 높은 눈높이를 만족시킬 완성도라는 두 마리 토끼를 모두 잡겠다"는 포부를 밝혔다.

넷플릭스는 국내 런칭 이후 지금까지 한국 콘텐츠에 1조 원 이상을 투자하고, 130여 편 이상을 해외에 소개했다. 이를 기반으로 넷플릭스 회원들이 한국 콘텐츠 시청에 할애한 시간은 2021년 말 기준으로 지난 2년 동안 6배 이상 증가했다. 또한 넷플릭스가 지금까지 공개한 콘텐츠 중 가장 많은 회원이 시청한 '오징어 게임'의 경우 시청 시간의 약 95%가 해외에서 발생하며 한국과 미국을 비롯해 브라질, 프랑스, 터키 등 94개국에서 가장 많이 본 작품에 이름을 올렸다. 뒤를 이어 공개된 '지옥'과 '고요의 바다' 역시 글로벌 톱(TOP) 10 TV(비영어) 부문 1위를 달성하는 등 한국 콘텐츠의 위상을 높이고 있다. 넷플릭스는 '오징어 게임'이 전무후무한 성과를 냈고, 각종 시상식에서 수상 행렬을 이어가고 있다. 넷플릭스와 같은 초국적 OTT가 국내 시장에 제작·투자하면서 국내 콘텐츠 산업이 활성화되고 세계 시장에 진출하는데 따르는 비용이 감소된다는 점에서는 긍정적으로 평가받고 있다.

강동한 넷플릭스 한국 콘텐츠 총괄 VP는 "전 세계에서 한국 콘텐츠를 시청한 시간이 6배 이상 늘었다는 건 이전에 경험해보지 못한 엄청난 성과다. 넷플릭스에게 한국 콘텐츠는 이젠 없어선 안 될 중요한 카테고리로 한국 콘텐츠가 글로벌 대중문화의 중심에 섰다고까지 말할 수 있다. 또한 한국 팬들의 눈높이에 걸맞은 이야기를 선보이고자 국내 창작 생태계와 장기적으로 협업하며 투자를 늘려온 결과, 한국은 물론 전 세계의 인정을 받은 작품이 다수 탄생했다. 이에 넷플릭스는 창작자들과 함께 우리 한국의 이야기를 전 세계 190개국으로 수출하는 여정에 계속 박차를 가하겠다"고 말했다.

다만 앞으로도 넷플릭스가 유수의 글로벌 OTT와의 경쟁에서 성과를 거두고 확고부동한 위치를 이어가기 위해서는 그만큼 해결해 나가야 할 과제 역시 존재한다. 국내 제작 오리지널 시리즈를 두고 시청자들 사이에서 잔혹성, 19금 콘텐츠에 관한 지적이 이어지고 있다. 또한 국내 제작 콘텐츠가 세계적인 인기의 중심에 서면서 이에 따르는 제작사에 대한 보상 등의 문제 역시 늘 제기되고 있다. 국회입법조사처는 2021년 12월 '넷플릭스 등 글로벌 OTT에 대한 입법 및 정책적 개선 과제' 보고서를 통해 "국내 콘텐츠의 저작권 수익을 글로벌 OTT가 독점화함으로써 국내 콘텐츠 시장이 글로벌사업자에게 종속될 우려가 있다"고 지적했다.

이런 지적에 관해 강동한 총괄 VP는 "잔혹성, 19금 콘텐츠는 전략적 선택이었다고 생각해주셔도 좋고, 자연스러운 한국의 트렌드라 생각해주셔도 좋다. 시대적 흐름과 대중이 원하는 콘텐츠를 떨어뜨려 놓고 볼 수 없다. 대중이 원하는 콘텐츠가 시대가 바라는 콘텐츠이기에 오스카, 골든글로브 등에도 다양성을 중요하게 생각한다. 지금까지는 장르물에 편중됐지만 다양한 장르를 선보이는 게 우리의 목표다. 그리고 넷플릭스는 월정액 서비스다. 이는 콘텐츠 하나하나의 성공과 실패에 대해서 정량적으로 책정하기 힘든 지점도 있고, 추가적으로 보상을 체계적으로 해드리기 어려운 부분이 있다. 예상을 뛰어넘는 성공을 거둔 콘텐츠는 추후 시즌 제작 등의 과정에서 자연스럽게 보상될 것"이라 답변했다.

〈자료원〉 노컷뉴스, 2022.1.19.

3. 1인 미디어의 성장

1인 미디어는 유튜브, 블로그, Social Media(트위터, 페이스북, 인스타그램, 틱톡 등) 등을 기반으로 이용자가 콘텐츠를 직접 제작해 공유하고 구독, 좋아요, 댓글, 공유와 같은 상호 작용을 통해 급격히 확산되고 있다. 1인 미디어는 누구나 콘텐츠를 제작할 수 있다는 강점으로 그 영향력을 급속히 확대시키고 있다. 실제 크리에이터라는 직업은 초등학생 희망 직업 5위 안에 3년 연속 선정되었고, 미래 일자리 증가 직업 7위에 등재되는 등 '크리에이티브 이코노미'라는 말까지 등장하게 되었다.

2019년 한국노동연구원이 한국 MCN협회

파워유튜브
1인 크리에이터는 초등학생 희망직업과 미래 유망 직업으로 뽑히는 등 크리에이터 이코노미라는 말을 만들어내며 그 영향력을 급속히 확대시키고 있다.

회원 250명 무작위로 추출해 조사한 후 발표한 연구보고서 '미래의 직업 프리랜서: 1인 크리에이터'를 보면 크리에이터를 취미로 하는 비율이 52.4%(130명) 가장 높게 나왔고 전업으로 하는 비율 24.0%(60명), 부업으로 하는 비율이 23.2%(58명)로 나오는 등 취미로 하는 비율이 매우 높게 나타났다. 이에 따라 1인 전업 크리에이터의 월평균 소득은 536만원이며 부업(333만원), 취미(114만원)보다 높게 나타났다. 실제 2021년 1인미디어 산업 실태조사에 따르면 국내 유튜브 채널은 3만 2475개로 추산되고, 1인미디어 콘텐츠 창작자의 소득신고 인원은 2019년 4,874명에서 2020년 3만 3,065명으로 7배 가까이 증가했다. 또한 1인미디어 콘텐츠 창작자의 연간 총소득은 2019년 875억원에서 2020년 4,521억원으로 5배 가까이 늘었다. 특히 국내 파워 유튜버 최상위 30개 채널의 평균 추정 연소득은 2022년 7월말 기준 22억 6,618억원으로 수입과 인기면에서 연예인 못지않은 유명세와 영향력을 발휘하고 있다.

Section 02 ATL-BTL 매체의 영향력

ATL은 Above the Line의 약자로 TV, 신문, 라디오, 잡지와 같은 4대 매체를 의미하고, BTL은 Below the Line의 약자로 직접 반응광고, 공간광고, 구매시점 광고, 촉진, PR, 인적판매, 이벤트 등 뉴미디어, PR, 세일즈 프로모션을 의미한다. 이 용어가 등장한 것은 광고주에게 광고비를 청구할 때 전통 매체와 같이 매체사에 수수료를 청구하는 부분은 청구서 상단(Above the line)에 게재하고, 매체수수료가 아닌 서비스에 대한 수수료를 받는 부분은 청구서 하단(Below the line)에 기입된데서 유래되었다. 온라인의 등장으로 전통적 매체인 ATL의 영향력이 급속히 줄어들고 있기는 하지만 그래도 50대 이상의 타겟에게는 여전히 그 영향력을 발휘하고 있다. ATL의 영향력이 감소하는 이유는 불특정 다수를 타깃으로 하는 일방적 커뮤니케이션 때문이라 할 수 있다.

디지털 시대에서 SNS의 영향력은?

SNS(소셜네트워크서비스)의 영향력이 방송의 효과를 뛰어넘은지 오래되었다. 2017년 PR전문매체인 더PR이 창간 7주년을 맞아 설문조사를 한 결과 홍보효과 측면에서 가장 영향력 있다고 생각하는 미디어는 SNS(54명, 44.6%), 방송(43명, 35.5%), 포털(42명, 34.7%), 신문(23명, 19%), 뉴미디어(19명, 15.7%), 기타 5명(4.1%) 순으로 나타났다.

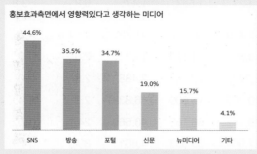

홍보효과측면에서 영향력있다고 생각하는 미디어

유진투자증권 콜라보 수제맥주 '따상주'

'PR인으로서 가장 호감도 높은 미디어'는 방송(39명, 32.2%), SNS(36명, 29.7%), 신문 (27명, 22.3%), 뉴미디어(27명, 22.3%), 포털(19명, 15.7%), 기타(3명, 2.5%)로 집계됐다.

'디지털 전략을 가장 잘 실행한다고 생각하는 미디어'는 SNS(47명, 38.8%), 포털(31명, 25.6%), 방송(22명, 18.1%), 뉴미디어(18명, 14.8%), 신문(16명, 13.2%), 기타(3명, 2.5%) 등이었다.

'내가 광고집행권을 쥐고 있다고 가정했을 때 가장 우선시할 미디어(플랫폼)'를 묻는 질문에는 SNS(56명, 46.2%), 포털(36명, 29.7%), 방송(25명, 20.6%), 뉴미디어(23명, 19%), 신문(13명, 10.7%), 기타(4명, 3.3%)로 응답했다.

〈자료원〉 반론보도닷컴, 2017.5.23.

1. ATL과 BTL 광고비 변화

ATL와 BTL에 사용되는 광고비 비중의 차이를 보면 그 변화를 쉽게 예측할 수 있다. 제일기획이 발표한 자료를 보면 2021년 국내 총 광고비가 전년 대비 20.4% 증가한 13조9,889억원으로 나타났다. 특히 주목할 점은 디지털 광고시장의 급격한 성장이다. 코로나 19 펜데믹으로 광고 시장이 디지털로 빠르게 전환하면서 2021년 디지털 광고 매출은 7조를 돌파하며 전년에 비해 31.5%나 급력히 성장하였다.

| 표 6-2 | 2020-2021년 매체 별 총 광고비 |

(단위: 억 원, %)

구분	매체	광고비(억 원)			성장률(%)		구성비(%)	
		'20년	'21년	'22년(F)	'21년	'22년(F)	'21년	'22년(F)
방송	지상파 TV	11,613	13,659	14,415	17.6	5.5	9.8	9.4
	라디오	2,181	2,250	2,301	3.2	2.3	1.6	1.5
	케이블/종편	18,916	21,504	22,507	13.7	4.7	15.4	14.7
	IPTV	1,029	1,056	1,085	2.6	2.7	0.8	0.7
	위성, DMB 등 기타	1,521	1,533	1,475	0.8	-3.8	1.1	1.0
	방송 계	35,260	40,002	41,783	13.4	4.5	28.6	27.3
인쇄	신문	13,894	14,170	14,350	2.0	1.3	10.1	9.4
	잡지	2,372	2,439	2,488	2.8	2.0	1.7	1.6
	인쇄 계	16,266	16,609	16,838	2.1	1.4	11.9	11.0
디지털	검색형	29,142	36,165	40,560	24.1	12.2	25.9	26.5
	노출형	27,964	38,953	4,661	39.3	14.7	27.8	29.2
	디지털 계	57,106	75,118	85,221	31.5	13.4	53.7	55.8
OOH	옥외	3,378	3,880	4,200	14.9	8.3	2.8	2.7
	극장	601	355	800	-41.0	125.3	0.3	0.5
	교통	3,581	3,926	4,000	9.6	1.9	2.8	2.6
	OOH계	7,560	8,161	9,000	7.9	10.3	5.8	5.9
총계		116,192	139,889	152,842	20.4	9.3	100.0	100.0

〈자료원〉 브랜드브리프, 2021년 대한민국 총 광고비, 전년比 20.4% 증가한 13조9889억원, 2022.2.10.

이커머스 기업 및 중소형 광고주의 쇼핑 검색 광고 확대로 검색형 광고는 24.1% 성장한 3조 6,165억원을 기록했고, 노출형 광고는 유튜브 등 디지털 동영상 이용 시간 증가로 동영상 광고가 높은 성장을 거뒀고 실시간 입찰과 세밀한 타깃팅을 제공하는 포털의 디스플레이 광고도 중소형 광고주들로부터 좋은 반응을 얻어 39.3% 성장한 3조 8,953억원을 기록해 총 광고비에서 53.7%의 비중을 차지하였다. 반면 방송광고시장은 4조원으로 전년 대비 13.4% 증가하였다. 특히 지상파 TV는 규제완화(48년만의 중간광고 시행 등)로 인해 17.6% 증가한 반면, 케이블/종편은 드라마, 골프예증, 트롯예능의 인기로 13.7% 성장했다.

트롯예능의 인기는 언제까지 이어질까 ?

올해 예능 프로그램 시청률 톱 5

1위 미스터트롯2(TV조선)
20.2%(첫방송)

2위 미운우리새끼(SBS)
16.7

3위 1박2일(KBS2)
15.6

4위 사장님 귀는 당나귀 귀(KBS2)
10.3

5위 불후의 명곡(KBS2)
10

※최고 시청률 기준
자료=닐슨 전국 기준

2022년 12월 22일 밤 10시 방송된 TV조선 '미스터트롯2-새로운 전설의 시작'이 첫 회부터 시청률 20.2%(이하 닐슨코리아 · 전국 유료가구 기준)를 기록했다. 지상파와 종편을 포함해 올 한 해 모든 프로그램의 첫 방송 시청률로는 최고 기록했고 또 올해 모든 예능 프로그램의 최고 시청률도 단 1회 만에 뛰어넘었다. 임영웅 · 영탁 · 이찬원 등을 배출하며 트로트 신드롬을 불러일으킨 이 시리즈의 품격과 인기를 다시 한번 입증한 것이다. 2020년 1월 시작한 '미스터 트롯1'의 첫 회 시청률은 12.5%였다. 3년을 기다린 오리지널 프로그램에 대한 시청자들의 반응은 뜨거웠다. 각종 커뮤니티 게시판을 통해 "역시 원조다운 경연이었다" "그동안 갈고 닦은 지원자들의 노력이 빛나는 자리였다" "가창력과 외모 모두 압도적이어서 눈을 뗄 수가 없었다"는 등의 반응을 쏟아냈다.

<자료원> 조선일보, 2022.12.24.

OOH(Out of Home) 광고시장은 옥외 광고는 세로형 전광판 등 신규 DOOH(디지털 옥외광고)의 강세와 아파트 LCD 등 생활 접촉 매체의 꾸준한 수요로 14.9% 성장한 3880억원을 기록한 반면 극장은 광고비가 -41% 감소한 355억원을 기록했다.

2022년 최고의 옥외광고 5편은?

2022년은 팬데믹(세계적 대유행)으로 인한 규제와 제약이 전세계적으로 완화되면서 사람들의 야외 활동이 다시 정상화 되었고 이에 브랜드들은 옥외광고(Out-Of-Home, OOH)에 새로운 혁신을 불어 넣으며 오랜만에 집 밖을 나선 사람들의 눈길을 사로잡았다. 글로벌 광고 전문 매체 애드에이지(Adage)가 선정한 2022년 최고의 옥외광고 5편을 소개하면 다음과 같다.

1. 맥도날드(McDonald's)의 '골든아치 그네(Golden Arches Swings)'

맥도날드 상징인 골든아치를 응용해 '놀이의 즐거움'을 상기시키기 위한 구조물

맥도날드는 브랜드의 상징인 골든아치(Golden Arches)로 만든 대형 그네를 두바이의 해변 네 곳에 설치했다. 골든아치 그네는 '놀이의 즐거움'을 상기시키기 위한 구조물로, 사람들이 직접 참여해 즐거움을 공유할 수 있는 크리에이티비티를 선보였다. 맥도날드 UAE의 왈리드 파키(Walid Fakih) 최고경영자(CEO)는 이 광고에 대해 "우리 모두는 맥도날드에 관한 어린시절 추억을 갖고 있다"며 "그네는 즐거웠던 어린 시절의 기억을 떠올리게 해줄뿐만 아니라, 기쁨의 순간을 지속시켜줄 수 있도록 돕는다"고 밝혔다.

2. 커리스(Currys)의 '캐시 포 트래시 빌보드(Cash for Trash Billboard)'

옥외광고판에서 중고 기기를 떼어낸 뒤 매장에 가져 가면 현금으로 교환해주는 이벤트를 진행한 커리스

영국의 전자제품 유통업체인 커리스는 사람들이 재밌게 리사이클링(recycling)에 참여할 수 있는 도구로 옥외광고를 활용했다. 커리스는 고객이 가져온 중고 전자 제품을 현금으로 돌려주는 '캐시 포 트래시(cash for trash)' 프로그램을 홍보하기 위해 키보드와 헤어 드라이어, 전화기 등 고장난 중고 기기로 뒤덮인 옥외광고판을 만들었다. 사람들이 이 광고판에서 중고 기기를 떼어낸 뒤 커리스 매장에 가져 가면 현금으로 교환해주는 이벤트를 펼쳐, 재밌고 효과적인 방법으로 해당 프로그램을 홍보할 수 있었다.

3. 하이네켄(Heineken)의 '더 클로저(The Closer)'

늦게까지 일하는 사람들을 보여주며
야근 중인 사람들을 위로하는 하이네켄(Heineken)

하이네켄은 사람들이 과도한 기술과 소셜 미디어, 그리고 과로로부터 벗어나 휴식을 취할 수 있도록 도와주는 맥주 브랜드로서 자리잡기 위한 브랜드 활동을 꾸준히 펼쳐오고 있다. 그 일환으로 진행된 옥외광고 '더 클로저'는 늦게까지 일하는 사람들이 있는 사무실 빌딩의 외벽을 하나의 거대한 광고판으로 탈바꿈 시켰다. 하이네켄은 "야근 중인가요? 더 클로저가 도와드리겠습니다(Working late? The Closer can help.)"라는 메시지를 띄우고, 실제 야근 중인 사람들을 함께 비춤으로써 실시간으로 살아 움직이는 옥외광고를 만드는 크리에이티비티를 선보였다. 이와 함께 하이네켄의 병을 따는 순간 연동돼 있는 컴퓨터와 노트북이 자동으로 꺼지는 디지털 병따개 '더 클로저'를 선보여 주목 받았다.

4. 돌(Dole) 뉴트리셔널 잉크(Nutritional Ink)

간식보다 더 많은 양의 영양소를 함유하고 있다"는 메시지를 담아 현대인들의 영양 불균형 문제를 지적한 돌(Dole)

글로벌 청과회사 돌(Dole)은 자몽, 파인애플, 블루베리 등 천연 과일 주스로 만든 '영양 잉크(nutritional ink)'로 인쇄한 '영양실조 라벨(Malnutrition Labels)' 포스터를 선보이며 "이 포스터는 영국인들이 가장 즐겨먹는 치킨 너겟과 케밥, 초콜릿 캔디 바, 쿠키, 감자 튀김과 같은 간식보다 더 많은 양의 영양소를 함유하고 있다"는 메시지를 담아 인스턴트 음식과 정크 푸드를 즐겨먹는 현대인들의 영양 불균형 문제를 지적했다.

5. 쿠어스 라이트(Coors Light)의 '칠보드(Chillboards)'

뜨거운 여름 날 건물의 온도를
낮추는 페이트를 기부한 쿠어스

맥주 브랜드 쿠어스 라이트는 미국 마이애미 주변 아파트 건물의 검은 지붕 위에 하얀 벽화를 그려 넣는 옥외광고 '칠보드(Chillboards)'를 선보였다. 언뜻 보기엔 단순한 아이디어처럼 보이지만, 이 광고는 쿠어스 라이트의 브랜드 활동을 넘어 뜨거운 여름 날 에어컨 없이도 건물의 온도를 낮추는데 큰 도움을 주며 환경 캠페인으로서의 역할도 함께 했다. 쿠어스 라이트는 마이애미 주민들에게 5000 갤런의 페인트를 기부해 건물의 온도를 낮추는데 도움을 줬다.

〈자료원〉 뉴데일리경제, 2022.12.26.

디지털과 옥외광고(Out-Of-Home, OOH)와 같은 BTL의 영향력은 지속적으로 증가하겠지만 ATL의 장점도 여전하기 때문에 다양한 매체를 적절히 활용하는 것은 매우 중요하다. 그런 면에서 매체별 영향력을 충분히 고려할 필요가 있다. 〈표 6-3〉과 같이 전통적 매체를 대표하는 TV는 감성유발가능성, 브랜드각인, 구매사용장면 구현, 유머소구 가능성, 생동감전달, 몰입가능성, 수용자도달률, 매체광고수용의지, 매체신뢰성, 매체 명성 측면에서 여전히 높은 영향력을 유지하고 있다. 반면 뉴 미디어를 대표하는 인터넷, 모바일은 행동타켓팅가능성, 광고비 효율성, 콘텐츠 특화성, 상호작용성, 제품구매 용이성에서 높은 영향력을 발휘하고 있는 나타나 ATL와 BTL의 조화로운 활용이 필요하다고 할 수 있다.

표 6-3　매체 속성평가에 따른 매체 가치 비교

구분	영향력 기준	효과
교감성	감성유발가능성	TV 〉 인터넷,잡지,DS,라디오,모바일 〉 옥외매체,신문
	광고혼잡우려	DS,신문,옥외매체,라디오,TV,잡지 〉 모바일,인터넷
	브랜드각인	TV 〉 옥외매체,잡지,DS,모바일,인터넷,신문,라디오
	구매사용장면 구현	TV 〉 인터넷,잡지,DS 〉 모바일 〉 신문,라디오,옥외매체
	유머소구 가능성	TV,인터넷 〉 모바일,DS,라디오,잡지 〉 옥외매체,신문
생동성	생동감 전달	TV 〉 인터넷,DS 〉 모바일,잡지 〉 옥외매체,라디오 〉 신문
	행동타켓팅가능성	인터넷,모바일 〉 DS 〉 TV 〉 라디오,잡지,옥외매체 〉 신문
	몰입가능성	TV,인터넷,모바일,잡지,DS 〉 신문,라디오 〉 옥외매체
타겟 효율성	수용자 도달률	TV,인터넷 〉 모바일,옥외매체 〉 DS,라디오 〉 신문,잡지
	인구통계학적 선별	TV,인터넷 〉 모바일,옥외매체 〉 DS,라디오 〉 신문,잡지
	광고비 효율성	인터넷,모바일 〉 TV,라디오,옥외매체,DS,잡지 〉 신문
인지성	콘텐츠 특화성	인터넷,모바일 〉 잡지,DS,TV,신문 〉 라디오,옥외매체
	광고크기 위치선택	인터넷 〉 DS,모바일,잡지,신문 〉 TV,라디오,옥외매체
	광고 침입성 유발	인터넷 〉 DS,모바일,잡지,신문 〉 TV,라디오,옥외매체
	상호작용성	인터넷,모바일 〉 DS 〉 TV,라디오,잡지,옥외매체 〉 신문
수용성	매체광고 수용의지	TV 〉 인터넷,잡지,DS,모바일,신문,옥외매체,라디오
	수용자 관심 유발	TV,인터넷,DS,모바일 〉 잡지,옥외매체,라디오 〉 신문
신뢰성	매체 신뢰성	TV,신문 〉 잡지,인터넷 〉 DS,라디오,옥외매체,모바일
구매 평판성	매체의 명성	TV 〉 신문,잡지,인터넷 〉 DS,모바일,라디오,옥외매체
	제품구매 자극성	TV,인터넷 〉 모바일,DS,잡지 〉 옥외매체,라디오,신문
	제품구매 용이성	인터넷,모바일 〉 DS,TV 〉 잡지,라디오,신문,옥외매체
정보 도달성	하이엔드 타겟 도달	신문,잡지,모바일,인터넷 〉 DS,TV,라디오,옥외매체
	광고 노출 빈도	인터넷 〉 모바일,TV,옥외매체,라디오,DS 〉 잡지,신문

* DS(Digital Signage): 디지털 정보 디스플레이를 이용한 옥외광고

〈자료원〉 이희준, 조창환(2016), "매체 속성 평가에 따른 매체가치 비교 연구 : 매체 광고 영향력 지수(MAIX: Media Advertising Impact Index) 개발을 중심으로," 광고학연구, 27(3), 113-139 정리

　　한편 홉스테드의 문화적 차원 이론을 활용해 ATL과 BTL 광고 수용에 영향을 미치는 소비자 문화 차원의 역할을 알아보자. Hofstede는 각 국가의 문화적 차원을 개인주의(individualism), 권력거리(power distance), 불확실성의 회피(uncertainty avoidance), 남성성(masculinity), 장기지향성(long term orientation) 5가지로 나누어 제시하였다. 개인주의는 자신의 가치를 중시하며 타

인과 구별되기를 원하는 정도로 자아실현을 중시하며 조직에 대한 충성이나 타인과의 관계를 중시하는 집단주의를 멀리한다. 권력거리는 '사회의 구성원들이 권력이 불평등하게 배분되었다는 것을 인식하고 그러한 권력을 기대하는 정도'로 권력거리가 큰 사회일수록 유명인이나 권위를 인정하려는 성향이 높다. 불확실성의 회피정도가 높은 문화권에서는 규칙, 진실, 전문가들의 충고에 의존하는 경향이 높게 나타난다. 남성성이 높은 문화권에서는 지위를 중시하는 경향이 있어 개인의 성취와 성공을 과시하며 보여주기식 소비가 두드러진다. 장기지향성이 나타나는 문화권에서는 현재의 소비보다는 미래를 위한 저축을 더 소중하게 여긴다.

5가지 문화적 차원을 독립변수로 하여 ATL과 BTL의 광고태도 및 구매의도와의 관계를 살펴본 연구에 의하면 ATL 광고태도와 구매의도에 영향을 미치는 문화적 차원은 '개인주의', BTL 광고태도에 영향을 미치는 요인은 '남성성'으로 나타났다. ATL광고(TV, 인쇄광고), BTL광고(쿠폰, 이벤트, PR)로 나누어 살펴본 결과 ATL광고에 있어서는 개인주의가 중요하고 BTL에 있어서는 남성성이 중요한 것으로 나타났다. 이처럼 ATL과 BTL은 매체 속성에 따라 문화적 차원에 따른 다른 효과를 발휘하기 때문에 이를 통합적으로 고려한 커뮤니케이션 전략을 수립하여야 할 것이다.

Section 03 | 브랜드 통합 커뮤니케이션 프로그램 개발

BRAND HIGHLIGHT

김치 브랜드 '종가'로 글로벌 도약 노리는 대상의 전략은?

글로벌 커뮤니케이션을 위해 새롭게 기와 모티브의 육각형 형태를 더한 BI를 선보인 종가

대상이 김치 브랜드 '종가'로 글로벌 도약을 노린다. 예전에는 해외에 체류하는 한국인의 김치 구매가 많았지만, 최근 글로벌 시장에서 김치의 위상이 높아지면서 해외 시장 전반에서 수요가 높아졌다. 특히 코로나19 여파로 면역력을 높이는 먹거리에 대한 관심이 커진 것이 긍정적 영향을 미쳤다. 먼저 김치 브랜드 종가집을 '종가(JONGGA)'로 바꾸고, 신규 BI(브랜드 아이덴티티)를 공개했다. 그동안 국내에서는 김치 브랜드 종가집을 사용하고, 글로벌 김치 브랜드에는 종가를 운영해 왔다.

일관적인 글로벌 커뮤니케이션 활동을 전개하기 위해 국내·외 김치 브랜드를 통합한 것이다. 브랜드 비전은 전 세계, 모든 세대가 사랑하는 '시대를 대표하는 김치 전문 브랜드'로 정했다. 핵심 가치는 새로움을 '개척(Pioneering)', '전문적(Professional)', '정통(Authentic)' 등이다. 신규 BI는 한국어로 '종가', 영어로 'JONGGA'로 브랜드명을 표기하고 상하로 기와 모티브의 육각형 형태를 더한 형태로 만들었다. 패키지 디자인에 적용한 그래픽 패턴은 포기김치의 단면에서 영감을 받아 배추 사이에 고춧가루와 양념이 섞인 모습을 표현했다. 여기에 한국 전통의 기하학 문양 중 빗금 무늬 패턴을 차용해 전통의 미를 살렸다. 회사 측은 "대한민국 대표 김치 브랜드로서 김치의 중심을 지키며 트렌드를 선도하는 글로벌 김치 브랜드로 거듭날 것"이라고 했다. 최근 미국, 영국, 프랑스에서 성황리에 개최한 김치 요리대회 '종가 김치 블라스트'도 눈에 띈다. 코로나19 이후 일상 속 면역력 강화를 위해 대표적인 '슈퍼푸드'인 김치에 대한 세계인의 관심이 높아지고 있는 상황에서, 한국 김치의 우수한 맛과 건강 기능성을 전 세계에 알리고 김치 종주국으로서의 위상을 높이고자 기획했다. 이경애 대상 식품 글로벌사업 총괄 전무는 "행사를 통해 셰프부터 요리학교 학생까지 다양한 분야의 외국인 참가자들은 기발하고 창의적인 김치 요리를 선보이고 있다. 특히 올해는 배추김치뿐 아니라 총각김치, 백김치, 깍두기 등 더욱 다양해진 김치의 활용성과 레시피가 눈에 띄었다"며 "종가 김치가 전 세계인의 김치로 거듭날 수 있도록 앞으로도 글로벌 브랜드 경험 강화에 힘쓸 것"이라고 했다. 또한 해외 김치 공장을 통한 현지 생산도 강화한다. 2022년 3월 말 미국 로스앤젤레스(LA) 인근에 대규모 김치 공장을 완공한 데 이어, 최근 폴란드 신선 발효 채소 전문업체 ChPN과 김치 공장 건설을 위한 합작법인을 설립했다. ChPN의 생산 시설과 유통망을 활용해 종가 김치를 유럽 시장에 우선 공급하고, 2024년 폴란드 신규 공장을 준공해 본격적으로 김치 생산량을 늘려 2025년까지 유럽 현지 식품 사업 연간 매출을 1000억 원까지 끌어올리는 게 목표다. 폴란드 크라쿠프에 설립하는 김치 공장은 총 대지 면적 6613m² 규모로, 내년 착공해 2024년 하반기에 준공한다. 약 150억 원을 투입해 2030년까지 연간 3000톤 이상의 김치를 생산한다는 방침이다. 폴란드 현지 공장 설립은 최근 유럽 국가들이 국내 포장김치 주요 수출국으로 급부상하고 있는 것을 겨냥했다. 특히 폴란드를 유럽 시장 개척의 전초 기지로 정한 것은 원재료 수급의 용이성과 인근 국가로의 접근성 등의 장점 때문이다. 유럽 전역을 잇는 물류거점으로 동·서유럽의 중심에 위치한 폴란드를 최적의 장소라고 판단한 것이다. 임정배 대상 대표는 "유럽 현지 공장 건설을 위한 폴란드 합작법인 설립은 김치의 세계화를 위한 새로운 도전이라는 점에서 큰 의미가 있다"며 "대상 종가가 미국에 이어 유럽에서도 김치의 우수성과 정통성을 알릴 수 있도록 최선을 다하겠다"고 했다.

〈자료원〉 스포츠동아, 2022.11.17.

매체에 대한 효과적인 접근도 중요하지만, 기본적으로 브랜드 커뮤니케이션은 고객의 인식을 바꾸고 고객과의 관계를 구축하는 것이기 때문에 고객의 심리를 파악하는 게 무엇보다도 중요하다. 사랑받은 브랜드가 되기 위해서 어떤 전략이 필요할까?

1. 고객 중심의 브랜드 전략

소비자 중심의 브랜드 자산을 구축하기 위한 방법으로 제안하고 있는 것이 CBBE(Consumer Based Brand Equity) 모델이다. 이는 브랜드 자산을 구축하기 위한 단계로 브랜드 아이덴티티(brand identity) → 브랜드 의미(brand meaning) → 브랜드에 대한 소비자 반응(brand response) → 브랜드와 소비자와의 관계(brand relationship)을 제안하고 있다. 모든 커뮤니케이션의 시작은 정체성의 확립으로 시작되는데 정체성은 고객에게 제시하는 기업의 약속이다. 이를 위해 기업은 미션(Mission: 기업이 존재하는 이유), 비전(기업이 달성하고자하는 바)을 만든 후 고객에게 제공하고자 하는 가치를 정한 후 이를 슬로건과 같이 하나의 문장으로 만들어 이해관계자들에게 커뮤니케이션을 진행한다.

표 6-4   넥센타이어

Mission	움직임에 가치를 담아 내일을 함께하는 우리 Creating Value for tomorrow, every step of the way
Vision	모두가 누릴 수 있는 모빌리티 세상을 만들어 갑니다. Next Level Mobility for All
Core Value	도전(Challenge), 창의(Creativity), 협력(Collaboration)
Slogan	We got you 우리는 고객 곁의 든든한 지원자로 늘 함께 합니다

이처럼 기업을 슬로건을 통해 브랜드의 정체성을 소비자에게 전달하고 있다. 대표적인 브랜드들의 브랜드 슬로건을 살펴보면 다음과 같다.

- IMAX – Think Big(크게 생각하라)
- 폭스바겐 – Think Small(작게 생각하라)
- 맥프로 – Beauty outside, Beast inside(겉은 미녀와 속은 야수)
- 구글 – Don't be evil(악해지지 말자)
- 월마트 – Save Money, Live Better(돈을 아끼고 더 나은 삶은 살아라)

- 디즈니랜드 - The happiest place on earth(지상에서 가장 행복한 곳)
- 아디다스 - Impossible is nothing(불가능은 아무것도 아니다)
- 맥도날드 - I'm lovin it(즐기는 중)
- 서브웨이 - eat fresh(신선하게 먹는 중)
- 삼성전자 - Inspire the world, create the future
- Sk에너지 - 언제 어디서나, SK에너시
- 현대자동차 - New Thinking, New Possibilities
- 포스코 - 소리없이 세상을 움직입니다.
- KT - All New KT
- 대한항공 - Excellence in Flight
- 현대모비스 - Driving Science
- ACE - 침대는 가구가 아닙니다.
- 두산중공업 - 지구의 가치를 높이는 기술
- 두산 - 사람이 미래다

2. 브랜드 컨셉과 브랜드 컨셉관리

1) 브랜드 컨셉

커뮤니케이션을 할 때 우리가 결정해야 할 것은 크게 '무엇을 이야기 할 것인가(What to Say)'와 '어떻게 이야기할 것인가(How to Say)' 두 가지다. 보통 '무엇을 이야기 할 것인가'를 우리는 컨셉(Concept)이라고 하고, '어떻게 이야기할 것인가'를 크리에이티브(Creative)라고 한다. 컨셉은 브랜드가 표적청중에게 이야기하고자 하는 메시지로 가장 중요한 소구점으로 고객의 구매를 유도하는 포인트이기도 하다. 이를 위해 기업은 커뮤니케이션 컨셉을 정한 후 일관되고 지속적으로 커뮤니케이션함으로써 고객의 인식속에 기업이 전달하고자 소비자의 인식속에 하나의 단어(Single Word)를 심어야 한다. 두통엔 펜잘(펜잘), 고향의 맛(다시다), 침대는 가구가 아닙니다(에이스침대). 먹지마세요. 피부에 양보하세요(스킨푸드), 천연암반수로 만든 깨끗한 맥주(하이트맥주), 불가능 그것은 아무것도 아니다(아디다스), 작은 차이가 명품을 만듭니다(필립스), 세상에서 가장 작은

최초로 어필하는 USP 광고

NH투자증권은 '업계 최초로 주식수수료 무료', 갈배사이다는 최초로 '배와 사이다가 만났다'는 점을 강조하며 자신들만의 독특성을 강조하고 있다.

카페(카누), 피로엔 박카스 등 지금도 수많은 브랜드가 하나의 단어를 소비자들의 인식에 심기 위해 끊임없이 커뮤니케이션하고 있다. 그렇다면 왜 여러 개가 아니라 하나의 단어를 심어야 한다고 이야기하는 것일까? 이는 앞서 이야기한 휴리스틱과 밀접한 관련이 있다. 사람들은 어떤 내용을 기억하느냐보다 얼마나 빨리 기억하느냐가 중요하고 빨리 기억하도록 만들기 위해서는 대표성을 획득해야 하기 때문이다. 그리고 소비자가 생각하기를 싫어하는 인지적 구두쇠(cognitive miser)로서의 성격을 가지고 있다는 점을 고려하면 한 번에 여러 개의 메시지를 전달하려고 하는 것은 삼가해야 한다. 더욱이 지금처럼 매체가 다양해지면서 사람들의 집중력이 약해지고 있는 상황이라면 하나의 단어를 뇌리에 심는다는 원칙은 더 엄격하게 지켜져야 한다.

컨셉을 도출해내기 위해서는 제품이 가지고 있는 특성을 살펴봐야한다. 제품이 가지고 있는 특성 중에서 경쟁사에게는 없거나 경쟁사를 압도할 수 있고, 소비자가 중요하다고 생각하는 특성을 찾아 소비자가 이해하기 쉬운 언어로 단순하고 명확하게 표현해야 한다. 즉 생산자의 언어가 아닌 소비자의 언어로 먼저 바꿔주어야 한다. 예컨대, 치아에 있는 프라그를 제거해주는 치약이라는 점을 소비자에게 이야기할 때는 "프라그를 제거해주는 치약"이라는 속성 중심적인 메시지보다는 프라그 제거로 소비자가 얻게 될 혜택(benefit) 예컨대, "입안을 개운하게 해주는 치약"이라고 표현하는 것이 좋다. 지금까지 많은 광고인이나 마케팅 전문가들이 브랜드 컨셉을 찾기 위해 다양한 접근법을 시도하였다. 첫 번째 방법으로는 Roger Reeves가 제시한 독특한 판매 제안(USP: Unique Selling Proposition)이다. Roger Reeves는 경쟁사가 가지고 있지 않고, 소비자의 마음을 움직일 수 있는 강력한 컨셉을 제안하여야 한다고 주장하였다. 여기서 중요한 두 개의 단어가 독특(unique)하다는 단어와 제안(proposition)한다는 단어다. 예컨대, NH투자증권의 '업계 최초로 주식수수료 평생무료'라는 메시지나 1996년 출시 후 숙취해소에 도움이 된다는 사실이 알려지면 큰 인기를 끌었던 '갈아만든 배'의 업그레이드 버전인 갈배사이다의 '갈아만든 배 날 낳으시고 사이다 날 키우시네'라는 메시지 또한 USP 전략의 일환이라 할 수 있다.

둘째, Daivd Ogilvy의 브랜드 이미지 창조 전략이다. 이미지 창조 전략은 모방이 쉬운 속성 관련 이미지보다는 속성 비관련 이미지를 통해 커뮤니케이션 하는 것이 유리하다. 특히 제니퍼 아커 교수가 제안한 브랜드 개성(brand personality)을 활용해 브랜드 이미지를 창조할 수 있는데 브랜드 개성은 크게 5가지가 있다.

- 진실함(Sincerity) : 정직하고, 도덕적이며, 소박하고, 친절한 이미지
  (예, 홀마트, 파타고니아)
- 세련됨(Sophistication) : 고급스러운, 매력있는, 세심한, 부드러운 이미지

(예, 에르메스, 샤넬, Apple)

- 유능함(Competence) : 성공적인, 믿음직한, 전문적인, 똑똑한 이미지
  (예, IBM, 넷플릭스)
- 흥미로움(Excitement): 도전적인, 생기있는, 상상력이 풍부한, 유행에 민감한 이미지
  (예, 디즈니, 맥도날드)
- 견고함(Reggedness): 활동적인, 남성적인, 일관성 있는, 강건한 이미지
  (예, 말보로, 리바이스, 디스커버리)

셋째, Leo Burnett이 제안한 브랜드 속에 내재된 드라마(inherent drama)을 발견하는 것이다. 제품 속성, 사용상황, 개발과정 등 브랜드에 내재된 드라마를 발견하여 이를 좀 더 극적으로 표현해 소비자에게 보여주는 브랜드 스토리 전략을 활용할 수 있다. 예컨대, 현대자동차 제네시스 G80는 우주정거장에 있는 아빠를 위해 사랑의 메시지를 전달하고자 하는 딸의 마음을 영상에 담은 '메시지 투 스페이스(A Message to Space: 우주로 보내는 메시지) 광고를 진행하였다. 네바다 사막 위를 11대의 제네시스가 주행하며 타이어 트랙으로 '스테파니는 아빠를 사랑해요(Steph lovs you)'라는 메시지를 남기는 데 성공한다. NBC, CBS, ABC 등 세계 유력 언론 보도와 소비자의 자발적 공유가 더해지면서 공개 1주 만에 세계 광고 영상 중 공유 1위, 미국 자동차 전문지 '오토모티브 뉴스' 주간 바이럴 비디오 2주 연속 1위를 기록하였고, '가장 큰 타이어 트랙 이미지'라는 신규 항목으로 기네스북에 등재되었다.

넷째, 제품 포지션의 개발이다. Jack Trout와 R. Ries는 "포지셔닝"이라는 책에서 경쟁브랜드와 구별되는 자신만의 포지션을 소비자의 마음속에 위치시켜야한다는 포지셔닝 전략을 제시하였다. 그들이 제시한 포지셔닝 전략의 가장 강력한 원칙은 최초라는 위치를 선점하는 것(선도자의 법칙)이며, 최초가 될 수 없다면 최초가 될 수 있는 영역을 개발하라는 것(영역의 법칙)이다. 나아가 자신만의 단어를 소비자의 마음에 위치시켜 독점하라는 것(독점의 법칙)인데 예컨대, 종합가구업체와의 가격경쟁에서의 열세로 시

우주정거장에 있는 아빠를 위해 사랑의 메시지를 전달하고자 하는 딸의 마음을 영상에 담은 현대자동차의 '메시지 투 스페이스(A Message to Space: 우주로 보내는 메시지) 광고

스타워즈의 명장면을 패러디하여 캔의 재활용 상황을 유쾌하게 보여주는 환경부 광고

장을 빼앗기고 있던 침대전문업체 에이스침대가 가구와 함께 침대를 구입하는 소비자의 마음속에 "침대는 가구가 아닙니다. 과학입니다"라는 메시지를 통해 가구를 살 때 침대를 따로 사게 만들고 나아가 '침대과학=에이스'라는 차별적 이미지를 포지셔닝시킨 것이 좋은 예라 할 수 있다.

다섯째, 경험적 편익을 제공하는 것이다. Dusenberry는 새롭고 유연한 컨셉을 바탕으로 소비자에게 경험적 편익을 제공하는 것이 중요하다고 하였다. 유머광고는 사람들의 주목율을 높이고 메시지에 대한 거부감을 줄여주는 효과가 크다. 예컨대, 환경부에서 스타워즈의 명장면을 패러디하여 만든 '아임 유어 파더(I'm your father)' 광고는 특유의 유쾌함과 신선함으로 서울영상광고제 그랑프리를 수행하였다. 자동차를 몰래 훔쳐보던 찌그러진 캔이 개가 자동차로 달려와 오줌을 싸려는 순간 몸을 날려 자동차를 보호하자 자동차가 누구냐고 묻는데 이때 찌그러진 캔은 스타워즈의 명대사 '자신이 아빠다(I'm your father)'라고 이야기한다. 이외에 청소기에 빨려 들어갈뻔한 두루마리 휴지를 종이컵이 몸을 날려 구하고, 플리스틱 오리 인형을 구조하는 빨대, 마네킹의 위기상황을 해결해주는 비닐 봉투까지 재활용의 중요성을 알리기 위해 환경부가 만든 패러디 광고는 공익 광고로서는 최초로 올해의 광고 대상을 받았다.

2) 브랜드 컨셉 관리

그림 6-2 브랜드 컨셉 관리 체계도

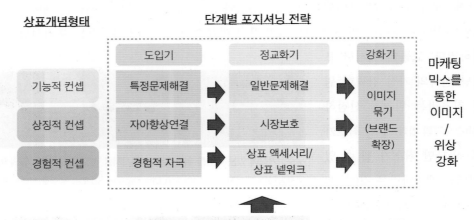

브랜드 컨셉이 정해진 후 커뮤니케이션을 통해 소비자의 마음속에 하나의 단어를 심었다면 도입기, 정교화기, 강화기에 등 브랜드의 수명주기에 맞춰 브랜드 컨셉을 계획, 실행, 통제

해야 하는데 이를 브랜드 컨셉 관리(Brand Concept Management: BCM)라고 한다. 일반적으로 브랜드 컨셉은 크게 기능적(functional), 상징적(symbolic), 경험적(experiential) 컨셉으로 나누어 수명주기에 맞춰 관리하여야 한다. 먼저, 기능적 컨셉의 브랜드는 도입기에는 소비자의 특정한 문제를 해결해주는 것으로 자신을 포지셔닝한다. 이후 정교화기에는 특정문제해결에서 일반문제해결로 문제해결 범위를 확대해나간다. 이후 이를 바탕으로 강화기에 이미지 묶기를 활용한 브랜드 확장을 한다.

예컨대, 피죤은 도입기에 정전기 방지(특정문제 해결)를 무기로 시장에 진입한 후 섬유유연제(일반문제해결)로 문제해결범위를 확대하였다. "빨래엔 피죤~"이라는 강렬한 CM송과 함께 대대적인 광고캠페인을 통해 전국민에게 피죤 브랜드를 인식시켰던 것이다. 강화기에 이미지묶기를 통해 파란피죤(여름용 땀흡수 세균방지 + 섬유유연)과 노란피죤(겨울용 정전기 방지 + 섬유 유연) 등 섬유유연제에서 섬유탈취제, 세탁세제, 세정제 등 다양한 제품으로 브랜드 확장을 하면서 소비자의 생활문화 파트너로 자리매김한 대표적인 국민 생활용품이 되었다. '브랜드스탁'이 발표한 '대한민국 100대 브랜드' 평가에서 2018년 종합순위 82위를 기록한 피죤은 2019년(76위), 2020년(70위), 2021년(69위), 2022년(68위)를 기록하며 5년 연속 '100대 브랜드'로 선정됐다.

그림 6-3 피죤의 사례

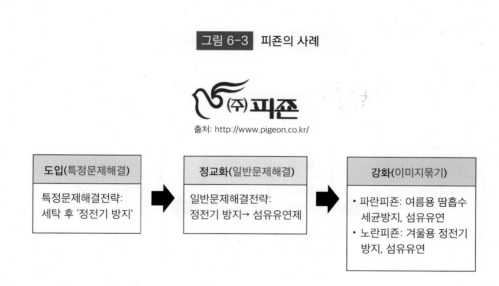

출처: http://www.pigeon.co.kr/

다음으로, 상징적 컨셉의 브랜드는 도입기에는 소비자의 자아 향상 욕구와 브랜드를 연결시켜 잠재고객에게 포지셔닝한다. 이후 정교화기에는 기존의 개념을 유지하기 위해 강력하게 통제된 마케팅 믹스를 사용하며 시장을 보호하는 전략을 사용한다. 이후 이를 바탕으로 강화기에 이미지 묶기를 활용한 브랜드 확장을 한다. 예컨대, 미국 백악관의 그릇이라는 닉네임이 붙은 레녹스(LENOX)는 "세계는 다르지만, 이 제품이 당신의 세계를 나타내게 하십시오"라는 슬로건을 통해 세련된 도자기로 자신을 포지셔닝한 후 엄격한 마케팅 믹스를 통해 시장을 보호한 후 크리스탈, 촛대, 보석으로 브랜드를 확장해나갔다. 1889년 Walter Scott Lenox가 설립한 레녹스가 처음으로 명성을 얻은 것은 1906년 발생한 샌프란시스코 지진 때 망가지고 부서진 집기들 사이에서도 온전히 제 모습을 유지하면서부터다. 이때 "지진에도 깨지지 않는 튼튼한 그릇"이라는 명성을 얻으며 명품 보석 업체 '티파니'에 장식용 그릇을 납품하는 계약을 체결하였다. 이후 1918년 우드로 윌슨 대통령이 백악관 공식 식기로 레녹스를 선정해 1700개의 그릇을 주문하면서 새로운 전기를 맞이하였다. 레녹스가 128년 동안 미국 최고 도자기 브랜드라는 명성을 유지할 수 있었던 비결은 엄격한 품질 관리 때문이다. 또한 레녹스는 맞춤형 식기뿐 아니라 1917년 소개된 '만다린'과 '밍' 패턴, 1960~70년대 나온 심플한 '솔리테어'와 크리스마스 장식이 들어간 '홀리데이' 패턴, 팝 아트가 유행하던 1970년대에는 '파이어송' '판타지스'와 같은 혁신적인 디자인, '겨울왕국' '미녀와 야수' '잠자는 숲속의 미녀' '곰돌이 푸우' 등 디즈니 캐릭터가 들어간 도자기 장식품을 판매하는 등 다양한 회사와 협업하는 등 시대에 맞는 다양한 디자인과 끊임없는 혁신을 선보였다.

그림 6-4 미국 백악관의 그릇 사례

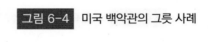
LENOX (미국백아관의 그릇)

(출처: http://www.lenox.com)

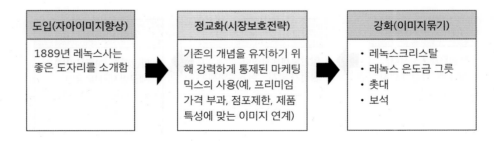

도입(자아이미지향상)	정교화(시장보호전략)	강화(이미지묶기)
1889년 레녹스사는 좋은 도자리를 소개함	기존의 개념을 유지하기 위해 강력하게 통제된 마케팅 믹스의 사용(예, 프리미엄 가격 부과, 점포제한, 제품 특성에 맞는 이미지 연계)	• 레녹스크리스탈 • 레녹스 은도금 그릇 • 촛대 • 보석

마지막으로 경험적 컨셉은 도입기에는 소비자에게 새로운 경험적 자극을 제공하며 자신을 포지셔닝한다. 이후 정교화기에는 상표 네트워크/악세사리 전략을 바탕으로 브랜드 경험을 유지하거나 확대시켜나간다. 이후 이를 바탕으로 강화기에 이미지 묶기를 활용한 브랜드 확장을 한다. 예컨대, 레고는 "창의력과 상상력을 강조하는 부서지지 않는 안전한 장난감"이라는 컨셉

을 바탕으로 3-8세를 위한 대상으로 한 레고짓기 벽돌을 만들어 소개한 뒤 이후 다양한 악세사리, 유명한 영화와의 콜라보를 통해 즐거움을 강화시켜 나간 후 레고랜드나 레고의자로 브랜드 확장을 진행하였다. 이후 레고는 2007년부터 '레고 아이디어스(LEGO Ideas)' 플랫폼을 통해 아이디어를 수집하고, 이용자 투표와 심사를 거쳐 상용화로 이어갔다. 채택된 아이디어 제안자에게는 매출액의 1%를 리워드로 제공하는데 접어서 펼치면 블록으로 만들어지는 팝업북 (Pop-up book)도 1만 명의 채택을 받아 상품화하였다. 이처럼 레고는 창의력과 상상력을 강조하는 부서지지 않는 안전한 장난감이라는 컨셉을 지속적으로 유지하기 위해 노력하고 있다.

그림 6-5 레고의 사례

(출처: http://www.Lego.com)

도입(경험적 자극)	정교화(액세서리전략)	강화 (이미지묶기/브랜드확장)
3-8세를 위한 레고 짓기 벽돌이 1960년대 소개됨	• 소인형, 나무, 아이디어 책, 보관함 등과 같은 액세서리 • 1-5세를 위한 큰 벽돌과 같은 액세서리 • 7-12세를 위한 전문건축 부품(바퀴, 기어, 굴대, 연결 고리)	• 레고랜드: 어린이 운전학교 • 레고의자, 소파, 책상, 책장 등과 같은 혼자 힘으로 만드는 가구

3. 삼양라면 60주년 캠페인 사례

삼양라면은 60주년을 맞이하여 '평범하게 위대하게'라는 통합적 브랜드커뮤니케이션을 진행하였는데 캠페인 배경과 목적, 주요 컨셉과 메시지, 크리에이티브 및 매체 전략, 캠페인 성과를 요약하면 다음과 같다.

1) 캠페인 배경

창립 60주년을 기념하여 삼양라면의 탄생 취지를 전달함과 동시에 앞으로도 지속적으로 소비자에게 진정성 있는 제품을 제공하겠다는 의지를 표명

2) 캠페인 기간

2021년 9월 27일~11월 13일

3) 캠페인 목적

삼양식품 세계관 구축을 통해 주타켓층인 MZ세대의 흥미를 증폭시켜 브랜드 충성도를 강화하고 신규소비자를 유입하는 것

4) 캠페인 컨셉

'평범하게 위대하게'

5) 캠페인 스토리

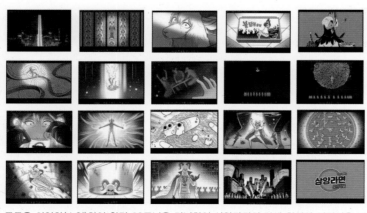

동물을 의인화(수인)하여 창립 60주년을 기념하여 삼양라면의 탄생 취지와 진정성을 보여준 스토리보드

다른 자극적인 라면들 사이에서 자신의 평범함에 자존감을 잃어가던 삼양라면이 배고픈 시절 국민의 주식으로 모두에게 힘이 되었던 과거 탄생의 본래 취지를 기억하며 불꽃 같은 '각성'과 함께 완성되고, 그를 조롱하던 불닭에 맞서는 평범하지만 위대한 존재로 계속 남아 있겠다는 스토리

6) 캠페인 주요 메시지

동물을 캐릭터로 의인화(수인)하여 메시지 전달

(1) 산양(삼양라면의 삼양을 산양으로 바꿈)

　: 원조 라면의 위상을 재확인하고 싶어하는 주인공 수인 캐릭터

　"기본을 조용히 지켜낼 거야. 최초의 라면인 내가 해낼 거야"

　"배고픈 모두를 구했던 그때처럼"

(2) 불닭 : 조연 수인 캐릭터(불닭볶음면의 닭)

7) 크리에이티브 전략

(1) 삼양라면 브랜드를 세계관 내 메인 주제로 선정하여 기업과 브랜드의 사명과 의지를 감동적으로 전달하고 주타겟층인 MZ세대의 이슈라이징을 도모하기 위한 전방위적 BTL 캠페인 시행

(2) 삼양라면이 모든 라면의 시초임을 알리기 위한 메시지 전달
　　(예, "선각자여, 그대는 삼양라면이다")

(3) 제품의 서사를 효과적으로 전달하기 위하여 동물 캐릭터를 인물화한 수인물 뮤지컬 형식으로 제작(슈퍼주니어 출신 규현이 삼양라면 역할)

8) 매체 전략

(1) 타겟: MZ세대

(2) 주요 매체

　: 디지털(캠페인 티징, 본편, 캐릭터 영상 등)과 OOH(Out of home) 미디어 중심

디지털 콘텐츠	유튜브, 인스타그램, 페이스북, 배달의 민족 라이브 쇼핑
OOH광고	지하철 역사의 디지털 포스터와 디지털 빌보드

(3) 세부 내용

- 라이브 쇼핑 채널 : 삼양이 캐릭터를 활용한 라이브 커머스 진행

Linked	라이브 시청하며 바로 구매까지 연결
Interactive	소비자와의 양방향 소통 가능
Various	실시간 시청자 대상 브랜드 경험 제공
Entertaining	캐릭터 IP를 통한 쇼핑 외 흥미요소

- OOH 광고 집행 : 성수, 강남, 삼성, 홍대 등 주요 번화가의 지하철 역사에 디지털 포스터, 삼성역과 코엑스 인근에는 디지털 빌보드 설치

9) 캠페인 성과

(1) Total views 12,505,114회(유튜브 10,279,279 / 인스타 2,179,575 / OOH 46,260)

(2) Total Comments: 5,042건(유튜브 4,658 / 인스타 384)

　캠페인의 퀄리티, 감동, 중독성 등 긍정적인 여론(이게 광고야 뮤지컬이야, 감동적이고 벅차오른다, 규현 표현력, 목소리가 좋다, 중독성 있어 반복해서 보게 된다, 공짜로 봐도 되는 건가? 퀄리티 너무 높아 등)이 85% 이상 생성

(3) Total Likes: 27,718건 (유튜브 23,065 / 인스타 46,533)

(4) 배민라이브 쇼핑: 라이브 시작 20분 만에 준비한 물량 완판, 동시 시청자수 최대 145,496명 기록

(5) 2021 대한민국 광고대상 2관왕: 브랜디드 콘텐츠 부문 대상과 오디오 부문 금상

(6) 맥스 서밋 2021 어워드: F&B(식품음료) 산업군 부문 광고 대상

(7) 제품 리뉴얼
- 한자인 삼양(三養)을 한글로 바꾸었으며 패키지에 캠페인 주인공캐릭터 삽입
- 캠페인 기간동안(2021년 9월~11월) 매출면에서도 평균 14% 이상 상승하는 효과

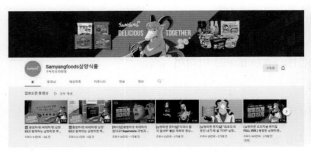

삼양식품 채널 및 라이브 방송 화면

산양캐릭터를 삽입한 패키지를 새롭게 선보인 삼양라면

💬 **FD1** 넷플릭스와 같은 글로벌 OTT서비스로 인해 K콘텐츠가 전 세계적인 성공을 하고 있는데 구체적인 이유가 무엇인지 토론해보자.

💬 **FD2** 1인 미디어의 성장으로 인해 나타나게 되는 사회적 경제적 효과에 대해 토론해보자.

💬 **FD3** ATL과 BTL의 영향력을 비교하고 각각의 매체에 적합한 전략이 무엇인지 논의해보자.

💬 **FD4** 브랜드 컨셉을 찾는 방법별로 대표적인 사례를 찾아 발표해보자.

7

브랜드 커뮤니티 전략

LEARNING OBJECTIVES

☐ LO1 브랜드 커뮤니티의 본질적 특성과 브랜드 커뮤니티의 역할과 효과를 소비자관점과 기업관점에서 이해할 수 있다.

☐ LO2 개설과 운영방식에 따라 소비자중심형과 기업중심형의 브랜드 커뮤니티 유형을 구조할 수 있다.

☐ LO3 성공적인 브랜드 커뮤니티 운영을 위한 가이드라인과 브랜드 팬덤 체크리스트를 활용한 실습을 할 수 있다.

☐ LO4 디지털시대의 브랜드 커뮤니티 진화를 학습하여 브랜드 커뮤니티 형성 및 운영 관리의 능력을 배양할 수 있다.

GS건설, "하이엔드 브랜드 없이 '프리미엄 포지셔닝' 성공"

브랜드가 아파트의 가치를 좌우하는 시대다. 학군, 교통, 인프라만큼 아파트 가격을 쥐락펴락하는 게 브랜드다. 최고의 아파트 브랜드를 묻는 각종 설문조사에서 늘 빠지지 않는 이름이 바로 GS건설의 자이(Xi)다. 부동산114의 '2021년 베스트 아파트 브랜드' 설문조사 결과, 자이가 종합 1위, 브랜드 가치 평가 업체인 브랜드스탁의 2021 대한민국 브랜드스타' 아파트 부문 1위 등 19년부터 3년간 부동의 1위다.

특이한 점은 GS건설은 별도의 하이엔드(high-end · 최고급) 브랜드가 없다는 점이다. 남다르고 특별한 주거 공간을 원하는 수요자들이 많아지면서 건설사들이 브랜드 차별화를 위해 경쟁적으로 '최고급' '최상급' '프리미엄' '럭셔리' 등의 수식어를 앞세운 하이엔드 브랜드를 내놓고 있지만 GS건설은 우직하게 자이만을 고집하고 있다.

상황 1 우후죽순 등장하는 하이엔드 브랜드
도전 1 노메이크업…'태생이 프리미엄'

몇 년 전부터 국내 주택 시장에 하이엔드 브랜드 경쟁이 불붙었다. 매수 심리가 위축되자 건설사들은 수요자들의 투심을 자극하기 위해 더 과감한 고급화 마케팅을 꺼내 들었다. 기존 아파트 브랜드보다 특별하고 차별화된 하이엔드 브랜드를 출시하면서 재건축 · 재개발 시장을 공략하기 시작했다. 현대건설(디에이치), DL이앤씨(아크로), 대우건설(써밋), 롯데건설(르엘), 포스코건설(오티에르), SK에코플랜트(드파인) 등이 대표적이다.

서울 등 수도권뿐만 아니라 지방 정비 사업에도 건설사들의 하이엔드 브랜드가 진출하고 있다. 건설사들이 사업 수주를 위해 하이엔드 브랜드를 내걸기도 하고, 반대로 조합들이 먼저 요구하기도 해서다. 이 와중에서도 '주택 명가'로 불리는 GS건설은 흔들림없이 자이 브랜드만 고집하고 있다. 하이엔드 브랜드가 새로운 부가가치를 창출하는 것 보다 기존 브랜드 가치를 떨어뜨리는 역효과를 낸다는 게 GS건설의 계산이다. 기존 브랜드 아파트에 살고 있는 입주자들이 새로운 하이엔드 브랜드 출시 이후 상대적으로 차별적인 감정을 느낄 수 있다고도 했다. 오히려 기존 브랜드 이미지를 높이거나 보강하는 게 득이 많다는 설명이었다.

GS건설은 주택 시장에선 상대적으로 후발주자다. 하지만 단기간에 확고한 브랜드 이미지를 구축하면서 단숨에 업계 최고급 브랜드로 각인됐다. 가장 큰 이유는 출발부터 프리미엄 브랜드라는 이미지를 구축한 덕분이다. 브랜드 출범 초기부터 '자이=프리미엄=1등 아파트'라는 마케팅전략을 폈다. 브랜드 구상에서부터 이런 의지를 담았다. 자이는 건설사 이미지와는 전혀 무관한 영문 상징어다. eXtra intelligent(특별한 지성)에서 X와 i를 따온 당시엔 파격적인 작명이었다.

앞선 사람들이 생각하고 살아가는 방식인 인텔리전트 라이프(Intelligent Life)를 표방하고, 업계 최초로 홈네트워크 시스템을 도입하며 아파트를 단순 주거 공간에서 고급 라이프 스타일의 실현 공간으로 인식시켰다. 자이안센터를 만들어 업계 최초로

'커뮤니티'라는 콘셉트를 도입했다. 2011년과 2012년엔 대내외적으로 자이 브랜드와 광고를 전면 개편해 'Made in Xi'라는 광고 슬로건을 강조했다. 다른 건설사들이 주거 공간 안팎을 강조할 때 GS건설은 첨단 기술, 첨단 디자인 등을 앞세웠다. 이를 통해 주거 문화를 선도하는 건설사라는 이미지를 키웠다.

(중략)

상황 2 레드오션 된 주택 시장
도전 2 탄탄한 팬덤으로 승부

GS건설이 택한 건 팬덤이다. 불특정 다수의 선호 역시 중요하지만 무엇보다 확실한 팬덤을 형성하는 게 중장기적으로 유리하다고 봤다. GS건설과 직접 소통할 수 있는 채널들도 늘렸다. GS건설의 브랜드 애플리케이션(앱)인 자이 앱 이용자 수는 100만 명을 돌파했다. GS건설의 유튜브 채널인 자이TV는 56만 명, 웹진은 20만 명의 이용자를 확보하고 있다. 건설 업계 최다 구독자 수다. 자이TV는 2020년 6월, 구독자 수 10만 명을 돌파하면서 업계 최초로 유튜브 '실버버튼'을 달성했다. 자이TV의 전체 콘텐츠 누적 조회 수는 2,425만 회를 돌파했다. GS건설은 단순히 상품 소개나 홍보가 아니라 고객과 콘텐츠로 소통하는 데 무게중심을 두고 견본주택 라이브 방송을 통해 소비자는 직접 견본주택에 방문하지 않고도 스마트폰이나 PC 등으로 간편하게 견본주택의 생생한 현장을 확인할 수 있다.

결국 중요한 건 브랜드이미지 관리다. 새로운 브랜드를 자꾸 양산해 키우려는 것보다 한 개의 핵심 브랜드의 포지셔닝을 뚜렷하게 하고, 그 포지셔닝을 강화해 나가는 방향으로 마케팅전략을 펴는게 효과적일 수 있다는 의미다. GS건설은 '태생이 프리미엄인 브랜드는 추가적인 프리미엄 브랜드가 필요 없다'는 확고한 철학을 갖고 있다.

이를 위해 경쟁사보다 한발 앞선 기술력을 줄곧 강조하고 있다. 아파트 외부 혁신이 대표적인 사례다. GS건설은 과천자이의 티하우스 스톤클라우드처럼 물 위에 떠있는 구름을 콘셉트로 감성적인 건축물을 아파트 외부에 설치했다. 유리 외피에 주변의 풍경이 담길 수 있도록 조경을 구상해 아파트 단지 전체를 한 폭의 작품으로 형상화하는 시도도 이어가고 있다. 미래 기술에 대한 연구개발에도 과감하게 투자해 초미세먼지 차단과 전기차 관련 무선 패드형 충전기 개발에도 나서고 있다. GS건설 관계자는 "트렌드에 휩쓸리기보다는 강력한 브랜드이미지 구축과 구축한 브랜드이미지 보강과 발전이라는 측면에 집중한 것이 수요자들에게 효과적으로 다가선 것 같다"고 말했다.

〈자료원〉 한국경제, 2022.10.27.

마켓 4.0시대로 진입함에 따라 새로운 마케팅 4C Mix 내 공동체 활성화의 중요성이 더욱 대두되었다. 이에 따라 본 장에서 브랜드 커뮤니티의 역할과 효과를 소비자관점과 기업관점에서 살펴보고, 개설과 운영방식에 따라 소비자중심형과 기업중심형의 브랜드 커뮤니티 유형을 학습한다.

성공적인 브랜드 커뮤니티 운영을 위한 가이드라인으로서 브랜드 커뮤니티의 제공가치 개발, 기업과 소비자 협업의 하이브리드형 브랜드 커뮤니티 운영, 기업과 소비자 협업의 하이브리드형 브랜드 커뮤니티 운영, 체계적인 고객 접점 관리, 브랜드 커뮤니티 차별화를 위한 4D 브랜딩 전략 전개에 관해 학습한다. 브랜드 팬덤 체크리스트를 학습하고, 디지털시대의 브랜드 커뮤니티 진화를 학습하여 브랜드 커뮤니티 형성 및 운영 관리의 능력을 배양한다.

Section 01 브랜드 커뮤니티의 특성과 역할

1. 마켓 4.0시대와 브랜드 커뮤니티

마켓의 정의는 마켓 1.0(제품 위주의 마케팅), 마켓 2.0(소비자 중심의 마케팅), 마켓 3.0(인간 중심의 마케팅), 마켓 4.0(기업과 고객 간 온라인과 오프라인의 상호작용을 통합한 마케팅)으로 진화하고 있다. 마켓 4.0시대는 미디어 발전으로 소비자는 기업과 동등한 위치에서 상호작용하고 있으며, 소셜미디어의 발전으로 새로운 브랜드 경험을 제공하고 있다. 소비자의 역할도 변화하여 과거의 수동적 구매자에서 공동 생산자로서, 더 나아가 영향력 행사자로 발전하고 있다. 이에 따라, 기업은 마켓 4.0 시대의 중요한 게임 체인저인 '연결성'의 중요성을 인식하여 고객과의 연결성을 높이는 것에 총력을 다해야 한다.

새로운 마케팅 4C Mix 전략은 마켓 4.0 시대에 온라인과 오프라인을 결합하고 기업과 소비자의 상호작용에서 소비자의 능동적인 역할이 극대화되어 궁극적으로 기업을 적극적으로 옹호하는 고객을 창출하는 전략이다. 〈그림 7-1〉에서 보듯이 필립 코틀러가 제안한 새로운 마케팅 4C Mix는 공동창조(co-creation), 통화(currency), 공동체활성화(communal activation), 대화(conversation)로 구성되어 있다. 기존의 마케팅 4C Mix 전략과 새로운 마케팅 4C Mix 전략을 〈표 7-1〉에 비교 정리하였다.

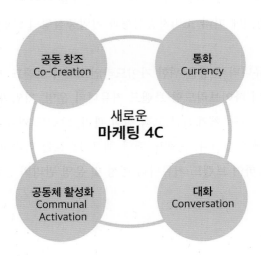

그림 7-1 새로운 마케팅 4C Mix 전략

새로운
마케팅 4C

- 공동 창조 Co-Creation
- 통화 Currency
- 공동체 활성화 Communal Activation
- 대화 Conversation

표 7-1 4P Mix 마케팅전략과 새로운 4C Mix 마케팅전략의 비교

마케팅 4P Mix 전략	마켓 4.0시대의 새로운 마케팅 4C Mix 전략	새로운 마케팅 4C Mix의 정의와 설명
Product	공동창조 (co-creation)	• 기업이 제조하고 소비자가 소비하는 차원에서 진화하여 제품이나 서비스를 창조적으로 함께 개발함 • 고객의 수요 맞춤, 고객 참여 차원에서 진일보한 것으로 기업과 소비자가 동급에서 함께 작업한다는 개념임
Price	통화 (currency)	• 시장수요에 따라 출렁이는 통화개념처럼 디지털시대에는 가격 정책도 표준화 정책이 아닌 역동적이고 시장수요 및 생산능력 등을 기초한 유연한 가격 책정이 필요함
Place	공동체 활성화 (communal activation)	• 전통적 오프라인과 온라인 유통의 개념에서 사회적 관계 차원의 유통을 의미함 • 기업과 소비자 간의 유통분만 아니라 고객과 고객 간의 P2P(Peer to Peer)로 불리는 공유경제 체제의 부상, 소셜미디어의 활성화로 실시간 거래 등을 통해 다양한 유통이 가능하게 됨
Promotion	대화 (conversation)	• 기존의 일방향, 쌍방향 커뮤니케이션 레벨에서 소셜미디어 확산으로 기업과 소비자 간 지속적이고 깊은 관계 형성이 가능하게 됨 • 이러한 미디어 환경하에 보다 친밀한 커뮤니케이션 레벨로서 기업과 고객과 대화가 촉진되고 더 나아가 고객들 간도 대화가 촉진됨

새로운 마케팅 4C Mix 전략에서 보듯이, 공동체 활성화 차원에서 마켓 4.0시대에 브랜드 커뮤니티의 역할과 위상은 더욱 중요하게 되었다. 일반적으로 브랜드 커뮤니티는 브랜드를 좋아하는 사람들 간의 구조화된 사회적 관계를 기초로 한 지리적인 제한인 없는 전문화된 커뮤니티라고 정의된다. 브랜드 커뮤니티는 일반적인 커뮤니티와 달리 구성원들이 보다 능동적이고 강한 몰입을 보여준다. 소비자는 브랜드 커뮤니티를 통해 생활 속 다양한 방법으로 브랜드를 체험하고 그 과정에서 브랜드와 자신의 정체성과 일체감을 경험하고 이는 다시 브랜드 충성도로 이어지는 순환 경험이 심화된다.

2. 브랜드 커뮤니티의 본질적 특성

1) 공유된 의식(shared consciousness)

이는 커뮤니티 구성원이 브랜드 정체성을 기반으로 브랜드에 대해 중요한 연결을 느끼고 다른 구성원들과도 강력한 연결을 느끼는 것을 의미한다. 해당 브랜드 사용자와 다른 브랜드 사용자 사이를 구분하고 대항적 브랜드 충성심(oppositional brand loyalty)이 파생된다.

2) 의례와 전통(rituals and traditions)

커뮤니티의 역사, 문화, 의식을 영속시키며 다른 커뮤니티와 차별될 수 있도록 해 준다. 커뮤니티를 통해서 나타나는 의례, 규범 및 전통은 커뮤니티를 유지 시키는 중요한 수단으로서 특히 커뮤니티의 역사, 의식과 의례, 상징물, 스토리 등은 구성원들 간의 상호작용을 촉진하여 해당 커뮤니티의 결속을 강화시킨다. 즉, 브랜드 커뮤니티의 의례와 전통은 브랜드와 관련된 특유한 표현 양식 및 상징과 의미 등을 생산하여 브랜드 의미(brand meaning)를 형성하는 것이다.

3) 도덕적 책임감(sense of moral responsibility)

커뮤니티 그 자체와 개별 구성원에 대하여 느끼는 의무감으로서 커뮤니티의 유지와 존속을 위하여 자발적이고 지속적인 참여를 이끌고 새로운 구성원을 유치하게 하며 커뮤니티가 위험한 시기에 협동적인 행동을 가능하게 하여 경쟁 관계에 있는 커뮤니티와 맞서게 한다. 브랜드 커뮤니티에 있어서 도덕적 책임감은 같은 브랜드를 사용하는 소비자들이 가지는 문제점을 해결해 주거나 브랜드에 대한 정보를 공유하고자 하는 이타적인 행동을 만든다.

4) 사회적 관계를 기반 한 소비 커뮤니티 (consumption based on social relationship)

같은 브랜드를 사용하면서 소비행동의 동일성을 가지고 있고 공동 소비현상 및 하위 소비문화로 보유하고 있다. 즉, 사회적 관계를 기반한 소비행동과 소비문화 행동 특성을 가지고 있다.

3. 브랜드 커뮤니티 활동 유형

브랜드 커뮤니티 활동의 중요 6가지 유형은 다음과 같다.

1) 브랜드 자체를 대상으로 커뮤니티 구성원들은 브랜드에 대한 사랑과 애정을 표현하고자 하는 브랜드 애착활동을 한다.
2) 커뮤니티 구성원들은 브랜드 커뮤니티에서 브랜드와 관련된 정보를 공유한다.
3) 커뮤니티 구성원들은 제품이나 관련 부품들을 직접 사고 팔거나 서로 교환하는 P2P 거래를 하며 공동구매 등의 집단구매를 통해 경제적 이득을 추구한다.
4) 브랜드 커뮤니티에서 구성원들은 제품 및 서비스에 대한 정보를 공유할 뿐만 아니라 오프라인 모임들을 통한 직·간접 만남으로 관계를 형성한다.
5) 브랜드를 제공하는 기업이나 정부를 대상으로 소비자의 권익을 보호하려는 권익추구 활동을 전개한다.
6) 브랜드 커뮤니티 주변을 둘러싸고 있는 사회 전체에 관한 활동을 전개한다. 특히, 최근 ESG(Environment, Social, Governance) 경영이 중요하게 되면서 브랜드 커뮤니티 활동의 범위가 환경적, 사회적 영역뿐만 아니라 기업의 운영 거버넌스에도 이해관계자로서 참여가 적극 확대되고 있다.

4. 브랜드 커뮤니티의 역할과 효과

〈표 7-2〉는 소비자 관점과 기업관점에서 브랜드 커뮤니티의 역할과 효과를 상세히 정리하였다.

표 7-2 브랜드 커뮤니티의 역할과 효과

소비자관점에서의 브랜드 커뮤니티의 역할과 효과	기업관점에서의 브랜드 커뮤니티의 역할과 효과
• 커뮤니티 회원들 간 제품 관한 정보를 공유하고 기업에게 브랜드 관련 의견을 제시하는 등 커뮤니케이션 활성화 역할 함 • 의사결정과정에서 준거집단(reference group)에 의해 신뢰성이 형성되고, 정보수용도가 높음 • 정보나 의견을 적극적으로 전달함에 따라 의견선도자 역할을 함 • 구성원들에게 의미있는 사회적 및 심리적 공간으로 작용함 • 커뮤니티 회원들 간의 정서적 유대감 형성함 • 주인의식을 기반을 둔 능동적 활동을 통해 욕구 충족 및 성취감이 획득됨 • 소비자가 고립되고 원자화된 상태로 있을 때보다 집단화가 되어 기업 및 사회에 큰 영향력을 발휘함	• 적은 비용으로 고객과의 장기적인 관계를 수성할 수 있음 • 충성도 높은 고객의 집단인 브랜드 커뮤니티는 경쟁사 대비 기업의 경쟁우위를 차지할 수 있는 전략적 원천임 • 새로운 제품 및 시장에 대한 탐색이 용이하며 새로운 제품과 시장 진출의 기회 제공함 • ESG(Environment, Social, Governance) 경영 관련 성과 창출이 용이함

Section 02 브랜드 커뮤니티 개설과 운영 방식

1. 개설과 운영 방식에 따른 브랜드 커뮤니티 유형

브랜드 커뮤니티는 〈표 7-3〉에서 보듯이 소비자 중심으로 자율적으로 만들어지고 운영되는 사용자모임형, 브랜드후원형, 소비자기업형과 기업 중심으로 만들어서 운영 지원되는 기업주도형, 체험공간형, 공동창조형으로 분류된다. 과거는 소비자 중심형 브랜드 커뮤니티와 기업 중심형 브랜드 커뮤니티가 명료하게 구분되었으나, 마켓 4.0시대에서는 수많은 온라인 오프라인 채널 환경으로 변화함에 따라 기업 → 소비자, 소비자 → 기업, 소비자 ↔ 소비자 간의 다양한 상호작용을 통해 소통, 교류, 확산, 거래 등이 활발하고 복잡하게 이루어지면서 그 경계를 구분하는 것이 의미가 없다시피 되었다.

표 7-3 개설과 운영방식에 따른 브랜드 커뮤니티 유형

	유형	내용
소비자 중심형	사용자모임형	• 브랜드를 매개로 브랜드 충성도가 높은 소비자들 간의 상호 관계를 구축함 • 충성고객들 간의 정보를 공유하고 공동구매, 중고품 거래 등 다양한 거래가 자율적으로 활발히 이루어 짐
	브랜드후원형	• 열렬한 헌신적 고객으로서 브랜드를 후원하기 위해 고객 차원에서 마케팅과 홍보를 능동적으로 계획하고 실행함 • 기업이 미처 생각하지 못한 새로운 가치를 발현하여 전파하기도 함
	소비자기업형	• 사용자모임형과 브랜드후원형에서 심화 진화한 형태로 브랜드 커뮤니티 내에서 다양한 거래들이 수익성 모델이 되어 기업의 형태를 갖추는 경우임
기업 중심형	기업주도형	• 브랜드의 홍보장으로써 해당 브랜드의 정보 및 혜택을 제공함 고객 관리 수단으로서 고객 충성도를 높이기 위한 마케팅활동을 함
	체험공간형	• 고객만족에서 고객경험으로 마케팅목표가 변화함에 따라, 최적의 고객경험을 제공하기 위해 고객의 정서적, 관계적 체험을 증대하기 위해 운영함
	공동창조형	• 고객이 기업 내부 구성원의 준하는 권한을 부여받고 기업활동에 적극 참여함 제품 개선 아이디어 제시 및 신제품 개발 과정에 직접 참여함

2. 다양한 브랜드 커뮤니티 사례들

다양한 형태의 브랜드 커뮤니티의 특성들을 파악하고 성공적인 상호작용의 이해를 제공하기 위해 기업주도형 브랜드 커뮤니티의 사례로 비비고 프렌즈와 햇반 서포터즈를, 소비자주도형 브랜드 커뮤니티 사례로 테슬라 오너스클럽을 소개하면 다음과 같다.

표 7-4 기업 & 소비자주도형 브랜드 커뮤니티 사례: 비비고 프렌즈, 햇반 서포터즈, 테슬라 오너스클럽

구분			내용
기업주도형 브랜드 커뮤니티 (비비고 프렌즈, 햇반 서포터즈)	설립연도		비비고 프렌즈 : 2018년 1월 햇반 서포터즈 : 2019년 1월
	회원수/활동자수 (명)		연 30명 내외 활동
	주요 활동	오프라인	브랜드 교육, 쿠킹클래스 등 모임 월별 1회
		온라인	신제품 관련 온라인 과제 월 2~3회
	기업과 상호작용		브랜드 철학 및 홍보 필요한 제품 교육 제품 관련 고객 의견 수집 및 고객의 사용경험을 홍보
소비자주도형 브랜드 커뮤니티 (테슬라 오너스클럽)	설립연도		2018년 8월
	회원수/활동자수 (명)		12,969명 (22년 1월 기준)
	주요 활동	오프라인	환경/기술 세미나 친목 도모 및 환경 관련 자원봉사
		온라인	전기차와 환경에 대한 이슈 게시글과 토론 테슬라 사용방법에 대한 글 포스팅 실시간 사용 문의 카톡방 운영
	기업과 상호작용		회사 제공: 본사 지원 세미나 및 신제품 체험 회원 반응: 적극적인 제품 관련 피드백 제공 * 특이사항: 테슬라와 함께 지속 가능한 발전을 위한 열정적인 지지와 전기차의 사회 확대를 추구

〈자료원〉 김숙진, 유창조(2022), "뉴 미디어 시대에서의 소비자 역할 변화와 지위 역전에 관한 심층연구: 브랜드와 커뮤니티 회원들과의 관계 변화를 중심으로, 한국경영학회지, 26(2), 77-107. 일부 수정

블랙야크 알파인클럽은 기업주도형에서 소비자주도형 브랜드 커뮤니티로 변화된 드문 흥미로운 사례이다. 블랙야크 알파인클럽은 블랙야크가 2013년에 40주년을 기념하여 명산 등정에 참여할 등산객 3천명을 모집한 이벤트에서 시작되었다. 40개 명산을 모두 완주한 1,600여 명을 위한 모임을 제공하면서 BAC(Blackyak Alpine Club)이라는 브랜드 커뮤니티를 개설하였다. 초기에는 회사가 제공하는 다양한 등산 관련 정보를 받기 위해 앱을 다운로드를 받고 5만 원의 가입비를 내면 기업이 상응하는 블랙야크 제품을 기념품으로 제공하였다. 1년 후, 블랙야크는 가입비 제도를 없애고 앱을 통해 회원가입을 쉽게 해줌에 따라 회원들의 자율적인 활동이 자연스럽게 늘어나면서 블랙야크 브랜드를 좋아하는 등산 애호가의 모임으로 개편되었다.

블랙야크의 BAC를 위한 중요 지원은 등정과 관련한 인증시스템을 개발 운영한다는 점이다. 일반적으로 히말라야 최고봉 등정 성공 인증을 받기 위해서는 전문가로부터 인증을 받아야 하는데, 이를 위해 블랙야크는 지역별 등산 전문가와 전문 세르파를 운영하여 회원이 앱에

등정 후 찍어 올린 사진을 보고 100대 명산 등정에 대한 확인을 하고 인증해주고 있다. 이러한 등정 인증을 통해, 회원은 자신의 등정 실력을 쌓을 수 있고, 본인의 정보를 회원 간에 공유함에 따라 실적에 따른 성취감도 경험한다. 또한, 다양한 지역의 300여 개의 소모임이 개별적, 팀별 자율적으로 결성되어 활발하게 운영되고 있으며 블랙야크는 이 소모임들 중 우수 활동 클럽을 선정하고 지원도 한다.

블랙야크가 2016년에 전개한 'Heavier Backpack' 캠페인은 BAC의 회원수가 폭발적으로 늘어나게 된 계기가 되었다. '클린마운틴 365' 활동을 제안하여 명산을 등반 시 쓰레기 수거하고 SNS 인증사진을 공유하고 하나의 놀이로 인식하여 서로 경쟁적으로 수거 활동을 하게 되었다. 회원들은 해당 수거 활동에 보상이 없음에도 불구하고 자발적 참여를 통한 높은 자부심을 경험하고 있으며 인간과 자연의 공존이라는 기업문화를 회원이 주도한다는 점에서 높은 사회적 가치와 주인의식을 인식하고 있다. BAC의 회원은 10대부터 90대까지 매우 다양하다. GPS를 기반으로 산행을 하나의 놀이처럼 만든 인증 제도, 등반한 산의 높이만큼 매장에서 사용할 수 있는 BAC코인을 지급하는 등 회원들에게 즐거움이 목표가 되는 산행과 색다른 경험을 제공하고 있다. BAC의 사례는 브랜드 커뮤니티의 진화 발전단계로 볼 때 기업주도형에서 소비자주도형으로 변화한 사례에 해당하며, 현재 기업과 소비자가 함께 주도하는 하이브리드형 브랜드 커뮤니티 사례라 할 수 있다.

표 7-5 기업과 소비자가 함께 주도하는 하이브리드 브랜드 커뮤니티 사례: 블랙야크 알파인클럽

설립연도		2013년
회원수/활동자수 (명)		30만 명 (21년 12월 기준), 국내 최대 규모 산행 플랫폼
주요 활동	오프라인	등반 활동 (개인별, 팀별 자유롭게 진행) 주요 도전 프로그램: 명산 100, 섬&산 100, 낙동정맥, 한북정맥, 한남정맥 등 친환경 활동: 'Heavier Backpack' 캠페인
	온라인	어플리케이션 앱 (등산 관련 정보 교류)
기업과 상호작용		회사제공: 등반 인증 프로그램 회원반응: 자발적이고 적극적으로 참여 * 특이사항: 회원들이 느끼는 사회적 가치와 주인공 의식

〈자료원〉 김숙진, 유창조(2022), "뉴 미디어 시대에서의 소비자 역할 변화와 지위 역전에 관한 심층연구: 브랜드와 커뮤니티 회원들과의 관계 변화를 중심으로, 한국경영학회지, 26(2), 77-107. 일부 수정

'Heavier Backpack' 최소한의 것만 자연으로 가져가고 돌아올 때는 버려진 쓰레기를 가지고 돌아오는 자연보호 캠페인입니다.

우리는 지난 수년간 명산 100과, 백두대간, 섬앤산 등의 프로그램을 함께하면서 우리는 산에 버려진 수많은 쓰레기들을 보아왔습니다. 그것들은 우리 또는 우리와 같은 사람들이 산행을 하면서 버린 쓰레기들입니다. 그리고 8년 동안 우리는 회원들과 함께 버려진 쓰레기들을 주워 담고 있습니다.

BAC는 도전의 가치를 알며 자연과 함께하는 사람들의 커뮤니티입니다.

'Heavier Backpack'은 우리의 모든 아웃도어 활동에서 실천해야 할 행동 원칙으로 "더 무거운 배낭이 자연을 지킨다"는 아웃도어 실천 캠페인입니다. 일회용품 사용을 최소화하고 버려진 쓰레기를 수거하는 'Heavier Backpack'은 "더 무거운 베낭으로 떠나기"와, "더 무거운 배낭으로 돌아오기"를 설천하는 것을 목표로 합니다. 우리가 자연으로 떠날 때 가벼운 배낭이 항상 최선이 아닙니다. 때로는 더 무거운 배낭이 자연을 위해 더 나은 선택이 될 수 있습니다. 'Heavier Backpack'은 BAC의 모든 프로그램에 적용되는 활동 수칙이며 자연에 대한 최소한의 배려입니다.

BRAND HIGHLIGHT

BTS 아미, 팬덤 넘어 국경 없는 공동체로 진화 중

아미는 누구인가

먼저 아미의 규모는 어느 정도일까. 정확히 파악할 수는 없으나 BTS의 트위터 계정 팔로어 숫자(약 2,900만 명)와 YouTube 'BANGTAN TV' 채널 구독자 수(약 3,600만 명)를 바탕으로 추산한다면, 아미들로 작은 나라를 하나 세울 정도는 될 것이다. 게다가 팬덤 구성원들의 다양한 연령대와 직업군, 전 세계에 걸친 거주지역 등을 고려하면 "아미는 어디에나 있다(ARMY is everywhere)"라는 말은 결코 과언이 아니다. 아미는 아이돌 팬덤이 10대 소녀 팬들 위주로 구성됐을 것이라는 고정관념에 정면으로 맞선다. 이는 BTS가 광고하는 상품들의 종류(자동차, 고가의 안마의자, 음료 등)와 아미들의 다양한 활동에서 선명하게 드러난다. 아미 팬덤의 다양성은 BTS의 영향력이 어느 특정 세대나 지역에 한정되지 않는다는 증거다.

무엇을 하는가

다른 가수들의 팬덤과 마찬가지로 아미 역시 일상적으로는 BTS가 수상을 하도록 투표하고, 뮤직비디오와 음원의 스트리밍, 음반 판매량에서 기록을 세우기 위한 활동을 한다. 이는 기록 경신만을 위한 것이 아니라, BTS라는 아티스트의 장기적이고 안정적인 음악활동을 위한 실질적 기반을 다지는 활동이다. 나아가 아미는 BTS가 전달하는 음악적 메시지와 가치를 세상에 구현하기 위한 일종의 '가치 지향적 커뮤니티'의 형태로 진화해 왔다. 전 세계의 많은 학자가 BTS와 아미에 대해 학문적으로 연구하는 이유 역시 여기에 있다.

아미 내에는 다양한 집단 혹은 개인들이 존재한다. 그중 일부를 소개하자면 소외계층이나 사회적 문제에 도움이 되고자 매달 기부를 조직하는 집단, 아미 언론의 역할을 수행하는 웹사이트, 학술저널 등이 조직돼 있다. 올해 초에는 영국 런던 킹스턴대학교에서 아미 학자들이 참여하는 'BTS 국제 학제간 콘퍼런스'라는 콘퍼런스가 열렸고, 8월에는 아미 학술저널(Rhizomatic Revolution Review) 주최의 온라인 콘퍼런스도 개최됐다.

올 1월 영국 런던 킹스턴대에서 열린 학술대회 '방탄소년단 : 글로벌 학제간 콘퍼런스 프로젝트' 모습. 이틀간 30여 개국에서 140여 명의 발표자가 참여했다. 그 외에도 아미 학생들에게 무료로 공부를 가르쳐 줄 아미 선생님을 연결해 주거나, 아미들의 고민을 상담해 주는 상담심리 전문가들의 모임도 있다. 이뿐만 아니라 의료진, 법조인 등 아미 내부의 다양한 전문가 집단들이 각자의 방식으로 BTS의 메시지를 구현하기 위한 모임을 만들어 커뮤니티를 이뤄 가고 있다. 특히 트위터처럼 다양한 사람이 연결–접속하는 네트워크 망 안에서 탈중심적으로 연결된 개인과 집단들은 사안에 따라 흩어지거나 모이며 유연한 연대를 조직함으로써 거대한 아미 커뮤니티를 형성하고 갱신하고 있다.

장벽을 뛰어넘다

이러한 전 지구적 아미 커뮤니티의 형성에는 번역 계정들이 아주 중요한 역할을 담당한다. 그들은 BTS의 트윗, 콘텐츠, 관련 기사나 소식이 있을 때마다 거의 실시간으로 영어 및 외국어로 번역하거나 반대로 방탄소년단 관련 외국 소식이나 기사 등을 한국어로 번역하기도 한다. 자원봉사로 번역 활동을 하는 이들은 단순한 문장 번역뿐 아니라, 설명을 덧붙여야만 이해할 수 있는 한국의 특수한 사회문화적 맥락을 전달하는 역할도 수행한다. 한국·아미들과 외국 아미들로 하여금 그들 사이의 언어·문화적 장벽을 넘을 수 있도록 문화적 교량 역할을 한다.

이러한 번역 계정들 덕분에 외국 아미들은 한국어 노래 가사를 여러 번역본을 비교해가며 그 의미를 깊게 이해할 수 있고, 투표, 스트리밍, 자선활동 등 공동의 목표가 있을 경우 전 세계 아미들이 함께 협력할 수 있도록 중요한 역할을 해 왔다. 2018년 11월 방탄소년단의 한 멤버가 비공식 석상에서 입었던 티셔츠 뒷면의 원폭 이미지가 국제적으로 문제가 되었을 때, 번역 계정들을 중심으로 5개 대륙의 26명의 아미가 모여 그 사건의 역사적, 정치적 배경을 설명하는 A4 106페이지 분량의 백서를 발간한 것은 번역 계정들의 사회 문화적 교량으로서의 역할을 여실히 보여주는 사례라 할 수 있다.

기부 활동 역시 아미의 중요한 특징들을 선명하게 드러내 준다. 첫째, 아미는 BTS의 메시지와 가치를 구현할 수 있는 기부처를 찾아 매달 정기적으로 새로운 프로젝트를 세우고 기부 활동을 조직한다. 이 과정을 통해 기부가 아미들의 일상에 자연스럽게 녹아드는데, 여기에서 BTS의 메시지를 구현하려는 가치지향적 공동체로서의 성격이 두드러진다. 둘째, 전 지구적으로 이루어지는 기부의 규모가 압도적이라는 점도 중요한 지점이다. 흔히들 이를 양적 차이로만 환원하곤 하는데, 그러한 판단은 양적 변화가 질적 변화로도 이어지곤 한다는 점을 놓친다.

아미들은 거의 실시간으로 BTS 콘텐츠를 영어 등 외국어나 한국어로 번역한다. 가장 큰 규모의 트위터 계정 홈페이지(왼쪽)의 팔로어는 150만 명에 달한다. 오른쪽은 아미들의 자발적 번역 활동을 집중 조명한 뉴욕타임스 기사

BTS의 리더 RM이 2018년 9월 유엔 연설에서 "우리 팬들은 행동과 열정으로 BTS와 유니세프가 함께하는 캠페인에 동참하고 있다"면서 "진심으로 세상에서 가장 멋진 팬이다"라고 말하고 있다.

편견을 깨뜨리다

양적 변화가 일정 단계에 이르게 되면 질적인 비약을 불러일으켜 새로운 질적 상태로 이행하게 된다는 것을 '양질전화(量質轉化)의 법칙'이라고 부른다. 이 거대한 규모의 전 세계적 움직임은 다양한 영역에서 나타난다. 앨범이 발매될 때마다 기네스 기록을 깨뜨리는 놀라운 스트리밍 기록과 음악상 투표에서의 압도적인 표 차이, 여러 영역에서 주기적으로 이뤄지는 큰 규모의 기부 등 BTS의 메시지와 가치를 제대로 인정받게 하고 그것을 구현하고자 하는 아미의 집단행동들은 이미 사회에 질적 변화를 일으키고 있다. 원래 서구 음악 시장은 영미권 중심으로 굴러가는데, 여기에는 영어만을 언어라고 생각하는 서구 리스너들의 뿌리 깊은 편견도 작용한다. 그런데 BTS와 아미는 바로 여기에 도전하고 있는 것이다.

〈자료원〉 한국일보, 2020.9.9.

3. 성공적인 브랜드 커뮤니티 운영을 위한 가이드라인

1) 브랜드 커뮤니티의 제공가치 개발

앞서 다양한 브랜드 커뮤니티 사례들에서 살펴본 바와 같이, 기업주도형 브랜드 커뮤니티이던 소비자주도형 브랜드 커뮤니티 내에서 회원들의 역할이 변화하게 만드는 기본적인 원인은 브랜드 커뮤니티가 다음 네 가지의 심리적 가치들을 제공했기 때문이다. 기업은 신규 브랜드 커뮤니티를 계획할 때, 브랜드 커뮤니티는 어떠한 심리적 가치들을 구체적으로 제공할지에 대한 가치목표를 세우고 이를 달성하기 위한 세부 운영계획을 수립해야 한다.

(1) **재미(또는 즐거움):** 비비고 프렌즈나 BAC과 같이 회사가 제공하는 다양한 교육, 쿠킹클래스 및 체험 프로그램 등을 통해서 새로운 지식 습득하는 재미나 즐거움을 경험함.
(2) **성취감:** 테슬라오너스클럽에서 새로운 자동차 전문가가 되어가고, 블랙야크 알파인클럽 활동을 통해 등정을 공식 인정받음. 커뮤니티 활동을 통해 회원 본인의 능력 자체가 향

상된다는 성취감을 경험함.

(3) **동류의식(소속감)**: 테슬라오너스클럽과 같이 특정 철학을 공유하는 회원들이 활동의 참여도를 높이고 새로운 문화를 만들어 가는 주인공 의식을 높이는 동류의식은 운영의 주도성을 제고함.

(4) **자부심**: BAC의 'Heavier Backpack' 캠페인과 같은 브랜드 커뮤니티 활동을 통해 사회적 가치의 구현은 회원들의 자율적 활동을 통해 높은 자부심을 느끼게 하고 그들만의 고유한 커뮤니티 문화를 형성토록 함.

2) 기업과 소비자 협업의 하이브리드형 브랜드 커뮤니티 운영

앞서 다양한 브랜드 커뮤니티 사례들에서 살펴본 바와 같이, 기업 주도형, 소비자 주도형 브랜드 커뮤니티별 각 특성과 소비자에게 제공하는 혜택과 가치들이 다르다. 성공적인 브랜드 커뮤니티 운영을 위해서는 블랙야크의 알파인클럽처럼 기업주도형과 소비자 주도형이 절묘하게 결합한 하이브리드형 브랜드 커뮤니티 운영이 바람직하다. 이를 위해서 계획 시부터 기업이 주도할 영역과 소비자가 주도할 영역에 대한 구분을 명확히 하고 각각의 역할과 책임들이 시너지효과를 창출하도록 해야 한다. 특히, 브랜드 커뮤니티 회원의 역할이 커뮤니티 운영의 주도성, 공동창조, 문화창조의 능동적 변화하게 하는 것이 중요하다. 궁극적으로 브랜드의 심리적 소유감과 브랜드 주인인식을 형성시키기 위한 것이다. 기업은 소비자 주도로 커뮤니티가 운영되고 공동창조와 더 나아가 문화 창조가 이루어지도록 브랜드 커뮤니티 운영에 필요한 플랫폼, 인프라, 시스템 등과 관련된 지원을 하는 것이 중요하다.

3) 브랜드 충성도 레벨을 고려한 브랜드 커뮤니티 목표전략 수립

〈그림 7-2〉 브랜드 충성도 피라미드는 구매자의 충성도에 따라 5단계로 구분한 것으로 1단계인 브랜드 전환이 용이하고 가격에 민감한 브랜드 충성도가 없는 구매자부터 5단계 헌신적인 구매자로 구분되어 있다. 이를 브랜드 커뮤니티의 전략차원에서 고려해 보면, 일반적인 기업주도형 브랜드 커뮤니티에서 활동하는 회원들은 2단계나 3단계에 해당되는 경우가 많다. 브랜드 커뮤니티의 최종 목표는 헌신적 구매자를 만드는 것이겠지만 실질적으로 대다수의 브랜드 커뮤니티 회원들은 낮은 단계의 충성도를 가질 수 있다는 점도 고려해야 한다. 따라서 브랜드 커뮤니티의 신규전략을 위해서는 현재 타겟 회원의 브랜드 충성도 수준을 파악하여 구체적으로 현 타겟 회원이 어떤 단계에 해당되는지, 어떤 심화된 단계로 이동 해야 하는지 명확한 브랜드 커뮤니티 목표전략을 수립해야 한다.

그림 7-2 브랜드 충성도 피라미드(Brand Loyalty Pyramid)

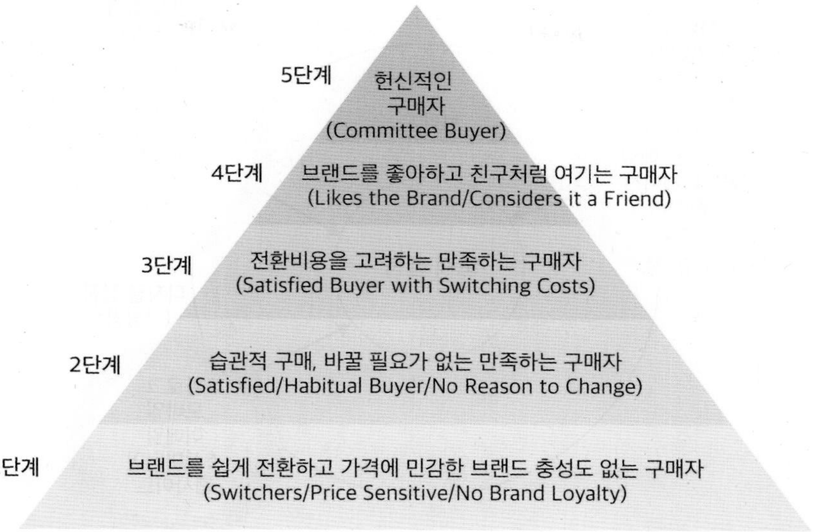

5단계 — 헌신적인 구매자 (Committee Buyer)

4단계 — 브랜드를 좋아하고 친구처럼 여기는 구매자 (Likes the Brand/Considers it a Friend)

3단계 — 전환비용을 고려하는 만족하는 구매자 (Satisfied Buyer with Switching Costs)

2단계 — 습관적 구매, 바꿀 필요가 없는 만족하는 구매자 (Satisfied/Habitual Buyer/No Reason to Change)

1단계 — 브랜드를 쉽게 전환하고 가격에 민감한 브랜드 충성도 없는 구매자 (Switchers/Price Sensitive/No Brand Loyalty)

〈자료원〉 Aaker(1991), Managing Brand Equity: Capitalizing on the value of a Brand Name, New York: The Free Press.

4) 체계적인 고객 접점 관리

브랜드 커뮤니티의 관리는 총체적 관점에서의 고객 경험 관리의 한 선상에 있다. 〈그림 7-3〉의 고객 접점은 광고대행사 덴츠가 제안했던 360도 마케팅과 유사한 개념이다. 고객이 기업과 관계를 유지하는 동안 경험하는 정적인 접점(일방향), 인간적인 접점(양방향), 디지털 접점(다방향)으로 구성된 모든 물리적 상호작용과 커뮤니케이션 상호작용이 이루어지는 접점에 집중해야 한다. 특히, 디지털시대의 옴니채널(omni-channel) 환경하에서 고객이 기업과 관련한 모든 물리적, 커뮤니케이션적 상호작용이 폭발적으로 증가하였다. 그 상호작용의 복잡성 때문에 마케팅 관리하는데 필요한 시간, 비용, 기술의 증가로 이어진다.

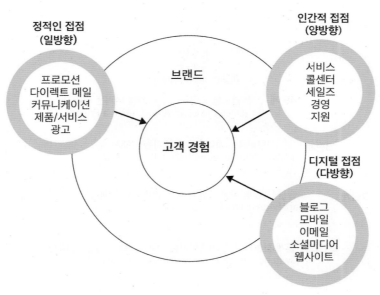

그림 7-3 고객 브랜드 접점: 고객 경험 접점

정적인 접점
(일방향)

프로모션
다이렉트 메일
커뮤니케이션
제품/서비스
광고

브랜드

고객 경험

인간적 접점
(양방향)

서비스
콜센터
세일즈
경영
지원

디지털 접점
(다방향)

블로그
모바일
이메일
소셜미디어
웹사이트

〈자료원〉 Gad, Tomas (2016), Customer Experience Branding: Driving
Engagement Through Surprise and Innovation, Kogan Page.

애플가로수길점의 애플의 미니멀리즘이 반영된
Exterior Design

제품테스트가 가능한 매우 정제된 애플스토어의
Interior Design

따라서 브랜드와 관련한 고객 경험을 효과적으로 관리하기 위해서는 브랜드 접점 카드를 활용하여 고객의 접점을 명확하게 코딩하는 것이 좋다. 고객 접점 관리의 성공적 사례인 애플은 다양한 관점에서 고객 접점을 관리하여 높은 고객 충성도를 높인 사례이다.

(1) 간결하고 직관적 디자인의 웹사이트
(2) 특별한 느낌을 전달하는 고급스럽고 기발한 아이디어의 패키징
(3) 애플 제품의 정체성인 미니멀리즘이 반영된 정제되고 깔끔한 디자인과 레이아웃의 스토어
(4) 제품 테스트가 가능한 매장 내 데모 유닛(demo unit)
(5) 개인적이고 직접적인 즉각적인 지원과 도움을 제공하는 지니어스바(the genius bar)
(6) 스마트하고 프로페셔널 매너의 훈련된 충분한 수의 직원
(7) 하드웨어와 소프트웨어를 효과적으로 사용할 수 있도록 일대일 개별 지도 및 교육

⑧ 고객 방문율을 높이고 고객 참여를 향상하는 스토어 내 이벤트

⑨ 새로운 제품 구매 고객 대상의 만족도 설문을 통한 조언과 피드백을 유용하게 활용할 것이라는 느낌 제공 등

5) 브랜드 커뮤니티 차별화를 위한 4D 브랜딩 전략 전개

〈그림 7-4〉와 같이 브랜드를 차별화하기 위해서는 기능적 차원, 관계적 차원, 자아적 차원, 정식적 차원 네 개 차원이 다 중요하다. 이 네 차원들은 브랜드가 소비자의 머릿속에서 차지하는 공간으로서 브랜드 매니저는 이러한 브랜드의 4D 마인드 스페이스(Mind Space)를 잡아 늘려 주는 역할을 하는 것이다. 즉 이러한 각 차원별 브랜딩의 조정 및 관리는 제품의 독특한 혜택과 USP(Unique Selling Proposition)를 명료화시킨다.

그림 7-4 4D 브랜드 마인드 스페이스 모델

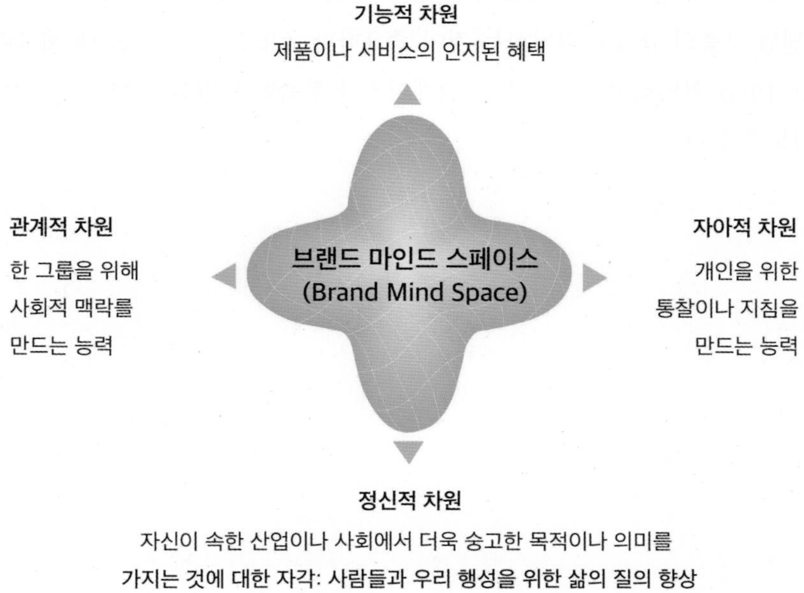

기능적 차원
제품이나 서비스의 인지된 혜택

관계적 차원
한 그룹을 위해
사회적 맥락를
만드는 능력

브랜드 마인드 스페이스
(Brand Mind Space)

자아적 차원
개인을 위한
통찰이나 지침을
만드는 능력

정신적 차원
자신이 속한 산업이나 사회에서 더욱 숭고한 목적이나 의미를
가지는 것에 대한 자각: 사람들과 우리 행성을 위한 삶의 질의 향상

〈자료원〉 Gad, Tomas (2000), 4D Branding: Cracking the Corporate Code of the Network Society, Financial Times Management.

(1) 기능적 차원(functional dimension): 제품이나 서비스의 품질, 성능, 디자인, 재료, 제조 기술 및 혁식성 등에 집중함 (예) 애플의 제품 혁신성

(2) 관계적 차원(social dimension): 관계적 맥락에 집중하는 것으로 사회적 소속감, 지위, 정체성과 관련된 것으로 브랜드를 사회적 그룹에 통합시키는 것

　　(예) 블랙야크 알파인클럽의 소모임활동

(3) 자아적 차원(mental dimension): 브랜드에 대한 개인적 해석으로서 각 개인들이 특정 브랜드에 대해 각자의 해석과 의미를 부여에 집중하는 것

　　(예) 나이키의 'Just do it'은 각 소비자별 다른 개인적 의미와 해석이 존재
　　　　테슬라의 '나는 의식 있는 소비자이다'

(4) 정신적 차원(spiritual dimension): 전체적 차원에서 집중하는 것으로 사회, 환경, 기후, 인간개발 등과 관련

　　(예) BTS 아미의 사회적책임활동(CSR), 블랙야크 알파인클럽의 환경과 기후 활동

4. 브랜드 팬덤 체크리스트

브랜드 팬덤을 구축할 때 저변이 확보되어 있는지, 브랜드 지지자들이 서로 연결되어 있는지 등 다양한 팬덤 구축의 단계를 파악하는 것이 중요하다. 〈표 7-6〉 브랜드 팬 체크리스트의 각 단계별 체크사항을 확인하고, 구축 안 된 단계이거나 부족한 단계를 위해 구체적으로 실행 계획을 수립하도록 한다.

표 7-6　브랜드 팬덤 체크리스트

단계	주요 점검 항목	체크사항	√
1단계 저변 만들기	고객이 자유롭게 이야기하고 참여할 수 있는 환경이 준비되었는가?	고객이 주로 후기를 등록하는 곳을 주기적으로 모니터링하고 있는가?	○
		고객의 이야기를 긍정, 부정으로 분류해 모니터링하고 있는가?	○
		고객들의 이야기들을 주기적으로 모니터링 하고 있는가?	○
		고객의 브랜드 관련 놀이를 파악하고 있는가?	○
		고객들이 사용하는 해시태그를 분류해 수집하고 있는가?	○
		주기적으로 제품정보를 업데이트 하고 있는가?	○
		고객이 참여할 수 있는 서비스를 제공하고 있는가?	○
2단계 지지자 발굴	고객접점에서 지지자들을 발견했는가?	검색엔진에서 주기적으로 지지자들을 검색하고 있는가?	○
		브랜드 해시태그를 주기적으로 검색하고 있는가?	○
		지지자들이 주로 이야기하는 곳을 주기적으로 모니터링 하고 있는가?	○
		기존의 서포터즈, 기자단. 체험단이 있는가?	○
		기타 고객 관리 프로그램이 있는가?	○
		브랜드의 선망의 대상이 되는 고객이 있는가?	○
3단계 지지자 연결	지지자들을 있어 보이게 연결했는가?	지지자 그룹의 명칭이 있는가?	○
		지지자 그룹의 굿즈를 결정했는가?	○
		지지자 그룹의 해시태그를 결정했는가?	○
		기존의 고객관리 프로그램과는 별도로 운영되는가?	○
		지지자들 그룹의 활동 영역은 결정했는가?	○
		지지자들을 연결하는 방식은 결정했는가?	○
		오프라인 모임을 기획했는가?	○
4단계 팬으로 육성	지지자를 팬으로 육성할 프로그램은 준비됐는가?	참여 프로그램이 준비됐는가?	○
		참여 프로그램의 보상이 준비됐는가?	○
		브랜드의 학습 거리가 준비됐는가?	○
		육성 프로그램의 평가 기준이 준비됐는가?	○
		육성 프로그램이 정기적으로 진행됐는가?	○
		팬들과 교류할 담당자는 정해졌는가?	○
5단계 승급과 보상	팬의 등급과 혜택은 준비했는가?	팬의 등급을 결정했는가?	○
		팬의 등급에 따른 혜택이 준비됐는가?	○
		등급의 운영안이 준비됐는가?	○
		등급별 예상 팬 수와 예산 배분이 준비됐는가?	○
		승급을 위한 다음 육성 프로그램이 준비됐는가?	○
		보상 프로그램이 준비됐는가?	○
전 단계	전 단계를 거쳐 차별화된 문화를 만들었는가?	팬들끼리 교류할 프로그램이 준비됐는가?	○
		임직원과 교류할 프로그램이 준비됐는가?	○
		팬과 고객이 교류할 프로그램이 준비됐는가?	○
		전체 과정을 거치면서 팬덤 문화를 발견했는가?	○
		발견된 팬덤 문화를 대중을 겨냥한 이벤트로 변경할 준비됐는가?	○

〈자료원〉 박찬우(2020), 스노우볼 팬더밍

5. 디지털시대의 브랜드 커뮤니티 진화

최근 팬들이 직접 만들고 유지하고 확장해왔던 커뮤니티가 디지털화되고 기업 주도로 강화되면서, 창작자로서 의사결정 참여자로서의 소비자 주도성을 일부 잃어버리고 있는 상황이다. 두 번째 〈BRAND HIGHLIGHT〉에서 문제 제기된 바와 같이, 대표적인 팬덤문화인 K-POP의 아이돌 팬덤은 커뮤니티 회원의 자발적 참여와 창작 작업으로 놀이가 기업의 아이돌을 위한 지원, 제작, 홍보 작업들을 대체하였고, 오히려 더 크게 확산되게 하여 일명 아이돌산업을 만들었다. 엔터테인먼트회사들은 이 새로운 수입성 높은 아이돌산업을 위해 중앙집중적인 디지털 플랫폼을 만들고 그 안에서 통합화된 아이돌 관련 콘텐츠의 생산, 유통, 거래가 이루어지게 하여 소비자 주도성을 축소하게 하고, 결국, 소비자 중심형에서 강력한 기업중심형 브랜드 커뮤니티로 변화시키고 있는 것이다.

세 번째 제시된 바와 같이, 최근 디지털 플랫폼화되고 있는 팬덤문화와 유관산업의 문제점을 해결하기 위해, 팬과 아티스트를 연결하는 웹 3.0 기반의 소셜 NFT 플랫폼 또한 다양하게 등장하고 있다. 소셜 NFT 플랫폼에서 연예인들은 자유롭게 자신만의 NFT 자산과 자신만의 고유한 팬 토큰을 만든다. 팬 토큰은 이벤트, 자산단체 행사, 추첨 행사 등에 대체 화폐로서 다양하게 활용될 수 있다. 실물 자산과 연동된 NFT 상품으로, 한정판 아이템, 미술품, VIP 티켓 등을 디지털 상품권 기반 NFT 형태로 전환하여 팬들이 소장하고 투자 목적으로도 활용이 가능하게 한다. 또한, NFT 갤러리는 온라인 NFT 미술관으로서 콘텐츠 크리에이터 및 수집가들이 자산들의 NFT를 전시하고 오프라인 미술관과 협업 다양한 이벤트와 전시 등 하이브리드한 다양한 작업도 한다.

4차산업의 디지털시대 도래로 촉발한 엔터테인먼트산업의 디지털플랫폼을 통한 중앙집중화는 철저하게 기업중심형 브랜드 커뮤니티로의 진화를 촉진하고 있다. 아이러니하게도 4차산업의 디지털 기술인 AR, VR, 메타버스, AI 등은 블록체인, NFT의 기술을 활용한 소셜 NFT 플랫폼이 동시에 등장하고 있다. 소셜 NFT 플랫폼은 소셜 NFT를 통한 소셜 프로듀싱 (팬과 크리에이터와 함께 크라우드 펀딩 참여 및 다양한 콘텐츠 기획 및 제작에도 참여), 디파이 생태계와 융합한 NFT 시스템 (토큰 소각, 유동성 채굴, 스테이킹, 수수료 재분배 등 디파이 기능을 탑재하여 팬에게 추가적인 보상을 제공), 탈중앙 거버넌스 기반의 팬버스 플랫폼 (팬들에게 플랫폼 운영 및 관리에 참여할 기회를 제공함으로써 팬버스 토큰 소유자의 권리를 더욱 보호) 등의 기능을 제공하고 있다.

최근 K-POP 팬 미팅에서 연예인들의 NFT를 발행하여 무상으로 air-drop 이벤트를 진행하고 있다. 이는 초기에는 무상으로 지급하나, 시간이 흐르면서 그 한정된 수량으로 NFT의 가치가 올라가고 해당 NFT를 가진 회원만이 참여할 수 있는 커뮤니티 활동의 배타성을 제공한다. 최애 '덕질'하면 토큰을 제공하고 내 가수 타이틀곡을 팬들이 직접 뽑게도 한다. 이러한 팬

활동에 따른 보상이 지급되는 구조를 F2E(Fan to Earn) 서비스라고 하는데, 이로 인해 하락세였던 NFT 시장이 최근 다시 되살아나고 있다.

즉, 4차산업의 디지털 기술에 의해 회원의 브랜드 커뮤니티의 운영과 창작 작업에 직접 참여가 가능하도록 하고 놀동(놀이+노동)적 문화의 만족도를 높이고 실질적 보상으로도 이어지게 만든 것이다. 더 나아가 회원의 거래적 가치, 투자적 가치가 확보할 수 있어서 기존의 브랜드 커뮤니티의 충성도를 더욱 강화하도록 한다. 이러한 소비자중심형 소셜 디지털 플랫폼 하의 브랜드 커뮤니티의 진화는 놀이적 가치, 참여적 가치, 투자적 가치에 높은 의미를 두는 MZ세대 중심으로 더욱 확산하고 있다는 점에서 브랜드 매니저는 디지털 기술을 촉발한 F2E를 주목할 필요가 있다.

BRAND HIGHLIGHT

아이돌 팬덤은 '놀이 노동'이다: 아이돌 산업과 팬덤의 변화

소비문화로 자리잡은 아이돌 음악

팬은 자신들의 선호방식에 기반해 아이돌과 관련 콘텐츠를 두텁게 섬세하게 그리고 반복적으로 수용한다. 1차 창작물을 변용하고 새롭게 해석함으로써 자신들의 스타일을 투영한 2차 창작물을 생산하기도 한다. 이러한 활동들을 통해 팬은 자신들의 정체성을 규정하고, 나아가 취향이 맞는 사람들과 공동체를 만든다. 공동체 내 다른 구성원들, 그리고 공동체 바깥 사람들과의 상호작용을 통해 자신들이 수용하고 만든 창작물들의 의미를 공유하고, 그에 대한 담론을 만들어가는 감은 물론이다. 더불어 지지하는 아이돌의 활동, 그와 관련한 엔터테인먼트사의 지원, 아이돌이 만들고 참여하는 콘텐츠 등에 대해서는 대내외적으로 의견을 적극 피력하고 개입한다. 팬덤은 능동적이고 창조적이며 참여적인 문화의 한 형태다.

팬 활동의 노동화

아이돌 산업이 진화하고 팬덤 간 경쟁이 심화되면서, 팬덤 활동 또한 변화하고 있다. 아이돌과 관련 콘텐츠를 수용하는 데 집중하던 팬덤은, 이제 아이돌을 만들고 돌본다. 아이돌이 데뷔 혹은 컴백하면, 팬들은 비상체제에 들어간다. 포털 사이트에서 반복 검색을 통해 검색순위를 올리고, 소셜 네트워크 서비스(SNS)에서 관련 게시물에 '좋아요'나 하트를 누르고 그것을 공유하며 해시태그를 확산한다. 음원 다운로드는 기본이고, 스(트리)밍, 온라인 투표, 음원 선물 등을 전략적·조직적으로 반복한다. 그렇게 좋아하는 아이돌을 향한 응원 '총공(세)'을 펼침으로써, 아이돌 홍보, 앨범의 성공, 이후 활동의 흥행 등으로 이어가고자 한다. 아이돌/콘텐츠를 좋아하는 데서 오는 즐거움을 얻기 위해, 팬들은 자신의 시간과 돈, 그리고 노력을 기꺼이 투입한다. 아이돌을 좋아할수록 팬들이 할 일도 늘어난다.

아이돌 산업은 팬을 생산적 소비자 역할만 하게끔 하는 데 머물지 않고, 연예기획사에 고용돼 있지 않음에도 홍보, 마케팅, 매니지먼트 등 연예기획사의 역할 일부를 수행하게 된다. 그런 점에서 아이돌 팬덤은 다분히 놀(이노)동(playbor)적이라고 할 수 있다. 놀동은 놀이(play)와 노동(labor)의 조합어이다.

아이돌 팬덤은 상품=아이돌에 대한 선호를 소비를 통해 드러낼 뿐 아니라, 나름의 문화적 행위들을 해나가면서 선호를 강화하고 그에 새로운 의미를 덧입힌다. 관련 인터넷 커뮤니티에서 다른 팬들과 소통하는 행위, 자체 굿즈나 관련 동/영상 등을 생산·유통·판매하는 행위, 팬 아닌 다른 사람들의 참여를 권장하고 이끄는 행위 등 아이돌 팬덤의 활동은 단순히 그들을 소비자로 위치시키기엔 충분히 생산적이다. 무엇보다 팬덤으로 하여금 이 모든 활동을 수행하게 하는 근본적인 동기는 자발적 선호를 통한 즐거움에 기반하기에, 그들의 실천은 능동적이면서도 유희적이다. 아이돌 산업은 팬들의 활동을 전유해 새로운 콘텐츠나 정보, 데이터, 창조적인 아이디어 등을 대가 없이 얻고, 자신의 상품인 아이돌의 가치를 배가시킨다. 팬덤의 자발적 유희행위가 지불되지 않는 노동으로 치환되는 셈이다. 아이돌의 가치는 연예기획 공장 내부의 생산 과정(연예기획사의 아이돌 연습생 선발, 트레이닝, 기획, 앨범 제작 등의 상품화 과정 등)뿐 아니라, 생산과정을 덜 거친 원재료에 가까운 상품=아이돌을 미디어에 노출시켜 팬들의 기획·양육·관리욕을 자극하는 것이 대표적이다. 이처럼 아이돌 팬덤은 산업의 의도와 기획 아래서 놀이+노동으로서의 양가성을 띠게 된다.

팬덤 플랫폼의 등장과 팬 커뮤니티의 약화

자본이 아이돌 산업에 본격 뛰어들면서 갈수록 자생적 팬 커뮤니티가 지속되기 어려워지고 있다. 포털 사이트의 카페, 소셜 네트워크 서비스, 커뮤니티 사이트 갤러리/게시판 등을 통해 자생적으로 운영돼왔던 무료 팬 커뮤니티가, 산업자본이 만든 유료기반 플랫폼과 커뮤니티들에 흡수된다. 구성원 모집·관리뿐 아니라, 공지, 정보·콘텐츠 유통, 굿즈 판매, 이벤트 개최, 그리고 구성원 간 커뮤니케이션에 이르기까지 덕질(덕후+질) 전반이 관리하에 이뤄진다. 하이브(HYBE) 자회사인 위버스 컴퍼니(Weverse Company)의 '위버스(Weverse)', SM엔터테인먼트 계열사인 디어유(Dear U)의 '리슨(Lysn)', 엔씨소프트(NC Soft)의 '유니버스(Universe)' 같은 팬덤 플랫폼(혹은 커뮤니티)이 대표사례다. 기존에 흩어져 있던 팬들을 모으고 심지어 해외 팬들까지 그 안에 끌어넣으며 커뮤니티 활동 자체를 바꿔놓는다.

관련 정보·콘텐츠, 굿즈 등을 독점 판매해, 창작자/콘텐츠와 수용자 사이의 채널을 일원화함은 물론이고, 팬들의 2차 창작활동에 대한 산업자본의 경계와 개입도 강화되었다. 정도의 차이는 있지만 1차 창작물에 대한 권리를 가진 산업자본이 대체로 특정한 상황, 아니면 비영리나 수익 전액기부를 목적으로 유통·판매할 때나 정당성을 인정해주는 상황이다. 직접 창작물을 만들 수 없는 상황에서 팬들이 할 수 있는 일은 나날이 줄어든다. 디지털화된 커뮤니티는 편리함을 준다. 온라인상에서 발품을 팔지 않아도, 창작자/콘텐츠와 관련된 모든 것을 알아서 가져다준다. 편리한 모바일 결제시스템 구축으로 인해 안에서 돈을 쓰기도 쉽다. 이런 상황이 계속된다면 자기가 좋아하는 대상을 경유해 자신을 표현하고, 일상에서 힘을 얻거나, 바깥으로 자신의 행위에 대한 목소리를 내려고 노력하는 적극적이고 생산적인 팬을 앞으로 계속 찾기는 쉽지 않을 듯하다. 팬들이 직접 만들고 유지하고 확장해왔던 커뮤니티를, 산업이 가져가버린 결과다.

〈자료원〉 프레시안, 2022.6.28.

'덕질'하면서 용돈도 번다…K팝 흥행에 물오른 F2E 나도 해볼까

'덕질'과 NFT(대체불가토큰) 등 디지털 자산을 결합하는 팬덤 문화가 확대되고 있다. 팬 활동에 따른 보상이 지급되는 이른바 F2E(Fan to Earn) 서비스가 활발해지면서 하락세를 보이던 NFT 시장에 다시금 활력을 불어넣고 있다.

지난 9월 메타비트가 글로벌 디지털 자산 거래소 크립토닷컴과 협업해 발행한 '마마무 NFT 스페셜 비트

최애 '덕질'하고 토큰 받는다…내 가수 타이틀곡, 팬들이 직접 뽑아

최근 F2E 서비스 등 디지털 자산과 연계된 K팝 팬덤 활동이 늘고 있다. F2E는 게임 업계 P2E(Play to Earn)가 주축이 된 X2E(특정행위에대해 보상하는 것) 생태계에서 파생된 팬 활동 기반 보상 서비스다. 팬들이 아티스트 NFT를 구매하면 그에 따른 보상을 토큰 등 가상자산 형태로 얻는 등의 구조다.

음악 콘텐츠 NFT 플랫폼 기업 메타비트는 걸그룹 마마무 소속사 RBW, 카라 등이 소속된 DSP미디어, 오마이걸 등 소속사 WM 등 9개 엔터사와 협력 관계를 맺고 있다. 팬 참여형 F2E 플랫폼 '메타비트' 앱(애플리케이션)을 출시해 NFT 경매·거래, 토큰 스테이킹(예치) 및 소셜 서비스를 제공 중이다. 팬들은 플랫폼 활동을 통해 거버넌스 토큰인 비트(BEAT) 토큰을 보상으로 얻는다.

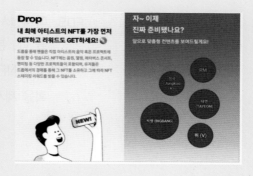

메타비트 관계자는 "다양한 커뮤니티와 협력해 메타버스 콘서트와 팬 사인회 등을 구상 중이며 향후 다양한 장르의 아티스트와 협력할 계획"이라며 응원봉·사진집·DVD·의류·액세서리 등 다양한 맞춤형 콘텐츠의 NFT를 제공할 예정이다. 팬 커뮤니티 활동과 아티스트와의 소통을 강화할 것"이라고 설명했다.

〈자료원〉 머니투데이, 2022.12.22.

FURTHER DISCUSSIONS

💬 **FD1** 도입사례인 GS건설 Xi를 위한 새로운 브랜드 커뮤니티 전략을 제시하시오.

💬 **FD2** 소비자중심형과 기업중심형 브랜드 커뮤니티의 성공사례를 제시하고 각각의 사례를 기업과 소비자가 함께 주도하는 하이브리드 브랜드 커뮤니티로 운영 관리하기 위한 상세 방안을 제시하시오.

💬 **FD3** 특정기업의 새로운 마케팅 4C Mix 전략을 이용하여 브랜드 커뮤니티 신설 및 운영 계획을 제시하시오.

💬 **FD4** K-POP의 팬덤문화를 전 세계에 확산하기 위해서는 엔터테인먼트사는 어떤 브랜드 커뮤니케이션 전략을 사용해야 하는지 제안하시오.

💬 **FD5** 디지털시대의 소셜 NFT 플랫폼 활용 시도를 고려해 볼 때, 본인이 엔터테인먼트사의 브랜드 매니저로서 소셜 NFT 플랫폼을 활용한 팬덤 육성, 관리, 확산 계획을 제시하시오.

브랜드 관리 전략

Brand management strategy

CHAPTER

8

브랜드 자산 구성 요소와 측정

LEARNING OBJECTIVES

☐ **LO1** 브랜드 자산의 개념을 구조적으로 이해하고 이들의 개념을 연결할 수 있다.

☐ **LO2** 다양한 브랜드 자산모형을 설명하고 각각의 특점과 장단점 그리고 한계점을 설명할 수 있다.

☐ **LO3** 브랜드 자산을 측정하여 기업의 관리적 목적과 재무적인 목적에 활용할 수 있다.

☐ **LO4** 브랜드 자산관리를 통해 기업의 차별적 경쟁우위 방안인 것을 이해할 수 있다.

불황에도 '약진'...존재감 과시하는 명품 브랜드: DL이앤씨의 '아크로' 브랜드 단지, 집값 오히려 올라

명품 브랜드들이 불황에도 여전히 존재감을 과시하고 있다. 경기 침체 속에서도 제품 가격을 올리고, 신규 매장을 내는 등 공격적인 행보를 이어가는 모습이다.

프랑스 명품 브랜드인 에르메스가 대표적이다. 에르메스코리아 감사보고서에 따르면 에르메스코리아는 지난해 5275억원의 매출을 기록했다. 전년 대비 25.9% 증가한 수치다. 영업이익도 같은 기간 27.8% 늘어난 것으로 파악됐다. 에르메스는 지난 10월 약 8년 만에 현대백화점 판교점에 신규 매장을 여는 등 경기상황과 무관한 움직임을 보이고 있다.

이탈리아 슈퍼카 브랜드 람보르기니는 대당 수억 원에 달하는 차량 가격에도 불구하고, 올해 3분기에 브랜드 역사상 최대 판매량과 매출액을 기록했다. 지난 9월말 기준 람보르기니 매출액은 19억3000만유로를 기록, 지난해 같은 기간에 비해 30.1% 증가했다. 매출이익률도 22.8%에서 29.6%로 증가했다.

파리 소더비 경매에서도 하이엔드 브랜드의 가치가 입증된 바 있다. 얼마 전 파리에서 열린 소더비 경매에서 희귀한 Cartier Cheich 시계가 100만 유로에 낙찰됐다. 이에 대해 전문가들은 "하이엔드 브랜드 제품은 부동산과 같은 자산이라는 인식이 있으며, 고객들도 그 가격을 지불하는 것을 합당하게 생각한다"고 분석하고 있다.

하이엔드 브랜드의 약진은 주택 시장도 예외가 아니다. 금리인상 여파로 시장이 위축되는 모습을 보이고 있지만 일부 브랜드는 신고가를 경신하는 등 불황에 더 강한 모습을 보이고 있다.

국내 하이엔드 주거 시장의 '아크로'는 이 같은 모습을 보여주는 대표적인 브랜드중 하나다. 국토교통부 실거래가 공개시스템에 따르면 성수동 소재 '아크로 서울포레스트'의 전용 264㎡ 타입은 지난 9월, 130억원에 거래됐다. 해당 타입 분양가는 60억 5650만원이었다. 분양 이후 2배 가량 가격이 오른 셈이다. 특히 이 물건이 거래된 시기는 서울 아파트 매매가 증감율 -0.2%로 올해 기준 하락폭이 가장 큰 주간이었다.

서초구 잠원동의 '아크로 리버뷰' 역시 전용 78.5㎡ 타입이 지난 6월 40억 5,000만원에 매매됐다. 직전거래가인 37억 8,000만원('22년 4월) 대비 2억 7,000만원 오른 액수다. 반포동 '아크로 리버파크'도 지난 4월 전용 112㎡ 타입이 직전 거래가 대비 약 5억원 더 높은 54억원에 주인이 바뀌었다.

시장 침체에도 여전히 '아크로' 단지가 신고가를 경신하고 있는 현상은, 결국 하이엔드 브랜드로서 소비자들의 선호도가 높기 때문이다.

실제 부동산 빅데이터 플랫폼 다방이 지난 8월 8일부터 2주간 전국 10~50대 남녀 1만5429명을 대상으로 조사한 '2022년 하이엔드 아파트 브랜드 선호도 설문'에 따르면 전체 인원의 42.8%가 가장 살고 싶은 브랜드로 '아크로'를 선택했다고 발표했다. 또 지난 10월 기준 준공 실적이 가장 높은 하이엔드 브랜드가 '아크로'인 점도 다수의 수요층으로부터 선택을 받고 있다는 의미로 풀이된다.

하이엔드 브랜드, 수주 시장에서도 성공적 성과

하이엔드 브랜드 '아크로'를 보유한 DL이앤씨(디엘이앤씨)는 이달 초 시공사 선정 총회를 진행한 부산시민공원 촉진3구역 주택재개발정비사업조합과 손을 잡았다.

촉진3구역은 지상 최고 60층, 18개 동, 3545가구 규모로 예정된 특별건축구역으로 부산의 센트럴파크로 불리는 '부산시민공원'이 가깝다. 사업환경은 좋지만 그만큼 기준이 까다로워 수주가 만만치 않았지만 DL이앤씨는 '아크로' 브랜드가 수주 성공에 기여한 것으로 보고 있다.

서울 성동구에 있는 '아크로 서울포레스트'는 올해 '2022 세계초고층도시건축학회(CTBUH) 어워즈'에서 국내 아파트 중 유일하게 수상을 하기도 했다.

〈자료원〉 한경닷컴 뉴스룸, 2022.11.14.

브랜드 자산(brand equity)이란 한 제품에 브랜드를 붙임으로써 추가되는 가치로서 브랜드 자산의 효과는 높은 브랜드 충성도, 강력한 시장점유율, 마진증가를 통한 수익증가등으로 나타나게 된다. 브랜드 자산이 갖는 긍정적인 효과는 일상에서도 흔히 볼 수 있다. 친구들과 커피를 마시러 커피샵을 찾을 때 스타벅스를 가장 먼저 떠올리는 것을 흔히 경험 하였을 것이다. 이러한 브랜드는 강력한 브랜드 자산을 갖는 브랜드가 갖는 공통점이다. 기업의 관점에서는 브랜드가 표시되어 있을 때 그렇지 않을 때에 비해 증가하는 소비자의 선호도 증가분, 매출액, 이익, 시장점유율 증가분 등이 브랜드 자산의 긍정적인 효과라 하겠다. 그러면 강력한 브랜드 자산은 어떻게 구성될까? 이러한 브랜드 자산은 형성원천에 따라 다양한 모형이 제시되고 있다. 널리 사용되고 핵심적인 모형 두가지를 중심으로 살펴보기로 하겠다.

Section 01 브랜드 자산 형성원천과 모델

고객의 관점에서 브랜드 자산을 살펴보면 기업들이 브랜드 파워를 갖기 위해 매년 많은 규모의 마케팅투자 비용을 투입한다. 마케팅 투자비용이란 고객이 차별적인 브랜드 지식을 갖게 하는데 사용된다. 브랜드 지식은 브랜드 자산과 유사한 개념이며, 브랜드 자산은 자사브랜드의 마케팅 활동에 대해 소비자들이 경쟁사와 상이한 반응을 보이는 것에서부터 시작한다. 이러한 상이한 반응을 중심으로 기업은 자사의 브랜드 자산을 전략적 우위 및 생존의 도구로 활용하게 된다. 이러한 브랜드 자산을 축척하기 위한 과정 및 형성원천에 대해 규정하는 것은 매우 중요하다. Aaker의 브랜드 자산모형과 Keller의 CBBE 그리고 영앤루비컴사의 브랜드 자산평가(Brand Asset Valuator) 모형을 살펴보자.

1. Aaker의 브랜드 자산모형(Brand Equity Model)

Aaker는 브랜드 자산은 5개의 주요한 형성원천으로 이루어져 있다고 한다. 기업이 브랜드 자산을 상승시키기 위해서는 브랜드 자산 형성원천을 관리 해야 하며 이러한 원천은 브랜드 인지도, 브랜드 이미지, 지각된 품질, 브랜드 충성도, 독점적 자산으로 이루어져 있다고 하였다.

브랜드 자산이 높은 브랜드는 소비자와 기업에게 많은 가치를 제공한다. 먼저 소비자에게 제공되는 가치로는 소비자의 정보처리와 해석에 영향을 준다. 소비자는 정보를 판단 및 처리할 때 노출, 주의, 이해 그리고 기억을 하는 일련의 정보처리 과정을 갖는다. 이때 소비자가 마케팅 정보(브랜드명, 브랜드 패키지 등)에 노출되었을 때 인지도가 높은 브랜드는 주의와 이해과정이 빠르게 일어나며 구매고려집합에 대안으로 빠르게 포함되지만 그렇지 않은 브랜드는 주의단계와 이해단계에서 인지적 자원을 낭비하게 되며 구매고려집합에는 늦게 포함되거나 탈락될 가능성이 매우 높게 된다. 뿐만 아니라 기억하기에도 어려워 향후 소비자의 구매의사결정과정에 있어 정보의 내적탐색단계에서 기억으로부터 인출하기가 매우 어렵게 된다.

또한 소비자는 구매결정에 대한 확신을 갖게 될 때 브랜드는 매우 강력한 작용을 하게 된다. 즉 소비자의 구매의사결정과정은 문제의 인식, 정보탐색(내적, 외적), 대안평가, 구매, 구매 후 행동의 일련의 과정을 겪는다. 여기에 물론 모든 영역에 브랜드는 밀접한 관련을 갖는다. 구매결정에 대한 확신은 구매 후 행동에 있어서 미치는 영향을 보면 소비자는 많은 부분 제품을 구매한 후에 그들에 구매에 대해 올바른 결정이였는지 아니였는지에 대한 심리적 불안감 즉, 구매후 인지부조화를 겪는다. 그런데 이때 명품 혹은 브랜드 자산이 높은 브랜드일수록 구매 후에 나타나는 인지 부조화를 덜겪게 해주는 경향이 있다. 또한 구매 후에 브랜드 자산이 높은 브랜드는 그렇지 않은 대안을 선택했을 때 보다 제품 및 서비스를 사용했을 때 만족이 높을 수 있다. 이렇게 높은 브랜드 자산은 다양하게 소비자들에게 가치를 제공해 줄 수 있다.

한편 브랜드 자산이 높은 경우에 기업에게는 다양하게 가치를 제공해 준다. 먼저 마케팅 프로그램의 효율성 및 효과를 볼 수 있다. 일반적으로 이미 구축된 브랜드 이미지가 확립되어 있을 때 이를 이용하여 다양한 마케팅 프로그램에 적용하며 효과적으로 고객들에게 전달할 수 있다. 또한 브랜드 충성도 향상을 통해 기업에게 안정적인 수익을 가져다 줄 수 있다. 뿐만 아니라 기업이 기존의 제품보다 좀 더 고가의 프리미엄 브랜드를 출시하거나 가격이 조금 인상해도 큰 저항을 받지 않아 기업에게는 공헌마진을 포함하여 수익에 도움을 준다. 이런 경우는 주로 수직적 브랜드 확장이며 수평적 브랜드 확장 즉, 유사하거나 상이한 카테고리로 브랜드를 확장하는 경우에도 성공가능성이 높아지게 된다. 제조업자의 브랜드 자산이 높은 경우 유통에 대한 영향력을 갖게 되는데 실제로 진열등과 유통에 대한 파워를 갖고 반대로 유통업자가 브랜드 자산이 높은 경우 제조업자들에게 보다 강력한 다양한 파워를 행사할 수 있다. 그러므로 브랜드 자산이 높은 브랜드는 시장에 있어 강력한 경쟁적 우위를 창출하여 시장을 지배할 수 있게 된다.

아커의 자산구성요소를 도표로 나타내면 〈그림 8-1〉과 같이 나타낼 수 있다.

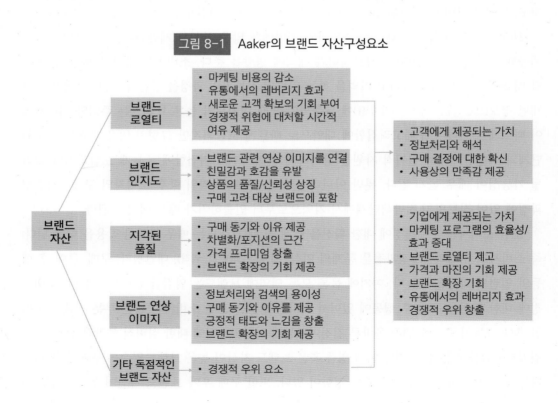

그림 8-1 Aaker의 브랜드 자산구성요소

1) 브랜드 인지도

브랜드 인지도(brand awareness)란 고객들의 마음속에 존재하는 특정 브랜드에 대한 태도의 강도를 의미한다. 인지도는 소비자가 기억해 낼 수 있는 브랜드들의 회상 범위에 따라 측정되어 지는데, 회상범위라 함은 인식부터 회상력, 최초인지도, 지배력 등을 뜻한다.

일반적으로 브랜드 인지도는 소비자가 제품구매에 있어 특정브랜드를 알고 있는 정도로서 브랜드 최초상기도(brand top of Mind: TOM), 브랜드 회상(brand recall), 브랜드 재인(reconition)이 있다.

브랜드 최초상기도란 특정 제품군을 떠올릴 때 가장 먼저 떠오르는 브랜드를 말한다. 예컨대, 아이스크림을 구매한다고 할 때 베스킨라빈슨이라는 브랜드를 제일 먼저 떠올리게 될 때 이 브랜드를 최초상기도 브랜드라고 한다. 브랜드 회상이란 어떠한 단서 등을 주지 않고 소비자가 스스로의 기억에서 인출해내는 브랜드를 브랜드 회상이라고 한다. 소비자가 아이스크림 브랜드를 떠올릴 때 나뚜르, 하겐다즈를 떠올렸다면 이러한 브랜드를 브랜드 회상이라고 한다. 한편 브랜드 재인은 소비자가 구매나 특정 시점에 있어 단서 등을 주었을 때 브랜드를 기억해 내는 것을 브랜드 재인이라고 한다. 예컨대 소비자들에게 백미당 아이스크림을 아는가 물어보았을 때 안다고 한다면 이 백미당 아이스크림이 재인된 브랜드라고 한다.

이러한 브랜드 최초상기도, 브랜드 회상, 브랜드 재인은 순서대로 강력한 기억구조를 갖고 있다. 그런데 소비자에게 최초상기도나 꼭 브랜드 회상이 강력한 브랜드 파워를 갖거나 구매되는 것은 아니다. 실제로 소비자들의 브랜드에 대한 의사결정을 보면 브랜드를 미리 결정해서 행동(구매)을 하는지 아니면 행동(구매)시점에서 지각하는 브랜드를 비교결정해서 행동을 하는지에 따라 기업의 브랜드 전략은 달라져야 할 것이다.

이와같이 강력한 브랜드 자산을 갖기 위해서는 기업은 브랜드 인지도 관리를 통한 지속적인 시장경쟁우위를 유지해야 할 것이다.

2) 브랜드 연상이미지

여러분들에게 스타벅스는 어떤 의미인가? 애플은? 탐브라운은? LG그램은? 각 브랜드마다 다양한 연상이미지를 떠올릴 수 있을 것이다. 이러한 브랜드들은 공통적으로 연상이미지가 매우 강력하고 호의적이고 독특성을 갖고 있다.

브랜드 자산은 특정 브랜드에 형성되는 소비자들의 브

백미당
백미당 아이스크림은 유기농아이스크림 브랜드이다. 1964년 설립된 남양유업의 브랜드임을 알리고자 숫자를 계시하여 브랜드를 알리고자 하였다.

랜드 연상 이미지로 대부분이 구성되고 지지된다. 이러한 브랜드 이미지에는 제품 속성, 민첩한 광고, 특정한 심볼 등이 포함 된다. 브랜드와 관련된 이미지는 브랜드 아이덴티티에 의해 창조된다. 그래서 강력한 브랜드를 창출하는 중요한 요인은 브랜드 아이덴티티를 개발하고 적용시키는 것이다.

그러므로 브랜드 이미지는 소비자가 그 브랜드에 대해 갖는 전체적인 인상을 말하는데 이러한 브랜드 이미지는 브랜드와 관련된 여러 연상들이 결합되어 형성된다. 브랜드 마케터는 어떠한 연상들이 자사의 브랜드 이미지나 브랜드 태도에 영향을 미치는지를 찾아내고 브랜드연상이미지의 강도, 호의도, 독특함을 측정해야 한다.

브랜드 연상의 종류를 측정하는 가장 강력하고 단순한 방법은 자유연상법을 사용하는 것이다. 이는 브랜드와 관련되어 제품카테고리 이외의 특정한 힌트를 전혀 주지않고 소비자들이 스스로 브랜드를 생각할 때 마음속에 떠오르는지 측정하는 것이다. 브랜드 연상 이미지는 제품과 관련된 연상, 사용자, 사용상황, 원산지 이미지등 다양하다.

브랜드 연상 이미지를 이용한 대표적인 기업이 코카콜라이다. 일반적으로 사람들은 산타클로스라고 하면 대부분 할아버지, 흰수염, 빨간색 코트를 연상해 낸다. 이러한 이유는 코카콜라 광고에서 이런 특징을 최초로 도입하였기 때문이다. 이제는 전세계 모든 사람들이 산타클로스라고 하면 남자, 노인, 흰수염, 빨간코트를 입은 사람으로 거의 비슷하게 연상해낸다. 특히 주목해야 하는 것은 산타클로스의 흰수염(남자 노인)은 코카콜라의 거품을 빨간코트는 코카콜라의 색깔을 의미한다.

산타클로즈의 연상이미지를 활용한 코카콜라
초기의 코카콜라 잡지 및 백화점용 광고를 보면 당시 세계에서 가장 큰 탄산음료 판매점을 배경으로 수많은 군중에 둘러싸여 코카콜라를 마시는 산타클로스의 광고가 시작되었다. 이후 좀 더 희화적인 산타클로즈가 등장하고 되고 어느덧 산타클로즈는 할아버지와 흰수염 그리고 빨간색옷의 전형성을 갖게 되었다.

코카콜라의 북극곰의 연상 이미지를 활용한 브랜드 이미지
코카콜라는 자사의 브랜드 이미지인 시원함, 즐거움을 주기 위해 흰색의 폴라베어와 붉은색을 적절히 사용하고 있다.

3) 지각된 품질

실무에 있어 아직도 품질을 절대적 품질로만 관리하는 기업이 많다. 그러나 품질이라는 경우는 절대적인 개념이라기 보다는 상대적인 개념이다. 이는 품질에 대한 기준이나 중요도는 동태적으로 변화할 수 있기 때문이다.

소비자가 인식하는 품질 즉, 지각된 품질이란 몇 가지 측면에서 실제의 품질과는 다르다. 첫째로 소비자들은 좋지 않은 품질에 대한 이전의 이미지에 많은 영향을 받기 때문이다. 이러한 이유로 소비자들은 품질에 있어 새로운 주장들을 믿지 않거나 왜곡시키려는 경향을 가지고 있다. 즉, 소비자들은 그들이 갖고 있는 품질의 신념 혹은 태도를 지지하는 증거(광고주장 등)을 수용하는 등 확증편향(conformation bias)을 갖고 있거나 좋아하는 제품의 내용을 지지하는 등의 성향이 있기 때문이다.

둘째로 기업들은 소비자들이 중요하지 않다고 생각하는 부분에서 실질적인 품질을 추구하는 경우가 있기 때문이다. 이런 경우, 기업 마인드는 마케팅 마인드가 아닌 경우가 대부분이다.

셋째, 소비자들은 합리적이고 구체적인 품질을 평가하는데 필요한 정보를 모두 갖지 못하거나 정보의 중요성 및 가중치를 다 알기에는 정보과부화가 생길 수 있다. 대부분 소비자들은 많은 정보를 통해 선택을 하기보다는 인지적 자원 소모를 줄이는 의사결정을 선호한다. 이때 소비자들은 품질과 연관되는 한 두가지 단서로나마 전체적인 품질을 평가하는 경향이 있다. 그러므로 소비자들이 인식하는 품질에 영향을 미치는 주요한 열쇠는 이러한 단서들을 적절히 이해하고 다루는 것이다.

지각된 품질은 소비자들이 인식하는 품질이기에, 전사적 품질관리(TQM; Total Quality Management)의 목표가 되어야 하며, 소비자가 인식하는 품질이 높아지면 소비자들이 브랜드를 인식하는 수준도 높아지기 때문에, 지각된 품질은 브랜드의 우위를 알 수 있는 수단이자, 소비자 구매동기의 핵심이 된다. 따라서 지각된 품질은 시장에서 경쟁을 정의하며 브랜드 포지셔닝시에 중요한 판단 근거가 될 수 있으며 전략적 우위요소로 활용된다.

한편 지각된 품질이 높은 브랜드는 그렇지 못한 브랜드에 비해 브랜드의 수직적 수평적 확장을 성공적으로 수행할 수 있으며 이를 경우에는 역시 추가적인 수익창출을 이루어지게 되며 기존의 브랜드(확장이전) 역시 프리미엄 가격을 창출할 수도 있다.

펩시콜라의 품질 비교광고

브랜드를 가린채 시음을 통해 어느 쪽 콜라가 더 맛있는지를 고르는 펩시콜라의 비교시음 행사는 1975년 첫 선을 보인이후 10여간 지속됐다. 이 광고를 통해 펩시콜라는 비교를 통한 절대적 품질이 좋다라는 인식은 성공했는지는 몰라도 코카콜라의 지각된 품질의 아성을 완전히 넘지는 못하고 있다. 품질의 개념은 매우 다양하고 동태적이기 때문이다.

4) 브랜드 로열티

로열티(loyalty) 즉, 충성도 개념의 등장과 중요성은 시카고대학의 켈로그경영대에서 처음으로 시작되었다. 처음에는 단순한 구매 즉 반복구매의 개념으로 국한되었던 충성도의 개념은 최근 다양하게 발전하고 있다. 브랜드 충성도란 고객이 갖고 있는 특정 브랜드에 대한 애착의 심리적 개념과 그 브랜드를 재구매하는 의도의 행동적 개념으로 설명될 수 있다.

우선 심리적 측면에서의 브랜드 로열티를 살펴보자. 심리적 측면에서의 브랜드 로열티는 강력한 감성적 애착과 감성적 이미지를 형성하게 되며 이러한 관계가 있는 브랜드는 소비자와 특별한 교감을 가질 수 있다. 로열티가 높게 되면 이러한 충성도는 고객이 다른 브랜드로 전환하는 데 있어서 장벽 즉, 전환장벽의 역할을 한다. 즉 자사의 고객이 타 브랜드로 이전 못하게 하는 역할과 경쟁사가 자사의 고객을 쉽게 공략을 하기 힘들게 한다. 심리적 측면에서 특정 브랜드에서 다른 브랜드로 이전을 하려고 하면 일반적으로 전환비용(switching cost)이 발생한다. 전환비용이란 특정 제품이나 서비스를 사용하다가 다른 제품이나 서비스를 사용하는데 있어서 발생되는 비용이라 할 수 있다.

행동적 측면에서의 브랜드 로열티는 기존 고객의 향후 반복구매의도와 구매추천 의도 등을 통해서 측정가능하다. 과거의 긍정적인 경험을 통해 반복구매의사를 가지게 되는 것이 간단한 행동적 측면의 브랜드 로열티의 측정이다.

Aaker의 모형에 의하면 브랜드 로열티는 기업의 마케팅 비용을 감소시킨다. 이러한 이유는 소비자들을 설득 시키고자 하는 다양한 브랜드커뮤니케이션을 시행할 때 로열티가 있는 고객들에게는 보다 효율적으로 관리가 가능하기 때문이다. 또한 충성도는 앞서 말한바와 같이 추천의도가 높은 결과 새로운 고객을 확보할 수 있다. 그리고 브랜드 로열티는 전환장벽의 역할로 경쟁자로부터 자사의 충성스러운 고객을 보호할 수 있고 시간적으로 경쟁자의 전략에 충분히 대처할 수 있다. 뿐만 아니라 유통에서도 중간상(도소매업자)들이 자사의 제품을 더 취급할 수 있는 동기를 제공해주기도 한다.

한편 일각에선 브랜드 로얄티가 브랜드 자산의 결과인지 브랜드 자산의 형성요인인지에 대한 논란이 있기도 하다. 그러나 브랜드 로얄티가 브랜드 자산과는 밀접한 관계를 갖는다는 것에 대한 이견이 없다.

충성도를 높이기 위한 기업의 노력
대한항공을 포함한 항공사들은 자사의 브랜드충성도를 유지하고자 마일리지 제도를 적극 이용하여 이러한 마일리지를 전환장벽으로 활용한다.

5) 기타 독점적 자산

기타 독점적 자산은 기업이 갖는 경쟁적 우위요소이다. 대표적인 것이 지적재산권이다. 기업은 자사의 브랜드를 특허나 등록을 통해 경쟁자들이 무단으로 사용하거나 도용하는 것을 막아주기도 한다. 한편 추가적인 Aaker의 연구에 의하면 기타 독점적자산을 시장행동으로 해석하여 시장점유율(출고량, 판매량 등)그리고 가격유통도달범위(소비자와 유통 도달거리, 브랜드 판매 유통점 비율) 등의 측정항목으로 제시하고 있다.

BRAND HIGHLIGHT

대법 "금강제화 상표와 혼동되는 금강텍스 상표 등록취소해야"

양말 제조업체 '금강텍스'가 사용 중인 일부 상표들의 경우 구두업체인 '금강제화' 상표와 유사해 소비자에게 혼동을 줄 우려가 있어 상표등록을 취소해야 한다는 대법원 판결이 나왔다. 두 회사는 2000년대 초부터 상표권을 둘러싼 법적 분쟁을 벌여왔는데 이번 사건에서 대법원은 금강제화의 손을 들어줬다.

25일 법조계에 따르면 대법원 2부(주심 천대엽 대법관)는 금강텍스 상표권자 윤모씨가 주식회사 금강(금강제화)을 상대로 낸 상표등록 취소소송 상고심에서 원고 패소 판결한 원심을 확정했다. 재판부는 "원심의 판단에 필요한 심리를 다하지 않고 자유심증주의의 한계를 벗어나거나, 계약의 해석과 권리남용, 부정사용에 따른 상표등록 취소심판에서 유사한 상표의 사용, 사용상품의 유사 또는 견련관계에 따른 타인의 업무에 관련된 상품과의 혼동가능성, 부정사용의 고의 등에 관한 법리오해, 이유불비, 판단누락 등의 잘못으로 판결 결과에 영향을 미친 잘못이 없다"고 상고를 기각한 이유를 밝혔다.

금강텍스는 1969년부터 금강제화 상표와는 구별되는 상표를 등록해 장갑, 양말, 아동복 등에 사용했다. 그런데 2002년 금강텍스가 기존 상표를 변형해 마름모 모양의 상표(이하 금강상표)를 사용하기 시작하면서 두 회사 간 분쟁이 시작됐다. 금강제화는 금강텍스를 상대로 표장사용금지의 소를 제기해 2002년 11월 일부 승소했지만, 금강텍스 측이 항소하자 2003년 소를 취하했다. 2002년 9월에는 상표법 위반 혐의로 금강텍스를 고소하기도 했다.

금강제화와 금강텍스 양측이 특허심판원에 상대방의 등록상표에 대해 취소, 무효 심판청구를 내 다투던 중 두 회사는 분쟁을 해결하기 위해 2003년 1월 27일 합의에 이른 뒤 합의각서까지 작성했다.

향후 당시 금강텍스의 전신인 금강섬유 대표였던 A씨만 금강상표를 사용할 수 있고, 금강상표는 지정된 상품에 한해 사용하며, 소비자의 오인·혼동을 막는 것을 원칙으로 양측의 공존공영을 추구하고, 양측은 기왕의 모든 형사 고소, 민사소송, 상표소송을 취하한다는 등 내용이 합의각서에 담겼다. 이후 A씨가 사망한 뒤 2013년 2월 7일 A씨의 매부인 윤씨가 A씨의 상속인으로부터 금강상표의 상표권을 양도받았다.

그리고 금강제화가 2017년 11월 29일 특허심판원에 금강텍스가 사용중인 금강상표가 상표법 제119조 1항 1호, 3호에 해당한다는 이유로 등록취소심판을 청구하면서 다시 분쟁이 시작됐다. 상표법 제119조(상표등록의 취소심판) 1항은 '등록상표가 다음 각 호의 어느 하나에 해당하는 경우에는 그 상표등록의 취소심판을 청구할 수 있다'고 정하고 있다. 그리고 상표등록 취소심판을 청구할 수 있는 경우로 1호에서 '상표권자가 고의로 지정상품에 등록상표와 유사한 상표를 사용하거나 지정상품과 유사한 상품에 등록상표 또는 이와 유사한 상표를 사용함으로써 수요자에게 상품의 품질을 오인하게 하거나 타인의 업무와 관련된 상품과 혼동을 불러일으키게 한 경우'를 들고 있다. 특허심판원은 2019년 5월 24일 "금강텍스가 고의로 금강제화의 등록상표와 유사한 상표를 사용함으로써 일반 거래자나 수요자로 하여금 타인의 업무에 관련된 상품과의 혼동을 생기게 했으므로 상표법 제119조 1항 1호에 해당한다"며 금강제화의 청구를 인용하는 심결을 했다.

그러자 금강텍스는 이 같은 특허심판원의 심결은 취소돼야 한다며 금강제화를 상대로 특허법원에 소송을 냈다. 재판에서 금강텍스 측은 금강제화가 상표등록 취소심판을 청구한 것은 2003년 합의 내용에 반하는 것으로 권리남용이라고 주장했다.

반면 금강제화 측은 윤씨는 합의 당사자(A씨)가 아니기 때문에 합의의 효력이 미치지 않고, 설사 종전 합의의 효력이 미친다고 하더라도 종전 합의의 효력은 수요자의 출처 혼동을 일으키지 않는 범위로 한정돼야 하므로 이번 상표등록 취소심판 청구는 권리남용에 해당하지 않는다고 주장했다. 법원은 금강제화 측 주장이 옳다고 봤다. 재판부는 "종전 합의는 금강제화와 A씨 사이에 체결된 것으로서 원고(윤씨)에게까지 그 효력이 미친다고 볼 수 없는 점, 종전 합의가 수요자가 상품 출처를 오인·혼동할 우려가 더 커지게 하는 경우에까지 미친다고 보기는 어려운 점, 상표법 제119조 1항 1호가 상품 거래의 안전을 도모하고, 타인의 상표의 신용이나 명성에 편승하려는 행위를 방지해 거래자와 수요자의 이익보호는 물론 다른 상표를 사용하는 사람의 영업상 신용과 권익도 아울러 보호하려는 데 그 취지가 있는 공익적 규정인 점까지 감안하면 원고의 주장과 같은 사정만으로는 이 사건 심판청구가 권리남용에 해당한다고 할 수는 없다"고 판단했다.

또 재판부는 "도형 형상의 차이, 국문과 영문의 위치 차이, 색상 등으로 인해 외관이 서로 다르지만 국문 및 영문과 호칭이 같고, 위와 같이 변형함으로 인해 수요자가 상품 출처를 오인·혼동할 우려가 더 커지게 됐다고 봄이 상당하므로 유사한 표장에 해당한다"고 봤다.

이어 "(금강텍스의) 실사용상표들이 사용된 양말과 (금강제화의) 대상상표들이 사용된 구두는 서로 밀접한 경제적 견련관계가 인정돼 출처의 오인·혼동을 일으킬 염려가 존재한다"고 덧붙였다. 금강텍스가 판매하는 양말이나 금강제화가 판매하는 신발 내지 구두는 모두 발에 착용하는 제품으로 발을 보호하거나 맵시 있게 해주는 패션제품의 일종이기 때문에 두 제품이 함께 유통될 경우 소비자 입장에서는 일정한 인적 또는 자본적인 관계에 있는 자에 의해 함께 생산·공급되는 것으로 오인하게 할 수 있다는 게 재판부의 결론이었다. 대법원 역시 이 같은 원심의 판단에 문제가 없다고 봤다.

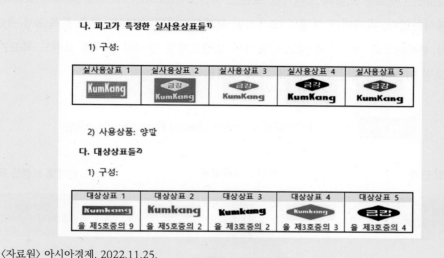

〈자료원〉 아시아경제, 2022.11.25.

6) Aaker 모형의 시사점과 한계점

기업이 생존하기 위해서는 수익을 위주로 하는 것보다는 자산관리를 통한 시장지배가 중요하다. 이러한 시장지배에서 핵심이 되는 방법 중 하나가 브랜드 자산관리라는 주장했다. 이러한 브랜드 자산은 형성원천으로 브랜드 이미지, 브랜드 연상이미지, 지각된 품질, 브랜드 로열티 그리고 기타 독점적 자산(유통력, 지적재산권 등)이라고 제시하여 기업이 체계적 브랜드 관리에 많은 시사점을 가져왔다. 그러나 브랜드 로열티의 경우, 브랜드 자산의 결과인지 아니면 브랜드 로열티의 형성요인인지에 관해서는 많은 논란이 있다.

2. Keller의 고객기반 브랜드 자산 모형

Keller의 브랜드 자산모형은 브랜드 계획이 브랜드 포지셔닝을 유사점과 차별화를 고려해서 계획해야 한다고 지적하고 있다. 이후 제시된 유사점과 차별점은 브랜드 공명에 영향을 미치게 되고 이후 브랜드 가치사슬(고객사고방식)에 영향을 미치게 된다는 개념이다. 이러한 일련의 과정에서 기업은 브랜드 자산을 유지하고 관리하는 방법을 제시하고 있다.

1) 고객기반 브랜드 자산(CBBE)의 이해

초기에 Keller는 브랜드 지식(brand knowledge)이라는 개념으로 브랜드 자산의 개념을 주장하였으며 이 브랜드 지식은 브랜드 이미지와 브랜드 인지도로 구성되어 있다고 하였다.

이후 Keller는 새로운 모형의 고객기반 브랜드 자산모형(CBBE; Customer-Based Brand Equity Model)을 제시하였다. 피라미드 형태의 고객기반 브랜드 자산은 브랜드 구축 블록(공명, 판단, 감성, 성과, 심상, 현저성)으로 이루어져 있고 이들과의 브랜드개발 단계와 단계별 브랜드 목표가 제시되어 있으며 이들의 측정방법은 〈표 8-1〉에 제시되어 있다.

그림 8-2 Keller의 CBBE(Customer-Based Brand Equity) 모델

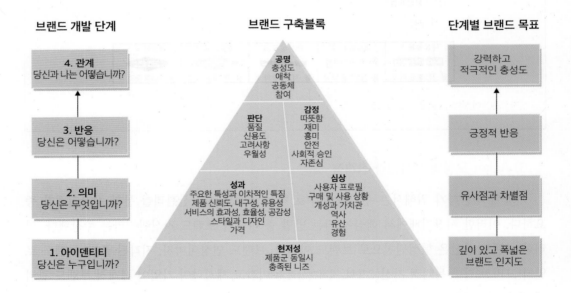

표 8-1	브랜드 구축 기본 원칙의 가능한 측정방법

I. 현저성

* 제품군 혹은 서비스군의 어느 브랜드들을 떠올릴 수 있는가?
  (점점 구체적인 제품군 단서를 사용해서)
* 이 브랜드에 대해 들어본 적이 있는가?
* 다음의 상황에서 … 어느 브랜드를 사용할 것인가?
* 얼마나 자주 이 브랜드를 떠올릴 것 같은가?

II. 성과

* 제품군 내 다른 브랜드들과 비교해, 이 브랜드는 제품 및 서비스군의 기본 기능을 얼마나 잘 제공하는가?
* 제품군 내 다른 브랜드들과 비교해, 이 브랜드는 제품 및 스비스군의 기본적인 욕구나 니즈를 얼마나 잘 충족시키는가?
* 이 브랜드는 어느 정도까지의 특별한 특징을 가지는가?
* 이 브랜드는 얼마나 신뢰할만한가?
* 이 브랜드는 얼마나 내구성이 있는가?
* 이 브랜드는 얼마나 쉽게 서비스받을 수 있는가?
* 이 브랜드의 서비스는 얼마나 효과적인가? 이것은 당신의 요구사항을 완벽히 충족하는가?
* 속도, 반응도 등의 관점에서 이 브랜드는 얼마나 효율적인가?
* 이 브랜드의 서비스 제공자는 얼마나 예절 바르고 도움이 되는가?
* 이 브랜드는 얼마나 멋지다고 생각하는가?
* 이 브랜드의 외형, 분위기, 다른 디자인의 측면을 얼마나 좋아하는가?
* 이 브랜드가 경쟁하고 있는 제품군 내 다른 브랜드와 비교해, 이 브랜드의 가격은 일반적으로 높은가, 낮은가, 비슷한 수준인가?
* 이 브랜드가 경쟁하고 있는 제품군 내 다른 브랜드와 비교해 이 브랜드의 가격은 자주 변하는 편인가, 덜 변하는가, 비슷한 정도로 변하는가?

III. 심상

* 이 브랜드를 사용하는 사람들은 어느 정도 인정받고 존경받는가?
* 이 브랜드를 사용하는 사람들을 얼마나 좋아하는가?
* 다음의 단어들은 이 브랜드를 얼마나 잘 묘사하는가?(철저한, 정직한, 용감한, 최신식의, 신뢰할 수 있는, 성공적인, 상위 클래스의, 매력적인, 야외와 어울리는)
* 이 브랜드를 사는 곳은 어느 장소가 적당한가?
* 다음의 상황들은 이 브랜드를 사용하기에 얼마나 적당한가?
* 이 브랜드를 많은 장소에서 구입할 수 있는가?
* 다양한 상황에서 사용할 수 있는 브랜드인가?
* 어느 정도 즐거운 기억을 되살려주는 브랜드라고 생각하는가?
* 당신이 이 브랜드와 함께 성장하고 있다고 어느 정도 느끼는가?

IV. 판단

품질

* 이 브랜드에 대한 당신의 전반적인 의견은 무엇인가?
* 이 브랜드의 제품 품질에 대한 평가는 무엇인가?
* 이 브랜드는 당신의 제품 니즈를 어느 정도까지 충분히 만족시켜 주는가?
* 이 브랜드의 가치는 얼마나 좋은가?

신용도

* 이 브랜드의 제조업자는 얼마나 지식이 해박한가?
* 이 브랜드의 제조업자는 얼마나 혁신적인가?
* 당신은 이 브랜드의 제조업자를 얼마나 믿을 수 있는가?
* 이 브랜드의 제조업자는 당신의 니즈를 어디까지 이해하고 있는가?
* 이 브랜드의 제조업자는 당신의 의견을 어느 정도까지 신경 쓰고 있는가?
* 이 브랜드의 제조업자는 당신의 관심사를 어느 정도까지 유념하고 있는가?
* 당신은 이 브랜드를 얼마나 좋아하는가?
* 당신은 이 브랜드를 얼마나 높이 평가하는가?
* 당신은 이 브랜드를 얼마나 존중하는가?

고려

* 이 브랜드를 다른 사람들에게 추천할 가능성은 어느 정도인가?
* 이 브랜드군에서 당신이 가장 좋아하는 제품은 어느 것인가?
* 이 브랜드는 개인적으로 당신과 어느 정도 관련성이 있는가?

우월성

* 이 브랜드는 얼마나 톡특한가?
* 어느 정도까지 이 브랜드는 다른 브랜드가 주지 못하는 이점을 제공하는가?
* 이 브랜드는 제품군 내 다른 것들에 비해 얼마나 우월한가?

V. 감정

* 이 브랜드는 당신에게 따뜻한 감정을 주는가?
* 이 브랜드는 당신에게 재미있는 감정을 주는가?
* 이 브랜드는 당신에게 흥미로운 감정을 주는가?
* 이 브랜드는 당신에게 안전한 감정을 주는가?
* 이 브랜드는 당신에게 사회적 승인의 감정을 주는가?
* 이 브랜드는 당신에게 자존심의 감정을 주는가?

충성도

* 나는 스스로 이 브랜드에 충성적이라고 생각한다.
* 나는 가능하다면 언제든 이 브랜드를 구매한다.
* 나는 가능한 이 브랜드를 많이 구매한다.
* 나는 이 브랜드가 내가 필요로 하는 제품의 유일한 브랜드라고 느낀다.
* 이것은 내가 구매 또는 사용하기를 선호하는 유일한 브랜드이다.
* 이 브랜드를 사용하지 않을 때. 내가 다른 브랜드를 사용한다 해도 내겐 차이점이 거의 없을 것이다,
* 나는 이 브랜드 사용을 계속해나갈 것이다.

애착

* 나는 이 브랜드를 정말 사랑한다.
* 만약 이 브랜드가 없어지면 나는 이 브랜드가 실제로 그리울 것이다.
* 이 브랜드는 나에게 특별하다.
* 이 브랜드는 나에게 있어 하나의 제품 그 이상이다.

공동체

* 나는 이 브랜드를 사용하는 사람들과 실제로 일체감을 느낀다.
* 나는 이 브랜드의 다른 사용자들과 하나의 클럽에 속해 있는 것처럼 느낀다.
* 이 브랜드는 나를 좋아했던 사람들이 사용하던 브랜드이다.
* 나는 이 브랜드를 사용하는 다른 사람들과 깊이 연결되어 있음을 느낀다.

참여

* 나는 다른 사람들과 이 브랜드에 대해 얘기하는 것을 실제로 좋아한다.
* 나는 이 브랜드에 대해 더 많은 것을 배우는 데 향상 관심이 있다.
* 나는 이 브랜드의 네임이 붙은 제품에 관심을 가질 것이다.
* 나는 이 브랜드를 사용한다는 사실을 다른 이들이 알게 되는 것이 자랑스럽다,
* 나는 이 브랜드의 웹사이트를 방문하는 것을 좋아한다.
* 다른 사람들에 비해 나는 이 브랜드에 대한 소식에 관심이 있다.

〈자료원〉 Kevin Land Keller(2012), Strategic Brand Management: Building, Measuring and Management
　　　　Brand Equity, Pearson; 4th edition.

　　이 모형은 4단계를 통해 고객을 사로잡는 강력한 브랜드를 구축해가는 과정을 보여준다.
〈그림 8-2〉에 있는 왼쪽에 있는 브랜드 발전단계를 살펴보면 첫 번째 단계는 고유한 브랜드
아이덴티티(brand identity)를 개발하는 것이다. 이 단계에서는 나는(브랜드) 누구인가를 규명해
야 하며 이 단계에서는 브랜드 인지도(보조, 비보조 포함)와 구매와 소비상황을 연계성이 평가기
준이 된다. 두 번째 단계는 적절한 브랜드 의미(brand meaning)를 창출하는 것이다. 강력하고
호의적이며 독특한 브랜드 연상의 형성을 통해 적절한 브랜드 의미를 창출하는 단계로 브랜드

는 어떤 의미를 가지고 있는가를 명확히 해야 한다. 여기에는 브랜드 연상의 선호정도, 브랜드 연상의 강도, 브랜드 연상의 독특성이 평가기준이 된다.

세 번째 단계는 올바른 브랜드 반응(brand response)을 유도하는 것이다. 소비자들에게 자사 브랜드의 긍정적이며 접근이 용이한 브랜드 반응을 이끌어내는 것이다. 네 번째 단계는 고객과의 적절한 브랜드 관계 형성하는 것이다. 즉, 고객과 강력하고 적극적인 브랜드 관계를 만들어야 한다는 것이다.

이러한 강력한 브랜드 구축의 4단계를 완성하는 것은 6개의 브랜드 구축 블록 즉, 브랜드 현저성, 브랜드 성과, 브랜드 심상, 고객의 브랜드 판단과 고객의 브랜드에 대한 감정, 브랜드 공명을 정립하는 것을 의미한다.

높은 브랜드 현저성의 확립이 브랜드 자산 구축에 있어 필요조건이기는 하지만 이것만으로는 충분하지 않다. 기업이 강력한 브랜드 자산을 구축하기 위해서는 적절한 브랜드 의미(브랜드 이미지)를 창출해야만 한다.

브랜드 의미(브랜드 이미지)는 기능적 연상에 근거한 브랜드 성능(brand performance)과 정서적 그리고 상징적 연상에 기반한 브랜드 심상(brand imagery)의 두가지 주요범주로 구성된다. 브랜드 성능은 고객의 기능적 욕구를 충족시키는 성능관련 제품 특징을 의미한다. 제품 성능은 소비자의 브랜드 경험에 직접적으로 영향을 미친다는 점에서 브랜드 자산 창출의 핵심원천이다. 그러므로 기업은 고객욕구를 잘 충족시키는 우수한 성능의 제품을 개발함으로써 소비자들의 기대를 충족시켜 주어야 할 것이다.

브랜드 심상은 주로 고객의 심리적·사회적 욕구를 충족시키는데 영향을 주는 제품의 외재적 특징의 패키지디자인, 색상, 로고, 브랜드 명 등의 브랜드 구성요소 등에 의해 형성된다.

토블론(Toblerone)의 현저성
세계최고의 프리미엄 초콜릿이라는 브랜드 컨셉을 갖고 있는 토블론 초콜릿은 스위스 베른 지방의 마태호른산을 형상화하였다. 토블론은 베른지방에서만 제조되는 최상급 원료만 사용한다고 강조하며 패키지 및 제품 모양 등 일관성 있는 조합을 통해 타깃 고객들에게 독특성을 부각시켰다.

브랜드의 무형적 측면과 관련된 브랜드 심상은 제품을 사용하는 사용자의 특징, 개성 및 가치, 브랜드 역사 등에 근거하여 만들어진다. 예컨대, 토블론(Toblerone) 초콜릿의 경우는 베른 지방의 최고급 유제품과 코코넛을 이용하여 장인정신으로 만들어지며 프리미엄 초콜릿이라는 브랜드 성능에 대한 믿음을 갖게 하고 재미있고 흥미로운 광고를 통해 긍정적인 브랜드 심상을 창출한다.

강력하고 호의적이면서 독특한 브랜드 연상(즉, 브랜드 성능과 관련된 연상들과 고객의 심리적·사회적 욕구와 관련된 연상들)의 창출에 의해 형성된 브랜드 의미(브랜드 이미지 등)는 소비자의 브랜드에 대한 호의적인 반응(brand response)을 발생시키는데 도움을 준다.

　브랜드 반응은 브랜드 판단(brand judgement)과 브랜드에 대한 감정(brand feeling)으로 이루어진다. 브랜드 판단은 브랜드에 대한 고객의 개인적 의견과 평가를 의미하는데 이는 브랜드에 대한 성능관련 연상과 심상관련 연상들이 결합되어서 이루어져 있다. 고객들은 다양한 유형의 성능과 관련된 판단을 하게 되는데 이중에서 중요한 것들이 브랜드 품질(brand quality), 브랜드 신뢰(brand credibility), 브랜드 구매고려(brand consideration), 브랜드 우수성(brand superiority)이다. 브랜드 대한 감정은 브랜드에 대한 감정적 반응을 의미한다. 고객의 마음속에 형성되어 있는 다양한 브랜드 감정은 소비자가 제품이나 서비스를 사용하거나 소비하는 동안 자연스럽게 환기될 수 있다. 또한 브랜드 감정은 그 브랜드에 의해 회상되는 사회적 평판과도 관련이 있다. 브랜드를 위한 마케팅 프로그램이나 다른 수단에 의해서 어떠한 감정들이 회상될까? 브랜드는 고객들 자신과 다른 사람들과의 관계에 어떻게 영향을 줄까? 이러한 감정들은 온화하거나 강렬할 수 있으며, 긍정적이거나 부정적일 수 있다. 브랜드에 의해 불러일으켜진 감성은 제품 소비나 사용기간 동안 영향을 받도록 강하게 연상될 수 있다.

　브랜드 자산의 구축에 도움을 주는 주요한 감정요인들은 온정(warmth), 즐거움(fun), 흥분(excitement), 보안(security), 사회적 승인(social approval), 자존감(self-respect) 등이 있을 수 있다. 예컨대 토블론 고객들은 토블론의 우수한 프리미엄 재료로 사용한 우수한 성능과 스위스라는 자연이미지 등으로 고품질의 신뢰할 수 있는 브랜드라는 판단과 사회적 승인을 갖고 저급한 제품이 아니라 좋은 제품을 소비함으로써 자신을 존중한다는 자존감과 같은 감정을 가질 수 있다.

　가장 강력한 브랜드들은 브랜드 구축의 4단계를 완벽히 수행하며 그로인해 여섯가지 블록이 매우 월등하게 되는 것이다. CBBE 모델 내에서 가장 마지막 단계인 브랜드 공명(brand resonance)은 다른 모든 핵심 브랜드가치들이 고객의 니즈와 욕구에 대해 완벽하게 한 목소리를 낼 때 일어난다. 즉, 브랜드 공명은 고객과 브랜드 간의 완벽하게 조화된 관계를 반영한다. 진정한 브랜드 공명을 가지면 고객은 브랜드와의 밀접한 관계에 의해 부여받은 높은 충성도를 갖게 되어 브랜드와 상호작용할 수단을 활발히 찾고, 다른 이들과 그 경험을 공유하게 된다. 고객들과 함께 공명, 친화를 이룰 수 있게 된 기업은 더 높은 가격 프리미엄과 더 효율적이고 효과적인 마케팅프로그램과 같은 많은 가치와 이점을 얻게 될 것이다. 토블린 초콜릿의 경우에 이러한 초콜릿을 자발적으로 친구들에게 추천하고 신제품을 기다리는 등 다양한 반응을 나타낼 수 있는데 이것을 브랜드 공명이라고 한다.

　결국 CBBE모델의 기본 전제는 브랜드의 강력함을 제대로 측정하는 것은 소비자들이 그 브랜드에 대해 어떻게 생각하고, 느끼고, 행동하는지에 달려 있다는 점이다. 브랜드 공명을 이루는 것은 고객들로부터 그 브랜드에 대한 적절한 인지적 평가와 감성적 반응들을 이끌어내는 것을 요구한다. 바꾸어 말하면, 브랜드 성과와 브랜드 심상의 관점에서 브랜드 아이덴티티를 정립하고 올바른 의미를 창출하는 것은 필수적이다. 올바른 아이덴티티와 의미를 가지고 있는 브랜드는 고객들로 하여금 그 브랜드가 나와 관련 있으며 내가 쓰는 제품이라고 믿게끔 한다. 아마도 가장 강력한 브랜드는 소비자들이 매우 애착을 갖고 열정적이어서 결과적으로는 그들의 믿음을 나누려 하며 브랜드에 대한 칭찬을 널리 퍼뜨리는 전도사와 선도자가 될 것이다.

브랜드 공명은 브랜드에 대해 고객이 갖는 궁극적인 관계와 동일시하는 수준에 초점을 맞춘다. 이 단계에서는 소비자들이 브랜드와 갖는 관계에 있어 강렬함(intensity)과 활동성(activity)을 보인다. 강렬함이란 태도적 애착과 공동체 의식의 강도로 나타나며 활동성은 소비자가 그 브랜드를 얼마나 구매하고 사용하는지 뿐만 아니라 구매나 소비에 관련되지 않은 다른 행동들에 참여하는지를 뜻한다. 즉, 브랜드 공명은 이러한 관계의 본질과 고객들이 브랜드와 일체가 되었다고 느끼는 정도를 의미한다.

브랜드 공명은 강렬함 또는 고객이 브랜드와 가지는 심리적 결속뿐만 아니라 충성도에 의해 나타나는 활동 수준(재구매율, 브랜드 정보 및 이벤트, 다른 충성 고객을 찾으려는 소비자의 정도)의 관점에서 특징지어진다, 특히 브랜드 공명은 행동적 로얄티(behavioral loyalty), 태도적 애착(attachment), 공동체 의식, 적극적인 참여의 4개의 범주로 나눌 수 있다.

행동적 로얄티는 재구매와 브랜드에 의해 귀착된 제품군 규모의 점유율이나 양의 관점에서 측정할 수 있다. 이러한 행동적 로얄티는 점유율을 의미하고 고객이 브랜드를 얼마나 자주 구매하고 구매 시에 얼마나 많이 구입하는가에 대한 내용이다. 그러므로 금전적으로 이득이 되는 결과를 위해 브랜드는 충분한 구매빈도와 양을 만들어내야 한다.

행동적 로얄티는 필요하지만, 브랜드 공명이 발생하기에는 충분하지는 않다. 어쩔수 없이 구매하는 경향이 존재하기 때문이다. 브랜드 공명을 창출하기 위해서는 강력한 개인적 애착이 필요하다. 고객들은 브랜드를 바라보는 긍정적인 태도를 갖는 것을 뛰어넘어 특별한 무언가가 되어야 한다. 예컨대, 특정 브랜드에 대해 강한 태도적 애착을 가진 고객들은 그 브랜드를 사랑하며. 자신들의 가장 소중한 소유물 중 하나로 묘사한다.

2) 브랜드 가치사슬에 대한 이해

강력한 브랜드 포지셔닝과 브랜드 공명을 구축하는 것은 마케팅에 있어 주요한 목표이다. 그런데 기업의 마케팅 투자에 대하여 그들의 투자 회수율을 보다 명확히 이해하기 위해서는 또 다른 도구가 필요하다. 브랜드 가치사슬(brand value chain)은 브랜드 자산의 원천, 성과 및 마케팅 활동이 브랜드 가치를 창출하는 방식을 평가하기 위한 구조화된 방식으로 도구가 될 수 있다.

브랜드 가치사슬은 조직구성원들이 잠재적으로 자사의 브랜드 자산에 영향을 미칠 수 있으며, 관련된 브랜딩 효과를 인지하고 있어야만 한다. 그러므로 브랜드 가치사슬은 브랜드 매니저, 최고 마케팅 경영자, 대표이사, 최고경영자처럼 다양한 직급의 관리자들에게 상이한 형태의 관련 정보를 제공하고 이들의 합리적 의사결정을 할 수 있게 도와준다.

브랜드 가치사슬은 몇 가지 기본 단계를 갖고 있으며 브랜드의 가치는 궁극적으로 고객들에게 존재한다. 첫 번째 단계는 마케팅 프로그램에 대한 투자 단계이다. 브랜드 가치 창출 과정은 기업이 실제 혹은 잠재 고객들을 겨냥한 마케팅 프로그램에 투자로 시작된다. 두 번째 단계는 고객사고단계이다. 마케팅 프로그램과 관련된 마케팅 활동들은 브랜드에 관한 고객들의 사고방식 즉, 고객들이 그 브랜드에 대해 알고 느끼는 바에 영향을 미친다. 세 번째 단계는 시장성과이다. 다양한 영역의 고객집단에 걸친 사고방식은 시장에서 구매하는 양과 시점, 지불하는 가격 등과 관련한 개별 고객 행동의 집합적 영향 등을 야기시킨다. 마지막 단계로 주주가치 단계이다. 이에는 일반적인 주주 가치인데 주가와 주가수익률 그리고 시가총액과 같은 것이다.

이 모델은 또한 많은 관련 요인이 이들 단계들에 개입한다고 가정한다. 이들 관련 요인들은 한 단계 이동할 때 창출되는 가치 또는 다음 단계로 넘어가는 승수의 정도를 결정한다. 세 가지 승수 세트, 즉 프로그램 품질 승수, 시장 조건 승수, 투자심리 승수가 그 마케팅 프로그램과 세 가치 단계 사이의 이동을 조정한다. 가치 단계와 승수 요인들을 자세히 알아보고 긍정적·부정적 승수 효과들을 살펴보자.

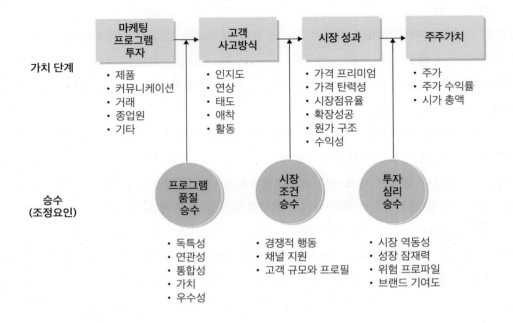

| 그림 8-3 | 브랜드 가치사슬 |

가치 단계

마케팅 프로그램 투자	고객 사고방식	시장 성과	주주가치
• 제품 • 커뮤니케이션 • 거래 • 종업원 • 기타	• 인지도 • 연상 • 태도 • 애착 • 활동	• 가격 프리미엄 • 가격 탄력성 • 시장점유율 • 확장성공 • 원가 구조 • 수익성	• 주가 • 주가 수익률 • 시가 총액

승수 (조정요인)

프로그램 품질 승수	시장 조건 승수	투자 심리 승수
• 독특성 • 연관성 • 통합성 • 가치 • 우수성	• 경쟁적 행동 • 채널 지원 • 고객 규모와 프로필	• 시장 역동성 • 성장 잠재력 • 위험 프로파일 • 브랜드 기여도

(1) 마케팅 프로그램 투자와 프로그램승수

브랜드 가치의 창출은 마케팅 프로그램에 대한 투자로부터 시작된다. 마케팅 프로그램에 대한 투자는 제품 및 시장 조사, 개발, 설계. 거래 및 중간 상인 지원, 광고, 판매촉진, 후원, 직접 또는 쌍방향적 마케팅, 인적 판매, 퍼블리시티, PR을 포함하는 마케팅 커뮤니케이션, 내부 고객 교육 같은 많은 마케팅 활동들을 포함하는 것이다. 그러나 마케팅 프로그램에 대한 많은 투자가 브랜드 가치 창출의 측면에서 성공을 보장하지는 않는다. 마케팅 프로그램이 고객의 사고방식에 영향을 줄 수 있는 능력은 그 프로그램 투자의 품질에 크게 영향을 받는다.

마케팅 프로그램의 품질이 다음단계인 고객 사고방식에 영향을 미치기 위해서는 몇가지 외부적 요인(승수)들이 있다. 독특성, 연관성, 통합성, 가치, 그리고 우수성을 고려해야 한다. 독특성(distinctiveness)은 경쟁자들에 비해 얼마나 독특한가? 마케팅 프로그램은 얼마나 독창적이고 차별화

미국의 캘리포니아 유가공위원회(California Milk Processor Board)의 성공적인 마케팅 프로그램
캘리포니아 유가공위원회는 그들의 잘 계획되고 수행된 마케팅 프로그램인 'Got Milk?' 캠페인을 통해 수십 년간이나 지속된 캘리포니아의 우유 소비량 감소를 막을 수 있었다.

되는 것인가의 문제이다. 연관성(relevance)은 자사의 마케팅 프로그램이 고객에게 어떤 의미가 관련되어 있는가이다. 통합성(integrated)은 기업의 마케팅 프로그램이 한 시점 혹은 시간을 초월하여 얼마나 다른 프로그램과 통합이 잘되었는가 뿐만 아니라 고객들에게 가능한 한 최고의 영향을 주도록 유기적으로 결합되어 있는가를 고려해야 한다. 또한 이전의 마케팅 프로그램과 관련되며 브랜드를 올바른 방향으로 전개시키고 연속성과 변화를 적절하게 균형을 맞추고 있는가도 고려해야 할 것이다.

일반적으로 마케팅 프로그램은 비용으로 생각하지만 이는 잘못된 사고이다. 마케팅 프로그램을 기업의 브랜드 가치를 올리는 쪽으로 계획 및 실행되어야 한다. 그러므로 마케팅 프로그램이 얼마나 많은 단기 및 장기 가치를 창출하고 있는가? 단기적으로 수익성을 창출하는가? 장기적으로 브랜드 자산을 구축하는 것인가를 고려해야 한다.

마지막으로 우수성(excellence)이다. 이는 마케팅 활동이 가장 높은 수준의 기준을 만족시키도록 설계되어 있는가 그리고 성공 요인으로 최신의 전략과 기업의 역량을 마케팅 활동이 반영하고 있는가를 고려해야 할 것이다.

(2) 고객 사고방식과 시장조건 승수

고객사고방식(customer mindset)은 브랜드와 관련해 고객의 기억 속에 저장되어 있는 모든 것들을 의미한다. 즉, 생각, 느낌, 경험, 신념, 태도, 지각, 이미지 등을 의미한다. 이전의 마케팅 프로그램 실행은 다양한 고객 사고방식을 갖게 한다. 다섯가지 유형의 반응이 브랜드 가치 창출에 특별히 중요하다.

① 브랜드 인지도(brand awareness): 고객들이 특정 브랜드를 회상하거나 재인할 수 있는 정도를 의미하며 그 브랜드가 어떤 범주에 속하는지 알아내는데 기여한다.

② 브랜드 연상(association): 고객들이 브랜드를 통해 지각된 속성 및 편익들의 강도, 호감도, 독특한 연상을 말한다. 브랜드 연상은 종종 브랜드 가치의 핵심 원천으로 표현되기도 하는데 이는 그것에 따라 소비자들이 브랜드가 그들의 니즈를 충족시킨다고 느끼게 해주는 수단이기 때문이다.

③ 브랜드 태도(brand attitude): 브랜드 품질과 브랜드에 대해 소비자가 갖는 만족도와 같은 브랜드에 대한 전반적인 평가를 나타낸다.

④ 브랜드 애착(brand attachment): 고객들이 브랜드에 대해 갖는 충성도의 정도를 의미한다. 애착의 강력한 형태인 집착은 변화에 대한 소비자의 저항 그리고 제품이나 서비스의 결함 같은 나쁜 소식에 견딜 수 있는 브랜드의 능력을 말한다. 애착은 팬덤(fandom)화 할

수 있으며 극단적으로 애착은 중독(addiction)이 될 수 있다.

⑤ 브랜드 지지 활동(brand advocacy activity) : 고객들이 브랜드를 사용하고, 브랜드에 관해 타인에게 말하며, 브랜드 정보 및 판매촉진, 이벤트 등을 탐색하는 정도를 말한다.

이 다섯 가지 척도는 이전의 브랜드 공명 모델에 용이하게 연결된다(브랜드 인지도는 현저성에 관련, 브랜드 연상은 성과와 심상에 관련, 브랜드 태도는 판단과 감정에 관련, 브랜드 애착과 브랜드 활동은 브랜드 공명에 관련).

브랜드 공명 모델과 같이 브랜드 가치의 창출을 기여하는 다섯가지 유형의 고객사고방식은 계층적 구조를 갖는다. 즉, 브랜드 인지도는 브랜드 태도를 이끌어내는 브랜드 연상을 뒷받침하고, 브랜드 태도는 다시 브랜드 애착과 브랜드 활동을 이끌어낸다. 브랜드 가치는 고객들이 ① 깊고 폭넓은 브랜드 인지도, ② 적절하게 강력하고 호의적이며 독특한 유사점과 차별점, ③ 긍정적인 브랜드 판단과 감정, ④ 강렬한 브랜드 애착과 충성도, ⑤ 높은 수준의 브랜드 활동을 가질 때 창출된다. 따라서 올바른 고객 사고방식을 창출하는 것은 브랜드 자산 및 가치의 구축이라는 측면에서 매우 중요한 것이다.

한편 고객사고방식이 브랜드 성과에 영향을 미치기 위해서는 몇가지 외부적 요인(승수)들이 있다.

① 경쟁우위요인으로 다른 경쟁 브랜드의 마케팅 투자는 얼마나 효과적인가(경쟁적 행동), ② 얼마나 많은 브랜드 강화와 판매 노력이 다양한 마케팅 파트너에 의해 나오고 있는가(채널지원), ③ 적절한 고객 규모와 프로필이 영향을 미친다. 즉, 고객의 마음속에 창출된 가치가 호의적인 시장 성과로 전이되는 경우는 ① 경쟁브랜드들이 별로 위협적이지 않을 때, ② 유통채널 구성원 및 다른 중간 상인들이 자사의 브랜드에 대해 강력한 지원을 제공할 때, ③ 수익성이 높은 많은 고객들이 자사의 브랜드에 호의적 반응을 보일때이다.

고객의 사고방식을 바꾸지 못해 실패한 AMD와 Cysix
1998년 AMD와 사이릭스Cyrx는 인텔의 마이크로프로세서와 유사한 성능의 제품을 출시했지만 소비자들에게 강력한 브랜드 이미지를 주고 있지 못하기 때문에 컴퓨터 제조업자들은 새로운 칩을 채택하기를 꺼렸다.

(3) 시장 성과와 투자심리 승수

고객 사고방식과 승수효과는 브랜드 시장 성과에 다양한 형태로 영향을 준다. 대표적으로 가격 프리미엄, 가격 탄력성, 시장점유율, 브랜드 확장의 성공, 원가와 수익 등이다.

가격 프리미엄은 고객들이 브랜드로 인해 비교가능한 제품에 대해 얼마나 많은 추가 요금을 기꺼이 지불하려고 하는가이다. 가격탄력성은 가격이 오르거나 떨어졌을 때 그들의 수요가 얼마나 많이 감소 또는 증가할 것인가이다. 시장 점유율은 마케팅 프로그램이 브랜드 판매를 이끌어내는 데 얼마나 성공적이었는지를 평가하는 기준이 된다. 이러한 세 가지는 시간이 지남에 따라 그 브랜드에 직접적으로 기여하는 수입원을 결정한다. 브랜드 가치는 더 높은 시장점유율, 더 높은 가격 프리미엄, 가격 인하에 대한 보다 탄력적인 반응과 가격 인상에 대한 비탄력적 반응을 통해 창출된다.

시장성과의 네 번째 요인은 브랜드 확장인 라인 및 제품군 확장 그리고 관련된 제품군에서의 신제품 출시 지원에서 브랜드의 성공을 말한다. 라인확장(line extension)은 제품라인 내에 추가된 신제품에 대해 기존 브랜드를 사용하는 것이며(꼬북칩은 처음에 콘스프맛으로 출시 이후 초코츄러스맛, 인절미맛, 새우맛), 제품범주 확장(category extension)은 기존의 브랜드를 사용하여 새로운 제품범주로 확대진출(애플이 전기자동차시장으로 애플브랜드로 진출)하는 것이다. 이러한 요인은 기존의 브랜드를 사용하여 새로운 제품범주로 확대진출하여 성공할 가능성과 추가적인 수익을 창출할 수 있는 능력을 반영한다. 브랜드 자산가치가 높은 브랜드를 이용해 신제품을 출시하려는 기업은 마케팅비용을 줄일 수 있을 뿐만 아니라 실패가능성도 상대적으로 낮기 때문이다. 따라서 이 요인은 수입원의 강화를 추가하는 능력을 의미한다.

과거 버거킹의 부적절한 포지셔닝
맥도날드는 과거에 그들의 주요 경쟁자였던 버거킹의 마케팅 상의 어려움으로부터 이익을 얻었다. 버거킹은 수많은 리포지셔닝과 경영 변화에서 어려움을 겪었다.

달리는 '꼬북'칩…초코츄러스 인기에 월 매출 67억원

오리온이 신제품 '꼬북칩 초코츄러스맛'의 폭발적인 인기에 힘입어 '꼬북칩'의 10월 한국 매출액이 67억 원을 돌파해 역대 최대 월 매출을 기록했다고 4일 밝혔다. 이는 전년 동월 대비 2배 이상 급증한 것으로 봉지 수로는 610만 개에 달한다. 꼬북칩 초코츄러스맛이 10월 매출의 절반 이상을 차지하며 꼬북칩 브랜드 전체 매출 성장을 이끈 셈이다. 이로써 꼬북칩은 국내에서 판매되는 오리온 과자 가운데 초코파이와 포카칩에 이어 세 번째로 높은 월 매출 실적을 달성했다.

지난 9월 출시한 꼬북칩 초코츄러스맛은 두 달도 채 안 돼서 누적판매량 350만 봉을 돌파하며 뜨거운 호응을 얻고 있다. 최근 수요가 급증하며 일부 매장에서는 진열과 동시에 완판되는 등 품귀현상을 빚고 있다. 이에 오리온은 생산라인을 풀가동하며 주말까지도 제품 생산에 나서고 있는 상황이다. 꼬북칩 초코츄러스맛이 화제를 모으자 소비자들이 기존 콘스프맛과 달콩인절미맛도 동시에 구매하면서 브랜드 전체 매출도 동반 상승하고 있다.

꼬북칩 초코츄러스맛의 인기 비결은 꼬북칩 특유의 4겹 바삭한 식감은 그대로 살리며 달콤하고 진한 초콜릿 맛을 구현한 데 있다. 꼬북칩 초코츄러스맛을 먹어본 소비자들이 긍정적인 후기를 올리며 SNS상에서 '중독성 높은 과자'로 입소문을 타고 있기 때문이다. 오리온은 자체 개발한 공정과 생산 설비를 통해 꼬북칩에 최적의 맛과 식감을 선사하는 초콜릿 커버링 기술을 접목시켰다. 네 겹의 칩에 한 겹 한 겹 초콜릿을 입히면서도 시간이 지나도 촉촉하고 진한 초콜릿 풍미를 즐길 수 있도록 한 것이다. 여기에 슈거 토핑을 더해 씹는 맛을 살렸다.

꼬북칩은 8년의 개발 기간과 100억 원의 투자를 통해 지난 2017년 3월 국내 제과 시장에 처음으로 선보인 네 겹 스낵이다. 홑겹의 스낵 여러 개를 한 번에 먹는 듯한 독특하고 차별화된 식감과 겹겹마다 배어든 풍부한 시즈닝으로 새로운 식감 트렌드를 주도하며 국민 과자로 자리매김했다. 중국, 미국, 캐나다 등 총 12개국에 판매되며 글로벌 시장에서도 높은 호응을 얻고 있다. 중국 다섯 번째 차원은 고객 사고방식에서 성공함으로써 마케팅 프로그램 지출을 줄이는 능력의 측면에서 원가 구조이다. 더 구체적으로 비용 등의 절약이다. 고객들이 이미 어떠한 브랜드에 대해 호의적인 의견과 제품지식을 가지고 있기 때문에 마케팅 프로그램의 어떤 측면이 든 같은 비용을 지출해도 보다 더 효과적이다. 예컨대 광고에 대한 회상이 더 높아지거나 혹은 제한된 시간에 더 많은 수의 고객들과의 거래를 성사시킴으로써 영업력이 높아질 수 있다.

이러한 다섯 가지 차원이 결합되었을 때 여섯 번째 차원인 많은 이익을 창출하는 브랜드가 되고 브랜드 가치를 보유하게 되는 기업들보다 많은 수익성을 얻을 수 있다.

주주가치 단계에 이르기 위해 시장성과 단계에서 창출되는 브랜드 가치의 능력은 투자심리 승수에 따르는 외부적인 요인(승수)에 의존한다. 이러한 외부적 요인에 재무담당자나 투자자들은 다음과 같은 다양한 요인을 고려해야 한다.

첫째, 시장 역동성이다. 이는 전체적으로 금융시장의 이자율, 투자심리, 자본 공급등을 고려한다.

둘째, 성장 잠재력이다. 이는 특정 브랜드 및 그 브랜드가 속해있는 산업에 있어 성장 잠재력 및 전망을 고려함을 의미한다. 예컨대, 기업의 경제적, 사회적, 심리적, 법적 환경을 구성하는 외부 방해 요인들은 얼마나 억제력이 있으며 위협적인가를 고려해야 한다.

셋째, 리스크 프로파일은 어떠한가이다. 즉, 브랜드에 있어 리스크 프로파일은 무엇인가? 브랜드가 그러한 촉진 또는 억제 요인들에 있어 얼마나 취약할 것 같은가를 고려해야 한다.

넷째, 브랜드 기여도를 고려해야 한다. 이는 브랜드가 기업의 브랜드 포트폴리오에 얼마나 중요한 비중을 차지하는가를 고려한다. 즉, 높은 매출을 보이는 브랜드는 그렇지 않은 브랜드에 비해 기업의 경영성과에 미치는 영향이 더 클 것이다.

시장 내에서 브랜드가 창출하는 가치가 주주 가치에 완벽하게 반영되는 경우는 기업이 심각한 환경적 위협이나 장벽 없이 지속적으로 성장하는 산업에서 속해 있을 때, 그리고 그 브랜드가 기업 수입에서 주요한 역할을 하고 향후에도 높은 기여도를 가질 때이다. 강력한 시장 승수를 통해 닷컴 기업같이 고평가 되는 기업도 있고 주력사업자체의 부정적 시각으로 실제 시장가치를 주가에 반영시키는데 어려운 기업도 있기 때문에 기여도 분석은 신중해야 할 것이다.

(4) 주주 가치

다양한 기타 고려 요인뿐 아니라 브랜드에 대한 현재 또는 예상할 수 있는 모든 가용한 정보들에 근거하여 금융 시장은 브랜드 가치에 매우 직접적인 재정적 시사점을 지닌 다양한 의견과 평가를 만든다. 브랜드 가치의 재무적 성과를 반영하는 가장 중요한 지표는 기업에 대한 주가, 주가 수익률. 전반적인 시가 총액이다.

주가 수익률은 발행주식의 시장가치가 보통주에 배당가능한 당기순이익에 비해 얼마나 높은지를 보여주는 수치로 주가 수익률이 높으면 당기순이익에 비해 투자자들이 기대하는 브랜드에 대한 미래이익은 높다 할 수 있다. 이러한 이유는 주식의 현재 시장가치는 투자자들이 브랜드로부터 기대하는 미래이익을 반영하고 있기 때문이다. 강력한 브랜드를 보유한 기업들의 주가는 전체 주식시장평균에 비해 상대적으로 높은 수익률과 낮은 리스크를 갖는 것으로 나타난다. 그러나 이러한 지표는 기업브랜드에는 적용이 가능하지만 개별브랜드의 가치를 충분히 반영하지 못하다는 단점이 있다.

위의 내용뿐만 아니라 기업의 자기자본총비용(overall market capitalization), 경제적 부가가치(economic value added) 등이 있다. 자기자본총비용은 1주당 주가×발행주식수로 계산이 가능하다. 이때 브랜드의 주식시가총액의 기간별 변동을 파악하여 브랜드의 미래수익성과 현재수익성의 관계에 대한 투자자들의 기대변화를 알 수 있다. 경제적부가가치(EVA)는 브랜드의 수익에서 그 브랜드에서 사용되는 자본비용을 차감한 것으로 이러한 브랜드 성과 척도는 브랜드의 조정된 회계수익에서 기업내 타 브랜드에 투자하는 대신 특정브랜드에 투자하는 기회비용을 감안한 것이다.

3) 브랜드 가치 창출에 대한 지속적 추적

브랜드 마케터는 우선적으로 마케팅 프로그램에 대한 용이주도한 투자와 프로그램의 높은 질, 호의적인 시장여건, 그리고 호의적 투자자 정서 등과 같은 브랜드 가치에 미치는 긍정적 영향을 극대화하여 높은 브랜드 가치를 창출해야 한다. 따라서 브랜드 가치체인은 기업경영자들이 어디에서 어떻게 브랜드 가치가 창출되었는지를 이해할 수 있게 하고 브랜드 가치의 창출과정을 향상시키기 위해 어떠한 조치를 취해야하는지에 대한 지침을 제공해준다. 그러나 조직 내에서 관리자가 수행하는 역할에 따라 브랜드 가치 창출과정의 각 단계에 대한 상대적 관심도가 다를 수 있다. 한편 브랜드 가치 사슬은 브랜드 가치의 창출과정을 추적하기 위한 구체적인 청사진의 역할 및 지침을 하게 된다.

4) 브랜드가치체인의 실무적 시사점과 한계점

브랜드 가치 창출을 위해 기업이 노력함에 있어 브랜드 가치체인은 기업에게 브랜드 관리에 대한 많은 시사점을 제공한다.

첫째, 기업의 브랜드의 가치를 창출하기 위해서는 마케팅 프로그램에 대한 투자에서부터 첫걸음이 시작되므로 마케팅 프로그램에 대한 자금의 지원을 통한 설계와 실행에 필요한 조건이다.

둘째 브랜드가치창출을 위해 기업은 초기에 마케팅 투자 이외의 추가적 노력이 필요하다. 즉, 마케터들은 브랜드 가치 창출과정의 각 단계에서 브랜드의 시장 가치를 상승시키거나 감소하는데 영향을 미치는 승수(조정)요인들을 효과적으로 통제와 관리를 해야 한다. 여기에서는 기업이 통제가능한 영역인지 불가능한 영역인지를 파악하여 맞게끔 관리를 해야 한다. 더불어 마지막 단계로 갈수록 추진동력이 약화되고 통제력이 약해질 수 있다. 따라서 초기부터 강력하게 설계되어야 할 것이다.

셋째, 승수요인들을 유리하게 관리하는 방안은 매우 다양하지만 무엇보다 중요한 것은 전 단계에서 창출된 브랜드 가치의 크기와 성격에 대해 브랜드의 모든 구성원들에게 전달하여 브랜드 가치의 유지와 강화로부터 얻게된 잠재적 혜택을 충분히 공유하는 일이다.

넷째, 투자심리승수요인이 브랜드 자산의 가치를 상승하기 위해 기업은 투자자 홍보(investor relations)등의 커뮤니케이션 활동을 통해 투자자들이 미래의 브랜드 성장계획과 시장에서 창출된 브랜드 가치를 제대로 이해할 수 있도록 해야 한다.

마지막으로 브랜드 가치 사슬을 토대로 기업의 브랜드성과를 강화시키려는 노력은 위에서 언급한 시사점 이외에도 기업에게 다양한 긍정적인 피드백을 준다. 예컨대, 주가상승은 종업원들의 사기, 의욕 동기 등을 높여 생산성에 영향을 미치며 그 결과 우수한 프로그램 질에 의한 승수효과를 유발시킨다.

한편 이러한 브랜드 가치 사슬은 한계점이 있다. 우선 브랜드 가치창출은 반드시 브랜드 가치체인에서 제안하는 절차에 따라 나타나지 않는다는 점이다. 둘째 브랜드의 커뮤니케이션을 할 때 그 효과가 즉각적으로 나타나지 않는다. 제품 유형에 따라 그 효과가 천천히 일어날 수도 즉각적으로 일어날 수도 있다. 셋째, 경우에 따라 시장성과에 따라 고객반응이 바뀔수도 있다. 가령 자기가 잘 모르더라도 유행하는 제품일 경우에는 시장성과에 대한 제품을 구매하는 소비자의 사고방식이 변화할 수 있다. 이러한 한계점에도 불구하고 브랜드 가치사슬은 기업의 체계적인 브랜드관리 및 브랜드 관련 의사결정을 하는데 있어 도움이 될 수 있다. 뿐만 아니라 마케팅성과를 측정 및 평가의 토대를 마련할 수 있다.

3. 영앤 루비컴사의 브랜드 자산평가 모형

세계적인 광고대행사 영앤루비콤(Young and Rubicam)사는 49개 국가의 4만 4천개가 넘는 지역브랜드 자산을 평가하는데 30여개의 측정항목을 통해 브랜드를 평가한다.

영앤루비콤사가 제시하는 브랜드 자산평가모형(Brand Asset ValuatorL: BAV)은 브랜드 자산 평가에 있어 4가지 차원을 고려한다. 먼저 차별성(differentiation)이다. 이는 자사의 브랜드가 타사의 브랜드에 비해 얼마나 다른가이다. 두 번째는 연관성(relevance)이다. 이는 브랜드가 자기와 얼마나 욕구를 잘 충족시키고 있거나 의미가 있는 정도를 의미한다. 세 번째는 지각된 품질 및 인기, 동급에서 품질의 상태의 존중(esteem)이다. 소비자들이 얼마나 해당브랜드를 존중하는가이다. 마지막으로 브랜드 지식(brand knowledge)이다. 이는 해당 브랜드를 이해하는 정도 및 얼마나 많이 알고 있는가이다. 이를 측정하여 차별성과 관련성은 브랜드 강도로 존경과 지식은 브랜드 지위로 설정하여 현재 브랜드가 처해있는 위치를 파악하여 기업의 브랜드마케팅 방향을 제시한다.

이 BAV에서는 '차별성 →연관성 →존중 →인지·이해'와 같은 과정을 통해 브랜드가 구축된다는 생각을 기본 베이스로 하고 있다. 여타 브랜드 이론과는 달리 '인지·이해'가 아닌 '차별성'이 브랜드 구축의 출발점이 되고 있는 점이 그 특징인 것이다.

강력한 브랜드 자산을 갖고 있는 브랜드는 4가지 차원 모두에서 높은 평가를 받는다. 브랜드 자산을 높이기 위해서는 경쟁 브랜드와 차이가 있어야 한다. 그렇지 않다면 소비자들이 그러한 브랜드를 군이 선택해야 할 이유가 없을 것이다. 그러나 브랜드가 차별성이 높다고 해서 반드시 고객들이 그 브랜드를 구매하는 것은 아니다. 브랜드는 타겟소비자의 욕구와 관련되면서 차별화되어야 한다.

또한 브랜드가 차별화되고 연관성이 높다고 해서 구매와 직결되는 것은 아니다. 브랜드에 대한 행동반응을 하기전에 소비자들은 그 브랜드에 대해 이해를 해야하고 친숙성이 강력하고 긍정적인 브랜드와의 연관성이 있어야 한다. BAV 모형을 평가하기 위해 다음과 같이 측정을 할 수 있다.

• A라면이 다른 라면에 비하여 얼마나 독특하다고 생각하십니까? (차별성)
• A라면의 생산이 중단된다면 얼마나 아쉬울 것 같습니까? (연관성)
• 다른 라면들과 비교했을 때 X라면은 어느 정도 귀중하다고 생각하십니까? (존중)
• A라면을 다른 사람에게 얼마나 잘 설명을 할 수 있습니까? (브랜드 지식)

이렇게 측정이 되면 브랜드 강도(brand strength)와 브랜드 지위(brand stature)로 결합하여 그림으로 나타날 수 있다.

브랜드 강도는 차별성과 관련성과 관련되는 지표이다. 영앤루비컴 모형에 있어서 강력한 브랜드가 되고자 하는 브랜드는 실질적인 차별성을 개발하는 노력에서 시작되어야 한다고 한다. 반대로 차별성을 상실한다는 것은 그 브랜드가 쇠퇴해간다는 신호이다. 관련성 또한 강력한 브랜드가 되기 위해 매우 중요한 요소이다. 어떤 브랜드가 표적시장 고객의 욕구에 적합하다는 인식을 형성하지 못하면 고객을 설득하기가 어려울 것이다.

브랜드 지위는 존경과 지식으로 구성이 되어 있다. 영앤루비컴에서 말하는 존경은 일반적으로 소비자들이 지각하는 품질 혹은 품격으로 해석할 수 있다. 즉 존경은 제품의 질과 인기도를 의미한다고 하겠다. 지식은 소비자들이 해당브랜드에 대해 알고 있는 정도 그리고 해당브랜드가 무엇을 나타내는지를 이해하는 정도를 말한다. 영앤루비컴은 브랜드에 대한 진정한 이해 즉 지식이 브랜드 구축노력의 완성단계라고 한다.

'잠재 성장력'과 '현재의 능력'이라는 두 개의 축을 이용해 파워 그리드(power grid) 상에서 '신규 브랜드 / 장래성 높음 / 리더십 브랜드 / 쇠퇴경향' 등 4개의 영역으로 분류가능하다. 각 브랜드가 놓여지게 되는 위치에 따라 그 브랜드의 현재상태(자산)을 평가받게 되는 것이다(그림 8-4). 예컨대, 현재의 능력과 잠재성장력이 모두 높은 것은 '리더십 브랜드'를 의미하며, 현재의 능력이나 잠재 성장력이 모두 낮은 것은 '신규 브랜드' 혹은 '매몰 브랜드'라고 진단하게 되는 것이다.

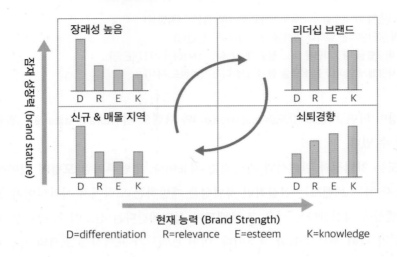

그림 8-4 BAV브랜드 평가프레임과 적용 예

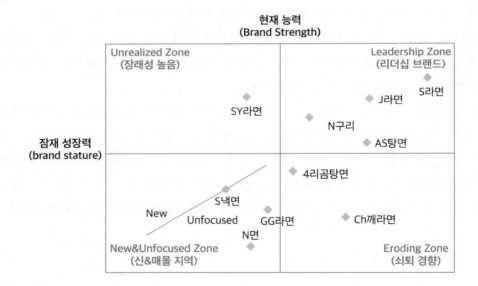

BAV는 브랜드가 지닌 현재의 자산뿐만 아니라 향후의 성장력까지 평가할 수 있다는 점에서 장점이 있다. 이와 아울러 동일 업종의 경쟁 브랜드뿐만 아니라 다른 업종의 경쟁 브랜드와의 비교도 가능하다는 것 역시 특징이다. 그러나 이 BAV의 문제는 이론적 근거가 약하다. 즉, 왜 4가지 차원만 존재하는지 그리고 가중치는 없는지 어떠한 근거로 차원간 결합을 했는가에 대한 근거가 약하다는 문제점이 있다. 이러한 문제로 인해 타당성과 신뢰성에서 한계점이 있다.

Section 02 | 브랜드 자산의 측정

BRAND HIGHLIGHT

삼성전자가 글로벌 여론조사업체 유고브(YouGov)가 선정한 '2022년 글로벌 최고 브랜드 순위'에서 구글을 제치고 처음으로 1위에 올랐다. 20일 업계에 따르면 유고브가 최근 발표한 '2022년 글로벌 최고 브랜드 순위'에서 삼성전자는 127점을 얻어 1위를 차지했다. 삼성전자는 이 조사에서 2017년 4위, 2018년 3위, 2019년 4위, 2020년 4위에서 작년 2위로 뛰어오른 데 이어 올해는 작년 1위였던 구글을 앞질렀다. 구글은 106점을 얻어 2위로 밀려났고, 유튜브(85점), 넷플릭스(59점), 싱가포르 온라인 쇼핑몰 쇼피(51점)가 3~5위에 랭크됐다. 이어 왓츠앱(50점), 도요타(41점), 콜게이트(34점), 메르세데스-벤츠(34점), 글로벌 할인점 리들(33점) 등이 10위권 내에 자리했다.

유고브는 브랜드별 인상, 품질, 가치, 만족도, 추천도, 평판을 자체 브랜드 인덱스 평가 방식을 기반으로 조사해 38개 시장별 톱10 브랜드 380개를 선정한 뒤 시장별 1위에 10점, 10위에 1점을 부여하는 방식으로 측정된 총점을 토대로 글로벌 톱10을 선정했다.

YouGov Global Best Brand Rankings 2022

Rank	Brand name	Points
1	Samsung	127
2	Google	106
3	YouTube	85
4	Netflix	59
5	Shopee	51
6	WhatsApp	50
7	Toyota	41
8	Colgate	34
9	Mercedes-Benz	34
10	Lidl	33

Scores show average data from September 28, 2021 and September 27, 2022

YouGov

삼성전자는 한국, 네덜란드, 베트남, 아일랜드 등 4개국에서 1위를 차지했고, 영국에서 2위, 프랑스에서 5위, 미국에서 6위를 차지하는 등 다양한 지역에서 고르게 상위권을 차지하며 종합 1위에 선정됐다. 올해는 작년에 이어 10위권 내에 테크 기업 5개가 선정되는 등 테크 기업이 강세를 보였다. 또 도요타와 메르세데스-벤츠가 신규 진입하는 등 자동차 기업의 인기가 상승했다. 작년 8위와 10위였던 아디다스와 나이키가 10위권 밖으로 밀려난 반면, 쇼피가 한 계단 상승하고 리들이 10위권에 오른 점도 눈에 띈다. 이는 전 세계적으로 생활비가 상승함에 따라 가성비 제품을 찾으려는 소비자 형태가 반영된 것으로 보인다.

〈자료원〉 연합뉴스, 2022.11.20.

브랜드의 진화단계는 크게 식별기호(mark) → 차별적 의미(different meaning) → 고정관념(stereotype) → 자산(equity) → 러브마크(love mark) 등 5단계로 나눌 수 있다. 식별기호는 말 그대로 새로운 브랜드를 출시할 때 다른 브랜드와 달리 명명된 이름이나 기호를 말한다. 이렇게 등장한 브랜드를 소비자에게 커뮤니케이션 하면서 소비자는 비로소 그 브랜드가 제공해주는 차별적 의미를 이해하게 된다. 소비자에게 제안하는 차별적 의미에 대해 고객이 인정하고 만족하게 되면 소비자는 그 브랜드에 대한 믿음이 생기면서 특정 브랜드에 대한 고정관념이 만들어진다. 고정관념이 강해지면 소비자는 추가 금액(프리미엄)을 지급하더라도 해당 브랜드가 제공하는 가치나 편익을 소비하려고 하면서 브랜드는 이제 자산으로서의 가치를 가지게 된다. 이후 브랜드와 관계가 발전해 특정 브랜드를 좋아할 뿐만 아니라 주변 사람들에게 특정 브랜드 사용을 권하는 자발적 옹호자(advocator)가 되면 그 브랜드는 러브 마크(love mark)로 자리 잡으며 고객과 장기적인 관계를 지속하게 된다. 이렇게 브랜드는 단순한 식별기호를 넘어서 러브마크로 진화하며 기업에게 소중한 브랜드 가치를 안겨준다. 지금까지 많은 연구자들이 개별 브랜드의 가치를 측정하기 위해 많은 연구를 진행하였는데 크게 마케팅적 관점과 재무적 관점으로 나누어 살펴볼 수 있다.

1. 마케팅관점의 측정

1) 비교법

비교법은 다른 브랜드와의 비교를 통해 브랜드의 상대적인 위치를 파악하고 비교대상 브랜드(또는 브랜드가 부착되지 않은 제품)의 가치를 고려하여 개별 브랜드의 가치를 평가하는 방법으로 구매 가치 평가방법이다. 예컨대, 유명 팁스터 아이티 유니버스는 자신의 트위터에 스마트폰 모델을 밝히지 않고 어떤 카메라로 촬영한 사진이 가장 선명한지 투표를 진행하였다. 이 블라인드 테스트에 사용된 카메라는 갤럭시S23 울트라, 갤럭시S22 울트라, 구글의 최신 스마트폰 픽셀7 프로였는데 결과는 갤럭시 S23 울트라의 압승이었다.

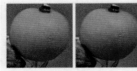

블라인드 테스트를 통해 스마트폰 사진기의 성능을 비교하여 보여줌
〈자료원〉 조선일보, "'2억화소 카메라' 갤럭시S23 울트라, 블라인드 테스트 압승" 2022.11.14.

이처럼 비교법은 해당브랜드와 경쟁제품에 대한 소비자 반응을 조사하는 것이다. 블라인드 테스트 방법이외에도 가격프리미엄 지불의향(예, 특정 브랜드에 대해 얼마의 프리미엄을 지불할 의향이 있는가?), 브랜드 전환

(예, 가격차가 어느 정도면 브랜드를 전환할 의향이 있는가?), **브랜드확장 평가**(예, 00음료에서 00음료 파인애플을 새로 출시한다면 구매할 의향이 있는가?), 잔차법(브랜드 전체 가치에서 제품의 기본 가치/물리적인 가치를 제외하는 방법)등을 활용할 수 있다.

2) 이미지 가치법

마케팅 관점의 접근법에서 이미지 가치법은 크게 앞서 설명한 Aaker의 브랜드 자산 10과 Keller의 고객에 기초한 브랜드 자산이 있다. 먼저, Aaker의 브랜드 자산 10은 브랜드 로열티(가격프리미엄, 고객만족/로얄티), 지각된 품질(지각품질, 리더십/인지), 브랜드 연상(지각가치, 브랜드 개성, 조직연상), 브랜드 인지(브랜드인지), 시장동향척도(시장점유율, 시장가격과 유통커버리지율) 등 5개 차원 총 10개의 지표를 가지고 브랜드 가치를 평가한다. 켈러의 고객에 기초한 브랜드 자산은 브랜드 자산이 구축되는 과정을 현저성(Salience), 성과(performance)와 판단(judgment: 품질, 신뢰, 고려, 우수성)으로 이어지는 이성적 측면, 이미지(image)와 감정(feeling)으로 이어지는 감성적 측면, 그리고 고객과의 공명(resonance: 충성도, 애착감, 커뮤니티, 몰입) 등 총 6개 요인 12개 차원에서 소비자의 평가를 기준으로 가치를 평가한다.

2. 재무적관점의 측정

재무적 관점은 기업의 인수·합병시 브랜드 가치 측정이 중요해지면서 브랜드를 금전적 가치로 측정 및 평가하는 방법이다.

1) 인터브랜드사의 브랜드 가치평가법

인터브랜드의 브랜드 가치 평가 방법은 세계적으로 가장 널리 인정받고 이용되는 평가방법론으로 브랜드 및 재무 자산의 가치 평가를 혼합한 방식을 사용하는데, 2010년 업계 최초 ISO(International Standards Organization) 10668 인증을 획득하기도 하였다. 인터브랜드 평가방식은 3가지 분석을 근간으로 한다.

그림 8-5   인터브랜드의 브랜드 가치 평가 방법

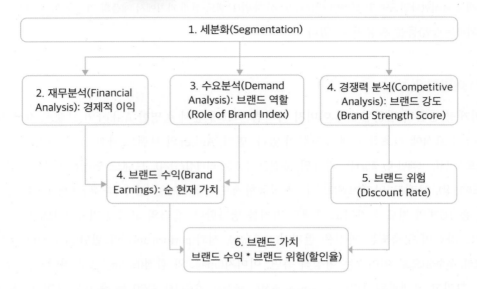

〈자료원〉 Interbrand's Brand Valuation Final(www.interbrand.com)

(1) 브랜드 상품 및 서비스의 재무적 성과(financial performance) 분석

(2) 고객들이 제품을 구매할 때 미치는 브랜드 역할(role of brand) 분석 : 브랜드가 단독으로 소비자 선택에 미치는 영향

(3) 경쟁 브랜드와의 비교를 통해 브랜드의 경쟁력을 보여주는 브랜드 강도(brand strength) 분석

① 내부 요인

㉠ 명확성(clarity) : 브랜드의 가치, 포지셔닝, 제안의 이해와 전달 정도, 명확한 타깃 고객, 고객 인사이트 구매요인에 대한 이해도

㉡ 신념(commitment) : 브랜드에 대한 내부적 신념, 브랜드의 중요성에 대한 믿음, 브랜드를 위한 시간적, 금전적, 인적 지원 정도

㉢ 보호(protection) : 법적보호, 특허 등록된 재료/제품 및 디자인, 브랜드의 보호정도

㉣ 대응력(responsiveness) : 시장변화, 위기, 기회의 대응정도, 내부적 리더십, 진화와 변화에 대한 의지와 능력

② 외부 요인

㉠ 진정성(authenticity) : 기업 내부의 진정성과 능력, 브랜드의 전통과 역사, 핵심가치, 고객들의 기대충족 여부

㉡ 연관성(relevance) : 전 세계 및 각 시장별 고객의 특성과 니즈, 욕구 및 선택 기준에 브랜드가 부합하는 정도

ⓒ 차별성(differentiation) : 타 경쟁사 대비 포지셔닝의 차별화 정도
ⓔ 일관성(consistency) : 모든 접점, 형식에 있어 동일한 경험을 제공하는 정도
ⓜ 존재감(presence) : 브랜드 편재 정도, 다양한 매체를 통해 브랜드가 긍정적으로 거론되는 정도
ⓗ 이해도(understanding) : 브랜드의 특징과 성격에 대한 소비자들의 이해 정도, 브랜드가 속해있는 기업체에 대한 소비자들의 이해정도

2022년 인터브랜드가 발표한 글로벌 Top 20를 보면 애플이 4,822억달러로 1위를 차지하였고, 마이크로소프트가 2,783억 달러로 2위, 아마존이 2,748억 달러로 3위, 구글이 2,518억 달러 4위를 자치하였다. 국내 브랜드로는 삼성이 877억 달러로 5위를 차지하였고, 일본은 도요타가 598억 달러로 6위를 차지하였다. 7위 코카콜라가 575억 달러, 8위 메르세데스 벤츠가 561억 달러, 9위 디즈니가 503억 달러, 10위 나이키가 502억 달러의 브랜드가치를 인정받았다. 2022년에는 마이크로 소프트가 전년 대비 32%, 구글이 28%, 테슬라가 32%로 높은 성장율 보였다.

그림 8-6   2022 글로벌 Top 20

(단위: 백만불 $m)

01 **Apple** +18% 482,215 $m	02 **Microsoft** +32% 278,288 $m	03 **Amazon** +10% 274,819 $m	04 **Google** +28% 251,751 $m	05 **Samsung** +17% 87,689 $m
06 **Toyota** +10% 59,757 $m	07 **Coca-Cola** 0% 57,535 $m	08 **Mercedes-Benz** +10% 56,103 $m	09 **Disney** +14% 50,325 $m	10 **Nike** +18% 50,289 $m
11 **McDonald's** +6% 48,647 $m	12 **Tesla** +32% 48,002 $m	13 **BMW** +11% 46,331 $m	14 **Louis Vuitton** +21% 44,508 $m	15 **Cisco** +14% 41,298 $m
16 **Instagram** +14% 36,516 $m	17 **Facebook** -5% 34,538 $m	18 **IBM** +3% 34,242 $m	19 **Intel** -8% 32,916 $m	20 **SAP** +5% 31,497 $m

국내 브랜드 가치 평가 결과를 보면 삼성이 85조 1,498억원으로 1위, 현대자동차가 17조 3,043억원으로 2위, 네이버가 7조 222억원으로 3위, 기아가 6조 9,443억원으로 4위, SK텔레콤이 3조 5,175억원으로 5위를 차지하였다. Top 20에서는 7위 카카오가 전년 대비 34%, 1위 삼성이 23.1%, 6위 LG전자가 10.4%, 2위 현대자동차가 9.1%로 높은 브랜드 가치 증가율을 보였다.

그림 8-7 2022 한국 Top 20

(단위: 백만원)

01 삼성전자	02 현대자동차	03 네이버	04 기아	05 SK텔레콤
+23.1% 85,149,681m	+9.1% 17,304,358m	+8.5% 7,022,285m	+7% 6,944,300m	+0.3% 3,517,517m
SAMSUNG	HYUNDAI	NAVER	Kia	SK telecom
06 LG전자	07 카카오	08 삼성생명보험	09 KB국민은행	10 신한은행
+10.4% 3,432,783m	+34% 3,416,604m	+1.1% 3,380,444m	+3% 3,143,393m	+3.4% 3,077,443m
LG	kakao	삼성생명	KB국민은행	신한은행
11 SK하이닉스	12 LG화학	13 하나은행	14 신한카드	15 LG생활건강
+4.5% 2,808,767m	+12.3% 2,364,879m	+3.4% 2,212,180m	+6.9% 2,110,560m	+3.7% 2,060,240m
SK hynix	LG화학	하나은행	신한카드	LG생활건강
16 삼성화재해상보험	17 쿠팡	18 KT	19 우리은행	20 아모레퍼시픽
+7% 2,036,247m	+6.4% 2,005,682m	+0.8% 1,989,569m	+3.7% 1,898,231m	+1% 1,732,523m
삼성화재	coupang	kt	우리은행	AMOREPACIFIC

인터브랜드 측정방식은 브랜드의 고객 가치를 적절히 표현하고 있고, 비즈니스 위크와 같은 세계 경제 간행물들이 인용하는 등 전 세계적으로 가장 널리 인정받는다는 장점이 있다. 다만 브랜드력을 평가하는데 있어 주관적이며 측정대상이 기업브랜드와 개별브랜드가 혼동하여 평가되고 있으며 과거에서 현재까지의 자료를 이용하여 미래의 이익흐름을 예측한다는 단점이 있다.

2) 산업정책연구원(IPS)의 브랜드 가치평가 모델**

산업정책 연구원은 2000년 이후 기업의 객관적인 데이터를 활용하는 재무적 측면과 시장조사를 기초로 소비자 의견을 반영하는 마케팅적 측면의 접근법을 통한 모델을 제안하고 있다.

< 산업정책연구원(IPS)의 브랜드 가치평가 모델 >

(1) 기업 브랜드 가치 (Brand Value)

= 기업 브랜드 수익(Brand Earnings) * 브랜드 파워(Brand Power)

* Discount Score : 단기 국채 이자율 적용, 3년 간의 수익을 현재 가치로 도출

(2) 기업 브랜드 수익(Brand Earnings) = 매출액 * 산업 지수

* 조사시점을 기준으로 과거 3개년 간의 가중평균 매출액

* 인플레이션 적용

(3) 브랜드 파워(Brand Power)

= f(brand building, management, communication, equity)

* 브랜드 자산 구성 요소 및 브랜드 경영활동에 기초하여 설문 문항 구성

* 전국민 일반인 대상 설문 조사 진행

브랜드 빌딩 (brand building)	기업이 소비자 마음속에 심어주기를 원하는 브랜드 이미지와 관련하여 브랜드 지식을 형성시키는 활동
브랜드 매니지먼트 (brand management)	브랜드의 기획·개발에서부터 육성·관리의 전 과정에 있어서 브랜드 아이덴티티와 브랜드 이미지간의 차이를 줄이기 위한 활동 및 프로세스
브랜드 커뮤니케이션 (Brand Communication)	자사의 브랜드를 소비자에게 자연스럽게 인식시켜 호감과 신뢰를 유발하여 제품의 구매를 유도하는 일련의 과정
브랜드 에쿼티 (Brand Equity)	브랜드가 지속가능하고 차별화된 경쟁우위를 갖게 하며, 현재와 미래의 이익을 높이고 위험을 낮추게 하는 브랜드로 인해 생성된 긍정적 태도

이를 바탕으로 브랜드 가치를 평가한 결과 삼성전자㈜가 159조원으로 본 연구를 실시한 2000년부터 20년 연속 1위로 평가되었으며 2019년 대비 26.3% 브랜드 가치가 상승하였다.

2위를 차지한 현재자동차㈜의 브랜드 가치는 43조원으로 2020년 미래 시장에 대한 리더

** 산업정책연구원 (https://www.ips.or.kr) 기업브랜드 자산 가치평가 결과 참조

십 확보를 위해 자동차 기술 혁식, 수소 연료 및 전기차, 로보틱스 사업, 도심 항공 모빌리티(UAM), 목적 기발 모빌리티(PBV)에서 시장 선도 브랜드 입지를 확보하기 위해 노력하고 있다.

3위 LG전자의 브랜드 가치는 28조원으로 코로나로 인한 비대면 트렌드를 반영한 공간 인테리어와 가전 제품의 판매 호조 및 LG 시그니처와 같은 프리미엄 가전을 앞세워 브랜드 가치를 제고하고 있다.

4위 기아㈜의 브랜드 가치는 27조원으로 사명을 바꾼 후 "Movement that inspires"를 새로운 슬로건으로 제시하며 한층 업그레이드된 제품디자인을 바탕으로 다양한 이동성과 모빌리티 경험을 고객에게 경험시키면서 브랜드 혁신을 도모하고 있다.

새롭게 5위에 진입한 ㈜이마트의 브랜드 가치는 14조원으로 코로나로 인한 온라인몰 활성화, 혼반과 집밥 수요 증가에 따른 식품군 매출 향상, 이트레이더스(창고형 할인점)와 노브랜드(PB)의 성장으로 인해 26.3%의 높은 브랜드 가치 상승률을 보여주었다.

2019년 발표 결과		2021년 발표 결과		순위 변동
기업브랜드명	가치(백만원)	기업브랜드명	가치(백만원)	
삼성전자㈜	126,151,104	삼성전자㈜	159,346,645	–
현대자동차㈜	31,701,860	현대자동차㈜	43,155,161	–
LG전자㈜	27,009,452	LG전자㈜	28,271,599	–
기아㈜	23,716,492	기아㈜	27,691,055	–
㈜KT	13,221,643	㈜이마트	14,205,329	↑

본 조사 방법은 국내 기업 브랜드를 대상으로 이루어지고 있다는 점에서 의의가 있지만 브랜드 가치가 무형자산의 성격을 가지고 있기 때문에 평가결과의 순위나 절대금액보다는 상대적인 가치에 중점을 두어 해석할 필요가 있다.

Section 03 브랜드 자산의 미래

브랜드 자산 가치평가는 대부분 개별브랜드보다는 기업브랜드를 중심으로 평가가 이루어지고 있다. 그러나 많은 경우 기업들은 개별브랜드를 가지고 소비자들을 만나고 있기 때문에 개별 브랜드의 가치를 알고 싶어하지만, 지금처럼 대량 생산된 제품을 판매하는 경우에 개별 브랜드의 가치는 가격 프리미엄으로 유추할 수 밖에 없다. 다만 일반 공산품이 아닌 예술 작품의 경우에는 희소성이라는 특징을 활용해 경매를 통해 고가로 판매되며 브랜드 가치를 평가받기도 한다. 그런데 이런 미술품 관련 브랜드 자산 가치와 관련된 재밌는 일이 벌어졌다. 2021년 3월 유튜브를 통해 95,000달러의 뱅크시의 그림을 소각되는 장면이 중계되었다. 작품명은 '멍청이들(Morons)' 사정을 모르는 사람이라면 정말 그 비싼 그림을 태우고 있는 사람에게 멍청이라고 한마디 해주고 싶었을 것이다.

그런데 놀랍게도 사라진 이 그림이 오픈씨(OpenSea)에서 380,000달러에 판매가 된 것이다. 물질적인 실체가 불타 사라졌는데 판매가 되는 정말 상상하기 힘든 일이 벌어진 것이다. 그러나 이것은 NFT(Non-Fungible Token) 즉 블록체인 네트워크에 존재하는 디지털 파일인 대체 불가능한 토큰(NFT) 때문에 가능한 일이 되었던 것이다. 대체 불가능한 토큰(이하 NFT)의 특징은 투명성, 영원성, 유일성이다.

먼저 투명성은 창작자에게서 최종소유자(현 소유자)까지 거래된 이력이 기록된 프로비넌스(Provenance, 진품기록)가 있기에 투명한 거래가 가능하다. CJ올리브네트웍스가 2021년 부산국제영화제 상영작 관람권 예매에 NFT를 적용한 것도 각각의 고유 인식값이 있어 출처를 알 수 있기 때문에 관람권 예매에 암표나 위조를 방지할 수 있기 때문이다.

둘째는 영원성이다. 즉 NFT는 디지털 기술로 시간이 지나도 부식될 위험도 적고 예측 불가능한 사고로 인해 손상되거나 도난당하지 않기 때문에 지속적으로 유통, 소유, 관리될 수 있다.

마지막은 유일성이다. NFT에서는 불법 복제가 불가능하기 때문에 작품의 유일성을 인증할 수 있다. NFT가 가지고 있는 이런 특성으로 인해 NFT는 메타버스(25.4%), 예술품 (23.4%), 게임(23.3%), 스포츠(12.9%), 수집

Banksy 〈Morons〉 2006

불타고 있는 〈Morons〉

품(11.2%) 등 다양한 방면에서 사용되고 있고 거래액 또한 2018년 3,098만 달러에서 2021년 7억 달러로 20배 이상 거래액이 증가하고 있다. 또한 MZ세대들의 예술품 투자에 대한 관심이 높아지고 있는데 실제 서울옥션블루가 구축한 미술품 공동구매 플랫폼 가입고객의 95%가 Z세대인 것으로 나타났다. 지금까지 거래된 최고가 NFT제품은 'Beeple'이라는 예명으로 활동 중인 미국의 마이크 윙켈만(Mike Winkelmann)의 디지털 회화작품 'Everyday: The First 5000 Day'란 작품이 825억(6,930만 달러)에 팔린 것이다. 또한 테슬라의 최고 경영자 일론 머스크의 연인으로 알려진 가수 그라임스도 NFT로 만든 자신의 그림 10점을 580만 달러에 팔았다. 트위터 창업자 잭도시는 자신이 2006년 처음으로 포스팅한 첫 트윗을 NFT로 만들어 경매사이트에 올려 290만 달러에 팔았고, 바둑기사 이세돌 9단이 인공지능(AI) 알파고를 꺾었던 대국 동영상이 NFT로 발행된 뒤 경매에 나와 가상화폐 60이더리움(당시 기준 약 2억5000만원)에 낙찰되기도 하였다. 그렇다면 NFT가 브랜드와 어떤 관련이 있을까?

1. 브랜드 이미지 관리를 위한 NFT

NFT에 가장 빠르게 움직인 브랜드는 명품브랜드다. 글로벌 명품 브랜드 3사(루이비통, 까르띠에, 프라다)가 2021년 4월 짝퉁 방지를 위해 블록체인 플랫폼 아우라를 만들었다. 소비자는 제품별 고유 식별번호를 해당 플랫폼을 통해 고유한 디지털 코드를 받게 되는데 이 코드에는 어떤 나라에서 제작했는지, 제조 및 유통과정, 소유권 등 모든 정보가 담겨있다. 나아가 NFT는 디지털 인증서인 동시에 다른 사람에게 전송해 선물도 가능한 교환권 기능까지 갖고 있다. 스포츠용품 분야에도 NFT를 적극적으로 활용 중이다. 유명 스포츠 브랜드 나이키는 운동화 정보를 NFT로 만들어 특허를 등록했다. 해당 기술을 적용한 상품에는 '크립토킥스(CryptoKicks)'라는 브랜드를 사용하게 되고, 해당 제품을 구매하면 신발의 고유한 NFT를 함께 받게 된다. 이를 통해 운동화의 소유권을 추적하고, 정품 여부도 확인 가능하다. 또한 명품 브랜드는 제페토(ZEPETO), 로블록스(Roblox)

제페토에 만들어진 구찌빌라를 방문한 MZ세대는 자연스럽게 구찌의 매력을 경험하면서 경제력이 생기면 잠재적 고객이 될 수 있을 것이다.

에 명품 아이템을 팔거나 자체 매장을 만들어 MZ세대의 소비자 경험을 이끌고 있다. 구찌는 2021년 2월 제페토에 구찌빌라를 선보였는데 460만명 이상이 구찌빌라를 방문하는 등 큰 성공을 거두었다.

살지도 못하는 집을 비싸게 사는 이유는 ?

사람이 실제 들어가 살지도 못하는 파일 형식의 '디지털 집'이 무려 5억 6천만원에 팔려 화제가 되었다. 25일 미 CNN 방송과 영국 일간 가디언에 따르면 캐나다 작가 크리스타 킴이 'NFT'(Non fungible Token · 대체불가능토큰) 기술을 적용해 제작한 디지털 집 '마스 하우스'(Mars House)가 약 50만 달러(약 5억 6천800만원)에 판매됐다. 건축가와 비디오 게임 소프트웨어의 도움을 받은 이 집은 세계에서 처음 거래가 성사된 NFT 집이다. 이 디지털 집은 3D(차원) 파일로 제공되며, 가상현실(VR)이나 증강현실(AR) 기술로 체험할 수 있다.

'마스 하우스'의 내부는 깔끔하고 탁 트인 인테리어로 꾸며졌고, 바깥은 지구와 달리 붉은빛으로 가득한 화성의 이색적인 하늘이 올려다보이게끔 설계됐다. 결제 통화는 암호화폐인 이더리움이었으며, 낙찰자는 288이더리움을 지불했다. 구매 당시 이더리움의 시세는 50만달러로 알려졌다. NFT는 암호화폐인 비트코인처럼 복제가 안 되는 블록체인에 소유권, 거래 이력 등 콘텐츠의 고유한 인식 값을 부여한다. 영상, 그림 등은 복제가 가능해 원본의 의미가 떨어졌지만, 이들을 디지털화하고 여기에 고유성을 더함으로써 새로운 가치를 추구한다는 평가를 받는다.

캐나다 작가 크리스타 킴이 설계한 세계 첫 NFT 집 '마스 하우스'

킴은 "신종 코로나바이러스 감염증(코로나19) 봉쇄령으로 집에 머무는 시간이 많아지면서 '디지털 집'을 제작해야겠다는 영감을 얻게 됐다"고 설명했다. 이어 "마스 하우스는 NFT의 다음 세대를 대변한다. 미래에 마주할 것들을 미리 알려주는 신호"라면서 "우리가 증강현실의 영역으로 진입하고 있기 때문"이라고 말했다. 그러면서 "NFT, 암호화폐 등 디지털 자산과 어떻게 살아갈 것인지에 대한 생각들은 현실이 되고 있고, 세계적인 패러다임 전환을 이끌고 있다"면서 "코로나19가 한창인 요즘, 집안 인테리어로 어떻게 사람들의 마음을 정화할 수 있을지에 대한 더욱 창의적인 생각이 필요해졌다"고 강조했다. 또 "크립토(암호화) 혁명은 친환경 에너지와 지속가능성을 위한 실질적인 움직임을 만들어낼 것"이라고 말했다.

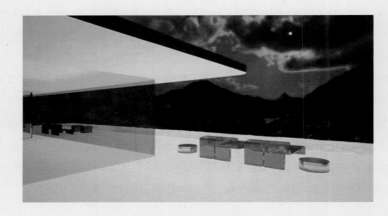

캐나다 작가 크리스타 킴이 설계한 세계 첫 NFT 집 '마스 하우스'

〈자료원〉 연합뉴스, 2021.3.25.

2. 고객 커뮤니티 수단으로서의 NFT

NFT거래가 가능한 탑샷플랫폼
탑샷 플랫폼은 NBA 게임 하이라이트 영상을 NFT로 만들어 거래할 수 있도록 하며 NBA 팬들의 거래 커뮤니티로 발전되었다.

미국 프로농구 NBA의 팬들은 NBA의 게임 영상 하이라이트를 사고팔며 실물농구 트레이딩 카드의 디지털 버전을 즐기고 있다. 한 예로 NBA 최고 스타 르브론 제임스의 하이라이트 영상은 20만 달러에 팔리기도 하는 등 NBA의 탑샷 플랫폼은 3억800만 달러의 매출을 기록했다.

코카콜라 같은 전통적인 브랜드들은 브랜드 헤리티지를 NFT로 제작해, 가상세계에서도 새롭고 흥미로운 방식으로 브랜드를 재해석하기 위해 활용하고 있다. 코카콜라가 50년 이상 후원해 온 스페셜올림픽을 위해 NFT를 장착한 4개의 디지털 컬렉션을 출시했는데, 1956년식 레트로 자판기, 코카콜라의 향수를 불러일으키는 배달 유니폼의 이미지로 가상현실 플랫폼에서 착용할 수 있는 버블재킷, 특유의 병을 따는 소리, 얼음 위에 코카콜라를 따르는 소리 등이었는데 경매에서 6억 8000만원(57만5000 달러)에 낙찰됐다.

스페셜올림픽을 위해 NFT를 장착한 4개의 디지털 컬렉션을 출시한 코카콜라

맥도널드는 대표메뉴 4개의 그림을 NFT 토큰으로 발행해 SNS 이벤트의 경품으로 활용했다. 그 희소성으로 인해 맥도널드의 NFT 토큰은 아무도 화폐로 사용하지 않고 소장되고 있다고 한다. 타코벨은 5명의 작가와 협업을 통해 △에버크런치타코(Ever-Crunching Tacos) △김미댓(Gimme That) △타코디멘션스(Taco Dimensions) △트랜스포머티브타코(Transformative Taco) △스위블 타코(Swivel, Taco) 등 '타코' 이미지를 NFT 아트로 개발, 25개를 경매를 통해 판매했는데 모두 30분만에 매진됐다. 거래 시작가가 1.79 달러였는데 결국 700달러에 마감되었다고 한다. 타코는 판매되는 금액의 0.01%를 받게 되는데 모든 수익금은 타코벨 재단을 통해 청소년 장학기금으로 사용될 계획이라고 한다.

대표 메뉴를 NFT 토큰으로 발행서 고객참여를 유도한 맥도널드와 델타코

첫 번째 그림 출처 표기 – 〈자료원〉 https://www.youtube.com/watch?v=0dR3jzHqdFY&t=7s

두 번째 그림 출처 표기 – 〈자료원〉 TVCC뉴스, 2021.3.9. https://www.tvcc.kr/article/view/9581

FD1 국내 장수 브랜드를 찾아내고 이 브랜드를 관리하는 기업의 브랜드 관리방안을 정리해 보자.

FD2 무형자산이 시장가치와 기업가치의 비중에 대해 토론해 보자 .

FD3 자신이 좋아하는 브랜드와 경쟁 브랜드를 정한 후 데이비드 아커의 브랜드 자산 모델을 이용하여 분석해 보자.

FD4 자신이 좋아하는 브랜드와 경쟁 브랜드를 정한 후 겔러의 CBBE 모델을 이용하여 분석해보자.

FD5 국내 자산시장의 상위기업의 기업브랜드와 개별브랜드의 자산에 대해 비교정리해보고 이러한 결과가 브랜드 관리에 미치는 시사점을 찾아보자.

FD6 브랜드 가치평가를 할 때 마케팅적 관점의 모델이 무엇인지 토론해보자.

FD7 NFT가 가져올 브랜드 가치 변화에 대해 토론해보자.

CHAPTER

9

브랜드
확장전략

LEARNING OBJECTIVES

- [ ] **LO1** 브랜드 확장의 정의, 필요성, 및 유형에 대해 학습할 수 있다.

- [ ] **LO2** 신제품과 브랜드 확장 간의 전략적 관점의 관계 및 장점들을 이해할 수 있다.

- [ ] **LO3** 브랜드 확장전략의 장점과 단점을 파악하고 중요 이슈 및 가이드라인을 이해하고 활용할 수 있다.

- [ ] **LO4** 브랜드 상향 수직확장과 하향 수직확장의 기회요소와 위험요소를 이해하고 전략적 대안들을 작성할 수 있다.

- [ ] **LO5** 전략적 브랜드 확장전략에 대한 이해를 통해 브랜드 확장전략의 수립 및 실행 능력 배양할 수 있다.

69살 '곰표'의 여우 같은 아이디어

대한제분, 리브랜딩 통한 '인텔 인사이드'식 전략 펼쳐
맥주 · 패딩 · 팝콘 등 뉴트로 콘셉트의 콜라보 제품 '완판' 행진

곰표 맥주가 편의점 맥주 시장에서
5월 말 기준 월 매출 1위에 올랐다.

대한제분은 지난 60여 년간 밀가루만 만들어온 제분 기업이다. 제과 · 제빵 기업이나 베이커리, 혹은 밀가루를 이용한 면류를 취급하는 식당들을 대상으로 기업 간 거래(B2B, Business to Business)를 주로 해오던 기업이다 보니 소비자를 대상으로 한 브랜딩은 주된 관심의 영역이 아니었다. 한때 대한민국 밀가루의 대명사처럼 여겨졌던 대한제분이 위기의식을 갖게 된 것은 내부에 브랜드마케팅을 전담하는 팀을 만들면서부터다. '곰표밀가루'의 브랜드 인지도 조사를 해본 결과, 미래의 주 고객인 20~30대의 인지도는 충격적이었다. 환갑을 넘어 칠순을 바라보는 이 브랜드는 20~30대 소비자 5명 중 1명 정도에만 기억되고 있다는 것을 알게 된 것이다.

캐릭터 무단 사용한 회사에 협업 제안

젊은 세대에 대한 '곰표' 브랜드의 인지도와 이미지를 개선시켜야 한다는 고민의 나날 속에 기회는 우연처럼 찾아 왔다. 2018년 어느 날, 한 직원이 곰표 상표와 더불어 대한제분의 캐릭터인 백곰 캐릭터를 무단으로 사용해 패딩을 파는 4XR이라는 회사를 발견한다. 상표권의 무단도용으로 받아들이기에는 그 아이디어가 너무 신선했기에 곰표의 이

미지를 새롭게 할 기회로 여기고, 이 회사와 건설적인 브랜드 '콜라보레이션(협업)'을 제안한다. 약간의 브랜드 로얄티를 받고 곰표 굿즈 제품을 적극적으로 판매하되 브랜드의 이미지와 본질을 훼손하지 않고, 브랜드 인지와 호감을 강화하는 것을 기본 원칙으로 했다.

맥시멀리즘의 레트로 감성을 품은 패딩은 MZ세대의 '인싸템'이 되었고, 이어진 곰표 티셔츠도 없어서 못 파는 옷이 되었다. 곰표의 본격적인 소비자 타깃 마케팅은 CGV와 협업으로 진행한 '왕곰표 팝콘'이었다. 20kg짜리 대형 곰표 밀가루 포대에 밀가루가 아닌 팝콘을 잔뜩 담아 5,000원에 판매했다. 초유의 사이즈로 팝콘을 팔자 SNS를 타고 소문이 나며 새벽부터 '곰표 팝콘'을 사기 위해 CGV에 줄을 서는 대소동이 벌어지기도 했다. 자신감이 더해지자 곰표는 순백의 하얀 밀가루와 어울리는 파운데이션을 만들어 보기로 했다. 천연원료 화장품을 만드는 젊은 브랜드 '스와니코코'를 만나 '곰표 밀가루쿠션'이라는 제품을 출시하여 업계에 신선한 바람을 일으켰다.

곰표는 희고, 부드러운 밀가루 이미지를 해치지 않는
브랜드와 협업해 다양한 굿즈를 출시했다.

MZ세대, 곰표 굿즈 브랜딩에 열광

수제 맥주 전문회사인 '세븐 브로이'가 생산하
고 편의점 CU가 유통을 담당한 '곰표 맥주'는 밀가
루 회사가 밀맥주를 만드는 것은 자연스러운 접근
이었다. 수수하지만 거부감 없는 캐릭터와 지금까
지 세련된 서구식 발음의 맥주와는 전혀 다른, 'OO
표'라는 복고풍의 브랜드 표기에서 나오는 뉴트로
감성에 수제 맥주의 품질에 대중적이면서 은은한
과일향이 나는 맛으로 승부를 걸었다. 곰표 밀맥주
의 연령대별 매출을 보면 20대(43%)와 30대(44.4%)가
전체의 87%로, 가장 큰 비중을 차지한다. 지난해 5
월 곰표 맥주가 출시되자마자 1차 생산물량 5만 개
가 3일 만에 동이 났다. 수제 맥주에 대한 위탁생산
규제가 풀리자 롯데 칠성에 생산을 의뢰하면서 대
량 판매의 길이 열렸다. 마침내 금년 5월에는 편의
점 맥주시장에서 국내 3대 맥주 제조사를 누르는
이변을 만들어 낸 것이다.

곰표의 콜라보를 통한 굿즈 브랜딩을 다시 보게
되는 것은 보통의 굿즈 마케팅과는 달리 일회적 성
공이 아니라는 데 있다. 2018년부터 시작된 곰표의
굿즈 브랜딩은 출시될 때 마다 반전으로 화제를 모
으며 완판 행진을 이어가고 있다. 곰표의 전략적 브
랜딩이 비록 주력 제품인 밀가루에 대한 소비자 인
지와 이미지를 끌어 올리기 위한 전략적 선택이었
지만 그들의 흔들리지 않는 브랜딩 원칙은 매출이

목적이 아니라 브랜드의 인지도와 선호도를 높여
주력 제품인 밀가루의 브랜드 풀링(fulling)을 만드는
것이라는 점을 분명히 했다. 자연스럽게 콜라보의
원칙을 브랜드 아이덴티티 즉, '자기다움'을 강화시
킬 수 있는 제품으로 한정시켰다.

'밀가루 회사' 이미지에 걸맞는 브랜드만 OK

우선 곰표의 캐릭터와 잘 어울려야 한다는 것이
다. 당연하지만 곰표의 친근하면서도 재미있는 이
미지에 해를 줄 수 있는 콜라보레이션 브랜드는 사
절한다는 의미다. 두 번째, 밀가루 제품의 하얗고,
부드럽고, 무해한 이미지를 해치지 말아야 할 것이
다. 곰표 밀가루의 자기다움을 형성하는 요소 중 가
장 중요한 형용사 표현이 어색하지 않은 제품이어
야 한다는 것이다. 세 번째, 재미요소(fun)가 있어야
할 것. MZ세대에게 SNS에서 입소문을 만들 수 있
는 가장 중요한 요소이다. 마지막으로 전략 타겟인
MZ세대에 소구할 수 있어야 할 것을 원칙으로 젊
은 브랜드와 협업을 진행했다.

(중략)

최근 곰표는 본업인 밀가루와 관련된 제품을 콜
라보가 아닌, OEM(주문자상표부착 생산)으로 제품을
생산·판매하기로 결정했다. 곰표 캐릭터 '곰표'의
모양으로 만든 치킨너겟을 곰표가 직접 판매하기에
나선 것이다. 한편 곰표 로고 서체를 이용한 무료
폰트를 만들어 MZ세대들에게 나누어 주고 있다. 이
런 곰표의 리브랜딩을 통한 브랜드 확장을 의미있
게 바라보는 이유는 밀가루라는 원료를 만드는 회
사에서 치킨너겟이라는 완제품을 고객의 식탁에 올
리는 기업으로 변신했기 때문만은 아니다. 순백의
희고, 부드럽고, 깨끗한 자기다움에 뉴트로 감성을
더해 특유의 '곰표 문화'를 만드는, 더 큰 시도의 출
발로 보이기 때문이다.

〈자료원〉 이코노미스트, 2021.6.12.

본 장은 브랜드 확장전략의 정의, 필요성, 유형을 기본적으로 학습하고, 브랜드 확장 시, 기회요소와 위협요소를 학습하여 브랜드 확장 전략의 이해와 적용 능력을 학습한다. 신제품과 브랜드 확장 간의 전략적 관계와 이점들을 이해하고, 기존 브랜드의 상향 수직확장과 하향 수직확장의 기회요소와 위험요소를 이해하여, 성공적인 브랜드 전략을 수립하고 실행 능력을 배양하도록 한다.

Section 01 브랜드 확장전략

1. 브랜드 확장의 정의 및 필요성

브랜드 확장(brand extension) 이란 신제품 출시 시 기존에 잘 알려진 브랜드명을 사용하는 것을 말한다. 기존의 높은 소비자 인지도를 기반하기 때문에 마케팅 비용을 절감하면서 마케팅의 효율을 높일 수 있는 브랜드 전략 중에 하나로서, 브랜드 스트레칭(brand stretching)이라고도 불린다. 브랜드 확장은 기존 브랜드에 관해 축적된 소비자들의 지식체계를 신제품 마케팅에 활용하여 신제품 출시 시 투입되어야 하는 대규모의 자금에 대한 기업의 부담을 최소화하고 시장 개척 및 시장 성장을 이룰 수 있는 마케팅 전략으로 많은 기업에서 적극적으로 진행되고 있다.

일반적으로 마케팅 담당자들은 신제품의 성공률이 10~20% 정도로 낮게 평가하고 있다. 신규 브랜드의 성공은 약 5% 정도로 보는 더 회의적인 시각들도 많다. 일반적으로 신제품의 높은 위험을 회피하기 위해서 브랜드 확장전략은 많은 산업과 제품군에 적용되고 있다. 실제, 미국시장의 경우, 신제품 출시 시 첫 번째 해에 7.5백만 불 이상의 매출을 기록한 식음료 관련 신제품들의 93%가 브랜드 확장일 정도로 브랜드 확장은 매우 빈번히 이루어지고 있다.

2. 브랜드 확장전략의 유형

브랜드 확장은 일반적으로 라인 확장유형이나 카테고리 확장유형으로 일반적으로 이루어진다. 〈표 9-1〉 제품 매트릭스에 의한 전략적 브랜드 관리의 방향설정에서 보듯이, 브랜드 매니저는 라인 확장을 할지, 카테고리 확장을 할지에 대한 전략적 브랜드 관리의 방향에 관한 의사결정을 해야 한다.

표 9-1 제품 매트릭스에 의한 전략적 브랜드 관리의 방향설정: LG전자 예시

2) 세로 방향 (line extension)	1) 가로 방향 (category extension) ⟹				
제품라인	제품카테고리	제품카테고리 1 (냉장고)	제품카테고리 2 (세탁기)	제품카테고리 3 (청소기)	제품카테고리 4 (뷰티케어)
	제품라인 1	양문형냉장고	통돌이세탁기	유선청소기	
	제품라인 2	김치냉장고	드럼세탁기	무선청소기	
	제품라인 3	와인셀러	스타일러	로봇청소기	
	제품라인 4		건조기	스팀청소기	

1) 가로 방향 / 카테고리 확장 (Category Extension)

한 제품군에서 성공한 브랜드명을 그대로 유지하면서 다른 제품군으로 브랜드를 확장할 것인가?, 아니면 새로운 브랜드(new brand)를 런칭할 것인가?

카테고리 확장은 기존 브랜드가 소속된 제품 카테고리 내에서 또는 다른 새로운 제품 카테고리에서 새로운 브랜드를 소개하는 것으로, 기술이나 고객을 기반으로 한 관련성 확장과 완전히 새로운 신시장으로 진출하는 비관련성 확장이 있다. 그 사례로는 SNS 메신저 서비스 카카오톡 → 카카오택시(택시콜서비스), 카카오맵(길안내서비스), Arm & Hammer(암앤해머)의 베이킹소다 → 베이킹소다 치약 등이 있다.

2) 세로 방향 / 라인 확장 (Line Extension)

한 제품군 내 1개의 브랜드를 유지할 것인가?(line extension), 아니면 다수의 브랜드를 출시하여 타겟 세그먼트별로 다수 브랜드를 운영할 것인가?(multi-brands)

모 브랜드가 포함된 기존의 제품군 내에서 새로운 타겟을 겨냥하든가, 새로운 혜택을 제공하는 신제품 출시될 때 모 브랜드명을 확장하여 사용하는 경우이다. 일반적으로 제품의 맛, 성분, 크기, 형태 등의 제품속성을 다르게 하든가 브랜드가 제공하는 편익을 다르게 제공하여 동일시장 혹은 상이한 시장을 목표로 하는 경우이다. 이러한 라인 확장은 크게 수직적 확장(vertical extension)과 수평적 확장(horizontal extension)으로 분류된다. 수직적 확장은 같은 제품 카테고리에서 상이한 타겟시장을 대상으로 가격이나 품질이 다른 유사 브랜드를 출시하는 것인데, 수직적 확장은 상향 확장(upward extension)과 하향 확장(downward extension)으로 세분화할 수 있다. 상향확장의 사례로는 신라면→신라면 블랙, 쇠고기 다시다→쇠고기 골드, 폴로→랄프로렌 폴로 등이 있다. 하향확장의 사례로는 알마니→알마니 익스체인지, 놀부보쌈→놀부부대찌개, Hugo Boss→Boss, 갤럭시S→갤럭시A 등이 있다. 반면, 수평적 확장은

유사한 제품 카테고리나 같은 제품 카테고리에서 완전히 새로운 제품 카테고리에 현재의 브랜드 네임을 적용하는 것으로, 빈폴→빈폴 레이디스, 빈폴키즈, 빈폴골프, 갤럭시S10→갤럭시S20, 아이보리 비누→아이보리 샴푸 등이 사례이다.

3. 신제품 출시와 브랜드 확장전략

1) Ansoff 성장 매트릭스를 통한 신제품과 브랜드 확장

신제품 출시할 때 기존의 브랜드 중에 선택하던가 새로운 브랜드 런칭의 선택은 브랜드 확장전략의 중요한 화두이다. 일반적으로 신제품과 관련하여 성장 전략 및 브랜드 전략 방향성을 Ansoff의 성장 매트릭스(Ansoff's Product/Market Expansion Grid 혹은 Ansoff's Growth Matrix로 불리기도 한다) 관점에서 많이 논의된다. Ansoff의 성장 매트릭스를 제품(기존 제품 vs 새 제품) × 시장(기존 시장 vs 신 시장)으로 구성되어 네 가지의 중요 전략들을 설명해주는 틀이다. 〈그림 9-1〉에서 보여주듯이, Ansoff 성장 매트릭스는 기존 제품을 가지고 기존 시장을 집중적으로 공략하여 침투하는 시장침투전략(market penetration strategy), 신제품 개발을 통해 기존 시장을 공략하는 신제품 개발 전략(product development strategy), 기존 제품을 가지고 새로운 시장을 공략하는 신시장 개발 전략(market development strategy), 그리고 마지막으로 신제품 개발과 동시에 신시장을 공략하는 다각화 전략(diversification strategy)을 카테고리화하여 설명하고 있다.

그림 9-1 Ansoff 성장 매트릭스

Products / Markets	Current Products	New Products
Current Markets	**시장 침투 전략** Market Penetration Strategy	**신시장 개발 전략** Market Development Strategy
New Markets	**신제품 개발 전략** Product Development Strategy	**다각화 전략** Diversification Strategy

Ansoff의 성장 매트릭스 상의 신제품 개발 전략(NPD: New Product Development)은 기존 시장(고객)을 공략하기 위해서 신제품을 개발하는 것으로 해당 전략 수행 시, 브랜드 관리자는 다음과 같은 중요한 전략적 의사결정에 놓이게 된다.

(1) 기존의 기업이 운영 중인 브랜드들 중에서 브랜드를 선택하여 해당 신제품에 적용할 것인가?

(2) 기존의 기업이 운영 중인 브랜드들 중에서 브랜드에서 확장한 서브 브랜드를 개발하여 출시할 것인가?

(3) 신제품을 위한 새로운 브랜드를 개발하여 출시할 것인가?

즉, 기본 브랜드를 활용할지, 기존 브랜드의 확장전략으로 서브 브랜드를 개발하여 적용할지, 신규 브랜드를 개발할지에 대한 의사결정이다. 이를 위해, 해당 기업의 브랜드 전략이나 재무적 상황 등의 기업의 내부적 상황과 경쟁사의 브랜드 전략이나 거시적 시장 환경 등의 기업의 외부적 상황들에 관한 종합적 검토가 필요하다.

신시장 개발 전략은 기존의 제품으로 신시장을 공략하는 경우로서, 일반적으로 새로운 브랜드 개발과 관련한 의사결정이 필요하지 않다. 하지만, 상황에 따라 공략하고자 하는 새로운 해외 시장을 공략할 경우, 사회적, 문화적 차원 및 시장 경쟁상황이 달라서 기존의 브랜드의 CI 메인컬러나 서브컬러, 브랜드 슬로건 등의 브랜드 요소들을 일부 변경해야 하는 경우도 종종 있다. 다각화 전략은 새로운 제품으로 새로운 시장을 공략하는 전략으로써, 앞서 설명한 신제품 개발전략과 신시장 개발전략에서 고려해야 사안들을 종합적으로 검토해야 한다.

2) 신제품 수용과 수요 관련 이론

신제품의 수요와 확산을 설명하는 이론인 Rogers의 신제품수용모델은 수용도에 따라 소비자를 5단계로 구분한다. 〈그림 9-2〉에서 보듯이, 1단계 혁신수용자(innovators)는 신제품 도입 초기에 가장 먼저 수용하는 모험적 성향에 위험을 기꺼이 감수하는 소비자로서 전체 소비자의 약 2.5%에 해당한다. 2단계 조기수용자(early adopters)는 신제품을 수용하고 적극적으로 제품 정보나 본인의 의견들을 타인들에게 적극적으로 전파하는 의견 선도자(opinion leader)의 역할을 한다. 이들의 반응과 평가는 신제품 성공에 큰 영향을 미치는데 약 13.5% 정도를 차지한다. 3단계 조기 다수자(early majority)는 조기수용자 다음으로 신제품을 수용하는 소비자로서 조기수용자의 신제품에 대한 반응과 평가를 참조하여 신중하게 해당 신제품을 수용한다. 전체 소비자의 약 34%에 해당한다. 4단계 후기다수자(late majority)는 신제품이 충분히 검증된 다음에 신제품을 수용하는 의심이 다소 많은 소비자로서 약 34%에 해당한다. 마지막 5단계 최후

수용자(laggards)는 신제품의 수용을 가장 나중에 하는 소비자로서 변화를 거부하고 전통에 집착하는 성향을 가지며 약 16%에 해당한다.

3단계에서 조기수용자의 좋은 반응에도 불구하고 조기다수자의 수용에 실패하는 경우가 발행하는데 이러한 현상을 캐즘(chasm)이라고 하고 혁신제품일수록 많이 발생한다. 조기수용자에서 조기수용자로 넘어가는 과정에서 소비자 수용의 불연속 현상인 안장현상이 발생한다. 안장현상(saddle effect)이란 신제품 출시 후 급격한 수요 증가기를 경험한 후 수요 감퇴기를 경험하고 이러한 감퇴 기간이 지속하다가 원래 수요만큼 회복되는 현상을 말한다(그림 9-3 참조).

3단계에서 다음과 같은 위험이 있다.
(1) Moore의 캐즘(Chasm)이론이 설명하듯이 신제품이 확산되는데 조기 수용자와 후기 수용자 간의 특성의 차이가 존재하여 수용의 불연속성이 존재한다.
(2) 거시경제의 경기순환의 영향으로 불경기일시, 실질 수입이 감소하고 소비 심리 위축이 이루어지면 기업들도 자연스럽게 마케팅비용을 줄임에 따라 성장기의 진입한 신제품일지라도 그 수요가 감소되는 안장현상이 발생한다.
(3) 지속적인 기술발전으로 인한 신제품이 계속 출시됨에 따라 소비자들의 불확실성 지각이 높아지고, 그 결과, 구매지연이 일어난다.

기업은 신제품 출시 후 확산이 급속히 이루어져서 수요 증대를 기대하나, 소비자들의 수용(adoption)의 대한 거부 현상이 이루어지고 그중 일부가 주류시장으로 편입됨을 보여주는 것이다. 따라서 브랜드매니저는 이러한 신제품의 수용과 수요에 대한 충분한 분석과 예측이 필요하다. 신제품의 수용과 수요 과정에서 일어나는 수용자의 특징이나 안장현상과 같은 현상들을 고려하여 중장기적 차원에서의 신제품을 위한 브랜드 전략 수립이 요구된다. 또한 이러한 신제품 수용의 역동성을 고려하여 수립된 브랜드 전략의 구현을 위해 구체적이고 사전적인 브랜드 커뮤니케이션 계획을 수립해야 한다.

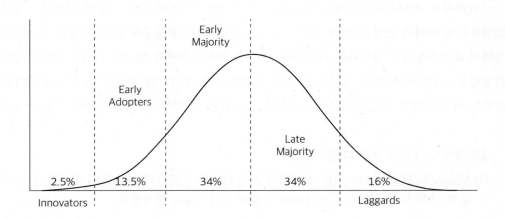

그림 9-2 신제품수용모델

Early
Majority

Early
Adopters

Late
Majority

2.5%   13.5%   34%   34%   16%
Innovators   Laggards

그림 9-3 신제품 수요의 안장 현상

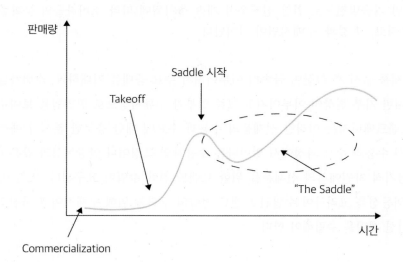

판매량

Saddle 시작

Takeoff

"The Saddle"

Commercialization

시간

저세상 매운맛으로 세계적 브랜드가 되다

2012년 4월 출시한 '불닭볶음면'은 극강의 매운맛으로 소비자에게 큰 충격을 준 제품으로 땀 흘리며 힘들게 먹어도 또 찾게 되며 마니아층을 형성해갔습니다. 불닭은 해외에서도 많은 인기를 받고 있는데요. 유튜버 〈영국남자〉가 '불닭볶음면 도전'이라는 영상을 올리며 처음 주목을 받았고, 이후 다양한 유튜버들이 '불닭볶음면 도전(Fire Noodle Challenge)'이라는 영상을 올리며 전 세계인에게 '불닭'이 알려졌습니다. 매운맛이 익숙하지 않은 외국인에게는 불닭이 도전정신을 일으키는 음식이 된 모습인데요. 2012년 1억 원에 못 미쳤던 수출은 매년 세 자릿수 정장률을 기록했고 2017년부터는 수출이 내수 판매를 앞질렀습니다. 삼양은 전 세계시장에서 20억 개를 판매하고, 1조 2,000억 원의 누적 매출을 기록했다고 밝혀졌죠.

소비자들은 불닭볶음면의 매운맛을 중화하기 위해 스트링 치즈, 참치마요 삼각김밥, 짜파게티 등을 활용한 레시피 조합을 공유했습니다. 이러한 소비자 트렌드에 귀 기울여 '치즈불닭볶음면', '까르보불닭볶음면' '불닭볶음탕면' 등의 제품을 만들어냈습니다. 매운 것을 먹지 못하지만 먹고 싶어 하는 이들에게도 제품을 경험할 수 있게 하여 소비자층을 확대한 것인데요. 불닭볶음면은 캐릭터인 '호치'를 이용해 각 제품들이 '불닭'브랜드로 인식되도록 하여 성장세를 탔습니다. 불닭은 라면류만 늘려간 것이 아닌 떡볶이, 쫄면, 훈제란, 소시지, 아몬드 등의 다양한 식품군에도 '불닭'을 적용하며 확장해갔는데요. 앞으로도 불닭은 범위를 점차 확장하여 다양한 소비자층에게 즐거운 경험을 선사할 예정이라고 합니다.

"불닭볶음면은 단순히 '원 아이템'이 아니라 한국식 매운맛이라는 카테고리를 선점한 K-Food의 리더로 성장했습니다. 매년 5억 개 이상이 판매되면서 스테디셀러로 확고한 위치에 올라섰다고 생각해요. 불닭이 한국을 넘어 글로벌 장수 브랜드로 자리매김할 수 있도록 계속해서 성장의 기회를 만들어 가겠습니다." (삼양식품 관계자 인터뷰)

〈자료원〉 라인 및 카테고리 확장으로 브랜드를 키워가는 방법, 아보카도 브랜드 뉴스, 2020.5.22.

4. 브랜드 확장전략의 장점

신제품 출시와 함께 이루어지는 브랜드 확장은 〈표 9-2〉에서 보여주듯이 신제품 관점, 모 브랜드 관점, 기업 관점에서 많은 장점을 가지고 있다.

표 9-2	브랜드 확장전략의 장점
신제품 관점에서 장점	① 확장 브랜드의 인지도 제고가 용이함 ② 모 브랜드의 보증 효과로 확장브랜드의 지각 위험을 감소시키고 긍정적 이미지를 형성시킴 ③ 신규 브랜드의 의미 전달이 용이함
기업 관점에서 장점	① 신제품 촉진 비용의 효율성을 증가시킴 ② 신제품에 대한 유통과 고객의 신제품 수용 가능성을 높임 ③ 신제품 고입에 따른 신규 브랜드 개발의 비용 및 마케팅 프로그램의 비용을 절감시킴 ④ 소매기업의 경우, 유통업체 PB 브랜드 확장은 배타적 MD 구성하여 차별화를 구현하고, 수익을 증대함
모 브랜드 관점에서 장점	① 모 브랜드 의미의 명료화 및 재활성화가 가능함 ② 모 브랜드 이미지를 강화 및 확장시킴 ③ 모 브랜드 입장에서 신규 고객 창출 및 시장 커버리지를 증대시킴 ④ 연속적인 브랜드 확장을 가능하게 함

〈자료원〉 이명식, 양석준, 최은정(2018), "전략적 브랜드마케팅," 일부 수정

1) 신제품 관점에서 브랜드 확장의 장점

(1) 신규 브랜드는 모 브랜드의 연상의 이미지가 서브 브랜드에게 자연스럽게 전이되고 투영되기 때문에 인지도 제고가 쉽다. 소비자가 새로운 브랜드를 회상할 수 있게까지 만들기 위해서는 수차례의 브랜드 경험이 필요하다. 그러나 인지도가 높은 모 브랜드에서 확장된 서브 브랜드는 상대적으로 적은 노출로도 쉽게 인지도를 높일 수 있기 때문이다.

(2) 잘 알려진 선호 브랜드는 브랜드의 성능에 대한 구체적인 소비자 기대가 형성되어 있다. 소비자들은 신제품에 대한 구성과 성능에 대해서 모 브랜드와 유사한 추론과 기대하기 때문에 확장 브랜드의 제품에 대한 관련 정보를 이미 잘 안다고 생각한다. 모 브랜드의 신뢰가 서브 브랜드에 보증하여 신제품에 대한 위험지각을 감소시키고 긍정적인 이미지를 형성하게 한다.

(3) 신규 브랜드의 의미를 전달하기 쉽다. Roedder and Loken은 제품 카테고리와 적합도가 높은 브랜드 확장하는 경우, 소비자가 가지고 있는 모 브랜드에 대한 긍정적인 감정이 신규 브랜드로 쉽게 전이된다고 하였다.

2) 기업 관점에서 브랜드 확장의 장점

(1) 일반적으로 브랜드 마케팅캠페인은 초기에는 브랜드 이미지 제고 중점으로 진행하다가 어느 수준 목표로 한 인지도를 확보하면, 그 다음 단계로 제품 중심의 마케팅 캠페인을 전개한다. 브랜드 확장은 이러한 인지도 제고를 위한 초기 마케팅캠페인을 건너뛰고 다음 단계인 신제품 자체에만 중점을 두어 마케팅 캠페인을 전개할 수 있다. Smith는 평균 매출 대비 광고비 비율이 신규 브랜드는 19%나, 확장 브랜드는 10%밖에 안 된다고 보고했다. 극명한 마케팅 비용의 절감 효과가 있음을 알 수 있다.

(2) 모 브랜드의 거래하는 유통망을 활용하기 용이하다. 신규 유통을 확보할 때에도 모 브랜드의 기존 유통실적을 기반으로 마켓 반응의 예측이 가능하기 때문에 해당 신규 유통을 설득하기 쉽다. 또한, 마켓 내 인기 좋은 모 브랜드에 확장 브랜드를 끼어 파는 유통하는 실무 관행이 있어서 유통 점유율을 단기간 내 올릴 수 있는 장점이 있다.

(3) 브랜드 확장은 유통 측면과 소비자 측면 모두에 있어서 마케팅 효율성이 높아지기 때문에 신제품 도입에 따른 신규 브랜드 개발 비용과 마케팅 프로그램 비용 모두 절감시킨다. 이러한 브랜드 확장과 관련한 푸쉬전략(push strategy)과 풀전략(pull strategy)의 병행 이익은 미국 슈퍼마켓에서도 수치로 나타났다. 신제품을 국가 전역의 수퍼마켓에서 출시할 경우, 브랜드 확장 형태로 런칭하면 런칭 마케팅 비용의 40~80%를 절감할 수 있고 이는 금액으로 따지면 약 30~50만 달러의 절감 효과가 있다고 보고된 바가 있다.

(4) 소매기업의 경우 유통업체 PB 브랜드 출시는 경쟁 유통 대비 배타적 MD(exclusive MD) 구성할 수 있어서 차별화 구현을 통해 궁극적으로 수익을 증대할 수 있다. 소매업들은 소매브랜드의 인지도를 기반으로 기업브랜드를 확장하여 유통 자사브랜드 출시하는데 이를 PB(private brand) 혹은 PL(private labeled-brand)이라고도 한다. 확장된 PB를 통해 배타적 MD 구성이 가능하고 이를 통해 타 경쟁 소매 유통과의 차별화를 구현하고 높은 수익률도 확보할 수 있는 장점 때문이다. 소매업체 진열대에서의 제품 점유율이 시장 점유율(market share)로 바로 반영된다. 이에 유통 브랜드의 다양한 제품 브랜드로의 확장은 진열대 점유 전쟁으로 더욱 가속화될 것으로 보인다.

3) 모 브랜드 관점에서 브랜드 확장의 장점

(1) 브랜드 확장의 성공은 모 브랜드의 의미의 명료하게 해준다. 예컨대, SK 에센스 마스크 팩의 성공으로 SK 에센스 기능성 화장품도 성공적으로 출시할 수 있었다. 신규 제품들이 출시를 통해 CI인 SK의 고기능성 브랜드의 의미를 더욱 명료화할 수 있었다. 이러한 성공적인 브랜드 확장은 종종 모 브랜드를 재활성화시키기까지도 한다.

(2) 브랜드 확장의 성공은 기존 소비자들의 연상을 강화하든가 새로운 연상 이미지가 추가되게 하여 기존의 모 브랜드 이미지가 강화하고 확장되는 이점이 있다. 예컨대, NIKE는 런닝화에서 다른 전문 운동화나 의류 및 운동기구 제품 카테고리 브랜드를 확장하면서 모 브랜드인 NIKE에 '최고의 성과,' '스포츠'라는 핵심연상이 형성되었다.

(3) 브랜드 확장은 모 브랜드의 신규고객 창출하고 시장 커버리지를 확대한다. 예컨대, '갤럭시S'는 프리미엄 스마트폰으로 성공적인 브랜드 포지셔닝을 가지고 있다. 최근 성장이 둔화한 최근 핸드폰 시장 상황을 대응하기 위해 신규고객을 창출하여 시장 커버리지를 확대하기 위해 보급형 브랜드 '갤럭시A'를 런칭하였다.

(4) 브랜드 확장의 성공은 모 브랜드의 연속적인 브랜드 확장이 가능하게 한다. 브랜드 확장의 성공이 후속 브랜드 확장 기회의 초석이 되어 시장 내 성공확률을 높여 주는 것이다. 브랜드 확장에 성공한 모 브랜드는 더욱 강력한 브랜드 자산을 갖게 되면서 이후 동종 산업 내의 브랜드 확장을 가능하게 할 뿐만 아니라, 비관련 이종 산업으로의 확장의 가능성도 높여 준다.

'유통맞수' 롯데 Vs 신세계…대형마트 유통업체 브랜드 자존심 대결

이마트 PB '피코크' 프리미엄 간편식 최강자 선언, "맛집 협업 넘어 반찬과 디저트류까지 사업확대"
롯데마트 PB '요리하다' 리론칭 공격 마케팅, "단독 특화매장에 한식 등 맛과 품질로 승부"

롯데마트 자체브랜드 '요리하다' 단독 특화매장

'유통 맞수' 롯데와 신세계가 새해 벽두부터 대형마트 자체 브랜드(PB) 간편식 시장에서 한판 붙는다. 고물가 고금리에 서민경제가 팍팍해진 데다 코로나 팬데믹으로 외식 대신 집에서 한끼를 해결하는 트렌드가 확산되자 이마트 PB '피코크'와 롯데마트 '요리하다'가 전면전을 선포하고 나선 것이다.

16일 업계에 따르면 MZ세대(1980년대~2000년대 초 출생)를 중심으로 간편식이 큰 인기를 끌면서 두 기업이 유통 대표주자답게 고객 신뢰를 바탕으로 한식과 중식, 양식을 넘어 반찬과 디저트까지 사업영역을 넓히는 등 PB 메뉴를 차별화·고급화하고 있다.

대형마트 유통업체 브랜드의 절대 강자는 이마트 '피코크'다. 2013년 첫선을 보인 피코크는 지난해 사상 최고 매출인 4,200억 원을 기록하는 등 10년 만에 10배 가까운 성장세를 기록했다. 2020년에는 전년 대비 40%, 2021년에는 27% 판매량이 증가하는 등 코로나 19사태를 계기로 눈에 띄는 성적을 올렸다. 피코크의 인기 비결은 맛집과의 협업에 있다. 시중에 판매되는 피코크 간편식은 냉장부터 냉동 제품까지 770여 개. 메가히트 상품에 오른 '피코크 초마짬뽕'과 '고수의 맛집'이 대표적이다. 최근에는 미쉐린가이드에 수차례 선정된 '일호식 스키야키' '툭툭누들타이 팟타이'를 잇따라 히트시키는 등 맛집 콜라보 인기제품이 70개에 달한다.

이마트 자체브랜드 '피코크' 제품들

이마트는 올해 피코크를 프리미엄 간편식 최강자로 굳히기 위해 반찬과 디저트류까지 사업영역을 확대한다는 방침이다. 최근 식재료는 물론 밀가루·우유 가격 급등으로 명란젓, 진미채볶음, 콩자반 등과 생크림 케이크 등 합리적인 가격대의 피코크 제품을 많이 찾고 있어서다. 실제 지난해 12월에만 피코크 생크림 카스텔라 등 디저트 판매량은 전년 동월 대비 25%, 반찬류는 8%

늘었다. 볶음밥과 탕류 등 냉동 간편식도 강화한다. 고물가에 장기간 보관이 가능하고 가격이 저렴해 냉장제품 보다 판매량이 2배 이상 증가하고 있어서다. 이마트 관계자는 "올 1월 황태 해장국·

안동식 찜닭을 시작으로 연말까지 매달 최소 5~6종의 신상품을 선보일 계획"이라며 "기존 인기 상품은 재단장하고 춘천식 막국수 같은 이색 메뉴를 소개하는 등 올해 150여 개 신제품을 내놓을 예정"이라고 말했다.

롯데마트 유통업체 브랜드 '요리하다'는 이마트의 아성을 무너뜨리기 위해 공격적인 마케팅에 나서고 있다. 2개월 전 '요리하다' 재발매와 함께 내놓은 치킨 등 중식요리(6,990원)가 순식간에 5만 개 이상 팔려나가자 자신감을 얻었기 때문이다. 요리하다의 돌풍은 '집에서 즐기는 셰프의 레시피'를 슬로건으로 맛과 품질을 업그레이드하고 진열방식과 상품 디자인을 전면 개편한 데서 비롯됐다. 타사 간편식과 섞여 있던 요리하다를 단독으로 냉장 · 냉동고에 진열하고 특화존을 구성하는 등 가시성을 높인 점이 주효했다. 진열공간은 20% 가량 확장하고 브랜드 전용 패키지 디자인을 새롭게 적용하는 등 시각적 효과를 극대화했다.

롯데중앙연구소와 함께 제품 안전성에 주안점을 둔 것도 통했다. 연구소 자체 품질검사, 식품 안전 전문업체를 통한 위생 진단 · 검사, HACCP(식품안전관리인증)까지 3단계 검증을 거쳐 건강한 식재료로 저렴하게 상차림을 할 수 있다는 고객 평가를 받았다.

롯데마트는 중식에 이어 올해는 찌개와 전골류 등 한식요리 개발에 집중한다는 계획이다. 당장 올해 1분기에 농가맛집 · 대한곱창과 협업해 한식 일품요리를 3종 이상 선보인다. 롯데마트 관계자는 "식용유, 통조림, 간편식 등 350여 개 품목을 대폭 개편해 간편식과 델리 상품에 집중할 계획"이라면서 "지난해에 이어 올 상반기까지 100여 개 제품을 새로운 패키지로 리뉴얼하는 등 유통 강자로 거듭나겠다"고 말했다.

롯데마트 자체브랜드 '요리하다'   이마트 자체브랜드 '피코크'

〈자료원〉 경향신문, 2023.1.16.

5. 브랜드 확장전략의 단점

브랜드 확장은 앞서 논의되었던 다양한 장점들이 있으나 브랜드 확장에 실패하면 얻는 것보다 오히려 잃는 것이 더 많을 수도 있다. 따라서 〈표 9-3〉의 소비자와 유통 관점과 모 브랜드 관점에서 브랜드 확장의 단점을 상세히 살펴보고 브랜드 확장 고려시, 면밀한 검토가 필요하다.

표 9-3	브랜드 확장전략의 단점
소비자와 유통관점에서 단점	① 소비자에게 혼란을 초래하여 의구심을 만듦 ② 소매 유통의 저항에 직면할 수 있음 ③ 신규 제품에 대한 신선감이나 혁신성이 낮게 평가될 수 있음
모 브랜드 관점에서 단점	① 모 브랜드와 확장 브랜드간에 시장 잠식 현상이 일어날 수 있음 ② 브랜드 확장의 실패로 모 브랜드의 이미지를 해칠 수 있음 ③ 모 브랜드의 핵심 브랜드 속성을 희석시킬 수 있음

〈자료원〉 이명식, 양석준, 최은정(2018), "전략적 브랜드마케팅"

1) 소비자와 유통 관점에서의 단점

(1) 지나친 브랜드의 확장과 브랜드 라인의 확장 등은 소비자들에게 혼란을 초래하여 소비자와 유통에게 신제품에 대한 의구심을 높일 수 있다.

(2) 기존의 모 브랜드가 소매유통의 제약점이 있었다면 확장된 브랜드 역시 소매유통의 저항에 직면할 수 있다. 모 브랜드가 소매유통의 제약점이 없더라도 확장된 브랜드와 모 브랜드 간의 차이가 명료하게 전달되지 않을 경우는 소매유통에서 확장된 신규브랜드의 입점이나 매입에 대해 부정적일 수 있다.

(3) 신규 제품임에도 불구하고 브랜드 확장에 의해서 신규제품에 대한 신선감이나 혁신성이 낮게 평가되어 브랜드 확장에 의해 본 신규 제품의 가치를 오히려 낮출 수도 있는 위험이 존재한다.

2) 모 브랜드 관점에서의 단점

(1) 브랜드 확장의 실패로 모 브랜드의 이미지를 해칠 수도 있다. 브랜드 확장의 가장 바람직하지 않은 결과는 확장제품 실패할 뿐만 아니라, 모 브랜드의 이미지에도 타격을 받는 경우이다. (예) 대한민국 장수브랜드의 대명사인 신라면의 프리미엄 브랜드로의 브랜드 확장한 '신라면 블랙', 맥주브랜드 밀러(Miler)의 브랜드 확장전략으로 출시된 서브브랜드들(Miler genuine, Miler lite, Miler reserve, Miler reserve lite 등) 실패사례

(2) 잘못된 브랜드 확장은 모 브랜드를 전체적으로 브랜드 자산의 손실을 초래하는 브랜드 희석(brand dilution)의 문제점이 발생한다. 일반적으로 확장된 브랜드의 제품 카테고리 속성이 모 브랜드의 신념이나 아이덴티티에 일치하지 않는 경우, 모 브랜드의 희석이 일어난다. 브랜드 확장이 그 확장 브랜드 측면에서는 성공한다고 해도, 유사성이 떨어지는 제품 혹은 제품 카테고리로의 확장이라면 브랜드의 사용상황이 다양해짐에 따라 모 브랜드의 특정 카테고리에서의 대표성을 떨어뜨릴 수도 있다. 결과적으로, 모 브랜드가

가지고 있던 독특한 브랜드 의미를 희석시키는 문제가 발생하는 것이다. 또한, 과도한 시장세분화는 각각 확장된 브랜드들의 차이들을 구분하기 어렵게 만든다. 이는 부적절한 시장조사나 고객 욕구 파악의 실패로 인한 것으로 브랜드 확장의 실패가 모 브랜드까지 피해를 주기도 한다. (예) 코카콜라의 New Coke 실패 사례

한편, 동일한 카테고리 안에서 너무 다양한 제품 라인들로 확장한 브랜드는 소비자들에게 과도한 브랜드 관련 정보를 경험하게 하여 구매결정을 미루는 구매지연이 발생하든가 아예 구매를 포기하여 결국 구매를 덜 하는 결과를 초래한다.

(3) 모 브랜드와 확장 브랜드 간에 자기 잠식(cannibalism) 현상이 일어날 수 있다. 자기 잠식은 식인풍습을 뜻하는 "cannibal"이라는 단어에서 유래한 마케팅 용어로서 인종이 자신의 종족을 잡아먹듯이 한 기업에서 새롭게 출시한 제품, 브랜드, 기술 등이 기존에 그 기업에서 판매하고 있던 다른 제품, 브랜드, 기술 등의 영역까지 침범하여 기존의 제품이나 브랜드의 매출과 고객을 빼앗아 가는 것을 뜻한다. 즉, 브랜드 확장 시 시장세분화의 균형에 문제가 생기면서 제살 깎아 먹기 현상이 생기는 것이다. (예) 미국 여성브랜드인 앤 테일러(Ann Taylor)의 서브 브랜드인 로프트(Loft) 실패 사례

BRAND HIGHLIGHT

다양한 브랜드 실패 사례들

농심 신라면 블랙

① **농심의 프리미엄 브랜드 "신라면 블랙" 실패 사례**

농심 프리미엄 브랜드 "신라면 블랙"은 11년 4월에 출시하였다. 신라면의 막강한 브랜드 자산을 기반으로 트레이딩업 전략(trading-up strategy)의 일환으로 서브브랜드를 출시한 것이다. 신라면 블랙은 기존의 신라면 메인 컬러인 빨간색 대신, 신라면 블랙 이미지를 전달하기 위해 블랙을 메인컬러로 패키징하였다. 기존 700원대 신라면 가격에서 두 배 가격에 해당하는 1,500원이라는 고가 가격을 책정하였고 사골 국물에 매운맛을 USP(Unique Selling Point)로 소구하였다. 그러나 출시 이후, 소비자와 언론으로부터 연일 뭇매를 맞았다. 실제 소비자들은 신라면 블랙의 맛과 품질에서 고급성을 지각할 수 없었고, 특히 서민 대표 식품으로서의 라면에 대한 고객 기대 수준과 특수성을 고려하지 않은 채, 기존 신라면

가격의 2배에 해당되는 고가 가격 책정은 단순히 판매 부진뿐만이 아니라, 기존에 고객의 높은 신라면의 신뢰와 선호에 큰 타격을 미쳤다. 또한, 정부의 신라면 블랙에 대한 부정적인 태도는 공정거래위원회 조사로 이어져 '설렁탕 한 그릇의 영양이 그대로 담겨있다'는 신라면 블랙의 광고문구를 과장에 대해 1억 5,000만 원의 과징금을 맞았다. 결국, 신라면 블랙은 '11년 8월쯤에 국내용 생산중단을 선언하고 기존 생산라인은 중국 수출용으로 변경하였다. 이후 신라면 블랙은 '12년 10월, 1년 2개월 만에 다시 국내시장에 복귀해서 주력 상품을 일반 라면에서 컵라면으로 달리하여 신라면 블랙의 국내시장 내 재안착을 모색 중이나, 브랜드 관점 및 기업관점에서 모두 막대한 손실을 입힌 실패 사례이다.

미국 맥주 브랜드 밀러

② 맥주브랜드 밀러의 브랜드확장 실패 사례

확장브랜드가 모 브랜드의 이미지뿐만 아니라 판매에도 영향을 미친 사례로는 미국 맥주 브랜드 밀러(Miler)가 있다. 밀러는 부드러움을 지닌 전통 맥주로서 미국시장에 성공적으로 포지셔닝하였다. 이러한 성공을 기반으로, Miler genuine, Miler lite, Miler reserve, Miler reserve lite 등 브랜드 확장전략하에 다양한 서브브랜드들을 출시하였다. 그러나, 소비자들은 이 밀러의 확장 브랜드들을 인식하지 못하였고 밀러 브랜드를 모방한 아류 브랜드들로 인식하여 기존 밀러의 이미지와 판매까지 악영향을 미친 결과를 낳았다.

③ 코카콜라의 New Coke 실패 사례

1985년 코카콜라는 소비자 블라인드 테스트를 통해 사람들이 펩시의 부드러운 맛을 더 선호한다는 것을 파악하고 New Coke를 출시하였다. 그러나, 시판 결과, 코카콜라의 본사에 항의 전화가 쇄도하고 원래의 코카콜라를 다시 생산해 달라는 소비자의 전화가 빗발쳐서, 원래의 코카콜라는 Coca / Cola Classic이란 이름으로 다시 출시하고 순한 맛의 New Coke를 Coke로 변경하여 출하하는 등 높은 비용의 시행착오를 겪었다. 이후 2000년 초반에 코카콜라는 고객들이 다양한 맛에 대한 욕구를 대응하기 위해 기존 클래식 브랜드에서 코카콜라 레몬, 코카콜라 오렌지, 코카콜라 바닐라 등의 다양한 맛으로 서브브랜딩을 출시했다. 그러나 시장 반응은 매우 차가웠고, 신규 서브브랜드들은 조용히 시장에서 사라졌다. 현재는 Coca Cola Original Taste, Coca Cola Zero Sugar, Coca Cola Light 세 가지 브랜드만 판매하고 있다.

New Coke와 Coca Cola Classic

현재 운영 중인 Coca Cola의 서브브랜드들

④ 미국 여성브랜드인 앤 테일러(Ann Taylor)의 서브 브랜드인 로프트(Loft) 실패 사례

앤 테일러는 세련되고 고상한 여성을 타깃으로 한 반면, 로프트는 타깃이 앤 테일러에 비해 상대적으로 어리고 최신 유행의 캐주얼 중저가 의류를 입길 희망하는 사무실 종사자 여성을 타깃으로 한다. 그러나 실질적 시장 반응은 로프트 연매출이 앤 테일러의 연매출을 뛰어넘고, 모 브랜드인 앤 테일러와 서브 브랜드인 로프트 간의 타깃 구분이 모호해지면서 자기 잠식 현상이 심각하게 일어났다. 그 결과, 2010년까지 100개 이상의 앤 테일러와 로프트 매장들이 문을 닫을 수밖에 없었다.

Section 02 브랜드의 수직적 확장

1. 브랜드 수직적 확장을 위한 의사결정

글로벌시장이 경쟁이 심화되고 산업별 다각화가 가속화되면서 전략적 수직적 사업 통합들이 여러 기업에서 늘어나고 있다. 기업 내 사업의 확장을 통해 공급체인 선상에서의 수직적 통합(vertical intergration)이 빈번히 일어나고 있는 것이다. 이에 따라, 마스터 브랜드의 수직적 확장은 전략적으로 매우 중요한 의사결정이며 이는 단순한 한 브랜드를 위한 브랜드 전략의 의사결정이 아닌 전사적으로 매우 중요한 사업 전략의 의사결정이다.

〈그림 9-4〉에 보여주듯이, 전략적 의사결정의 중요 차원은 세 가지가 있다. 첫째, 시장기회 평가 단계로서, 상위 혹은 하위시장으로의 브랜드 확장과 관련한 의사결정 시, 시장기회에 대한 면밀한 평가가 수행되어야 한다. 시장과 소비자의 트렌드, 경쟁 브랜드들의 현황, 제품의 품질 등을 조사하여, 브랜드 확장의 기회가 실제 존재하는지 파악해야 한다. 둘째, 기업 능력이다. 1단계에서 파악된 시장기회를 기반으로 시장 내 기업 경쟁력 및 조직 인프라를 보유하고 있는 가 등을 짚어봐야 한다. 예를 들면, 현대카드는 한국신용카드 산업에 후발주자로 뛰어들었다. 기존의 탄탄한 고객을 보유한 대형 신용카드사와 경쟁하기 위해 기존 카드사와 차별화된 독특한 숫자 마케팅, 알파벳 마케팅 등의 브랜드 커뮤니케이션을 공격적으로 진행하였다. 이뿐만 아니라, 프리비아 쇼핑, 프리비아 여행 등의 커머스 사업 및 컬쳐 프로젝트를 통해 국내 선보이지 않은 다양한 아티스트들의 공연 기획 및 진행을 통해 수익사업을 확대했다. 이는 지금까지의 신용카드사가 제공한 다양한 부가 서비스 제공, 편리성, 프리미엄 이미지 등의 브랜드 요소들이 아닌, 새로운 브랜드 요소들을 제공함으로써 현대카드를 시장 선도형 마스터

브랜드로써 포지셔닝하기 위한 새로운 시도였다. 이러한 노력은 조직문화, 시스템, 체계 등의 변화를 요구했고, 신용카드시장 내에서 지속적인 차별화 포인트를 전달할 수 있는 기업의 경쟁력으로 발전했다. 셋째, 브랜드 전략 단계로써, 새로운 브랜드, 보증된 브랜드, 하위 브랜드, 기존 브랜드 전략의 네 개의 브랜드 전략적 대안 중 어떤 대안을 선택할지를 결정해야 한다.

이 모든 의사결정은 기존의 브랜드가 신제품을 제한한다기보다는 이미지를 제고하고 시장 기회를 확대할 수 있어야 하며, 이와 같은 맥락에서 신제품 브랜드는 기존 브랜드의 이미지를 후광효과(halo effect)를 받아서 이미지를 쉽게 구현하고 시장기회를 확대할 수 있어야 한다. 즉, 양 브랜드 간의 시너지 효과 증대가 브랜드 매니저의 가장 중요한 목표가 되어야 한다.

그림 9-4 브랜드 수직적 확장을 위한 의사결정 요소

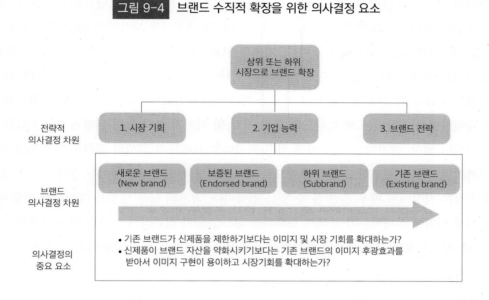

〈자료원〉 David A. Aaker (2004), Brand Portfolio Strategy: Creating Relevance, Differentiation, Energy, Leverage, and Clarity, Free Press. 재구성

2. 브랜드 수직 확장의 변경요인과 위험

〈표 9-4〉는 브랜드 수직 확장에서 상위시장으로 확장(상향 브랜드 확장)과 하위시장으로 확장(하향 브랜드 확장)이 이루어지는 배경을 설명하고 브랜드 수직 확장의 위험을 고려한 브랜드 전략 대안을 제시하고 있다.

성공적인 상향 브랜드 확장을 위한 브랜드 전략의 대안은 첫째, 저가 시장에서 리브랜딩(rebranding)이나 브랜드 리포지셔닝(brand repositioning) 혹은 브랜드 리크리에이션(brand recreation) 등을 통해 저가 시장 내 프리미엄 브랜드화가 바람직하다. 둘째, 완전히 다른 제품군에서 고가 브랜드를 런칭하여 예상되는 상향 브랜드 확장의 위험 지각(risk perception)을 낮추는 방법이다. 같은 제품군 안에서의 예상되는 위험지각은 다른 제품군으로 확장에서 상대적으로 낮게 지각될 수 있기 때문이다.

성공적인 하향 브랜드 확장을 위한 브랜드 전략의 대안은 첫째, 프리미엄 브랜드가 매출을 높이기 위해 프리미엄 브랜드의 이미지와 긍정의 고객 연상 및 높은 선호도를 활용하여 매스시장을 타겟하기 위한 서브 브랜드를 출시하는 것이다. 이는 시장에서 매우 흔한 볼 수 있는 대표적인 브랜드 상향 확장 형식이다. 둘째, 경쟁사의 특정 브랜드를 대응을 위해 기업의 브랜드 중 하향 브랜드 확장을 하여 경쟁사의 해당 브랜드를 대응하기 위한 전략이다. 이러한 기능과 역할의 브랜드를 방패 브랜드(Fight Brand)라고 한다. 즉, 경쟁사의 브랜드를 대응하기 위해 우리 기업의 브랜드가 하향 포지셔닝하는 것이 아니라 경쟁사를 대응하기 위한 별도 서브 브랜드를 개발하여 대응하게 하는 것이다. 기존의 브랜드의 프리미엄 이미지는 유지 관리하면서 경쟁사의 브랜드에도 적극적으로 대응하는 전략이다. 셋째, 완전히 다른 제품군에서의 기존 브랜드를 하향 확장한 저가 서브 브랜드를 런칭하는 대안이다. 이는 하향 브랜드 확장의 이점은 확대하면서 예상되는 모 브랜드의 품질 지각 및 이미지 하락 등의 위험들을 최소화할 수 있는 이점이 있다. 마지막으로, 위기에 처한 프리미엄 브랜드가 회생의 일환으로 기존의 브랜드 프리미엄 가치를 포기하고 저가 브랜드로 리포지셔닝하여 수익을 높이는 전략이다. 브랜드 하향 확장은 시장에서 매우 흔한 볼 수 있는 전략이다. 과거의 높은 명성을 자랑하던 명품브랜드가 시장 변화에 실패하든가 브랜드 노후화(brand aging)가 심화하여 기존의 명품 고객을 유지 못 할 때, 매스시장의 잠재 수요를 공략하여 수익성을 확보하는 우회전략이다.

표 9-4	브랜드 수직 확장의 배경과 위험		
구분	배경	위험	브랜드 전략 대안
상향 브랜드 확장 (상위시장으로 확장)	• 매력적인 마진으로 인한 이익을 제고하기 위해 • 브랜드의 에너지와 생명력 확대하기 위해 • 브랜드 강화를 통한 브랜드력을 제고하기 위해	• 고가 시장으로의 확장은 현실적으로 매우 어려움 • 지각된 품질, 기능적 편익 전달 능력에 대한 신용도가 부족하기 때문 • 프리미엄 브랜드가 표방하는 자아 표현적 편익이 부족하기 때문	• 저가 시장에서 리브랜딩 하여 저가시장에서 프리미엄 브랜드로서 포지셔닝 • 완전히 다른 제품군에서의 상향 브랜드 확장하여 예상 위험을 낮춤
하향 브랜드 확장 (하위시장으로 확장)	• 시장경쟁 심화로 가격 민감도 증대되어서 • 기술력 제고로 제품의 저비용이 가능하게 되어 • 새로운 유통경로 등장으로 낮은 비용구조 확보 및 공격적 가격 정책이 가능함에 따라 • 상대적 저가 시장 진입의 용이하기 때문에	• 기존 브랜드의 지각된 브랜드 품질이 손상될 수도 있음 • 기존 브랜드의 자아 표현적 편익 손상될 수도 있음 • 모 브랜드와 자 브랜드 상호 간에 브랜드 잠식(brand cannibalization) 문제가 발생할 수도 있음	• 매출 증대의 목적으로 매스시장을 타겟으로 한 프리미엄 브랜드의 서브 브랜드를 출시 • 경쟁사 브랜드를 대응하기 위한 방패 브랜드 기능과 역할을 하기 위한 하향 브랜드 확장을 진행 • 완전히 다른 제품군에서 하향 브랜드 확장하여 예상된 위험을 낮춤 • 위기에 처한 프리미엄 브랜드의 자구책으로 저가 시장으로 리포지셔닝

〈자료원〉 이명식, 양석준, 최은정(2018), 전략적 브랜드마케팅, 일부 수정

브랜드 확장전략 및 실행을 위한 중요 가이드라인

1. 브랜드 확장전략을 위한 브랜드 확장의 적합성 검토

브랜드 확장 시, 확장의 적합성, 콘셉트 일관성, 카테고리 유사성, 모 브랜드와 자 브랜드 간의 관계의 강도 등의 중요 조건들이 전제적으로 검토되어야 한다. 성공적인 브랜드 확장전략 수립을 위해 〈그림 9-5〉와 같이 기존 브랜드의 제품의 기술/자산, 상호보완성을 검토해야 하며, 이와 아울러 기능적 혜택, 권위, 시용자유형 및 심벌 브랜드 요소들이 해당 기존 브랜드의 확장에 적합한지를 검토해야 한다.

이에 브랜드 확장전략을 수립 시, 브랜드확장의 적합성을 검토하기 위해 다음의 가이드라인에 따른 면밀한 검토가 필요하다.

1) 기존 브랜드 제품의 시장 활동에 필요한 기술이나 시장경쟁력 등이 해당 브랜드 확장이 적용될 제품에 잘 전이가 되는가? (예) 치약브랜드 Crest의 구강세정액 런칭

2) 기존 브랜드 제품과 브랜드 확장이 적용될 제품 간에 보완성이 존재하는 하는가?
(예) 트레디셔널 캐주얼 브랜드 '폴로'의 침장류 런칭

3) 기존 브랜드의 제품과 확장이 적용될 제품 간의 구체적인 연결점은 무엇인지?
(예) 타겟고객의 동일성, TPO(Time, Place, Occasion)의 동일성, 제품 원산지의 동일성, 제품의 성분의 동일성

4) 기존 브랜드가 유무형의 기능성이 높게 평가되는지, 아님 상징성이 높게 평가되는지?
(예) Park, Millberg, Lawson는 고급스러운 상징성이 높은 '롤렉스'와 기능성 평판이 높은 '타이맥스(Timex)'를 대상으로 하여 고급스러움과 상징성이 중시되는 제품군(팔찌, 넥타이, 와이셔츠 커프스버튼 등)과 기능성이 중시되는 제품군(손전등, 계산기, 전지 등)으로의 제품군의 확장을 평가했다. 그 결과, 고급스럽고 상징성이 높게 평가되는 '롤렉스'는 상징성 제품군뿐만 아니라 기능성 제품군의 브랜드 확장에 대해서도 기능성이 높게 평가되는 타이맥스보다 소비자들로부터 높게 우호적으로 평가받았다. 즉, 상징성이 높은 브랜드가 다양한 제품군으로의 브랜드 확장성이 더욱 우수함을 알 수 있다.

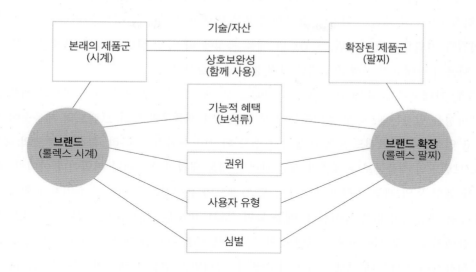

그림 9-5 　브랜드확장 제품군의 모브랜드와의 공유 자산: 롤렉스 브랜드의 확장 예시

〈자료원〉 Aaker D.(1991), Managing Brand Equity: Capitalizing on the value of a Brand Name,
New York: The Free Press.

2. 브랜드 확장의 중요 조건

브랜드 확장의 중요한 조건은 첫째, 핵심 속성이나 이미지 등의 콘셉트 일관성(concept consistency)이다. 이는 가장 중요한 조건으로서 '깨끗한 빨래 및 세척'을 핵심 콘셉트로 한 표백제 브랜드 옥시는 동일한 브랜드 콘셉트로 세탁세제(옥시크린)와 주방세척제(옥시싹싹)을 성공적으로 출시했다. 즉, 일관성 있는 브랜드 콘셉트로 다른 제품군인 세탁세제와 주방세제 제품군으로 브랜드 확장을 한 것이다. 콘셉트 일관성은 모 브랜드와 확장된 제품 간 제품군이 다를지라도 콘셉트를 소비자에게 일관적으로 전달하면 소비자의 해당 브랜드의 수용이 쉽게 이루어지고 특정 연상이나 제품속성이 확장 브랜드에 쉽게 연계된다. 이러한 매커니즘을 통해 소비자들은 기본 브랜드의 제품군과 거리가 먼 다른 제품군에서의 브랜드 확장도 쉽게 수용하게 되는 것이다.

그러나, 여기서 중요한 점은 모 브랜드의 카테고리 전형성(category typicality)이 높던가 너무 강한 콘셉트는 오히려 브랜드 확장에 방해가 될 수도 있다. 또한 유사한 콘셉트여도 모 브랜드의 제품군과 확장하고자 하는 제품군 간에 이질성이 너무 높은 경우는 부정적 연상을 오히려 초래하여 브랜드 확장에 대한 소비자에게 부정적 인식을 갖게 한다. 그 대표적인 예시가 '순식물성' '무자극' 브랜드 콘셉트 기초화장품에서 성공한 '식물나라'가 색조화장품으로 확장한 사례이다. '식물나라'의 '순식물성' '무자극' 등의 핵심 콘셉트는 브랜드의 중요한 자산이며 성공적인 포지셔닝이었다. 그러나, 너무 강한 핵심 콘셉트의 소비자 각인은 기초화장품에서 색조화장품으로의 제품군 확장에 소비자 수용을 방해한 것이다. 콘셉트 일관성은 일반적으로 큰 이점과 기회요소가 되지만, 콘셉트나 제품 특성에 따라, 브랜드 확장의 한계점이 될 수도 있기 때문에 카테고리 전형성에 대한 사전 분석이 필요하다.

둘째, 카테고리 유사성(category similarity)은 모 브랜드의 제품군과 확장 제품의 제품군 간의 유사성을 말하는데, 타겟 소비자들이 모 브랜드의 제품군과 확장 브랜드의 제품군이 유사하다고 인식할수록 브랜드 수용이 높아 브랜드 확장이 쉬워진다. 특히, 확장 브랜드의 제품군이 모 브랜드의 제품군보다 제품과 직접 관련된 제품 내적인 속성이나 편익이나 이미지, 용도, 사용자 유형 등의 제품 외적인 속성에서 모 브랜드와 유사성을 보인다면 소비자가 확장 브랜드의 수용 가능성이 더욱 높아진다. 예를 들면, '도브' 비누는 도브 샴푸, 도브 헤어 린스, 도브 바디 클렌저 등으로 성공적으로 브랜드 확장을 하였는데, 유사한 제품 카테고리, 유사 용도 및 동일 사용자이기 때문에 브랜드 수용이 쉬웠다. 압력밥솥 전문 브랜드인 '쿠쿠'도 압력밥솥의 시장 성공을 기반으로 '쿠쿠' 브랜드를 확장하여 믹서기, 전기 주전자, 식기 건조기, 정수기까지 다양한 서브 브랜드들을 출시하였다. 그 결과, '쿠쿠'는 소형 주방가전 카테고리를 대표하는 브랜드로 발전했다.

셋째, 브랜드 확장 시 모 브랜드와 소비자와의 관계가 중요하다. 모 브랜드와 소비자와의 관계(brand-customer relationship) 강도가 강할수록 소비자의 모 브랜드에 대한 연상이나 기억이 확장된 제품으로 전이되어 해당 확장 브랜드에 대해 긍정적으로 평가하기 때문이다. 예를 들면, 애플사의 imac, ipod, iphone, ipad, iwatch 등 모든 제품들은 "i"로 통일하여 명명되어 있다. 여기서 "i"는 나를 의미하는 것으로 소비자들에게 각 개인에게 차별화된 경험을 제공한다는 브랜드 가치를 의미한다. 이러한 브랜드 가치를 전 제품에 적용하기 위해서 제품명에 "i"를 공통적으로 적용하여 기존의 애플의 긍정적 연상과 평가가 신제품에도 쉽게 전이되도록 하였다. 이를 통해, 애플사의 모 브랜드와 소비자 간의 강하게 충성도가 형성되게 되고, 이렇게 형성된 관계를 기반으로, 애플사는 신규제품 출시할 때마다 성공적인 브랜드 확장을 이루어 왔다.

BRAND HIGHLIGHT에서 소개한 바와 같이, 오뚜기의 착한 선행이 널리 알려지면서 오뚜기에 대한

| Mac | iPod | iPhone | iPad | iWatch |

애플사의 브랜드 확장 사례
애플사에 출시하는 모든 제품에 "i"를 적용함으로써 각 고객 개인별 브랜드의 차별화된 경험을 강조하는 브랜드연상을 강화함

착한 기업 이미지가 형성되고 '갓뚜기'라는 별명도 얻었다. 착한 선행을 알리는 콘텐츠들이 SNS 통해 지속적으로 구전 확대되면서 오뚜기의 매출 증대를 도모한 것뿐만 아니라 오뚜기의 주식 급증으로도 이어졌다. 오뚜기는 CI(corporate identity)를 전체 제품에 적용하여 신제품의 서브 브랜드로 출시하는 브랜드 확장전략과 함께 CI가 PI(product identity)를 보증하는 보증전략 (endorsement strategy)을 실행하고 있다. 이러한 브랜드 전략하에 오뚜기의 착한기업 이미지와 1등 제품 성과는 각 제품군의 1등 브랜드 이미지로 연결되어 신제품이 출시될 때마다 우수한 시장 성과를 거두고 있는 것으로 보인다.

BRAND HIGHLIGHT

오뚜기, 착한 기업 이미지 '갓뚜기' 찬사…
카레 · 케첩 이어 라면도 1위 도전
상속세 납부 · 사회공헌 활동 부각
'가격동결 승부수' 라면 2위 약진
주가 10년 만에 20배 이상 뛰어

오뚜기의 착한 선행들이 회자 되면서
착한 기업 이미지로 '갓뚜기'라는 별명
과 함께 '갓뚜기'로고가 구전 확산됨

"오뚜기가 아니고 '갓(God)뚜기'다."
사람들이 오뚜기에 찬사를 보냈던 이유는 크게 세 가지로 요약된다.

우선 함영준(58) 오뚜기 회장이 선대 회장으로부터 주식을 물려받으면서 부과된 상속세 1,500억원을 모두 납부하기로 했다는 점이다. 재벌 기업들이 일감 몰아주기 등의 편법으로 경영권을 승계하는 게 일반화된 상황에서, 함 회장의 상속세 납부를 대중들은 신선하게 받아들였다.

또 오뚜기가 대형마트에서 일하는 시식 사원 1,800여명을 모두 정규직으로 고용했다는 뉴스도 소비자들의 이목을 끌기에 충분했다. 이 밖에 심장병 어린이 수술비용 지원과 장애인 재활지원 사업 후원 등 오뚜기가 벌이는 사회공헌 활동도 사람들이 SNS상에서 오뚜기 소식에 '좋아요'를 누르게 만들었다. 물론 오뚜기 선행이 다소 과장됐다는 주장도 제기됐다. 대다수 식품업체가 대형마트에서 일하는 시식사원을 정규직으로 채용하고 있는데, 유독 오뚜기만 그렇게 하는 것으로 비쳐지고 있다는 것이다. 오뚜기 측도 "시식사원이 매출에 미치는 영향이 커 다른 식품업체도 대부분 시식사원을 정규직으로 채용한다"고 해명했다. 하지만 함 회장의 상속세 납부와 오뚜기의 꾸준한 사회공헌 활동 등은 대부분 사실로 밝혀져 '착한 기업'이라는 오뚜기에 대한 대중의 인식은 크게 바뀌지 않았다.

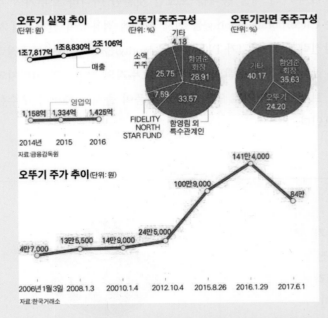

수많은 최초와 1위 기록들

오뚜기 실적 추이
(단위: 원)

1조7,817억　1조8,830억　2조106억
매출

영업익
1,158억　1,334억　1,425억

2014년　2015년　2016년
자료:금융감독원

오뚜기 주주구성
(단위: %)

기타 4.18
소액주주 25.75
함영준 회장 28.91
7.59
33.57
FIDELITY NORTH STAR FUND
함영림 외 특수관계인

오뚜기라면 주주구성
(단위: %)

기타 40.17
함영준 회장 35.63
오뚜기 24.20

오뚜기 주가 추이 (단위: 원)

4만7,000　13만5,500　14만9,000　24만5,000　100만9,000　141만4,000　84만

2006년1월3일　2008.1.3　20010.1.4　2012.10.4　2015.8.26　2016.1.29　2017.6.1
자료:한국거래소

오뚜기는 국내 식품 업계에 유달리 '최초' 기록을 많이 가지고 있다. 고(故) 함태호 명예회장이 1969년 설립한 오뚜기는 그 해 최초로 카레를 생산해 대중화했다. 또 1971년에는 토마토케첩을, 그 이듬해에는 마요네즈를 최초로 국내 시장에 내놓는다. 1981년에는 즉석 요리의 원조 격인 '3분 카레'를 출시하며 국내 레토르트 식품(조리 가공한 요리를 살균해 알루미늄 봉지에 포장한 식품) 시대를 본격적으로 열기도 했다.

최초 기록과 함께 오뚜기가 내세우는 또 다른 자랑거리는 무수히 많은 업계 1등 제품들이다. 오뚜기는 지난해 말 기준으로 카레, 수프, 케첩 등 25개 제품군에서 시장 점유율 1위를 달리고 있다. 이 중에서 카레와 케첩, 3분 요리 등의 제품은 국내에 출시된 뒤 단 한번도 1등 자리를 남에게 내준 적이 없다.

식품 업계 관계자는 "오뚜기가 내놓는 제품은 지금이야 흔하게 접할 수 있지만 당시에는 개념도 제대로 없었던 식료품들"이라며 "오뚜기가 시장을 열면 대중화되고, 후발 주자가 이를 따라가는 일이 1990년대까지는 계속 반복됐다"고 말했다.

라면시장 승부수와 기업가치 급등

오뚜기의 사세 확장은 지금도 무서운 기세로 이뤄지고 있다. 특히 라면시장에서의 성장세가 눈에 띈다. 오뚜기는 후발주자로 1988년 라면시장에 발을 들인 지 25년만인 2013년 삼양을 제치며 처음으로 업계 2위 자리에 올라섰다. 오뚜기는 라면시장 점유율 확대를 위해 2012년부터 젊은 층을 공략한 차별화된 마케팅을 진행해 왔다. 오뚜기가 미국 프로야구 선수 류현진을 광고 모델로 기용해 라면 업계에 광고 전쟁이 일어났던 때도 이맘때부터다. 라면 업계 관계자는 "라면 업계 1위 농심이 지난해 말 주요 라면 제품 가격을 올렸지만 오뚜기는 라면 가격 동결을 선언했다"며 "10년째 이어진 오뚜기의 라면 가격 동결은 라면시장에서도 1위를 차지하겠다는 오뚜기의 의지가 담겨 있다고 볼 수 있다"고 말했다.

라면시장에서의 성공은 오뚜기 기업가치 급등으로 연결됐다. 실제 2006년 1월 주당 4만 7,000원에 불과했던 오뚜기 주식 가격은 9년만인 2015년 8월 100만원을 넘어서며 황제주 지위에 올라선다. 특히 2015년의 오뚜기 주가는 50만원대서 100만원대로 7개월 만에 2배 넘게 오르는 이상 과열 조짐을 보이기도 했다. 오뚜기 주가는 그 후 조정을 받고 올해 들어 70만~80만원대에서 거래되고 있다. 조정된 현재 주가를 기준으로 삼아도 오뚜기 기업가치는 10년 만에 20배 이상 오른 셈이다. 당시 주요 증권사들은 오뚜기 주가 급등의 원인을 라면 시장에서의 약진과 함께 선대 회장이 구축한 사업 다각화에서 찾았다. 오뚜기 매출도 지속적으로 늘어났다. 2006년 1조원에도 못 미쳤던 오뚜기 매출은 지난해 2조원의 벽도 넘어섰다. 식음료 업계 관계자는 "라면시장에서의 선전뿐 아니라 다양한 식품군에서 1등을 할 수 있는 오뚜기의 다양한 사업구조가 매출 증대의 주요 원동력으로 보인다"고 말했다.

착한기업 이미지 흐리는 일감몰아주기 논란

오뚜기의 최대 과제는 수익성 개선이다. 오뚜기는 다양한 식품군에서 시장 점유율 1위를 차지하는 안정적인 사업 포트폴리오를 가지고 있지만, 주력 제품의 가격대가 대부분 중·저가에 치중돼 있어 큰 이익이 나기 힘든 구조다. 특히 오뚜기가 라면시장 점유율 확대를 위해 10년째 가격 동결을 이어가면서 이 분야에서의 수익성 개선 속도도 더뎌지고 있다. 실제 오뚜기 계열사인 오뚜기라면의 지난해 매출은 5,913억원으로 전년대비 16.4% 증가했지만 영업이익은 237억원으로 오히려 1.2% 감소했다.

해외시장 발굴도 오뚜기가 해결해야 할 숙제다. 오뚜기의 지난해 해외매출 금액은 1,832억원으로 전체 매출에서 차지하는 비중이 9.1%에 불과하다. 오리온(68%), 농심(31.6%), CJ제일제당(41.5%) 등 경쟁 식품회사의 해외 매출 비중과 비교하면 현저히 낮은 수준이다.

최근 불거진 일감 몰아주기 논란도 함영준 회장이 장기적으로 해결해야 할 사안이다. 오뚜기가 계열사인 오뚜기라면의 제품을 내부 거래로 매입해 외부에 판매하는 형식으로 오뚜기라면의 사세를 불려주고 있다는 게 논란의 핵심이다. 특히 비상장 회사인 오뚜기라면의 최대주주가 함 회장(35.63%)인 만큼 계열사 간 내부거래가 함 회장의 부를 증대시키는 편법으로 활용되고 있다는 비난도 제기된다.

〈자료원〉 한국일보, 2017.6.5.

3. 브랜드 확장의 대상과 방법의 결정

성공적인 브랜드 확장을 실행하기 위해서 브랜드 확장의 대상을 정하고(what to do?), 해당 대상을 위한 브랜드 확장의 기회를 찾기 위한 방법(how to do?)을 결정하기 위해 다양한 브랜드 조사를 사전에 진행해야 한다.

1) 브랜드 확장의 대상 검토(what to do?)

성공적인 브랜드 확장을 이루기 위해서는 체계적인 조사 진행을 기반으로 전략적 방향성을 수립하고 실행하는 것이 중요하다. 〈표 9-5〉에서 보여주듯이 브랜드 확장 고려 시, 브랜드 자산 관점에서 브랜드 확장대상의 브랜드 연상, 소피바 평가 등을 조사하여, 평가결과를 기반으로 브랜드 확장의 대상을 검토해야 한다.

표 9-5　브랜드 확장의 대상 평가 내용

브랜드 확장의 대상 선정 시, 고려 요인들	평가 내용
브랜드 자산 중 긍정적인 모 브랜드의 연상을 확장하기 위한 소비자 관련 중요 3 요인	① 모 브랜드 연상의 현저성 정도 ② 브랜드 확장 관련한 연상들의 선호 정도 ③ 확장 카테고리에서의 예상되는 연상들의 독특성
모 브랜드 자산에 공헌하기 위해서는 소비자 브랜드 지식에 미치는 중요 4 요인	① 확장 관련 브랜드 구성 및 제공 혜택에 대한 설득력 있는 증거 ② 그 확장 증거의 관련성에 대해 소비자의 판단 정도 ③ 그 확장 증거의 일관성 ④ 소비자 기억 속에 자리 잡은 모 브랜드에 대한 브랜드 구성 및 혜택 　연상들의 강함 정도

2) 브랜드 확장의 방법(how to do?)

브랜드 확장의 기회를 탐색하기 위해서 브랜드 확장에 착수하기 전에 브랜드 요소를 평가하고 3C 관점에서 잠재적인 확장 대안을 평가해야 한다. 구체적으로 진행해야 할 조사내용은 〈표 9-6〉과 같다.

표 9-6　브랜드 확장의 기회 탐색을 위한 조사

범주	조사 내용
브랜드 확장에 착수하기 전, 기존 브랜드의 브랜드 요소 평가	브랜드 구성요소 브랜드 세부 혜택 브랜드 세부 연상 2차적 브랜드 연상 레버리지 등
3C 관점에서 잠재적인 확장 대안의 탐색과 평가	기업 차원의 기회 요소 소비자 차원의 기회 요소 경쟁자 차원의 기회 요소

브랜드 확장의 대상을 검토를 통해 정해진 브랜드 확장 대상의 브랜드 확장 기회를 찾기 위해 다양한 브랜드조사를 선행되어야 한다. 브랜드 확장의 기회를 탐색하기 위해 소비자 심층 인터뷰(in-depth interview), 소비자 좌담회(Focus Group Interview: FGI, 혹은 Focus Group Discussion: FGD), 서베이조사 등 다양한 조사방법론이 사용된다. 최근 SNS 및 다양한 온라인 미디어를 통한 소비자의 의견 및 평가 활동이 크게 성장하고 적극적인 추천 및 구전효과가 증대함에 따라 온라인 미디어의 중요성은 더욱 중요하게 되었다. 이에 따라 온라인에서 특정 브랜드의 소비자의 생각을 직접 수집하여 분석하는 것이 중요하다.

텍스트 마이닝(text mining)은 온라인뉴스, 블로그, SNS 등 온라인 상에서 수집한 텍스트 데이터를 분석하여 의미를 분석하는 방법으로서 특정 브랜드의 특정 이슈들에 대한 소비자들의 생각이 풍부하게 수집할 수 있는 기법이다. 〈그림 9-6〉은 삼성전자의 비스포크에 관한 텍스트마이닝 분석 결과로서 상단의 결과는 비스포크 브랜드에 관한 소비자들의 명사적 반응을 추출한 것이고 하단은 형용사적 반응을 추출한 것이다. 이를 통해 비스포크 브랜드가 어떠한 명사들과 강하게 연결되어 있는지 알 수 있고 명사적, 형용사적 연상을 할 수 있으며, 긍정, 중립, 부정의 감정분석한 결과도 알 수 있어서 브랜드 관련 우호적 평가와 부정적 평가 등을 파악할 수 있다.

그림 9-6   텍스트마이닝 분석 결과: 삼성전자 '비스포크' 예시

비스포크 관련 네이버 블로그 글 5595개에서 추출한 명사(2021년 1월 - 2022년 11월)

비스포크 관련 네이버 블로그 글 5595개에서 추출한 형용사(2021년 1월 - 2022년 11월)

〈자료원〉 한경 CMO Insight, "삼성 비스포크, 워드클라우드·감정분석 결과는…" 2022.12.2.

FURTHER DISCUSSIONS

◯ **FD1** 특정 기업의 브랜드를 정하여 도입사례의 대한제분의 곰표 브랜드의 리브랜딩 사례와 같은 뉴트로 콘셉트의 리브랜딩 방안을 제시해보자.

◯ **FD2** 특정 기업을 정하여 조사분석하여 브랜드 상향 수직 확장의 요소와 하향 수직확장의 기회요소를 발굴하고 이 기업을 위한 브랜드 확장전략을 구체적으로 수립해보자.

◯ **FD3** 모브랜드에서 브랜드 확장한 특정 브랜드 사례를 정하여 〈그림 9-5〉 브랜드확장 제품군의 모브랜드와의 공유 자산 분석을 하시오. 분석결과를 기반으로 브랜드 확장전략의 개선방안을 마련해보자.

◯ **FD4** 특정 브랜드 확장의 실패사례를 찾고, 해당 실패의 원인을 분석하여 개선방안을 만들어보자.

◯ **FD5** 일반적으로 브랜드 확장 중에서 상향 확장은 하향 확장 대비 시장 내 성공하기가 매우 어렵다. 특정 브랜드를 정하여 상향 확장전략을 제시하고, 예상되는 어려움을 해결할 방안들을 제시해보자.

CHAPTER

10

브랜드
포트폴리오 전략

LEARNING OBJECTIVES

☐ LO1 브랜드 포트폴리오 전략, 브랜드 계층구조 전략, 브랜드 아키텍처 전략에 대해 이해할 수 있다.

☐ LO2 브랜드 포트폴리오 전략, 브랜드 계층구조 전략, 브랜드 아키텍처 전략 간의 역학관계를 설명할 수 있다.

☐ LO3 전략적 브랜드경영을 위한 브랜드 아키텍처 전략을 수립하고 이를 기반 한 브랜드 관리 역량을 갖출 수 있다.

BRAND INSIGHT

현대카드의 "브랜드 포트폴리오"와 "신축공사" 광고 캠페인

현대카드의 '브랜드 포트폴리오' 광고 캠페인은 매우 신선하면서도 전략적이다. 자사 상품을 알파벳이나 넘버 또는 컬러를 통해 라인업화시키는 것은 자동차 회사나 전자제품 업계에서 많이 사용해 온 방식이다. 카드업계에서는 현대카드가 최초로 상품의 라인업을 체계적으로 정리하였는데, 오랜 기간에 걸쳐 계획하고 완성하였다. 현대카드 상품들의 이름이 알파벳과 숫자로 이루어져 있다는 것은 해당 상품들이 개발 초기부터 라인업 체계라는 거시적인 부분을 감안하고 있음을 반증한다. 현대카드의 브랜드 포트폴리오는 소비자들이 그들의 소비성향에 맞는 신용카드를 쉽고 합리적으로 선택할 수 있게 해준다는 차원에서 큰 의미를 가지고 있다.

엄 카드)의 세 가지 축으로 이루어져 있고, 이들 축은 굉장히 다양한 현대카드의 모든 상품들을 체계적으로 위치시킬 수 있을 만큼 견고한 구조를 이루고 있다. 현대카드의 구성된 브랜드 포트폴리오의 세 개의 축에 또 다른 축이 만들어진다는 것은 지금껏 보지 못한 전혀 다른 혜택의 영역을 선보일 수 있다는 뜻을 전달한 것이다.

이 두 가지 접근은 브랜드 포트폴리오 전략 및 브랜드 확장 전략 관점에서는 매우 교과서적인 접근이다. 이러한 현대카드의 혁신적 면모는 이러한 브랜드 전문가들끼리 사용하던 브랜드 전문 개념을 일반 대중인 대상의 TV광고 캠페인의 소재로 당당히 사용했다는 점에서 높이 평가할 만하다.

〈현대카드 "브랜드 포트폴리오" 캠페인〉

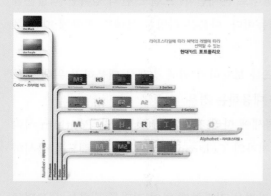

〈현대카드 "신축 공사 중" 캠페인〉

〈자료원〉 머니투데이, 2021.9.5.

'신축공사'라는 새로운 캠페인은 현재의 브랜드 포트폴리오 구조에 새로운 축이 만들어지고 있음을 보여준다. 현대카드 브랜드 포트폴리오는 알파벳(라이프 스타일)과 넘버(혜택의 레벨) 그리고 컬러(프리미이번 장에서는 기업이 다수의 브랜드들을 관리하는데 있어서 중요한 전략인 브랜드 포트폴리오 전략, 브랜드 계층구조 전략, 그리고 브랜드 아키텍처 전략의 개요 및 다양한 예시들을 학습한다. 특히 각 전략이 현장에서 많이 혼선되어 사용하고 있어서 이들 전략 간의 역학관계를 명확히 이해하는 것이 중요하다. 브랜드 경영의 개념과 체계를 이해하고 기업 내 브랜드들을 체계적으로 관리할 수 있는 브랜드 관리 역량이 필요하다.

Section 01 브랜드 포트폴리오 전략

1. 브랜드 포트폴리오의 정의 및 유형

브랜드 포트폴리오(brand portfolio)는 특정 제품군에서 한 기업이 소비자에게 판매하는 모든 브랜드의 집합을 말한다. 브랜드 포트폴리오 전략이란 이러한 브랜드 포트폴리오의 구조, 범위, 역할을 정의하고 브랜드 포트폴리오상의 브랜드 간의 역할과 상호 관계를 구체화하여 정의함으로써 서로의 시너지 효과를 창출하는 브랜드 전략 기법이다.

기업 내 브랜드들은 마스터 브랜드(master brand), 보증 브랜드(endorsed brand), 하위 브랜드(sub-brand), 공동 브랜드(co-brand), 기업 브랜드(company brand), 제품 브랜드(product brand), 브랜드 요소(brand association) 등 여러 브랜드 형태로 존재한다. 브랜드 간의 명확한 역할분담은 브랜드 포트폴리오 전략에서 매우 중요한 기능이다. 다음은 다양한 브랜드 역할에 따른 브랜드 종류이다.

1) 방패 브랜드(fight brand): 자사 중요 브랜드를 보호하기 위해 경쟁사 대응하기 위해 별도 브랜드를 출시하여 해당 경쟁사 브랜드를 대응하는 경우

   (예) '인텔'은 'AMD' 내장 그래픽의 저가 공세에 따라 자사의 flagship인 'Pentium 시리즈'를 가격을 낮추지 않고 보호하기 위해 저가의 'Celeron'이라는 방패 브랜드를 출시하여 대응함.

2) 기본 염가 브랜드(low-end brand): 단순히 가격을 저렴하게 하여 저가를 원하는 세그먼트 그룹을 잡기 위한 목적임. 그 외에도 미끼 브랜드 혹은 Traffic Builder로서의 '역할'을 하고 대상고객을 늘려 매스타겟 시장의 매출을 증대하기 위함.

   (예) 'BMW'가 '3시리즈'를, '벤츠'가 'A-Class'를 출시하는 이유는 젊고 새로운 고객을 유인하기 위함.

3) 최고급형 브랜드(high-end brand): 고가 세그먼트를 타겟하기 목적으로 고가시장의 소비자들의 니즈를 충족시켜줄 뿐만 아니라 전체 브랜드 포트폴리오에 이미지 빌더(image builder) 역할과 후광효과(halo effect)를 생성 혹은 확대함.

(예) 현대자동차가 최고급 라인으로 '에쿠스'를 운영하다가 단종한 후, 바로 아래 제품라인이었던 '제네시스' 브랜드를 업그레이딩하고, G80, G70로 세분화하여 현대자동차 전체 브랜드 포트폴리오에 신뢰와 고급스러운 이미지를 제고하는 역할을 담당하게 함.

4) 캐쉬카우 브랜드(cash cow brand): 시장점유율을 높으나 성장은 둔화되어 비용절감을 통해 이윤증대를 도모가 필요함.

(예) 쌍용자동차의 '액티온 스포츠'는 매출이 성장추세에 있지는 않지만 별도의 마케팅 비용 투여 없이도 일정 수준 이상의 수익이 나는 브랜드임. 브랜드 포트폴리오에서 철수하게 될 경우 고객들의 이탈 가능성도 있기 때문에 캐시카우 브랜드로서의 역할을 위해 계속 생산함.

브랜드 포트폴리오 전략의 목표는 브랜드 포트폴리오 내 각 브랜드의 역할을 명확하게 하고, 연관성과 차별성을 극대화하여 브랜드 포트폴리오 내에서의 시너지 효과를 증대하고, 디너지 효과는 최소화하고, 브랜드의 레버리지를 극대화하기 위함이다. 기업(혹은 사업부별) 내, 각 브랜드에 차별화된 역할을 정리하여 부여하고 각 브랜드 간에 서로 협력하도록 정렬시킴으로써, 각 브랜드의 성장잠재력을 기반으로 한 재무적 목표와 마케팅 예산을 전략적으로 배치하는 중요한 의미를 갖는다. 브랜드 포트폴리오를 통해 각각의 개별브랜드를 최적화할 수도 있다는 점에서 그 전략적 의미가 매우 높다. 브랜드 포트폴리오 전략의 유형은 〈표 10-1〉 브랜드 확장(brand extension), 리포지셔닝(repositioning), 가지치기(pruning), 오버-브랜딩(over-branding), 공동브랜딩(co-branding), 합병(amalgamation), 분할/분리(partitioning), 조정(scaling) 및 브랜드 철수(harvesting) 등이 있다.

표 10-1 브랜드 포트폴리오 전략의 9가지 유형

브랜드 포트폴리오 전략	중요 이슈
브랜드 확장 (brand extension)	기존 브랜드가 새로운 시장 진출 시, 경쟁사 대비 어떤 경쟁력이 존재하는지 점검 필요 (예) McDonald's사가 스위스에서 호텔업 진출 시, Golden Arches를 브랜드화 (예) Philip Morris가 기존 기업명의 제한점을 인식하여 Altria Group 모회사를 설립

브랜드 리포지셔닝 (brand repositioning)	• 브랜드 포트폴리오의 새로운 방향을 알리는 새로운 커뮤니케이션 캠페인 필요 • 새로운 제품이나 서비스의 출시로 새로운 브랜드 방향을 명확화 • 브랜드 포트폴리오가 가고자 하는 위치에 먼저 포지셔닝하고 있는 다른 기업이나 브랜드 포트폴리오와의 제휴 혹은 명확한 차별화 • 신규시장 타깃 시, 기존 브랜드의 재포지셔닝 추진이 더 바람직한지 검토 필요 • 기존 브랜드의 리포지셔닝 시, 리포지셔닝으로 인한 소비자의 예기되는 혼선, 브랜드 노후화에 대한 피로감 등을 선제적 점검
가지치기 (pruning)	• 브랜드 가지치기는 실적이 좋을 때나 나쁠 때나 똑같이 주기적 실행이 필요 • 매우 신중하게 정리 대상을 선택 규모나 성장성도 중요한 기준이지만 전체 시스템에서 해당 브랜드의 역할이 더 중요 (예) 펩시 사가 상대적으로 작은 브랜드였던 마운틴 듀를 계속 보유하고 있었던 것은 해당 카테고리의 top브랜드가 되어 회사가 전체 영역에서 매우 중요한 부분을 차지하기 때문 • 다양한 브랜드 요소들을 활용해 어떤 브랜드가 최소의 위험으로 정리될 수 있는지를 결정하여 가지치기의 성공 가능성을 제고 • 브랜드가 고사되게 놔두지 말고 해당 포트폴리오에서 완전히 제거
오버 브랜딩 (over-branding)	• 오버 브랜드 또는 우산 브랜드(umbrella brand)는 소규모 포트폴리오에 규모의 경제의 기회를 제공 • 새로운 제품 출시 및 새로운 지역 진출 시 유리 • 합병 후 통합 시 추가적인 신뢰 표시 (예) 삼성 르노 자동차, '르노'가 삼성자동차 인수합병 후에도 삼성 브랜드를 계속 사용 유지 • 소비자 인식이 중요하며 브랜드 간의 유사점과 차이점을 명료화
공동 브랜딩 (co-branding)	• 공동 브랜드들의 포트폴리오가 동일한 포지셔닝을 차지하지 않으면서 목적의 공통성이 있는 브랜드 간에 짝짓기가 효과적 • 공동 브랜드가 이행할 목표와 지침을 분명히 밝혀야 함 • 결합된 메시지는 명확하고 직관적으로 명백해야 함 • 공동 브랜딩은 위험 또한 증가시키기 때문에 명확한 수익관계와 가치 창출에 관한 계산 필요
합병 (amalgamation)	• 기존 브랜드를 강화하기 위해 유사 업종 브랜드 인수 검토 (예) Whirlpool사는 Philips 대형 가전제품 인수를 통해 유럽시장에서 강력한 브랜드 자산을 형성
분할/분리 (partitioning)	• 브랜드 포트폴리오가 성장하여 너무 방대해져서 통제하기 어려울 때 적절한 분할 시점 결정 • 재무적 관리상의 문제로 분할 혹은 분리 (예) 대표적인 사돈경영인 LG그룹인 2005년에 LG그룹(LG전자, LG화학, LG생활건강, LG텔레콤 등)과 GS그룹(LG유통, LG칼텍스정유, LG홈쇼핑 등)으로 분리함
브랜드 조정 (scaling)	매스 마켓을 위한 혁신 브랜드 scaling up을 할지, 특정 시장을 타깃하기 위한 scaling down을 할지 검토 (예) Philip Morris가 해외 특정시장 진출 시, 대표적인 담배 브랜드인 Marlboro와 함께 병행할 수 있는 브랜드 선정
브랜드 철수 (harvesting)	브랜드 철수의 의사결정시, 기업의 수익성이나 시장 점유율을 상실하지 않은 브랜드 철수가 중요 (예) 1999년도에 Unilever사는 약 1,600여 개의 브랜드를 보유하였으나 비효율성 문제를 인식하여 브랜드들을 정리하여 400여 개의 파워 브랜드에 집중 투자

〈자료원〉 이명식. 양석준. 최은정(2018), "전략적 브랜드마케팅"

2. 브랜드 포트폴리오 관리

브랜드 포트폴리오 관리(brand portfolio management)는 장기적 관점에서 브랜드 포트폴리오 내, 각 브랜드들의 기능과 역할 및 브랜드 간의 상호적 관계 및 역할을 정의하고 지속적으로 브랜드 포트폴리오의 성과를 트래킹하고 관리하는 것이 말한다. 시장이나 소비자의 변화로 인해 브랜드의 변화가 요구될 때, 기존제품의 카테고리 안에서 제품 포트폴리오가 필요한 상황이 종종 있다. 이럴 때, 기존의 패밀리브랜드를 그대로 두고 신제품을 별도로 출시하든가 새로운 제품 카테고리를 출시하던가 인수·합병함으로써 기업 브랜드를 시장의 변화 및 고객의 욕구에 대응하면서 지속적으로 신선하게 만들 수 있다.

그 대표적 사례가 프랑스의 뷰티, 퍼쇼널 케어 브랜드 L'Oreal(로레얄)이다. 로레얄은 최고가에서 매스 가격대까지 모든 타깃의 제품과 유통을 커버하는 아주 강력한 브랜드 포트폴리오를 가지고 있다. 백화점과 면세점 유통의 프리미엄 브랜드 Lancôme(랑콤), Biotherm(비오템), Kiehl(키엘)과 B2B 유통 기반의 프로페셔널 헤어샤롱 브랜드 Wella(웰라), 리테일 스토어 대상의 매스 브랜드 Matbelline(메이블린)과 Garnier(가니어), 약국 편의점 유통용인 더마코스메틱 브랜드 La Roche-Posay(라로슈포제), Vichy(비쉬) 등 다양한 수 많은 브랜드들을 운영하고 있다. 즉 로레얄은 기업의 기존 제품라인과 결합력이 높은 제품들을 다수 출시하여 다양한 제품 카테고리들을 완성하고, 어떤 타깃에게도 로레얄 제품을 제공한다는 브랜드 이미지를 선점하고 브랜드 신선도를 지속화하는 것이다.

그림 10-1　로레얄의 브랜드 포트폴리오

〈자료원〉 로레얄 홈페이지

LG전자의 세탁기 사업부의 제품 포트폴리오를 소개하자면 다음과 같다. 세탁기가 기술발전하면서 드럼세탁기 브랜드 '트롬'을 런칭했다. 1인 가구 세대의 비중이 커지면서 작은 용량세탁기에 대한 소비자 욕구가 증가하면서 미니세탁기의 새로운 브랜드인 'LG 꼬망스 미니세탁기'가 출시하였다. 세계 최초로 하나의 바디에 두 개의 세탁기가 결합된 '트윈워시'는 드럼세탁기 하단에 통돌이 세탁기를 결합하여 큰 빨래와 자주 세탁이 필요한 작은 빨래를 분리 세탁할 수 있는 편의성을 제공했다. 이후 전자제품의 고급화 트렌드 도래와 함께, 걸어만 놓아도 새 옷처럼 주름을 펴주고 냄새 제거하는 등 세탁을 자주 못 하는 옷들을 위한 신개념 세탁을 표방한 신제품 브랜드 '스타일러'를 출시하였다. 이후 의류건조기 신제품을 개발하여 드럼세탁기 브랜드 트롬의 서브브랜드로서 '트롬 의류건조기'를 출시하였다. 이러한 제품개발과정을 통해 지금의 LG 세탁기 브랜드 제품 포트폴리오가 〈그림 10-2〉와 같이 구성되었다.

트렌드 및 시장 변화에 의해 소비자 욕구가 변화되기도 하고 새로운 욕구가 생기게 되며, 기업의 내외부 요인에 의해 운영 제품의 포트폴리오 자체가 변화되기도 한다. 이러한 원인에 의해 다양한 제품과 브랜드들이 시장과 소비자 욕구들을 충족시키기 위해 기업 브랜드 포트폴리오 내에서 브랜드 전환(brand transition)을 관리하는 것도 중요하다. 구체적인 데이터 분석결과를 통해 브랜드 전환의 대상과 시점을 파악하여 리브랜드(rebrand)가 되도록 해야 한다.

그림 10-2 LG 세탁기의 제품-브랜드 포트폴리오

세탁기 드럼형 | 일반형 | 스타일러 | 의류건조기

트롬(드럼형 세탁기)

스마트씽큐로 더 똑똑한 세탁. 언제 어디서든 원격제어로 세탁을 시작하고 세탁현황과 에너지 사용량을 모니터링, 제품의 문제까지 신속하게 해결

미니 세탁기
온가족이 매일 쓰는 LG 꼬망스 미니 세탁기

일반형
통과 판이 함께 도는 통돌이 세탁기

트롬 건조기 (의류 건조기)
빨래, 너리 말고 트롬 건조하세요!

스타일러
걸어만놔도 새옷처럼

트윈워시
하나의 바디, 두 개의 세탁기 드럼세탁기 하단에 통돌이 세탁기 트롬워시를 결합

〈자료원〉 LG전자 홈페이지

3. 브랜드 포트폴리오 전략 수립 시 고려사항

브랜드 포트폴리오 전략을 수립 혹은 수정할 때에 다음의 중요 3C 요소를 고려해야 한다.

- 소비자의 가격 인식(Consumers' price perceptions)
- 소비자의 품질 인식(Consumer's quality perceptions)
- 목표시장 내에서의 경쟁(Competition within the targeted market)

브랜드 포트폴리오 전략 수립 시 고려해야 하는 사항은 Aaker가 〈그림 10-3〉에서 제안하듯이, 우선 먼저 브랜드 포트폴리오의 구성목적을 정의하고, 제품을 규정하는 브랜드 역할, 브랜드 적용 범위, 구조, 그래픽을 정의해야 한다.

그림 10-3 브랜드 포트폴리오 전략의 고려사항

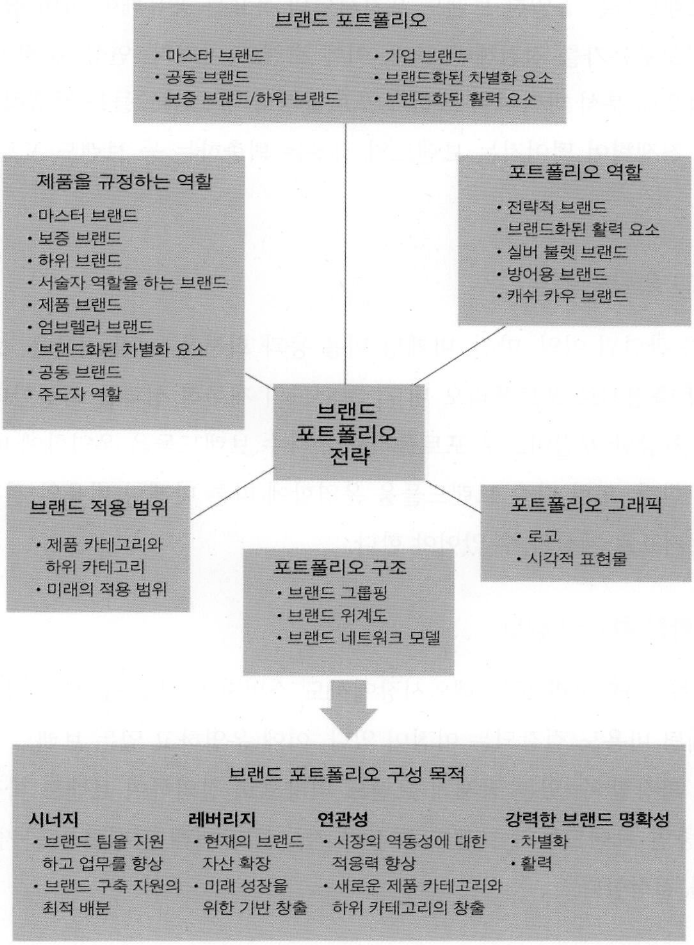

브랜드 포트폴리오
- 마스터 브랜드
- 공동 브랜드
- 보증 브랜드/하위 브랜드
- 기업 브랜드
- 브랜드화된 차별화 요소
- 브랜드화된 활력 요소

제품을 규정하는 역할
- 마스터 브랜드
- 보증 브랜드
- 하위 브랜드
- 서술자 역할을 하는 브랜드
- 제품 브랜드
- 엄브렐러 브랜드
- 브랜드화된 차별화 요소
- 공동 브랜드
- 주도자 역할

포트폴리오 역할
- 전략적 브랜드
- 브랜드화된 활력 요소
- 실버 불렛 브랜드
- 방어용 브랜드
- 캐쉬 카우 브랜드

브랜드 포트폴리오 전략

브랜드 적용 범위
- 제품 카테고리와 하위 카테고리
- 미래의 적용 범위

포트폴리오 구조
- 브랜드 그룹핑
- 브랜드 위계도
- 브랜드 네트워크 모델

포트폴리오 그래픽
- 로고
- 시각적 표현물

브랜드 포트폴리오 구성 목적

시너지	레버리지	연관성	강력한 브랜드 명확성
• 브랜드 팀을 지원하고 업무를 향상	• 현재의 브랜드 자산 확장	• 시장의 역동성에 대한 적응력 향상	• 차별화
• 브랜드 구축 자원의 최적 배분	• 미래 성장을 위한 기반 창출	• 새로운 제품 카테고리와 하위 카테고리의 창출	• 활력

〈자료원〉 David A. Aaker (2004), Brand Portfolio Strategy: Creating Relevance, Differentiation, Energy, Leverage, and Clarity, Free Press.

지속 가능한 브랜드 포트폴리오는 세 가지의 중요 특징은 가진다. 첫째, 균형 잡힌 포트폴리오는 성숙한 브랜드와 개발 중인 브랜드를 함께 포함하고 있다. 둘째, 강력한 플래그십 브랜드의 존재는 필수 조건이다. 플래그십 브랜드는 덜 강력한 브랜드를 개발하는 데 투자할 수 있는 안정적인 재무적 리소스를 제공하기 때문에 장기적으로 지속 경영을 위한 중요한 역할을 한다. 셋째, 포트폴리오 내의 브랜드 역동성을 보유한다. 지속적으로 새로운 브랜드를 획득하거나 브랜드를 리뉴얼하고 정의된 기준을 더 이상 충족하지 않는 브랜드들은 퇴출하는 등 브랜드 포트폴리오의 역동성 확보가 중요하다. 이에 따라, 포트폴리오 내 브랜드 수에 관한 결정시, 경쟁 차원, 재무적 차원, 및 브랜드 확장 세 가지 차원에서 면밀한 검토가 필요하다.

1) 경쟁적 차원의 검토

기업은 시장 점유율 또는 상호 보완성을 확보하기 위해 다른 기업과 경쟁한다. 브랜드 포트폴리오 내의 브랜드들은 동일한 브랜드 포지셔닝의 목표를 공유해야 하며 경쟁사 대비 차별성 및 경쟁력을 확보했는가를 점검해야 한다. 이에 브랜드 이미지, 연상, 품질과 가격에 대한 인식 등을 종합적으로 분석 파악하여 브랜드 포트폴리오 내 브랜드들을 경쟁력과 적절한 브랜드 수를 파악하여 경쟁력이 떨어지는 브랜드의 경우는 퇴출하는 등 브랜드 포트폴리오를 관리해야 한다.

2) 재무 성과 차원의 검토

재무 성과와 관련된 이익, 마진, 마케팅 비용 등과 회전율, 시장 점유율, 소비자 선호도, 집중도 등의 시장 측정치로 포트폴리오 내 각 브랜드의 재무적 성과를 측정한다. 여기서 이익은 매출에 비용을 차감한 개념이므로 포트폴리오내 다수 브랜드들을 운영함에 따른 비용 절감 효과에 산출해야 한다. 또한 다수 브랜드들을 운영함에 따른 마케팅 비용의 절감 효과나 시너지 효과를 재무적 지표로 계산할 수 있어야 한다.

3) 브랜드 확장 차원의 검토

브랜드 확장은 카테고리 또는 해외시장에서도 소비자 인식을 높일 수 있고 잠재적으로 확장을 통한 마케팅 비용도 절감되는 이점이 있다. 이에 운영하고 있는 브랜드 포트폴리오 내 다양한 제품으로 확장할 수 있는 잠재적 브랜드 역량으로 정의하여 브랜드 확장의 가능성을 검토한다. 운영 중인 브랜드들의 브랜드 확장의 가능성과 미래 경쟁력을 근거하여 포트폴리오 내 브랜드 수를 결정한다.

4. 브랜드 포트폴리오 조정

시간이 흐름에 따라 소비자 인식과 니즈의 변화로 인해, 포트폴리오 내 다양한 제품들과 브랜드들도 변화하게 된다. 이에 따라, 장기적 관점에서 브랜드포트폴리오는 소비자의 변화하고 발전하는 니즈를 충족시며 만족을 증대하기 위해 브랜드 전환 관리를 하는 것이 중요하다. 특히 기술 집약 시장에서는 소비자의 기술 수용이 다르고 관련한 소비자 니즈의 변화도 빠르기 때문에 기업은 적절한 시점에 브랜드를 전환하도록 하는 것이 중요하다.

1) 브랜드 이주 전략

소비자가 인식하고 있는 브랜드 포트폴리오내 브랜드 이주를 촉진하는 계층구조를 마련하는 전략이다. 예를 들면, BMW 3, 5, 7 시리즈나 기아자동차의 3, 5, 8 시리즈와 같은 넘버링 시스템은 숫자가 높을수록 고품질을 의미한다. BMW는 브랜드의 하위 자동차를 타는 소비자를 다음 단계의 상위 브랜드로 이주하도록 현재 고객을 대상으로 다양한 방식의 촉진활동을 한다.

2) 신규 고객 확보

새로운 소비자 세그먼트들이 등장함에 따라 기본의 브랜드 포트폴리오를 조정해야 할 경우도 많다. 최근 친환경, 에너지 등에 민감한 소비자를 타겟하기 위해 신규 브랜드를 개발하고 이 신규 브랜드의 기능과 역할을 부여하기 위해 브랜드 포트폴리오는 조정해야 하는 경우이다. BRAND HIGHLIGHT에서 소개한 바와 같이, 삼영사 큐원은 B2B 사업에 집중된 삼양사가 신규 패밀리브랜드 큐원을 통해 브랜드 포트폴리오 조정을 혁신적으로 변화했다. 공격적인 IMC 마케팅 전개로 신규 20-30대의 B2C 고객을 확보하고 성공적으로 매출 증대 성과를 거두었다.

삼양사 패밀리브랜드 '큐원'

삼양사는 다른 종합식품기업과 달리 제품 중심의 개별 브랜드들을 오래 운영해 오다가 뒤늦게 2000년 초반에 패밀리 브랜드의 필요 인식을 하게 되었다. 당시 삼양사의 브랜드 포트폴리오는 설탕 브랜드만 브랜드명이 부각이 되고 다른 제품들은 인지도도 전문성도 친근감도 다소 떨어지는 상황이었다. 또한 소비자들은 삼양사를 삼양라면으로 유명한 삼양식품으로 혼동하는 경우가 많아서 식품부문의 브랜드 관리의 문제점과 한계점을 해결하고자 패밀리브랜드를 출시하기로 하였다.

〈기존 삼양사의 브랜드 포트폴리오〉

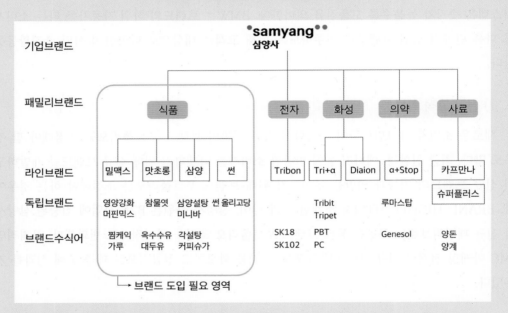

경쟁사인 CJ는 '다시다', '백설', '햇반'과 같은 개별브랜드와 냉장의 건강제품의 패밀리 브랜드인 프레시안 등 다수의 브랜드 전략을 운영하고 있다. 반면, 대상은 새로운 패밀리브랜드 '청정원'을 만들어 대부분 제품을 포괄하는 메가브랜드 전략을 사용하고 일부 제품브랜드들을 함께 운영하고 있다.

〈CJ 브랜드 포트폴리오〉

FOOD & FOOD SERVICE 식품 & 식품서비스	BIO 생명공학	LOGISTICS & RETAIL 물류 & 신유통	ENTERTAINMENT & MEDIA 엔터테인먼트 & 미디어
대한민국의 식문화를 이끌어온 CJ의 식품 & 식품서비스부문은 이제 대한민국을 넘어 글로벌 식문화를 창조하고 있습니다.	CJ의 바이오부문은 최고의 기술과 경쟁력으로 생명공학의 미래를 선도하며 인류의 건강한 삶에 기여하고 있습니다.	CJ의 물류 & 신유통부문은 세계인의 라이프스타일을 혁신하며 글로벌 물류와 유통의 새로운 역사를 만들고 있습니다.	CJ의 엔터테인먼트 & 미디어 부문은 K-문화 콘텐츠가 중심이 되는 글로벌 대중문화의 기준을 제시하고 있습니다.
CJ CHEILJEDANG 식품사업부문 **CJ FOODVILLE** **CJ FRESHWAY**	**CJ CHEILJEDANG** BIO사업부문 **CJ FEED&CARE**	**CJ LOGISTICS** **CJ OLIVENETWORKS** **CJ OLIVEYOUNG** **CJ ENM** 커머스부문	**CJ ENM** 엔터테인먼트부문 **CJ CGV**

〈자료원〉 CJ Newsroom, 2021.11.3.

〈대상 브랜드 포트폴리오〉

DAESANG

청정원	맛으로 정성스럽게 삶을 채워나가는 종합식품 전문 패밀리브랜드 1996년 첫선을 보인 청정원은 요리에 필수인 기본 소재부터 완성형 요리인 편의식까지 건강하고 맛있는 먹거리로 경계없이 식생활을 더욱 풍요롭게 만드는 라이프푸드(Life Food) 입니다. 최적의 맛과 영양을 끌어내는 청정원만의 노하우를 바탕으로 고객의 식생활과 삶을 총체적으로 공유하고 만들어 나갑니다.

 순창
대한민국 대표 장의 본류를 잇다, 순창
장의 기본인 깨끗한 원료와 전통발효 제조공법을 기반으로, 먹고 요리하는 방식을 바꾸며 변화를 선도하는 장류 전문 브랜드입니다.

 HOME:ings
제대로 즐기는 식사, 호밍스
나만의 공간에서 나의 시간을 만드는 편리함에 여유와 맛까지 생각하는 가정 간편식 브랜드입니다.

 햇살담은
햇살 아래 맛있게 익어가는 장맛, 햇살담은
청정원만의 달임공법으로 간장 본연의 감칠맛과 진한 풍미를 살린, 100% 자연 숙성 간장 전문 브랜드입니다.

 안주夜
안주의 새로운 바람, 안주야
홈술·혼술족을 위해 안주 맛집의 맛과 식감을 살린 레시피로, 주종에 따라 집에서 간편하게 즐기는 안주 전문 간편식 브랜드입니다.

 홍초
나를 위한 건강한 일상 음료, 홍초
100% 발효식초에 엄선한 과일과 식이섬유, 올리고당을 넣어 간편하고 맛있게 즐기는 '마시는 식초' 브랜드입니다.

 카레여왕
프리미엄 요리카레, 카레여왕
정통 프랑스식 퐁드보육수와 엄선된 재료로 전문점에서 먹던 퀄리티를 구현한 간편 카레로, 깊고 진한 맛을 즐길 수 있습니다.

 맛선생
자연 담은 맛있는 재료, 맛선생
자연에서 얻은 깨끗한 원료로 간편하고 손쉽게 풍부한 맛을 올려주는 전문가의 솜씨를 느낄 수 있는 자연조미료 브랜드입니다.

〈자료원〉 대상주식회사 2022 지속가능경영보고서

CHAPTER 10 브랜드 포트폴리오 전략 373

삼양사는 신규 패밀리브랜드 전략을 추진하기로 하였고, 점증적 변화와 혁신적 변화의 2개의 방안을 검토하여 최종적으로 혁신적 변화 방안으로 정하였다. 삼양사는 B2B 비중이 다른 경쟁사 대비 월등히 높은 기업으로서 40여 년 사용한 B2B 브랜드 '삼양'을 과감하게 버리고 새로운 패밀리브랜드로 전격적으로 사용하는 혁신을 선택한 것이다.

〈삼양사의 패밀리브랜드의 역학과 범위 설정에 대한 2가지 검토 방안〉

특히 삼양사는 소재(ingredient) 식품 중심의 제품으로 구성되어 있다. 삼영사의 식품 부문을 전체를 견인할 수 있는 포괄적인 이미지와 경쟁사와 비교할 때 식품 속성만 한정하는 것을 지양하였다. 이에 브랜드 네이밍의 기준을 첫째, 식품 부문만이 아닌 전체 이미지를 대표하는 전략으로 포괄성, 국제성, 미래지향을 목표로 하였다. 둘째, 기존의 브랜드와의 관계를 설정하는 것이다. 당시 대부분 기업은 패밀리브랜드 전략 아래, 신규 패밀리브랜드를 만들고도 개별브랜드를 그대로 운영하는 경우가 많았다.

네이밍 키워드를 검토한 결과, 첫째, 식품에 국한되어 있지 않고 식품 부문 이미지를 포괄적으로 지향함과 동시에 환경친화성, 바이오, 신기술 지향성을 담기 위해 '자연'이라는 컨셉을 적용하기로 하였다. 둘째, 경쟁사처럼 구체적으로 식품의 속성을 표현을 지양하고 표현의 범위를 더 넓게 잡아서 가능성을 열어두기로 하였다. 이에 최종적으로 '큐원'이 결정되었다. 식품의 이미지는 사과를 기반으로 'Quality No. 1'을 지칭하는 'ㅋ · ㅇ · Q · 1'로 구성된 로고 심벌이 탄생하였다.

삼양사는 새로운 패밀리브랜드 발표와 함께 새로운 슬로건 'Life's Ingredients'를 발표하고 적극적으로 IMC 마케팅을 전개했다. 이 슬로건은 소재사업 중심의 기업 속성을 잘 표현하고 소재사업의 영향력과 중요성 또한 강조한 것으로 소비자 삶 속에 꼭 필요한 성분과 소재를 제공하는 기업의 의미를 두었다.

브랜드 도입 초기에 활발한 TV, 지면 광고를 통해 당시 생소한 쿠키를 만드는 젊은 여성의 이미지를 부각하면서 '젊음', '스타일' 등의 신선한 이미지를 어필하였고 '즐거운 요리', '새로운 생활', '젊어진다'의 메시지를 반복적으로 노출하였다. 또한, 제빵제료와 기구 등을 판매하는 신개념 홈베이킹 토탈 샵 'Mix&Bake'를 오픈하여 홈베이킹 문화 확산을 도모했다. 이러한 플래그십 스토어(flagship store)는 단순히 자가 제품을 판매하는 유통점의 기능만이 아닌 소비자가 제품을 직접 보고 만지고 체험하면서 브랜드의 이미지를 경험하도록 하는 체험 마케팅을 실행한 것이다.

초기 TV광고   초기 지면광고

신규 패밀리 브랜드의 성과는 매우 훌륭했다. 2003년 6월 기준 브랜드 인지도가 41%에서 2004년 12월 77%, 2005년 80%로 급상승하였고 많은 브랜드대상을 수상하였다. CJ, 대한제당, 대상의 3사과 과점상태인 B2C 설탕시장에서 설탕매출이 20% 가까이 상승하였다.

큐원은 패밀리브랜드의 자체 기능뿐만 아니라 B2C로서 소비자에게 인식을 확보하고 가치를 전달하는 역할과 동시에 기업의 정체성과 나아갈 방향을 기업 스스로 확인하게 하는 이정표의 역할을 하는 기업의 대표 브랜드로 자리 잡았다. 다른 브랜드의 이미지에 긍정적인 영향을 주는 브랜드나 하위브랜드를 '실버블렛 브랜드'(silver bullet brand)라고 하는데 큐원은 삼양사의 실버블렛 브랜드 역할과 기능을 성공적으로 해 오고 있다.

〈자료원〉 브랜드메이저(2007), '최고의 브랜드에는 특별한 드라마가 있다'

Section 02 브랜드 계층구조 전략

1. 브랜드 계층구조의 정의 및 유형

브랜드 계층구조(brand hierarchy)는 브랜드 하이라키 또는 브랜드 위계라고도 하는데, 기업이 제공하는 여러 가지 다양한 제품에 적용되는 브랜드 간의 서열, 순서를 의미하는 '수직적 개념'이다. 브랜드 계층구조 상에서 상위브랜드와 하위브랜드와의 관계를 규정하는 것이 브랜드 계층구조 전략이다. 〈그림 10-4〉에서 보듯이, BMW의 브랜드 계층구조 기업브랜드 아래, 제품라인 브랜드 8개를 한국에서 운영하고 있다. 브랜드 특징은 i (인젝션 엔진), d (디젤), c (쿠페), t (터보)로 명시하는데, 예컨대, 개별 제품브랜드 325Ci라는 브랜드명은 3 시리즈에 2500cc의 쿠페형에 인젝션 엔진의 제품 특징을 가지고 있음을 설명하고 있다

그림 10-4 브랜드 계층구조: BMW 예시

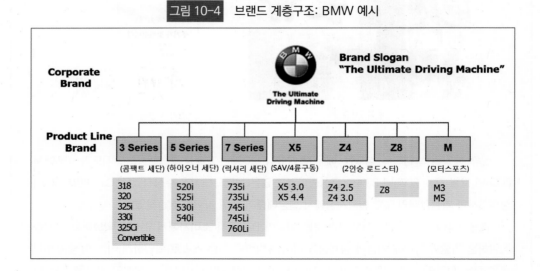

〈그림 10-5〉는 브랜드 계층구조의 이해를 돕기 위한 또 다른 사례로서 삼성그룹의 브랜드 계층구조를 보여주고 있다. 기업브랜드는 corporate brand 혹은 company brand라고 불리며, 기업브랜드 정체성을 일반적으로 CI(corporate identity)라고 불린다. 예컨대, 삼성전자, 삼성화재, 에버랜드, 제일모직 등이다. 기업 이미지는 보유한 제품브랜드들과 제품에 대한 태도 및 구매 관련 행동들에 직·간접적으로 강하게 영향을 미치기 때문에 매우 중요하다. 그룹 브랜드가 기업브랜드의 상위적 개념으로서, 제품 모델명에도 적용되고 브랜드 전략적 관리를 위해 지주회사(holdings company)를 운영을 통해 총체적으로 브랜드 관리를 하기 때문에 그룹 브랜드도 브랜드 계층 구조에서 매우 중요한 역할을 하고 있다. 그룹 브랜드의 긍정적인 이미지

와 연상을 형성하고 유지하기 위해 상징적이고 이미지 중심의 마케팅 커뮤니케이션이 적극적으로 진행되고 있다. 특히, 기업의 사회적 책임(corporate social responsibility: CSR)의 중요성이 강조되는 요즘에 다양한 ATL 마케팅(Above The Line Marketing), BTL 마케팅(Below The Line Marketing) 채널을 통하여 그룹 브랜드를 위한 마케팅 커뮤니케이션을 하고 있다.

패밀리 브랜드(family brand)는 범위 브랜드(range brand) 혹은 우산 브랜드(umbrella brand)라고도 불리는데, 브랜드가 하나 이상의 제품 카테고리를 포괄하던가 혹은 특정 사업부내 모든 제품을 포괄하기 위한 넓은 범주를 지닌 브랜드이다. 일반적으로 FMCG(Fast Moving Consumer Goods) 기업들이 기업 브랜드를 사용하지 않고 패밀리 브랜드를 운영하는 이유는 기업 브랜드의 포괄적 의미나 혜택보다는 제품들과 직접 연계된 의미, 혜택, 이미지들을 구현하고 마케팅 커뮤니케이션하는 것이 더욱 효과적이기 때문이다. 삼성전자의 핸드폰 브랜드 '갤럭시'는 제품 브랜드로 시작했다가 패밀리 브랜드로 그 역할이 확장된 경우이다.

제품 브랜드는 특정 제품의 개별 브랜드(individual brand)로서 일반적으로 제품 브랜드 아이덴티티(product brand identity)의 약자인 PI라고 한다. 브랜드 수식어(brand modifier)는 특정 아이템이나 제품의 세부 제품 속성, 모델 유형, 특정 버전 등을 구체적으로 명시함으로써 다른 패밀리 브랜드나 제품 브랜드들과 구별하기 위한 수단이다. 갤럭시S10, S20라던가, 갤럭시 노트 10, 20 등으로 삼성 갤럭시는 제품의 기술 개발을 통해 제품 버전을 브랜드 수식어로 표기하고 버전을 계속적으로 올렸다. 이러한 전략을 버저닝 전략(versioning strategy)이라고 한다.

그림 10-5 브랜드 계층구조: 삼성전자 예시

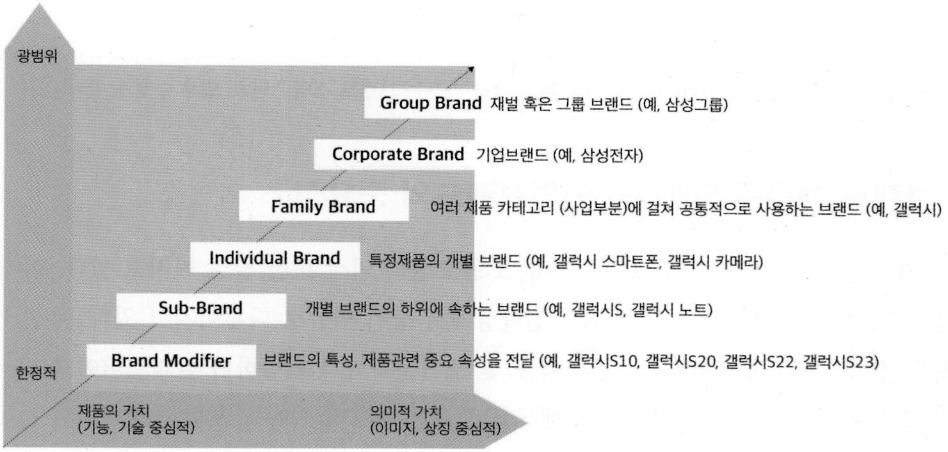

〈자료원〉 이명식.양석준.최은정(2018), '전략적 브랜드마케팅', 서울: 박영사.

2. 모 브랜드와 자 브랜드 간의 브랜드 계층구조

관련 브랜드들을 효과적으로 관리하기 위해서는 최적화된 브랜드 계층구조를 명확히 규정하는 것이 중요하다. 계층화된 브랜드 간에 밀접히 연계하여 서로의 시너지 효과를 배가시키는 것 또한 중요하다. 일반적으로 기업브랜드나 패밀리브랜드가 모 브랜드가 되고 개별 제품브랜드가 자 브랜드가 되는 경우를 많이 볼 수 있다. 예를 들자면, LG패션의 패션브랜드 헤지스가 헤지스아이웨어를 런칭한 경우는 헤지스가 모 브랜드이고 헤지스아이웨어는 자 브랜드에 해당된다. 헤지스는 모 브랜드이기도 하고 개별브랜드도 하면서 자 브랜드인 헤지스아이웨어의 품질이나 신뢰를 증명하고 구매결정을 선동하는 보증인(endorser) 역할을 하는 것이다. 모 브랜드와 자 브랜드의 일반적 관계는 〈그림 10-6〉과 같다.

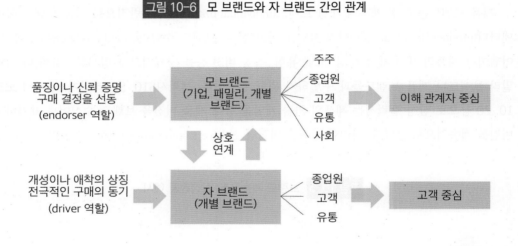

그림 10-6 모 브랜드와 자 브랜드 간의 관계

〈자료원〉 하쿠호도 브랜드 컨설팅(2002), "회사의 운명을 바꾸는 브랜드 경영," 윈스. 일부 수정 보완

3. 브랜드 계층구조에서의 기업브랜드의 중요성

최근 기업브랜드의 역할이 중요해지면서 그 중요성의 인식 또한 날로 커지고 있다. 이에 따라 기업브랜드의 조직 내 그 위상은 조직 전략상에서 상위 이슈로 다루어지고 있다. 우선 기업브랜드의 전략적 관리를 위해서는 조직행동 및 조직문화까지 확장하여 살펴보아야 한다. 더 나아가 조직전략 수립 및 운영에 기업브랜드를 중요한 전략적 이슈도 포함하여야 한다.

〈표 10-2〉에서 보여주듯이, 기업브랜드와 제품브랜드는 원천적으로 상이하다. 기업브랜드는 회사 전반에 모든 이해 관계자로서 적용 범위 및 규모가 매우 넓다. 기업브랜드 정체성

또한 회사의 전통, 구성원들의 공통된 가치와 신념이 그 근원을 이룬다. 그렇기 때문에 기업브랜드의 관리 책임자는 단순 마케팅이나 제품 영업 담당자가 아닌 CEO 또는 마케팅, 홍보전략, 디자인, 인적자원관리 등의 경영진이어야 한다. 기업브랜드의 수명은 기업 그 자체의 수명 기간과 동일하다. 따라서 기업브랜드를 중심으로 기업의 중장기적 관점에서 브랜드 경영 체계를 구축하는 것이 중요하며, 기업브랜드와 각 제품브랜드와의 역학관계인 브랜드 계층구조를 명확하게 규정하는 것이 중요하다.

표 10-2 기업브랜드와 제품브랜드의 차이

	제품 브랜드	기업 브랜드
적용 범위와 규모	단일제품(군)이나 서비스(군)	회사 전체 회사 내외 모든 이해 관계자들
브랜드 정체성의 근원	단일제품(군)이나 서비스(군)을 위한 시장조사 결과 혹은 관련 아이디어	회사의 전통, 구성원 들의 공통적으로 공유하는 가치와 신념
목표 타깃	외부 고객(소비자)	다수의 이해 관계자 집단 외부고객, 내부고객(임·직원), 투자가, 협력회사, 정부 등
관리 책임자	제품이나 서비스 관련 마케팅, 영업 담당 부서 인적자원 관리 등	CEO 또는 경영진(마케팅, 홍보전략, 디자인)
브랜드 육성 기간	제품 수명 기간	기업의 존속 기간

〈자료원〉 Hatch and Schultz(2008), Taking Brand Initiative; How Companies Can Align Strategy, Culture, and Identity Through Corporate Branding, Jossey-Bass. 재구성

Section 03 브랜드 아키텍처 전략

1. 브랜드 아키텍처의 정의 및 유형

브랜드 아키텍처(brand architecture)는 브랜드체계라고도 하는데, 한 기업이 운영하는 여러 브랜드들의 각각의 역할과 책임, 시장커버리지, 상호 역학관계와 서열 등을 한눈에 보여준다. 〈그림 10-7〉에서 보여주듯이 브랜드 포트폴리오(수평적)와 브랜드 계층구조(수직적)가 이루어 3차원적인 총괄적 개념이 브랜드 아키텍처이다. 브랜드 아키텍처는 브랜드 의사결정의 가장 큰 범주와 개념으로서 포괄적 차원에 기업의 모든 브랜드들을 어떻게 운영할까에 대한 브랜드경

영에 기초 계획이다.

브랜드 아키텍처 설계(brand architecture design)는 기업이 다수 브랜드를 보유했을 때 각 브랜드의 역할과 관계를 정리해서 구조화하여 브랜드 전체를 포괄적으로 파악하고 운영 관리를 계획하는 것을 말한다. 대상 제품에 어떤 식의 브랜드체계 믹스를 적용할 것인가 하는 것을 의사결정을 하는 것으로 고객들로 하여금 우리 브랜드가 어떻게 불릴 것인가에 대한 결정 등을 정한다.

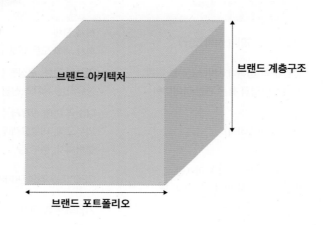

그림 10-7　브랜드 포트폴리오, 브랜드 계층구조, 브랜드 아키텍처의 개념적 구조

브랜드 아키텍처 전략이 필요한 이유는 첫째, 기업이 보유한 각각의 브랜드들의 가치를 강화하여 효과적으로 강력한 브랜드를 실현하기 위함이다. 브랜드들의 적절한 조합을 효과적으로 운영함으로써 브랜드 관련 내·외부 이해관계자들이 보유한 브랜드 이미지와 의미를 일치시켜 브랜드 아이덴티티를 강하게 소구하고 이를 통해 각각의 브랜드 가치를 증대할 수 있기 때문이다. 둘째, 한정된 자원을 잘 배분하여 브랜드 구축 및 관리를 하기 위함이다. 기업이 보유한 모든 브랜드의 각각의 포지셔닝을 파악하고, 기업의 전략에 따라 주력할 브랜드와 철수할 브랜드 등 조직 내 전략에 따른 각 브랜드의 전략적 역할을 정의한다. 이를 통해, 자원을 효과적으로 배분하여 브랜드 효율을 최대화할 수 있는 의사결정이 가능하도록 해준다. 셋째, 브랜드체계가 필요한 이유는 앞서 논의한 각 브랜드의 전략적 역할 정의를 정리하다 보면, 신규 브랜드의 시장 기회를 발견할 수 있기 때문이다. 넷째, 급변화하는 시장환경과 자원의 한계 등의 이유로 브랜드체계를 무시하고 전략에 근거하지 않은 브랜드 확장, 브랜드 리포지셔닝 등의 부적절한 운영 관리의 문제를 예방할 기본 체제를 보유한다는 점에서 매우 의미가 있다.

2. 브랜드 아키텍처 전략과 기업비전 및 사업전략

기업의 비전에 따라 브랜드 아키텍처 전략은 수립되기 때문에 기업비전을 구현하기 위해 브랜드 차원의 실행전략이 브랜드 아키텍처라 할 수 있다. 현대자동차그룹은 2025년부터 모든 차종을 '소프트웨어 중심 자동차(Software Driving Vehicle: SDV)'로 전환한다고 선언했다. 이는 전통적 제조산업의 대표적인 하드웨어 제품인 자동차도 소프트웨어 중심으로 전환하겠다는 현대자동차의 비전 선포인 것이다. 현대자동차는 또한 미래 친환경 자동차로의 전환기에 맞추어 전기차로 올인함과 동시에 에너지로 수소를 전략적 게임 체인저로 삼아 수소차를 세계 최초로 양산에 성공하였다.

그 결과, 〈표 10-3〉과 같은 브랜드 아키텍처 전략을 가지고 있다. 현대자동차 승용차부분의 브랜드 전략은 두 가지 형태다. 기존에 존재하고 있는 카테고리인 친환경자동차에는 기존 브랜드를 확장을 하고(소나타→소나타 하이브리드, 그랜저→그랜저 하이브리드), 기업의 미래비전에 따라 출시된 신제품을 위해 수소자동차 제품브랜드 넥소(NEXO), 친환경자동차 아이오닉(Ioniq)처럼 신규 제품브랜드를 런칭했다. 또한 글로벌시장의 SUV의 높은 수용에 대응하기 위해 SUV 전용 브랜드를 소형에서 대형까지 5개의 브랜드들(팰리사이트, 산타페, 투싼, 맥스크루즈, 코나) 운영하고 있다.

표 10-3 브랜드 아키텍처 전략: 현대자동차 사례

HYUNDAI

구분	승용	SUV	MPV	친환경	소형상용	버스&트럭	Premium
브랜드	Accent	PALISADE		IONIQ Hybrid/Plugin/ Electric	PORTER II PORTER II 특장차	버스 UNIVERSE Solati	GENESIS
	AVANTE	SANTAFE	STAREX	NEXO (수소전기차)		County Aerotown	
	SONATA SONATA taxi	TUCSON	그랜드 STAREX Urban	SONATA Hybrid		GREENCITY Super Aerrocity	
			그랜드 STAREX Special Vehicle	SONATA Plug-in		UNICITY ELECITY	
	GRANDEUR GRANDEUR taxi	MAXCRUZ	그랜드 STAREX Limousine	GRANDEUR Hybrid		트럭 MIGHTY MEGATRUCK	
	VELOSTER VELOSTER N	KONA		KONA Electric		NEWPOWER TRUCK XCIENT	
	i30 i40						

3. 브랜드 아키텍처 전략의 유형

　　브랜드 매니저는 브랜드들과 구조화된 브랜드 계층 사이에서 총체적인 관점에서 브랜드 아키텍처 전략을 결정하고 실행해야 한다. 한 기업의 브랜드 아키텍처는 다양한 브랜드 수준의 결합으로 구성할 수 있다.

　　브랜드 아키텍처전략은 단일브랜드 전략, 복합브랜드 전략, 개별브랜드 전략이 있다. 〈표 10-4〉에서 설명했듯이 각 전략은 전략적으로 이점들과 위험들이 공존하기 때문에 브랜드 매니저는 각 기업의 처한 상황과 신규제품의 강·약점 등을 고려하여 브랜드 하이라키에 관한 전략적 의사결정이 필요하다.

표 10-4 브랜드 아키텍처 전략의 대표적 유형

전략 형태	단일 브랜드 전략	복합 브랜드 전략	개별 브랜드 전략
전략 특징	자사의 모든 상품을 단일 브랜드(기업 브랜드)로 통일	기업 브랜드와 개별 브랜드의 조합	제품이나 서비스에 독자 포지션과 브랜드명을 부여해 독립된 프로모션을 실행하는 전략
전형 예	• BMW(BMW3, BMW528 EMD), 아이보리(아이보리 비누, 아이보리 샴푸 등) • 애플(iMac, iPod, iPhone, iPad, iWatch 등)	농심 신라면, 삼성 지펠, 삼성 갤럭시, Courtyard by Marriott(메리엇호텔의 중가형 호텔), 오뚜기(오뚜기 카레, 오뚜기 진라면 등), 풀무원(풀무원 두부, 풀무원 콩나물 등)	P&G, 필립모리스, GOOGLE
전략 메리트	• 일관된 아이덴티티의 창출 • 이미지 통일로 마케팅 비용의 효율화	기업 브랜드의 개별 브랜드간의 시너지 효과로 시장상황에 대응하는 유연한 브랜드 전개가 가능함	• 카테고리를 대표하는 브랜드 개발 가능 • 개별 브랜드의 실패가 다른 브랜드나 기업 브랜드 전체에 영향을 미치지 않음
전략 리스크	• 아이덴티티의 희박 • 개별 상품의 실패가 기업 브랜드 전체에 영향을 미치기 쉬움	브랜드 체계의 복잡화→브랜드 자산 강화의 방향성에 일관성이 없어질 수 있음	• 마케팅 투자의 증가 • 개별 브랜드의 성공이 기업 이미지 전체에 기여하지 않음

〈자료원〉 하쿠호도 브랜드 컨설팅(2002), "회사의 운명을 바꾸는 브랜드 경영," 원앤원북스, 일부 수정 및 보완

1) 단일 브랜드 전략

기업브랜드를 자사의 모든 제품에 적용하여 단일 브랜드로 통일하는 전략으로서 BMW, 벤츠, 캐논, 필립스 등이 그 예이다. 본 단일 브랜드 전략(single parent brand strategy)의 장점은 첫째, 광범위한 제품 카테고리들의 이미지들을 통일하기 때문에 일관성 있는 브랜드 아이덴티티를 창출 및 유지하기가 쉽다는 점이다. 둘째, 단일 브랜드를 마케팅 커뮤니케이션하기 때문에 비용 절감 효과가 크고 브랜드 운영과 관리상의 용이성과 효율성이 높다. 이와 반대로, 단일 브랜드 전략의 단점은 첫째, 단일 브랜드가 넓은 범위의 카테고리의 제품 전체를 다 커버해야 하기 때문에 브랜드 관점에서 명료한 브랜드 아이덴티티를 전달하기 어려울 수도 있다. 둘째, 기업브랜드를 가지고 단일 브랜드로 다양한 제품에 접목하기 때문에 모 브랜드인 기업 브랜드 기존의 고유 이미지와 연상들이 희석될 수도 있다. 셋째, 가장 결정적인 문제점으로서 개별 제품이 시장에서 실패하는 경우, 기업브랜드에 직접적으로 영향을 미치기 때문에 기업 이미지 손상의 위험도 높다는 점이다.

2) 복합 브랜드 전략

복합 브랜드 전략(brand endorsement strategy)은 기업브랜드, 패밀리브랜드, 개별브랜드 간의 브랜드 조합을 전개하는 전략으로 기본적으로 보증 전략(endorsement strategy)을 기반으로 하고 있다. 보증전략은 기업브랜드나 패밀리브랜드가 개별브랜드의 품질이나 신뢰를 증명하고 보증하여 소비자의 지각된 위험을 감소함에 따라 구매결정을 촉진하는 효과가 있다. 그 예로는 삼성 지펠, LG 디오스, 현대 힐스테이트와 디에이치 등이 있다. 복합 브랜드 전략의 장점은 첫째, 구매 동기가 되는 개별브랜드와 개별브랜드를 보증하는 기업브랜드 간의 높은 시너지 효과를 창출된다는 점이다. 기업브랜드의 높은 인지도나 호감도가 인지도나 호감도가 상대적으로 부족한 개별브랜드를 보증 역할을 하여 개별브랜드의 인지도나 호감도가 실제 향상되게 한다. 둘째, 기업브랜드 혹은 패밀리브랜드가 개별브랜드를 보증하기 때문에 개별브랜드는 시장 변화에 유연하게 대응 및 전개가 용이하다. 반면, 복합 브랜드 전략의 단점은 첫째, 브랜드 아이덴티티의 일관성 있게 유지하고 관리하기가 어렵다. 둘째, 혹 개별브랜드가 크게 실패한 경우에 개별브랜드에게만 부정적인 시장 피드백이 반영되는 것이 아니라 보증 역할을 한 기업브랜드나 패밀리브랜드에게도 부정적 영향이 미칠 수 있다. 셋째, 연관성이 부족하고 적합성이 낮은 기업브랜드와 제품브랜드 간의 보증인 경우, 보증한 기업브랜드의 이미지가 희석되는 문제도 발생할 수 있다.

3) 독립 브랜드 전략

독립 브랜드 전략(independent brand strategy)이란 제품이나 서비스 브랜드를 독립적으로 전개하는 전략으로서, 기존의 기업브랜드와 제품브랜드들과 상관없이 독립적으로 브랜드를 개발하고 운영한다. 실제 기존 브랜드들의 연관성을 의도적으로 배제하기 위해 기업브랜드를 감추고 독립적으로 개별 브랜드를 운영하는 경우가 많다. 대표적 성공사례로 도요타의 '렉서스'가 있다. 일본이 미국에 진출하여 그 시장점유율(M/S)을 늘려가는 중, 미국 고급시장을 공략하기 위해 여러 시도를 하였으나 기존 일본차의 저가 이미지와 대중 이미지로 인해 큰 어려움을 겪었다. 이에 도요타는 1989년에 고급차종의 위상을 포지셔닝하기 위해 개별 독립 브랜드 '렉서스'를 런칭하였다. 기존의 도요타의 유통 딜러가 아닌 새로운 별도의 유통 딜러 프렌차이징 시스템을 구축하고 도요타와 완전히 별개인 고급 브랜드로서 마케팅 커뮤니케이션을 하여 고급 브랜드로서 포지셔닝하였다. 그 결과, '렉서스'는 미국 고급 승용차 시장에 성공적으로 진입하였다.

독립 브랜드 전략의 장점은 개별브랜드가 혹 실패하더라도 독립적으로 분리되어 있기 때문에 기업브랜드에 미치는 영향이 없으며, 개별브랜드가 카테고리를 대표하는 브랜드로 확장될 수도 있다는 점이다. 반면, 독립 브랜드 전략의 단점은 독립적 개별 브랜딩과 마케팅 커뮤니케이션에 의해 높은 마케팅 비용을 감수해야 하고, 개별브랜드가 성공한다 하더라도 해당 기업의 기업브랜드 전체에 확장한 기여가 없는 한계점이 있을 수 있다.

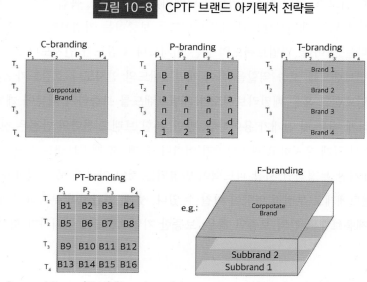

그림 10-8   CPTF 브랜드 아키텍처 전략들

〈자료원〉 Carolino and Santos(2018), "Brand portfolio strategy and brand architecture: A comparative study"

〈그림 10-8〉은 다양한 브랜드 아키텍처 전략을 CPTF로 구분하여 다섯 개로 유형화한 것이다. C-브랜딩은 기업 브랜드를 통일된 브랜드로 채택하는 "Branded House" 전략으로서 모든 제품 범주 및 대상 그룹에 기업브랜드명을 통일되게 적용한다. P-브랜딩은 각 제품 범주에는 고유한 브랜드를 운영하는 "House of Brands" 전략으로서 좁은 의미에서는 제품브랜드이며, 보다 확대된 범주로는 카테고리 브랜드, 혹은 라인 브랜드라고도 한다. T-브랜딩은 기업의 각 목표 그룹별로 별도 브랜드를 만들어 여러 제품을 포괄하는 브랜드를 운영하는 경우에 해당된다. PT-브랜딩은 매트릭스의 각 필드가 있는 제품 및 대상 그룹별로 자체 브랜딩을 하여 운영하는 브랜드 전략이다. 마지막으로, F-브랜딩은 패밀리 브랜드 전략으로서 고유 브랜드명에 특정 수의 하위 브랜드와 함께 2개 이상의 계층 수준을 포함한다.

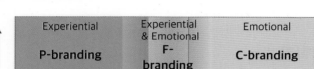

그림 10-9 브랜드 아키텍처 전략 유형별 제공 혜택

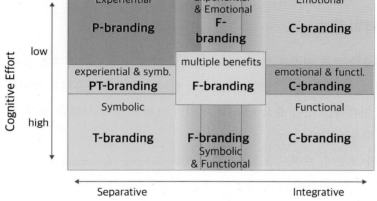

〈자료원〉 Carolino and Santos(2018), "Brand portfolio strategy and brand architecture: A comparative study", *Cogent Business & Management*, 5(1), 1-10.

〈그림 10-9〉는 X축(분리-통합)과 Y축(인지적 노력이 높고-낮음)을 기준으로 브랜드가 제공하는 혜택 중 소비자 관점의 혜택(기능적 혜택, 감정적 혜택, 경험적 혜택, 상징적 혜택)과 정보처리 스타일에 따른 전략적 브랜드 개념을 4사분면으로 나누어 브랜드 아키텍처 전략 CPTF 유형과 연결하여 다양한 전략을 제안하고 있다. 이는 최적화된 브랜드 아키텍처 전략을 확인하고 탐색하기 위한 도구로서 활용할 수 있다.

① 인지적 노력의 낮고 높음에 따른 감정적 C-브랜딩과 기능적 C-브랜딩은 브랜드 간의 통합 전략을 펼쳐야 함

② 인지적 노력의 낮고 높음에 따른 경험적 P-브랜딩과 상징적 T-브랜딩은 다른 브랜드들

과 분리된 별도 전략을 펼쳐야 함

③ 경험적 & 상징적 PT-브랜딩은 다른 브랜드들과 분리된 별도 전략을 펼쳐야 함

④ 감정적 & 기능적 C-브랜딩은 브랜드 간의 통합 전략을 펼쳐야 함

⑤ F-브랜딩은 기본적으로 모든 제공 혜택을 제공하기 때문에 복합적 전략을 펼쳐야 하며 상대적으로 낮은 인지적 노력을 요하는 경험적&감정적 F-브랜딩과 상대적 높은 인지적 노력을 요하는 상징적&기능적 F-브랜딩 전략이 바람직함

Section 04 브랜드 포트폴리오, 브랜드 계층구조, 브랜드 아키텍처의 역학관계

1. 전략들의 역학관계

브랜드 관리의 중요한 기본 전략은 브랜드 포트폴리오 전략, 브랜드 계층구조 전략, 그리고 브랜드 아키텍처 전략, 이 세 개념은 브랜드 현장에서 많이 혼선되어 사용되고 있어서 이들 전략 간의 역학관계를 이해하는 것이 중요하다. LG전자의 브랜드 전략 사례를 들어 이 세 개념과 전략을 설명하면 다음과 같다.

〈표 10-5〉에서 보듯이, 브랜드 포트폴리오 전략(brand portfolio strategy)은 각 브랜드가 시장에서 어떤 임무를 맡았는지에 대한 '수평적 개념'으로서 기업이 운영하는 제품(군)에 몇 개가 브랜드들로 운영할까에 대한 개념이다. LG전자의 경우는 냉장고 전용브랜드로 '디오스'를, 세탁기 전용브랜드로 '트롬'을 운영하는 제품군별로 별도 브랜드를 운영하고 있다. 이와 아울러 특정 제품군별 브랜드가 아닌 상위 타겟 세그먼트를 위해서도 브랜드를 런칭하였는데 LG전자의 최상위 타겟으로 'LG 시그니처'를 운영하고 있고, 종합적 디자인을 강조한 'LG 오브제'를 운영하고 있다.

브랜드 계층구조 전략(brand hierarchy strategy)은 기업이 운영하고 브랜드 간의 서열, 순서 등에 대한 '수직적 개념'이다. LG전자는 냉장고 제품군에서 운영되는 김치전용 냉장고, 와인셀러 등에 냉장고 전용브랜드인 '디오스'를 모브랜드로 하여 브랜드 확장을 한 서브브랜드로 운영하고 있다. 세탁기 전용브랜드인 '트롬'의 경우는 스타일러, 건조기 등 기술발전에 따라 세탁 관련 신제품이 출시될 때마다 '트롬'의 서브브랜드로서 접목함으로써 '트롬'이 세탁관련 제품군의 카테고리브랜드로서의 역할을 하고 있다.

표 10-5	브랜드 포트폴리오와 브랜드계층구조와의 상관관계: LG전자 예시

① 가로 방향 (Brand Portfolio) ➡		
제품카테고리 제품라인	제품카테고리 1 (냉장고)	제품카테고리 2 (세탁기)
브랜드	**LG DIOS**	**LG TROMM**
서브 브랜드	김치냉장고 **LG DIOS 김치톡톡** Objet Collection	외출 후 돌아오면, 옷부터 씻으세요! **LG TROMM styler**
서브 브랜드 2	와인셀러 **LG DIOS 와인셀러** Objet Collection	**LG TROMM 건조기**
패밀리 브랜드 1	**LG SIGNATURE**	냉장고, 세탁기
패밀리 브랜드 2	**LG Objet Collection** 냉장고, 세탁기	

② 세로 방향 (Brand Hierarchy) ⬇

브랜드 아키텍처 전략(brand architecture strategy)은 총체적 관점에서 기업의 브랜드 포트폴리오와 계층구조 등 브랜드 운영 관리 체계 전체 아우르는 브랜드 전략으로서 한 기업의 다수 브랜드 운영에 관한 중요한 기본 규칙이다. 현 브랜드 포트폴리오와 브랜드 계층구조를 기반으로 기업의 브랜드 전체 구조를 설계한다는 개념으로써 이러한 브랜드의 구조적 설계를 브랜드 아키텍처 디자인(brand architecture design)이라고 한다. 한 기업이 운영하는 다수 브랜드의 수평적 운영 체계와 수직적 운영 체계를 총체적으로 포함하는 브랜드 전략의 최상위 개념으로서 중장기 전략 차원의 접근이 필요하다.

브랜드 아키텍처는 기업의 내부적 요인이나 외부적 요인으로 인해서 브랜드 아키텍처의 리디자인(re-design)이 필요하게 된다. 내부적 요인은 시장수요 변화를 반영하여 시장을 선도하기 위한 신제품을 출시 시 기존의 브랜드 아키텍처 내에서의 해당 신제품 혹은 신 브랜드의 위상 결정의 필요가 발생한다. 외부적 요인은 경쟁사의 신 제품이나 신 브랜드 출시 등의 변화에 대응하기 위해 발생한다. 기존의 기업 브랜드 포트폴리오와 계층구조를 검토하여 기존의 브랜드를 확장한 서브브랜드를 런칭할지 신규 브랜드를 런칭할지 혹은 기업의 패밀리브랜드(혹은 우산브랜드, umbrella brand) 아래 들어갈지 등 기존의 브랜드 아키텍처 내 접목에 관한 의사결정과 함께 브랜드매니저는 총체적 관점에서 브랜드 운영 체계의 규칙에 관한 의사결정도 해야 한다.

〈그림 10-10〉은 LG전자의 브랜드 운영 현황을 보여주고 있다. 홈가전사업부의 제품브랜드로서 냉장고 브랜드였던 '디오스'가 다양한 키친 가전들이 출시되면서 키친브랜드의 패밀리브랜드 역할로 확장되었다. 세탁기 제품브랜드인 '트롬,' 에어케어 및 정수기 브랜드 '퓨리케어,' 공조 제품브랜드 '휘센,' 무선청소기 제품브랜드 '코드제로'를 운영하고 있다. 개인가전사업부의 제품브랜드로서 개인미용 제품브랜드인 '프라엘,' PC 제품브랜드 '그램,' 식물재배기 '틔운' 등을 운영하고 있다. 최상위 프리미엄 브랜드 'LG 시그니처'와 고객의 홈 라이프 취향을 고려한 라이프스타일 인테리어 가전브랜드인 'LG 오브제 컬렉션'은 패밀리브랜드 역할을 하고 있다.

그림 10-10 LG전자 브랜드 아키텍처 전략

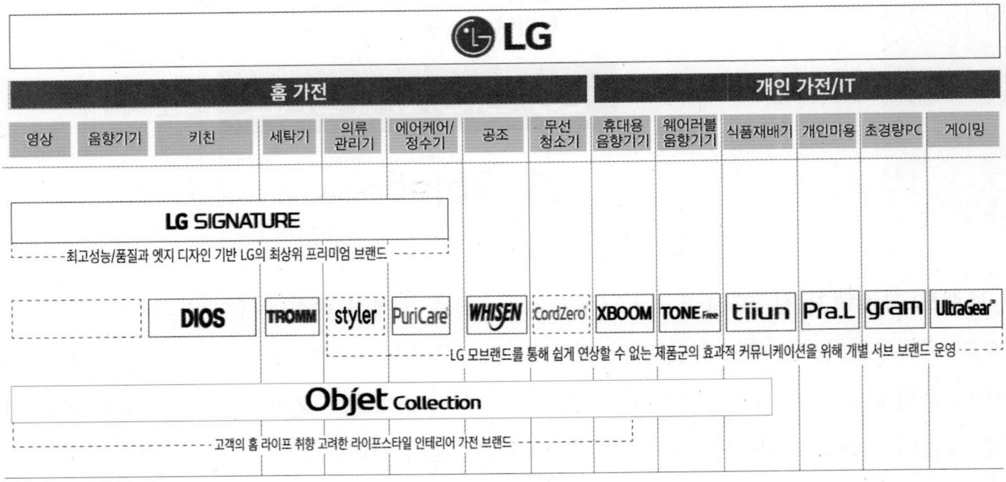

〈자료원〉 LG 홈페이지 참조

〈표 10-6〉은 일반적으로 혼동을 많이 하는 브랜드 포트폴리오와 브랜드 아키텍처를 비교 정리한 것이다. 브랜드 포트폴리오는 각각의 브랜드의 기능과 역할에 보다 집중한다면 브랜드 아키텍처는 기업브랜드에 집중하고 브랜드 포트폴리오의 역학관계와 기업이 본질적으로 고객이 기업의 브랜드 포트폴리오를 어떻게 인식하게 하는가에 보다 집중한다.

표 10-6	브랜드 포트폴리오와 브랜드 아키텍처의 비교

	브랜드 포트폴리오	브랜드 아키텍처
브랜드 관리 전략의 수용	브랜드 하우스; 하우스 오브 브랜드; 하위 브랜딩; 보증 브랜드; 하이브리드 브랜드	기업브랜드가 아키텍처의 중요한 변별 요소
브랜드의 수	자신의 포트폴리오를 바탕으로 목표 시장, 경쟁 자, 마케팅 능력, 채널 관계 및 재무적 능력 등 고 려하여 브랜드의 수를 결정	포트폴리오 내 다른 브랜드와 브랜드라인들 간의 관계를 강조하는 브랜드 포트폴리오 차원에서 접근
경쟁	동일한 시장 또는 포트폴리오와 관련한 서로 경쟁 하는 기업과 경쟁	시장 커버리지를 극대화하고 브랜드 중복을 최소화 하기 위해 브랜드 포트폴리오를 디자인함. 브랜드 고객으로 부터 승인을 받기 위해 경쟁하지는 않음
브랜드 포지셔닝	브랜드와 소비자의 품질에 대한 소비자 인식 기업의 포트폴리오 브랜드의 제품 가격에 대한 지 각에 집중	고객의 감각기관을 통해 고객의 마음의 공간 안에 브랜드가 어떻게 지각되고 표현되는지에 대해 집중

〈자료원〉 Carolino and Santos (2018), "Brand portfolio strategy and brand architecture: A comparative study", *Cogent Business & Management*, 5(1), 1-10.

BRAND HIGHLIGHT

갑질, 문어발⋯'계열사 158개' 카카오 독립경영이 독됐나

스타트업으로 시작해 어느덧 훌쩍 커버린 카카오가 '성장통'을 앓고 있다. 일부 계열사들이 최근 거침없는 수익화로 갑질 이미지가 쌓인 데 더해 계열사별로 중구난방식 행보를 보여서다. 고속 성장을 뒷받침하던 계열사별 독립 경영 체제가 거대 공룡이 된 카카오의 발목을 잡고 있다는 분석이다.

〈자료원〉 매경이코노미, 2020.7.29.

5일 카카오의 반기보고서에 따르면 지난 6월말 기준 카카오 계열사는 해외법인을 포함해 158 개다. 불과 5년 전인 2016년 말 70개에서 2배 이상, 카카오가 다음과 합병한 2014년 말 36개에서 4배 넘게 늘어난 수치다. 지난달 카카오, 카카오뱅크, 카카오게임즈 등 공동체 시총이 100조 원을 넘긴 가운데 '대어급' 카카오페이도 기업공개(IPO)를 앞두고 있다. 삼성, SK, 현대차, LG 등 굴지 기업집단에 버금간다. 카카오는 월간활성이용자(MAU)가 4,600만명에 달하는 '국민 메신저' 카카오톡의 네트워크 효과에 힘입어 모빌리티와 금융, 콘텐츠 등에서 혁신을 일으키며 불과 10년 만에 국민기업 반열에 올랐다.

'갑질', '문어발' 이미지 쌓여가는 카카오 브랜드

그런데 올 들어 카카오를 둘러싼 잡음이 불거지기 시작했다. 무료로 이용자를 끌어모아 시장을 장악한 뒤, 수익화를 추진하는 카카오식 패턴이 노골화됐다는 것이다. 대표적인 게 카카오모빌리티다. 지난달 초 승객을 대상으로 최대 8,800원에 달하는 호출 요금제를 선보였다 여론의 십자포화를 맞은 뒤 철회했다. 그런데 당초 사회적 파장이 큰 요금 인상을 카카오모빌리티가 독자 결정한 것으로 전해졌다. 카카오 그룹 전체에 부정적 여파를 미칠 수 있는 사안임에도 본사와의 소통이 부재했던 것이다. 1조원 넘는 투자유치 과정에서 투자자들의 기업공개(IPO) 압박이 커지자 무리한 수익화에 나섰다는 평가다.

각 계열사가 독자 행보에 나서면서 '갑질', '문어발'이라는 부정적 이미지도 덧씌워지고 있다. 미용실 예약, 영어교육, 대리운전, 스크린골프 등 다양한 영역에서 카카오 브랜드 프리미엄을 앞세우는 과정에서 기존 산업과의 마찰, 갈등의 목소리가 커지는 것이다.

〈자료원〉 머니투데이, 2021.9.5.

2. 브랜드 경영과 VCI 정렬

브랜드 경영은 브랜드를 기업 가치를 평가하는 중요 요인으로 보고, 브랜드 중심의 가치 경영을 기업경영의 핵심전략으로 두는 것을 말한다. 브랜드 경영을 성공적으로 수행하기 위해서는 우선 먼저 기업의 최고 경영진의 전략적 비전과 기업의 내부고객인 임직원의 오랫동안 조직문화에 내재된 가치와 신념, 그리고 외부 이해 관계자인 고객의 기업에 대한 기대와 요구 이미지 간의 일관성이 매우 중요하다. 이러한 일관성 원칙을 설명하는 모델이 Vision, Culture, Image(VCI) 정렬 모델이다. 비전, 문화, 이미지 간의 일관성이 강할수록 그 기업브랜드 파워가 커지고 시장내 브랜드 이니셔티브(brand initiative)를 획득하게 되어 궁극적으로 기업 성과로 이어지게 된다. 이에 VCI 정렬 모델의 이 세 가지 요소 간의 정렬 정도는 매우 중요하다. 요소 간의 정렬이 잘 이루어지지 않아서 요소 간의 격차가 발생하면서 결과적으로 기업의 성과가 나올 수 없게 된다. 이에 브랜드 관리자들은 〈그림 10-11〉에서 제시한 바와 같이 모든 접점에서의 정렬 여부를 분석하고 비전-이미지 간의 격차, 이미지-문화 간의 격차, 비전-이미지 간의 격차의 문제점이 발견되었을 때 조정해야 한다.

그림 10-11 기업브랜드의 VCI 정렬 모델과 측정 문항

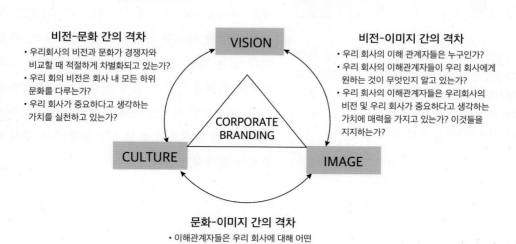

비전-문화 간의 격차
• 우리회사의 비전과 문화가 경쟁자와 비교할 때 적절하게 차별화되고 있는가?
• 우리 회의 비전은 회사 내 모든 하위문화를 다루는가?
• 우리 회사가 중요하다고 생각하는 가치를 실천하고 있는가?

비전-이미지 간의 격차
• 우리 회사의 이해 관계자들은 누구인가?
• 우리 회사의 이해관계자들이 우리 회사에게 원하는 것이 무엇인지 알고 있는가?
• 우리 회사의 이해관계자들은 우리회사의 비전 및 우리 회사가 중요하다고 생각하는 가치에 매력을 가지고 있는가? 이것들을 지지하는가?

문화-이미지 간의 격차
• 이해관계자들은 우리 회사에 대해 어떤 이미지를 떠올리는가?
• 직원들과 이해관계자들은 어떤 방법으로 상호 소통하는가? 상호 소통이 효율적인가?
• 우리 회사의 직원들은 고객들이 우리 회사에 대해 어떻게 생각하는지 관심을 갖고 있는가?

버진

브랜드의 한계가 없다 라는 생각 아래, 다양한 분야로 확장한 버진의
창립자 리처드 브랜슨, 공격적인 인수합병과 함께 도전과 모험의 CI의
정체성을 다양한 사업분야로 확산 중임

첫 번째 그림 출처 표기 – 〈자료원〉 버진 홈페이지

두 번째 그림 출처 표기 – 〈자료원〉 이코노미조선 홈페이지

기업조직이 창업 이후 성장하면 정반합의 과정들을 경험하게 되는데, 기업브랜드 관리 차원에서 창업단계에 기업의 비전과 기업 이미지와 문화 간의 정렬이 매우 중요하다. 특히 창업단계에서는 창업자의 이미지가 기업브랜드 창출에 큰 영향을 미친다. 그 대표적인 사례인 '버진'은 창업자 리처드 브랜슨이 '버진'을 최고의 도전자 브랜드(the premier challenger brand)라고 선언하고 창업 초기에 음반산업에서의 혁신적 변화를 주도하여 성공하였다. 이후 재미, 젊음, 유행 선도적 이미지를 핵심 경쟁력으로 하여 진부한 기존산업에 '버진'만의 독특한 브랜드 개성을 전달하여 시장 내 입지를 다졌다. '버진 메가스토어,' '버진 머니,' '버진 트레인즈,' '버진 와인,' '버진 브라이드' 등 다양한 금융, 서비스, 제품으로 확장하였고, 민간 우주항공을 주도하는 '버진 갤럭틱'까지 성공적인 브랜드 확장을 하였다. '버진'이라는 기업브랜드 하나로 다양한 산업과 사업을 연결하고, 도전, 가격보다 높은 가치, 품질, 혁신, 그리고 즐거움 등의 브랜드 가치를 일관성 있게 커뮤니케이션한 결과이다. 혁신적인 리처드 브랜슨 창업자의 이미지는 '버진' 기업 브랜드의 핵심가치 중에 중요 구성요소로써 평가되고 있다.

○ **FD1** 특정 기업을 선택하여 해당 기업의 브랜드 포트폴리오 전략과 브랜드 계층구조 전략을 분석하시오. 해당 기업의 경쟁사의 브랜드 전략을 분석하여 해당기업의 브랜드 포트폴리오 전략이나 브랜드 아키텍처 전략의 변화 방향을 제안해보자.

○ **FD2** 혁신 IT 제품와 FMCG(Fast Moving Consumer Goods) 제품의 신제품이 출시한다 가정하자. 해당 신제품을 새로운 패밀리 브랜드로 출시하여 운영하면 어떤 장점과 단점이 있는지 토론해보자.

○ **FD3** LG '오브제 컬렉션'과 삼성 '비스코스 브랜드'는 LG전자와 삼성전자의 브랜드 전략에서 어떠한 역할을 하는지, 두 브랜드의 공통점과 상이점을 논의해보자.

○ **FD4** 카카오는 최근 수백 개의 기업들을 인수합병 및 새로운 서비스들을 런칭하면서 일관성있게 카카오 CI를 모두 적용한 카카오 CI의 보증전략을 전개하고 있다. 카카오 CI의 보증 전략의 장점과 단점을 제시하시고, 본인이 카카오 브랜드 최고 의사결정자라면 어떠한 브랜드 전략을 전개할지를 이유와 함께 제시해보자.

브랜드 관리의 확장

Expansion of brand management

CHAPTER

11

유통 및 프랜차이즈 브랜드 관리

LEARNING OBJECTIVES

☐ **LO1** 유통업체 브랜드(PB)의 의미와 중요성에 대해서 알 수 있다.

☐ **LO2** 유통업체 브랜드(PB)와 제조업체 브랜드(NB)의 차이점에 대해서 살펴보고 종류에 대해 설명할 수 있다.

☐ **LO3** 브랜드 라인센싱의 의미와 활용 전략에 적용할 수 있다.

☐ **LO4** 프랜차이즈의 의미와 브랜드의 중요성에 대해서 알 수 있다.

☐ **LO5** 국내와 글로벌 프랜차이즈의 브랜드 전략에 대해서 구조할 수 있다.

전쟁 벌이는 유통가...대형마트 뛰고, 온라인 거센 추격

최근 세계적인 식재료 물가 상승 속 온오프라인 유통업체들이 PB 전쟁을 벌이고 있다. PB 전통 강자인 오프라인 대형 마트는 PB제품 라인업을 늘리고 온라인 이커머스 업체들은 추격전을 벌이고 있다. 현재 국내 대형마트들의 PB제품 비중은 20~30%에 이른다. 활성고객 1794만명을 보유한 쿠팡은 전체 매출이 20조를 넘으면서 지난해 이마트를 뛰어넘을 정도로 성장했지만 PB 매출 비중은 4.7%에 불과하다. 쿠팡과 주요 온오프라인 PB 제품 상황을 비교해봤다.

쿠팡, 이마트 매출은 추월했지만...아직 PB는 대형마트 주도

29일 관련업계에 따르면 쿠팡은 지난해 22조원의 매출을 내면서 이마트 할인점과 쓱닷컴을 포함한 매출(16조원) 규모를 추월했다. 다만 아직 PB 매출 의존도는 이마트보다 낮다.

유통업계와 이마트 사업보고서 등에 따르면 지난해 이마트는 노브랜드(6000억원)와 피코크(4000억원)를 합친 매출도 1조원 육박한 것으로 추정된다. 이 두개 브랜드만으로 패션, 가전, 식품 등 14개 브랜드를 운영하는 쿠팡의 지난해 CPLB 매출과 비슷하다. 이밖에 일렉트로맨, 다이즈, 자주 등 여러 유통업체 브랜드 매출을 합하면 이마트의 PB매출은 이 보다 훨씬 높을 것으로 추정된다.

이마트는 2020년 노브랜드(1조원), 피코크(3000억원), 노브랜드 버거(300억원) 등 숫자가 알려진 PB 매출을 합해 1조3300억원(이마트 전체 매출 대비 8.5%)을 벌었다. 2020년 대형마트 3사의 매출은 5조원에 육박했다.

국내 대형마트 3사는 2000년대 초반부터 PB 상품 드라이브를 걸었다. 2010년 유통업체연감에 따르면 이마트(22.6%), 홈플러스(26%), 롯데마트(19.2%)의 PB상품 비중은 20%에 달했다. 홈플러스도 2020 회계연도 최소 연 1조원 이상의 PB 매출을 내는 것으로 알려졌다. 지난해 말 홈플러스는 600종이던 자사 PB 시그니처 제품을 1459종으로 2배 이상 확대했다. 홈플러스는 지난해 3~11월까지 전체 PB상품 매출이 전년 동기 대비 39% 성장했다.

창고 할인점 코스트코는 전체 매출 대비 PB매출 비중이 국내 대형마트보다 높다. CNN 등에 따르면 코스트코 유통업체 브랜드인 커클랜드(Kirkland)는 2021년 회계연도 기준 매출 580억달러(약 71조원)를 냈으며 이는 전체 매출(1920억달러)의 30%에 달한다. 한국 코스트코 양재점은 전 세계 750여개 점포 가운데 매출액 1위로 생수, 고기, 유제품 등 PB제품 소비량이 많은 것으로 전해졌다.

제품 수백만개 vs 10만개…뜨거워지는 온오프라인 PB 전쟁

온라인 PB들은 대형마트가 주도해온 PB 비즈니스를 빠르게 추격하고 있다. 최근 쿠팡 씨피엘비 감사보고서에 따르면 씨피엘비의 지난해 매출은 1조568억원이었다. 이는 같은 기간 쿠팡 전체 매출(22조2000억원)의 4.7% 수준이다. 마켓컬리의 PB 매출 비중은 공개되지 않았지만 역시 빠르게 성장 중이다. 지난해 1~8월 동안 컬리의 자체 브랜드(PB) '컬리스(Kurly's)' 판매량은 전년 동기 대비 260% 증가했다. 이 기간 마켓컬리는 컬리스 신제품을 30여가지 출시했다.

글로벌 1위 이커머스 아마존은 45개 유통업체 브랜드(제품 24만개 이상)를 운영 중이다. 데이터분석업체 텐텐데이터(Tenten data)에 따르면 아마존은 2020년 기준 PB 제품으로 81억달러(9조8163억원) 수익 올렸으며 이는 전체 매출의 2% 정도 수준이다.

오프라인 마트의 PB 매출이 이커머스보다 높은 이유에 대해 전문가들은 쇼핑의 구조적인 차이가 크다는 분석이다. 쿠팡은 수백만종 이상의 제품을 판다. 이 가운데 PB제품 수는 현재 4000여개 정도 수준으로 알려져 있다.

반면 오프라인 마트는 공간이 제한돼 있다. 통상 서울 시내 이마트 할인점 매장 진열 상품은 10만개 정도를 소화한다. 여기에 노브랜드 제품은 1300개, 피코크 1000여개에 달한다. 창고 할인점 트레이더스는 4000개 제품을 파는데 유통업체 브랜드 '티스탠다드' 제품은 100개에 이른다. 전체 상품 대비 PB상품이 온라인 쿠팡과 비교해 많은 편이다. 때문에 최근 대형마트에서 요즘에 '매대 절반'이 PB상품이 점령했다는 말도 나온다. 실제 이마트 고객 가운데 피코크 구매 비중은 올해 51.6%로, 이마트 고객 2명 중 한 명이 살 정도로 인기가 많다.

〈자료원〉 TechM, 2022.4.29.

우리나라의 유통시장이 전면 개방된 이후에는 소매업에서 대형 할인점의 성장이 눈에 띄게 나타나기 시작했고 2000년 하반기 이후 나타난 국내 소비심리의 급감에도 불구하고 할인점의 판매 실적에 미치는 영향은 타 소매업에 비해 적은 편이며 오히려 할인점은 외형적인 성장을 지속적으로 나타내고 있다. 한편 유통업체 브랜드는 유통경로에서 대규모 소매기업들 중심으로 차별화 가능성을 높이는 수단으로 사용되고 있다.

유통업체 브랜드 전략

브랜드는 브랜드의 주체, 즉, 브랜드가 유통경로구성원 중에서 누구의 책임하에 판매할 것인가에 따라 크게, 유통업체 브랜드(PB: Private Brand)와 제조업체 브랜드(NB: National Brand)로 구분된다. 유통업체 브랜드란 유통업체가 자체적으로 개발하거나 판매과정의 일부를 수행하는 브랜드를 지칭하는 것으로, 유통업계에서는 흔히, PB(private brand), PL(private label), SB(store brand) 등으로 불리워졌다.

1. 유통업체 브랜드(PB: Private Brand)

BRAND HIGHLIGHT

PB 가격 올리고 멤버십 혜택 줄이고…침체 대비하는 유통업계

원자잿값 압박에다 소비심리 위축 조짐이 보이자 유통업계가 자체브랜드(PB) 가격 인상과 멤버십 혜택 축소 등 자구책을 찾고 있다. 8일 유통업계에 따르면 이마트[139480]는 이달 중 PB 노브랜드·피코크 일부 제품 가격을 10%가량 올리기로 했다. 인상 품목은 유제품, 과자류 등으로 알려졌다. 근래 밀가루 가격이 40%, 설탕 가격이 20% 넘게 각각 치솟는 등 원자잿값 인상 압박이 심하기 때문이다.

이마트는 지난해 10~12월 노브랜드 상품 1천500여개와 피코크 상품 700여개 가격을 동결했지만 더는 버티지 못하고 가격을 인상한다고 설명했다. 이마트 관계자는 "급격한 원자재 가격 상승으로 인해 일부 상품에 한해 불가피하게 인상한다"며 "일반상품 대비 저렴하고 가성비 좋은 상품을 공급할 것"이라고 했다.

올리브영은 지난 3일부터 멤버십 등급별 CJONE 포인트 적립률을 절반가량으로 축소했다. 베이비 올리브, 핑크 올리브 등급은 1.0%에서 0.5%로, 그린 올리브 등급은 1.5%에서 1.0%로, 블랙 올리브, 골드 올리브 등급은 2.0%에서 1.0%로 각각 적립률이 낮아졌다. 올리브영은 멤버십 규모가 확대함에 따라 운영 관리 체계를 개선하기 위해 적립률을 변경했다고 설명했다.

신세계그룹 간편 결제인 쓱페이는 지난달 신세계[004170] 상품권을 쓱페이로 바꿔 아파트 관리비로 납부하는 서비스를 종료했다. 쓱페이 내 카드결제는 가능하지만 신세계상품권, 금융사포인트 전환금, 신용카드 충전금 등 준현금성 충전금으로는 결제할 수 없다. 이벤트 적립금, 신세계 포인트, 제휴사 포인트 적립금 등으로 납부하던 방식도 종료했다.

〈자료원〉 연합뉴스, 2023.1.18.

초기의 유통업체 브랜드는 제조업체에 대항하기 위한 수단으로 사용되었으나 최근에는 대형화된 유통업체들의 경로지배력 강화, 소비자 충성도 강화전략 등의 수단으로 활용도가 높아지고 있는 실정이다. 유통업체 브랜드의 판매가 가져다주는 강력한 이점 가운데 하나는 제조업체 브랜드의 70~80%에 불과한 값싼 가격과 제조업체 브랜드와 비슷하거나 동질한 품질이며, 유통업체 브랜드의 전략적 중요성으로 인해, 도입사례에서 보듯이 유통업체에서는 기존제품 및 신제품의 유통업체 브랜드 개발이 활발히 일어나고 있는 상황이다.

한편, 상위계층 시장(up-market)의 프리미엄 유통업체 브랜드는 소비자들의 점포 전환 비용을 상승시키므로 점포충성도 형성에 중요한 역할을 하며, 점포충성도가 높은 소비자 집단이 유통업체 브랜드 제품 구매율이 높고 유통업체 브랜드에 대한 만족이 점포충성도를 형성하여 높은 마진 이외에도 유통업자들의 이윤창출에 기여한다. 선행연구들을 바탕으로 유통업체 브랜드에 대한 정의를 종합해 보면 유통업체 브랜드는 브랜드의 소유권과 판매책임이 제조업체에 있는 제조업체 브랜드와 제조 시설을 갖추지 못한 유통전문업체가 스스로 독자적으로 기획하여 생산만 제조업체에 의뢰하는 것이 가장 전형적인 형태이다.

본 저서에서는 유통업체 브랜드를 '유통업체에게 상품에 관한 모든 권한이 귀속되고 유통업체 기획의지에 의해 독자적으로 상품을 기획, 개발, 생산 및 위탁 생산하여 유통업체의 자사 점포에서만 유통·판매되는 점포 브랜드로 정의하였다. 또한 브랜드관리에 있어서 유통업체 브랜드의 중요성 비중은 높아지고 있지만 장기적 관점에서의 브랜드 차별화의 방향을 구체적으로 제시하지 못하면 유통업체 브랜드도 성공할 수 없다는 것은 제조업체 브랜드와 큰 차이가 없다.

유통업체 브랜드에 대한 소비자들의 관심증대와 유통기업들의 전략적 수단으로서 활용도가 높아짐에도 유통업체 브랜드의 개성요인에 대한 측정은 제조업체 브랜드에 비해 간과되어온 것이 사실이다. 이는 아직까지 한국 소비자들은 유통업체 브랜드에 대해 대형 할인점을 중심으로 비슷한 제품특성과 구색을 갖추고 있고 경쟁 브랜드 간에 차이점보다는 유사성이 높다고 인식하고 있다는 점에서 기인한 결과로 볼 수 있다. 그러나 이것은 한편으로는 제품속성에서 경쟁브랜드 간에 차이가 별로 없는 경우에 브랜드 개성이 브랜드 식별성을 높여줄 수 있는 핵심구성요소가 될 수 있음을 의미한다고도 볼 수 있다.

최근 들어 대형 마트, 홈쇼핑, 온라인 쇼핑몰 등을 중심으로 유통업체 브랜드 제품의 개발이 활발히 일어나고 있다. 유통업체 브랜드는 제조회사의 상품명 대신 유통회사 혹은 소매업체가 자체의 브랜드를 만들어서 팔고 있

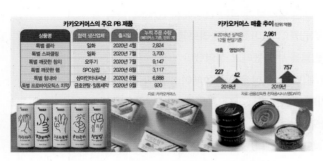

카톡서만 파는 참치·콜라…'카카오' 플랫폼파워로 e커머스 흔든다.
〈자료원〉 서울경제. 2020.10.8.

는 상품이다. 이는 유통업자 입장에서 제조업체 브랜드와 비교해서 소비자에게 더욱 저렴한 상품을 제공하면서도 높은 이윤을 낼 수 있는 상품이 절실히 필요하게 됨에 따라 등장하였다. 유통업자는 유통업체 브랜드 제품에 대한 소개나 상품의 소싱(sourcing), 재고관리, 광고 및 프로모션에 대한 모든 책임을 지는 반면에 이를 통하여 높은 이윤마진을 기대할 수 있게 되었다.

또한, 유통업체 브랜드 제품의 등장은 유통회사와 제조회사간의 관계에 영향을 주게 되었다. 기존의 브랜드제조회사와 협력관계에서, 유통업체 브랜드 제품을 출시함에 따라 기존의 브랜드 제조회사와 본격적인 경쟁관계가 되었다. 유통회사는 상품카테고리를 불문하고 유통업체 브랜드를 통하여 시장점유율을 높임으로써 기존 제조업체와의 채널파워를 더욱 강화시키고 있다. 새로운 경쟁 환경은 모든 브랜드에 대해 소비자가격을 수정하게 만들었고, 결국 유통회사의 판매전략도 바꿀 수 있게 하였다.

제조회사는 유통업체 브랜드의 등장으로 상품카테고리 내에서의 시장점유율을 확보하기 위한 가격 및 프로모션 전략에 대한 수정이 불가피하게 되었다. 유통업체 브랜드에 대응하기 위해 표준가격으로 변화시키고, 가격 프로모션의 변화도 가져왔다. 앞으로 유통업체 브랜드가 확대됨에 따라, 유통회사와의 경쟁적 관계는 더 심화될 것이다.

2. 유통업체 브랜드로 인한 채널 갈등

BRAND HIGHLIGHT

롯데마트까지 CJ제일제당 상품 발주 중단…"제조와 유통업계 갈등 무엇이 문제인가"

롯데마트, CJ제일제당 상품 발주 중단…

롯데마트는 CJ제일제당 상품에 대한 발주를 중단했다. 업계에서는 롯데마트와 롯데슈퍼의 상품 코드 통합 등 과정에서 갈등이 불거진 것으로 보고 있다. 롯데마트와 롯데슈퍼는 CJ제일제당으로부터 각각 제품을 납품받아 왔는데, 상품 코드 중 과정에서 롯데슈퍼 측이 더 저렴한 가격으로 납품받은 사실을 인지한 롯데마트가 CJ제일제당에 슈퍼 쪽 조건으로 납품을 제안했고, 이를 거절하면서 거래가 중단됐다는 관측이다.

롯데마트와 롯데슈퍼가 중복 납품 받은 CJ제일제당 제품은 주요 인기 품목을 비롯해 수백 개에 달하는 것으로 알려졌다. 또한 CJ제일제당의 롯데마트 · 슈퍼의 연간 납품 매출은 4천억 원 이상으로, 지난해 매출 기준 4% 수준이다.

업계 관계자는 롯데마트와 CJ제일제당의 대치가 길어지지 않을 것으로 봤다. 국내 유통 · 식품 시장을 대표하는 기업인 만큼 양사가 이른 시일 내 타협점을 찾으리라는 것이다.

롯데에 앞서 쿠팡이...

사실 그보다 앞선 지난달 초, 쿠팡이 이미 CJ제일제당 주요 상품 발주를 중단했다. CJ제일제당은 쿠팡 측에 햇반 등 천여 가지 품목을 납품해 왔다. 발주 중단에 따라 쿠팡은 CJ제일제당 상품을 기존 재고분만 판매할 예정이며, 해당 물량이 소진되면 로켓배송으로는 CJ제일제당 상품을 구매할 수 없다. 개인 판매자가 입점해 판매하는 상품은 그대로 구매 가능하다.

이 같은 상품 발주 중단에 대해 쿠팡 측은 CJ제일제당의 '갑질'을 사유로 꼽았다. CJ제일제당이 연초부터 인건비 · 제조단가 상승 등을 이유로 수차례 가격 인상을 요구해 평균 공급가 15%를 올렸는데 발주 약속 물량을 지키지 않아 손실이 발생했다는 것이다.

한편 CJ제일제당 측은 쿠팡이 마진율 협상 과정에서 원하는 결과를 얻지 못하자 일방적으로 발주를 중단했다고 설명했다. 쿠팡이 내년 마진율을 올해 대비 상당히 높은 수준으로 요구했는데, 그대로 받아들일 경우 CJ제일제당도 적자를 면치 못한다는 입장이다. 그에 더해 (쿠팡이 언급한) 발주 약속 물량을 지키지 않은 것은 '햇반'이 유일하며, 발주량이 급증해 생산량이 따라가지 못한 것은 사실이나 쿠팡에 물량을 더 많이 배정한 편이라고 덧붙였다.

제조업체와 판매업체...

사실 이런 제조–판매 간의 갈등은 해외에서도 자주 벌어지고 있다. 나이키는 2019년 아마존에 공급 거부를 선언하고 자사몰 판매 확대에 주력하고 있으며, 독일 초저가 슈퍼마켓 알디는 PB 상품으로 영국 유통업계 점유율 4위를 차지했다. 영국에서 유통 4강 구도가 깨진 건 이번이 처음이고, 알디의 PB 판매 비중은 80%에 가까울 정도다.

그렇다면 PB 상품이 충분히 위협적일 수 있음은 확인된 상태다. 이런 상황에서 자칫 유통업체의 PB 하청으로 전락할 수 있는 CJ제일제당 측의 입장도 이해할 만하다. 특히 원가 구조 변화에 따라 마진율을 양보 · 조정할 여지가 컸던 대형마트와 달리 쿠팡은 '소비자를 위한 물가 방어'를 내세우고 AI를 이용한 적정 가격 탐색에도 힘을 쏟음에 따라 CJ제일제당 외 여러 식품업체가 입점 유지에 난항을 겪는 것으로 알려졌다.

올해 글로벌 인플레이션으로 인한 자본시장 냉각, 경기 둔화로 인해 쿠팡을 비롯한 유통업체(특히 이커머스)와 CJ제일제당을 비롯한 제조업체가 서로 양보하기 어려운 최우선 과제를 두고 부딪치고 있다. '제조와 유통은 친구가 아니다'라는 말이 괜히 나오진 않은 듯하다.

〈자료원〉 뉴스워커, 2022.4.29.

기존 제품의 브랜드가 강한 제조회사는 오히려 가격민감도가 낮아짐으로써, 높은 가격의 상품 판매가 가능하게 되었고, 이익도 상승하는 계기가 되었다. 그러나 브랜드가 약한 제조회사는 유통업체의 요구에 따라 유통업체 브랜드 제품을 공급하는 업체로 전락할 수도 있고, 가격민 감도가 높아지게 되어 가격대응으로 인해 이익이 낮아지는 경향이 있다. 이런 유통업체 브랜드 제품의 확산은 온라인 전자상거래에서도 쉽게 찾아볼 수 있다. 특히 유통업체 브랜드 제품의 경우 온라인에서 시장점유율과 시장지배력(conquesting power)이 오프라인 채널에 비해 높다. 전통적인 제조회사는 유통기업의 유통업체 브랜드 제품에 대해서 시장점유율을 지키기 위한 전략적 노력을 하고 있으며, 구체적으로 채널갈등을 피하기 위해서, 유통회사 온라인 쇼핑몰과 제조회사의 자체 쇼핑몰에서의 가격을 상이하게 책정하고 있다. 이와 같이 채널 간의 갈등의 이슈가 다시금 중요하게 대두되고 있다.

채널갈등은 제조회사와 유통회사간의 힘의 불균형에서 발생한다. 최근 유통회사 유통업체 브랜드의 급격한 성장으로, 유통회사의 제조회사에 대한 힘이 강화되고 있다. 유통업체 브랜드 제품의 시장 점유율이 커짐에 따라, 유통업체의 유통업체 브랜드 제품의 역할과 중요도에 대한 재조명이 필요하게 되었다. 유통업체 브랜드의 출현과 성장으로 제조업체에 대한 유통업체의 힘이 증가되어, 제조업체 브랜드에 대한 유통업체의 이윤마진이 증가되었다. 유통업체 브랜드의 출현으로, 유통회사는 상품구색과 효율성의 측면에서 큰 변화가 있게 되었다. 유통회사의 진열대에 유통업체 브랜드가 전시되면서 기존 제조업체 브랜드가 진열대에서 차지하는 비중이 줄어들고, 이는 기존 브랜드 제조회사의 매출 감소로 이어지고 있다.

한편, 중소제조업체는 유통업체 브랜드 제품을 유통업체와 제휴하는 전략을 쓰고 있다. 새로운 제품소개, 가격정책, 프로모션 그리고 광고에 관한 성공적 마케팅 전략을 위해 브랜드 경쟁이 필요하다. 시장점유율, 가격차별화, 충성고객비율제고를 위해 유통업체 브랜드는 유통회사의 훌륭한 전략이 되고 있다. 또한, 유통업체 브랜드는 유통회사에게 브랜드제조회사와의 전략적 우위를 갖게하는 수단이 되었다. 대부분의 유통업체 브랜드 제품은 고마진 제품으로 유통회사의 이윤에 크게 기여하고 있다. 그러나 한편으로 유통업체 브랜드의 출현으로 제조업체 브랜드 제품의 가격이 상승되는 경향이 있다.

특히 국내 할인점 시장에 유통업체 브랜드는 도입 된지 불과 5~6년 만에 빠른 매출액 신장을 보이며 또한 제품 종류도 다양해지고 있다. 주요 할인점들의 유통업체 브랜드 제품의 매출 비중은 10%를 넘고 있어서 제조업체 제품의 브랜드 파워마저도 잠식해 가고 있는 상태이다. 이는 할인점의 급격한 성장세와 소비자의 소비패턴의 변화 등에서 기인한다고 볼 수 있다.

3. 국내 유통업체 브랜드

1) 이마트

이마트의 유통업체 브랜드의 종류는 청과, 야채에서부터 가전, 생활용품에 이르는 총 9개 브랜드로 베스트셀렉트(BESTSELECT), 해피쵸이스(happy choice), 프레쉬(fresh), 이마트(E MART), 러빙홈(loving home), 자연주의, 스마트이딩(smart eating), 엠엠독스(mm dogs), 플러스메이트 (Plusmate)가 있다.

제조업체브랜드와 비교해서 동등한 품질에 가격은 약간 저렴한 이마트 대표상품 브랜드이다. 베스트 셀렉트(BESTSELECT)는 신선식품, 가공식품, 슈퍼생활용품 등의 품질과 장인정신을 강조한 프리미엄 브랜드로서 '베스트셀렉트'와 우유, 요구르트 등의 이마트셀렉트, 신선식품은 '후레쉬 베스트셀렉트'로 세분된다. 스마트이딩(Smart Eating) 브랜드는 설탕이나 칼로리를 줄이고 좋은 영양소를 더하는 등 웰빙 브랜드로서 파란색을 브랜드 컬러로 하여 아이덴티티를 강조하고 있다. 러빙홈은 감각 있는 생활용품을 주요 상품으로 하고 있으며, 그린색을 브랜드 컬러로 아이덴티티를 강조하고 있다. 해피초이스는 신선, 가공, 슈퍼생활용품 관련 저가 브랜드로서, 흰색을 바탕으로 노란색의 브랜드 컬러로 아이덴티티를 강조한다. 자연주의는 '그린'이나 '자연'의 이미지가 강조되면서 단순 소품의 나열이 아닌 라이프스타일의 제안에 브랜드 특성이 있다.

'7Fit'는 모자, 양말, 남성언더웨어, 여성언더웨어, 아동언더웨어 전문 브랜드이며, '파티나'는 식탁용품, 조리용품, 정원용품과 같은 라이프스타일을 강조한 브랜드이다. '빅텐'은 죽전점, 부천점, 연수점, 공항점 4개의 특정 지점에서 판매되는 스포츠 관련 상품 브랜드이다.

이마트 PB

이마트 유통업체 브랜드의 특징을 요약하면 우선 3개 유통업체 가운데 유통업체 브랜드 수가 가장 많은 반면, 유통업체 브랜드 상품 수는 가장 적다. 가격적인 분류를 보면 베스트셀렉트(프리미엄), 이마트(중가), 해피초이스(저가) 등이 있다. 상품 성격에 따른 분류는 후레쉬(신선식품), 러빙홈(생활용품), 자연주의(생활용품), 플러스메이트(가전,레포츠), 엠엠독스(애견) 등으로 분류되어 있다. 상품군별 특성을 살리지 못한 이플러스(E-PLUS), 이베이직 (E-BASIC)등 4개 브랜드는 2007년 스크랩했으며, 최근 '엠엠독스'를 선보이는 등 새로운 브랜드를 계속 런칭 시키고 있다. 프리미엄 브랜드인 베스트셀렉트는 '베스트셀렉트', 우유와 요구르트의 '이마트셀렉트', 신선식품의 '후레쉬 베스트셀렉트'의 세 가지로 세분된다. 디자인의 컬러는 블랙으로 설정하였다. '후레쉬'는 청과, 야채, 축산, 수산, 즉석요리로 나누어 브랜드 로고 디자인 및 컬러를 변화시켰다.

2) 홈플러스

홈플러스는 전체 유통업체 중에서 매출 중 유통업체 브랜드 매출이 차지하는 비중이 가장 높다. 반면 홈플러스는 가장 적은 수의 유통업체 브랜드를 갖고 있다. 식품 및 일반 생활용품 유통업체 브랜드는 기본적으로 '굿-베터베스트'의 단순한 구조로서 홈플러스 알뜰상품-좋은 상품-프리미엄의 유통업체 브랜드를 이루고 있다. 가격 경쟁력이 강조된 '홈플러스 알뜰상품'은 100여개 품목, 가격과 품질을 만족시키는 '홈플러스 좋은상품'은 가장 광범위한 품목으로서 3700여개, 품질을 더욱 강조한 '홈플러스 프리미엄'과 '웰빙플러스'는 각각 150개, 그리고 의류 브랜드는 전체가 500여개 품목으로 구성되어 있다. 이상의 각 홈플러스 유통업체브랜드에 따른 특징을 간단히 정리하면 다음과 같다.

(1) 홈플러스 프리미엄: 식품, 생활용품의 품질이 가장 우수한 브랜드이다.

(2) 홈플러스 좋은상품: 알뜰 신선식품, 가공식품, 생활/잡화용품 브랜드로서 가장 많은 상품수가 있다. 홈플러스 브랜드 로고를 강조하여 패키지에 적용되었다.

(3) 홈플러스 알뜰상품: 신선 및 가공식품, 생활/잡화용품으로 구성되어 있다. 흰색을 바탕으로 블루와 레드의 브랜드 로고를 강조하고 있다.

(4) 홈플러스 웰빙플러스: 친환경, 무농약, 유기농을 특징으로 하는 브랜드로서 웰빙 신선식품, 웰빙 가공식품 브랜드이다.

(5) 의류는 아동용 '멜리멜로'와 성인 캐주얼 '프리선셋'으로 나뉘어 있으며, 디자인 실용주의를 표방한 '이노디자인'이 있다.

홈플러스 전체 유통업체 브랜드의 특징

홈플러스 프리미엄 PB "시그니처"

은 우선 3개 마트 중 유통업체 브랜드의 수가 가정 적다. 하지만 유통업체 브랜드 상품의 수는 가장 많다. 또한 굿-베터-베스트의 브랜드 구조를 갖고 있다. 각 브랜드 로고는 홈플러스의 영문 고딕체 브랜드 로고를 기본으로 하면서, '알뜰상품', '좋은상품', '프리미엄' 한글을 첨가하였다. 즉, 의류를 제외한 모든 PL브랜드에 '홈플러스'라는 브랜드 네임이 강조된다. 프리미엄 브랜드 상품의 디자인은 이마트나 롯데마트의 프리미엄 브랜드와 마찬가지로 블랙의 이미지를 기본으로 한다. 저가의 알뜰상품의 브랜드 디자인은 화이트를 기본 컬러로 하면서, 레드가 적용되어 있다. 2008년 유통업체 브랜드 자체브랜드에 포함되었던 '이지클래식', '스프링클러' 같은 브랜드는 현재는 제외되어 브랜드 수는 7개로 축소되었다. 그리고 세계적인 유명 디자이너로 알려진 김영세의 '이노디자인'을 브랜드로 적용하고 있다.

3) 롯데마트

롯데마트의 대표 유통업체 브랜드 〈통큰 상품〉과 〈손큰 상품〉이다. 〈통큰 상품〉은 우수한 품질의 상품을 일 년 내내 동일한 가격으로 제공하여 소비자물가 안정에 이바지하기 위한 유통업체 브랜드이고, 〈손큰 상품〉은 우수 중소기업과의 협력으로 가치 있는 상품을 공동 기획하여 중소기업과 동반 성장하기 위한 유통업체 브랜드이다. 통큰, 손큰 상품은 소비자물가 안정, 동반성장이라는 착한 목표를 이루기 위해 특별히 개발된 롯데마트의 대표적 유통업체 브랜드이다.

이 밖에도 롯데마트는 가격에 민감한 소비자들을 위해 저가격을 강조하고, 좋은 품질을 갖춘 다양한 유통업체 브랜드를 선보이고 있다. 롯데마트의 유통업체 브랜드는 〈L시리즈〉로, 〈초이스L〉, 〈프라임L〉, 〈세이브L〉, 〈리빙L〉, 〈바이오L〉로 나누어진다. 〈초이스L〉은 우수한 품질과 합리적인 가격으로 고객 만족을 추구하는 소비자에게 가장 친숙한 롯데마트의 대표 유통업체 브랜드이다. 그리고 〈프라임L〉은 고품질에, 〈세이브L〉은 낮은 가격에 초점을 맞춘 유통업체 브랜드이다. 품목별로 세분화한 유통업체 브랜드도 있다. 〈리빙L〉은 가정용품을 중심으로 하는 유통업체 브랜드이고, 〈바이오L〉은 유기농 식품을 중심으로 하는 유통업체 브랜드이다. 이처럼 롯데마트는 품질, 가격, 품목에 따라 유통업체 브랜드를 세분화하여 운영하고 있다.

롯데마트의 유통업체 브랜드 중에는 중소기업을 지원하는 유통업체 브랜드도 있다. 〈롯데마트랑〉은 우수 중소기업의 상품을 엄선하

롯데마트 대표 PB "통큰"

여 롯데마트가 지원, 보증하는 상생 브랜드이다. 이 외에도 편안한 캐주얼 의류를 다루는 〈베이직 아이콘〉, 다양한 스포츠 상품을 제공하는 〈스포츠 550〉이라는 유통업체 브랜드도 있다.

롯데마트 유통업체 브랜드 특징은 전체적인 브랜드에 '와이즐렉'을 기본으로 하며 상품 특징에 따라 여러 개의 엄브렐러 브랜드명이 뒤에 붙여진다. 그리고 프리미엄 브랜드 '와이즐렉 프라임'은 블랙 컬러를 기본으로 조화롭게 응용하고 있다. 또한 유기농 브랜드 '와이즐렉 유기농'과 친환경 웰빙 브랜드 '내몸사랑'은 브랜드 특성이 중복될 수 있다. '롯데랑' 브랜드에 엠피비(MPB) 브랜드가 최초로 적용되었으며, 제품포장에 브랜드 아이덴티티가 적용되지 않은 상품이 많다.

마지막으로 최저가 브랜드 '해피바이'는 '절약비누', '주방세제', '기획 키친타올'과 같은 제품명을 브랜드 명처럼 사용하고 있는 것을 볼 수 있다

4. 유통업체 브랜드의 브랜드 차별화

앞에서 살펴본 바와 같이 유통업체 브랜드 제품이 제조업체 브랜드에 비해 품질이 우수하다는 것도 소비자에게 브랜드 이미지를 강화시킬 수 있으나, 단지 제조업체 브랜드와 무언가 '다르다'는 것 자체도 중요한 전략으로 작용한다. 예를 들면, 식품의 경우 조리 시간이나 조리 과정이 다르다든지, 성분이나 향이 다르다든지 하는 조금의 변화가 차별화를 가져올 수 있다. 자연의 이미지를 강조하거나 최근 더욱 관심이 커지는 웰빙에 중점을 두는 등 차별화를 위한 노력에 힘을 기울이고 있다. 최근 ESG경영이 화두가 되고 있는 상황에서 그린이나 웰빙 관련 부분이 성장하는데 따르는 친환경 웰빙브랜드로서, 이마트의 '자연주의'나 홈플러스의 '홈플러스 웰빙플러스', 롯데마트의 '와이즐렉 내몸사랑'이 있다. 이 밖에도 이마트 '엠엠독스' 애완동물 관련 브랜드와 같이 소비자의 트랜드나 요구를 반영하는 브랜드가 요구된다.

또한 홈플러스의 '이노디자인'의 사례와 같이 NPB(National Private Brand)나 PNB(Private National Brand)의 다양한 결합형태가 적극적으로 시도되어야 할 것으로 보인다. 미국의 최대 유통업체인 월마트(Wal-Mart)는 그레이트 밸류(Great Value) 라인을 대량으로 리-브랜딩 하고 있다. 제품의 라이프스타일에 걸쳐 제조업자와 소매업자가 신속하고 정확하게 통제할 수 있도록 하는 시스템(Agentrics PLM: Product Life style Management)으로서 꾸준하고 철저한 매니지먼트의 중요성을 강조하고 있다.

유통업체 브랜드 상품이 크게 증가하고 있지만 선진국과 비교해 보면 아직도 큰 차이를 보인다. 국내외 자료에 비춰볼 때, 앞으로 유통업체 브랜드 상품 확대는 대세이고 그 비중이 더욱 증가할 것으로 예상되었다. 이마트의 경우 2010년 이후 유통업체 브랜드비율을 23%, 홈플러스와 롯데마트는 20%까지 끌어올리는 등 유통업체 브랜드를 핵심 전략의 하나로 강조하는

등 적극적인 유통업체 브랜드 확대에 나서고 있다.

유통업체 브랜드 전략의 핵심 내용은 다음과 같다. 첫째, 유통업체 브랜드의 규모나 브랜드 수는 전략적으로 적절히 관리해야 할 것이다. 유통업체 브랜드 범위의 확대는 이익 증가에 기여하지만, 지나친 유통업체 브랜드 증가는 오히려 마켓 파워를 감소시킬 수 있음을 확인하였다. 유통업체 브랜드와 제조업체 브랜드의 적절한 비중이 유통업체의 이익 면에서 도움이 될 수 있으므로 대형 유통업체와 제조업체간 무리한 가격경쟁을 지양하고, 양쪽의 브랜드가 같이 협력과 상생의 방안이 요구된다. 유통업체 브랜드의 확대는 전략적으로 중요하지만, 단지 브랜드 수와 규모의 확대가 이익 향상을 보장하지 않는다. 둘째, 고품질 전략이 요구된다. 초기 저가 전략으로 판매율 향상에 기여한 것은 사실이지만, 앞으로는 단지 가격뿐 아니라, 상품의 핵심 전략을 품질에 두어야 한다.

셋째, 최근 소비자들의 다양한 욕구와 만족을 위한 보다 차별화된 전략이 중요하다. 많은 경쟁 브랜드들과는 '다른 점'이 무엇인가가 핵심 전략의 하나이다. 소비자의 인식변화나 라이프스타일을 반영할 수 있다. 유통업체 브랜드의 전체적인 브랜드 전략, 대상 소비자 설정, 제시되는 브랜드의 목적 등을 결정하고, 지속적으로 소비자의 신뢰를 확보하도록 노력해야 하며, 상품 특징을 반영하지 못하는 브랜드의 수는 줄이거나 리브랜딩 하는 등 브랜드를 관리하는 것이 보다 중요하다.

BRAND HIGHLIGHT

캐릭터 인기에...편의점 PB스낵 '골든벨'

주요 원재료 가격 상승 등으로 지난해 제과 가격 인상이 줄 이은 가운데 캐릭터 활용 등 기획력과 희소성을 가진 편의점 PB(Private Brand · 자체 개발 상품) 과자들의 인기가 올라가고 있다.

6일 헤럴드경제 취재에 따르면 편의점 CU의 PB 과자 매출신장률(전년대비)은 ▷2020년 10.2% ▷2021년 14.9% ▷2022년 8.8%로 호조를 보이고 있다. 편의점 GS25의 지난해 스낵 · 쿠키류 PB 상품 매출은 평균 23% 이상 신장했다.

편의점 PB 상품의 경우 기존 대형 제과업체와 협업하거나 직매입 계약을 통해 기술력 있는 중소협력사와 제품을 개발해 만든다.

편의점 업계는 기존 NB(제조업체 브랜드) 상품들과 겹치지 않는 품목을 선보이면서 편의점에서만 찾을 수 있는 차별화 상품을 내놓으려 노력하고 있다. 해당 편의점에서만 구입할 수 있는 이색 상품을 출시해 고객의 발길을 이끄는 식이다.

GS25가 메이플스토리와 협업해 출시한 핑크빈의 레드초코팬케익빵 등 시즌2 상품은 판매 2주 만에 판매량이 200만개를 넘었다. 시즌1 상품의 경우 판매량이 1000만개를 넘긴 바 있다.

CU가 지난해 11월 차별화 스낵으로 내놓은 PB 과자 '롯데리아 양념감자'는 출시 닷새 만에 매출 1위로 등극했다. '롯데리아 양념감자'의 하루 최대 판매량이 일반 과자의 2배 수준인 2만3000여 개를 달성하기도 했다.

세븐일레븐의 포켓몬 PB 과자도 인기를 끌고 있다. 세븐일레븐은 지난해 9월 기존 제품에 포켓몬 캐릭터 서클칩(포켓몬이 그려진 동그란 모양 칩)을 추가하는 제품 리뉴얼을 진행했다. 세븐일레븐에 따르면 해당 리뉴얼 이후 지난해 12월 포켓몬 PB 과자 매출(계란·초코계란·초코별·딸기별. 총 4종)은 전년 대비 250% 늘었다. 세븐일레븐 관계자는 "NB 상품에 비해 상대적으로 합리적인 가격에 다양한 상품을 선보일 수 있다"며 "PB 과자를 통해 브랜드 인지도와 차별성을 강조할 수 있다는 게 가장 큰 장점"이라고 설명했다.

업계는 제과업체들의 도미노 가격 인상 속에서 PB상품들이 상대적으로 가격 소구력을 가졌다고 보고 있다. 실제 설문조사에서도 PB 상품의 스낵류 인기는 높게 나타났다. 롯데멤버스가 지난해 10월 리서치플랫폼 라임에 의뢰해 전국 20~50대 성인 2000명에 PB 상품 구매경험 설문조사를 진행한 결과(중복 응답 포함), 이들의 주 구매 품목으로는 '과자·초콜릿 등 스낵류'가 50.3%로 가장 비중 높았다. PB상품 구매 이유로는 기존 제품 대비 저렴한 가격이라는 이유가 62.7%(중복 응답 포함)로 가장 많았고 ▷가격 대비 좋은 품질(47.6%) ▷할인행사 등 다양한 이벤트(39.6%) ▷호기심(24.8%) 등이 뒤를 이었다.

PB 과자들은 판촉과 마케팅 비용이 빠져 있어 원가 절감이 가능하다는 것이 특징이 있다. GS25 편의점에서 판매되는 PB 상품 팝콘과자의 경우 1500~1700원에 판매돼 가격 경쟁력이 있다. 과자별 특색이 달라 단순 비교는 어렵지만 NB 팝콘과자의 경우 중량과 상품 특성에 따라 2000원대 후반까지 가격 범위가 다양하다.

이 때문에 편의점 업계도 PB 과자 제품을 확대하는 추세다. 세븐일레븐의 경우 올해 1월 기준 판매 중 사탕, 초콜릿 등을 포함한 PB 과자(세븐셀렉트) 수가 130여 종에 달한다. 2020년 50여 종이었던 것에 비해 2배 이상 늘었다. CU의 경우 고구마스낵 등 인기를 끌고 있는 제품은 유지하되 러스크, 떡볶이스낵 등 새로운 형태의 제품을 꾸준히 출시하고 있다. CU의 PB 과자 제품은 2020년 1월 22종에서 올해 1월 기준 28종으로 늘었다.

〈자료원〉 헤럴드경제, 2023.1.6.

브랜드 라이센싱 전략

브랜드 확장전략은 강력한 브랜드를 소유한 기업이 활용 가능한 전략인 반면에, 브랜드 라이센싱은 약한 브랜드 자산을 가진 기업도 사용할 수 있는 강력한 전략적 대안이다. 라이센싱은 등록된 상표재산권을 가지고 있는 개인 또는 단체가 대가를 받고 계약기간 동안 타인이나 타 기관에게 그 재산권을 사용할 수 있는 상업적 권리를 부여하는 쌍방계약이다. 이는 기업이 상품 특허권이나 기술, 상호 및 상표 등과 같은 독점적 자산을 보유하고 있을 때 해당 자산의 사용권을 해외시장에 판매하고자 하는 경우 사용되는 방법이다.

라이센싱을 기술이전으로 정의할 수도 있는데, 라이센싱 범위는 라이센시의 특허 받은 정보와 상표의 사용권리, 특허 받지 않은 노하우와 같은 독점적 형태, 서비스 등이 포함된다. 또한 라이센싱은 라이센서(licensor)의 계약 기간 동안 특허권이나 사용권만을 이전하는 것이 아니라 계약종료 후에 발생하는 사업적 혜택도 함께 이전하는 것이다.

라이센싱은 새로운 사업기회를 제공하고 신제품이나 신기술의 시장도입을 원활하게 해주는 마케팅수단이 된다는 관념적 증거에도 불구하고 소비자 행동분야는 물론 마케팅 차원에서의 라이센싱을 살펴보는 것은 매우 중요하다. 브랜드 확장 전략으로서의 라이센싱 전략은 많은 기업에서 활용하고 있고 본장에서는 브랜드 측면의 라이센싱에 대해서 알아보자.

BRAND HIGHLIGHT

"당신은 CNN 직원입니까?" 글로벌 유명 로고, 국내 패션이 되다!
"오~ 찰칵찰칵 코닥 예쁘네, 카메라 필름 사니까 줬어?"

부장이 지나가며 던지는 한마디… 농담인지, 진담인지 모를 그 말에 회사원 A씨는 기분이 팍 상했다. 그는 올겨울 큰맘 먹고 일명 '정해인 패딩'을 장만했다. 로고 디자인도 예쁘고 색감도 좋고 특유의 레트로 느낌이 좋아 나름 거금을 줬는데 필름 사면 딸려오는 굿즈라니, 아무리 '패알못' 상사의 말이지만 흘려듣기 어렵다.

스트리트 패션이 대세가 되며 패션업계에서는 글로벌 브랜드 라이선싱 전략이 한창이다. MZ세대가 많이 모이는 '핫플'에 가보면 기자는 아니지만 'CNN' 로고 옷을 입거나 미국 명문대 재학생은 아니지만 'Yale' 'Georgetown' 로고 티셔츠를 입고, 또 굿즈가 아닌 '빌보드'나 '켈로그' 후드티를 입은 사람들을 쉽게 볼 수 있다. 미국 현지에서 폐간된 잡지 'LIFE', 파산한 항공사 'Panam'(팬암)이 국내 의류 브랜드로 부활한 이색적인 풍경도 목격된다.

이는 패션 중견기업들이 비패션 유명 브랜드의 라이선스를 구입해 의류로 확장하는 전략 때문이다. 이 같은 비즈니스의 시작은 십수년 전으로 거슬러 올라간다. 패션기업 에프앤에프(F&F)는 미국 메이저리그 'MLB'와 글로벌 논픽션 전문채널 '디스커버리'의 라이선스를 취득해 출시한 제품으로 높은 매출을 올렸다. 상표 인지도에 힘입은 덕분이다. 지난해에는 증시 상장 패션기업 중 시가총액 1위에 올라섰다. 특히 MLB코리아는 중국 시장까지 진출해 기록적인 매출 성장을 보이고 있다. 물론 미국에는 MLB 구단 30개팀이 속한 MLB협회가 나이키나 뉴에라와 협업해 만드는 공식 굿즈가 따로 있다.

한 의류업계 관계자는 로열티를 주고라도 유명 라이선스를 옷에 붙이는 이유에 대해 "자체 상표로 고품질 제품을 내놓는 것보다 중품질이라도 유명 라이선스를 붙이는 것이 판매량에서 현격한 차이가 난다"고 말한다. '이름값만큼 장사가 된다'는 말이다.

브랜드 사용 비용은 결코 싸지 않다. 브랜드 라이선싱을 고려했던 한 의류업체 대표는 "라이선스 이용료는 매출의 7% 정도이고, 여기에 브랜드 이용 보장 금액으로 3000만원에서 5000만원가량을 별도 지불하는 조건이었다"고 말했다. 또한 단순 이미지 사용인지, 의류에 부착되는 부자재인지 로고 사용 여건에 따라 라이선싱 비용은 천지 차이라고 한다.

미국 방송사 CNN을 라이선싱한 한국 기업의 제품. 미국에 가서 입는다면 "CNN 직원이냐?"는 질문을 받을지도. 라이선싱 대상은 의류 브랜드가 아니라도 상관없다. 밀가루 제조업체 대한제분이 온라인 쇼핑몰과 협업제작한 '곰표' 패딩은 1020세대의 '인싸템'으로 환영받았다. 비의류 브랜드로 옷을 출시하는 의외성 전략은 젊은층에 '독특해서' 혹은 '재밌어서' 사랑받는 셀링 포인트가 된다.

추호정 서울대 의류학과 교수는 "고가의 로열티나 원브랜드에 대한 높은 의존도 등 우려되는 면도 있지만 원브랜드의 핵심 가치와 이미지를 의류 제품으로 연결 짓는 것은 새롭고 창의적이며 흥미로운 시도"라고 긍정적으로 평가했다. "브랜드가 가진 고유한 이미지와 개성을 발굴해 자사가 가진 의류 기획, 생산력과 결합해 매력적인 제품을 만들어내는 것은 우수한 사업모델인 셈"이라는 것이다.

코로나19 팬데믹 이후 위축된 소비심리 내에서 '안전한 소비'를 지향하는 추세이다 보니 소비자는 낯선 브랜드보다는 익히 알고 있는 익숙한 브랜드에 지갑을 연다는 분석도 나온다.

반면 제품의 질에 대해서는 우려의 목소리도 있다. "자체 브랜드를 키우고 성장시키기보다 이미 유명한 브랜드에 기대는 것이 근본 없어 보인다"는 의견부터 "브랜드 인지도를 보고 적지 않은 가격에 샀지만 품질에서 실망했다"는 소비자들의 온라인 후기도 눈에 띈다. 추 교수는 "기본적인 역량을 갖추지 않은 상태에서 성급하게 라이선스 하나만으로 의류사업에 뛰어드는 업체가 최근 우후죽순처럼 늘면서 부정적인 문제가 늘어나고 있다"며 "결국 시장에서 실패하는 사례도 많아질 것"이라고 말했다.

〈자료원〉 경향신문, 2022.12.10.

1. 브랜드 라이센싱 전략

브랜드는 소비자의 소비가치에 심리적인 영향을 주는 방식으로 소비자 구매행동에 영향을 준다. 따라서 시장에서의 성공을 원하는 많은 기업이 브랜드 이미지 개선이나 강력한 브랜드 자산을 구축하기 위해 노력하고 있다. 브랜드 자산은 브랜드인지도와 이미지에 영향을 받으므로 많은 기업들이 광고의 양과 질을 늘이는 방식으로 경쟁에 대처한다. 브랜드 자산 구축을 위한 기업노력이 강화될수록 경쟁기업의 방어노력도 심화되기 때문에 소비자에게 노출되는 브랜드 총량도 급격하게 늘어난다.

기존 브랜드의 마켓파워가 한계에 이른 기업들은 신제품이나 신규브랜드를 개발하는 방식으로 시장확대나 시장회복을 시도한다. 그러나 브랜드개발과 신시장 침투에는 많은 비용과 높은 실패 확률이 동반된다. 이런 위험을 회피하기 위해 기업이 선택가능한 전략방향 중 하나는 브랜드 확장으로, 이미 성공한 브랜드를 신제품이나 신사업에 적용하여 관련된 위험을 축소할 수 있기 때문이다. 브랜드 확장과 관련하여 브랜드 라이센싱 전략이 주목을 받고 있다.

브랜드 확장전략은 이미 강력한 브랜드를 갖고 있는 기업만이 활용할 수 있는 전략적 대안이지만, 브랜드 라이센싱은 취약한 브랜드 혹은 새로 시장에 진입하려는 기업도 활용할 수 있는 전략이다. 브랜드 라이센싱은 기존브랜드가 구축해놓은 브랜드 자산이나 이미지를 다른 상품 혹은 다른 산업으로 이전하려는 기업의 의도된 행동인데, 라이센싱된 브랜드의 신뢰성이나 호감이 소비자의 저항을 줄일 수 있다는 장점 이외에도 도입 행위 자체가 소비자들의 주의와 관심을 유도하는 효과가 있다. 현재 많은 기업이 유명브랜드를 라이센싱하고 있고 그것에 대한 소비자 반응을 궁금해 하고 있다.

세계적 스포츠 브랜드인 푸마로부터 네이밍 라이센스를 부여받고 있던 이랜드는 유럽의 유명 아웃도어 브랜드인 버그하우스를 런칭, 국내 1위 아웃도어 브랜드인 노스페이스를 뛰어넘는다는 계획을 가지고 있다. 한편, 디즈니(Disney)사는 미키마우스의 캐릭터사용에 대한 라이센스를 각 기업에 부여한 결과, 하루 1천만 건 이상의 이용 빈도가 나타났다. 글로벌 기업인 HP는 국내 스캐닝 및 마우스 전문기업인 마우스캔과 라이센싱 계약을 체결하고 HP의 지적재산을 마우스캔이 사용할 수 있도록 허가하고 대가로 특허권 사용료를 지불받게 되었다. 앞서 언급한 푸마, 디즈니, 그리고 HP와 같은 라이센서(licensor)와 이랜드와 같은 라이센시(licensee)가 기업이 행하는 라이센싱 전략의 구성원인데, 라이센서는 자사의 기술이나 브랜드를 제공하여 로열티를 받을 수 있고, 라이센시는 타사의 기술이나 브랜드를 제공받아 자사의 부족한 면을 보충할 수 있다. 이처럼 제품 또는 서비스에 대한 라이센스를 부여하거나 부여받는 라이센싱(licensing)은 현재 각 기업의 차별적 브랜드 전략으로 각광받고 있다.

기업의 브랜드마케팅 전략으로 앞서 설명한 라이센싱은 두 개 이상의 브랜드가 서로 협력하는 것으로써 브랜드 제휴(brand alliance)의 관점에서 바라보는 것이 가능해진다. 브랜드 제휴란, 둘 이상의 개별적인 브랜드가 그들이 소유하고 있는 자산을 조합하거나 서로 연결시키는 것을 말한다. 이러한 브랜드 이름, 로고 등의 브랜드 요소의 결합을 소비자들은 물리적(번들제품) 또는 상징적(광고)으로 접할 수 있게 된다. 실제로 개별브랜드의 가치보다 통합된 브랜드의 가치가 더욱 커질 수 있기 때문에 브랜드제휴는 효과적인 브랜드 전략이라 할 수 있다.

브랜드제휴는 다양한 형태로 나타나고 있는데, 샴푸와 린스를 묶어 놓은 번들제품, 위스키와 콜라가 혼합된 순수조합제품, 인텔 칩이 장착된 컴퓨터와 같은 구성제품, 콜라회사에서 만든 커피와 같은 브랜드확장제품, 그리고 한 가지 브랜드를 구매했을 때 다른 브랜드를 무료로 제공하는 공동판매촉진 등이 그 것이다. 이렇게 상호 보완할 수 있는 제품을 가진 기업 간에 이루어지는 제휴는 소비자들로 하여금 브랜드와 관련된 인식의 증대를 가져오고, 이를 통해 이익을 얻을 수 있다.

2. 라이센싱 효과

현재 라이센싱은 많은 기업에서 브랜드 자산 구축전략의 일환으로 사용되어지고 있다. 이는 낮은 브랜드 자산을 소유한 브랜드(라이센시)가 브랜드 자산 구축을 위해 일정 수수료를 지불하고 높은 브랜드 자산을 소유한 브랜드(라이센서)의 이름, 로고, 캐릭터, 그리고 기타 다른 브랜드 요소들을 사용하는 일종의 계약협정을 말한다. 이와 같이 라이센싱은 라이센서입장에서 큰 수익을 올릴 수 있는 비즈니스이다. 왜냐하면, 최소한의 비용으로 최대한의 로열티 수입을 올릴 수 있기 때문이다.

라이센싱의 효과성을 살펴보면 학문적으로나 실무적으로 긍정적인 면과 부정적인 면이 함께 부각되고 있다. 먼저, 소비자에게 긍정적인 라이센서와 라이센시가 라이센싱을 행할 경우, 라이센서와 라이센시 각각에게 긍정적인 효과가 나타났다. 즉 라이센서와 라이센시 중 낮은 자산의 브랜드가 있다 하더라도 라이센싱 된 브랜드의 자산에서는 낮은 수치가 나타나지 않았다. 그러나 라이센싱이 라이센서와 라이센시에게 부정적인 영향을 줄 수 있다고 강조하였는데, 실제로 브랜드확장의 맥락 아래에서 실패한 브랜드확장은 모 브랜드의 이미지에 악영향을 주고 있다. 아울러 모 브랜드의 이미지와 일관성이 결여된 브랜드확장은 모 브랜드에 대한 소비자의 평가가 부정적으로 나타났다.

한편, 실무적으로 나타난 긍정적인 효과의 실례를 살펴보면, 도나카렌(Donna Karan), 켈빈 클라인(Calvin Klein), 그리고 피에르 가르뎅(Pierre Cardin) 등과 같은 디자이너들은 의복, 벨트, 넥타이, 그리고 가방 등과 같은 다양한 상품에 그들의 이름을 사용하는 것에 많은 사용료를 요구하고 있다. 실제로 닌자거북이(Teenage Mutant Ninja Turtles)의 미국 내 라이센싱 비용은 3년에 무려 10억 달러이다. 이와 같이 라이센싱 중 가장 많이 성행하고 있는 것이 브랜드 이름 그리고 로고와 같은 브랜드 트레이드 마크를 라이센싱하는 것이다. 지프(Jeep)를 생산하고 있는 크라이슬러(Chrysler)사는 좁은 범위에 맞춰진 것처럼 보이는 지프브랜드를 폭 넓게 라이센싱하고 있는데, 그 범위는 장난감, 전자제품, 안경, 의류 그리고 산악자전거에까지 이른다. 이 제품군들은 실제 지프브랜드와 전혀 관계가 없어 보이지만 남자다움과 터프함과 같은 이미지에 있어 동질성을 소유하고 있다. 또한, 모터사이클을 생산하고 있는 할리데이비슨(Harley Davidson)은 그 이름을 셔츠, 보석 그리고 심지어 와인쿨러에까지 라이센싱하고 있다.

그러나 라이센싱이 긍정적 효과만이 있는 것은 아니다. 특히 유의해야 할 부분은 단기매출 신장을 위한 라이센싱이다. 악어로고로 유명한 라코스테(Lacoste)의 경우, 1982년 매출액이 4억 5천만 달러에 이르렀으나, 브랜드이름이 과다 노출되며 1990년 1억 5천만 달러까지 매출액이 하락하였다. 한편, 국내 완구업계는 포켓몬스터라는 걸출한 캐릭터에 의해 재편되었는데, 그 후 포켓몬스터는 완구뿐만 의류와 신발에서 심지어 빵과 과자에 이르기까지 무분별하게 라이센싱하여 과다한 재고 부담을 초래하였다. 이를 통해 알 수 있는 사실은 라이센서의 다중적인 라이센싱으로 인해 브랜드가 과다로 노출되고 결과적으로 브랜드 자산이 빨리 마모될 수 있다는 것이다.

3. 라이센싱의 영향

일반적으로 이루어지는 브랜드마케팅 전략 하에서의 마케팅믹스 활동은 대게 브랜드별로 이루어진다. 따라서 브랜드의 마케팅믹스 활동에 접한 소비자는 자신의 구매의사결정 과정을 특정 브랜드 하나에 초점을 맞추고 행하게 된다. 예컨대, A라는 브랜드가 매력적인 광고모델을 새로 기용하여 TV광고를 했다면, 이를 접한 소비자는 A라는 브랜드 하나에 초점을 맞추어 구매의사결정과정을 행한다는 것이다.

그런데, 라이센싱과 같은 브랜드제휴를 통해 구성된 브랜드의 마케팅믹스 활동에 접한 소비자는 개별 브랜드에서 설명한 구매의사결정과정과는 다른 방향성을 갖게 된다. 즉 B라는 브랜드와 C라는 브랜드가 제휴하여 BC라는 브랜드를 구성한 후 TV광고를 하게 된다면, 이를 접한 소비자의 반응은 B와 C라는 각각의 브랜드에 다르게 나타난다는 것이다. 특히 라이센싱과 같이 한쪽(라이센서)이 어떠한 권리를 제공하고 있고 다른 한쪽(라이센시)이 그 권리를 받고 있다라는 사실을 소비자가 인지하고 있다면 특정 마케팅믹스 활동에 대한 의사결정은 비용-혜택(cost-benefit)의 관점에서 형성될 가능성이 있다.

라이센싱된 브랜드에 소비자가 어떠한 태도 또는 행동을 발현시키는 것을 설명하는 메카니즘에는 사회적 교환 및 공정성 이론을 적용시킬 수 있다. 즉, 인간이 사회적으로 공정한 교환이라고 인식할 때는 분배적 정의와 관련하여 두 당사자 간에 자원의 할당이 서로 일치될 때라는 것이다. 따라서 라이센시의 역할을 담당하는 브랜드에 대해 소비자가 부정적인 반응을 보이고, 이 후 구매로 연결시키지 못하는 것은 그 브랜드와의 관계가 사회적으로 공정하지 못한 교환이라고 판단하기 때문이다. 이를 공정한 교환으로 만들어 준 계기가 라이센서를 통한 라이센싱이라고 할 수 있는데, 왜냐하면 라이센시의 브랜드 자산이 소비자가 지불해야 할 가격대비 낮은 상황(공정하지 못한 교환)에서 라이센서의 브랜드 자산이 이를 최소 제로(0) 상황(공정한 교환)으로 끌어올려 주었기 때문이다.

이 때 라이센싱된 브랜드와 사회적으로 공정한 교환을 하게 된 소비자가 비용-혜택의 관점에 따라 그 브랜드를 바라보게 된다면 추론하게 될 혜택 측면의 것은 라이센서가 될 것이고, 비용 측면의 것은 라이센시가 될 것이다. 즉, 라이센싱 된 브랜드와 사회적으로 공정한 교환을 하게 된 소비자는 자신이 지불한 금액 중 많은 부분을 라이센시보다 라이센서가 상대적으로 낮은 노력을 들여 수취하게 되어 상대적으로 라이센서가 혜택을 보게 된다는 것이다.

이와 같은 사실이 도출될 수 있을 것이라는 예상은 인간은 자신의 행동에 대한 동기나 원인을 이해하려 한다는 자아지각이론(Self-Perception Theory)을 통해 할 수 있다. 만약, 라이센서가 자신의 브랜드 자산을 이용하여 혜택을 본다는 사실을 소비자들이 인지한다면 이는 성향에의 귀인(attribution)을 통해 라이센싱을 라이센시가 먼저 요청하였을 것이라는 외부적 성향(situation)으로 돌릴 가능성이 크다. 그러나 라이센서가 상대적으로 과도한 혜택(over justification)을 보고 있다는 사실을 소비자들이 인지한다면, 이는 라이센싱을 통해 라이센서가 부를 축적하려 한다는 내부적 성향(disposition)으로 돌려 반대급부를 야기할 것이다.

그렇다면 라이센서는 어떠한 형태의 라이센싱을 취해야 하는 것일까? 앞서 라이센싱의 개념부분에서 언급했지만, 라이센서가 라이센싱 함에 있어 가장 유의해야할 것은 단기매출증대를 위한 라이센싱이다.

너무 많은 제품에 동일한 브랜드가 사용될 경우, 연관된 브랜드이미지의 일관성이 떨어지게 된다. 실제로 미국의 의류업체인 로라애쉬리(Laura Ashley)는 1980년대 엄청난 성공을 거두었지만 1990년대에 들어와서 심각한 판매부진을 겪고 있다. 이 브랜드의 컨셉은 고급스러움을 강조하는 것이었으나 성인복과 아동복, 그리고 가정용품들을 포괄하는 광범위한

대표적인 브랜드 라이센싱. "던킨도너츠"

제품라인은 그 브랜드 컨셉을 반영하지 못하고 있다. 이러한 문제를 해결하기 위해 경영진은 의류제품라인의 30%와 가정용품라인의 20%에서 로라애쉬리라는 브랜드를 철수시키게 된다.

소비자가 라이센싱 된 브랜드를 접하게 되었을 때는 해당 라이센시 대비 라이센서의 브랜드 자산을 높게 평가하게 되어 그 브랜드에 대해 긍정적인 소비자반응을 보일 것이다. 그러나 해당 라이센서의 라이센싱 횟수가 다중적이 된다면 독점적일 때보다 라이센서의 브랜드 자산을 덜 높게 평가하게 될 것으로 보여 상대적으로 부정적인 소비자반응을 보인다는 점이다.

4. 라이센싱 전략의 시사점

라이센싱 전략을 활용할 때 다음과 같은 시사점을 명심하고 효과적인 사용이 될 수 있도록 노력해야 한다. 첫 번째 시사점은 브랜드 자산을 구축하여 라이센싱을 하려는 라이센서는 다중적인 라이센싱보다는 독점적인 라이센싱이 더욱 효과적일 수 있다. 이는 여러 업체에 라이센싱 한 라이센서보다 하나의 업체에 라이센싱한 라이센서에 소비자들은 긍정적인 태도를 나타내기 때문이다.

둘째, 브랜드 자산을 구축하려는 라이센시에게 라이센싱은 실제로 효과적인 전략일 수 있다. 어느 정도의 브랜드 자산을 구축하기 위해서는 장기적인 관점에서 지속적으로 노력해야만 한다. 그러나 라이센싱은 단기간 내에 소비자로 하여금 자사 브랜드에 대한 긍정적인 태도를 형성시킬 수 있다.

셋째, 라이센싱은 라이센시에게 긍정적인 효과를 제공할 수 있는데, 그 효과를 최대화시키기 위해서는 쾌락적 속성을 소유한 브랜드보다 실용적 속성을 소유한 브랜드에서 라이센싱하는 것이 필요할 수 있다. 왜냐하면, 라이센싱 시 소비자들은 실용적 속성을 소유한 라이센시에게 전달되는 라이센서의 속성이 쾌락적 속성을 소유한 라이센시에게 전달되는 라이센서의 속성 보다 더욱 후원효과를 크게 인식할 수 있기 때문이다.

마지막으로 라이센싱의 효과가 검증된 이상 라이센서가 되고자 하는 브랜드는 자사 브랜드의 아이덴티티를 확고히 하고, 끊임없이 자사 브랜드의 품질을 향상시키고, 브랜드 커뮤니케이션을 통하여 강력하고 독특한 이미지를 만들어 나가는 것이 무엇보다 중요할 것이다.

프랜차이즈 브랜드 전략

프랜차이즈 시스템은 본부와 가맹점 혹은 가맹점끼리 브랜드를 공유하는 독특성을 내포할 뿐 아니라 일반적으로 수직적 유통경로에서 일어나는 현상 즉, 한쪽은 파워를 행사하고 또 다른 한쪽은 통제나 지시를 일방적으로 이행하는 비대칭적 의존 관계와는 다른 상호협력의 대등한 상대적으로 대칭적 의존 관계를 형성한다. 그러므로 상대적인 대칭적 의존 관계의 프랜차이즈 시스템은 관계형성에 있어 다양한 요인이 존재할 수 있을 뿐만 아니라 브랜드 관리 측면에서도 수직적 유통 경로와 상이할 수 있다.

프랜차이즈 시스템에서는 본부가 가맹점에게 교육, 훈련, 판매 등 경영 전반에 걸쳐 운영상 필요한 지도·지원을 제공하여 그 관계가 지속적인 형태를 갖는 특성에도 불구하고 많은 경우 브랜드 관리의 중요성이 간과되어 왔다. 프랜차이즈 시스템에서 브랜드는 가맹주의 가입 고려 대상일 뿐 아니라 가입한 뒤 지속적으로 상호협동적으로 브랜드 가치를 상승시켜야 하는 매우 중요한 요인이다. 따라서 본 장에서는 프랜차이즈에서의 브랜드의 중요성과 활용 전략에 대해서 알아보고자 한다.

BRAND HIGHLIGHT

'노브랜드 버거' 200호점 돌파…가성비 전략 통했다'

신세계푸드의 노브랜드 버거가 200호점을 돌파하며 국내 버거 프랜차이즈 시장에서 대세 브랜드임을 입증했다. 5일 신세계푸드에 따르면 2019년 8월 노브랜드 버거를 론칭하며 1호점으로 홍대점을 오픈한 이후 업계 최단기간인 1년 8개월 만에 100호점을 달성한데 이어 3년 4개월 만인 지난해 12월 200호점으로 안동중앙점을 오픈했다.

노브랜드 버거의 성장세는 맛과 품질이 뛰어난 메뉴를 단품 2500~5900원, 세트(버거, 감자 튀김, 음료) 4500~7700원의 합리적인 가격으로 선보인 것이 고물가 시대에 한끼 식사로 버거를 즐기려는 젊은 층에게 호응을 얻고 있기 때문이란 신세계푸드 측 분석이다. 또 노브랜드 버거 만의 독자적인 경험을 제공하기 위해 차별화된 마케팅을 펼치면서 버거 주 고객층인 젊은 층을 만족시켜 왔던 것도 인기의 원인 중 하나로 꼽았다.

실제 신세계푸드는 노브랜드 버거를 개발하면서 가성비 메뉴를 선보이기 위해 20여명의 셰프들이 2016년부터 3년간 최적의 식재료와 조리방법을 찾아 테스트하며 타 브랜드 대비 20% 두꺼운 패티, 독자적인 감칠맛이 느껴지는 소스와 다양한 메뉴를 개발했다. 차별화된 경험을 중시하는

MZ세대를 위해 다양한 이색 메뉴를 선보인 것도 주효했다. 노브랜드 버거에서 대안육으로 선보인 '노치킨 너겟'은 출시 이후 석달 만에 30만개 완판을 기록했다.

또한 피자 토핑으로 주로 쓰이는 페퍼로니를 버거에 넣은 '페퍼로니 버거', 감자튀김은 짭짤해야 한다는 선입견을 깨고 달콤한 맛으로 선보인 '슈가버터 프라이', 포장 또는 배달로 음식을 즐기는 고객이 시간이 지나도 바삭함을 느낄 수 있도록 개발한 '크런치 윙' 등은 타 브랜드와 차별화되는 노브랜드 버거 만의 이색 메뉴로 큰 인기를 끌었다.

노브랜드 버거만의 독자적인 경험을 주기 위해 펼친 마케팅도 호응을 얻었다. 소비와 함께 재미를 추구하는 MZ세대 펀슈머를 겨냥해 노브랜드 버거 전용 탄산음료로 선보인 '브랜드 콜라, 사이다'는 독특한 네이밍, 감각적인 디자인이 인기를 끌며 출시 한 달 만에 100만개를 돌파하기도 했다.

또 '브랜드 콜라, 사이다'의 일러스트 디자인을 대체 불가 토큰(NFT)으로 발행하기도 하고, 유명 아티스트 이경미 작가의 캐릭터 '나나아스트로(NanaAstro)'와 콜라보 한 한정판 패키지와 팝업스토어를 선보이며 차별화된 경험을 부여했다.

노브랜드 버거 매장수 추이

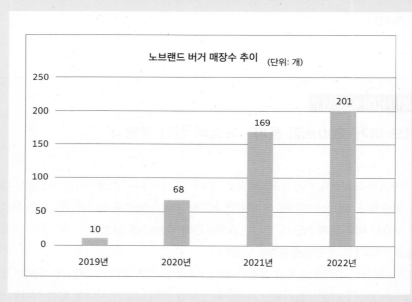

이와 함께 신세계푸드는 지난해 7월 신세계 그룹 SSG랜더스 야구단과 NBB DAY(노브랜드 버거 데이) 이벤트를 진행하며 국내 야구팬들에게 폭발적인 호응도 이끌어 냈다. NBB DAY에 맞춰 특별 제작한 NBB 에디션 유니폼 300벌은 판매 1시간 만에 완판됐고, 한정 메뉴로 선보인 버거는 소비자들의 정식 출시 요청에 따라 신메뉴로 출시됐다. 이어 신세계푸드는 KBO리그 출범 40주년을 기념해 한국야구위원회(KBO)와 손잡고 야구공 모양을 형상화 한 '베이스볼 버거팩'을 출시하며 야구팬들에게 색다른 재미를 줬다.

고객 접점 확대에도 적극 나섰다. 지난해 2월 사전 주문부터 픽업, 딜리버리 서비스까지 이용할 수 있는 노브랜드 버거 전용 앱을 론칭했으며 11월에는 노브랜드 버거 e쿠폰을 출시하며 소비자들의 구입 편의성을 높였다. 이 같은 인기를 이어가기 위해 올해 신세계푸드는 노브랜드 버거에서만 즐길 수 있는 독창적인 메뉴 출시와 색다른 마케팅을 강화하고 지난해부터 가맹점 확대를 시작한 충청지역과 상반기 진출 예정인 호남지역으로 매장을 확장하며 전국구 버거 프랜차이즈로 확대한다는 계획이다.

신세계푸드 관계자는 "노브랜드 버거가 고물가 시대에 합리적인 가격으로 즐길 수 있는 버거 프랜차이즈로 인기를 끌고 있는 만큼 앞으로도 브랜드 콘셉트인 가성비에 충실한 메뉴들을 선보이며 고객 만족도를 높일 예정"이라며 "동시에 노브랜드 버거 만의 독자적인 마케팅 활동을 다양하게 펼치며 국내 대표 버거 프랜차이즈로 육성할 방침"고 말했다.

〈자료원〉 글로벌이코노믹, 2023.1.5.

1. 프랜차이즈란?

1) 프랜차이즈의 정의와 현황

창업은 사업 아이디어를 가진 창업자가 사업을 구체화하기 위하여 적정한 자본을 투자하고 사업을 실행해 나가는 과정으로 창업자는 경쟁에서 살아남기 위해 아이템과 맞는 입지를 선택하고, 적극적인 마케팅으로 매출을 확보하여 적정한 수익을 창출해야만 생존경쟁에서 살아남을 수 있어서 성공을 위한 사업노하우는 필수 불가결한 요소이다. 사업노하우를 가지고 있지 못한 경우 프랜차이즈 시스템은 사업에 필요한 여러 가지 사항을 대가로 내고 비교적 손쉽게 사업노하우를 제공 받을 수 있어서 수많은 예비창업자의 선호도가 점점 높아지고 있다.

이러한 프랜차이즈 사업은 자본 및 인력이 부족한 소상공인 및 중소기업이 빠르게 성장할 수 있는 수단이며 창업 경험이 부족한 창업 희망자가 가맹본부의 지원을 통해 창업 실패율을 낮출 수 있는 효과적인 사업 방식이다. 21세기 들어 제조업 기반의 기존 산업이 서비스 기반 산업으로 변화하면서 서비스 산업의 중심에 위치한 프랜차이즈는 국내외적으로 지속적으로 성장하고 있으며 국내에서도 프랜차이즈 산업은 2016년 기준 가맹본부 수가 총 4,268개로 전년 대비 9.2% 증가하였고, 교육서비스를 제외한 프랜차이즈 가맹점 수는 18만 1천개로 전년 대비 8.4% 증가하였으며 가맹점 종사자 수 또한 66만명으로 전년 대비 16.4%(8만 4천명) 증가하고 가맹점 매출액은 50조 3천억원으로 전년 대비 17.0%인 7조 3천억원 증가할 정도로 양적으로 급속히 성장하고 있으며 우리나라 경제에서 프랜차이즈 산업의 비중과 중요성 또한 증가 추세이다.

코로나 여파에도…지난해 '프랜차이즈' 가맹점, 역대 최대폭 증가

신종 코로나바이러스 감염증(코로나19) 여파에도 불구하고 지난해 프랜차이즈 가맹점 수가 조사 이래 최대 폭으로 늘었다. 지난 26일 통계청이 발표한 '2021년 프랜차이즈 가맹점 조사 결과(잠정)'에 따르면 지난해 프랜차이즈 가맹점 수가 26만개로 지난 2020년 대비 10.6%(2만5천개) 증가했다. 이는 관련 조사가 시작된 2013년 이후 가장 높은 증가율이다. 사회적 거리두기 조치로 자영업이 큰 타격을 받았으나, 오히려 가맹점 수는 2020년에 이어 증가세를 보였다. 통계청 관계자에 따르면 창업을 하더라도 좀 더 안정적인 곳을 찾은 것으로 보인다.

프랜차이즈 가맹점의 전체 매출액 또한 1년 전보다 14.2%(10조5천억원)인 84조8천억원 증가했다. 이는 2020년 매출액이 코로나 여파로 감소한 데 따른 기저효과로 풀이된다. 업종별로 보면 중식 · 양식 등 외국식이 38%(1만1천개) 늘어 가장 높은 증가율을 보였다. 김밥 · 간이음식이 19.2%(2천개), 안경 · 렌즈가 17.7%(600개)가 늘어 대부분 업종에서 가맹점 수가 늘어났다. 이와 달리 생맥주 · 기타주점은 −2.6%(−300개) 감소했다

프랜차이즈 가맹점 종사자 수는 1년 전보다 4%(3만2천명) 증가해 총 83만4천명 증가한 것으로 나타났으나, 종사자 증가 폭이 가맹점 증가 폭에 미치지 못해 가맹점당 종사자 수는 1년 전보다 5.9%(0.2명) 줄어든 3.2명을 기록했다. 2020년에 이어 2년째 감소한 수치다. 자동차 수리(4.4%), 커피 · 비알코올음료(2.8%), 제과점(0.0%) 등을 제외한 대부분 업종에서 줄었으며 외국식(−13.3%), 한식(−9.4%) 등 외식 관련 업종에서 가장 큰 감소 폭을 보였다.

프랜차이즈 가맹점당 매출액의 경우 지난해 3억2천660만원으로 1년 전보다 3.3%(1천40만원) 증가했다. 김밥 · 간이음식(18.5%), 치킨전문점(16.9%), 문구점(11.2%) 등은 늘어난 것에 비해 가정용세탁(−13.2%), 편의점(−0.5%), 피자 · 햄버거(−0.1%) 등은 감소했다. 가맹점당 매출액이 가장 많은 업종은 의약품(11억3천540만원)이었으며, 자동차수리(5억9천40만원), 편의점(4억9천80만원) 등이 뒤를 이었다. 반면 가장 적은 업종은 가정용세탁(7천800만원), 생맥주 · 기타주점(1억5천800만원), 커피 · 비알코올음료(1억7천890만원) 등이다.

〈자료원〉 청년일보, 2022.12.27.

프랜차이즈(Franchise)의 사전적 의미는 자유, 면제, 특권과 같은 뜻을 지닌 보통 명사로 '특권을 부여한다.' 라는 뜻의 'to free'의 중세 프랑스어에서 유래하였다. 중세시대 Franchisee(프랜차이지)로 불리는 사람들은 민권을 유지하며 세금을 부과, 징수하는 권리를 허가 받았는데 그들은 자신들을 허용해주는 사람이나 정부에게 군대 파견이나 다른 형태의 보호

대가로 자신들이 거둬들인 세금 수입의 일정부분을 지급하였다. 이러한 개념은 후일 민간 부분에서도 사용되기 시작하였다. 최근의 정의를 살펴보면 한국프랜차이즈협회(Koea Franchise Association)에서는 프랜차이저가 프랜차이즈 가맹점을 계약했을 때, 프랜차이즈 회사의 이름, 상호, 운영과 영업방법을 부여하고 지원하여 관리와 관계의 대가를 수수하는 계약된 채권관계를 의미한다.

프랜차이즈 시스템을 처음 사업화하기 시작한 것은 1860년대 미국의 싱어 재봉틀 회사(Singer Sewing Center)이다. 자사 제품 판매와 자금 확보전략으로 도입하였는데 이러한 시스템은 오늘날 프랜차이지가 브랜드 사용료를 지불하는 현재 프랜차이즈 시스템으로 발전하게 되었다. 본격적인 프랜차이즈시스템(franchise system)은 1930년 미국에서 개발된 획기적인 판매 시스템으로 유통시스템의 혁신을 가져온 선진국형 유통형태이다. 한국에서도 1979년 외식산업에 본격적인 프랜차이즈 시스템이 도입된 이후 유통시장의 개방과 더불어 국내·외를 막론하고 다양한 업종에서 프랜차이즈시스템이 폭발적으로 활용되고 있다.

2) 프랜차이즈 시스템

프랜차이징이란 프랜차이저가 프랜차이즈를 사는 사람(프랜차이지)에게 프랜차이즈 회사의 이름, 상호, 영업방법을 제공하여 상품과 서비스를 시장에 판매하는 시스템을 말하며, 이때 프랜차이지가 프랜차이저로부터 받게 되는 권리와 면허 자격을 프랜차이즈라 하였다. 즉, 프랜차이즈는 프랜차이저가 프랜차이즈 가맹점을 계약하여 브랜드 네임, 상품과 서비스와 같이 전반적인 운영에 관련하여 지원받는 시스템이라고 할 수 있다.

프랜차이즈는 사업의 형태별로 크게 3가지로 분류할 수 있다. 첫 번째로 상품 유통을 그 목적으로 하는 '상품 유통형 프랜차이즈(product distribution franchise)'와 가맹점들에 대하여 상품이나 용역뿐만 아니라 가맹본부가 개발한 특정의 비즈니스 노하우를 전수해주는 형태의 '사업 형태형 프랜차이즈(business format franchise)', 그리고 같은 산업에서 독립적으로 사업을 하고 있는 사람들을 모집하여 자신의 가맹점사업자로 바꾸는 형태의 '전환형 프랜차이즈(conversion franchising)'로 분류할 수 있다.

또한 오늘날 사업형태별 분류와 분류 방식은 소비자의 가치소비를 향상 시킬 수 있는 방향으로 계속 진화되고 있으며, 급속히 변화하는 시장 속에서 프랜차이즈 기업들은 생존하기 위해 형태와 업종의 경계

세계적인 프랜차이즈 1위 "맥도널드"

를 허물어 가고 있다.

국내 프랜차이즈 산업은 1980년대 롯데리아가 처음으로 도입한 이래 지난 30여 년 동안 경제의 발전과 더불어 급속하게 성장하였으며, 이러한 성장과 더불어 산업화, 도시화, 대중화와 같이 다양한 시장환경 변화를 경험하면서 성장하였다. 이러한 프랜차이즈 시장은 최근 일반 서민들이 가맹점 창업에 뛰어들면서 계속 증가하고 있다. 그 이유를 살펴보면 극심한 취업난과 베이비붐 세대의 은퇴가 대표적인 원인이라고 할 수 있다. 이렇듯 가맹점 창업이 증가하여 프랜차이즈 시장은 포화상태에 빠졌고 이에 무한경쟁 시대를 맞이하게 되었다. 이러한 상황에서 프랜차이즈 브랜드가 시장에서 살아남기 위해 차별화된 마케팅 전략이 필요하다.

BRAND HIGHLIGHT

MZ세대 사로잡은 프랜차이즈 매장의 비결은?

최근 인플레이션, 금리인상 등 경기 불황에 대한 우려의 목소리가 커져가는 가운데, 서울 대표 상권 중 하나인 홍대입구 상권은 코로나19 이전 수준의 활기를 되찾고 있다. 그리고 그 중심에는 과거 '프랜차이즈의 무덤'이란 별칭이 무색하게 홍대로의 외식인구의 유입을 이끄는 프랜차이즈 매장도 하나둘 늘고 있다.

한국부동산원의 상업용 부동산 임대동향조사에 따르면, 작년 3분기 홍대 · 합정 중대형 상가 공실률은 11.9%로 작년 1분기(13.3%), 2분기(12.4%)와 비교했을 때 꾸준한 감소세를 보이고 있다. 코로나19 팬데믹 기간 동안 사회적 거리두기로 인해 문을 닫았던 점포들이 엔데믹 시대를 맞아 다시금 돌아오고 있는 것. 특히 코로나19 이후 홍대입구 상권 내 프랜차이즈들의 피해가 컸다. 랜드마크 역할을 했던 버거킹 홍대역점을 비롯해 홍익대 정문 앞 스타벅스, 다이소, 맥도날드, 아리따움 등 대형 프랜차이즈 매장들이 줄줄이 문을 닫았다.

하지만 최근 오픈한 프랜차이즈 매장들은 기존 매장과 다른 콘셉트로 소비자들에게 차별화된 경험을 제공하는 발상의 전환을 통해 트렌드에 민감한 MZ세대 공략에 성공했다. 즉 어느 매장에서나 안정적으로 양질의 균일화된 서비스를 제공한다는 프랜차이즈의 기본 틀에서 벗어남에 따라, 색다른 경험을 추구하는 젊은 세대의 주목을 받기 시작했다.

작년 11월 연남동에 신규 매장을 오픈한 프랜차이즈 '굿손'은 베트남 현지의 맛과 분위기를 살려 해외여행에 대한 대리만족을 선사하며 인기를 끌고 있다. 굿손은 캐비아 프랜차이즈(KAVIAR F)와 용리단길 핫플레이스 '효뜨'의 남준영 셰프가 브랜딩한 베트남 분짜 전문점이다. 쌀국수를 주로 판매하는 일반적인 베트남 음식점과 달리 분짜와 껌승을 메인 음식으로 선보이고 있으며 인테리어 소품이나 집기, 메뉴판 등 매장 분위기도 베트남 로컬 노포 느낌으로 구현해 이국적인 매력이 특징이다. 특히 굿손 연남점의 경우 기존 타 지점과 달리 분짜, 껌승과 같은 메인 메뉴 요리 시 AI 셰프가 구운 고기를 사용하는 등 푸드테크를 활용해 더욱 특별한 경험을 제공할 예정이다.

롯데리아도 프랜차이즈의 불가침 영역인 '통일성'의 틀을 깨고 'Amazing Box' 콘셉트 스마트 스토어 홍대점을 오픈·운영하고 있다. 롯데리아 홍대점은 홍대의 힙한 공간 인테리어 구성과 비대면 무인 기기의 테크놀로지 시스템을 접목시킨 게 특징이다. 무인 키오스크와 무인 픽업존을 마련해 매장 입장부터 퇴장까지 모든 과정이 비대면으로 이뤄질수 있도록 조성했으며, 캠퍼스 상권 특성을 살려 취식 공간을 계단식 좌석의 형태로 적용해 독특함을 더했다. 이외에도 홍대점에서만 맛볼 수 있는 버거 제품 판매 등 다양한 즐길 거리를 지속적으로 선보인다.

엔제리너스는 기존과 다른 새로운 형태의 매장 인테리어를 적용한 L7 홍대점을 오픈·운영하고 있다. 따뜻함, 아늑함을 뜻하는 덴마크어인 '휘게'를 콘셉트로 제2의 집과 같은 안락한 느낌을 낸 공간이 특징이다. 타 매장과 달리 매장 내 로스팅 존에서 매일 아침 직접 볶은 싱글 오리진 원두를 사용해 고급 커피를 맛볼 수 있으며, 음료 외에도 파스타, 피자와 같은 식사 메뉴를 함께 판매해 꼭 호텔을 이용하지 않아도 호텔에서 느낄 수 있는 이색 경험과 편안함을 제공한다.

프랜차이즈업계 관계자는 "홍대입구 상권이 활기를 되찾으면서 차별화된 경험을 제공하는 이색 프랜차이즈 매장이 늘어나고 있다"며 "앞으로도 양질의 서비스를 안정적으로 제공하는 프랜차이즈 브랜드의 덕목을 유지하는 동시에, 소비자들에게 특별한 경험을 제공할 수 있는 다양한 시도를 통해 고유의 경쟁력을 강화해 나갈 것"이라고 말했다.

〈자료운〉 데일리안, 2023.1.8.

2. 프랜차이즈와 브랜드

프랜차이즈 시스템은 경험있는 가맹본부의 경영지원 등으로 독립점포보다 실패에 대한 리스크가 낮으며, 본부의 대량구매에 따른 원가 절감, 지속적인 교육훈련 지원, 광고·홍보·판촉행사 캠페인의 이익 등 여러 장점이 있고 기술력과 시스템을 가진 가맹본부가 가맹점에게 기술을 전수하고, 경영을 지도하며, 사업노하우를 가지고 가맹점사업이 원활하게 이루어질 수 있도록 하여 상생하는 시스템 특성이 있다.

그러나 많은 예비 창업자들은 가맹본부의 선택에 있어 많은 어려움을 겪는다. 가맹사업법에 따른 정보 공개서에 의해 가맹본부의 정보를 공개하도록 하고 있지만 실제로 창업하는 예비창업자들의 브랜드 선택을 보면 선택의 기준이 다양하게 나타나고는 있으나, 향후 사업의 안정성에 대한 판단기준이 되고 있지 못하여 창업 후의 많은 가맹점들에게 부진한 사업성과를 가져오게 하는 요인으로 작용하는 것이다. 프랜차이즈 시스템은 이해 당사자 간의 장기적인 관계를 유지해야 하는 네트워크의 특성이 있지만 상호간에 전략적 지향목표가 반드시 일치하지 않기 때문에 제반 갈등요인을 내재하고 있다.

또한, 프랜차이즈에서 가장 많은 부분을 차지하고 있는 외식산업의 경우를 보면 국내 외식산업의 프랜차이즈 시스템이 선진국의 외식산업 프랜차이즈 시스템과 비교해볼 때 사업 규모가 영세하고 가맹본부의 운영시스템 구조와 운영기법 등이 미숙하여 양적 성장보다 질적인 측면의 기술개발과 연구가 미흡하다는 것을 보여주고 있다. 따라서 예비창업자가 프랜차이즈 브랜드 의사결정시 구체적인 정보와 분석이 미흡하여 창업 후 갈등이 일어나는 경우가 많고 브랜드 결정이후 창업을 통한 만족도와 사업성과 등을 체계적으로 확인하기가 어려운 구조로 되어 있다.

일반기업에서는 제품이 일차적인 브랜드가 되지만 외식업체와 같은 서비스 프랜차이즈업체는 서비스 제공자 혹은 외식업체 자체가 브랜드로 인식되기 때문에 프랜차이즈 산업에서 브랜드의 중요성은 더욱 강조된다. McDonald's, KFC 등 글로벌 프랜차이즈 기업들은 물론이고 카페베네 롯데리아 뚜레주르 등 국내 프랜차이즈 기업들도 독특하고 차별화된 브랜드 이미지 구축을 위해 노력하고 있다.

한편, 강력한 파워를 지닌 브랜드들을 살펴보면 대부분 그들만이 가진 고유하고 차별화된 스토리를 가지고 있으며, 끊임없이 소비자들과의 커뮤니케이션을 통해 강력한 브랜드 이미지를 구축해 나가고있다. 다양한 소비 경험을 한 소비자들은 기업의 제품을 구매하는 것이 아니라 스토리를 구매하는 것이다. 그러므로 이런 소비자들을 향한 브랜드 스토리는 기업과 소비자와의 친밀감과 관계 유지에 긍정적인 영향력을 미치며, 제품과 브랜드 가치를 높이는 방법이라고 할 수 있다.

소비자들에게 강력한 브랜드 이미지를 구축한 프랜차이즈 기업들의 스토리를 살펴보면 다양한 소재들을 통해 이야기하고 있다. 커피 브랜드의 대명사인 스타벅스는 커피만 판매하는 일반적인 커피 매장이 아니라, 커피 매장을 집과 직장에 이어 '이야기가 있는 제3의 공간'으로 만들어 또 하나의 라이프스타일을 재창조하였다. 이렇듯 브랜드 스토리 전략은 시장에서 경쟁우위를 확보하는 데 있어 중요한 역할을 한다.

한국의 대표적인 프랜차이즈 "롯데리아"

프랜차이즈 브랜드 전략 '다다익선'? 장수 브랜드 키우려면 '선택과 집중'

요즘 유명 연예인보다 더 인기를 끌고 있는 한 가맹본부 대표가 화제다. 음식에 대한 해박한 지식은 물론 다양한 음식을 손쉽고 맛있게 만드는 능력, 높은 전문성과 넓은 식견, 소탈함과 친화력까지 시청자의 인기를 끄는 매력이 한둘이 아니다.

혹자는 그가 운영하는 외식 브랜드들이 높은 수준이 아니라는 점을 지적하기도 한다. 하지만 그의 브랜드가 고급 외식인 '파인다이닝'을 지향하는 것이 아니므로 중저가 외식 브랜드로서는 손색이 없어 보인다.

다만 예비 창업자라면 TV 시청자나 소비자와는 다른 관점에서 봐야 한다. 이 가맹본부처럼 다양한 브랜드를 동시에 운영하는 곳에 대해서는 좀 더 신중하게 분석해야 한다. 인구 5000만 명의 한국 시장은 미국과 일본보다 좁은 시장이다. 입점할 수 있는 매장은 대형 100여 개, 중형 300여 개, 소형 1000여 개 정도의 상권이 전부다. 그렇다 보니 많은 가맹본부가 브랜드 수를 늘려 회사 규모를 키우는 '다(多) 브랜드 전략'을 전개해 왔다.

하지만 이 방식은 결코 '다다익선'일 수 없다. 연 매출 3조원 규모의 SPC그룹이 파리바게뜨 외에 배스킨라빈스, 던킨도너츠, 파스쿠찌, 커피웍스 등 10여 개를 동시에 운영하는 것과, 연 매출 1000억 ~2000억원 규모의 중소기업이 20개가 넘는 브랜드를 관리하는 것을 동일한 잣대로 보면 안된다.

중소기업은 회사 규모에 비해 가맹사업으로 지나치게 많은 브랜드를 운영하면 감당하기 어렵다. 브랜드가 10개를 넘어가면 프랜차이즈 시스템상 관리 역량의 구조적 한계에 봉착한다. 이디야커피(매장 수 3000여 개), 맘스터치(1200여 개), 교촌치킨(1000여 개) 등과 같은 장수 브랜드를 만들어 내는 것이 구조적으로 쉽지 않다.

한두 명의 성공 사례를 좇아 여러 브랜드를 계속 출시하고, 그중 한두 개가 유행을 따라 '대박' 나기를 기다리는 것도 문제다. 사업 경력이 1~2년 정도에 불과한데 벌써 5~6개가 넘는 브랜드를 돌리는 경우도 있다. 이렇게 되면 가맹본부를 대표하는 브랜드가 무엇인지도 모호해진다.

스타 대표의 성공은 매우 특수한 사례다. 프랜차이즈업계에서 일반적인 모델이 될 수 없다. 이디야커피, 맘스터치, 교촌치킨 등은 성공을 거뒀지만 회사 대표가 누군지 잘 알지 못하고 대중도 크게 관심이 없다. 하나의 브랜드에 집중적인 열정을 쏟아부어 실력을 키우고 전국 상권을 석권하는 장수 브랜드가 돼야 한다.

프랜차이즈는 브랜드가 오래 가지 못하면 가맹본부는 물론 가맹사업자와 그 가정도 함께 무너진다. 사회적 책임과 기업가 정신으로 철저하게 무장하고 뛰어들어야 하는 분야다. 예비 창업자들은 대표의 스타성에 기대기보다 이 가맹본부가 브랜드를 어떻게 잘 운영하고 있는지부터 따져봐야 한다.

〈자료원〉 한국경제, 2020.2.16.

3. 프랜차이즈 브랜드 전략

1) 국내에서의 프랜차이즈와 브랜드의 중요성

다시 요약하자면 프랜차이즈란 상호, 상표, 특허, 노하우를 가진 가맹본부가 가맹점에게 상품공급, 조직, 교육, 영업, 관리, 점포개설 등의 노하우를 브랜드와 함께 제공하며 사업을 영위해 나가는 형태를 말한다. 가맹본부는 가맹점에 해당 지역 내에서의 독점적 영업권을 주는 대신 가맹본부가 취급하는 상품의 종류, 점포인테리어, 광고, 서비스 등을 직접 조직하고 관리하는 것은 물론 가맹점에 교육지원, 경영지원 및 판촉지원 등 각종 경영 노하우도 제공한다. 반면 가맹점은 가맹본부에 가맹비, 로열티 등의 일정한 대가를 지불하고 가맹점 사업에 필요한 자금을 직접 투자해서 가맹본부의 지도와 협조아래 독립된 사업을 영위한다. 이와 같은 가맹본부와 가맹점간의 지속적인 관계를 프랜차이즈라고 할 수 있으며 결국 프랜차이즈란 가맹본부와 가맹점간의 협력사업 시스템이라고 할 수 있다.

외식산업에서는 브랜드 가치 향상을 통해서 프랜차이즈 전략을 브랜드 리뉴얼, 브랜드 확장, 브랜드 고급화, 신규 브랜드 개발 등의 다양한 전략을 구사하여 사업 영역을 넓혀가고 있다. 이는 브랜드가 과거 제품의 이름을 알리던 차원에서 감정,가치, 독특한 느낌 등을 소비자에게 전달하는 제품 특징 이상의 개념으로 의미가 뚜렷하게 확대되었기 때문으로 볼 수 있다.

프랜차이즈 결정과 관련하여 이미 컨셉이 정해진 사업을 해서 잠재적인 성공을 예견하는 사업이며 입증된 사업을 운영함으로써 새로운 사업에 따른 위험을 줄일 수 있고 경영방침의 제공과 더불어 계속적인 지원서비스와 함께 소비자들에게 이미 홍보가 되어 잘 알려진 브랜드를 통한 빠른 사업의 번창 등이 주요 이유이다. 기존의 개별 독립경영자 역시 경기불확실성의 위험감소를 위해 체계적인 운영시스템, 경영노하우, 브랜드 자산가치가 형성되어 있는 프랜차이즈로 사업전환 동기가 있다.

프랜차이즈 사업의 성공요인에 관한 이전 연구를 살펴 보면 프랜차이즈 사업에 있어서 매년 다양한 형태의 수많은 사업체가 생겨나고 있지만 어떤 프랜차이즈 시스템이 성공할 것인가에 대한 명확한 정의는 어려운 것이 사실이다. 외식업은 프랜차이즈 산업에서 차지하는 비중이 대단히 높으나, 소비시장이 다양화된 만큼 소비자의 요구도 다양해짐에 따라 사업성공에 대한 불확실성이 높아지고 있다.

다양한 업종과 형태의 프랜차이즈 사업에 있어 어떤 프랜차이즈 시스템이 성공 할 것인가에 대한 통일된 요인을 찾기란 매우 어려운 과제이나 이제까지의 연구 결과를 보면 성공한 프랜차이즈 시스템이 계속 성

대표적인 치킨 프랜차이즈 "굽네치킨"

공할 가능성이 큰 것으로 나타나고 있다. 결국은 오래된 프랜차이즈 일수록, 제3자들에게 좋은 이미지를 제공한 시스템일수록 성공할 가능성이 크다.

가맹본부의 지원활동과 관련해서는 마케팅 믹스를 중심으로 한 제품지원, 광고 및 홍보지원, 교육 및 훈련, 정보지원, 물류지원 활동이 성과에 유의한 영향을 미치는 것으로 연구되었다. 또한 가맹본부의 지원에 대한 품질은 가맹점이 인식하는 정도로 측정할 수 있으며 서비스의 품질은 정보제공, 교육훈련, 제품공급, 광고 및 판매촉진 등으로 지속적인 관계몰입에 유의한 영향관계를 가지고 있는 것으로 분석되었다.

최근 프랜차이즈 관련 연구에서는 브랜드 자산가치가 가맹점의 선택과 지속적인 사업결정 의사행동에 중요한 요인으로 부각되고 있다. 이는 브랜드에 대한 잠재력을 가진 기업이 매우 큰 브랜드 자산 가치를 가지고 있기 때문이다. 명성이 높은 브랜드는 경영활동에 있어 생산비용을 절감시키고 판매 규모를 증가시켜 가맹본부와 가맹점간 우호적인 관계로 작용하고 재계약으로 발전하게 된다.

그 밖의 성과의 선행요인들로는 제품의 품질, 표준화, 적응성, 마케팅 주도의 사업, 최소 규모, 가맹본부와의 관계지속성, 순종, 협력, 유연성, 품질, 물류시스템, 수퍼바이징 제도, 상권의 영업권 보장, 생산 및 유통단계의 축소, 적응성을 성공 요인으로 제시하고 있다.

프랜차이즈의 사업성과는 일반적으로 재무적 성과와 비재무적 성과로 나누어진다. 기업이 재무적인 성과를 달성하기 위해서는 기업이 당면한 상황을 파악하여 가장 경쟁력 있는 핵심적 성공 요인을 강조하고 재무적 성과 측정치로 매출액, 수익성 등이 주로 활용되고 있고 비재무적인 성과지표로는 고객중시관점을 대상으로 시장점유율, 고객 확보율, 고객 유지율, 고객만족도 및 고객 수익성 등이 제시되었다.

2) 글로벌 프랜차이즈의 브랜드 전략

브랜드는 글로벌 경영시대에서 제조업은 물론 프랜차이즈와 같은 서비스업에 있어서도 매우 중요한 자산이다. 오늘날 기술과 정보에의 접근이 쉬워져 상품 서비스의 모방이 쉬운 상황에서 브랜드는 경쟁기업과 차별화할 수 있는 중요한 요소이다. 브랜드는 소비자가 제품 서비스의 품질과 성능을 구분하는 단 서로 사용되며 친숙성 신뢰성 및 상징성을 대변하고 이미지를 소통하면서 부가가치를 창출한다.

[글로벌 SPC] 니콜라스 가일러 SPC 영국법인장 "파리바게뜨, 런던의 명물로 거듭중"

영국 런던 템스강 남쪽 배터시 파워스테이션(화력발전소)에 위치한 파리바게뜨 매장. 배터시 파워스테이션은 런던의 도시재생 지역으로 최근 핫플레이스로 떠오른 곳이다. 지난달 오후 3시께 방문한 매장에는 동양인이라고는 파리바게뜨 직원 밖에 보이지 않는다. 철저하게 현지화에 성공했다는 반증이다.

특히 이곳에서 요즘 잘 나간다는 파리바게뜨 매장에는 점심시간이 지났지만 테이블마다 사람들이 가득 차 있었다. 매장에서 만난 게리 씨는 "이곳이 한국 베이커리 회사인지 몰랐다"면서 "햄 샌드위치와 생크림 케이크를 먹었는데 너무 맛있다"고 말했다.

SPC그룹의 베이커리 브랜드 파리바게뜨가 지난해 10월 영국에 진출했다. 파리바게뜨가 유럽 국가에 매장을 낸 것은 프랑스에 이어 두 번째다. 1호점이 성공적으로 안착하면서 최근 관광지와 인접한 하이 켄싱턴 스트리트점(2호점)까지 오픈했다.

니콜라스 가일러 SPC 영국법인장은 지난달 뉴데일리와의 인터뷰에서 "파리바게뜨 1호점이 아직은 개점 초창기이지만, 두 달만에 런던의 명물로 거듭나고 있다. 연일 문전성시를 이룬다"면서 "제품을 포장해가는 소비자는 물론 편안한 분위기에서 식사를 원하는 소비자까지 다양하다"고 평가했다.

파리바게뜨가 진출한 영국은 독일ㆍ프랑스와 함께 유럽 3대 베이커리 시장으로 불린다. 글로벌 통계 플랫폼 스태티스타에 따르면 영국 제빵 시장 규모는 연간 약 30조원에 이른다. 국내 베이커리 시장이 4조~5조원이라는 것을 감안하면 5배 이상 크다.

특히 영국은 다른 유럽 국가보다 베이커리와 프랜차이즈 시장 규모가 커 전진 기지로 삼기에 적합하다는 설명이다. 그만큼 파리바게뜨 영국 매장은 유럽 시장 공략에 상당한 의미를 지녔다. 주류 베이커리 시장에서 한국식 프랜차이즈 사업이 통할지 가늠할 수 있는 곳인 셈이다.

니콜라스 가일러 법인장은 "영국은 프랑스, 독일 등과 함께 유럽을 대표하는 선진국"이라면서 "특히 영국은 프랜차이즈 브랜드가 본격적인 유럽 시장 확산을 위해 그 적합도를 가늠하는 척도의 역할을 하는 국가다. 그런 측면을 고려했다"며 진출 배경을 설명했다.

파리바게뜨는 케이크, 에클레어, 크루아상 같은 페이스트리류까지 다양한 제품을 함께 파는 한국식 영업 전략을 유지하면서도 영국들이 좋아하는 제품군(샌드위치, 타르트) 판매도 병행하고 있다. 모든 빵은 해당 매장에서 만든다. 이외에 커피, 음료를 비롯해 와인도 판매 중이다.

니콜라스 가일러 법인장은 "다양한 제품이 골고루 판매되는데, 케이크의 인기가 높다"면서 "오랜 역사와 노하우를 담은 파리바게뜨의 케이크 기술이 런더너들한테도 긍정적으로 작용하고 있는 것"이라고 분석했다.

이곳에서 만난 현지 파리바게뜨 직원 역시 "생크림 케이크가 인기"라면서 "예쁘고 맛있다는 평이 대부분"이라고 분위기를 알려주기도 했다.

SPC그룹은 영국에서 유럽 내 사맹사업 모델을 테스트해 다른 유럽 국가의 진출도 확대할 방침이다. 오는 2025년까지 20개점을 오픈하는 등 미국과 중국, 싱가포르와 함께 4대 글로벌 성장 축으로 삼았다.

니콜라스 가일러 법인장은 법인장은 "영국에서 파리바게뜨의 주력 메뉴는 케이크다. 파리바게뜨의 생크림 케이크는 미국 시장 진출 시에도 주목 받았던 메뉴로, 버터케이크가 주력이었던 현지 시장에 붐을 일으켜 가맹사업 확장에 기여한 바 있다"면서 "영국에서도 생크림ㆍ쉬폰케이크 시작으로 차별화할 수 있는 파운드케이크, 롤케이크 등 선물류 시장을 공략할 계획"이라고 설명했다.

▲ 파리바게뜨 영국 1호점에서 판매 중인 핫초코, 생크림 케이크, 레몬타르트, 페이스트리.
가격은 한화 3만원 가량

한편 그동안 영국 등 유럽 시장은 식품업계의 불모지로 불려 진출에 있어 위험 부담이 크다는 게 업계의 평이다. 특히 런던에서 장사를 하려면 높은 월세와 인건비를 견뎌야 한다는 점이다. 이 때문에 장사 초기 일정 수준의 매출이 보장되지 않으면 장사를 지속하기 어려운 시장으로 알려졌다.

이에 대해 니콜라스 가일러 영국법인장은 "식품의 불모지는 잘못 알려진 사실이다. 영국도 여느 유럽 시장 못지 않게 미식에 관심이 많은 국가"라면서 "한국 기업들이 진출 시도를 하지 않았기 때문인데, 파리바게뜨가 성공신화를 쓸 수 있기를 기대한다"고 말했다.

〈자료원〉 뉴데일리경제, 2023.1.4.

동종의 제품 서비스로 유사한 편익을 제공하더라도 각각의 브랜드에 대한 소비자의 지각된 이미지는 소비자의 구매행동에 영향을 주며 차별적 판매결과가 나타나는 것이다 특히 프랜차이즈의 경우 브랜드 이미지는 직영점뿐만 아니라 가맹점의 영업 활동에도 직·간접적 영향을 미치기 때문에 그 중요성이 더욱 강조된다. 이러한 프랜차이즈의 브랜드 이미지는 어떤 하나의 요소에 의해 이루어지는 것이 아니라 브랜드의 시각적 언어적 표현인 브랜드 이름, 로고, 심벌, 색채, 슬로건, 실내외장식, 서비스의 품질 등 여러 구성요소가 조화된 이미지를 표출할 때 비로소 형성된다.

각 나라마다 문화 언어 관습이 달라서 글로벌 프랜차이즈(예: McDonald's, KFC 등)는 브랜드 이름, 로고, 심벌, 색채, 전용서체, 슬로건, 광고모델 등의 브랜드 구성요소들을 현지의 상황에 맞게 재구성하여 사용하고 있다. 외식 프랜차이즈 기업이 해외에 진출할 때 기존의 표준화된 시스템을 그대로 도입하기보다는 현지의 상황을 고려 반영한 현지화 전략이 요구된다. 메뉴 맛 서비스 방식의 현지화는 물론이고 브랜드의 다양한 속성을 포함하여 시각적 언어적 브랜드 구성요소에서도 현지화가 필요한 것이다. 패스트푸드 프랜차이즈 1위 기업인 맥도널드의 경우 기본적인 매뉴는 표준화시키고 각 나라별로 고유의 문화적인 특성을 고려하여 차별화된 메뉴(예컨대 우리나라의 불고기버거 등)를 현지화하여 제공하고 있다.

브랜드 이미지를 형성하는 또 다른 요인으로 국가 이미지를 들 수 있으며 브랜드 원산지로서의 국가 이미지는 브랜드 이미지 형성에 영향 후광효과를 미친다. 또 소비자들은 브랜드 이름과 원산지를 연관시켜 브랜드 이미지를 생각하며 브랜드 평가에도 참고한다.

이와 같이 프랜차이즈 분야에서 브랜드 이미지는 소비자의 선택적 행동에 영향을 미치는 중요한 요인이기 때문에 기업들은 소비자의 욕구에 부합하는 이미지를 형성함으로써 브랜드 충성도를 높일 수 있다. 더욱이 마케팅 측면에서 볼 때 브랜드 충성도를 높이는 것이 신규고객을 창출하는 비용보다 적게 들고 구매빈도 증가 및 긍정적 구전효과도 기대할 수 있다 따라서

글로벌 프랜차이즈 브랜드들에 비하여 상대적으로 인지도가 낮은 우리 프랜차이즈 브랜드들이 글로벌 시장에 효율적으로 진출하기 위해서는 무엇보다도 브랜드 이미지 구축이 필요하다.

한편 브랜드 이미지 형성에 있어서 브랜드 이름, 로고, 심벌, 색채, 전용서체, 슬로건, 실내외장식, 광고 및 광고모델 등 브랜드의 시각적 언어적 표현들은 매우 중요한 역할을 한다.

뚜레쥬르 베트남점의 모습

프랜차이즈 분야에서 브랜드의 시각적 언어적 구성요소가 브랜드 이미지와 브랜드 충성도에 미치는 영향 및 국가 이미지와의 연관성은 매우 크다고 할 수 있다.

프랜차이즈 브랜드 이미지에 영향을 주는 주요 요소로서 브랜드의 시각적 언어적 구성요소들은 특히 글로벌 소비자들이 프랜차이즈가 제공하는 제품과 서비스를 사용 경험해 보지 않은 상황에서 브랜드 이미지 및 충성도 형성에 의도하지 않은 인식과 편견을 줄 수도 있다.

BRAND HIGHLIGHT

마지막으로 몇 년전 매일경제신문에서 기사화된 프랜차이즈 가맹점의 성공요인에 대한 기사 내용을 소개하면서 이 장을 마무리하고자 한다. 2013년 기고된 이 기사에서는 맥세스컨설팅(대표 서민교)의 조사 내용을 밝히고 있다. 맥세스컨설팅이 2013년 1월부터 4월까지 맥주바켓(인토외식산업), 한촌설렁탕(이연에프엔씨), 정도너츠(정도너츠), 피자팩토리(비전트리코리아), 가마로강정(마세다린) 등 5개사의 성공한 가맹점주를 대상으로 설문 조사를 하여 5가지의 포인트를 성공의 주요 원인으로 제시하고 있다.

첫째, 가맹 전에는 프랜차이즈 비즈니스 구조에 대해 정확히 이해해야 한다.

가맹점주는 스스로의 경험을 통하여 프랜차이즈 가맹 계약 구조를 정확히 이해하고, 가맹자로서의 역할을 주체적으로 수행해 가야 한다. 기업에 의지만 하는 가맹점주는 스스로 문제를 해결하고자 하는 주체적인 행동이 불가능하고, 현장에서 대응이 늦어져 경영이 순조롭게 진행되지 않는 경우가 많다.

둘째, 가맹 전 프랜차이즈 기업에 관해 풍부한 정보를 가져야 한다.

프랜차이즈로 성공할지 여부는 '어느 브랜드를 가맹하느냐' 가 크다. 가맹 전 기업정보나 비즈니스 모델을 상세히 이해하고 가맹 의사를 결정해야 하며, 기업 선택에 있어서는 기업의 정보를 가능한 폭 넓고 폭 깊게 수집 · 분석하는 것이 중요하다.

셋째, 가맹 후에는 '인재(사람)'를 기르고 철저히 맡겨야 한다.

직원이 일을 배워가는 과정이나 활약을 적극적으로 '인정'해주어 동기부여를 높여줘야 한다. 정기적으로 일에 대한 평가를 피드백 해주어 자신의 성장과 다음 목표를 확인하는 기회를 부여해 줘야 한다.

넷째, 가맹 브랜드를 최대한 활용하는 동시에 자기노력을 실행해야 한다.

독립 자영업자라면 필수적인 거래처 개척, 상품개발, 판매촉진 등을 기업이 대행해 주기 때문에 가맹점주는 접객이나 판매 등의 점포 운영에 전념을 할 수 있다. 가맹점주는 기업 지원을 최대한 활용하고 있는 것은 물론, 점주로서 룰과 제약 안에서 접객이나 매장 만들기에 독자적으로 노력해야 한다.

다섯째, 가맹 후 자금을 계획적으로 관리 운영해야 한다.

성공한 가맹점주는 복수의 점포 운영을 처음부터 목표로 하고 있는 경우가 많으므로 항상 다음의 전개를 고려하여 자금 만들기를 계획적으로 실행하고 있어야 한다. 성공을 위해서는 공격과 수비의 양면으로부터 계획적으로 자금을 준비해야 한다.

프랜차이즈 산업이 지속적으로 발전하기 위해서는 가맹점주의 성공 사례를 분석하고 참고하는 것이 중요하다. 최근 무턱대고 창업을 하여 낭패를 보는 개인 및 소상공인들의 안타까운 기사 내용을 자주 본다. 이 중 대부분이 프랜차이즈 시스템을 이용한 가맹점주들이다. 예비 가맹점주는 프랜차이즈 가맹을 검토하기 전에 기업으로부터 정보제공이나 교육을 통한 프랜차이즈 비즈니스의 본질로의 이해를 촉진해 가는 것이 가장 중요하다.

○ **FD1** 브랜드 확장 전략의 하나인 브랜드 라이센싱의 최근
예를 들어 토론해보자.

○ **FD2** 유통업체 브랜드의 장점과 단점에 대해서 논의해보자.

○ **FD3** 할인점의 경우 PB를 확대할 필요성에 대해서 설명해
보고 실제 사례를 찾아보자.

○ **FD4** 프랜차이즈의 장점과 단점을 스타벅스와 커피빈의 사
례를 비교하여 설명해보자.

CHAPTER

12 비영리조직의 브랜드 관리

LEARNING OBJECTIVES

☐ LO1 영리조직과 비영리조직의 브랜드 차이를 알 수 있다.

☐ LO2 장소브랜드로서 국가 브랜드와 도시 브랜드를 이해하며 자기가 거주하는 지역의 브랜드를 설명할 수 있다.

☐ LO3 국가 브랜드, 지자체 브랜드 그리고 개인 브랜드를 이해하고 전략을 수립 할 수 있다.

☐ LO4 비영리조직의 브랜드의 특이점을 용이하게 설명할 수 있다.

세계 4위로 올라선 한국의 국가 브랜드 파워

1990년대 초반만 해도 삼성과 LG 전자제품을 담은 포장재에는 'Made in Korea'라는 라벨이 눈에 안 뜨이는 곳에 붙어있었다. 그 이유는 명백했다. 삼성이나 LG라는 기업 브랜드가 Korea란 국가 브랜드 때문에 디스카운트되는 것을 막기 위해서였다.

그로부터 30년이 지난 오늘날 Korea는 국내에서 생산된 제품의 가치를 높여주는 프리미엄 국가 브랜드가 되었다.

Korea란 이름이 가진 힘, 즉 한국의 국가 브랜드 파워는 10월 27일 스위스 제네바 국제연합훈련연구원(UNITAR) 본부에서 발표된 국가 브랜드진흥원(INBP)의 2022년 국가 브랜드 보고서에서 세계 39개국 중 4위를 차지했다. 국가 브랜드 파워 1위 미국은 0.69, 2위 독일은 0.60, 3위 영국은 0.54, 4위 한국은 0.46이었다. 2020년 8위, 2021년 6위에서 불과 2년 만에 4단계 오른 한국의 성과는 이 연구가 시작된 2002년 이래 연구 대상이 되어온 30여개국가 중에서 가장 가파르게 상승한 기록이다.

국가 브랜드 파워는 어떤 기준에 의해 평가하는가? 한국의 올해 국가 브랜드 파워는 어떻게 올랐으며, 누가 올렸는가? 그 결과 한국의 국가 브랜드 가치는 화폐가치로 얼마나 올라갔는가? 순서대로 살펴보자.

1) 국가 브랜드 파워는 어떤 기준에 의해 평가하는가?

INBP모델에서 국가 브랜드 파워는 국가경쟁력 (National Competitiveness) 지수와 심리적 친근도 (Psychological Proximity) 지수를 합한 값을 국가 브랜드 전략 지수로 곱해서 결정된다. 여기서 국가경쟁력 지수는 각국의 경제력 수준을 반영한다. 심리적 친근도는 이미지(Image)와 관계(Relationship)로 구성되는데, 이미지는 국가지도자, 인권, 도덕성, 안정성, 문화 수준으로 구성되고, 관계는 두 국가 간의 거리, 과거관계, 현재관계, 경험, 관광선호도에 의해서 결정된다. 국가 브랜드 전략은 정부, 기업, 사회단체, 국민으로 구성된 국가전략 실행의 주체에 대한 평가로 갈음한다. 2022년 평가는 아시아, 유럽, 아메리카, 아프리카의 62개 국가 1,300여 명의 오피니언 리더들이 참여해서 39개 주요 국가에 대해 측정한 결과를 반영해서 산출했다.

2) 한국의 국가 브랜드 파워는 어떻게 올랐는가?

한국의 2022년 국가 브랜드 파워 랭킹은 높은 심리적 친근도와 강한 국가 브랜드 전략에 의해 크게 상승했다. 심리적 친근도를 결정하는 여러 요인 중 1위를 차지한 '현재관계', 4위의 '과거관계', 6위의 '관광선호도' 항목을 포함한 '관계'가 작년대비 4단계 상승하면서 한국에 대한 친근감이 높아졌다. 특히 아메리카 지역에서 심리적 친근도가 급격히 상승하였는데 이는 K-pop이 세계를 선도한 결과로 보여진다.

3) Korea의 국가 브랜드 파워는 누가 올렸는가?

INBP 2022평가결과 한국은 국가 브랜드 전략을 실행하는 주체에 대한 평가에서 높은 평가를 받았다. 특히 BTS, 미나리의 윤여정, 오징어게임의 이정재 등으로 대변되는 국민이 3위, 삼성, LG, 현대차를 앞세운 기업이 4위로 큰 기여를 했다. 정부도 작년대비 2단계 상승한 4위를 기록하였는데, 코로나 위기에서 한국 정부의 기민한 대응이 해외에 널리 알려진 결과로 추정된다.

4) Korea의 국가 브랜드 가치는 얼마나 올랐는가?

INBP모델은 각국의 실제 수출액에 국가 브랜드로 인해서 발생하는 프리미엄이 합산되어 있다고 본다. 예컨대 A국의 국가 브랜드파워가 0.25이고 실제 수출액이 100이라면, 이 나라의 국가 브랜드가 수출에 공헌한 가치는 25이다. 만일 국가 브랜드 파워가 0이라면 이 나라의 수출액은 75밖에 안 되었을 것이다.

국가를 하나의 브랜드로 인식하고 국가 브랜드 가치를 화폐금액으로 평가하는 시도는 세계에서 이 연구가 유일하다. 국가 브랜드 파워에 10년간의 수출액을 곱하여 산출되는 국가 브랜드 가치는 1위 미국이 24.5조 달러로 평가되었고, 2위 독일이 15.2조 달러, 3위 영국이 7.6조 달러, 4위 중국이 6.5조 달러, 5위 프랑스가 5.2조 달러, 6위 일본이 4.9조 달러로 뒤를 이었다. 한국은 4.7조 달러로 작년 대비 1단계 상승한 7위로 올라섰다.

한국이 국가 브랜드 파워를 높이는 경우 실제 수출액에 어떤 효과가 생기는지에 대해 간단한 계산을 해보자. 한국의 국가 브랜드 파워를 0.46에서 0.60으로 30%에 해당하는 0.14만큼 높이면 3위 독일의 0.54를 넘어서 2위 영국의 0.60과 같은 수준이 되어 4위에서 2위로 올라선다. 이렇게 되면 한국의 국가 브랜드 가치는 4.7조 달러에서 6.1조 달러로 늘어나서 일본과 프랑스를 제치고 5위로 올라간다. 국가 브랜드 파워를 0.69로 50%에 해당하는 0.23만큼 높여서 미국과 같은 1위가 되면 국가 브랜드 가치는 7.1조 달러가 되어 중국을 제치고 4위로 올라간다. 년간 수출액도 2021년 기준으로 6,444억 달러에서 7,926억 달러가 되어 7,575억 달러를 올린 일본을 넘어서 4위로 올라간다. 이 분석은 국가 브랜드파워 상승을 통해 수출 물량 증가와 같은 효과를 가져올 수 있다는 것을 보여준다.

K-Pop과 삼성을 비롯해서 한국의 문화예술과 경제가 상승기에 있는 오늘날, 전국민이 힘을 합친다면 한국이 국가 브랜드 파워를 30~50% 올리는 것도 불가능하지 않다. 단 계획 단계에서 국가별 전략, 집행 단계에서 범 정부적 조정이 필요하다. 국가별 전략은 62개 국가가 각각 한국에 대한 심리적 친근도와 국가 브랜드 전략 주체를 평가한 자료를 이용해서 세울 수 있다. 범 정부적 조정은 외무부, 산자부, 문체부 간에 이루어져야 한다. 62개 국가별 전략을 집행할 부서는 각국 현지에 나가 있는 외무부 산하 재외공관, 산자부 산하 무역관, 문체부 산하 세종학당이다. 167개 재외공관이 한국정부와 사회기관, 128개 무역관이 한국기업, 244개 세종학당이 한국민의 이미지와 관계에 대한 인식을 제고하는 역할을 담당하면 된다. 한국이 현재 4등의 국가 브랜드 파워를 1~2등으로 올리는 목표는 3개 부처 539개 현지조직이 유기적으로 협력할 때 현실이 될 것이다.

<자료원> 매일경제신문, 2022.12.1.

브랜드에 대한 사회 전반적인 중요성이 차츰차츰 강화되면서 브랜드마케팅이 영리를 추구하는 기업뿐 아니라 비영리조직 나아가서 행정, 지역과 국가 차원으로 확장되고 있다. 즉 브랜드가 개인 브랜드(personal brand)의 미시적 차원에서부터 국가 브랜드(country brand)의 거시적 차원으로 개인, 조직, 상점, 거리, 지역, 도시, 국가 등 모든 곳에서 활용되고 있다. 이와 같이 모든 공공부문에 브랜딩으로 적용되면서 체험과 공감 그리고 정체성 등의 다양한 브랜드마케팅 개념이 공공부문에 적용되고 있다.

Section 01 공공기관의 브랜드

브랜드는 공공영역에서는 국가와 지방자치단체와 뿐만 아니라 기타 비영리조직 예컨대, 사회복지기관, 자선단체, 시민사회단체 등에 다양한 곳에서 활용되고 있다. 지방자체단체는 그들의 지역브랜드를 개발관리하는데 이는 지역 특징에 맞는 이미지에 의해 형성된다. 미국의 실리콘밸리나 헐리우드와 같이 특정산업이 지리적으로 집중되어 지역 특성이 갖는 이미지를 창출할 때 지역 브랜드를 형성된다. 다양한 공공기관 중 우선 국가, 도시 등의 행정과 관련된 브랜드를 살펴보고 이후 기타 비영리조직에 대해 살펴보자.

1. 국가 브랜드 개념

과거에는 국가를 지리적 공간으로 인식하는 경우가 대부분이였다면 이제는 이러한 지역의 소비는 물론이거니와 관광의 목적지, 도시, 국가경쟁력의 일환으로 전략적으로 접근하면서 국가 브랜드 관리가 매우 중요한 것이 되었다. 그럼에도 불구하고 국가 브랜드는 브랜드 가치를 구축하고 관리하는데 큰 어려움이 있었다. 이러한 이유는 국가의 이미지 자원을 어떻게 해외에 커뮤니케이션 할 것인가 하는 국가의 해외 마케팅 커뮤니케이션 전략만으로 생각하였기 때문이다. 국가 브랜드마케팅은 훨씬 광범위하고 복잡한 개념이다.

국가 브랜드를 광의적인 개념과 협의적인 개념으로 볼 수 있다. 우선 광의적인 개념은 한 국가의 구성요소라 볼 수 있는 주권, 영토, 국민 그리고 이를 나타내는 상징등에 대해 타 국가와 차별하여 만들어진 국가에 대한 호감도와 신뢰도라 할 수 있다.

이에 비해 협의적으로는 국가 브랜드란 사람들로 하여금 특정 국가 또는 특정 국가의 집단이나 제품, 서비스를 식별하고 다른 국가와 구별하도록 의도된 이름 및 이에 따른 용어, 기호,

심벌, 디자인 또는 이것들의 조합이라 할 수 있다.

이렇게 광의적 개념과 협의적 개념으로 나누는 이유는 국가 브랜드를 구성하는 요소들이 너무 광범위하고 복합적이며 이들이 상호 연결되어 있기 때문이다. 그러므로 단기간에 몇가지 정책이나 이벤트로 국가 브랜드의 파워를 향상시키는 것은 사실상 불가능하다.

2. 국가 브랜드 관리 필요성

앞에서 국가 브랜드란 특정 국가의 자연환경, 국민, 역사, 문화, 전통과 정치체제, 경제수준, 사회안정, 제품, 서비스, 문화 등에 관한 유형 또는 무형의 정보와 경험을 통해 내외국민들에게 의도적으로 심어주고자 의도된 것이다. 따라서, 강력한 국가 브랜드를 구축하는 것은 해당국가의 정치, 경제, 사회, 문화 등 각 분야에서 광범위한 후광효과를 이끌어낼 수 있는 원동력이 될 수 있다.

우선 정치적 차원에서 강력한 국가 브랜드의 구축은 국가의 대외적인 위상을 높여주고, 외국과의 교류활동을 원활하게 수행하는데 기여할 수 있다. 또한 경제적 차원에서 강력한 국가 브랜드는 자국 제품의 경쟁력을 강화하는 동시에 기업과 제품의 브랜드 가치를 향상시키는데 도움을 준다. 사회적, 문화적 차원에서 강력한 국가 브랜드는 국민의 결속력을 증대하고, 사회 통합 및 갈등해소에 기여하며, 선진적인 문화환경을 조성하는데 도움이 된다. 그러므로 국가 브랜드 이미지 관리의 근본적인 목표는 결국 국가의 강력하고 호의적이고 특색 있는 브랜드 이미지 창출하는 것이며 국가 브랜드 관리는 매우 중요하다.

국가 브랜드 이미지 개선은 제품을 통해서도 가능하게 된다. 예컨대, 신흥 시장의 기업이 시장성공의 어려움을 극복하고, 선진국으로 브랜드 제품을 수출여 성공하게 되면 그 브랜드가 어느 나라 것인지 알게 된 소비자들은, 브랜드를 생산국에 대해 조금씩 인식을 바꾸기 시작한다. 브랜드가 충분히 알려져 소비자가 이를 인지하고 제품을 구매하게 되면 수출국과 소비자 사이엔 작은 개인적 관계가 형성되며 소비자는 해당국에 조금 안다고 지각하게 된다. 뿐만 아니라 이러한 제품이 만약 시장에서 성공하게 되면 비록 구매하지 않는 사람도 해당국(원산지)에 대한 인식이 바뀌게 된다. 반대로 수출을 하는 해당국 국가(원산지) 국민들은, 자국에서 만든 제품이 해외에서 성공하고 있다는 것을 알게됨으로서 자국의 위상에 대해 긍지와 자신감을 갖게 된다. 이러한 제품이 타국 시장에서 성공하고 있나든 것을 알게되면 해당 브랜드 소유 기업은 우수한 인력을 확보하여 경쟁우위를 갖을 수도 있다.

한편 성공한 브랜드를 수출한 원산지 행정당국은 이런 활동의 경제적 잠재력을 인식하고 이 분야에 대한 지원을 고려하게 되므로서 전체적으로 국가경쟁력이 형성된다. 그러나 단지 수출 기업 환경에 유무형의 혜택이 주어지고 일부 수출품이 성공을 거뒀다고 해서 사람들의 국가 브랜드에 대한 전반적인 인식은 쉽게 바뀌지는 않는다. 국가가 원하는 브랜드의 아이덴티티를 제대로 전달하기기 위해서는 포괄적인 국가 브랜드 관리전략이 필요하다.

국가 브랜드 자산을 구성하는 요소들 중에서 가장 핵심적인 것은 국가 브랜드 이미지이라 할 수 있다. 왜냐하면, 국가 브랜드 이미지는 사람들의 인지와 심상에 자리해 있는 어떤 무형적인 자산으로 유형적 자산을 통해 얻어지는 가치 이상을 포함하고 있기 때문이다. 제품 브랜드 또는 기업 브랜드의 경우 소비자의 마음속에 제품이나 기업에 관한 다양한 연상들이 호의적이고 강하면서 독창적으로 형성될 때 바람직한 브랜드 이미지가 형성된다. 국가 브랜드의 경우도 사람들의 마음속에 대상 국가의 자연, 정치, 경제, 사회, 문화 등에 관한 호의적이며, 강하고, 독창적인 이미지가 형성될 때 바람직한 국가 브랜드 이미지가 형성될 수 있다. 그러나, 국가 브랜드 이미지는 고정되어 있는 것이 아니라 역사적 맥락에서 국가권력과 환경변화에 따라 끊임없이 재구성되어 왔다. 따라서, 국가 브랜드 이미지는 보다 체계적인 관리가 필요하다.

특히, 국가 브랜드 이미지는 각 분야의 상호의존성 때문에 서로 영향을 주고받게 된다. 더구나 유기적 역동성에 의해 긍정적인 국가 브랜드 이미지가 형성될 경우 가속적인 상승효과도 기대할 수 있다. 긍정적인 국가 브랜드 이미지는 인식의 증대를 가져오고 친숙함과 호감을 자아내기 때문에 국가에 대한 올바른 인식이 형성되고 이해를 증대시킬 뿐 아니라 대외정책을 올바르게 수행할 수 있도록 해준다.

국가 브랜드의 핵심요인인 국가 브랜드 이미지를 구성하는 요인으로 다양하게 논의되고 있다. 일반적으로 국가 브랜드 이미지에 영향을 주는 요인으로 사회적, 심리적, 문화적 유사성, 국제적 압력, 외국인과의 접촉정도, 해외 여행 등이 있을 수 있다. 뿐만 아니라 특정 국가 특성을 판단할 때 해당 국가 사람들과 직접적인 접촉여부, 문헌과 매체를 통한 접촉, 특정 국가의 대외 정책, 주변인의 평가 등이 영향을 미칠 수 있다.

많은 연구자들의 국가 브랜드 이미지요인을 정리하면 국토면적, 인구, 자연환경, 지정학적 특성 등의 물리적요인, 정체체제, 민주화정도, 정치지도자, 주변국과의 관계등의 정치적 요인, 사회안정, 부정부패정도, 보건 및 의료 복지등의 사회적 요인, 역사, 음식 등의 문화적 요인, 그리고 GNP, 교역규모, 경제정책 등과 같은 경제적 요인이 국가 브랜드의 이미지를 관리하는 것으로 보고 있다.

이러한 국가 브랜드 이미지를 위해서는 국가 브랜드 아이덴티티의 정립이 필요하다. 국가 브랜드 아이덴티티의 정립은 대내적으로 각 구성원의 결속과 공감대를 확산시켜 사고와 행동의 변화를 가능하게 하고 대외적으로는 국가의 실체를 원하는 인식과 평가를 위해 전달되는 국가 브랜드의 약속이며 핵심 메시지로 활용될 수 있다. 또한 명확한 국가 브랜드 아이덴티티의 정립은 국가 브랜드 인지도를 높이고 국가 브랜드 이미지를 제고함으로써 한 국가의 브랜드 자산을 높이는데 가장 중요한 요소라 하겠다.

3. 국가 브랜드 지수 측정 및 결정요인

기존의 많은 연구들과 실무에서는 국가의 브랜드 이미지관리 혹은 브랜드의 실행요소측면만을 강조하였으나 몇몇의 연구자들에 의해 종합적이고 관리가능한 지수를 통한 국가 브랜드 모형을 제시하고 있다. 대표적인 것이 Anholt의 방법이다.

Anholt는 국가 브랜드는 수출(exports), 통치방법(governance), 문화와 유산(culture and heritage), 사람(people), 관광(tourism), 이민과 투자(immigration & investment)의 6가지 요소의 원천이 형성된다고 제안했다.

1) 수출

일반적으로 사람들은 제품을 소비할 때 원산지 등으로 그 브랜드를 평가한다. 즉, 동일한 재료와 기술로 만들어진 제품이라할 지라도 소비자들은 선진국에서 생산된 제품을 보다 믿을 수 있고 품질이 좋을 것이라고 가정을 한다. 이에 비해 개발도상국에서 생산된 제품은 값싼원료와 숙력되지 않은 노동력 등을 이용하기 때문에 제품의 품질이 안좋을 것이라 생각을 한다. 결국 국가 브랜드 이미지가 좋다면 자국의 수출을 증진시킬 수 있는 것이다. 즉 원산지 이미지와 이를 바탕으로 한 후광효과(hallo effect)는 국가 브랜드 관리의 중요한 근거가 된다.

2) 통치방법

한나라의 국민들이나 타국의 국민들이 해당국가의 정치·행정 안정과 수준에 대해 만족정도와 이에 대한 이미지는 국가 브랜드가 갖는 경쟁력을 나타낸다.

3) 문화와 유산

이는 가장 근본적이고 영향력이 있는 자산이다. 관광, 투자, 수출등의 제반요소 또한 해당국가의 문화자원과 밀접한 관련성을 갖고 있다. 예컨대, 한 나라의 대중문화와 같은 요소는 관광자원으로 활용될 수 있는 파급력을 갖고 있는 자산이다. 우리나라의 경우 BTS 등의 K-POP, 네플릭스의 오징어게임 등의 K-Drama 등으로 인하여 많은 나라에서 한국을 방문하고 싶어하거나 이미지 개선이 되고 있다. 문화유산(전통문화)는 관광이나 비즈니스 목적과 밀접한 연계가 있다. 그러므로 관광지로서의 브랜드이며 문화로서의 브랜드는 국가 경쟁력 뿐아니라 국가 브랜드 자산으로 매우 높게 평가받는다.

4) 사람

사람은 국가 브랜드의 요소를 구성하는 기본적 요소이다. 일반적으로 가장 호의적이며 우선적 고용대상(기업의 입장에서 채용을 한다면)이 되는 나라의 국민에 대한 요구나 그들의 친절하고 우호적인 정도를 나타내기도 한다. 특히 관광의 관점에서는 브랜드의 접촉점을 역할을 하며 관광이미지에 영향을 주며 큰 역할을 한다.

5) 관광

관광은 국가 브랜드 가운데 가장활성화된 분야이다. 전통적인 관광자원으로 여겨지고 있는 자연환경은 관광지로서의 국가 이미지를 나타내는 일부분에 불과하다. 단지 이러한 것이 자주 홍보가 되었기 때문에 많이 인식되어 있을 뿐이다. 최근에는 단순한 자연환경뿐 아니라 한류와 같은 문화 역시도 전통적인 관광자원으로 활용된다.

BRAND HIGHLIGHT

인도네시아 한류: 젊은 섬나라, 360도 둘러봐도 K-콘텐츠

"인도네시아 K-팝 인기요? 자카르타 쇼핑몰 어딜 가도 체감할 수 있을 걸요." 매니지먼트사 관계자들의 장담은 빈말이 아니었다. 자카르타까지 갈 필요도 없었다. 수카르노 하타 국제공항으로 향하는 비행기에서 옆자리 승객이 NCT 드림 '맛(Hot Sauce)' 뮤직비디오를 연거푸 시청했다. 자카르타에 거주하는 디아나(27)씨다. "좋아하는 이유요? 그냥 운명처럼 다가왔어요."

현지 K-팝 인기는 북미 팝도 뛰어넘는다. 방탄소년단(BTS), 블랙핑크, NCT 등의 신곡은 공개와 동시에 음원 순위 1위에 오른다. 인터넷 인프라 발전과 스마트폰 보급으로 10~30대 소비가 증폭했다. 관심은 더 커질 수 있다. 인도네시아는 섬 1만7508개로 구성된 나라다. 아직 2~3선 도시나 지방 촌락 인터넷이 원활하지 못하다. 자카르타 수준에 도달하려면 2030년까지 기다려야 한다.

인도네시아 중위연령은 29.7세. 대다수가 온라인 콘텐츠를 즐기고 사회관계망서비스(SNS)로 소통한다. K-팝 정보도 실시간 교류한다. 당일 행사 장소가 바뀌어도 금세 파악하고 집결한다. 지난 6일 가수 겸 배우 최시원 팬 미팅이 대표적인 예다. 당일 아침에 자카르타 시내 CGV에서 사리나 백화점으로 장소가 변경됐다. 팬들은 공지가 나기도 전에 SNS에서 정보를 공유했다.

30~40대도 인터넷을 통한 정보 습득에 익숙하다. 지난 3일 자카르타 스티아부디 쿠닝안 롯데쇼핑 에비뉴 1층 광장에서 확인할 수 있었다. 오전 9시부터 주차장에 차량이 줄지어 몰려들었다. 애니메이션 '뽀로로 드래곤캐슬 대모험' 상영회를 찾은 가족들이었다. 현지에서 공개되지 않은 작품이라 예고 소식에 많은 관심이 쏠렸다.

조카를 대동한 보라(37)씨는 "인터넷으로 소식을 접하고 언니 대신 왔다. 조카가 평소에도 '뽀로로'를 즐겨본다"고 했다. 아이 셋을 데려온 아부스(42)씨는 "인터넷으로 소식을 접하고 이날을 손꼽아 기다렸다. 아이들이 '뽀로로' 캐릭터를 아주 좋아한다"고 했다. '뽀로로'는 멘타리TV, RTV, 글로벌TV 등에서 방영돼 인기를 얻었다. 인터넷으로도 볼 수 있지만 아직은 TV의 영향력이 절대적이다. 인터넷 환경이 고르지 못해서다.

뽀로로, 루피 등 주요 캐릭터가 등장하자 방청석은 연신 키득거렸다. 포비가 번쩍 들어 올린 눈뭉치에 파묻히자 박장대소도 터졌다. 방청객의 약 20%는 아빠. 지하 1층 롯데마트에서 간식을 사오며 아이들을 보살폈다. 아미따(28)씨는 "남자들이 집안 살림에 신경을 쓰기 시작했다. 아이들과 보내는 시간이 많아져서 기쁘다"고 했다. 아부스씨는 "TV에서 '슈퍼맨이 돌아왔다'가 방영된 뒤부터 아내 눈치를 본다. 한국 아빠들에 비할 바는 아니나 열심히 육아한다"며 웃었다. '슈퍼맨이 돌아왔다'는 2015년 RCTI에서 처음 소개돼 인기를 끌었다. 지금도 넷TV에서 방영된다. 현지 아빠들 사이에선 기피 프로그램 1순위로 꼽힌다.

방청객들은 상영회 뒤에도 자리를 뜨지 않았다. 이어 열린 '코리아 360' 개관식을 구경했다. '코리아 360'은 부상하는 K-콘텐츠를 위시해 식품·화장품·생활용품·전통문화·관광 등 한국문화와 국내 브랜드 230곳의 유·무형 상품을 전시하는 한류 글로벌 확산 전초기지다. 한국콘텐츠진흥원을 비롯해 주인니한국문화원, 한국관광공사, 대한무역투자진흥공사, 한국농수산식품유통공사, 한국무역협회, 대한화장품산업연구원, 한국디자인진흥원 등이 협력해 1170㎡(약 354평) 규모로 조성했다.

조현래 콘진원장은 "K-콘텐츠가 선도하는 한류 상품의 집결"이라며 "양국이 함께 도약하는 문화 교류의 장이자 한류 체험 공간으로 만들겠다"고 밝혔다. 바라 크리스나 하시부안 인도네시아 무역부 장관 특별보좌관은 "한국문화를 사랑하는 우리에게 큰 선물"이라고 화답했다. 흩날리는 재스민꽃과 함께 출범이 선언되자 방청석에선 우레와 같은 갈채가 쏟아졌다. 소니아(24)씨는 "K-팝 행사가 더 많아질 것 같아서 기대된다"고 했다. 비비(22)씨는 "한국문화가 다양하게 전시돼 자주 찾아올 생각"이라고 했다.

뜨거운 호응이 나온 이유는 더 있었다. 가수 겸 배우 옹성우가 개관 기념 팬 사인회를 했다. 등장과 동시에 곳곳에선 환호성이 터졌다. 이날 방문객 수는 약 1만5000여명. 인명 사고를 걱정할 필요는 없었다. 장소를 실내로 변경하고 경호원을 쉰 명 가까이 배치해서다. 입장권을 구한 팬들은 질서정연하게 이동했고, 그렇지 못한 팬들은 광장에 남아 생중계로 사인회를 지켜봤다. 김영수 콘진원 인도네시아비즈니스센터장은 "지난 10월 축구장 압사 사고 등이 벌어져 안전에 만전을 기했다. 통제를 잘 따라준 팬들에게 감사하다"고 했다.

　　앞으로 수행할 임무는 더 막중하다. '코리아 360' 상설 전시는 물론 다양한 한류 행사를 마련해야 한다. 스마트오피스, 사업 투자 유치 공간을 조성해 국내기업 비즈니스와 홍보 · 마케팅도 지원해야 한다. 인도네시아비즈니스센터는 업무 효율성을 높이기 위해 최근 사무실을 롯데쇼핑 에비뉴 3층으로 이전했다. 김 센터장은 "K-콘텐츠 인기가 뜨겁고 국내기업 컨설팅 요청이 쇄도하는 만큼 밑바탕을 잘 다져 다양한 성과를 유도하겠다"고 밝혔다. 문화체육관광부는 한 · 인도네시아 수교 50주년을 맞는 내년에 예산 40억원 이상을 투입해 성공적 안착을 지원한다. 김재현 문체부 콘텐츠정책국장은 "문화콘텐츠산업 분야 최초로 인력양성 공적개발원조(ODA) 사업을 추진하겠다"고 말했다.

〈자료원〉 아시아경제, 2022.12.14.

6) 이민과 투자

　　목표국가에 대한 투자의향이나 거주의향을 의미하는 것인데 이는 특정 국가가 처한 사회적 조건이나 경제환경을 설명하는 요인으로 국가 브랜드요인에서 안정성과 발전가능성을 알수 있는 지표가 된다. 그러므로 이는 투자로서의 브랜드와 거주로서의 브랜드를 설명하는 국가 브랜드의 핵심적인 요소중에 하나이다.

　　〈그림 12-1〉은 Ahholt-GMI의 국가 브랜드 지수(ation brands index)를 적용한 사례이다. 각 요소를 측정하여 육각형에 표시하여 시각적으로 경쟁우위와 전체 국가 브랜드 지수를 파악할 수 있다.

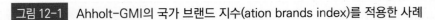

그림 12-1 Ahholt-GMI의 국가 브랜드 지수(ation brands index)를 적용한 사례

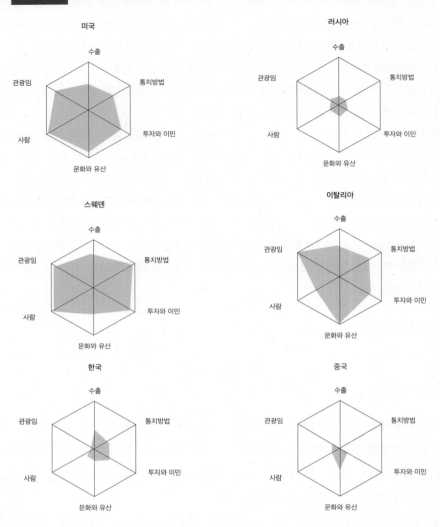

〈자료원〉 Anholt-GMI Nation Brand Index

4. 우리나라의 국가 브랜드 현황

다양한 기관에서 다양한 방법으로 매년 국가 브랜드의 순위 및 현황을 발표한다. 기관마다 우리나라의 순위는 다르게 나타나지만 최근 점점 국가 브랜드가 높아지는 경향이 뚜렷해 지고 있다. 대표적인 조사한 결과를 살펴보자.

Anholt와 글로벌 마케팅리서치회사인 IPSOS사는 국가 브랜드 지수를 발표한다. 2021년의 경우, 한국은 23위로 경제력이나 최근의 한류 등으로 보면 다소 낮게 평가된 측면이 있다. 북한의 위협, 지나친 규제 등의 이민과 투자를 개선한다면 순위는 많이 개선될 수 있다.

표 12-1		Anholt와 IPSOS사가 평가한 2021년 국가 브랜드 순위		
2020 Rank*	2021 Rank	NBI	2020 Score*	2021 Score
1	1	Germany	69.12	71.06
3	2	Canada	67.86	70.64
4	3	Japan	67.81	70.52
6	4	Italy	67.11	70.23
2	5	United Kingdom	68.15	70.08
5	6	France	67.59	70.00
7	7	Switzerland	66.68	69.76
10	8	United States	65.67	69.67
8	9	Sweden	65.83	69.04
9	10	Australia	65.76	68.55
11	11	Spain	64.91	67.87
14	12	Norway	64.06	67.50
13	13	Netherlands	64.09	66.61
12	14	New Zealand	64.13	66.58
16	15	Finland	62.62	66.15
15	16	Austria	62.62	66.11
17	17	Scotland	62.60	65.79
19	18	Belgium	61.52	64.85
18	19	Ireland	61.70	64.79
–	20	Iceland	–	63.92
20	21	Greece	60.42	63.88
21	22	Wales	59.78	62.50
23	23	South Korea	58.51	61.50
22	24	Northern Ireland	59.16	61.27
24	25	Singapore	58.07	60.82
25	26	Poland	57.27	59.50

국가 브랜드 지수를 다른 기관에서는 소프트파워를 중심으로 발표하기도 한다. 영국의 브랜드 파이낸스(brand finace)사는 국가 브랜드 지수를 소프트파워로 발표한다. 이 지수에 의하면 2022년 한국은 세계 12위의 소프트 파워의 브랜드 지수를 갖고 있는 것으로 조사되고 있다.

그림 12-2 글로벌 소프트파워 지수(2022)

한편 우리나라는 국가 브랜드의 강화를 위해 국가 브랜드 위원회를 운영하고 있다. 국가 브랜드 위원회는 사람과 제품을 포함하여 우리나라의 이미지를 총체적으로 관리하는 역할을 한다. 구체적으로 국가 브랜드 위원회는 국가 브랜드 제고를 위한 비전 및 중·장기 목표와 전략을 제시하고 실행한다. 국가 브랜드 위원회는 각 부처에서 추진하는 국가 브랜드 관련 사업을 통합.조정하는 컨트롤타워의 기능을 하고 있으며, 국가 브랜드 가치 제고를 위해 전 부처가 참여하는 5대 중점분야 50개 추진과제를 수행하다. 이 외에도 국가 브랜드 제고를 위한 각 부문의 참여를 확대하고 범국민적 역량을 통합하는 역할을 하고 있다. 우리나라에는 국가 브랜드 위원회의 기능은 다음 〈표 12-2〉와 같다.

BRAND HIGHLIGHT

세계 4위로 올라선 한국의 국가 브랜드 파워

1990년대만 해도 삼성과 LG 전자제품을 담은 포장재에는 'Made in Korea'라는 라벨이 눈에 안 띄는 곳에 붙어 있었다. 삼성이나 LG라는 기업 브랜드가 Korea란 국가 브랜드 때문에 디스카운트되는 것을 막기 위해서였다.

한국의 국가 브랜드 파워는 10월 27일 스위스 제네바 국제연합훈련연구원(UNITAR) 본부에서 발표된 국가 브랜드진흥원(INBP)의 2022년 국가 브랜드 보고서에서 세계 39개국 중 미국, 영국, 독일에 이어 4위를 차지했다. 2020년 8위, 2021년 6위에서 불과 2년 만에 4단계 오른 한국의 성과는 이 연구가 시작된 2002년 이래 가장 가파르게 상승한 기록이다.

국가 브랜드 파워는 국가경쟁력(National Competitiveness) 지수와 심리적 친근도(Psychological Proximity) 지수를 합한 값을 국가 브랜드 전략 지수로 곱해서 결정된다. 여기서 국가경쟁력 지수는 각국의 경제력 수준을 반영한다. 심리적 친근도는 이미지(Image)와 관계(Relationship)로 구성되는데 이미지는 국가지도자, 인권, 도덕성, 안정성, 문화 수준으로 구성되고, 관계는 두 국가 간의 거리, 과거 관계, 현재 관계, 경험, 관광 선호도에 의해서 결정된다. 국가 브랜드 전략은 정부, 기업, 사회단체, 국민으로 구성된 국가전략 실행의 주체에 대한 평가로 갈음한다. 2022년 평가는 아시아, 유럽, 아메리카, 아프리카의 62개 국가 1300여 명의 오피니언 리더들이 참여해서 39개 주요 국가에 대해 측정한 결과를 반영해 산출했다.

한국의 2022년 국가 브랜드 파워 랭킹은 높은 심리적 친근도와 강한 국가 브랜드 전략에 의해 크게 상승했다. 심리적 친근도를 결정하는 여러 요인 중 1위를 차지한 '현재 관계', 4위의 '과거 관계', 6위의 '관광 선호도' 항목을 포함한 '관계'가 작년 대비 4단계 상승하면서 한국에 대한 친근감이 높아졌다. 특히 아메리카 지역에서 심리적 친근도가 급격히 상승했는데, 이는 K팝이 세계를 선도한 결과로 보여진다.

한국은 국가 브랜드 전략을 실행하는 주체에 대한 평가에서 높은 평가를 받았다. 특히 BTS, '미나리'의 윤여정, '오징어게임'의 이정재 등으로 대변되는 국민이 3위, 삼성 · LG · 현대차를 앞세운 기업이 4위로 큰 기여를 했다.

국가 브랜드 파워에 10년간의 수출액을 곱해 산출되는 국가 브랜드 가치는 1위 미국이 24조 5000억달러로 평가됐고 독일, 영국, 중국, 프랑스, 일본이 뒤를 이었다. 한국은 4조7000억달러로 작년 대비 1단계 상승한 7위로 올라섰다.

〈자료원〉 매일경제, 2022.12.1.

표 12-2	우리나라 국가 브랜드 위원회의 기능		
	주요기능		
	국가 브랜드 관련 범정부적 컨트롤타워 기능 수행	국가 브랜드 정책 사업의 효율적 집행 지원	민간협력 및 국민의 참여의 확대 및 강화
세부사항	국가 브랜드제고활동의 중장기 목표 전략 제시	관련사업의 조정을 통한 사업 중복 및 예산 낭비 방지	국민 제안을 통해 아이디어 및 정책 발굴
	국가 브랜드 중장기 기본계획 수립 및 연차별 실행계획 심의 조정	국가 브랜드 사업 성과에 대한 분석평가를 통한 환류 시스템 구축	브랜드가치 제안에 기여한 모범사례 신청, 시상 등 국민적 관심확대

5. 도시 및 지자체 브랜드

전세계 도시들이 관광객, 투자, 인재 유치를 비롯한 여러 목표를 두고 경쟁하는 상황에서의 브랜드마케팅의 개념을 받아들여 도시 개발 및 도시 재생의 추진 삶의 질 향상 등의 활동에 적용하는 사례가 점차 많아지고 있다.

　도시는 제품이나 기업과 마찬가지로 다른 도시와의 경쟁에서 비교우위를 갖기 위해 끊임없이 노력한다. 브랜드가 갖는 고유의 특성인 '차별성'과 '경쟁력'을 얻기 위해서이다. 도시가 자신만의 브랜드를 가꿔나가는 이유는 다양하고 복잡하다. 시민들의 자긍심은 물론 정책 홍보와 경제적 이익도 맞물려 있다. 또한 도시는 구성원과 조직에 다양한 목적과 복잡한 이해관계가 얽혀 있고, 무엇보다 공공성을 추구한다. 이윤창출이 주요한 결과인 제품이나 기업과는 다르다.

　도시는 기업이나 제품과 달리 복잡한 관계구조로 되어 있다. 시민, 투자자, 정책관계자, 중앙정부, 관광객 등 다양한 이해관계 집단으로 구성돼 있다. 소구하고자 하는 대상도 광범위하다. 목표 대상도 다양하다. 관광을 목적으로 할 때는 관광객이, 기업투자를 유치하기 위해서는 다양한 기업들이, 거주 만족도를 높이는 게 목표가 된다면 시민이 도시 브랜드의 대상이 된다.

　그러므로 일반적으로 도시브랜드에서는 소유주보다 운영 주체에 주목한다. 직선으로 선출된 시장과 도시 정책을 수행하는 사람들이 바

국가 브랜드 로고

각 국가들은 자국의 아이덴티티를 확립하여 브랜드에 사용하고 있다.

로 그들이다. 선거 결과에 따라 운영 주체가 바뀌게 되고, 운영 주체에 따라 도시 정책이 바뀌게 된다. 이러한 점은 도시브랜드 활동이 일관성을 갖고 지속가능하게 추진되기 어려운 걸림돌로 작용하기도 한다.

한편 공공기관의 정책담당자들은 도시 브랜드를 구축해야 한다고 필요성을 느낄 때 주요 이해당사자들의 이해와 가치를 간과하기도 한다. 도시 브랜드 구축과정에서 자주 외면당하는 집단이 도시주민이다. 도시주민과의 연결성을 과소평가하게 되면 브랜드는 애초의 목적과 의도 자체를 저해하는 결과를 초래한다. 그러므로 도시 정책담당자들은 현 주민들과 미래 이주민을 위한 주민들의 동기, 기대수준등을 고려하여 그들을 만족시킬 수 있도록 해야 한다.

1) 도시브랜드의 역할

(1) 매력적 거주지

특정 장소의 특징과 생활에 필요한 가격대비가치에 대한 평가는 다양한 개인적 요소 및 상황요소에 의해 나타낼 수 있다. 자신이 거주하고 있는 도시에 대한 평가결과가 점차 개선된다면 해당 주민의 도시에 대한 애착과 충성도는 증가할 것이다. 그러므로 주민들의 장소 만족도의 측정 및 모니터링은 도시정책자의 핵심적인 실적 평가지표가 되어야 할 것이다.

(2) 투자 대상

도시 행정가들은 종종 로고나 슬로건등 브랜딩과정의 시각적인 요소만 브랜드마케팅이라고 생각하는 경우가 많다. 이러한 요소들이 가장 제작하기 쉽고 통제하기 쉽다는 인식 때문이다. 이러한 인식으로 인해 도시는 특정 슬로건이나 로고에 기반을 두고 상당한 시간, 돈, 노력을 투입하고도 주민에게도 외부 청중에게도 신뢰성 있거나 기억에 남거나 독특하거나 지속가능한 것으로 인식이 되지 않아 일차원적인 캠페인만 진행하게 된다. 그러므로 지역주민을 참여시켜 협업을 통해 도시의 정체성을 확립하고 브랜드 전략을 수립해야 할 것이다.

투자유치를 위한 경쟁이 치열한 상황에서 국내외 기업, 기관들은 활동을 위해 최적의 장소를 탐색하게 된다. 선정과정에서 철저한 평가가 이루어지지만 초기 후보군을 추려내고 최종결정을 내리는 데에 브랜드는 주요한 영향을 미치게 된다. 경쟁도시 혹은 지역에 비해 특정 지역의 브랜드마케팅 성공은 차별성있게 소구한 다음 이를 기반으로 인지도와 호감도를 구축하는 방식으로 이루어진다. 차별성 있는 소구는 해당도시의 핵심가치, 태도, 행동, 특성이 어떻게 특별한 역량, 자원, 경쟁력으로 발전되었는지를 이해하고 이들이 정치, 경제, 환경, 사회, 과학기술의 발전동향과 어떻게 맞물리는지 파악함으로써 가능하다.

(3) 관광 촉진

도시 브랜딩 관계자들에게 관광객은 매력적인 대상이다. 도시 관광시장은 지속적으로 성장하고 있고 관광객은 브랜딩기법에 반응을 한다. 일반적으로 사람들은 기호를 보기위해 도시를 방문한다 예컨대, 도시의 풍경속에 코펜하겐의 인어공주상, 런던의 빅벤, 파리의 에펠탑처럼 그들이 이미 알고 있는 대상을 찾아 방문하고자 한다.

이러한 관점에서 도시 브랜딩은 관광객의 시선을 구성할 수 있는 강력한 도구가 된다. 도시 내의 좋은 사진의 배경 등이 될 수 있는 기호들을 선별하여 이러한 이미지를 복제하고 각종 커뮤니케이션 가능 매체에 배포하는 것이 필요하다. 도시내에서는 건축 환경, 상징적 행사, 유명인 등 최소한 세종류의 이미지 전달자가 관광객의 시선에 적절한 대상이 된다.

(4) 도시브랜드 파트너십 관계_ 주민과 도시브랜딩의 관계 형성

브랜드는 지역사회의 유대감을 견고하게 하는 역할을 한다. 이러한 목적을 달성하기 위해서는 주요 이해당사자 집단 혹은 기관들이 파트너십을 형성하는 것이 중요하다. 파트너십은 통상적인 전문가들의 위원회나 민관협력사업과는 다르다. 도시 브랜딩 파트너쉽은 주요 이해당사자들이 책임을 분담하여 공동으로 도시 브랜드를 개발하고 창조하며 적용하는 공식 또는 비공식 조직이다.

2) 도시 브랜드의 갈등

도시 브랜드의 전략을 수립하고 실현해가는 과정에는 많은 갈등이 있다. 가장 흔하게 나타나는 갈등은 일부 이해 당사자들이 브랜드의 예상되는 결과가 자기에게 손해를 입히게 된다고 지각하게 될 것이다. 이는 일정부분 일반적으로 브랜딩이라는 개념에 대한 잠재적 적대감 때문이며 또한 시민들의 자부심, 변화에 대한 두려움, 자기지역에 대한 외부의 비판적 시간에 대한 저항감 등으로 갈등이 생긴다.

다른 경우에도 브랜드의 갈등이 생긴다. 예컨대 브랜드 전략이 일부 기존 사업체에 이익이 되지 않은 신규투자자나 새로운 방문객을 유인하는 것을 전제로 하고 있을 때 이러한 갈등이 생긴다. 또한 아직도 당사자의 일부는 도시브랜딩이 전혀

미마(Middlesbrough Institute of Modern Art; MIMA)를 이용한 미들즈브러 노력
미들즈브러는 부정적인 도시이미지를 현대미술관을 통해 개선하고자 하였으나 많은 갈등을 유발하였다.

가치가 없거나 자기에게 해가 된다고 생각한다. 이러한 현상은 주로 브랜드화가 절실히 필요하거나 브랜드지수 등이 악화되는 지역일수록 갈등은 크다. 미들즈브러(Middlesbrough)는 영국에서 살기 최악의 장소에 대한 여론조사에서 지속적으로 상위에 랭킹되고 심지어 1위를 차지하기도 하고 영국의 채널4의 부동산관련 프로그램인 "장소, 장소, 장소(Location, Location Location)에서도 1위를 차지하는 등 매우 부정적이고 좋지 않은 이미지를 갖고 있다. 이 도시는 높은 범죄 수준, 심각한 마약 및 건강 문제, 열악한 교육 결과 덕분에 바람직하지 않은 이미지를 갖고 있다.

이를 해결하고자 미들즈버러시의 대응은 세계적으로 인정받고 있는 현대미술관(Middlesbrough Institute of Modern Art; MIMA)에 투자하여 이를 영국 북동부의 야간경제(night-time economy)에서 이득을 취하고 더 나아가서 지역대학의 컴퓨터 게임부분에 대한 수월성을 기반으로 미들즈브러의 매력적이고 창조적인 계획을 수립하고자 하였다. 그러나 이 전략은 지역의 이해당사자들이 단지 일부 엘리트들이 그들만의 뜻으로 도시의 아이덴티티와 성격을 일방적으로 바꾸며 진정한 미들즈브러에 대한 사고가 결여되어 있다고 하여 강력한 반발을 하였다. 이에 당국은 지도자들이 미들저브러의 대상 청중이 일부에만 국한되어 있음을 간파하고 지역납세자에서 광역투자자, 국내외 방문객들로 브랜드의 초점을 넓히며 여러청중집단을 상대로 현대미술관과 다양한 개발사업의 효용을 공유하여 갈등을 줄이게 되었다.

한편 도시브랜딩과 홍보를 혼동하여 둘의 차이가 이해당사자의 역할에 미치는 영향을 이해하지 못하기 때문에 발생하기도 한다. 또한 도시브랜드 활동에 참여하는 다양한 참여주체들 간의 리더십 및 협력관계의 정도에 의해서도 갈등이 생길 수 있다. 앞서 미들즈브러의 예처럼 한쪽에서만 일방적으로 진행할 경우이다.

그림 12-3 Anholt와 ipsos사가 평가한 2022년 도시브랜드 순위

〈자료원〉 https://www.ipsos.com/en/anholt-ipsos-city-brands-index-2022

3) 외국의 도시브랜드 성공사례

우리나라에도 다양한 지자체서 그간 브랜드마케팅을 도입하여 왔다. 다음의 〈그림 12-4〉은 이러한 지자체의 브랜딩의 결과이다. 그러나 한편으로 이러한 브랜드마케팅을 단순한 슬로건과 디자인적 요소만 개발하면 끝나는 것으로 생각하는 경우가 많다. 이에 외국의 브랜드마케팅 사례를 살펴보자.

그림 12-4 국내의 지자체 브랜드

〈자료원〉 https://www.metroseoul.co.kr/

(1) 독일 베를린

베를린 장벽의 붕괴는 냉전 종식을 상징했고, 이후 독일은 눈부신 경제적 발전을 이루었다. 그럼에도 불구하고, 다수의 사람들에게 베를린이라는 도시는 여전히 어둡고 부정적인 이미지를 갖고 있었다. 이러한 문제를 해결하고자 했던 독일의 베를린 상원은 2008년, 'be Berlin'이라는 브랜드마케팅 캠페인을 진행하였다. 베를린의 도시 슬로건이며 캠페인 명인 'be Berlin'은, 냉전시기 미국의 전 대통령 케네디의 연설문 '나는 베를린 사람이다(Ich bin ein Berliner)'에서 유래된 것이다.

베를린은 해당 캠페인을 통해서 도시 밖의 관광객 또는 투자자 등에게 베를린에 대한 이미지를 알리고자 했다. 이러한 캠페인의 목적은 더 많은 사람들이 베를린에 오고, 더 많은 기업들이 새로운 일자리를 만들며, 베를린

베를린의 도시브랜드
베를린은 도시의 이미지를 Be Berlin이라는 캠페인을 통해 어두운 이미지를 활기찬 이미지로 바꾸는데 성공하였다.

의 과학적, 문화적, 사회적 풍부함이 쉽게 경험할 수 있도록 하였다.

베를린은 'be Berlin'이라는 큰 전략의 틀 속에서 시민들을 참여시켰다. 시민들은 스스로가 생각하는 베를린에 대해서 'be OOO, be OOO, be Berlin'이라는 형식으로 표현 하여 많은 관심을 야기시키고 이러한 결과를 브란덴부르크 문 위에 전시하기도 하였다. 또한 세부 캠페인 기회들의 도시(City of Opportunities)를 진행하며, 빨간색의 말풍선의 디자인을 조형물로 제작하여 도시 곳곳에 있는 가게나 지하철 혹은 행사 등에 적용하였을 뿐 아니라, 관광 도우미들에게도 유니폼 형태로 지급하여 되어 관광객들에게 노출하였다. 베를린은 지속적으로 'be Berlin'이라는 큰 전략적 틀은 여전히 유지하고 있다. 단지 세부적인 캠페인에서만 변화가 이루어졌다. 예컨대, 'Freiheit(Freedom) Berlin'은 베를린의 장소적 특성이 반영된 캠페인, 이후 빛 축제가 이러한 세부적 실행만 달리하였을 뿐인다. 뿐만 아니라 제휴 마케팅도 활발히 진행하고 있는데 Berlin lab이라는 프로그램을 통해서 브뤼셀 및 로스엔젤레스와 파트너십을 체결하고, 방문객을 통한 교류를 이어나가고 있다. 해당 캠페인이 시에서만 운영한 것이 아닌, 기업의 참여를 독려하여 재정과 효율성을 갖게 되었고 뿐만 아니라 과정에서 시민과 관광객 등의 참여가 동반되었다는 점이 큰 특징이다.

(2) 오스트리아 잘츠부르크

도시 브랜딩의 목표는 두 가지 방향을 향한다. 우선 현재 사는 사람이 떠나지 않도록, 다른 도시를 거주지로 택하지 않도록 만들어야 한다. 자부심을 주어야 한다. 내부 지향을 갖고 있어야 한다. 생계를 유지할만한 것이 있어한다. 잘츠부르크는 이러한 문제인식하에 기업 유치, 투자 유치 등도 내부 지향 활동을 집중하였다.

두 번째 목표는 다른 나라나 도시에 사는 사람이 내가 사는 도시로 많이 찾아오게 만들어야 한다. 관광을 위해서든 여행을 위해서든 타지 사람이 많이 찾아오게 만드는 것이다. 이것은 외부 지향 목표다. 관광에는 비즈니스 관광도 있다. 비즈니스 관광도 외부 지향 도시 브랜딩 활동이 된다. MICE(기업회의, 포상 관광, 컨벤션, 전시회) 산업을 의미한다. 다보스 포럼으로 유명한 다보스는 포럼 말고는 떠오르

구분	도시 슬로건	관광 슬로건
잘츠부르크	SALZBURG Stage of the World®	SALZBURGER LAND

잘츠부르크의 슬로건
잘츠부르크의 도시 슬로건과 관광 슬로건을 별도로 쓰고 있다.

바젤의 도시브랜드
바젤은 도시·관광 로고 이원화를 시도하였다.

는 게 없다.

도시 브랜딩을 본격화한 지역은 내부 지향 목표와 외부 지향 목표를 조금씩 구분해 브랜딩에 반영하는 하는데 슬로건이나 로고 등 브랜딩 요소를 적극적으로 활용한다. 즉, 도시 슬로건과 도시 관광 슬로건을 별도로 쓰는 경우가 증가하고 있다. 오스트리아 잘츠부르크의 도시 슬로건은 'Stage of the world(세계의 무대)', 관광 슬로건은 '잘츠부르크 랜드(Land)'다.

(3) 스위스 바젤

스위스의 작은 도시인 바젤시는 브랜드를 그들의 내부 지향 목표와 외부 지향 목표를 실현하는 수단으로 접근하고 이에 대한 전략을 수립하였다. 이후 슬로건과 로고 한 개로 브랜드마케팅이 완성된 것처럼 하지 않았다. 바젤은 도시 브랜딩의 영향을 받는 다양한 고객 집단을 모두 잡으려고 했다. 내부 지향 브랜딩의 표적이 되는 지역 주민과 기업·투자자, 외부 지향 브랜딩의 목표 고객인 관광객과 MICE 업체 중 그 누구도 포기하지 않았다. 바젤은 타깃 고객에 따라 'Made in Swiss'와 'Cross-Cultural City'라는 콘셉트를 구분해 사용했다. 바젤의 공식 BI(Brand Identity·브랜드 아이덴티티)에는 스위스 국기를 달아 '스위스 도시'임을 강조하고, 관광청 BI에는 'Culture Unlimited' 슬로건을 강조했다. 최근에는 도시와 관광청의 로고를 이원화하는 사례가 빈번하지만, 당시 바젤의 전략은 파격적인 접근이었다.

도시 마케팅을 위한 첫 걸음(City Marketing for Basel-the first steps)이란 프로젝트를 시작으로 도시 브랜딩 전략을 수립하는 데 5년의 각고 끝에 일관성 있는 브랜딩을 위해 도시 마케팅 부서가 신설되었다. 이후 바젤은 아트 바젤(ART-BASEL)로 불리는 동시에 세계에서 가장 큰 시계보석박람회(BASEL WORLD)를 개최하는 스위스 산업의 허브로 성장했다.

비영리조직의 브랜드

1970년대 전후 미국에서 마케팅 개념의 비영리부문 적용가능성이 제기된 이후 비영리조직의 마케팅 활동에 대한 관심은 마케팅학자와 실무자 모두에게서 중대한 관심사였다. 그러나 실제적으로 비영리조직이 마케팅 개념을 적극 활용하게 된 것은 1960년대 이후 사회적, 경제적, 정치적 환경의 변화로 인한 당면 문제들을 경험하면서부터이다.

최근에는 많은 비영리조직들이 브랜드마케팅 많이 적용하고 있다. 특히 이전에는 좁은 시각으로 브랜드를 접근하고 있었지만 최근에는 좀 더 광범위하게 적용을 하고 있다. 즉, 예전에는 브랜드를 좁은 의미의 모금을 위한 도구로써만 인식하였는데 최근에는 브랜드를 외부적으로는 장기적으로 사회적 목적을 달성하는 경영관리방법으로, 내부적으로는 정체성, 단합, 능력을 강화하는 경영전략으로 인식이 달라지고 있다.

일반적으로 비영리 조직이 브랜딩이 필요한 이유는 기본적으로 다양한 의견을 전달하기 위해 브랜드를 활용하는 것이 비영리 단체 활동가(기부자), 조직의 내부인, 이해 관계자를 모으고 유지하는 데 도움이 되기 때문이다. 예컨대, 비영리 단체 활동가(기부자)가 어떤 비영리 단체에서 활동할 것인지(기부할 것인지) 선택을 고민할 때 의사결정을 할 수 있도록 도움을 준다. 뿐만 아니라 비영리 단체에서 근무하는 직원 혹은 지원자, 함께 프로젝트를 진행할 단체를 물색 중인 이해 관계자가 특정 비영리 단체를 선택하게 되는 명성과 이미지를 통해 만족감이나 동질성을 얻을 수 있기 때문이다.

그러므로 비영리 조직에서 브랜드마케팅은 활동가에서 내부구성원, 이해 관계자에 이르기까지 다양한 사람들에게 영향을 미칠 수 있다. 예컨대, 브랜드가 마음에 들지 않거나 부적절하다고 느낀다면 해당 브랜드에서 일하고 싶지 않을 것이고 브랜드가 영감을 주는 다양한 기회를 제공한다고 느낀다면 그 브랜드를 위해 일하고 함께 활동하기를 원하게 될 것이다.

1. 비영리 조직의 브랜드마케팅의 시각

1) 필요한 이유

1970년대 전후 미국에서 마케팅 개념의 비영리부문 적용가능성이 제기된 이후 비영리조직의 마케팅 활동에 대한 관심은 마케팅학자와 실무자 모두에게서 중대한 관심사였다. 그러나 실제적으로 비영리조직이 마케팅 개념을 적극 활용하게 된 것은 1960년대 이후 사회적, 경제적, 정치적 환경의 변화로 인한 당면 문제들을 경험하면서부터이다

이러한 당면문제들은 첫째, 비영리조직에 대한 정부 지원금이 대폭 감축되면서 맞은 재정

위기를 타개하고자 비영리조직들이 민간 기부를 통해 재정 증대를 꾀하면서 마케팅 접근을 시도하기 시작하였다.

둘째, 비영리부문 규모의 급증으로 인해 한정된 재정 자원을 두고 경쟁이 치열해지면서 표적 마케팅, 전략적 포지셔닝, 다양한 마케팅 요소의 효율적 조정 등 마케팅 전략을 통해 경쟁 시장 안에서 비영리조직 을 차별화하고 모금효과를 극대화하는 노력이 확대되었다.

셋째, 비영리 부문의 규모 증가 속도를 기부의 증가 속도가 따라잡지 못함으로써 증가된 비영리조직 간의 경쟁을 마케팅을 통해 해결하고자 하였다.

넷째, 개인 기부자들이 비영리부문을 하나의 대규모 비즈니스 영역으로 인식하게 되면서 비영리조직에도 영리조직과 같은 효과성과 책임성 있는 운영을 기대하게 된 점이다.

환경의 변화로 인해 재정압박과 동일한 기부 시장을 두고 경쟁이 심화되는 가운데 비영리조직들이 생존의 문제를 타개하는 과정에서 영리조직의 마케팅 전략에 눈을 돌리게 되고, 미션, 효과성, 책임성, 고객관리, 서비스 등에서 다른 조직과의 차별성을 추구함으로써 기부시장에서 경쟁 우위를 차지하고자 하였던 것이다. 이를 위해 비영리조직들은 시장 세분화, 관계 마케팅, 이미지 구축 등의 마케팅 활동을 폭넓게 활용하였다. 특히 브랜드가 서비스, 인물, 아이디어, 조직들을 차별화시키는 주요 수단이 되는 바, 최근 비영리 마케터들은 브랜딩에 초점을 두고 있다. 이는 무형의 서비스와 아이디어를 제공하는 비영리조직들에게 물리적 차별성이 부족한 이들의 상품과 미션을 기부자들에게 효과적으로 어필하고 구분시켜주어 비영리조직을 지원하도록 유도하는 전략들이 필요해진 데에서 비롯된 것이며, 현재 비영리부문에 있어 브랜드의 역할은 모금활동의 가장 중요한 한 부분이 되고 있다.

결국 비영리 조직에 브랜드가 최근 더욱 중요하게 된 이유는 이 기관들에 다양한 브랜드의 적용 영역이 많아지고 있을 뿐 아니라 이러한 기관 역시 차별화를 위해 필요성을 크게 지각하였기 때문이다.

비영리조직의 실무자들은 브랜드를 어디서부터 시작해야 하는지 난감할 경우가 많다. 그러나 사실 모든 것이 브랜드의 대상이다. 예컨대, 복지기관의 경우, 복지관의 브랜드는 복지관 자체, 기관장, 임직원, 기관에서 운영하는 정책이나 프로그램이 브랜드 대상이라 할 수 있다. 복지관 역시 브랜드의 중심이다. 그 기관의 이미지와 신뢰를 가장 잘 나타내 주는 브랜드가 바로 복지관 자체다. 대표적으로 사회복지공동모금회, 아름다운재단, 월드비전, 굿네이버스, 비영리재단, 사회복지기관, 지역사회복지관의 명칭이 브랜드마케팅 영역에 속한다.

기관의 장 역시 브랜드의 대상이다. 복지관에서는 기관장이 바로 PI(president identity)의 대상이다. 기관을 대표하는 인물로 기관장의 기관 경영에 대한 철학, 복지관의 사명, 나아가고자 하는 비전이 바로 PI의 중심이 되며, 이를 토대로 한 기관장의 활동과 커뮤니케이션이 모두 기관장 브랜드를 만들어 가는 활동이다. 기관장이 어떤 인물이고 어떤 철학을 가진 사람인가에 따라 복지관의 신뢰도와 이미지도 영향을 받을 수 있다.

기관장뿐만 아니라 임직원들도 기관을 대표하는 브랜드다. 복지 서비스 현장에서는 담당 사회복지사가 클라이언트나 지역 주민과 만난다. 이때 담당 사회복지사들이 보여 주는 모습, 말씨, 행동이 모두 기관의 브랜드 이미지와 연결된다. 복지사들이 MOT(Moment of Truth), 즉 '진실의 순간, 결정적인 순간'이라 하는 고객가 직접 만나는 것이 브랜드를 전파시키는 것이다.

복지기관의 정책이나 프로그램도 모두 서비스 브랜드가 된다. 서울시립청소년미디어센터의 '스스로넷', 'KYMF 대한민국 청소년 미디어 대전', '유스내비' 등은 센터에서 진행하는 정책이나 프로그램 브랜드이다.

한편 비영리재단이나 복지관 역시 그들의 브랜드 아이덴티티를 제대로 구축해야 한다. 브랜드 아이덴티티는 복지관이 타깃 공중에게 보이고 싶은 전략적 브랜드 모습이다. 즉 복지관에서 우리 브랜드가 공중에게 이렇게 보였으면 좋겠다라고 생각하는 모습이다. 또 그 브랜드가 지향하는 미래이자 약속이며, 브랜드가 지니고자 하는 것, 이런 어떤 동일성을 소비자에게 연상하도록 하는 것이다. 반면에 이미지는 공중의 머릿속에 인식된 모습이다. 그러니 아이덴티티와 이미지 사이에는 차이가 있다. 브랜드 커뮤니케이션의 과제는 브랜드 아이덴티티와 브랜드 이미지의 간극을 줄이는 것이라고 볼 수 있다.

비영리조직의 브랜드 아이덴티티의 구성 요소로는 일반적으로 복지관 명칭, 복지관의 로고, 각종 디자인, 복지관의 색상, 복지관 슬로건 등이 있으며, 무형 요소로는 복지관의 존재 이유가 담긴 브랜드 사명, 복지관의 나아갈 방향을 제시하는 비전, 복지관의 경영 철학, 복지관의 핵심 메시지, 복지관의 메시지를 담은 스토리 등이 있다.

2) 회의론과 긍정론

비영리조직에서 브랜드 적용은 회의론과 긍정론이 존재한다. 우선 회의론부터 살펴보자.

첫째, 많은 비영리조직과 그들의 리더들은 브랜딩을 재정 확보라는 상업적 목적과 연관시키고 있다. 이들은 브랜드를 기업들이 상품에 더 높은 가격을 책정하기 위한 도구로 이해하기 때문에, 브랜드의 향상은 비영리 활동의 질을 떨어트릴 것이라고 생각을 한다. 또한 그들의 활동 자체보다 이윤 추구가 그들의 목적이 되면서 조직 이름만 너무 남발되는 것이 아닐까 하고 우려한다. 뿐만 아니라 일부 비영리 브랜딩을 연구하는 연구자들 역시 비영리부문의 지나친 상업화와 상업적 환경을 위한 프로그램에 경고를 보내기도 하였다.

둘째, 브랜드 경영이 때때로 참여적인 의사소통을 피하고 상하명령 방식으로 오해를 하는 것이다. 브랜드이미지를 새롭게 하는 것은 보통 많은 구성원들이 참여하는 것보다 소수의 사람들이 참여하기 때문에, 새로운 브랜드는 위로부터 독단적으로 강요된 것처럼 지각될 수 있다는 것이다. 이러한 점은 특히 조직의 새로운 리더가 단체의 일하는 방식을 바꾸기 위해 아주 적극적인 노력을 취하는 방법으로 리브랜딩을 추진하려고 할 때 특히 더 그렇다.

셋째, 브랜드마케팅에 대한 집중이 조직의 필요보다 리더십의 허영에 근거하는 경우가 있다. 예컨대 비영리조직의 브랜드가, 명성 그 자체만을 의미하거나 미션을 달성하기 위한 마케팅보다는 리더 개인의 브랜드 달성으로 끝나는 경우가 있기 때문이다.

넷째, 연대 활동을 많이 하는 조직들은 하나의 강력한 브랜드가 약한 브랜드들을 가리고 참여하는 다른 조직이나 파트너들 사이에 힘의 불균형을 야기한다는 점을 회의론으로 꼽는다.

결국 비영리조직에 있어 브랜드마케팅이 회의감을 불러일으키는 네 가지 요인들은 비영리부문에서의 그들의 조직의 자긍심과 상당히 맞닿아 있다는 점입니다. 그러므로 비영리조직에 있어서 브랜드의 회의감을 줄이기 위해서는 결국 조직 미션에 대한 자긍심, 참여적 의사결정에 대한 자긍심, 조직 문화를 정의하는 가치에 대한 자긍심, 파트너십에 대한 자긍심과 연결되어 있다는 점을 명심하고 이들과의 관계를 고려하여 총체적으로 브랜드마케팅을 해야 할 것이다.

한편 비영리조직에서 브랜드마케팅 지지자들은 조직 내부에서 브랜드가 단합과 역량을 강화하는 방식 즉 긍정적인 측면을 살펴보자.

첫째, 조직의 미션, 가치, 아이덴티티와 이미지의 조화는 명확한 브랜드 포지셔닝과 다양한 구성원들의 결속을 얻을 수 있다. 이러한 공공부문의 브랜드는 그 기관의 내부인과 자원봉사자들이 브랜드 아이덴티티를 공유하고 인지할 때 조직의 단합을 높이고 그들의 업무에 집중할 수 있게 하여 공유된 가치를 강화시킨다. 뿐만 아니라 이렇게 형성된 조화는 수혜자와 참여자 그리고 나아가서 기부하는 사람들에게도 거대한 신뢰를 형성하게 한다.

둘째 브랜드마케팅으로 인한 강한 결속력과 높은 신뢰는 조직의 역량과 사회적 영향력을 갖는다. 결속력이 높은 조직은 조직의 자원을 더 효과적으로 집중해서 사용할 수 있게 하며, 외부의 높은 신뢰는 능력 향상, 재정 확대, 대중의 지지를 얻게 만든다.

결국 이러한 조직 및 단체 역량의 증가는 이들의 사회적 영향력을 높이게 된다. 이러한 사회적 영향력은 다시 파트너, 정책 입안자, 단체들 사이에 신뢰를 높임으로써 그들의 미션을 성취하게 된다.

초고령화 사회 대비 "브랜드화한 유료 노인복지관 건립 필요"

6·25 휴전 뒤 태어난 베이비붐 세대의 맏이인 1955년생이 올해로 노인인구에 편입된다. 우리나라는 2025년께 전체 인구의 20%가 65살 이상인 초고령화 사회가 된다. 어느 정도 경제력을 갖추고 자아실현을 추구하는 새로운 유형의 노인 세대 출현을 앞두고 노인복지관의 개념과 기능을 새롭게 재정립할 필요가 대두되고 있다. 연합뉴스

2020년부터 이른바 베이비붐 1세대(1955년~1960년대 초반 출생 인구)가 처음으로 65살 노인 인구에 진입한다. 2025년께에 이르면 우리나라가 초고령화 사회에 진입할 것으로 예상되면서 서울의 노인복지관에 대한 인식 변화 및 기능 재설정이 시급하다는 목소리가 높아지고 있다.

서울연구원은 최근 '노인복지관, 초고령사회 새로운 역할 기대-자치구별 특성 반영해 기능 재설정 필요'(연구 윤민석·문진영) 제목의 정책 제안을 통해 향후 노인복지관의 기능을 "자치구별 특성을 반영해 재설정해야 한다"며 "기존 지역사회 유관기관과 공고한 협력체계를 유지하면서 고령인구의 다양한 욕구에 유연하게 대응할 수 있도록 기능을 변화할 것"을 제안했다. 연구보고서는 이를 위해 서울시가 운영하는 노인복지관의 일부 서비스를 유료화하고 노인복지관 자체를 브랜드화해 서울케어와 같은 복지시스템에 포함해야 한다고 봤다.

노인복지관 이용 실태

노인을 위한 복지시설로 대표되는 노인복지관에 대한 인식과 이용률의 변화는 노인 욕구의 변화를 보여준다. 한국보건사회연구원에 따르면, 2008년 서울 노인의 15.9%가 노인복지관을 이용했으나, 이용률이 해마다 줄어서 2017년에는 9.4%로 낮아졌다. 이용 욕구도 46.4%에서 29.7%로 감소했다. 그러나 이용률 감소가 노인복지관의 필요성이 줄었다는 의미로 해석되는 것은 아니라고 한다. 연구를 한 서울연구원 도시사회연구실 윤민석 연구위원은 "머지않아 노인복지관 이용 주체가 될 베이비붐 세대는 앞선 노인 세대와 달리 자아실현, 건강 유지, 재능 활용 등의 목적으로 재취업을 희망한다는 조사 결과가 나와 있다"며 "앞으로 설립될 노인복지관은 경제적인 여유가 더 있고 적극적인 노인이 자아실현과 재능을 발휘할 수 있는 신개념의 장소가 되어야 한다"고 본다.

신개념 노인복지관이란

앞으로 설립될 노인복지관은 기존 지역사회 유관기관과 공고한 협력체계를 유지하면서 다양화하는 노인 욕구에 유연하게 대응할 수 있어야 한다. 그러기 위해서는 '지역 특성에 맞는 기능'과 '지역을 활성화하는 기능' 두 가지 방향에 변화의 초점이 맞춰져야 한다.

노인복지관 기능 재설정

전통적으로 노인복지관은 주로 저소득층 취약 노인을 대상으로 운영되어왔다. 그러다 보니 대부분의 노인복지관이 여전히 무료 서비스를 중심으로 하고, 경제력이 낮은 사람들이 노인복지관을 이용한다는 인식이 강하다. 이는 경제력과 정보력, 기동성을 갖춘 새로운 노인의 노인복지관 진입을 어렵게 한다. 따라서 향후 노인복지관은 기존 노인 복지 서비스를 받지 못하는 사각지대 노인과 함께 다양한 노인의 욕구를 충족하는 기능이 새롭게 요구될 것이다. 이를 대비하기 위해서는 서비스 제공자 중심에서 지역사회 욕구 중심으로 노인복지관 기능의 변화를 도모해야 한다. 또 커뮤니티케어, 돌봄SOS센터와 같이 노인을 위한 커뮤니티센터로서의 기능을 수행해 지역 내에서 스스로 역할을 할 수 있도록 해야 한다. 즉 향후 노인복지관은 "노인이 자신의 재능, 기술, 지식 등을 가지고 지역에 이바지할 수 있도록 하고, 은퇴 뒤 자신이 살던 지역사회에 연착륙할 수 있게 중간 기관이 되도록 해야" 한다는 것이다.

기능 재설정에 따른 운영 변화

우선 새로 짓는 노인복지관은 해당 지역의 특성에 따라 다르게 지어질 필요가 있다. 이를 위해서는 먼저 지역의 욕구와 특성을 면밀하게 조사 검토하는 작업이 선행되어야 한다. 보고서는 "설립 단계부터 노인의 다양한 욕구와 특성을 고려한 건축이 되어야 하고 불필요한 사업의 폐지와 개선을 검토할 필요가 있다"며 해당 지역 노인들이 복지관 설립 단계부터 구현 단계까지 참여한 홍콩의 사례를 제시한다. 노인복지관 운영 평가 방식도 기능 재설정에 맞게 바꿔야 하며, 인력 운용은 직접 서비스 기능을 줄이는 대신 지역주민의 참여와 아웃리치(지역주민에 대한 기관의 적극적인 봉사 활동), 전문성을 강화한 사업 등에 역점을 둘 필요가 있다고 본다.

일부 서비스의 유료화

현재 대부분의 노인복지관 서비스는 무료로 제공되는데, 이 때문에 서비스의 질 저하가 문제가 되어 있다. 그러나 최근 제주도노인복지관이 월 1만원의 유료회원제를 시도해 성과를 보는 것처럼, 새로운 노인 인구에 등장에 맞춰 "지역과 이용자 특성에 따라 서비스 일부에 실비 수준의 프로그램 이용료를 부담하게 해 서비스 질 제고와 기관 운영의 효율성을 도모할 필요가 있다"고 제안했다.

노인복지관의 브랜드화

기존의 노인복지관이 가진 전통적인 노인 시설 이미지를 불식하기 위해 명칭을 바꾸기를 제안한다. 서울시에서 운영하는 노인복지관을 하나의 브랜드로 통합해 전 지역 노인복지관을 어디나 자유롭게 이용할 수 있게 해야 한다. 특히 이용 혼란을 줄이고 접근성을 높이기 위해 서울케어와 같이 브랜드화하거나 서울케어 프로그램에 포함해 운영할 필요가 있다.

2. 비영리조직의 브랜드마케팅 모형

Laidler-Kylander and Stenzel은 비영리 조직에서 사용되어야 할 브랜드 원칙들인 브랜드 완결성(brand integrity), 브랜드 민주성(brand democracy), 브랜드 윤리(brand ethics), and 브랜드 화합(brand affinity)의 IDEA모형을 제시하였다.

브랜드 완결성(brand integrity)이란 조직의 내부적 아이덴티티가 외부적 이미지와 잘 연결되어있고, 이러한 아이덴티티와 이미지가 조직의 미션과 연결되어 있는 것이다. 내부적으로 높은 구조적 완결성을 가진 브랜드는 조직, 구성원, 기부자, 자원봉사자들의 아이덴티니와 자신이 왜 이 일을 하는지 그리고 왜 중요한지에 대한 공통된 의견을 조직의 미션과 잘 연결시킨다. 외부적으로 구조적 완결성이 높은 브랜드는 대중적 이미지 속에서 조직의 미션을 실현시키며 미션을 실현시키는 모든 단계에서 잘 확립된 이미지를 효과적으로 활용한다.

브랜드 민주성(brand democracy)은 조직이 조직의 핵심 아이덴티티에 대해 소통함에 있어서 구성원들, 내부조직인, 참여자, 자원봉사자들과의 신뢰를 형성하는 것이다. 브랜드 민주성은 브랜드가 보여지고 묘사되는 방식을 강하게 통제할 필요성을 줄여준다. 즉 브랜드 감시를 하지 않아도 브랜드의 아이덴티티를 통해 신뢰를 자연스럽게 형성되는 것을 말한다. 특히 SNS로 인해 아이덴티티를 강제적으로 통제하기는 매우 힘들게 되었다.

브랜드 윤리(brand ethics)란 브랜드와 브랜드의 사용 방식이 조직의 핵심 가치를 반영하여 윤리적으로 적용이 되는가의 문제이다. 브랜드 완결성이 브랜드를 미션과 연결시키는

비영리 조직의 변화
이전에는 유니세프 및 굿네이버스등 비영리 조직이 단지 기부금을 위한 마케팅을 해왔으나 이제는 조직의 결속과 신뢰 등을 위해 브랜드 아이덴티티 시스템을 정비하는 등 브랜드마케팅을 적극 도입하고 있다.

것처럼, 브랜드 윤리는 조직의 내부 아이덴티티와 외부적 브랜드 이미지를 조직의 가치와 문화에 연결시키는 것이다. 만약 과도하거나 지나친 동정등의 프레임을 사용하여 기부자들이나 자원봉사자들에게 강요하거나 동기를 유발하게 한다면 이것은 브랜드 윤리 상실로 직결될 수도 있다. 그러므로 긍정적이거나 희망적인 프레임의 사용하는 것이 바람직하다.

브랜드 화합(brand affinity)은 구성원들 및 기타 브랜드 관계에 있어 개인적인 이해를 넘어 집단의 이해를 촉진시키는 좋은 구성원이 되는 것을 의미한다. 강한 브랜드 화합을 가진 조직은 협력자들(정부 혹은 자원봉사들)을 이끌고 함께 마케팅을 한다.

3. 기부와 모금관리

비영리조직의 브랜드마케팅 핵심은 일반적으로 기부와 모금일 것이다. 이러한 기부와 모금이 중요한 이유는 첫째, 비영리조직에 대한 정부 지원금이 대폭 감축되면서 맞은 재정 위기를 타개하고자 비영리조직들이 민간 기부를 통해 재정 증대를 꾀하면서 마케팅의 핵심이 되었다.

둘째, 비영리부문 규모의 급증으로 인해 한정된 재정 자원을 두고 경쟁이 치열해지면서 표적 마케팅, 전략적 포지셔닝, 다양한 마케팅 요소의 효율적 조정 등 마케팅 전략을 통해 경쟁 시장 안에서 비영리조직을 차별화하고 모금효과를 극대화하는 노력이 확대되었다.

셋째, 비영리 부문의 규모 증가 속도를 기부의 증가 속도가 따라잡지 못함으로써 증가된 비영리조직 간의 경쟁을 마케팅을 통해 해결하고자 하였다.

넷째, 개인 기부자들이 비영리부문을 하나의 대규모 비즈니스 영역으로 인식하게 되면서 비영리조직에도 영리조직과 같은 효과성과 책임성 있는 운영을 기대하게 된 점이다.

결국 환경의 변화로 인해 재정압박과 동일한 기부 시장을 두고 경쟁이 심화되는 가운데 비영리조직들이 생존의 문제를 타개하는 과정에서 영리조직의 마케팅 전략에 눈을 돌리게 되고, 미션, 효과성, 책임성, 고객관리, 서비스 등에서 다른 조직과의 차별성을 추구함으로써 기부시장에서 경쟁 우위를 차지하고자 하였던 것이다. 이를 위해 비영리조직들은 시장 세분화, 관계 마케팅, 이미지 구축 등의 마케팅 활동을 폭넓게 활용하였다. 특히 브랜드가 서비스, 인물, 아이디어, 조직들을 차별화시키는 주요 수단이 되는 바, 최근 비영리 마케터들은 브랜딩에 초점을 두고 있다. 이는 무형의 서비스와 아이디어를 제공하는 비영리조직들에게 물리적 차별성이 부족한 이들의 상품과 미션을 기부자들에게 효과적으로 어필하고 구분시켜주어 비영리조직을 지원하도록 유도하는 전략들이 필요해진 데에서 비롯된 것이며, 현재 비영리부문에 있어 브랜드의 역할은 모금활동의 가장 중요한 한 부분이 되고 있다.

Sargeant(2001)는 비영리조직에서 기부중단 이유에 있어 지각된 서비스 품질(service quality)에 대한 중요성을 규명하여 여기서 확인된 품질요인과 기부 충성도와의 관계를 밝혔다. 분석결과 기부자가 자신의 경제적인 이유로 기부를 중단하는 경우는 22%에 불과하고, 기부 자체를 이탈하는 것이 아니라 다양한 이유에서 기부기관을 바꾸는 것이라 할 수 있다. 따라서 관계 마케팅(relationship marketing)의 중요성이 높으며, 기관이 기부자와의 관계를 지속적으로 유지하려면(기부충성도를 높이려면) 기부자의 인지된 서비스품질 만족을 향상시킬 수 있는 차별적 커뮤니케이션 노력이 요구된다.

한편, 자선부문에 있어서도 브랜드는 중요하다. 즉, 자선단체들은 보다 정교한 형태의 브랜드관리가 요구된다. 즉 기부상황에서는 자선단체가 보다 안정적인 자금 확보를 위해 브랜드 포지셔닝이 필요하다. 이를 위해 자선단체들은 그들의 브랜드를 전략적 도구로 활용하여 경쟁 기관과는 차별화되는 상품과 서비스, 가치 등을 제공해야 한다. 이를 통해 기부자들에게 인식시키고 기부자의 마인드에 독특한 위치를 확보해야 한다. 특히 브랜드 포지셔닝이 기부절차를 용이하게 하고 이를 브랜드의 일부로 적극 강조하며 기부금이 투명하고 효율적으로 사용된다는 점을 기부자들에게 확신시켜야 한다.

많은 관련 연구자와 비영리조직들이 브랜드 강화를 위한 다양한 활동을 전개하고 있음에도 불구하고 강한 차별성을 가지는 비영리조직은 매우 드물다고 지적하고 있다. 이들은 실제로 대부분의 사람들이 비영리조직들을 좋은 일을 하는 조직으로만 인식하고 있을 뿐 이름 있는 비영리조직들에서조차 그 특징들을 구별해내지 못하고 있음을 밝히며, 일반적인 호감만으로는 기부자의 관심을 개별 조직으로 모으는 데에 한계가 있다. 따라서 개별 비영리브랜드가 갖는 독특하고 차별적인 성격(brand personality)을 기부자들에게 인식시키는 활동을 통해 기부자와 비영리조직 간에 감정적 유대(emotional bonding)와 충성관계를 구축해야 한다. 이러한 충성관계 구축은 기부자들의 감정 자극, 독특한 매체 목소리(media voice)를 가진 커뮤니케이션, 차별적인 서비스 제공, 기관만의 고유한 전통에 대한 강조를 통해 이루어 진다.

한편 브랜드 지향성(brand orientation)이란 높은 모금 매니저일수록 브랜드를 적극 활용하며 모금도 훨씬 더 많이 한다는 것을 의미한다. 또한 자선단체의 브랜드 지위(status)가 높을수록 모금, 사회문제의 인식제고, 브랜드 메시지 전달, 대중교육, 기업모금, 신뢰구축, 자원봉사자 동원을 더 잘 하는 것으로 나타났

구세군 자선냄비의 브랜드
구세군자선냄비는 매년 겨울 종소리를 울리며 모금을 통해 도움이 필요한 곳에 차별없는 나눔 활동을 하는 국제 NGO이다.

다. 그러므로 비영리조직의 자선단체의 브랜드 지위를 향상시키는데 초점을 둔 모금 매니저(직원)를 고용하는 것이 필요하며, 타 단체와 구별되는 가치들을 강조하여 브랜드 지위를 높임으로써 기부자의 선택을 유도해야 함을 제시한다.

4. 개인 브랜드

1) 개념

개인을 하나의 브랜드로 보고 개인의 꿈, 철학, 가치관, 비전, 장단점, 매력, 전문성, 재능 등을 분석해 지향하는 포지션과 목표를 정하고 커뮤니케이션 툴과 채널을 통해 브랜드화하는 것을 개인 브랜드(Personal Brand)라고 한다. 어떤 인물에 대한 명확하고 지속적인 이미지를 제시해 관련 개인이 관여하고 있는 일이나 비즈니스, 제품, 서비스 등을 차별화하는 것을 포함한다. 퍼스널 브랜딩은 특히 국가나 기업 또는 조직의 리더에 대한 정체성 확립에 매우 중요한 요소로, 국가나 기업 또는 조직이 나아가고자 하는 방향으로 리더의 상(像)을 만들어나가고 이미지를 구축·관리하는 전략을 PI(Personal Identity) 전략이라고 한다. 실제로 이러한 PI전략은 널리 사용되고 있다. 대부분의 사람을은 코카콜라와 디즈니라는 브랜드를 알고 있지만 이회사의 CEO가 누군지는 잘 알지 못한다. 그렇다면 Tesla, SpaceX, Twitter의 CEO, 도지코인 개발 등의 일론 머스크(Elon Musk)에 대해선 매우 잘안다. 뿐만 아니라 국내에서도 많은 재벌중에서도 특정 기업의 CEO는 잘 아는 경우가 있다. 이와같이 정치지도자, 기업의 CEO, 기관장 등 사회의 의견선도자 및 인플루언스 등 다양한 분야에서 활용되고 있다.

요약하면 퍼스널 브랜드란 퍼스널 브랜딩을 통해 만들어지며, 이 퍼스널 브랜딩은 '나를 대중 및 특정 집단에 어떤 이미지로 인식시키는 과정'을 의미한다. 제품 브랜드마케팅에서 브랜드 아이덴티티를 구축하는 일이 중요하듯이, 퍼스널 브랜드에서도 퍼스널 브랜드 아이덴티티를 구축하는 것이 중요하다.

메타의 CEO 마크 저크버그(Mark Elliot Zuckerberg)
2010년 타임지의 올해의 인물로 선정되기도 한 그는 페이스북 (현 메타)의 창립자이다. 그는 공유, 개방, 혁신, 정보흐름, 미니 멀리즘의 아이덴티티를 잘 활용하여 비즈니스를 확장하고 있다.

2) PI의 개발 및 실행

개인 브랜드 아이덴티티 개발 및 실행단계는 다음과 같다.

첫 단계로 퍼스널 브랜드 탐색을 한 뒤 퍼스널 브랜드 아이덴티티 구축하여 퍼스널 브랜드를 실행하고 실행결과를 피드백 해야 한다.

퍼스널 브랜드 탐색단계는 개인에 대한 분석이다. 이 부분을 생략하거나 가볍게 넘길 수 있는데 이는 잘못된 것이다. 기초가 탄탄해야 향후 보다 완벽한 퍼스널 브랜드가 창출된다. 퍼스널 브랜드 아이덴티티를 구축하기 전에, 개인이 구축하려고 하는 퍼스널 브랜드에 대한 탐색이 필요하다. 그 이후 방향 설정이 필요하다. 즉, 퍼스널 브랜딩을 어떤 분야에서 어떤 방식으로 할 것인지에 대한 방향을 구축해야 한다는 것이다. 방향을 구축하기 위해서는 흥미를 가진 주제, 전문성 분야, 가치를 증진시키는 분야, 강점과 가치 등을 탐색하여 방향을 잡아야 한다. 방향이 정해졌다면 타겟집단과 그 타겟에게 내가 제공할 수 있는 가치를 개발해야 한다.

퍼스널 브랜딩 방향을 정했다면, 이를 바탕으로 브랜드 미션, 비전, 핵심 가치를 정해야 한다. 미션(Mission), 비젼(Vision), 핵심 가치(Core Value)가 아이덴티티의 핵심이고 이를 개발해야할 것이다. 이러한 개념적인 브랜드 아이덴티티가 개발되면 이를 실현할 수 있어야 한다.

이후 브랜드 아이덴티티 요소를 구축해야 한다. 퍼스널 브랜드를 개발을 위해서는 다양한 요소가 있다. 우선 언어적 요소인 닉네임, 슬로건 브랜드 스토리의 브랜드 아이덴티티가 개발되어야 한다. 이후 시각적인 측면을 구축해야 하는데 로고, 파비콘, 캐릭터 등이 그것이다.

퍼스널 브랜드 아이덴티티를 모두 구축이 완료되었다면 실행을 한다. 퍼스널 브랜드 아이덴티티를 통해 대중들에게 의도한 브랜드 이미지를 심어줘야 할 것이다. 실행할 수 있는 매체는 웹사이트와 SNS등이 많이 활용된다. 이후 피드백하는 시스템을 완성해야 할 것이다.

일런머스크(Elon Musk)의 개인 브랜드 전략
그는 실패를 두려워하지 않음, 도전, 재미의 아이덴티티를 바탕으로 비즈니스 네트워킹을 근거한 상호이익을 중심으로 연결을 형성하고, 새로운 도전적 시도와 신선한 아이디어로 퍼스널 브랜드를 구축하고 이를 활용하고 있다.

◯ **FD1** 우리나라의 지자체 브랜드의 현황을 조사하고 각각의 경쟁우위를 찾아내어보자.

◯ **FD2** 제품은 브랜드 인지도가 높으면 브랜드 자산이 높다고 알려져 있는데 공공브랜드도 동일한가 그렇지 아닌가를 토의하자.

◯ **FD3** 공공영역의 브랜드마케팅이 영리기업의 브랜드마케팅을 비교하여 유사점과 차이점을 토론해보자.

◯ **FD4** 각자 개인 브랜드를 제작하여 성공적으로 관리할 수 있도록 전략을 수립하여보자.

CHAPTER

13

글로벌
브랜드 관리

LEARNING OBJECTIVES

☐ LO1 글로벌 브랜드의 표준화와 현지화 개념을 이
해할 수 있다.

☐ LO2 글로벌 브랜드에 유리한 제품을 파악해서 설
명할 수 있다.

☐ LO3 글로벌 브랜드 전략에 대해 이해할 수 있다.

☐ LO4 글로벌 브랜드 사례를 분석하며 벤치마킹할
수 있다.

ESG와 브랜드를 어떻게 연결시킬 것인가?

최근 기업의 최대 관심사인 'ESG 경영'은 글로벌 자산운용사인 블랙록을 이끌고 있는 래리 핑크 회장의 주주연례 서한에서 촉발됐다고 한다. 래리 핑크는 ESG 경영을 잘하는 회사가 그들 각자의 영역에서 경쟁사보다 더 나은 성과를 내고 있다는 사실을 확인했다며, ESG 경영을 실천하지 않는 기업에 대한 투자를 철회하겠다고 밝혔다.

이노핏파트너스 신현암 파트너 교수는 17일 'ESG 시대의 지속가능한 브랜드 관리 원칙' 세미나에서 이를 소개하며, 블랙록은 세계 최대 자산운용사로 10조 달러를 운용하고 있다고 했다. 전세계 자산운용사가 운용하는 자금이 100조 달러로 추정되는데, 블랙록의 투자 방향은 그만큼 전세계적으로 파급효과가 크다는 것이다.

블랙록의 2019년 연례서한에서는 "현재 노동인구의 약 35%를 차지하는 밀레니엄 세대가 자신이 일하는 기업, 제품을 구입하는 기업, 그리고 투자하는 기업에 대한 발언권을 늘려가면서 이런 추세는 더욱 가속화될 것"이라며, "우리는 24조 달러 규모의 베이비부머에서 밀레니얼 세대로의 부의 이전을 목격할 것으로 예상된다. 이는 역사상 가장 큰 규모가 될 것이다. 이러한 부의 이전과 투자 선호의 변화로 기업평가에서 환경(Environment), 사회(Social), 지배구조(Governance) 즉 ESG의 요소가 점점 중요한 의미를 갖게 될 것"이라고 했다.

신 교수는 따라서 ESG는 새로운 세대들이 가장 중요하게 생각하는 가치이기 때문에 ESG와 브랜드를 효과적으로 연결하는 것이 매우 중요하다고 강조했다. 그러면서 ESG 경영에 입각해 지속가능한 브랜드를 유지하기 위한 4가지 원칙으로 ▲적합성(Adaptability) ▲일관성(Consistency) ▲효율성(Efficiency) ▲당위성(Substantiality)을 소개했다.

오랫동안 사랑받는 브랜드의 4가지 원칙

자료 : 이노핏파트너스 신현암 파트너 교수

원칙		기업 사례
A	적합성 (Adaptability)	파타고니아, 세븐스제너레이션, 유니레버, 백진그룹, H&M, 오스테드, 테스코, 가로제작소
C	일관성 (Consistency)	애크, 스타벅스, 팬앤제러스, 알버트 하인, 도쿄가스
E	효율성 (Efficiency)	닥터 브로너스, 브루독, 나폐가타 파머스 빌러지, 독시방, 리틀푸드, 푸마
S	당위성 (Substantiality)	서스테인내추럴, 피자포피스 배달 사순, 스셰셀러스테른, 직필케어, 오아시스 솔루션, 사우스센트럴재단

중가이코노미

◇적합성, 목적이 이끌게 하라=적합성은 우리 기업이 왜 존재하는가, 목적이 이끄는 경영을 말한다. 의류브랜드 파타고니아는 목적이 이끄는 경영을 보여주는 사례다.

파타고니아의 미션은 '우리의 터전인 지구를 살리기 위해 사업을 한다'이다. 환경과 사회적 책임을 강조해 의류를 생산하던 파타고니아는 2012년 식품사업에 뛰어들었다. 창업자 이본 쉬나드는 지구를 보호하기 위해 진짜 해야 할 일은 식품사업이라고 생각했다. 의류에 비해 구매 사이클이 짧은 식품 생산에 환경보호 철학을 담기로 한 것이다.

파타고니아는 상처를 내지 않고 포획한 연어를 구매해 가공후 판매했다. 2016년에는 지구를 구하는 맥주 롱루트 에일을 선보였다. 1년 생인 밀은 생산과정에서 다량의 탄소를 배출하는데, 물과 비료 사용량이 적어 환경보호에 최적화된 다년생인 작물 컨자를 맥주의 원료로 선택했다. 이 맥주는 젊은 세대의 호기심을 자극했고, 환경보호 취지를 밝힘으로써 소비자의 공감을 얻는데 성공했다.

◇ 일관성, 초심을 잃지 마라=일관성은 브랜드 전략에서 중요하다. 초심을 잃지 않는 것은 브랜드의 고유성을 지킨다는 것이다. 스타벅스는 초심을 잃었다가 다시 돌아온 사례다.

1971년 미국 시애들에서 커피를 사랑하는 3명이 만든 스타벅스는 2000년대 이후 매장 수가 급증하면서 매출도 증가했다. 그러나 글로벌 시장에서 로컬 도전자의 거센 도전에 직면하면서, 전체 매출이 아닌 매장당 매출 증가는 1% 미만에 그쳤다. 2007년 컨슈머리포트의 시음테스트에서 스타벅스는 맥도널드 맥카페에도 그 품질에서 밀리게 됐다. 원두를 미리 로스팅한 후 보관하는 등 부실한 제조방식이 원인이었다. 스타벅스의 주가는 2007년 한 해에만 반토막이 났다.

스타벅스는 경영일선에서 은퇴한 창업자 중 한 명인 하워드 슐츠를 소환했다. 그는 기본으로의 회기를 변화의 지향점으로 결정했다. 그는 제대로된 커피를 제공하겠다며 바리스타 교육을 실시했다. 이를 위해 2008년 2월26일 전세계 7100개 전 매장을 3시간 동안 폐점하고, 바리스타 약 15만5000명에게 에스프레소 추출 및 서비스 프로세스를 교육했다.

◇ 효율성, 때로는 과감하게=스코틀랜드의 맥주회사 브루독(BREWDOG)은 효율성을 보여주는 사례다. 뛰어난 맥주품질로 2008년 테스코 맥주콘테스트에서 1위를 차지하며 맥주 품질에는 어디에도 뒤지지 않는 역량을 갖춘 브루독은 재기발랄하고 효과적인 마케팅으로 밀레니얼 세대의 마음을 사로잡았다.

브루독은 2011년 맥주에 대한 신념을 알리겠다며 탱크를 타고 런던 시내를 활보하는가 하면, 2012년에는 더 작은 용량의 맥주잔을 사용할 수 있게 해달라며 체격이 왜소한 사람들을 앞세워 영국 국회의사당 앞에서 시위를 벌이기도 했다.

2017년에는 트럼프 미국 대통령이 파리 기후협약 탈퇴를 선언하자, 이를 비판하는 맥주를 출시했다. 맥주의 이름은 트럼프의 슬로건인 'Make America Great Again'을 풍자한 'Make Earth Great Again'이었다. 2018년에는 세계 여성의 날을 맞아 4주간 '핑크IPA'라는 맥주를 출시하고, 여성이 구매할 경우 맥주가격을 20% 할인했다. 이는 같은 일을 하는 남성보다 임금을 20% 덜 받는 현실에 대한 저항이었다. 팬덤에 초점을 맞춘 효율적인 마케팅의 방법으로 평가받았다.

◇ 당위성, 행동해야 사랑받는다=브랜드의 당위성은 행동해야 사랑받는다는 의미를 내포하고 있다.

덴마크 사회혁신기업 스페셜리스테른(specialisterne)은 자폐스펙트럼 장애에 대한 훈련, 교육, 고용을 위해 모범사례를 공유하고 지식을 보급하는 것을 미션으로 하는 기업이다. 창업자인 토킬 손은 막내 자녀가 자폐인 것을 알고, IT소프트웨어를 설립해 자폐자의 특성인 집중력을 장점화해 새로운 소프트웨어의 성능 테스트를 맡기고 있다. 스페셜리스테른의 직원은 75%가 자폐 성향을 가지고 있다.

체중계를 만드는 일본 기업 타니타의 창업자 타니타 다이스케는 사람이 체중을 재는 이유가 체지방 때문이라는 것에 착안해 세계 최초로 체지방

Section 01 글로벌 브랜드 관리

글로벌 브랜드는 동일한 브랜드 명, 심벌, 슬로건을 바탕으로 전 세계 소비자에게 통일된 이미지를 제공하는 브랜드를 말한다. 예컨대, 말보로 담배는 카우보이를 등장시켜 "풍미가 있는 말보로의 나라로 오세요(come to where the flavor is, come to Marlboro country)" 라는 메시지로 강한 남성의 이미지를 강하게 어필하며 세계인에게 '말보로 = 남성용담배'라는 인식을 심어주었다. 브랜드의 글로벌화는 해외교류가 많아지고 대중 매체가 발달하면서 전 세계에서 벌어지는 일들이 실시간으로 전해지고, 전 세계 소비자들의 욕구가 동질화되고 있기 때문이다. 다만 욕구가 동질화되고 있다고 하더라도 각국이 처한 상황이 다르기 때문에 문화적 특성을 고려한 전략이 필요하다. 즉 글로벌한 컨셉을 유지하되 지역적 특성에 맞는 세심한 마케팅이 같이 진행되어야 비로소 글로벌 브랜드로서 사랑 받을 수 있게 된다. 더욱이 지금처럼 국내 시장의 경쟁이 심화되거나 성장이 정체된 경우, 위험 분산의 필요성이 존재하는 경우, 해외시장에서 더 큰 성장과 기회가 존재하는 경우, 규모의 경제(economies of scale)를 통한 비용 절감이 필요한 경우라면 더욱 더 글로벌 브랜드를 키워나가야 한다.

말보로 카우보이 광고
말보로는 카우보이를 광고에 등장시키며 전 세계인들에게 "말보로=남성용 담배"라는 인식을 만드는 등 강한 남성의 매력을 제대로 보여줬다는 평가를 받고 있다.

    글로벌 브랜드의 특성을 보면 첫째, 처음부터 글로벌 브랜드의 위치에서 시작하지 않고 자국내 시장에서 치열한 경쟁을 딛고 일어섰다. 둘째, 특정 지역에서만 판매되는 것이 아니라 전 세계적으로 균형있게 판매된다. 셋째, 전 세계적으로 유사한 소비자의 욕구를 충족시키므로 표준화 전략을 구사한다. 넷째, 글로벌 브랜드는 특정 제품의 범주에 초점을 맞추는 경우가 많다.

글로벌 브랜드가 되면 다음과 같은 장점을 누릴 수 있다. 첫째, 일관된 브랜드 이미지를 유지하면서 브랜드 명성과 신뢰를 쌓아나갈 수 있다. 예컨대, 애플에 대해 전 세계 소비자는 '혁신', '세련됨'이라는 이미지를 공통적으로 갖게 된다. 그러다보니 다른 제품에 비해 가격이 비쌈에도 불구하고 사람들은 애플 제품을 구입한다. 시장조사기관 카운터포인트리서치에 따르면 2021년 전 세계 400달러를 넘어서는 프리미엄폰 시장에서 애플의 점유율은 60%에 달한다. 프리미엄폰 시장에서 애플의 점유율은 2020년 55%에서 5% 증가했다. 전체 스마트폰 시장 내 애플의 이익점유율은 60%대인 반면 삼성은 그 절반인 30%다. 판매량 1위 삼성전자가 애플보다 더 많이 팔고도 이익은 훨씬 적은 것이다. 둘째, 생산 비용 및 마케팅 비용이 절감된다. 누적 생산이 증가함에 따라 경험곡선효과(experience curve effect)로 생산비는 절감되고, 하나의 브랜드로 단일한 제품, 가격, 디자인, 유통, 판촉 전략을 사용함으로써 마케팅 비용을 줄일 수 있게 된다. 물론 모든 브랜드가 다 글로벌 브랜드가 될 수 있는 것은 아니다. 글로벌 브랜드로 성장하기 위해서는 확실한 경쟁력(제품, 가격, 이미지 등)과 해당 국가 소비자의 마음을 움직일 수 있는 매력을 동시에 갖추어야 하기 때문에 매우 체계적이며 치밀한 브랜드 관리가 필요하다.

그림 13-1 글로벌 브랜드 구축을 위한 프레임워크

글로벌 브랜드의 경우 표준화와 현지화라는 두 가지 측면을 적절히 조화시켜나가야 한다. 표준화와 현지화의 수준을 결정하는 요인은 무엇이 있을까? 글로벌 브랜드가 되기 위한 글로벌 마케팅 프로그램 표준화수준을 결정하는 이론으로는 Jain(1989)과 Cavusgil & Zou(1994) 두 가지 모형이 있다.

1. Jain(1989)의 이론

Jain은 마케팅 프로그램의 표준화의 정도를 결정하는 요인으로 표적시장(Target Market), 시장지위(Market Position), 제품성격(Nature of Product), 환경(Environment), 조직요인(Organization Factors) 등 5가지를 제시하였다.

그림 13-2 마케팅 프로그램의 표준화의 정도 결정요인

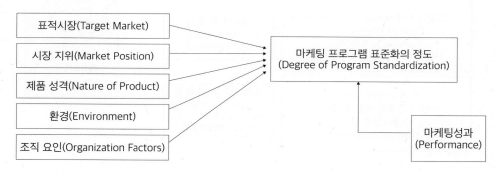

〈자료원〉 Jain, Subhash C.(1989), "Standardization of International Marketing Strategy: Some Research Hypothesis," Journal of Marketing, 53(1), 70-79.

마케팅 프로그램에는 마케팅 믹스(제품,가격,유통,촉진)의 다양한 측면이 고려될 수 있다. 먼저 표적시장(target market)이다. 표적시장이 경제적으로 비슷한 시장일 경우 표준화가 효과적이라 할 수 있다. 즉 국가보다는 소비시장이 가지고 있는 경제력을 중심으로 살펴보는 것이 좋다. 둘째, 시장지위(market position)다. 일단 제품수명주기(PLC)상 도입기, 성장기, 성숙기, 쇠퇴기 등 발전단계에 대한 고려가 필요하다. 문화적 차이나 심리적 의미가 적합한 곳에서는 표준화가 더 적합하다. 셋째, 제품의 성격(nature of product)이다. 소비재보다는 산업재가, 비내구재보다는 내구재가, 보편적 니즈를 충족시키는 제품의 경우에 표준화가 적합하다. 넷째, 환경의 차이(environment)다. 기후 · 지형 · 자원 등 물리적 환경과 제품표준 · 특허 · 세금과 같은 법적환경, 정치적 환경, 마케팅 인프라를 고려하여야 한다. 마지막으로 조직요인(organization factors)

이다. 조직문화가 글로벌을 지향하는 경우에는 표준화가 용이하고, 자회사에 대한 권한 이양이 많을수록 표준화가 낮아진다.

2. Cavusgil & Zou(1994)의 이론

Cavusgil & Zou(1994)는 제품이나 촉진의 적응 수준을 결정하는 것은 기업 특성, 제품/산업 특성, 현지시장 특성 세 가지가 있다고 하였다.

그림 13-3 제품이나 촉진의 적응 수준 결정요인

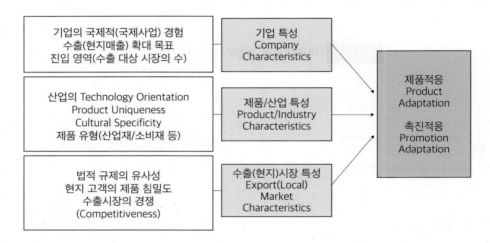

〈자료원〉 Cavusgil, S. Tamer and Shaoming Zou(1994), "Marketing Strategy-PerformanceRelationship: An Investigation of the Empirical Link in Export MarketVentures," *Journal of Marketing*, 58(1), 1-21.

먼저, 기업 특성으로 기업의 역량과 핵심자산과 스킬이 있는 경우 수출시장의 특성을 파악할 수 있기 때문에 그에 맞는 마케팅 전략을 개발하고 효과적으로 수행할 수 있을 것이다. 기업의 핵심자산과 스킬이 있는 경우 표준화의 비중이 높아진다.

둘째, 제품이나 산업 특성으로 산업 내 기술 지향성, 제품의 독특성, 문화적 특수성, 제품유형 등이 영향을 미친다. 문화적 특수성이 강할수록 표준화의 비중은 낮아진다.

셋째 현지시장 특성으로 법적 규제의 유사성이 높거나 친밀할 때는 표준화 가능성이 높고, 수출경쟁이 치열할 때는 현지화 가능성이 높아진다.

글로벌 브랜드 도입이 유리한 제품

글로벌 브랜드 도입이 유리한 제품으로는 크게 독특한 가치전달 제품, 혁신적인 제품, 이국적인 제품, 유동성 관련 서비스 제품, 상징성이 강한 명품이 있다.

먼저 독특한 가치를 전달하는 제품들은 전 세계 소비자가 일체감을 형성하는데 용이하다. 특히 해외여행이나 방송통신의 발달로 한 국가의 고유한 문화가 자연스럽게 수용되는 상황에서는 더욱 더 그러하다. 과거 미국 문화를 대표하는 두 개의 브랜드가 있었는데 하나는 코카콜라(젊은, 열정)였고, 다른 하나는 맥도날드(패스트푸드)였다. 그래서 과거 냉전시대에 사회주의 국가에 코카콜라나 맥도날드 매장이 생기면 큰 이슈가 되기도 하였다. 1990년 1월 무너져 가는 소련의 중심부 모스크바에 맥도널드 1호점이 문을 열었고, 개장 첫날, 미국문화의 상징을 맛보기 위해 시민 3만 명이 긴 줄을 섰고, 개혁개방의 선두에 섰던 보리스 옐친도 매장을 찾으면서 냉전시대의 종식을 예고하는 사건으로 기록된 것이 그 예라 할 수 있다.

둘째, 혁신적인 제품이다. 2007년 6월 29일 애플사에서 아이폰을 출시하면서 스마트폰이 기존 피쳐(기능)폰을 대체하면서 전 세계의 통신 혁명을 이끌었다. 이후 새로운 아이폰이 출시될 때마다 매장앞에 사람들은 장사진을 치며 기다렸다. 아이폰 발매 15년이 지난 지금 2007년 1,740억3,000만 달러(208조6,619억원)였던 애플의 시가총액은 2022년 1월 3일 시가총액 3조 달러(3,597조원)를 달성했다. 오리지널 아이폰을 출시한 지 74일 후인 2007년 9월 10일 애플은 100만 번째 아이폰을 판매했고 2018년 애플은 전 세계적으로 2억1,670만대의 아이폰을 팔았다.

냉전시대의 종식을 이야기할 정도로 전 세계적으로 큰 반향을 일으킨 맥도날드 1호점 오픈행사
〈자료원〉 MBC뉴스

셋째, 이국적인 제품이다. 제3의 공간을 표방하며 커피가 아닌 문화를 판다는 스타벅스의 상승세는 전 세계적으로 여전하다. 스타벅스 차이나는 중국 본토 6,000번째 매장이자, 상하이 1,000번째 매장을 상하이 화이하이로 리바오 광장에 오픈했다(아시아경제 2022.10.1). 스타벅스는 지난 1999년 1월 11일 중국에 진출했을때만해도 '차(茶)의 나라' 중국에서 성공할 수 있을지 의문이었지만 중국 젊은 층(80~90년대 생)이 서양식 커피 문화를 현대인의 라이프 스타일의 상

서울 강남구 SK텔레콤 강남직영점 앞에서 '아이폰7' 개통을 기다리는 모습
〈자료원〉 SK텔레콤

징으로 여기면서 스타벅스의 중국 내 시장 점유율은 36%가 넘는 것으로 추정되고 있다.

넷째, 유동성 관련 제품이다. 영국 브랜드 평가 및 컨설팅업체 브랜드 파이낸스가 발표한 '2019 글로벌 항공사 브랜드 가치 톱 50'에서 미국의 델타항공이 1위를 차지했다. 델타항공의 브랜드 가치는 101억500만 달러(한화 19조407억원)로 평가됐다. 지난해 1위였던 아메리칸항공(95억5300만 달러)과 유나이티드항공(84억6000만 달러)이 각각 2위와 3위를 차지했고, 톱 10 항공사에 미국 4개, 중국 3개, 독일과 영국 그리고 아랍에미리트 항공사가 각각 1개씩 올랐다(중앙일보, 2019.5.3). 아무래도 국가 간 이동을 매개해주는 유동성관련 브랜드는 글로벌 브랜드가 되기 용이한 상황이다.

마지막으로, 상징성이 강한 명품은 우수한 품질과 성능을 바탕으로 글로벌 브랜드로 확장하기 용이하다. 세계적인 명품그룹 '루이비통 모에헤네시(LVMH)은 코로나 상황에서도 2021년 642억2150만유로(약 86조원)를 벌어들이며 2020년 대비 44%, 팬데믹 이전인 2019년보다 20% 증가한 수치를 기록했다. 순이익만 따져보면 전년 대비 증가폭이 서너 배에 달한다. 120억유로(약 16조원)를 기록한 지난해 순이익은 2020년보다 156%, 2019년보다 68%나 늘었다. 코로나 팬데믹으로 인한 세계 각국의 봉쇄 조치가 길어지면서 브랜드 매장들이 문을 닫았음에도 명품을 향한 소비자들의 수요가 늘었다는 것은 그만큼 명품에 대한 욕구는 큰 차이가 없다는 것을 말해주고 있다.

Section 03 글로벌 브랜딩 전략

글로벌 브랜드가 각국의 시장을 진출할 때 고려하는 전략이 표준화 전략과 현지화 전략이다. 제품 표준화 전략(standardization strategy of product)은 각국 시장의 환경차이에 관계없이 표준화된 제품을 파는 것이다(Levitt, 1983). 제품 표준화 전략은 통신수단의 발달, 해외여행의 증가, 글로벌 매체의 보급 확대 등으로 세계시장의 소비자가 점점 동질화되기 때문에 규모의 경제로 원가우위 경쟁력을 확보하고, 고객과의 보다 일관성 있는 관계유지를 하다보니 기업은 많은 이익을 실현할 수 있다. 표준화 전략은 소비재보다 문화적 영향을 덜 받는 철강, 화학, 농기계와 같은 산업재나 애플, 코카콜라, 리바이스청바지, 맥도날드 햄버거처럼 기능적 제품보다는 문화적, 상징적 특징을 바탕으로 한 경험적, 상징적 제품들이 많이 활용한다. 반면 현지화 전략(localization strategy)는 현지시장 기후, 사용조건, 제품 선호도 등의 차이가 존재할 경우 현지 소비자의 니즈에 맞도록 조정하여 고객만족을 높이는 것을 말한다.

제품을 표준화하거나 현지화하는 것 모두 이점이 있다. 제품 표준화의 장점으로는 규모의 경제를 통해 제조비용이 절감되고, 대량구매로 인한 비용절감, 제품 현지화에 소요되는 비용 절감, 신속한 시장 도입, 전세계적으로 동일한 제품 이용 가능, 글로벌 브랜드에 대한 소비자 인식 향상 등이 있다. 한편 제품 현지화의 장점은 폐쇄된 현진 시장에서 판매 가능성을 높이고, 현지 규범이나 문화적 선호를 보다 잘 반영함으로써 성공적으로 시장에 진출할 가능성을 높이고, 현지 불필요한 기능을 제거함으로써 제품비용을 감소시킬 수 있다. 특히 각국의 선호와 문화적 이질성이 존재하거나 정부규제가 있는 경우에는 핵심 제품이나 핵심구성요소는 표준화하면서 완제품이나 마케팅은 현지 시장의 조건에 맞도록 하는 표준화된 제품으로 차별적으로 접근하는 전략을 사용하는 것이 좋다.

1. 현지인의 특성 파악

글로벌 브랜드는 기존 시장이 아닌 다른 시장으로 진입을 해야 하기 때문에 현지 고객에 대한 정보를 빠르게 수집해 현지화를 해나가야 한다. 예컨대, 글로벌 SPA브랜드 자라(Zar)는 전 세계 매장으로부터 소비자 제품 반응 데이터가 구매, 디자인, 생산부서로 전달해 소비자의 요구에 부응하는 신제품을 즉시 만들어 출시하는 것으로 유명하다. 사전 생산비율을 15%로 맞추고 나머지 85%는 고객반응에 따라 만드는 등 고객의 니즈와 반응을 중요시하면서 발 빠르게 시장 트렌드를 분석하고 적용하다보니 신상품을 3-4일에 한 번씩 매장에 공급할 수 있었고 이로 인해 고객들은 더 자주 매장을 방문하게 되었다. 여기에 이런 시장정보를 바탕으로 유럽 24시간, 아시아 전역에 48시간 내 도착하도록 만든 적시생산방식(Just-in-time production system)이 자라는 경쟁우위를 확보하면서 해외시장에 빠르게 진출할 수 있었다.

현지 소비자의 특성을 정확히 파악하지 못하는 경우 현지화에 실패해 글로벌 브랜드의 이미지에 큰 타격을 받는다. 예컨대, 세계 3대 다국적 유통기업인 월마트, 까르푸, 테스코의 경우 한국 시장에 진입했다가 현지화 적응 실패와 경쟁격화, 대형마트 규제라는 진입장벽에 모두 철수했다. 1996년 중동점을 시장으로 한국시장에 진출한 까르푸는 2006년 매장을 이랜드 그룹에 매각하고 철수했다. 1998년 진출한 세계 1위 월마트도 2006년 한국시장 철수를 선언했고 국내 대형마트 1위 이마트가 인수했다. 1999년 홈플러스 경영권을 인수한 영국 테스코도 2015년 MBK파트너스에 매각하며 한국 진출 16년만에 철수했다. 세계 1위

패스트패션을 주도하는 ZARA
ZARA는 발빠르게 시장트렌드 분석을 통해 신상품을 3-4일에 매장에 공급할 수 있는 적시생산방식을 통해 글로벌 브랜드로 성장할 수 있었다.

월마트는 미국에서 성공한 전략으로 한국에서 실패하였다. 월마트는 창고형 매장으로 창고처럼 물건을 잔뜩 쌓아 놓고 최대한 싼값에 많은 물건을 파는 전략을 사용하였다. 또한 땅이 넓다보니 자주 매장을 가는 대신 한 번에 많은 양을 사오는 경우가 많아서 개별 제품의 용량도 대용량이 많았다. 국내에 진출해서도 쇼핑경험보다는 저렴한 가격에 집중하다보니 내부 인테리어에 크게 신경 쓰지 않았고, 최소한의 직원을 배치하며, 대용량의 제품을 위주로 공급하다 보니 쇼핑경험을 중시하는 한국소비자 입장에서는 친절하지 않은 창고매장 그 이상도 이하도 아닌 매장으로 인식되면서 실패한 것으로 분석된다.

한편 왁스와 광택제 제조사인 SC Johnson은 일본에 진출할 때 레몬향 광택제를 사용했는데 이 향이 50년대 일본에서 널리 쓰였던 화장실 소독제와 냄새가 비슷해 일본 소비자에게 외면을 받는다는 것을 파악하고 제품의 향기를 바꿔 매출을 증가시켰다. P&G도 1980년대 일본에서 Camy 비누를 판촉할 때 일본 남자가 아내가 목욕하고 있는 목욕탕으로 걸어 들어가고 아내가 남편에게 새로운 비누에 대해 설명하지만 남편을 비누에 별 관심이 없다는 것을 표현하는 광고를 내보냈는데 유럽에서 인기를 끌던 이 광고가 남성이 아내가 목욕하는 욕실에 들어가는 것이 무례하다고 생각한 일본에서는 크게 실패하였다. 캠벨스프도 브라질에 야채와 소고기를 혼합하여 만든 제품을 판매하였지만 실패했는데 그 이유는 당시 브라질 주부들은 자신이 만들지 않은 수프를 가족에게 제공하는 것은 가정주부로서 역할에 충실하지 못하다고 생각했기 때문이다.

한편 삼성전자는 미국에 진출했던 초기부터 헐리우드와 TV쇼 등 대중문화와 프로스포츠에 열광하는 미국 시장의 특성을 고려해 패션, 엔터테인먼트, 스포츠에 마케팅을 집중했다. 패션에 민감한 미국 소비자들을 사로잡기 위해 세계적인 패션 디자이너들이 직접 디자인한 스페셜 패션폰('다이앤 본 포스텐버그폰', '안나수이폰', '벳시존슨폰')을 출시하면서 세계적인 패션잡지인 '보그(Vogue)'에 패션 휴대전화 콘셉트로 광고도 진행했다. 보그의 봄·가을 패션쇼나 뉴욕 맨해튼 타임워너센터에 첨단 체험관을 열어 삼성 휴대전화의 위상을 고급 패션 브랜드로 끌어올렸다. 2003년에는 영화 '매트릭스 2'에 등장하는 매트릭스폰을 제작, 한정 판매해 미국 프로모션 마케팅협회로부터 '최우수 레지 어워드(Super Reggie Award)'를 수상, 미국 최고의 인기 프로그램인 '오프라 윈프리 쇼'에 카메라폰(V205) 소개, '타이라 뱅크스 쇼'의 '올해의 크리스마스 특별 선

삼성전자의 매트릭스 마케팅
삼성전자는 오락 영화의 차원을 넘어 하나의 문화 현상을 일으켰던 '매트릭스'에 '매트릭스폰'을 제작, 참여해 전세계적인 프로모션을 전개해 2004년 가장 우수한 마케팅 캠페인에 주어지는 '최우수 레지 어워드(Super Reggie Award)'를 수상했다.

물'에 등장하는 등 엔터테인먼트 마케팅을 지속적으로 펼쳤다. 2002년에는 미국의 톱스타 브리트니 스피어스와 전속 스폰서 계약 체결, 미국 최대의 연예상인 '에미상(Emmy Award)' 수상자에 삼성 휴대전화 제공, '2005 빌보드 뮤직 어워드 VIP파티', 헐리우드 런칭쇼 개최 등 문화와 유행을 선도하는 '트렌드 세터(trend setter)'를 대상으로 하는 마케팅을 펼쳤다. 미국에서만 대회가 열리며, 도시마다 30만명 이상이 찾아와 '자동차 도시'를 형성하는 대표적인 카레이싱 대회인 '나스카(NASCAR)', 모토사이클 레이싱 단체인 '슈퍼크로스(Supercross)'와 '모토크로스(Motocross)'도 후원하는 등 프로스포츠 영역까지 미국 시장의 특성을 고려한 마케팅을 전개하였기 때문에 지금의 삼성전자의 기틀을 마련할 수 있었다.

▌BRAND HIGHLIGHT

글로벌 유통 브랜드의 무덤이라는 한국에서 성공한 글로벌 브랜드가 있다?

미국 창고형 대형 할인점 '코스트코(COSTCO)'는 1998년 첫 국내 진출 이후 글로벌 유통업체로는 유일하게 한국 시장에서 생존했다. 국내 진출 초기에는 영업 손실을 겪었으나 4년 만에 흑자 전환에 성공, 15개 매장만으로 3조9000억원이 넘는 연 매출을 달성하고 있다. 미국 창고형 대형 할인점 '코스트코(COSTCO)'는 1998년 첫 국내 진출 이후 글로벌 유통업체로는 유일하게 한국 시장에서 생존했다. 국내 진출 초기에는 영업 손실을 겪었으나 4년 만에 흑자 전환에 성공, 15개 매장 만으로 3조9000억원이 넘는 연 매출을 달성하고 있다. 코스트코는 모든 품목에 '14~15% 마진율 원칙'을 고수하고 있기 때문에 비싼 제품이라도 대량주문으로 공급가가 낮아지면 소비자 가격도 함께 낮아진다. 실제로 과거 코스트코는 백화점에서 50달러에 파는 유명 브랜드 청바지를 29.99달러에 팔아 화제가 됐었다.

소비자에 제한이 없는 일반 유통 마트와는 달리 코스트코는 회원제로 운영된다. 연회비 3만 8500원을 지불해 회원이 된 사람만 코스트코를 이용할 수 있다는 뜻이다. 그럼에도 국내 회원수는 100만 명에 달하며, 매년 갱신율은 90%를 웃돈다. 코스트코를 주기적으로 찾는 주 고객에게 집중하겠다는 취지인데, 유료 고객은 충성도가 높을 수밖에 없다. 고객이 제한적이기 때문에 코스트코는 이 고객을 유지하기 위해 고객 만족도를 높이고, 저렴한 값을 만들기 위해 노력을 아끼지 않는다. 일례로 '환불제'가 그렇다. 코스트코는 고객이 만족하지 않으면 100% 환불을 해주는 상품 보증제를 운영 중이다. 일부 전자 기기를 제외하면 구입 날짜도 상관없다. 직원은 고객에게 '왜 환불하는지' 구체적으로 묻지도, 따지지도 않는다. 고객과 신뢰를 쌓는 코스트코만의 방법이다.

〈자료원〉 아시아경제, 월마트도 실패한 한국시장에서 '코스트코'가 성공한 이유는 뭘까, 2020.3.6.

2. 적절한 현지화

김춘수 시인의 꽃이라는 시를 보면 "내가 그의 이름을 불러주기 전에는 그는 다만 하나의 몸짓에 지나지 않았다. 내가 그의 이름을 불러 주었을 때 그는 나에게로 와서 꽃이 되었다"라는 구절이 있다. 자신의 고유한 브랜드 아이덴티티를 유지하면서도 현지 소비자의 마음을 얻어야하는 글로벌 브랜드 입장에서는 브랜드 네이밍을 현지화할 때 현지 소비자의 마음에 꽃이 되도록 네이밍을 해야한다.

특히 세계의 시장이라는 중국에 처음 가서 회사 등록을 하려면 회사 이름이 반드시 중국식 한자여야 하고 중화사상이 강한 중국 소비자를 위해 브랜드에 음과 뜻을 동시에 표현하는 브랜드명을 쓰는 경우가 많다는 점을 기억해야한다. 이런 이유로 발음은 비슷하지만 뜻이 달라지는 경우도 생긴다. 예컨대, 코카콜라의 경우 중국진출초기에는 '코커코라(口渴口辣)'라는 영어 발음과 유사한 브랜드명을 사용했지만, 의미가 "목이 마르고 목이 맵다"는 부정적인 의미가 있어 '입맛에 맞아서 마시면 즐겁다'는 의미의 "커코우커러(可口可樂)"로 변경한 것도 그 한 예라 할 수 있다. KFC는 좋은 닭을 즐긴다는 肯德基(컨더지)로 중국시장에 진출한 후 2019년 중국 내 6천개 매장을 보유하며 가장 성공한 미국 패스트푸드업체로 손꼽힌다. 중국은 KFC의 최대 글로벌 시장인데 KFC의 성공 비결은 중국인들의 입맛에 맞춰 메뉴를 재구성한 데 있다. 중국 KFC에는 치킨뿐만 아니라 죽이나 중국식 에그타르트, 버블티 등이 판매되는데, 오래전부터 이용하다보니 중국 내 많은 사람이 KFC를 서구 브랜드보다는 오히려 중국 브랜드로 볼 정도가 되었다.

표 13-1 중국식 브랜드 명

한국	중국	의미
처음처럼	추인추러(初飮初樂)	첫 맛과 첫 기쁨
이마트	이마이더(易買得)	물건을 사기 쉽다
조리퐁	리리펑(粒粒)	알알이 통통 튀어 오른다
락앤락	러커우러커우(樂구樂구)	즐겁게 닫는다
씨(SI)	시이(熙伊:)	주위를 밝게 빛나게 하는 그녀
펩시콜라	바이쓰커러(百事可樂)	백 가지 일이 즐겁다
환타	奔達(펀다)	향기로운 근대-식물 이름
스프라이트	雪碧(슈에삐)	희다 못해 푸른기가 도는 맑고 시원함
7up	七喜(치시)	기쁨이 7개나 되니 마냥 즐겁다
시바스리갈	芝華士(즈화스)	고상하고 품위있는 남자

말보로	萬寶路(완바오루)	만 가지 보물길
켄터키	肯德基(컨더지)	좋은 닭을 즐긴다
까르푸	家樂福(쟈르푸)	가정에 즐거움과 복이 온다
미놀타	萬能達(완능다)	모든 걸 다 이룰 수 있다
존슨&존슨	强生(쟝썽)_	강하게 산다

〈자료원〉 동아일보, [파워브랜드]잘 지은 이름, 중국 고객 사로잡다, 2006.9.18.

3. 감성적 소구

현지 시장에 진출하기 위해서 신경써야하는 것은 브랜드명뿐만 아니다. 현지인들의 마음을 사로잡는 글로벌 브랜드가 되기 위해서는 제품만 좋다고 되는 게 아니다. 단순히 이익을 남기기 위해 시장에 진출했다는 느낌이 들지 않도록 현지인을 위한 감동적인 마케팅 활동도 병행되어야 한다.

지난 2008년 글로벌 금융위기로 자동차산업이 사상 유례없는 위기를 맞이했던 시기에 현대차는 미국에서 공격적이지만 정감어린 마케팅 프로그램을 선보였다. 경기침체로 인해 언제 실직이 될지 모르는 상황이다보니 값비싼 자동차를 새로 구입한다는 것은 일반인에게는 상상도 할 수 없는 상황이었다. 그런데 현대차는 실직자를 위한 '어슈어런스 프로그램(신차 구입후 1년 이내 실직시 자동차를 되사주는 마케팅 프로그램)'과 유류비의 일정부분을 1년간 보상해주는 '현대 어슈어런스 개스 록' 프로그램 등을 실시하면서 미국시장에서 획기적으로 고객에게 다가섰다. 씨티 인베스트먼트 리서치(CIR)의 이태리 마이클 부사장은 최근 미시간 트래버스시에서 열린 '2010 카 매니지먼트 브리핑 세미나'에 참석, "어슈어런스 프로그램은 정말 대단한 아이디어"

라고 극찬했는데 이유는 소비자들의 불안 심리를 꿰뚫어봤기 때문이다. 나아가 미국인이 가장 좋아하며 미국인의 기질을 가장 잘 드러내고 있는 미국을 대표하는 스포츠 그래서 최고의 광고료를 자랑하는 슈퍼볼, 아카데미 시상식에 공격적인 광고를 통해 미국 고객들에게 어필했다. 공격적인 마케팅 전략이 품질과 어울어져 브랜드 인지도와 이미지를 크게 높였고 미국 시장 판매량도 증가했다.

2020년에는 미국에서 코로나 바이러스 감염증 여파로 어려움을 겪는 고객들을 위해 최대 6개월간 할부금을 면제하는 '실직자 보호 프로그램'을 10년

현대자동차의 어슈어런스 프로그램
현대자동차는 금융위기로 인해 자동차 구매를 주저하는 소비자를 위해 차를 산 고객이 실직했을 경우 자동차를 되사주는 어슈어런스 프로그램 마케팅을 실시하여 월스트리트저널(WSJ)이 선정한 최우수 광고 중 하나로 선정됐다.

만에 재가동하기도 하였다.

　　락앤락은 2006년부터 중국 전역에 있는 '소남국' 레스토랑 35곳에서 동시에 '그린레스토 랑' 행사를 진행하고 있다. 레스토랑 '소남국'을 찾은 고객들이 남은 음식을 싸갈 수 있도록 락 앤락 밀폐용기를 무료로 나눠주는 행사로 무분별한 음식물쓰레기 처리와 일회용품 사용에 따 른 환경 훼손을 막기 위한 취지로 시작되었다. 또한 2005년부터 '희망공정행사'를 통해 매년 중국의 아동절(6월 1일)에 중국 내 모든 직영점의 당일 판매금액을 모두 상하이시 희망공정재단 에 기부해 빈곤지역 어린이들의 교육환경 개선에 도움을 주고 있다. 이런 노력으로 중국내 락 앤락은 품질, 디자인 뿐 아니라 이미지도 높아져 2021년 중국의 최대 쇼핑 축제인 광군제(光棍 節)에서 매출 6044만 위안(한화 약 103억 원)을 기록하며 전년 대비 위안화 기준 22.7% 성장하 는 성과를 내기도 하였다.

　　지금은 전 세계 1위 기업인 삼성도 1997년 미국 진출 초기 미국 시장에 휴대전화를 출시 하기에 앞서 인지도를 조사한 결과, 삼성 휴대전화를 알고 있는 미국 소비자들은 거의 없었다. CDMA(코드분할다중접속) 종주국이라는 자신감에 가전제품 영업을 통해 구축한 미국 유통업체 와의 끈끈한 관계를 활용한 결과 97년 스프린트에 43만대를 공급하는데 성공했다. 미국 시장 에 진출한 97년부터 3년간 '수잔 지코만 유방암 재단'에 매년 40만 달러를 기부했으며, 유방암 을 극복한 올림픽 금메달리스트 페기 프레밍(Peggy Fleming), 유방암에 걸린 부인의 간병을 위 해 은퇴한 유명 풋볼선수 크리스 스펠먼(Chris Spielman) 등을 모델로 한 광고를 내보내 미국인 들에게 잔잔한 감동을 줬고, 유방암 예방 후원사업을 알게 된 스프린트 최고위층 부인의 조언 으로 스프린트도 후원사업에 동참하면서 삼성전자와 스프린트의 협력 관계는 더욱 끈끈해지 는 등 미국 사회에 공헌하는 회사라는 이미지를 심어준 것도 성장의 발판이 되어 미국진출 10 년만에 누적판매 1억대를 돌파하였다.

4. 브랜드 아이덴티티를 유지

파지헛은 한국에서 처음 피자시장을 개척했다. 피자헛의 로고에 있는 이미지를 모자(hat)로 착각하는 사람도 많지만 사실은 오두막(hut)이다. 그래서 브랜드 이름이 피자햇이 아니고 피자헛이다. 피자헛(Pizza Hut)은 피자(Pizza), 치킨(Chicken), 파스타(Pasta) 등을 판매하는 미국의 피자 프랜차이즈(Franchise) 브랜드로 1958년 Dan Carney와 Frank Carney 형제가 미국 위치타(Wichita)시에 작은 피자 레스토랑을 열면서 시작했다. 피자헛 가게를 시작할 당시 작은 점포의 간판에는 문자 8개만 들어갈 수 있는 공간이 있어 'Pizza'라고 쓰고 나니 3글자밖에 들어갈 수 없었기 때문에 가게 건물 형태가 오두막과 비슷해 Hut을 더해 'Pizza Hut'으로 했다고 한다.

그러나 피자헛(Pizza Hut) 영국법인이 보다 건강한 식문화를 위해 영양학적 측면에서 메뉴 변화를 고려해 이름을 '파스타헛(Pasta Hut)'으로 개명하는 작업에 착수했다. 이에 한국에서도 2008년 12월 1일 '파스타 헛'으로 간판을 바꾸며 재도약을 시도했다. 정통 이탈리아 투스카니 지방의 파스타맛을 내는 피자를 낮은 가격으로 즐길 수 있도록 하기 위해 '피자헛' 간판을 한달 동안 한시적으로 '파스타헛'으로 교체하자 하루 만에 매출이 30% 떨어졌고 매출이 회복되기까지 아홉 달이 걸렸다. 그 사이 미스터피자에 1위를 내주면서 입지가 좁아졌고 2004년 3,000억원하던 매출이 2014년에는 1,142억원으로 3분의 1 토막 났다. 이름을 바꾸는 것만으로 성공이 쉽지 않은 이유는 과잉 시대에선 인지도를 다시 쌓는 게 어렵고, 혁신없이 이름 바꾸는 경우에는 새로운 이름에 기업의 정체성과 철학을 담기 쉽지 않기 때문이다. 스타벅스 또한 미국, 영국, 일본 등 400여개 매장까지 확장하여 이브닝서비스를 시작하였는데 이는 저녁 시간, 스타벅스 매장에서 와인, 맥주, 안주와 간단한 식사, 디저트를 판매하는 시범 사업이었는데 6개월만에 전면 중단되었다. 격식 차리지 않고 편안하게 와인 한잔 하면서 동료들과 이야기를 나눌 수 있는 제3의 공간으로 기획되었지만, 맥주와 와인이 스타벅스 브랜드와 어울리지 않고 셀프서비스가 아닌 직원들이 테이블로 갖다주면서 방해받지 않는 공간으로서의 스타벅스의 매력이 감소되었기 때문이다.

피자헛의 무모한 도전
피자헛은 파스타를 알리기 위해 임시로 간판을 파스타헛으로 바꾸는 파격적인 시도를 했지만 피자헛이 사리진 걸로 소비자들이 착각하자 곧바로 이 이벤트를 중단하였다.

5. 규제를 파악해라

1990년대 캘로그는 아이를 등장시킨 광고를 만들었는데 제품을 추천하기 위해 어린이를 등장하는 것이 금지된 프랑스에서는 어쩔 수 없이 티셔츠를 입은 아이의 모습을 광고에서 삭제해야 했다. 한편 독일에서는 무료로 선물을 제공하면 안되는 법으로 American Express카드가 카드를 사용하면 비행기와 호텔을 예약할 때 사용이 가능한 보너스 포인트를 제공해주는 프로모션을 진행하려했다가 광고를 철회하기도 하였다. 네슬레 킷캣(KitKat)은 인도네시아 시나 마스라는 팜유 업체와 협력을 하고 있었는데 팜유 생산을 늘리기 위해 무자비하게 산림을 훼손해 팜유 농장을 건설하다보니 오랑우탕의 개체수가 급격하게 감소하는 일이 벌어지자 그린피스는 2010년 3월 '현장 검거-네슬레의 팜유 사용이 우림과 기후, 오랑우탄 생존에 미치는 치명적 악영향'이라는 제목의 보고서를 발간하며 킷캣 포장지안에 초코릿대신 오랑우탕 손가락이 등장하는 동영상(Have a break?)을 만들어 유튜브에 공개하였다. 그러나 별로 관심을 받지 못했던 이 광고에 네슬레가 유튜브에서 강제로 내리게 하자 그린피스는 네슬레의 강경대응에 대해 사람들에게 알리기 시작했고, 이로 인해 이 동영상의 조회수가 급격히 늘어났다. 이 영상을 본 사람들은 네슬레에 항의를 하였고 결국 네슬레는 2011년 9월 시나 마스가 엄격한 환경 규제를 준수하는 생산방식을 채택할 때까지 거래를 중단하며 사과를 하며 마무리 되었다.

과민반응으로 더 주목받은 킷캣
킷캣은 그린피스가 자사를 비난하는 패러디 광고를 만들어 유튜브에 올리자 강제로 내리게 하는 초강수를 두었는데 이로 인해 더 많은 사람들이 보게 되면서 고객들의 항의를 받기도 하였다.

1. LG 생활건강

LG생활건강은 1947년 럭키크림 사업 이후, 1984년 드봉 브랜드로 재출발한 화장품사업은 매년 40% 이상의 높은 신장률을 보이며 빠르게 성장하여 2020년 매출 7조 445억원, 영업이익 1조 2,209억원 등 사상 최대의 실적을 달성하여 16년 연속 성장을 보이고 있다. 글로벌 마케팅 리서치기업 칸타 월드패널에 따르면 코로나 상황에서도 '고급, 명품, 럭셔리'이미지를 구축한 결과 고급 화장품 시장점유율도 2018년 24.1%, 2019년 25%, 2020년 29.7%로 꾸준히 증가하였다. LG생활건강의 대표적인 브랜드는 차별화된 한방 컨셉의 '후', 귀족컨셉의 발효 화장품 '숨', '줄기세포 컨셉의 '오휘', 천연허브방식의 '빌리프'가 있다.

표 13-2   LG생활건강 대표 화장품 브랜드

브랜드명	후	오휘	숨	빌리프
브랜드 이미지				
제품 라인	• 천기단 • 공진향 • 환유 • 비첩 등	• 더 퍼스트 • 넘버원시리즈 • 프라임시리즈 • 얼티밋커버스	• 시크릿 • 숨마 • 로시크숨마	• 더 트루 크림 • 모이스춰 밤 • 클래식 시리즈
제품 특징	• 한방화장품 • 황후 이미지 • 명품 이미지	• 줄기세포컨셉 • 김성피부과학 • 고급스러움	• 발효화장품 • 귀족 컨셉 • 우아함	• 천연허브방식 • 현대적 감각 • 세련되고 심플
가격대	초고가	고가	중고가	중저가
타겟 고객층	중장년	40-50대	30-40대	10-30대
타겟 마켓	중국 등 아시아	유럽/아시아	유럽	미국/아시아

〈자료원〉 이주영(2022), "국내 화장품기업의 브랜드이미지 전략이 브랜드가치와 소비심리에 미치는 영향: LG생활건강의 브랜드이미지 전략 사례 중심," 한성대학교 석사논문, p.27

1) 궁중화장품 '더 히스토리 오브 후(后)'

'왕후가 향유하는 궁중문화'라는 차별화된 감성을 전달하는 초고가 브랜드로서 천기단, 공진향, 환유, 비첩 등의 제품라인을 바탕으로 중국 등 아시아에서 글로벌 명품이미지를 구축하고 있다. 2003년 출시 후 차별화된 제품과 브랜드스토리를 담아 △왕실의 독특한 궁중비방을 바탕으로 한 뛰어난 품질 △궁중 스토리를 담은 화려한 디자인 △왕후의 궁중문화 럭셔리 마케팅을 적용해 차별화를 꾀했다. 2016년 단일 브랜드 최초로 연 매출 1조원을 기록했고, 불과 2년 뒤인 2018년에는 국내 화장품 업계 최초 단일 브랜드 연 매출 2조원까지 돌파했다. 중국 시장에서 중국 특유의 궈차오(애국주의 명목으로 자국 브랜드를 우선시하는 소비 경향) 확산으로 매출이 주춤하고 있지만, 2022년 광군제에서 약 3,600억원의 매출을 기록했고 특히 틱톡에서는 뷰티와 전자제품 등을 포함한 모든 카테고리에서 1위에 오르기도 하였다. 또한 중국의 '저명상표'로 공식 인정받으면서 재도약의 발판도 마련되었다. 중국은 일반적인 상표보다 저명한 상표를 더욱 보호하는 법적장치를 두고 있어 저명상표로 인정받으면 높은 명성과 신용이 공인돼 중국의 모든 산업군에서 '특별보호'를 받게 된다.

오휘의 중국 광군제 옥외광고
오휘는 중국 최대 쇼핑축제인 광군제를 목표로 옥외광고를 공격적으로 실시하는 등 차별화된 제품과 브랜드 스토리로 글로벌 명품이미지를 구축하고 있다.

오휘 VR 전시회
오휘는 과학적이며 귀족적인 이미지의 브랜드 헤리티지를 경험할 수 있도록 가상현신(VR) 전시회 '더 퍼스트 메종(The first Masion)'을 오픈했다.

2) 감성적 피부과학 '오휘'

오휘는 귀족의 미용법으로 알려진 화밀공법을 완성해 서양의 과학적이면서 귀족적인 이미지를 부각시키고 있다. 고가라인인 '더 퍼스트'의 성공으로 차세대 대표 브랜드로 자리잡고 있는데, 더 많은 사람들이 오랜 시간 축적해온 브랜드 헤리티지를 경험할 수 있도록 가상현실(VR) 전시회 '더 퍼스트 메종(The First Maison)'을 오픈했다. 전시회장은 방문객들이 '더 퍼스트' 에디션들의 모티브들로 꾸며진 더 퍼스트 카페(The First Café), '2022 더 클래식 컬렉션'에 영감이 됐던 클래식 음악 등을 들으며 음악과 예술이 가득한 유럽의 클래식 하우스에 있는 듯한 경험을 할 수 있도록 설계하였다. 또한 베트남의 현지 가수 주키 산(Juky San)과 협업해 '더 퍼스트 제너츄어 심 마이크로 에센스 더 클래식 컬렉션(이하 에센스)' 마케팅을 하였다. 피부 재생, 피부결 개선 등 에센스의 효과를 표현하기 위해 클래식 교향곡을 리믹스한 영상을 '같은 나이, 다른 피부'를 추구하는 오휘 브랜드 가치를 표현하였다. 또한 일본 홋카이도에 '마이크로바이옴(인간의 몸에 서식하며 공생하는 미생물)' 연구소를 세우며 한국 화장품에 관심을 가지기 시작한 일본 기초케어 시장 공략에 본격나섰다. 또한 인도시장에서도 각 피부 타입에 알맞은 다양한 피부 유효 성분을 개발해 아름다운 피부결을 유지하는 기능을 제공하면서 제품력을 인정받았다. 2020년 618 쇼핑축제에서 인기 제품인 더 퍼스트 세트가 라이브방송 등의 영향으로 4만 9000 세트가 판매되며 전년 대비 2,493% 매출신장을 기록했고, 2021년에도 오휘와 오휘더퍼스트 매출은 31%, 76% 성장했다.

3) 자연발효 화장품 '숨'

'숨'은 자연의 생명에너지, 빛과 소리의 흐름을 담은 리듬발효 공법을 이용한 자연·발효화장품으로 2007년 처음 선보였다. 숨 37°은 2021년 홍콩 케리 호텔(Kerry Hotel)과 협업해 자연·발효 화장품을 주제로 맛과 피부 건강을 모두 고려한 '골드 다이아몬드 애프터눈 티(화장품, 음식, 디저트, 커피, 차)'를 선보였다. 또한 럭셔리 드레스 디자이너 림 아크라와 협업한 '림 아크라 에디션'을 출시하면서 '숨으로 여신이 되다'라는 주문 같은 메시지를 림 아크라만이 표현할 수 있는 디자인으로 구현하기도 하였다. 또한 별을 그리는 작가로 유명한 성희승 작가와 협업해 "별처럼 빛나는 피부에 자신감을 주고 눈부신 피부를 유지해 준다"는 의미를 담았다.

별을 그리는 작가로 유명한 성희승 작가와 협업해 만든 패키지

4) 천연 허브 화장품 '빌리프'

천연허브 방식을 사용한 현대적 감각이 빌리프는 젊은 층을 타겟으로 심플하면서도 세련된 이미지를 전달하고 있다. 빌리프는 지난 2015년 3월 미국 세포라 매장 35곳에 입점하며 현지 시장에 진출했다. 이후 뉴욕, 보스턴, LA, 샌프란시스코 등 410여개 세포라 매장에 추가 입점했다. 또한 트루 허브 코스메틱 브랜드 '빌리프'가 전개하고 있는 스토리텔링형 세계관인 '빌

스토리텔링형 세계관인 '빌리프 유니버스'를 접목해 핼러윈 콘셉트 팝업 전시관

리프 유니버스'를 접목해 핼러윈 콘셉트 팝업 전시하기도 하였다. 빌리프는 그간 브랜드 스토리와 가치관을 담은 빌리프 유니버스를 활용해 뷰티 업계 최초로 NFT를 발행하고 아시아 최대 메타버스 플랫폼 '제페토'에 빌리프 유니버스 월드를 오픈하는 등 온라인상에서의 고객 경험을 강화하고 있다. 빌리프 세계관인 '빌리프 유니버스' 속 캐릭터인 허브샵 직원 '빌리'와 대장장이 요정 캐릭터 '로이'가 NFT 아이템으로 제작하여 소비자들이 입체감 있는 캐릭터를 소장함으로써 빌리프 브랜드 스토리와 가치관에 더 몰입할 수 있도록 하였다.

2. 한류

원산지 효과(Country of Origin)라는 것이 있다. 제품이나 서비스의 출처에 대하여 소비자의 태도나 행동과 관련된 효과를 말하는 것으로 소비자는 브랜드를 선택할 때 어디에서 만들었는지(원산지)를 중요한 평가 기준으로 활용하곤 한다. 예컨대, 스위스하면 시계, 프랑스는 와인과 향수, 독일의 자동차 등이 대표적이다. 한 때 우리나라에서도 '전자제품은 일제(일본제품)'라는 말이 나오던 때가 있었다. 원산지 효과는 국가 이미지와도 밀접한 관련이 있다. 과거에는 Made in Korea를 표시함으로써 불이익을 받았던 때가 있어 원산지를 숨기기도 하였지만, 한류로 인해 지금은 오히려 K-Pop, K-콘텐츠, K-뷰티 등을 자랑스럽게 이야기할 수 있는 상황이 되었다.

한국국제문화교류진흥원이 2021년 11월 5일부터 12월 8일까지 해외 18개 국가 15~59세 남녀 8,500명의 현지인을 대상으로 온라인 패널 조사를 실시한 결과를 정리하면 다음과 같다.

(1) 한국 연상 이미지

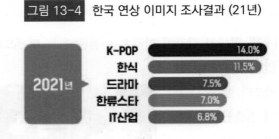

그림 13-4 한국 연상 이미지 조사결과 (21년)

한국 하면 가장 먼저 떠올리는 것은 K-Pop이 14%로 1위를 차지했다. 이후 한식(11.5%), 드라마(7.5%), 한류스타(7.0%), IT산업(6.8%) 순으로 나왔다.

(2) 자국 내 한국 문화콘텐츠 인기도

자국 내에서 대중적인 인기를 끌고 있는 순위로는 음식(49.4%), 뷰티(48.9%), 음악(46.8%), 패션(44.7%), 영화(41.5%) 순으로 나왔다. 코로나 발생 후 한국 드라마, 영화, 예능, 게임의 소비량은 증가한 반면, 패션과 음식 등 대외활동과 관련이 있는 분야의 소비량은 약간 감소하였다.

그림 13-5 자국 내 한국 문화콘텐츠 인기도 조사결과 (21년)

*단위 : 대중적 인기%

음식	49.4%
뷰티	48.9%
음악	46.8%
패션	44.7%
영화	41.5%
게임	39.0%
드라마	37.8%
애니메이션	35.8%
예능	35.1%
도서 / 만화 / 전자책	32.5%
웹툰	31.9%

(3) 드라마

한국 드라마의 1년 내 이용율은 88.9%, 호감도는 81.6%로 매우 높게 나왔다. 특히 태국(92.6%), 아르헨티나(92.4%), 인도(91.1%)에서 호감도가 매우 높은 상황이다. 반면 일본은 57.2%로 제일 낮은 것으로 나타났다. 한국 드라마의 인기요인은 스토리(15.9%), 배우 외무(15.9%), 한국 문화 간접 경험(12.7%) 순으로 나왔으며 최선호 드라마로 오징어게임이 21.2%로 압도적으로 높게 나왔다.

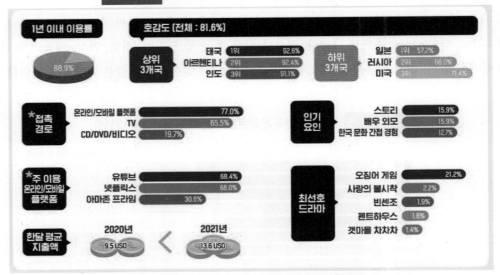

그림 13-6 한국 드라마의 1년 내 이용율 조사결과 (21년)

* 복수응답 : 접촉경로, 주 이용 온라인/모바일 플랫폼

(4) 예능

한국 예능의 1년 내 이용율은 85.6%, 호감도는 79.9%로 매우 높게 나왔다. 특히 인도 (92.2%), 인도네시아(91.2%), 아르헨티나(90.7%)에서 호감도가 매우 높은 상황이다. 반면 일본은 57.2%로 제일 낮은 것으로 나타났다. 한국 예능의 인기요인은 재미있는 게임/소재(15.8%), 프로그램 컨셉/포맷(13.3%), 한국 문화 간접 경험(12.8%) 순으로 나왔다.

그림 13-7 한국 예능의 1년 내 이용율 조사결과 (21년)

* 복수응답 : 접촉경로, 주 이용 온라인/모바일 플랫폼

(5) 영화

한국 영화의 1년 내 이용율은 88.9%, 호감도는 80.6%로 매우 높게 나왔다. 특히 태국 (91.6%), 아르헨티나(91.4%), 인도(91.2%)에서 호감도가 매우 높은 상황이다. 반면 일본은 60.6%로 제일 낮은 것으로 나타났다. 한국 영화 최선호 배우는 이민호가 9.3%로 압도적으로 높고, 영화는 기생충이 10.3%로 1위를 차지하였다.

그림 13-8 한국 영화의 1년 내 이용율 조사결과 (21년)

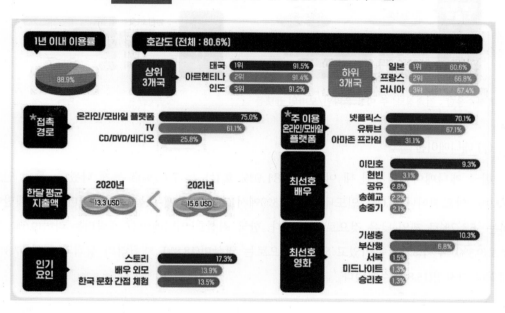

* 복수응답 : 접촉경로, 주 이용 온라인/모바일 플랫폼

(6) 음악

한국 음악의 1년 내 이용율은 89.1%, 호감도는 72.7%로 높게 나왔다. 특히 인도(92.4), 태국(88.3%), 인도네시아(84.0%)에서 호감도가 매우 높은 상황이다. 반면 러시아에서는 50.5%로 제일 낮은 것으로 나타났다. 한국 음악 최선호 가수는 방탄소년단(26.7%), 블랙핑크(10.4%) 순이었다.

그림 13-9 한국 음악의 1년 내 이용율 조사결과 (21년)

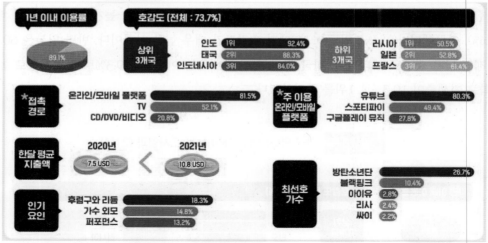

* 복수응답 : 접촉경로, 주 이용 온라인/모바일 플랫폼

(7) 애니메이션

한국 애니메이션의 1년 내 이용율은 81.9%, 호감도는 74.7%로 높게 나왔다. 특히 인도(86.9%), 아르헨티나(86.0%), 인도네시아(84.3%)에서 호감도가 매우 높은 상황이다. 반면 대만에서는 53.2%로 제일 낮은 것으로 나타났다. 한국 최선호 애니메이션 캐릭터는 라바(9.6%), 뽀로로(9.3%), 뿌까(8.8%) 순이었고 인기요인으로는 영상미(18.8%), 캐릭터의 성격과 역할(17.3%), 캐릭터 디자인(15.8%) 순이었다.

그림 13-10 한국 애니메이션의 1년 내 이용율 조사결과 (21년)

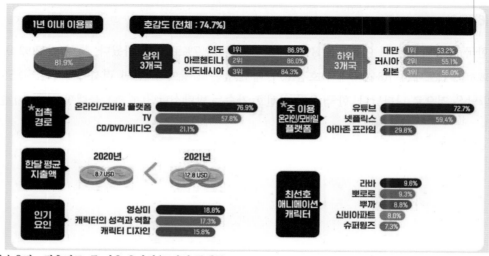

* 복수응답 : 접촉경로, 주 이용 온라인/모바일 플랫폼

(8) 출판물

한국 출판물의 1년 내 이용율은 80.0%, 호감도는 75.8%로 높게 나왔다. 특히 아르헨티나(92.5%), 인도(87.2%), 베트남(85.1%)에서 호감도가 매우 높은 상황이다. 반면 일본에서는 55.5%로 제일 낮은 것으로 나타났다. 한국 출판물이 인기요인으로는 스토리와 작화(20.3%), 다양한 소재와 장르(13.8%), 캐릭터의 성격과 역할(13.7%) 순이었다.

그림 13-11 한국 출판물의 1년 내 이용율 조사결과 (21년)

* 복수응답 : 접촉경로, 주 이용 온라인/모바일 플랫폼

(9) 게임

한국 게임물의 1년 내 이용율은 81.2%, 호감도는 76.7%로 높게 나왔다. 특히 아르헨티나(91.4%), 인도(89.2%), 태국(88.5%)에서 호감도가 매우 높은 상황이다. 반면 러시아에서는 52.5%로 제일 낮은 것으로 나타났다. 한국 게임의 인기요인으로는 그래픽/그림(16.5%), 구성과 방식(13.0%), 다양한 소재와 장르(11.4%) 순이었고, 최선호 게임은 배틀 그라운드(14.5%), 라그나로크(12.1%), 크로스파이어(9.7%) 순이었다.

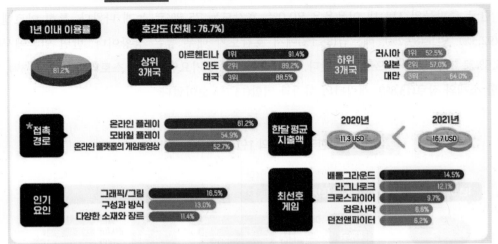

그림 13-12 한국 게임의 1년 내 이용율 조사결과 (21년)

* 복수응답 : 접촉경로, 주 이용 온라인/모바일 플랫폼

(10) 패션

한국 패션물의 1년 내 이용율은 81.1%, 호감도는 77.3%로 높게 나왔다. 특히 인도(91.7%), 인도네시아(89.4%), 베트남(87.6%)에서 호감도가 매우 높은 상황이다. 반면 프랑스에서는 57.5%로 제일 낮은 것으로 나타났다. 한국 패션의 인기요인으로는 디자인(20.5%), 스타일의 스타성(15.4%), 품질(14.2%) 순이었다.

그림 13-13 한국 패션의 1년 내 이용율 조사결과 (21년)

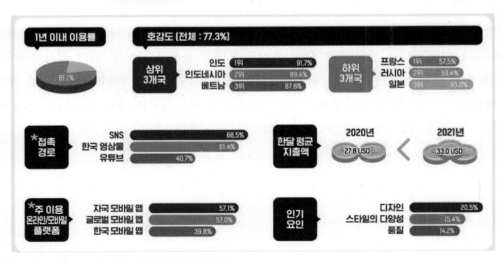

* 복수응답 : 접촉경로, 주 이용 온라인/모바일 플랫폼

(11) 한류 성공 요인과 과제

해외문화홍보원이 '숨어있는 K-유단자를 찾아라'라는 영상을 통해 한국을 잘 알면서 객관적으로 바라볼 수 있는 분야별 외국인 전문가에 한류 성공요인을 물어보았다.

첫째, 고궁과 고층빌딩이 어우러진 도시와 생활 곳곳에서 묻어나는 과거, 현재, 미래의 모습에서 발견하는 '공존(Co-existence)'의 키워드다.

둘째, K팝 가수들이 과거의 춤을 새롭게 해석해 안무에 녹이는 모습 속에서 엿본 '새로움(Novelty)'이다.

셋째, 한식의 진정한 맛을 찾기 위해 만난 장인이 "간을 봐 달라"고 요청한 모습에서 느낀 '배려(Consideration)'심이다.

넷째, 한국어와 문학에 담긴 의미를 통해 알게 된 '창의력(Creativity)'이다.

다섯째, 다양한 사건을 겪은 한국의 현대사를 표현한 '역동적인 역사(Dynamic & Experience)'가 바로 한류 유전자(DNA)라 할 수 있다.

BRAND HIGHLIGHT

BTS 성공요인과 한류의 미래

최근 BTS(방탄소년단)가 큰 인기다. 한국인만으로 구성된 아이돌 그룹이 한국어로 노래를 하는데도 전 세계적으로 인기를 얻고, 수많은 나라에서 청소년의 롤모델이 되었다는 점에서 그렇다. 세계 팝시장 인기의 척도인 미국 빌보드 차트에서 여러 번 1위를 했으며, 2018년도에는 미국 앨범 판매량에서 2위를 기록하였다. 세계에서 가장 큰 음악 시장인 미국에서 인기나 매출 면에서 이 정도 성과를 거둔 것은 K-POP이라고 불리는 한국음악의 역사에서는 물론이고, 영어 외의 언어로 노래하는 가수로서도 처음이다.

BTS의 세계적 인기는 무엇 때문일까?

어떤 점이 이들을 특별하게 만드는 것일까? 가장 큰 차이는 '팬들과 진정으로 공감, 소통하면서 자신의 목소리를 내는 것'이라고 생각한다. K-POP은 1990년대부터 일명 '기업형 아이돌'이 주도하는 시대로 바뀌었다. 연예기획사라고 불리우는 회사가 재능 있는 연습생을 선발해서 체계적으로 훈련시키고 내부 경쟁을 통해서 선발한 후에 각자의 재능과 장단점을 적절히(상업성이 있도록) 조합하여 아이돌 그룹으로 데뷔시키는 방식을 사용해서 성공하였다. 이렇게 상업적으로 만들어진 아이돌 그룹은 거의 모든 것을 회사가 결정한다. 예컨대, 그룹의 이미지(예컨대, '청순', '큐티', '상남자' 등), 음악의 작사/작곡, 심지어는 방송에서 할 얘기까지 모두 회사에서 정해주는 상업적으로 기획하고 생산하는 대량생산 제품이라 할 수 있다. 그런데, BTS는 자신의 생각을 자신이 작곡, 작사한 노래로 얘기하고 있다. 즉, 사람들이 대량생산 제품에서는 느낄 수 없는 새로운 가치를 제공하고 있는 것이다. 이것이 BTS의 특별한 점이다.

공감(Empathy)

BTS가 다른 그룹과 첫 번째로 다른 점은 '공감'이다. 앞에서 얘기했듯이 BTS는 자신이 경험한 것을 노래로 만든다. 이들은 10대, 20대가 고민하는 취업, 경쟁, 왕따, 학교폭력 등을 노래한다. 이런 주제는 기존의 기획사의 가수, 특히 아이돌 그룹이 거의 다루지 않던 주제이다. 따라서 BTS의 노래를 듣는 젊은이들은 노래 내용이 자신의 삶과 직결되기 때문에 쉽게 공감하게 된다. BTS 노래의 가사의 일부를 예로 들어 보겠다.

소통(Communication)

BTS의 소속사인 빅히트엔터테인먼트는 초기에는 새로 생긴 소규모 회사여서 SNS 외에는 다른 홍보 방법이 없었기 때문에 SNS를 열심히 활용한 것은 맞다. 그러나 BTS가 SNS를 활용하는 방법이 다른 아이돌과 달랐던 점은 쌍방향 커뮤니케이션을 했다는 점이다. 지금은 많이 바뀌었지만, 과거의 가수나 아이돌은 SNS를 말 그대로 '홍보'의 수단으로만 생각했다. 자신이 하고 싶은 얘기, 예컨대, 신곡 출시나 콘서트 일정에 대한 정보를 제공하거나 앨범 홍보 전략의 일환으로 신곡에 대한 티저(짧은 소개 영상)를 배포하는 것이 주 목적이었다. BTS도 물론 SNS를 이런 목적으로 활용하기도 했지만, 그 외에도 멤버들의 일상적인 모습이나 연습 영상 혹은 자신의 생각을 가감없이 영상으로 만들어 팬들에게 수시로 제공함으로써 팬들이 더 친근한 느낌을 가질 수 있게 하였다.

진정성(Authenticity)

BTS가 SNS를 활용하는 방식에서 차별성을 보이는 또 다른 한 가지는 바로 '진정성'이다. 과거의 가수나 아이돌은 소위 '신비주의'를 고집하는 경우가 많았다. 그런데 시장이 변하였다. 요즘의 소비자들은 가수나 아이돌의 진정성 있는 모습을 보고 싶어한다. BTS 노래가사의 대부분은 멤버들의 생각과 경험을 가사로 녹여낸 것이다. BTS 기획사의 방시혁 대표도 BTS에게 처음부터 그들 자신의 얘기를 노래로 만들도록 했다고 얘기한 적이 있다. 즉, BTS의 노래에는 자신의 진짜 생각을 반영하는 '진정성'이 있다.

실력(Capability)

공감, 소통, 진정성도 중요하지만 가장 중요한 것은 BTS는 이것을 더욱 빛낼 실력을 갖췄다는 것이다. BTS의 춤, 노래, 랩 실력은 최고 수준이다. 이러한 실력이 끊임없는 노력의 결과임을 다양한 영상에서 확인할 수 있다. 특히, 이들이 처음 BTS 멤버가 되기 위해 연습할 때의 영상과 비교하면 실력향상을 위해 얼마나 피나는 노력을 했는지 잘 알 수 있다. 팬도 이들이 뛰어난 실력을 바탕으로 소통하고 진정성 있는 메시지를 전하기 때문에 감동을 느끼는 것이다. 또한, 이러한 실력이 엄청난 노력의 결과임을 알기에 더욱 사랑하는 것이다.

한류의 미래

첫째, 정부는 다양한 콘텐츠를 만들어내는 문화 콘텐츠 관련 회사와 창작자, 아티스트들이 실력을 키울 수 있도록 지원해 주는 정책이 기본적으로 필요하다. 그런데, 정책입안자들이 단순한 지원에서 더 나아가서 콘텐츠의 내용까지 정해주려 하면 문제가 생긴다. 좋은 문화 콘텐츠는 기본적으로 창의성을 바탕으로 만들어지며, 거기에 더해서 BTS의 예에서 볼 수 있듯이 아티스트 자신의 생각과 경험이 녹아들어서 자유롭게 표현될 때 소비자들의 공감과 사랑을 받을 수 있다. 정부가 전 세계 수십 억 명 사람의 생각과 경험을 모두 이해할 자신이 없다면 콘텐츠의 내용은, 명백한 불법만 아니라면, 창작자와 아티스트들에게 전적으로 맡겨두어야 할 것이다. 창작자들의 자유가 제한되면 콘텐츠 소비자들의 공감을 얻을 수가 없어서 외면을 받게 된다.

BTS의 예에서 또한 알 수 있는 것은 우선 콘텐츠 소비자의 경향이 SNS 등으로 인해서 크게 바뀌고 있다는 점이다. 소비자는 예쁜 가식보다는 투박한 진심을 원한다. 소비자는 자신들이 공감할 수 있는 콘텐츠를 원한다. 또한, 콘텐츠 소비자, 혹은 팬들의 얘기에 귀를 기울이고 그들이 하는 얘기를 진심으로 들으려는 노력을 해야한다. 그렇지만 이 모든 것보다도 더 중요한 것은 위에서도 언급했듯이 '실력'을 키우는 것이다. K-POP, 드라마, 영화 등의 한류 콘텐츠가 세계적인 사랑을 받게 된 이유는 무엇보다도 실력 때문이라는 것을 항상 잊지 말아야 할 것이다.

〈자료원〉 임일, BTS 성공요인과 한류의 미래, 현안과 정책 294호, 2020.2.20.

FURTHER DISCUSSIONS

💬 **FD1** 글로벌 브랜드 관리를 하는데 있어 표준화와 현지화를 결정하는 요인에는 무엇이 있을지 토론해보자.

💬 **FD2** 글로벌 도입이 유리한 제품의 특성이 무엇인지 토론해보자.

💬 **FD3** 글로벌 브랜드 전략 중 현지화의 성공 사례를 찾아 논의해보자.

💬 **FD4** 소비자의 마음을 움직인 글로벌 브랜드의 사례를 찾아 발표해보자.

참고문헌

국내자료

곽준식(2011), "다다익선? 10개의 장점보다 1개의 강렬함을," 동아비즈니스 리뷰, 86(1), 58-61.

곽준식(2011), "최저가 보상! 이마트의 대표성 전략 배우자," 동아비즈니스 리뷰, 87(2), 82-85.

곽준식(2011), "먼저 기준점 제시하라... 좀 더 받고 팔 수 있다," 동아비즈니스 리뷰, 90(1). 90, 84-87.

곽준식(2011), "내 마음대로 세상을 움직일 수 있다면... 마케팅, 통제에 대한 환상을 심어줘라," 동아비즈니스 리뷰, 95(2), 106-109.

곽준식(2013), "행동마케팅 3.0, 공감과 차별화가 힘," 동아비즈니스 리뷰 121, 28-37.

김성엽, 양희석(2014), "문화적 가치에 의한 글로벌 브랜드 형성에 관한 연구 : 브랜드 자산 구축의 관점에서," 문화교류와 다문화교육, 21-41.

김숙진·유창조(2022), "뉴 미디어 시대에서의 소비자 역할 변화와 지위 역전에 관한 심층연구: 브랜드와 커뮤니티 회원들과의 관계 변화를 중심으로," 한국경영학회지, 26(2), 77-107.

김정현(2022), "삼양라면 60주년 캠페인 [평범하게 위대하게] 사례 연구," 광고PR실학연구, 15(1), 87-103.

김진경, 정정호(2016), "문화적 스테레오타입에 따른 글로벌브랜딩의 IMC 디자인 전략," 브랜드디자인학연구, 14(4), 139-150.

박정은·김경민·김태완(2020), 『고객가치기반마케팅』, 서울: 박영사.

박찬우(2020), 『스노우볼 팬더밍』, 서울: 샘앤파커스.

서송이(2015), "다국적 기업의 글로벌 광고와 현지화 광고가 브랜드 태도에 미치는 영향," 브랜드디자인학연구, 13(3), 63-72.

안광호·곽준식(2011), 『행동경제학 관점에서본 소비자 의사결정』, 서울: 학현사.

유승엽·정희준(2004), "사회적 상황과 소비자 애국심에 따른 애국심 소구 광고효과 연구," 한국심리학회지: 소비자광고, 5(2), 1-27.

이명식·양석준·최은정(2018), 『전략적 브랜드마케팅』, 제2판, 서울: 박영사.

이선희(2021), "디지털 환경 변화에 따른 국내 방송.미디어 기업전략과 시사점," 정보통신정책연구원, 8(1), 1-17.

이종우, 전종우(2011), "ATL과 BTL 광고 수용에 영향을 미치는 소비자 문화 차원의 역할," 옥외광고학연구, 8(1), 5-28.

이희준, 조창환(2016), "매체 속성 평가에 따른 매체가치 비교 연구 : 매체 광고 영향력 지수 (MAIX: Media Advertising Impact Index) 개발을 중심으로," **광고학연구**, 27(3), 113-139.

임일, BTS 성공요인과 한류의 미래, 현안과 정책 294호, 2020.1.20.

정인식, 김은미(2011), "글로벌시장의 브랜드 전략에 대한 실증 연구", 국제경영리뷰, 15(1), 99-123.

필립 코틀러, 허마원 카타자야, 이완 세티이완(2017), 『필립 코틀러의 마켓 4.0』, 서울: 도서출판 길벗.

하쿠호도 브랜드 컨설팅(2002), 『회사의 운명을 바꾸는 브랜드 경영』, 서울: 원앤원북스.

한국국제문화교류진흥원(2022), 해외한류 실태조사(분석편).

허지성(2011), "소비자 구매결정의 잣대가 바뀌고 있다," LG Business Insight, 23-29.

해외자료

Aaker, David A.(1991), Managing Brand Equity: Capitalizing on the Value of a Brand Name, New York: The Free Press.

Aaker, David A.(1992), "The Value of Brand Equity," *Journal of Business Strategy*, 13(4), 27-32.

Aaker, David A.(2004), Brand Portfolio Strategy: Creating Relevance, Differentiation, Energy, Leverage, and Clarity, Free Press.

Aaker, L. Jannifer(1997), "Dimensions of Measuring Brand Personality," *Journal of Marketing Research*, 34(3), 347-356.

Aaker, Jennifer(1999), "Dimensions of Brand Personality," *Journal of Marketing Research*, 34(3), 347-356.

Aaker, J., S. Fournier and A. S. Brassel(2004), "When good brands do bad," *Journal of Consumer Research*, 31, 1-16.

Alashban, Aref A., Linda A. Hayes, George M. Zinkhan, and Anne L. Balazs, (2002), "International Brand Name Standardization/Adaptation: Antecedents and Consequences," *Journal of International Marketing*, 10(3), 22-48.

Alba, Joseph W. and Amitava Chattopadhyay(1986), "Salience Effects in Brand

Recall," *Journal of Marketing Research*, 23(4), 363-369.

Alden, Dana L., Jan-Benedict E.M. Steenkamp and Rajeev Bartra(1999), "Brand Positioning through Advertising in Asia, NorthAmerica, and Europe: The Role of Global Consumer Culture," *Journal of Marketing*, 63(1), 27-33.

Badrinarayanan, V., Taewon Suh and Kyung-Min Kim(2016), "Brand Resonance in Franchising Relationships: A Franchisee-Based Perspective," *Journal of Business Research*, 69(10), 3943-3950.

Brown, John(1985), "Some Tests of The Decay Theory of Immediate Memory," *The Quarterly Journal of Experimental Psychology*, 10(1), 12-21.

Bernd H. Schmitt(2011), Experiential Marketing: How to Get Customers to Sense, Feel, Think, Act, Relate. Free Press.

Carolino, Elisio and Sousa Santos Junior(2018), "Brand Portfolio Strategy and Brand Architecture: A Comparative Study," *Cogent Business & Management*, 5(1), 1-10.

Cavusgil, S. Tamer and Shaoming Zou(1994), "Marketing Strategy-Performance Relationship: An Investigation of the Empirical Link in Export Market Ventures," *Journal of Marketing*, 58(1), 1-21.

Chandrasekaran, Deepa and Tellis Gerard J. (2011), "Getting a Grip on The Saddle: Chasms or Cycles?," Journal of Marketing, 75(July), 21-34.

David A. Aaker(2004), Brand Portfolio Strategy: Creating Relevance, Differentiation, Energy, Leverage, and Clarity, Free Press.

Dennis, H. Gensch(1970), "Media Factors: A Review Article," *Journal of Marketing Research*, 7(2), 216~225.

Farquhar, Peter H.(1989), "Manging Brand Equity," *Marketing Research*, 1(Sep.), 24-33.

Fronior, Susan(1998), "Consumers and Their Brands: Developing Relationship Theory in Consumer Research," *Journal of Consumer Research*, 24(4), 343-373.

Gad, Tomas(2000), 4D Branding: Cracking the Corporate Code of the Network Society, Financial Times Management.

Gad, Tomas(2016), Customer Experience Branding: Driving Engagement through Surprise and Innovation, Kogan Page.

Gupta, Sunil, Donald R. Lehmann and Jennifer Ames Stuart(2004), "Valuing

Customers," *Journal of Marketing Research*, 41(1), 7-18.

Henderson, W. Pamela and Joseph A. Cote(1998), "Guidelines for Selecting or Modifying Logos," *Jounal of Marketing*, 62(2). 14-30.

Hatch, Mary Jo and Majken Schultz(2008), Taking Brand Initiative: How Companies Can Align Strategy, Culture, and Identity Through Corporate Branding, Jossey-Bass.

Hauser, R. John and Birger Wernerfelt(1990), "An Evaluation Cost Model of Consideration Sets," *Journal of Consumer Research*, 16(4), 393-408.

Hofstede, Geert B.(1980), Culture's Consequence: International Differences in Work-Related Values, Beverly Hills, CA:Sage.

Jain, Subhash C.(1989), "Standardization of International Marketing Strategy:Some Research Hypothesis," *Journal of Marketing*, 53(1), 70-79.

Kim, Kyung-Min , B Nobi, S. Lee and C. Milewicz(2020), "International higher education brand alliance: the role of brand fit and world-mindedness," *Asia Pacific Journal of Marketing and Logistics*, 34(2), 418-435.

Kevin Lane Keller(1993), "Conceptualizing, Measuring, and Managing Customer-based Brand Equity," *Journal of Marketing*, 57(1), 1-22.

Kevin Lane Keller(2012), Strategic Brand Management: Building, Measuring and Management Brand Equity, Pearson; 4th edition.

Kotler, Philip and Kevin Lane Keller and Alexander Chernev (2022), Marketing Management, 16th ed., Pearson.

Kylander, N., and C. Stone(2012), "The Role of Brand in the Nonprofit Sector," *Stanford Social Innovation Review*, 10(2), 37-41.

Muhr, Sara L., Carys Egan-Wyer, Anna Pfeiffer and Peter Svensson(2014), "The ethics of the brand," *Strategies Journal of Theory Culture & Politics*, 14(1), 1-11.

Nobi, Benjamin, Kyung-Min Kim and, Sangwon Lee(2021), "The aftermath of a brand transgression: the role of brand forgiveness and brand evangelism," *Journal of Asia Business Studies*. 16(6), 1030-1040.

Onkvisit, S. and John J. Shaw(1999), "Standardized international advertising," *Journal of Advertising Research*, 39(6), 19-24.

Park, Chan Su amd V. Srinivasan(1994), "A Survey Based Method for Measuring and Understanding Brand Equity and Its Extendibility," *Journal of Marketing Research*, 31(May), 271-288.

Park, C. W., S. Millberg and R. Lawson(1991), "Evaluation of Brand Extensions: The Role of Product Feature Similarity and Brand Concept Consistency," *Journal of Consumer Research*, 18(2), 185-193.

Pine II, B. Joseph and James H. Gilmore(1998), "Welcome to the Experience Economy," *Harvard Business Review*, 76(4), 97-105.

Reichheld, F. F.(2003), "The One Number You Need To Grow," *Harvard Business Review*, December, 2-10.

Roedder, Barbara and Deborah Roedder John(1993), "Diluting Brand Beliefs: When Do Brand Extensions Have a Negative Impact?," *Journal of Marketing*, 57(July), 71-84.

Sargeant, Adrian(2001), "Relationship fundraising: How to keep donors loyal," *Nonprofit Management and Leadership*, 12(2), 177-192.

Simon, Carol J. and Mary W. Sullivan(1993), "The Measurement and Determinants of Brand Equity: A Financial Approach," *Marketing Science*, 12(1), 28-52.

Srivastava, Rajendra. K., Tasadduq A. Shevani and Liam Fahey(1998), "Market-Based Assets and Shareholder Value: A Framework for Analysis," *Journal of Marketing*, 62(1), 2-18.

Strebinger, Andreas (2002), "B.A.S.E. - A Brand-Architecture Strategy Explorer," *International Business & Economics Research Journal*, 1(11), 115-124.

Tauber, E. M. (1981), "Brand Franchise Extension: New Product Benefits from Existing Brand Names," *Business Horizons*, 24(2), 36-41.

Theodore, Levitt(1983), "The globalization of Markets," *Harvard Business Review*, (May), 92-102.

Underwood, J. Benton(1957), "Interference and Forgetting". *Psychological Review*. 64 (1), 49-60.

Walvis, Tjaco(2010), Branding With Brains: The Science of Getting Customers To Choose Your Company, Financial Times.

색인

저자소개

김경민(keim@silla.ac.kr)

부산 신라대학교 경영학과 교수로 재직하고 있다. 서강대학교에서 마케팅을 전공으로 경영학박사(Ph.D.)를 취득하였다. 그의 연구관심분야는 소비자의 정보처리와 행동과학을 이용한 브랜드 전략 수립 및 국제마케팅분야이며 이 분야에서 활발한 연구활동을 하고 있다. 그는 Journal of Business Research, Asia Pacific Journal of Marketing and Logistics, Journal of Asia Business Studies, 마케팅연구, 마케팅관리연구, 소비자학연구, 광고학연구, 유통연구 등 국내외 유명 학술저널에 70여편의 논문과 7권의 저서를 출간하였다. 대한경영학회에서 우수논문상, 한국마케팅관리학회에서 우수심사자상 등을 수상하였으며 기업과 정부기관의 마케팅관련 연구를 다수 진행하였다.

한국마케팅관리학회장 역임, 한국마케팅학회 부회장, 한국전략마케팅학회 부회장 역임 등 주요한 국내외 마케팅관련 학회주요임원을 그리고 경영컨설팅연구, American Journal of Business, Asia Pacific Journal of Marketing and Logistics 등 국내외 다수의 학회의 편집위원 및 Ad hoc Reviewer로 학술활동을 하고 있다.

서강대학교, 단국대학교, 한국외국어대학교, 경기대학교의 경영학과 및 대학원에서 강사를 역임하였고 부산 신라대학교에서 경영학과장, 경영학부장, 경영대학장, 경영학교육인증센터장, 경제경영연구소장, 교수평의원회 의장, 대학평의원회 의장 등을 역임하였다.

서울시, 부산시, 경기도, 농림부, 국회 등 국가기관과 지방자치단체의 심의위원, 평가위원, 출제위원 등을 역임하였으며 쌍용정보통신㈜, BrandAcumen Inc. 등에서 풍부한 실무경험을 쌓았다.

그는 평소에 다양한 e게임과 러닝을 좋아하며 Air Supply의 The One That You Love를 즐겨부르며 새로운 것에 대한 호기심으로 항상 새로운 문화를 적극적으로 수용하는 여행가이기도 하다.

최은정(choiej@smu.ac.kr)

상명여자대학교 경영학과를 졸업하고 고려대학교 경영대학원에서 마케팅 석사(MBA)를 하였고 미국 Michigan State University에서 리테일링 박사학위(Ph.D.)를 취득하였다.

대우그룹 In-House 컨설팅업체인 ㈜인터패션플래닝과 브랜드 전문 컨설팅업체 ㈜Brand Marketing Consulting에서 전략 컨설턴트 및 이사를 수행했다. 이후 ㈜앤더모스트컨설팅을 창사하여 대표컨설턴트/대표이사로서 회사를 이끌었다.

그녀의 전문분야는 마케팅전략, 브랜드전략, 리테일링, 럭셔리마케팅이며, 20여 년의 걸친 마케팅 컨설팅 과정에서 그녀의 손에서 수많은 브랜드가 만들어지고 없어졌으며 많은 브랜드의 성공사례들도 창출했다.

현재 모교인 상명대학교 경영학부에서 교수로 재직 중이며, 경영경제대학 학장, 경영대학원 원장, 창업지원단 단장, 산학협력단 부단장 등의 다양한 학교 보직과 중소기업벤처부 산하 창업진흥원의 비상임이사를 역임했다. 현재, 정부, 지자체, 및 다양한 공공기관의 위원회에서 경영전문가로서의 활발한 자문활동과 함께, 대기업, 중견기업 및 스타트업을 위한 컨설팅, 교육 및 마케팅 관련 출판 활동도 왕성히 하고 있다.

곽준식(no1marketer@naver.com)

고려대학교 경영학과, 고려대학교 대학원 마케팅 전공으로 경영학 석사와 박사학위를 받고 지금 동서대학교 경영학부 교수, 부캐양성 도전스쿨 Q College 학장으로 재직 중이다.

관심분야인 행동경제학, 도시브랜드, 소비자행동, 브랜드관리, 마케팅커뮤니케이션 전략 등을 연구하고 저술활동을 하고 있다. 〈Marketing Letters〉, 〈Asian Journal on Quality〉, 〈마케팅 연구〉, 〈소비자학 연구〉 등 국내외 학술지에 논문을 발표했고, 「마케팅리더십」, 「선택받는 나」, 「브랜드, 행동경제학을 만나다」, 「행동경제학적 관점에서 본 소비자 선택」 등의 저서가 있다.

코래드 AE, 리앤디디비 마케팅연구소장을 지냈으며, 한국 브랜드관리사회 부회장, 한국마케팅관리연구 편집위원장, 동서대학교 브랜드경영센터 센터장, 학생취업지원처장을 맡기도 하였으며, 2010년 한국소비자학회 「최우수심사자상」을 수상했고, 뉴스메이커 선정 「2011년 한국을 이끄는 혁신리더」, 2013년 제일기획 학술상을 수상하기도 하였다.

호기심과 설렘을 간직한 영원한 마케터로 남고 싶기에 '서 있으면 땅이요, 걸어가면 길'이라는 좌우명을 마음에 새기며 꿈을 향해 쉼 없이 전진하고 있다.

박정은(jepark@ewha.ac.kr)

고려대학교에서 영어영문학을 전공하고 경영학으로 석사 및 박사를 수료하였다. 이후 미국 University of Alabama에서 마케팅전공으로 경영학 박사학위(Ph.D.)를 받았다. 이후 University of New Hampshire에서 교수로서 재직하였고, 현재 이화여자대학교 경영대학 및 경영전문대학의 교수로 재직 중이다.

그의 연구 관심분야는 마케팅전략과 영업전략 분야이고 이러한 관심분야에서 활발한 연구 활동을 하고 있다. 그는 Journal of Marketing Research를 비롯한 국내외 주요 학술지에 영업과 마케팅관련 많은 연구를 게재하였다. Asia Marketing Journal의 편집장을 역임하였고, 현재 한국마케팅학회 부회장, 한국유통학회 부회장 및 한국마케팅관리학회의 고문으로 다양한 학회활동을 하고 있다. 정부 및 공공기관의 각종 평가위원, 심사위원 및 정책연구를 하였으며 국내외 대기업 및 중소기업들을 대상으로 영업 및 마케팅에 관한 강연, 컨설팅 및 자문활동 등을 활발하게 하고 있다.

고객가치기반 브랜드원론

초판발행	2023년 3월 20일
지은이	김경민·최은정·곽준식·박정은
펴낸이	안종만·안상준
편 집	탁종민
기획/마케팅	정성혁
디자인	이영경
제 작	고철민·조영환
펴낸곳	(주) **박영사**
	서울특별시 금천구 가산디지털2로 53, 210호(가산동, 한라시그마밸리)
	등록 1959.3.11. 제300-1959-1호(倫)
전 화	02)733-6771
f a x	02)736-4818
e-mail	pys@pybook.co.kr
homepage	www.pybook.co.kr
ISBN	979-11-303-1727-4 93320

copyright©김경민·최은정·곽준식·박정은, 2023, Printed in Korea

정 가	36,000원